KB152408

GB
한길그레이트북스

인 류 의 위 대 한 지 적 유 산

GB
한길그레이트북스

인류의 위대한 지적 유산

조식

—

남명집

—

경상대학교 남명학연구소 옮김

한길사

GB
HANGILGREATBOOKS

인류의위대한지적유산

Jo Sik

Nammyeong-jip

Translated by
Nammyeong Studies Institute, Gyeongsang National University

Published by Hangilsa Publishing Co., Ltd., Seoul, Korea, 2001

남명 선생 영정.
남명의 인품이나 풍모를 기록한 글을 참고하여 화가 조원섭이 그린 것이다.
자신을 성찰하기 위해 남명이 늘 옷띠에 차고 다니던 방울 성성자(惺惺子)가 인상적이다.

경상남도 산청군 시천면 원리에 있는 덕천서원(德川書院).
1576년 남명의 학문과 덕행을 추모하기 위해 덕산서원(德山書院)이라는 이름으로 창건되었으나,
광해군 1년(1609)에 덕천서원이라는 사액을 받아 사액서원으로 승격되면서 명칭이 바뀌었다.
그 뒤 제자인 최영경을 배향하였다.

남명 친필의 초서 서한.
이 글씨체만으로도 남명의 활달한 기상을 엿볼 수 있다.

暉 桂素嘗

性之生存甚
情志稍非不可由而為
隨習聪慧姓之盧
之德倩之舒
之之自得意得名
對一狂怡

然小

(위) 산천재(山天齋).
남명이 61세 되던 해에 지리산 덕산으로 이주하여 지은 서실이다. 그는 이곳에서 한강 정구·동강 김우옹·
수우당 최영경·망우당 곽재우 등 수많은 제자를 가르쳤다.
산천재의 기둥에는 남명이 이곳에 처음 들어와 자리를 잡고 살 때의 심경을 읊은 시가 주련으로 붙어 있다.
(아래) 뇌룡정(雷龍亭).
남명이 48세 되던 해에 지금의 합천군 삼가면 토동에 뇌룡사와 계부당을 짓고 학문을 연구하면서 제자들을
가르쳤다. 계부당은 없어졌고, 뇌룡사는 1883년 허유·정재규 등에 의해 중건되면서 뇌룡정으로 바뀌었다.

(위)밭 가는 그림이 그려진 벽화(산천재).
산천재 마루 천장에 남아 있는 벽화 중 일부. 늘 백성의 생활을 걱정하고 실천을 강조한
남명의 마음과 학문관이 드러나는 그림이다.
(아래)차 달이는 그림이 그려진 벽화.
차는 정신을 맑게 해주는 음료로 옛 선비들이 즐겨 마셨다.

남명집과 판목.
선조 37년(1604)에 남명의 제자인 정인홍 등에 의하여 초간본이 간행되었으나, 정인홍이 인조반정으로
실각하여 처형당한 후 그에 관계된 문자를 삭제하거나 문집체재를 정비한다는 등의 이유로 모두 13차에
걸쳐서 수정 간행되었다. 위 책은 1825년경에 간행된 것으로, 선생의 시문과 『학기류편』 및 사우연원록 등이
모두 들어 있어 여러 간본 가운데 가장 완정된 것이다.

남명의 묘소.
이 묘소는 산천재 뒷산 임좌(壬坐)에 있는데, 선생이 생전에 손수 자리잡은 곳이다.
묘갈명은 친구인 대곡 성운이 지었고, 글씨는 선생의 제자인 전치원이 썼다.
현재 서 있는 비의 글씨는 1956년에 권창현이 쓴 것이다.

남명 선생 신도비.
남명에게 영의정이 추증되자 처음에 정인홍이 신도비명을 지어 세웠으나
인조반정으로 없애버렸다. 그 뒤 용주 조경·미수 허목·우암 송시열이 다시 지었는데
덕산에 있는 위의 신도비는 송시열이 지은 것이다.

숭덕사(崇德祠)의 남명제(南冥祭).
덕천서원의 사당인 숭덕사에서는 매해 남명이 태어난 양력 8월 18일을 기념하여
남명제라는 이름으로 추모제를 지내고 있다.

옮긴이

허권수(許捲洙) : 1952년 경남 함안 출생. 경상대학교 국어교육과 졸업. 성균관대학교 대학원 졸업.
문학박사. 현재 경상대학교 한문학과 교수. 이 책 본집의 시(詩) 및 보유의 시·명(銘)을 번역하였다.

최석기(崔錫起) : 1954년 강원 원주 출생. 성균관대학교 한문교육과 졸업. 성균관대학교 대학원 졸업.
문학박사. 현재 경상대학교 한문학과 교수. 이 책 본집 및 보유의 서(書)를 번역하였다.

윤호진(尹浩鎭) : 1957년 경기 남양주 출생. 국민대학교 한문학과 졸업. 성균관대학교 대학원 졸업.
문학박사. 현재 경상대학교 한문학과 교수. 이 책 본집의 소(疏)·논(論) 및 보유의 기(記)·소·
묘지(墓誌)를 번역하였다.

장원철(張源哲) : 1959년 경기 수원 출생. 고려대학교 국문학과 졸업. 고려대학교 대학원 수료.
현재 경상대학교 한문학과 교수. 이 책 본집 및 보유의 잡저(雜著)를 번역하였다.

황의열(黃義洌) : 1954년 전북 전주 출생. 전북대학교 농업경제학과 졸업. 성균관대학교 대학원 졸업.
문학박사. 현재 경상대학교 한문학과 교수. 이 책 본집의 묘지를 번역하였다.

이상필(李相弼) : 1955년 경북 성주 출생. 영남대학교 국문학과 졸업. 고려대학교 대학원 졸업.
문학박사. 현재 경상대학교 한문학과 교수. 이 책 본집의 부(賦)·명(銘)·기(記)·발(跋)을 번역하였다.

원문 교감자

김윤수(金侖壽) : 1959년 경남 함양 출생. 동국대학교 교육대학원 수료.
현재 대전대학교 철학과 객원교수, 사단법인 인산죽염예술촌 지리산문학관 이사장.

G B

한길그레이트북스

인류의 위대한 지적 유산

조식

남명집

경상대학교 남명학연구소 옮김

한길사

남명집 차례

국역 남명집

본집(本集)

시(詩)

오언절구(五言絶句)

서(書)

소(疏)

잡저(雜著)

교감 남명집

서문

　우리 민족은 세계 어느 민족보다도 학문을 숭상하고 사랑하는 전통이 있다. 이런 전통을 바탕으로 조선중기에 이르러 우리 나라를 대표할 수 있는 남명(南冥)과 퇴계(退溪) 같은 대학자가 탄생하였다. 이 두 선생은 학문을 깊이 연구하고 많은 제자들을 길러 우리 나라 학술사상(學術史上) 우뚝한 양대 산맥을 형성하였고, 이후 우리 학문의 발전에 많은 영향을 끼쳤다.

　남명은 당시 성리학이 공리공론으로 흐르는 경향을 바로잡고자 경의(敬義)에 바탕한 실천 위주의 학문을 제창하였고, 그 학문 범위도 주자학(朱子學)에만 국한하지 않고 폭넓게 공부하였다. 그리하여 유학자이면서도 독특한 학풍을 형성하였다. 실천 위주의 학문을 하다 보니 저술을 그다지 중시하지 않았고, 그나마 지은 글의 원고도 남겨두지 않아 오늘날 전해오는 남명의 시문은 양적으로 많지 않다. 그러나 이 글 속에는 남명의 정신세계가 축약되어 있기 때문에 찬찬히 읽어나가면 남명의 학문과 사상을 오늘날에 재현시킬 수 있다. 하지만 『남명집』은 한문으로 씌어져 있기에 전문학자가 아니면 읽기가 어려웠다.

　남명 선생의 정신세계가 담긴 『남명집』 번역은 오래 전부터 간절히 요구되어 왔다. 그러나 난삽하기로 이름난 남명 시문의 번역에 선뜻 손을 대는 사람이 없었다. 그러다가 1980년에 이익성(李翼成) 선생에 의하여 최초로 『남명집』 번역본이 나왔다. 그러나 이 책은 최초로 번역한 공적이 없지 않으나, 『남명집』가운데서 훼변(毀變)이 가장 심한 경술본(庚戌本)을 활자로 인쇄한 정미활자본(丁未活字本 : 1967)을 번역 대본으로 했기 때문에 남명 선생 시문의 진면목을 알기에는 부족한 점이 한두 가지가 아니었다. 그리고 그 번역의 문체도 오늘날 사람들 이 읽기에는 너무 고투로 되어 있다.

그래서 우리 남명학연구소(南冥學研究所)에서는 10여 종의 『남명집』 판본 가운데서 가장 완선(完善)된 판본을 선택하여 원문(原文)을 철저 히 교감(校勘)한 바탕 위에, 일반 독자들이 쉽게 이해할 수 있도록 한 다는 취지 아래 1995년 교감국역 『남명집』을 내었다. 번역은 경상대학 교 한문학과 교수 여섯 명이 맡아, 남명 선생의 정신을 되살려 전달한 다는 결심으로 각자 최선을 다하였다. 중국 근세의 학자 엄기도(嚴幾 道)가 제시한 번역의 삼결(三訣) 신(信)·달(達)·아(雅)의 경지에 접근 하려고 노력을 하지 않은 것은 아니었으나, 스스로 살펴보아도 만족스 럽지 못한 점이 적지 않았다.

이미 낸 『남명집』이 다 팔렸기에, 『남명집』을 찾는 사람들의 계속 적인 수요에 부응하기 위해서 다시 찍지 않을 수 없게 되었다. 다시 그대로 재판을 찍기에는 아쉬운 마음이 들어 이번에 다시 책을 내면 서 아예 번역 자체를 전면적으로 다시 검토하였다. 의미전달이 명확하 지 않은 구절은 명확하게 하고, 문체도 더 평이하게 현대화하고, 잘못 된 번역은 바로잡고, 미비한 주석은 보강하였다. 이미 번역한 『남명 집』의 재판이 아니라 새로운 번역이라 할 만하다.

금년이 남명 선생 탄신 500주년이 되는 해이다. 이 책의 출판은 500 주년 기념사업의 의미를 담고 있다. 평소 남명 선생에 대해 관심이 많 은 한길사 김언호(金彦鎬) 사장님 및 여러 편집자들의 배려에 힘입어, 『남명집』을 한길사 '그레이트북스' 시리즈로 출간하게 되어 매우 뜻깊 게 생각한다.

책이야말로 인류의 문화유산 가운데서 가장 가치 있는 것이다. 우리 가 문화민족임을 자랑할 수 있는 것도 우리 조상들이 남긴 책 때문이

라고 할 수 있다. 『남명집』뿐만 아니라 우리 조상들이 남긴 훌륭한 고
전이 정확하게 많이 번역 보급되어, 우리 민족문화의 계승과 발전이
활발하게 이루어졌으면 한다.

2001년 광복절에
허권수(許捲洙)는 쓴다

천왕봉처럼 우뚝한 남명의 정신세계

최석기 경상대 교수 · 한문학

1 과거공부와 학문의 대전환

선생의 휘(諱)는 식(植), 자(字)는 건중(楗仲), 호(號)는 남명(南冥) · 산해(山海) · 방장산인(方丈山人) 등이며, 본관은 창녕(昌寧)이다. 선생은 신유년(연산 7, 1501) 음력 6월 26일 진시(辰時)에 경상도 삼가현(三嘉縣) 토동(兎洞) 외가(外家)에서 태어났다. 아버지는 언형(彦亨)이며, 어머니는 인천 이씨(仁川李氏)로 충순위(忠順衛) 이국(李菊)의 따님이다.

어떤 술사가 선생의 외가집 터를 보고 "아무 해에는 꼭 성현이 태어날 것이다"라고 예언을 하였는데, 선생이 그해에 태어났다고 한다. 또한 선생이 태어날 때, 집 앞에 있는 팔각정(八角井)이란 우물에서 무지개 같은 기운이 뻗어나와 산실(産室)에 가득 비추었다고 한다.

선생의 증조부 안습(安習)이 한양(漢陽)에서 삼가현 판현(板峴)으로 이주하여 비로소 이곳에 정착하게 되었는데, 부친 언형과 숙부 언경(彦卿)이 문과시험에 급제하면서부터 가문(家門)이 크게 흥성하였다. 부친 언형은 갑자년(연산 10, 1504) 4월에 시행된 별시(別試)의 문과시험에 병과(丙科)로 급제하였다.

선생은 외가에서 태어나 줄곧 그곳에서 자라다, 부친이 문과에 급제하여 벼슬길에 나아가게 됨으로써 서울로 이주하였는데, 그때가 대체로 4세에서 7세 사이로 추정된다. 선생이 이사간 곳은 한양 동부(東部) 연화방(蓮花坊 : 현 종로 4~5가)으로 추정되며, 이윤경(李潤慶 : 1498~1562) · 이준경(李浚慶 : 1499~1572) 형제와 이웃해 살며 절친한 벗이 되었다.

선생은 7세 때부터 가정에서 부친에게 글을 배우기 시작하였는데, 기억력이 매우 뛰어났다고 한다. 선생의 어린 시절에 대한 기록이 거의 남아 있지 않아 누구에게 수학(受學)하였는지 불분명하다. 다만 선생이 어려서 이윤경 · 이준경 형제와 이웃하여 친하게 지냈던 사실과 이 두 사람의 수학과정을 참고해볼 때, 10여 세 이후 청소년기에 이웃에 살던 황효헌(黃孝獻 : 1491~1532) 및 이연경(李延慶 : 1484~1552)에게 배웠을 가능성이 있다.

선생의 나이 18세 직전에 부친이 연화방에서 장의동(壯義洞 : 현 종로구 효자동 근처)으로 이사를 하였는데, 그곳에서 대곡(大谷) 성운(成運 : 1497~1579)을 만났다. 선생은 18, 9세 때 주로 서울 근교의 산사(山寺)에서 벗과 함께 열심히 독서를 했던 것으로 보인다. 그때 이미 경(經) · 사(史) · 자(子)를 두루 섭렵하였을 뿐만 아니라, 천문(天文) · 지지(地志) · 의방(醫方) · 수학(數學) · 궁마(弓馬) · 항진(行陣) · 관방(關防) · 진수(鎭戍) 등에도 뜻을 두고 궁구하여 세상의 쓰임에 응하고자 하였다.

또한 선생은 어려서부터 글짓기를 좋아해 기이하고 고아한 문장을 이루려고 힘썼는데, 특히 『춘추좌씨전』(春秋左氏傳)과 당나라 때 고문운동(古文運動)을 일으킨 유종원(柳宗元)의 문장을 좋아하였다. 스스로 문장에 대한 자부심도 대단해 과거를 보면 쉽게 합격하리라 생각하였다. 선생은 20세 때 사마시(司馬試)의 초시(初試)와 문과(文科)의 초시에 모두 합격하였다. 그리고 이듬해 사마시의 회시(會試)에는 나아가지 않고 문과의 회시에만 나아갔다가 실패하였다. 그후 자신의 문장에 대한 반성을 하며 산사에서 계속 글을 읽었던 것으로 보인다.

그러던 중 25세 때『성리대전』(性理大全)을 읽다가 원나라 허형(許衡 : 1209~1281)의 "이윤(伊尹)의 뜻에 마음을 두고 안자(顔子)의 학문을 배워, 벼슬길에 나아가면 큰일을 해내고, 초야에 숨어살면 자신을 지키는 것이 있어야 한다. 대장부는 이와 같이 해야 한다"는 말에 이르러 크게 깨닫고, 위기지학(爲己之學)에 뜻을 두게 되었다. 선생은 이때의 심정을 "어려서 부모를 잃고 돌아갈 곳을 모르다가 어느 날 아침 갑자기 자애로운 어머니의 얼굴을 보고 하도 기뻐서 자신도 모르게 손발이 덩실덩실 춤을 추는 것과 같았다"고 술회하였다. 선생은 이때부터 발분하여 성리학에 침잠하기 시작하였다. 즉 학문의 대전환이 이루어진 것이다.

선생은 은(殷)나라 탕(湯)임금을 도와 지치(至治)를 이룩한 이윤과 같은 포부를 가지고 있었지만, 당시는 과거에 급제해 벼슬길에 나아가도 그런 뜻을 펼 수 없는 세상이었다. 그래서 선생은 이윤처럼 공업을 이룩할 수 없을 바에야, 공자의 제자 안회(顔回)처럼 도를 구하는 편이 낫겠다고 깨달은 것이다. 선생은 여기서 안자의 길을 택했다. 이는 곧 출(出)을 버리고 처(處)를 택한 것이다. 따라서 선생의 출처대절(出處大節)은 여기서 결정되었다고 해도 과언이 아니다. 선생은 평생 안자의 길을 걸어가려고 여러 번 다짐을 하였고, 자신의 삶을 안자에 비유하기도 하였다.

2 성리학에 침잠하던 산해정 시대

선생은 26세 되던 해 3월 부친이 돌아가셔서 삼가(三嘉) 관동(冠洞)의 선영(先塋)으로 귀장(歸葬)하고, 삼년간 시묘살이를 하였다. 28세 되던 해 6월 부친상을 마치고 의령(宜寧) 자굴산(闍崛山)에 있는 암자에 머물며 학문에 몰두하기 시작했는데, 그 절의 승려가 "그가 거처하는 방은 온 종일 아무 소리도 들리지 않고 조용하였다. 깊은 밤이 되면 손으로 책상을 가볍게 두드리는 소리가 들려, 그가 아직 글을 읽고 있는 줄 알았다"라고 술회할 정도로, 책상머리에 조용히 앉아 성현의 글을 깊이 완미하고 있었다.

선생의 절친한 친구 성운은, 선생이 젊은 시절에 시동(尸童)처럼 꼿꼿하게 앉아 온 종일 글을 읽어서 옆집에 살면서도 그의 얼굴을 보기 힘들었다고 묘비문에서 언급하고 있다. 이런 점으로 미루어보면, 선생은 평소 조금도 흐트러짐이 없는 자세로 학업에 정진한 것을 알 수 있는데, 성리학에 침잠한 뒤로는 더욱 그런 자세를 굳건히 하였던 것 같다. 특히 공부하는 사람은 처자식과 함께 뒤섞여 거처해서는 안 된다고 하고, 한밤중의 공부가 매우 많으니 잠을 많이 자서는 안 된다고 한 말씀에서, 선생의 공부하는 자세가 얼마나 철저했던가를 짐작할 수 있다.

선생은 30세 되던 해 처가(妻家)가 있는 김해(金海) 신어산(神魚山) 밑의 탄동(炭洞)으로 이사하였다. 그곳에 산해정(山海亭)이란 정사(精舍)를 지어놓고 성리학(性理學)에 더욱 침잠하였으니, 이른바 산해정 시대가 열린 것이다. '산해'(山海)라고 정사의 이름을 붙인 것은, 산처럼 높고 바다처럼 깊은 학문을 이루겠다는 큰 뜻을 드러낸 것이다. 선생은 이때부터 45세까지 이 산해정에서 경서(經書)와 성리학을 깊이 연구하였다.

이 시기는 기묘사화(己卯士禍) 이후 사기(士氣)가 위축되어 뜻있는 학자들이 세상에 나아가기를 꺼려하고 물러나 은거하는 것이 한 시대 풍조를 이루고 있던 시절이다. 이런 시대에 밀양(密陽)에 살던 송계(松溪) 신계성(申季誠), 청도(淸道)에 살던 삼족당(三足堂) 김대유(金大有), 초계(草溪)에 살던 황강(黃江) 이희안(李希顔), 단성(丹城)에 살던 청향당(淸香堂) 이원(李源) 등과 교유하며 학문을 강론하여, 지역의 학문을 크게 발전시켰다.

이들이 산해정에 찾아와 여러 날 학문을 토론하자, 당시 사람들이 덕성(德星)이 모였다고 하였다. 이 시기에 선생의 학문이 주위에 알려져 배우는 자들이 몰려들기 시작하였으며, 38세 되던 해 이언적(李彦

迪)의 천거로 헌릉 참봉(獻陵參奉)에 제수되었으나 나아가지 않았다.

3 직언을 서슴지 않던 뇌룡정 시대

선생의 나이 45세 때 어머니가 돌아가시어 삼가의 선영으로 귀장하고, 삼년 동안 시묘살이를 하였다. 선생은 48세 되던 해 삼년상을 마친 뒤, 삼가 토동에 계부당(鷄伏堂)과 뇌룡사(雷龍舍)를 지어놓고, 자신을 더욱더 함양(涵養)하며 찾아오는 제자들을 가르쳤다. 뇌룡정 시대가 열린 것이다.

계부당이란 당호(堂號)는 닭이 알을 품고 있듯이, 전일한 마음으로 들어앉아 자신을 함양하는 것을 뜻한다. 그리고 뇌룡사란 당호는『장자』(莊子)「재유」(在宥)의 '시거이용현 연묵이뢰성'(尸居而龍見 淵默而雷聲)에서 따온 말로, 시동처럼 가만히 앉아 있지만 용처럼 신비한 조화가 드러나고, 깊은 연못처럼 고요히 있지만 천둥처럼 소리를 낸다는 뜻이다. 즉 세상에 나아가지 않고 시동처럼 가만히, 연못처럼 깊숙이 초야에 묻혀 있지만, 그 덕화(德化)가 용의 신비한 조화처럼 나타나고 천둥소리처럼 사람들을 감동시킨다는 것이다.

선생은 왜 이처럼 더욱 깊숙이 은거해 도를 구하려 했을까? 선생이 당호에 이런 뜻을 드러내 새로운 다짐을 한 것은 당시의 정치적 상황과 무관하지 않다. 1545년 인종(仁宗)이 죽고 명종(明宗)이 즉위하자 외척 윤원형(尹元衡) 일파가 집권하여 사림에 무참한 화를 끼쳤다. 1545년 을사사화에 선생의 절친한 벗 이림(李霖)·성우(成遇)·곽순(郭珣) 등이 화를 당했고, 1547년 양재역(良才驛) 벽서사건(壁書事件)에 연루되어 선생의 절친한 선배 송인수(宋麟壽)가 사약을 받았다. 이런 일련의 사건을 겪으면서, 선생은 학문을 통해 도(道)를 부지하는 것이 자기 시대를 구제할 수 있는 유일한 길이라고 생각했던 것이다. 왜냐하면 세상이 어지러운 때일수록 더 깨끗한 도덕성이 요구되고, 무도한 정권의 횡포에 맞설 수 있는 것은 청렴한 도덕성밖에 없기 때문이다.

선생은 초야에 묻혀 있었지만, 세상사에 대한 관심을 끊은 것은 아니었다. 특히 이 뇌룡정 시대에 그런 기상이 두드러지게 나타나는데, 그 가운데 가장 대표적인 것이 「민암부」(民巖賦)와 「을묘사직소」(乙卯辭職疏)이다. 「민암부」에서는 백성을 물에 비유하고 임금을 배에 비유하여, 물이 노하면 배를 전복시킬 수도 있다는 역성혁명(易姓革命)의 논리를 끌어다 민중의 존재를 부각시키며, 민본정치·애민정치를 역설하고 있다. 「을묘사직소」에서는 당시의 나라 사정을 벌레가 백년 동안이나 목심(木心)을 갉아먹어 수액(樹液)이 다 말라서 곧 쓰러지게 된 큰 나무에 비유하여, 당시의 폐단을 조목조목 통렬히 지적하고 자신이 나아갈 수 없는 몇 가지 이유를 밝혔다. 이 상소에서 문정왕후를 '과부'라 하고 명종을 '고아'라 하여 일대 파문이 일어났다.

이런 몇 가지 사실을 두고 볼 때, 선생은 시동처럼 꼼짝도 하지 않고 연못처럼 깊숙이 초야에 묻혀 있었지만, 항상 우국애민(憂國愛民)하는 마음으로 현실을 등지지 않고 경세적인 생각을 가지고 있었다는 사실을 알 수 있다. 특히 이 뇌룡정 시대에 선생의 현실에 대한 대응 자세가 적극적으로 드러나는데, 성운은 묘비문에서 다음과 같이 서술하고 있다. "그는 세상사를 잊지 못해 나라를 걱정하고 백성을 애달파 하였다. 매번 달 밝은 밤이면 홀로 앉아 슬피 노래를 부르고, 노래를 마친 뒤에는 눈물을 흘렸다."

4 천도를 이루려 한 산천재 시대

선생은 61세 되던 해 덕산(德山)으로 이주해 서실을 짓고 산천재(山天齋)라 이름하였다. 이 당호의 '산천'(山天)이란 말은 『주역』(周易) 대축괘(大畜卦)의 "강건하고 독실하게 수양해 빛이 발하도록 날마다 자신의 덕을 새롭게 한다"[剛健 篤實 輝光 日新其德]는 말에서 뜻을 취한 것으로, 강건한 기상과 독실한 자세로 세상에 나아가지 않고 깊숙이 묻혀 심성을 올바로 수양하는 것이 학자의 제일 공부임을 거듭 천명한 것이다.

선생은 이 시기에 자신을 수양하는 척도로 '경'(敬)과 '의'(義)를 특징적으로 내세워 '오가지일월'(吾家之日月)이라 하고, 산천재의 방 양쪽 벽에다 크게 써붙여놓았으며, 경의검(敬義劍)에다 '내명자경'(內明者敬)·'외단자의'(外斷者義)라고 새겨 학문의 표상으로 삼았다. 이처럼 선생은 만년에 특히 경(敬)·의(義)를 강조하였는데, 그것은 당시의 학문이 성명(性命)·이기(理氣)·사칠(四七) 등 형이상학적인 명제의 탐구에 골몰해 성리학 본연의 심성수양을 소홀히 하고 있다고 판단하였기 때문이다.

선생은 만년에 자신의 도덕과 학문을 완성하려고 하였다. 덕산으로 이주하여 지은 시에 "봄 산 어느 곳엔들 향기로운 풀이 없겠는가마는, 내가 이사한 이유는 단지 천왕봉이 상제(上帝)가 사는 곳에 가까이 다가가 있음을 사랑하기 때문이다. 빈 손으로 들어왔으니 무엇을 먹고 살까? 은하수 같은 십리 맑은 물 아무리 퍼마셔도 남음이 있겠구나"[春山底處無芳草 只愛天王近帝居 白手歸來何物食 銀河十里喫猶餘]라고 노래하였다. 선생은 하늘에 맞닿아 있는 천왕봉을 바라보며 하늘의 도[天道]를 추구하였다. 하늘의 도는 유학에서 한 점 티끌도 없는 깨끗한 마음인 성(誠)을 상징한다. 환갑을 맞이한 노인이 더 깊이 은거해 자신을 새롭게 하겠다는 것도 오늘날 우리들에게 정신이 번쩍 들게 하는 경책(警責)이거니와 자신의 덕을 천도 곧 성(誠)의 경지로 끌어올리려는 다짐이야말로 철저한 구도자의 자세를 보여준다.

덕산에서 지은 「제덕산계정주」(題德山溪亭柱)란 시에 "청컨대 천석들이 종을 보게나, 크게 치지 않으면 아무리 두드려도 소리가 안 난다네. 나도 어찌하면 저 두류산 천왕봉처럼, 허공이 울어도 오히려 울지 않을 수 있을까"[請看千石鍾 非大扣無聲 爭似頭流山 天鳴猶不鳴]라고 하였다. 종이란 본디 울림을 통해 사람들의 마음을 감동시키는 물건이다. 선생은 천석종이란 거대한 정신세계를 이룩해 세상에 큰 울림을 주고 싶었다. 그래서 그런 거대한 정신세계를 허공에서 천둥·번개가 치며 소란스러워도 끄덕 않고 의연히 서 있는 천왕봉에 비유해, 그와 같이 되고 싶었던 것이다.

선생이 65세 되던 해인 을축년(명종 20, 1565) 문정왕후가 죽고 윤원형이 관직에서 쫓겨나자 조정의 분위기가 쇄신되었고, 그런 기류 속에서 초야의 어진 이를 부르는 교지가 내려 병인년(명종 21, 1566) 8월 선생에게 상서원 판관(尙瑞院判官)의 벼슬이 내리고 소명(召命)이 있었다. 선생은 그해 10월 초에 대궐에 나아가 사은숙배하고 사정전(思政殿)에 입대(入對)하였다. 그러나 이내 사임하고 귀향하였다.

선생이 68세 되던 무진년(선조 1, 1568) 5월 선조(宣祖)가 교지로 선생을 불렀으나, 소(疏)를 올려 사양하였다. 이 상소가 그 유명한 「무진봉사」(戊辰封事)이다. 이 상소는 학문이 무르익을 대로 무르익은 재야의 노학자가 갓 즉위한 젊은 임금에게 명선(明善)과 성신(誠身)을 통해 국가를 다스리는 대체(大體)를 세워달라고 간곡히 부탁하는 내용의 글이다. 이 상소를 읽어보면, 국가의 장래를 걱정하는 선생의 충정어린 말씀이 구구절절 눈에 띈다.

선생은 72세 되던 임신년(선조 5, 1572) 음력 2월 8일 덕산에서 일생을 마쳤다. 부음(訃音)이 조정에 전해지자, 선조는 예관(禮官)을 보내 제사하고, 통정대부 사간원 대사간(通政大夫司諫院大司諫)에 추증하였다. 4월에 산천재의 뒷산에 장사지냈다. 을묘년(광해 7, 1615)에 대광보국 숭록대부 의정부 영의정 겸 영경연 홍문관 예문관 춘추관 관상감사 세자사(大匡輔國 崇祿大夫 議政府 領議政 兼領經筵 弘文館 藝文館 春秋館 觀象監事 世子師)에 증직되고, 문정(文貞)이란 시호가 내렸다.

5 남명사상의 본질과 특색

선생은 젊은 사람들이 『소학』(小學)의 쇄소응대진퇴지절(灑掃應對進退之節)도 모르면서 함부로 천리(天理)를 말한다고 당시의 학풍을 여러 곳에서 지적하고 있다. 이는 격물궁리(格物窮理)가 실제 일의 옳고그름을 판단하는 의리의 강명(講明)에 있지 않고, 이치(理致) 그 자체의 문제에 매달려 시시비비하는 풍조를 못마땅하게 여긴 것이다. 결국 성리학이 이론적 탐구에 몰두해 사변화되기보다는 본연의 수양에 치중해 올바른 인격을 완성해나가는 것이 더 중요하다고 본 것이다. 이 점은 조선조 학술사에서 성리학이 개화(開花)하는 시기에 나타난 하나의 학맥(學脈)으로 그 위치가 다시 조명되어야 한다.

선생의 성리사상은 한마디로 수양론에 치중해 있다. 선생은 성리(性理)에 관한 구구한 이론을 전개하기보다는 자신의 심성을 어떻게 하면 잘 수양해 덕성을 함양하느냐가 더 중요하다고 생각했다. 그래서 선생은 물론 제자들에 이르기까지 자신의 견해를 피력한 성리설이 거의 없다. 선생은 만년에 「신명사도」(神明舍圖)를 그려 심성수양의 요점을 도식화하였는데, 그 핵심이 경(敬)을 통한 내적 존양(存養), 의(義)를 척도로 하는 외적 성찰(省察), 그리고 사욕(私慾)이 일어나는 것을 삼엄한 기상으로 살펴[審幾] 사욕이 생기면 즉석에서 물리치는 극치(克治), 이렇게 3단계 수양론으로 되어 있다. 이런 수양 과정을 거쳐 극기복례(克己復禮) · 한사존성(閑邪存誠)의 지어지선(止於至善)의 경지에 도달하는 것이 선생의 평생 목표였고, 이것이 바로 선생의 성리사상이다.

선생은 훈구 세력과 사림이 대립하여 여러 차례 사화(士禍)가 발생한 어려운 시기를 살면서, 출처(出處)의 대절(大節)을 드러내 후인들의 본보기가 되었다. 또한 16세기 성리학이 한창 꽃을 피우던 시기에 형이상학적인 문제에만 몰두해 이론적인 탐구만 일삼는 풍조를 반대하고, '아래로 인사(人事)를 먼저 배우고, 그 다음 위로 천리에 통달해야 한다[下學人事 上達天理]는 논리를 펴, 일상생활의 쉽고 가까운 것부터 차례차례 배워 올라가야 한다는 실천적 학문을 역설하였다. 선생은 이런 정신에 입각해 『소학』(小學)과 사서(四書)를 매우 중시했다.

또한 선생은 독서할 때 장구(章句)의 해석에 연연하지 않고, 글의 뜻을 깊이 완미해 자득하는 데 목표를 두었으며, 일상에 긴요한 말이 있으면 세 번 반복한 뒤에 기록해두었는데, 그것이 이른바 『학기』(學記)이다. 이러한 선생의 학문자세를 제자 정인홍(鄭仁弘)은 '염번취간 반궁조약'(斂繁就簡 反躬造約)이라고 하였다. 이런 학문정신을 가졌기에 선생은 강론(講論)이나 하고 변석(辨釋)이나 하는 것을 좋아하지 않고, 현실에 쓸모가 있고 실천하는 것을 급선무로 삼았다.

　이상으로 선생의 생애와 학문을 개괄적으로 살펴보았는데, 선생의 학문적 특성은 뭐니뭐니 해도 경(敬)과 의(義)로 대표된다. 물론 이 경·의는 송대 학자들이 앞서 말한 것이고, 특히 경은 우리 나라 성리학자들이 한결같이 중시한 것이다. 따라서 선생만의 특이한 학설은 아니다. 문제는 선생이 경과 아울러 의를 상징적으로 드러냈다는 것인데, 이 점은 선생의 성리사상이 수양론에 치중해 있다는 데서 그 실마리를 찾을 수 있다. 선생은 내적 존심양성(存心養性)의 바탕으로 경을 내세우고, 마음이 움직였을 때 외적 성찰(省察)의 기준으로 의를 내세웠다.

　대체로 성리학자들은 의를 경 속에 포함시켜 보다 근원적인 경만을 내세웠는데, 선생은 이 둘을 해와 달에 비유하여 안으로 마음을 밝히는 것과 밖으로 일을 처리하는 두 단계로 나누어보았다. 즉 정시(靜時)와 동시(動時)의 수양을 나누어, 외적 수양을 내적 수양과 동등하게 보고 있다. 이 점은 경의검(敬義劍)에 '마음을 밝히는 것은 경(敬)이고, 밖의 일을 처단하는 것은 의(義)다'[內明者敬 外斷者義]라는 문구를 새긴 데서도 알 수 있다.

　이처럼 의를 경에 포함시키지 않고 따로 드러내 두 축으로 내세운 것은 내적 존양과 마찬가지로 외적 성찰을 중시한 것인데, 이 성찰을 단순히 의리를 강명하는 궁리(窮理)의 일로만 보지 않고 범위를 넓혀 보면 마음이 발동하여 응사접물(應事接物)하는 모든 외적인 일을 다 포함시킬 수 있다. 그렇게 보면 이 성찰 속에는 심기(審幾)·극치(克治)하는 극기(克己)의 일이 저절로 뒤따라 이어진다고 할 수 있다. 이 점이 선생의 학문을 더욱 실천적인 방향으로 나아가게 한 논리적 근거가 된다. 자신의 심성을 수양할 때 의를 척도로 하는 성찰은, 현실 사회의 일을 성찰하는 쪽으로 외연이 확대되면 의(義)와 불의(不義)를 냉철히 살피게 되고 불의를 용납하지 않는 사회적 비판정신이 저절로 생기게 된다.

6 남명집의 여러 판본과 번역본의 위치

선생이 남긴 저술은 크게 시문집(詩文集)과 『학기류편』(學記類編)으로 나누어볼 수 있다. 시문집은 선생이 직접 지은 시(詩)와 문(文)을 모아 편찬한 것이고, 『학기류편』은 선생이 독서하는 과정에서 학문하는 데 절실한 문구를 뽑아 기록해둔 것을 문인 정인홍(鄭仁弘)이 유별(類別)로 모아 편찬한 일종의 독서기(讀書記)이다.

『학기류편』은 선생의 글이 아니기 때문에 후대에 크게 변질되지 않았지만, 시문집은 후대로 내려올수록 심하게 변개(變改)되어 본래의 모습을 잃은 경우도 상당 부분 있다. 『남명집』을 여러 차례 개정하여 간행하게 된 것은, 대체로 역적으로 몰려 죽은 정인홍 관계 문자의 삭제와 정통 성리학에서 벗어난 내용이거나 선생의 학덕에 해가 될 만한 문자를 고치는 차원에서 진행되었다고 할 수 있다. 문집을 다시 간행한 이유가 선생에게 누(累)가 될 만한 문구를 고쳐 선생을 높이자는 의도였지만, 결과적으로는 선생의 참모습을 변질시키고 말았다.

이처럼 여러 차례 간행된 『남명집』에 대해, 판본 문제를 연구한 보고가 학계에 여러 차례 소개되었고, 지금도 그런 연구가 계속되고 있다. 그러나 기존의 연구결과만 가지고는 아직까지 명확하게 해명되지 않은 부분이 상당히 많은 것으로 안다. 따라서 이 자리에서는 논란이 되고 있는 부분이기는 하지만, 우선 기존의 연구 중에서 전체적으로 『남명집』의 판본 문제를 거론한 설을 택해 본 번역본의 위치를 이해하고자 한다. 『남명학연구』(南冥學硏究) 제2집(1992, 경상대학교 남명학연구소간)에 실린 김윤수(金侖壽) 씨의 「『남명집』(南冥集)의 책판 (冊板)과 인본(印本)의 계통(系統)」이라는 논문에 의하면, 『남명집』의 판본 계통은 다음과 같다.

1. 갑진판 계통
   - 갑진판(선조 37, 1604)－『남명선생집』······초간본(初刊本)
2. 병오판 계통
   - 병오판(선조 39, 1606)－『남명선생집』······일차중간본(一次重刊本)
   - 기유판(광해 1, 1609)－『남명선생집』······개정보유본(改正補遺本)
   - 임술판(광해 14, 1622)－『남명선생집』······개교추록본(改校追錄本)
   - 신묘판(효종 2, 1651)－『남명선생집』······훼판복판본(毀板復板本)
   - 신해판(현종 12, 1671)－『남명선생집』······일차이정본(一次釐正本)
3. 경진판 계통
   - 경진판(숙종 26, 1700)－『남명선생합집』······이차이정중간본(二次釐正重刊本), 별집초간본(別集初刊本)
   - 갑신판(영조 40, 1764)－『남명선생합집』······별집교정본(別集校正本)
   - 무오인출본(정조 22, 1798)－『남명선생합집』······갑신판결판본(甲申板缺板本)
   - 기미판(정조 23, 1799)－『남명선생합집』······사제문추각본(賜祭文追刻本), 문집별집보결본(文集別集補缺本)
   - 을유판(순조 25, 1825)－『남명선생합집』······사제문개각본(賜祭文改刻本), 별집양삭본(別集兩削本)

4. 갑오정유판
  - 갑오정유판(고종 31~34, 1894~1897)─『남명선생전집』······삼차이정중간본(三次釐正重刊本)

5. 경술판 계통
  - 경술판(순종 4, 1910)─『남명선생전집』······사차이정중간본(四次釐正重刊本)
  - 을묘보동인본(1915)─『남명선생전집』······편년체판본(編年替板本)
  - 신미판(1931)─『남명선생전집』······신명사도개각본(神明舍圖改刻本)
  - 정미신활자본(1967)─『남명선생전집』
  - 경신번역본(1980)─『남명선생전집』

김윤수 씨의 주장에 의하면, 『남명집』 판본은 모두 17판본이 된다. 그러나 교감 과정에서 밝혀진 바에 의하면, 이 외에도 기유판 이후 임술판 이전의 판본이 있고, 을유판 이후 갑오정유판 이전의 판본도 있다. 여기서는 편의상 우선 전자를 '임술전판'이라고 하고, 후자를 '을유후판'이라고 한다. 임술전판은 임술판에 비해 「엄광론」(嚴光論) 말미에 9자가 더 있을 뿐, 임술판과 똑같다. 그러나 을유후판은 을유판(아세아문화사 영인본)에 비해 몇 군데 다른 점이 있다. 대체로 선생의 인격에 조금이라도 누가 될 만한 문구에 대해 적절한 다른 글자로 바꾸어놓은 것이다. 예컨대, 선생이 부실(副室)을 들인 것에 대해 편지에서 '매득무염아'(買得無鹽兒)라는 표현을 쓰고 있는데, 이를 이 을유후판에서는 '만득기차남'(晚得其次男)으로 바꾼 것과 같은 경우이다.

본 번역서는 경북대학교에 소장되어 있는 경진판 계통의 마지막 판본이라 할 수 있는 이 '을유후판'을 변역저본으로 하였다. 이 판본은 위에서 언급했듯이, 정인홍 관계 문자를 삭제하고 선생의 학덕에 누가 될 만한 문자도 군데군데 바꾼 판본이다.

　이 을유후판에 없는 선생의 시문은, '보유'(補遺)라는 별도의 장을 마련해 문체별로 모아놓았다. 여기에 수록된 글은 대체로 뒤에 간행된 갑오정유본과 경술본의 별집(別集)에 실린 시문 및 기타 다른 사람의 문집과 읍지(邑誌) 등에서 수집한 것이다. 가능한 한 모두 수집하려고 노력하였으나, 빠진 것이 있으리라 생각된다.

　이 번역본은 현존하는 선생의 문집 가운데 선본(善本)을 택해 번역하고, 아울러 선생이 손수 지은 시문을 수집해 번역함으로써 선생의 시문을 총정리해 누구든지 읽을 수 있도록 하자는 의도로 만들어졌다. 그리고 독자들의 편의를 위해 원문에 구두를 떼어 번역문 뒤에 일괄 붙여놓았다.

　또한 연구자들에게 도움을 주기 위해, 번역저본으로 한 '을유후판본'을 저본으로 해서 선생의 문집을 총괄적으로 교감한 교감본을 함께 내놓는다. 이 교감본은 번역본과 같은 체제로 되어 있어 상호 이용에 편리하도록 했으며, 교감한 내용을 각주로 처리해 자세히 밝혀놓았으므로 남명집 판본연구에도 도움이 되리라 믿는다.

일러두기

1 이 번역본은 남명 선생이 직접 쓴 시문(詩文)만을 대상으로 하였다.
2 이 번역본은 뒤에 붙은 교감본(校勘本)을 저본(底本)으로 하여 번역하였다. 교감본에 대해서는 뒤의 '교감본 일러두기'에 그 내용을 자세히 밝혀놓았으므로 여기서는 언급하지 않는다.
3 번역은 평이한 현대어로 옮기되 원의(原義)에 충실하도록 했으며, 한글 전용을 원칙으로 하고 필요한 경우 한자(漢字)를 괄호 속에 넣었다.
4 맞춤법과 띄어쓰기는 한글맞춤법통일안을 따랐다.
5 제도상의 용어나 관용어 등은 그대로 쓰고, 필요에 따라 주석을 달았다.
6 글의 제목도 우리말로 적절히 풀어 번역하는 것을 원칙으로 하였는데, 부득이한 경우는 그대로 두었다.
7 시(詩)·부(賦)·명(銘) 등은 번역문 옆에 원문을 실었다.
8 원문의 주석은 그 자리에 그대로 번역해 싣되, 앞 혹은 앞뒤에 '─'를 긋고 글자의 크기를 본문의 크기보다 작게 하였다.
9 주석은 각주(脚註)로 처리하였으며, 문체별로 번호를 달리하였다. 주석문도 한글 전용을 원칙으로 하였으며, 필요한 경우 한자를 괄호 속에 넣었다. 또한 고사를 인용한 경우 가능한 한 출전을 밝혀놓았다.
10 주석문은 해당 항목을 주석번호 다음에 옮긴 뒤 풀이하는 것을 원칙으로 하였는데, 해당 항목이 긴 문장일 경우 앞뒤의 어구만 옮기고 가운데에 '……'를 찍었다.
11 본문의 이해에 도움이 된다고 생각되는 경우, 가능한 한 자세하게 주석을 달았다.
12 인명(人名)은 주석에 가능한 한 생몰연대를 밝혀놓았다.
13 번역문 및 주석에 사용한 부호는 다음과 같다. 이 외의 부호는 일반관례에 따랐다.

「 」 : 편명(篇名)
" " : 인용문이나 대화체에 사용
' ' : 간단한 인용이나 강조하기 위한 경우에 사용
< > : 보충역에 사용
[ ] : 음이 다른 한자 및 번역문 뒤에 원문을 명시할 경우에 사용
· : 병렬형의 단어 중간에 사용
…… : 중간 부분을 생략할 경우나 뒷말을 줄일 경우에 사용
─ : 원주(原註)를 표시하기 위해 사용

국역 남명집

본집(本潗)

시(詩)

오언절구(五言絶句)

칼자루에 써서 장원한 조원[1]에게 준다 書釰[2]柄贈趙壯[3]元瑗
－이준민(李俊民)의 사위이다.

불 속에서 하얀 칼날 뽑아내니,　　　　　　　　　离宮抽太白,
서리 같은 칼 빛 광한전(廣寒殿)까지 닿아 흐르네.　　霜拍廣寒流.
견우성·북두성 떠 있는 넓디넓은 하늘에,　　　　　牛斗恢恢地,
정신은 놀아도 칼날은 놀지 않는다네.　　　　　　神游刃不游.

직녀암　織女巖

흰 깁 베틀에서 짜내자마자,　　　　　　　　　白練機中出,

---

1) 조원 : 1544~?. 자는 백옥(伯玉), 호는 운강(雲岡), 본관은 임천(林川). 벼슬은
   승지에 이르렀다. 저서로 『독서강의』(讀書講疑)·『가림세고』(嘉林世稿) 등이
   있다. 남명의 제자이고, 남명의 생질인 이준민(李俊民)의 사위이며, 여류시인
   이옥봉(李玉峯)의 남편이다.
2) 釰 : '劒'의 속자로 쓰인다.
3) 壯 : 장원(狀元)을 우리 나라에서는 통상적으로 '壯'으로 쓰나, 이는 잘못이다.

잘라 와서 소 등[4]에서 말렸다네.   分來牛背乾.

푸른색 노란색 아예 받아들이지 않으니,   靑黃元不受,

완전히 인간 세상과 관계 없다네.   渾爲謝人間.

관수루[5] 시의 운자[6]를 따라서 次觀水樓韻

푸르른 비단 같은 깊은 수면에서,   阿綠羅深面,

원앙새 짝을 지어 목욕하며 노누나.   鴛鴦對浴嬉.

강으로 빠져드는 해 서너 발 남았는데, 沉江三尺日,

나는 오언시(五言詩)를 남겨둔다네.   留與五言詩.

서울로 가는 학록[7] 오건[8]에게 주다 贈吳學錄健上京
   -자는 자강(子强)이다.

한 발짝 내디디며 막 헤어지던 곳이,   一脚初分處,

오고 오니 멀어져 백 리인 듯하누나.   來來百里遙.

산마루에서 아련히 돌아보았더니,   山頭回望盡,

서울 가는 길은 더더욱 멀더구나.   西路更迢迢.

경온 스님과 이별하면서 別敬溫師

스님은 구름과 함께 산 속으로 들어가고, 僧同雲入嶺,

나그네는 티끌 세상 향해 돌아간다네. 客向塵歸兮.

---

4) 소 등 : 직녀암(織女巖) 옆에 소 등처럼 생긴 바위가 있었던 듯하다. 직녀암과
  견우암(牽牛巖)이 서로 짝을 이룬 듯하다.
5) 관수루 : 삼가현(三嘉縣 : 지금의 陜川郡에 합병됨)의 객관(客館) 남쪽에 있던
  누각이다.
6) 시의 운자 : 호음(湖陰) 정사룡(鄭士龍)이 지은 「관수루」(觀水樓) 시의 운자이다.
7) 학록 : 성균관의 정9품직.
8) 오건 : 1521~1574. 자는 자강(子强), 호는 덕계(德溪), 본관은 함양(咸陽). 벼슬

그대 보내면서 산마저도 이별했으니,	送爾兼山別,
서쪽으로 지는 산에 걸린 해 어찌하랴?	奈如山日西.

아무렇게나 지어　漫成

하늘의 바람이 큰 사막에 진동하고,	天風振大漠,
치닫는 구름 어지러이 가렸다 흩어졌다 하네.	疾雲紛蔽虧.
솔개가 날아오르는 건 본래 당연하다 해도,	鳶騰固其宜,
까마귀까지 치솟아 무얼 하려는 건지?	烏戾而何爲.

숙안에게 부친다　寄叔安
－박흔(朴忻)[9]의 자이다.

매화에 봄 기운이 감돌고,	梅上春候動,
가지 사이엔 새 울음소리 따스하구나.	枝間鳥語溫.
산 속의 달빛 산해정(山海亭)[10]에 환한데,	海亭山月白,
어떻게 하면 그대 불러 앉게 할 수 있을까?	何以坐吾君.

그저 흥이 나서　漫興

아침에 가벼운 안개 뚫고 배를 대고 보니,	朝徹輕煙泊,
모래 사장에 놓인 배엔 온통 봄 풍경이라.	沙舟渾似春.

은 정랑을 지냈다. 남명·퇴계의 문인이다. 저서로는 『덕계집』(德溪集)·『역년일기』(歷年日記) 등이 있다. 1566년 1월 15일 남명이 산청(山淸)에서 덕계 오건과 헤어진 뒤, 17일에 덕계에게 보낸 시이다.

9) 박흔 : 본관은 밀양이고, 삼가현(三嘉縣) 토동(兎洞)에 거주했는데, 행적은 미상이다. 의병장 생원 박건갑(朴乾甲)의 종조부(從祖父)이다.

10) 산해정 : 남명이 30세 되던 1530년 김해(金海)로 옮겨가 신어산(神魚山) 기슭에 산해정을 짓고 학문연구에 전념하였다. 산해정은 나중에 신산서원(新山書院)의 강당이 되었다. '산해'(山海)는 '높은 산에 올라가 바다를 굽어본다'는 뜻으로, 학문의 수준에 따른 경지를 비유한 말이다.

예로부터 서강(西江)[11]이 간직해온 아련한 뜻은,　　　西江終古意,
한 번도 사람에게 알려주지 않았다네.　　　不與一番人.

이별하는 사람[12]에게 준다　贈別

허연 귀밑머리 자꾸 나는 것 가엾게 여겨,　　　爲憐霜鬢促,
아침 해마저도 더디 떠주는구나.　　　朝日上遲遲.
동산(東山)[13]에 오히려 뜻이 있기에,　　　東山猶有意,
정다운 눈길로 돌아가는 그대 전송한다네.　　　靑眼送將歸.

산해정에서 우연히 읊다　山海亭偶吟

왕이 탄강(誕降)한 곳[14]과 십리 거리,　　　十里降王界,
긴 강물에 흐르는 한 깊도다.　　　長江流恨深.
구름은 황마도(黃馬島)[15]에 떠 있고,　　　雲浮黃馬島,
산은 푸르른 계림(鷄林)[16]으로 뻗어 있네.　　　山導翠鷄林.

---

11) 서강 : 낙동강이 김해 부근에서 세 갈래로 갈라지는데, 맨 서쪽으로 흐르는
　　줄기를 일컫는 듯하다.
12) 이별하는 사람 : 문경충(文敬忠 : 1494~1555)을 가리킨다. 문경충은 남명의
　　친구로, 삼가현(三嘉縣) 병목(幷木)에 살았다. 자는 겸부(兼夫), 호는 사미정
　　(四美亭), 무과에 급제하여 만호(萬戶)를 지냈다. 남명의 이 시에 문경충이 차
　　운(次韻)한 시는 이러하다. "뜻하지 않게 서로 만난 곳에서, 나막신 손본다며
　　일부러 꾸물거린다네. 이 날 은근한 뜻이 있었는데, 이별을 고하고 돌아가니
　　어쩔고?"[相逢邂逅地, 理屐故遲遲此日殷勤意, 奈如告別歸].
13) 동산 : 중국 절강성(浙江省) 임안현(臨安縣)에 있는 산 이름. 동진(東晉)의 정
　　승 사안(謝安)이 이 산 속에서 30년 동안 숨어 살다가 나중에 나가서 정승을
　　맡아 경륜을 폈다.
14) 왕이 탄강한 곳 : 가야의 수도, 즉 김해를 말한다. 서기 42년(신라 유리왕 19)
　　수로왕이 김해 구지봉(龜旨峯)에서 탄강(誕降)하였다.
15) 황마도 : 남해 바다에 있는 섬인 듯하나 미상.
16) 계림 : 경주(慶州).

우연히 읊다 偶吟

큰 기둥 같은 높은 산이	高山如大柱,
하늘 한 쪽을 버티고 섰다.	撑却一邊天.
잠시도 내려놓은 적 없는데도,	頃刻未嘗下,
자연스럽지 않음이 없도다.	亦非不自然.

옛 병풍에 써서 생질 자수[17]에게 준다 題古屛贈子修姪
— 자수는 이준민(李俊民)의 자다.

오산(鰲山)[18]의 봉우리는 조물주(造物主)의 솜씨요,	鰲峯造化手,
봉황각(鳳凰閣)[19]은 영인(郢人)의 도끼[20]로 다듬었네.	鳳閣郢人斧.
형양(荊楊)[21]의 노인들에게 묻노니,	爲問荊楊老,
원룡(元龍)[22]은 죽었는지 안 죽었는지.	元龍死與否.

---

17) 자수 : 이준민의 자. 1524~1590. 호는 신암(新菴), 본관은 전의(全義), 남명의
   자형인 이공량(李公亮)의 아들. 벼슬은 판서에 이르렀다. 시호는 효익(孝翼).
18) 오산 : 중국 호북성(湖北省)에 있는 산 이름.
19) 봉황각 : 화려한 누각을 말한다.
20) 영인의 도끼 : 『장자』(莊子)에, "초(楚)나라 영(郢) 땅 사람이 코 끝에다 흙을
   얇게 바르고서 장석(匠石)이라는 훌륭한 목수에게 흙을 깎아내도록 했더니,
   그 목수가 바람이 날 정도로 도끼를 빨리 놀려 흙을 깎아내면서도 코는 조금
   도 상하지 않았다"는 이야기가 있다. 정교한 솜씨를 말한다.
21) 형양 : 형주(荊州)와 양주(揚州) 양자강 중·하류 연안의 초나라 지역을 말한
   다. '楊'자는 '揚'자로 쓰는 것이 옳다. '형양의 노인'은 초나라 지역에 사는 옛
   일을 잘 아는 나이든 사람을 가리킨다.
22) 원룡 : 후한 말기 사람인 진등(陳登)의 자. 사람됨이 충성스럽고 고상했다. 광
   릉(廣陵) 태수가 되었을 때 여포(呂布)를 죽이는 데 공이 있었다. 일찍이 허사
   (許汜)가 진등을 방문했을 때, 허사를 아래 침대에 재우고, 자기는 높은 침대
   에 올라가서 잤다. 이는 진등이 허사를 범상한 인물로 보았고, 자신은 대단한
   인물이라고 자부한 것이다. 여기서는 이준민(李俊民)에게 지금 세상에서 진등
   같은 인물이 될 수 있는지를 묻고 있는 것이다.

다시 한 수 又

강가 높은 성곽 오랜 세월 지났는데,	百雉臨江老,
윤주(閏州)[23]의 천 마을을 볼 수 있구나.	千村看閏州.
망루(望樓)에서 보니 조수 만리에 뻗쳤는데,	譙門潮萬里,
봉래도(蓬萊島)[24]가 세 언덕으로 되어 있구나.	蓬島定三丘.

산해정에서 주 경유[25] 시의 운자[26]를 따라서　在山海亭次周景游韻
－경유는 주세붕(周世鵬)의 자다.

훌륭하도다! 풍기(豊基) 고을 원님이여.	可矣豊基倅,
내 집 문에다 말을 매었도다.	行騑繫我門.
왕도(王道)를 자세히 이야기하니,	箇箇談王口,
지금도 세상의 존경을 받는구나.	於今爲世尊.

어떤 사람에게 답하다　答人

병든 이네 몸 세속과 맞지 않은데,	病身瓦未合,
그대는 옥 병처럼 봐주는구려.	公作玉壺看.
가을 바람에 서리 내릴 때 우물물과 귤[27]은,	秋風霜井橘,

---

23) 윤주 : '閏'자는 '潤'자가 되어야 한다. 윤주(潤州)는 중국 강소성(江蘇省)에 있던 지명. 지금의 진강(鎭江). 오(吳)나라와 월(越)나라 사이의 격전지다.

24) 봉래도 : 동해 바다에 있는 신선이 살고 있다는 섬.

25) 주경유 : 주세붕의 자. 1495~1554. 호는 신재(愼齋), 무릉도인(武陵道人), 본관은 상주(尙州). 벼슬은 동지중추부사(同知中樞府事)에 이르렀다. 저서로는 『무릉잡고』(武陵雜稿)가 있다. 1543년 풍기(豊基) 군수로 있을 때 우리 나라 최초의 서원인 백운동서원(白雲洞書院)을 세웠다. 시호는 문민(文敏).

26) 시의 운자 : 주세붕이 1530년 9월에 산해정(山海亭)으로 남명을 방문하여 지은 시의 운자. 그 시는 이러하다. "푸른 산 아래의 그윽한 집, 세 갈래 강은 바다 입구로 흘러드는구나. 움직이는 곳을 끝없이 보노라니, 고요함이 귀하다는 것을 홀로 알겠네[幽屋靑山下, 三江入海門. 無窮看動處, 獨識靜爲尊]."

바닷가 아니면 얻기 응당 어려울 텐데.　　　　非海得應難.

산해정에 대를 심으며　種竹山海亭

대는 외로울까, 외롭지 않을까?　　　　此君孤不孤,
소나무가 이웃이 되어 있는데.　　　　髥叟則爲隣.
바람불고 서리 내리는 때 기다리지 않더라도　　莫待風霜看,
싱싱한 모습에서 참다움 볼 수 있나니.　　猗猗這見眞.

구암사[28]에 쓰다　題龜巖寺
－김해에 있다.

동쪽 고개 위 있는 나무는 소나무이고,　　東嶺松爲木,
불당(佛堂)에서는 사람들이 절을 하누나.　　佛堂人拜之.
나 남명은 이미 늙었기에,　　　南冥吾老矣,
애오라지 산 속의 지초(芝草) 물어야지.　　聊以問山芝.

황강[29]의 정자에 쓰다　題黃江亭舍
－성은 이(李), 이름은 희안(希顔), 자는 우옹(愚翁)이다.

길 가 풀은 이름 없이 죽어가고,　　路草無名死,
산의 구름은 자유롭게 피어오르네.　　山雲恣意生.

---

27) 우물물과 귤 : 한(漢)나라 소선공(蘇仙公)이 득도하여 신선이 되어가면서, 그
　　어머니에게 이르기를, "명년에는 천하에 크게 질병이 돌 것입니다. 뜰의 우물
　　물과 처마 부근의 귤잎 하나를 가지고서 치료를 할 수 있을 것입니다"라고 했
　　다. 그 다음해에 과연 질병이 나돌았는데, 그 어머니가 우물물과 귤잎으로 환
　　자들을 모두 치료하였다. '우물물과 귤'은 후세에는 '좋은 약'의 뜻으로 쓰였다.
28) 구암사 : 김해 신어산(神魚山) 속에 있다.
29) 황강 : 이희안(李希顔)의 호. 1504~1559. 자는 우옹(愚翁), 본관은 합천. 1554
　　년 유일로 천거되어 고령(高靈) 현감에 제수되었다. 남명의 절친한 벗이다.

강은 가없는 한을 흘려보내면서,　　　　　　　　江流無限恨.
바위와는 다투지를 않는다네.　　　　　　　　　不與石頭爭.

매화 밑에 모란을 심다　梅下種牧丹[30]

화왕(花王)[31]을 심고 보니,　　　　　　　　　栽得花王來,
조정 신하는 매어사(梅御史)[32]로세.　　　　　廷臣梅御史.
외로운 학은 끝내 무얼 하는가?[33]　　　　　　孤鶴終何爲,
벌이나 개미만도 못하구려.　　　　　　　　　　不如蜂與蟻.

덕산 시냇가 정자[34]의 기둥에 쓴다　題德山溪亭柱

천 섬을 담을 수 있는 큰 종을 보소서!　　　　　請看千石鍾,
크게 치지 않으면 소리 없다오.[35]　　　　　　非大扣無聲.

---

30) 牧丹 : 원전의 '牧'는 오자이다. 우리 나라에서 '牡丹'을 '牧丹'으로 쓰나, 이는
　　잘못이다. 『삼국유사』에서 이렇게 쓴 이후로 계속 그 잘못을 답습하였다.

31) 화왕 : 모란의 별칭.

32) 매어사 : 매화가 절개 있는 꽃이므로 백관을 규찰하는 관직인 '어사'라는 별칭
　　을 붙였다.

33) 외로운……하는가? : 송나라 시인 임포(林逋)가 매화와 학을 매우 좋아하여
　　매처학자(梅妻鶴子)라 하였다. 여기서의 뜻은 매화에 어울리는 새는 학인데도
　　날아오지 않는다는 뜻이다.

34) 시냇가 정자 : 『진양지』(晋陽誌)에, "가정(嘉靖) 경신(庚申 : 1560)년에 남명선
　　생이 삼가(三嘉) 토동(兎洞)으로부터 가족을 데리고 와 사륜동(絲綸洞)에 터
　　를 잡고 살았다. 산천재(山天齋)를 지어 장수(藏修)할 곳으로 삼았다. 집 앞에
　　또 마룻대 없는 풀로 된 집을 한 칸 지어, 바람을 쏘이고 시를 읊조릴 곳으로
　　삼았으니 바로 상정(橡亭)이다. …… 선생이 상정의 기둥에다 절구 한 수를
　　쓰기를, '천 섬이 들어가는 종을 보소서. ……'라고 하였다"라는 기록이 있다.
　　이 기록을 통해 볼 때, '시냇가 정자'는 곧 '상정'(橡亭)이다.

35) 크게……없다오 : 『예기』(禮記) 「학기편」(學記篇)에, "질문에 잘 답하는 것은
　　종을 치는 일과 같다. 작게 치면 작게 울리고, 크게 치면 크게 울린다"라는 말
　　이 있다. 즉, 선생은 종이고 학생은 치는 사람이다. 질문을 잘하면 좋은 대답

어떻게 하면 두류산처럼,
하늘이 울어도 울지 않을 수 있을까?

争似頭流山,
天鳴猶不鳴.

안음 옥산동에서 놀며　遊安陰玉山洞[36]

물 속의 하얀 돌엔 천 가지 구름 모습,
푸른 댕댕이넝쿨이 많은 베 짜낸 듯.
다 묘사하지 말도록 하게나!
장차 고사리 캐러 돌아올 테니.

白石雲千面,
青蘿織萬機.
莫敎摸寫盡,
來歲採薇歸.

청학동 폭포를 읊다　詠青鶴洞瀑布
　－두류산에 있다.

굳센 적이 층진 벼랑이 막아 섰기에,
찧고 두드리며 싸우길 쉬지 않는다.
요(堯)가 구슬 버리는 것을 싫어하여,[37]
쉬지 않고 마시고 토하고 하는구나.

勍敵層崖當,
舂撞鬪未休.
却嫌堯抵璧,
茹吐不曾休.

함벽루[38]　涵碧樓
　－합천에 있다.

남곽자(南郭子)처럼 무아지경에 이르진 못해도,[39]

喪非南郭子,

을 들을 수 있다는 뜻이다. 여기서는 세상이 남명 자신을 알아주어 크게 쓰면, 큰일을 할 능력을 갖고 있다는 뜻을 갖고 있다.

36)　安陰玉山洞 : 안음은 안의(安義)의 옛 이름. 안의현은 1914년 없어져, 함양군과 거창군에 분속(分屬)되었다. 1566년 갈천 임훈과 함께 이곳을 유람하였는데, 갈천의 시에서는 花林洞 月淵巖이라 하였다.

37)　요(堯)가……싫어하여 : 『포박자』(抱朴子)에, "요(堯)가 임금이 됨에 산에 금을 버렸고, 순(舜)이 선양을 받음에 구슬을 골짜기에 버렸다"라는 말이 있다. 원문의 '璧'자가 기유본(己酉本)에는, '璧'자로 되어 있는데, '璧'자가 옳다.

강물은 아득하여 알 수 없구나.	江水渺無知.
뜬 구름의 일을 배우고자 하나,	欲學浮雲事,
오히려 높다란 바람이 흩어버리네.	高風猶破之.

태용에게 준다 贈太容
－김천우(金天宇)[40]의 자.

서로 만나고자 해도 그리워만 하면서,	脉脉如相見,
봄 산에 아직도 홀로 산다네.	春山猶獨居.
남사(南史)[41]의 붓을 얻어와서는,	分來南史筆,
벼 심는 법 기록한 책 베끼게 한다네.[42]	
	敎寫種稻書.

생질 자수에게 부친다 寄子修姪

굶주리고 추위에 떠는 어머니와 동생,	飢寒母弟在,

---

38) 함벽루 : 합천읍 남쪽 황강(黃江)의 북쪽 언덕 위에 있는 정자 이름. 고려 충숙왕 8년(1321)에 창건되었다. 이 정자에는 남명의 이 시와 함께 퇴계의 시도 걸려 있고, 우암(尤菴)이 쓴 기문이 걸려 있다. 남정(南亭)이라고도 한다.

39) 남곽자(南郭子)처럼……못해도 : 『장자』(莊子) 「제물론」(齊物論)에, "남곽자기(南郭子綦)가 안석(案席)에 기대어 앉아서 하늘을 우러러 한숨을 쉬며 멍하니 있는데 마치 그 배필을 잃은 것 같았다"라는 말이 있다.

40) 김천우 : 1504~1548. 자는 태용(太容), 본관은 경주(慶州). 1538년 문과에 급제하여 응교(應敎)를 지냈으며 보은(報恩)에 살았다. 대곡(大谷) 성운(成運)의 처남이자, 충암(沖庵) 김정(金淨)의 당질(堂姪)이다.

41) 남사 : 춘추시대 제(齊)나라 사람. 대부 최저(崔杼)가 그 임금을 시해하자 사관(史官)이 그대로 썼다. 최저가 그 사관을 죽이자 그 동생이 이어서 썼다가 또 죽음을 당하였다. 그 아래 동생이 또 쓰자, 최저가 할 수 없어 그대로 놓아두었다. 남사씨가 사관이 다 죽였다는 소문을 듣고서 붓과 죽간(竹簡)을 가지고 갔다가, 이미 썼다는 사실을 확인하고는 돌아왔다. 후대에 와서 곧은 글을 '남사의 붓'에 비유하여 말한다.

42) 벼……한다네 : 조정에서 사관(史官)을 지내다 물러나 농사일에 관심이 많다는 뜻.

벼슬 구하는 뜻 결코 다른 데 있지 않다네.　　　　求仕定非他.
양주(楊朱)⁴³⁾의 길에 서서,　　　　却立楊朱路.
머뭇거리는 너를 어이해야 할지?　　　　遲回奈爾何.

해질녘에 외로운 배를 대다 孤舟晩泊

만리 풍파 사나워 놀랐지만,　　　　風濤驚萬里,
키와 노 맡은 사공에게 운명 맡겼네.　　　　柂櫓倚篙工.
해 저물어 봉래산(蓬萊山)⁴⁴⁾ 아래 닿으니,　　　　晩泊蓬萊下,
첫째 봉우리에 우리 집안 산소⁴⁵⁾가 있네.　　　　家山第一峯.

삼족당⁴⁶⁾이 유언으로 해마다 보내주라 한 곡식을 사양하며
辭三足堂遺命歲遺之粟

사마광(司馬光)⁴⁷⁾한테서도 받지 않았나니,　　　　於光亦不受,
그 사람은 바로 유도원(劉道源)⁴⁸⁾이라네.　　　　此人劉道源.

---

43) 양주 : 전국시대 극단적인 이기주의를 주창한 사상가. 길을 가다가 두 갈래
　　길이 나오면 서서 울었다 한다.
44) 봉래산 : 여기서는 동래(東萊)에 있는 산을 가리킨다.
45) 집안 산소 : 남명 증조모의 산소가 동래에 있다.
46) 삼족당 : 1479~1551. 김대유(金大有)의 호. 자는 천우(天祐), 본관은 김해로,
　　탁영(濯纓) 김일손(金馹孫)의 조카이다. 문과에 올라 칠원(漆原) 현감을 지냈
　　다. 죽을 때 남명의 가난을 염려하여 그 아들에게 해마다 곡식을 보내주라고
　　명했으나, 남명은 받지 않았다.
47) 사마광 : 송나라의 학자, 정치가. 자는 군실(君實), 시호는 문정(文正), 온국공
　　(溫國公)에 봉해졌다. 벼슬은 승상에 이르렀다. 19년에 걸쳐 저술한 『자치통
　　감』(資治通鑑)은 중국의 대표적인 편년체 사서(史書)이다. 문집으로 『독락원
　　집』(獨樂園集)이 있다.
48) 유도원 : 송나라 학자 유서(劉恕)를 말한다. 도원은 그의 자. 벼슬은 비서승
　　(秘書丞)에 이르렀다. 총명하고 사학을 매우 좋아하였는데, 사마광이 『자치통
　　감』을 저술하다가 복잡하여 처리하기 어려운 곳을 만나면 그에게 맡겨 처리
　　하게 하였다. 집이 매우 가난하여 겨울에도 추위를 막을 의복이 없었다. 그가

그런 까닭으로 호강후(胡康侯)⁴⁹⁾는,　　　　所以胡康侯,
죽을 때까지 가난을 말하지 않았다네.　　　　至死貧不言.

건숙의 시에 삼가 화답하면서 김 태용에게 문안한다　奉和健叔因問金太容
　－건숙은 성 대곡(成大谷)의 자이고, 이름은 운(運)이다.

마음으로는 이별하지 않았으니,　　　　此心無別離,
꼭 얼굴 보길 생각할 것 없다네.　　　　顏面不須思.
말하고자 하나 도리어 할 말이 없나니,　　　　欲語還無語,
뒷날 기약한 때가 있기 때문이라네.　　　　後期能有時.
　　　－가을에 속리산으로 가기로 약속했기에 이렇게 말한 것이다.

건숙에게 부친다　寄健叔

물과 물고기처럼 형제 같은 친구는,　　　　水友兄弟者,
삼산(三山)⁵⁰⁾에 사는 김 태용이라.　　　　三山金太容.
옛날 약속 지키려면⁵¹⁾ 추워지면 안 되나니,　　　　燖盟寒不可,
지난해처럼 못 가게 될까 오히려 걱정이네.　　　　猶恐去年同.

하직하고 남쪽으로 갈 때 사마광이 옷 몇 가지를 주었더니 받지 않으려고 했
다. 굳이 주자 받아가지고 영주(潁州)에 이르러서 봉하여 돌려보내버렸다. 자
기를 알아주던 사마광한테도 받지 않았으니 다른 사람한테는 어떻게 처신했
는지 알 수 있다.

49) 호강후 : 송나라 학자 호안국(胡安國)을 말한다. 강후는 그의 자. 천거를 받아
　　중서사인(中書舍人)을 지냈다. 평생 『춘추』를 깊이 연구하여 『춘추전』(春秋
　　傳)을 지었다. 가난하게 살아 의식을 해결하기 어려울 정도였으나, "죽고 사
　　는 것은 명(命)이 있다" 하면서 개의치 않았다.
50) 삼산 : 보은(報恩)의 옛 이름.
51) 약속 지키려면 : 원문의 '燖'자가 갑오본, 경술본에는 '尋'자로 되어 있는데, 여
　　기서는 '尋'자의 뜻으로 번역하였다.

꿈을 기록하여 하군에게 준다 記夢贈河君

– 짧은 서문도 아울러서 并小序

을축(1565)년 8월 16일에 내가 꿈에 대사간 이 중망(李仲望)[52]을 나무 아래서 만났다. 정겨운 이야기가 다 끝나기도 전에 이군이 일어나 가버렸다. 내가 그 소매를 잡고 짧은 절구를 읊어서 주면서 작별했다. 깨어나서 괴롭게 옛일에 회상하여 느꼈다. 이제 다행히 하공(河公)을 만나니, 어제 꿈에 이군을 만난 것은 바로 지금 하공을 만날 징조였다. 더욱이 정령(精靈)이 아직 없어지지 않은 것에 대해서 울면서 탄식하였다. 하공은 곧 대사간의 외손이자 나의 질서(姪壻)다. 나를 사랑하여 항상 스스로 내방하였고, 나도 또한 이군과의 연고와 혼인 관계의 정의 때문에 마음이 무척 끌렸다. 그리하여 꿈에 한 말을 적어 그에게 주고, 또 꿈 속에 지은 시를 주었다. – 대사간의 이름은 림(霖)인데, 을사(1545)년에 화를 입었다. 하(河)의 이름은 천서(天瑞)[53]인데, 이공량(李公亮)[54]의 사위이다.

나무 아래서 그대와 이별했는네,	樹下與君別,
누가 이네 마음 같았는지?	此懷誰似之.
속은 탔지만 아직 죽지 않아,	燼心猶未死,
반쪽 껍질만 남아 있다네.	只有半邊皮.

제목 없이 無題

비가 산 아지랑이 싹 씻으니,	雨洗山嵐盡,
뾰족한 봉우리 그림에서 본 듯.	尖峯畫裡看.
저녁에 돌아가는 구름 낮게 깔리자,	歸雲低薄暮,

---

52) 이 중망 : 이림(李霖)의 자. 1495~1546. 본관은 함안. 병조참의로 있다가 을사사화에 연루되어, 의주로 장배(杖配)되었다가 이듬해 사사되었다. 남명과 젊은 시절부터 친구로 지냈다.

53) 하천서 : ? ~ ?. 본관은 진양(晉陽), 호는 망추헌(望楸軒). 남명의 자형 이공량(李公亮)의 사위이다.

54) 이공량 : 1500~1565. 자는 인숙(寅叔), 호는 안분당(安分堂), 본관은 전의(全義). 진주 금산(琴山) 관방리(冠坊里)에 살았다. 남명의 자형이다.

그 정취와 모습 절로 한가롭네.　　　　　　　　　　意態自閑閑.

제목 없이　無題

노나라 들판에서 기린은 헛되이 늙어가고,[55]　　　　魯野麟空老,
기산(岐山)엔 봉황새도 날아오지 않누나.[56]　　　　岐山鳳不儀.
문장[57]도 이제 끝장이니,　　　　　　　　　　　　文章今已矣,
우리 도(道)는 마침내 누굴 의지해야 하나?　　　　吾道竟誰依.

떠돌아다니는 중에게 준다　贈行脚僧

−선생이 산해정에 있는데 어떤 중이 와서 뵈었다. 그가 온 곳을 물었더니, "삼각산에서 왔습니다"라고 했다. 하루 종일 머물러 앉아 있다가 하직하고 갔다가, 그 다음날 이른 아침에 또 왔다. 이렇게 한 지 삼일 된 아침에 하직하면서 말하기를, "소승은 옛날 살던 산으로 돌아가려고 합니다" 하고는, 시축(詩軸)을 내밀면서 절구 한 수를 청했다. 선생은 젊은 날 삼각산에서 공부한 적이 있으므로, 중의 말을 듣고 옛날 일에 느껴 이 절구를 지었다.

나도 한양 서쪽에 살면서,[58]　　　　　　　　　　渠在漢陽西,
삼각산을 오갔었지.　　　　　　　　　　　　　　揭來三角山.
정녕 한 말씀 드리니,　　　　　　　　　　　　　丁寧還寄語,
이젠 편안히 다리 붙여야지.　　　　　　　　　　立脚尙今安.

---

55) 노나라……늙어가고 : 노나라 애공(哀公) 14년(기원전 481) 봄, 노나라 서쪽에서 기린이 잡혔다. 기린은 성스러운 임금이 나오면 출현하는 짐승인데, 성스러운 임금이 나오지 않았는데도 나타났다가 잡힌 것이다. 공자가 그때 『춘추』(春秋)를 집필하고 있다가 이 소식을 듣고 절필(絶筆)하고 말았다.
56) 기산엔……않누나 : 주나라 문왕(文王) 때 봉황이 기산에서 울었다 한다. 기린이 나타나고 봉황이 우는 것은 성스러운 임금이 나타날 상서로운 징조다.
57) 문장 : 옛 문물 제도를 말한다.
58) 나도……살면서 : 남명이 26세 이전의 젊은 시절 서울에서 살았다.

판서 정유길[59]에게 준다　贈鄭判書惟吉

그대 북쪽으로 돌아갈 수 있건만,　　　　　　君能還冀北,
산 자고새[60]인 나는 남쪽에서 산다네.　　　山鷓鴣吾南.
정자를 산해(山海)[61]라고 이름했더니　　　 名亭曰山海,
바다에 살던 학이 뜰로 찾아오는구나.　　　海鶴來庭衆.

강교의 다회연 모정 창문에 쓴다　題姜郊多檜淵茅亭窓
― 강교는 사람의 성명이다.

말 겨우 돌릴 정도 높은 집,　　　　　　　旋馬高堂在,
긴 강 가 고목 속 터에 있네.　　　　　　　長江古樹墟.
전생엔 동야(東野)[62]의 몸이긴 해도,　　　前身東野是,
맑고 여윈 것은 아마도 같기 어려우리.　　　清瘦恐難如.

사산[63]으로 가는 최 명원[64]을 뒤쫓아가 전송하면서 주다
贈崔明遠追送蛇山別

사산 중턱에 사는 훌륭한 그대를,　　　　　令子蛇山腹,

---

59) 정유길 : 1515~1588. 자는 길원(吉元), 호는 임당(林塘), 본관은 동래, 영의정 정광필(鄭光弼)의 손자. 좌의정을 지냈고, 저서로는 『임당유고』(林塘遺稿)가 있다.

60) 산 자고새 : 명종(明宗)이 남명과 퇴계를 벼슬로 불러도 나오지 않자, 조정 신하 가운데서, "이황과 조식은 산새와 같으니 산에서 살도록 내버려두는 것이 좋습니다"라고 말한 사람이 있었다.

61) 산해 : 남명이 자기가 공부하는 정자를 '산해'라고 이름 붙인 것은, "높은 산에 올라가 넓은 바다를 바라본다"는 뜻을 취한 것이다. 공부를 해서 높은 식견을 갖추어 멀리 정확하게 보겠다는 의미이다

62) 동야 : 당나라 시인 맹교(孟郊)의 자. 한유(韓愈)의 친구로 시를 잘했는데, 시의 격조가 청수(清瘦)하였다. 강교와 이름자가 같기에 맹교와 비교한 것이다.

63) 사산 : 충청북도 보은군 북부에 있는 산 이름.

64) 최 명원 : 미상.

닭 우는 새벽에 이 늙은이 그리워한다네. 若翁雞曉頭.
청컨대 양자강 물을 보게나. 請看楊[65]子水,
유유히 흐르는 물결 선 적 없다네. 宿浪未曾休.

제목 없이 無題
— 학록(學錄) 오건(吳健)에게 준 것 같다.

구슬 같은 서른 알의 포도, 草龍三十珠,
산뜻한 맛 마음과 입에 들어맞네. 心口淸相適.
오랜 병으로 낮잠이 심하더니, 沉痾繁午睡,
포도 먹은 뒤론 꼭 침 쓸 필요 없어. 不用須針石.

우연히 읊다[66] 偶吟

사람들이 바른 선비 사랑하는 건, 人之愛正士,
호랑이 털가죽 좋아하는 것과 비슷해. 好虎皮相似.
살아 있을 때는 죽이려고 하다가, 生則欲殺之,
죽은 뒤에라야 막 칭찬한다네. 死後方稱美.

유정산인[67]에게 준다 贈山人惟政

꽃은 조연(槽淵)[68]의 돌 위에 떨어지고, 花落槽淵石,

---

65) 楊 : 원전의 '楊'자는 마땅히 '揚'자로 되어야 한다.
66) 이 시는 명나라 왕수인(王守仁)의 시라는 설이 있으나, 『왕양명집』(王陽明集)
   에는 보이지 않는다.
67) 유정산인 : 1544~1610. 승병장(僧兵將), 호는 사명당(四溟堂), 또는 송운(松
   雲). 임진왜란 때 승병을 이끌고 큰 공을 세웠다. 단속사 등 지리산 주변의 절
   에 많이 머물렀다. 산인은 중에 대한 존칭.
68) 조연 : 산청군 단성면 입석리(立石里) 단속사(斷俗寺) 아래에 있는 개울 이름.
   우리말로 '구시못'이라고 부른다.

옛 절[69] 축대엔 봄이 깊었구나.　　　　　　春深古寺臺.
이별하던 때 잘 기억해두게나!　　　　　　別時勤記取,
정당매(政堂梅)[70] 푸른 열매 맺었을 때.　　青子政堂梅.

우연히 읊다　偶吟

작은 매화 아래서 책에 붉은 점 찍다가,[71]　朱點小梅下,
큰 소리로 「요전」(堯典)[72]을 읽는다.　　　高聲讀帝堯.
북두성이 낮아지니 창이 밝고,　　　　　　窓明星斗近,
강물 넓은데 아련히 구름 떠 있네.　　　　江闊水雲遙.

삼족당에게 부친다　寄三足堂

세상 일은 풍운과 더불어 변하고,　　　　事與風雲變,
강은 세월과 함께 흘러간다.　　　　　　　江同歲月流.
고금 영웅들이 품었던 뜻을,　　　　　　英雄今古意,
온통 한 척의 빈 배에 부친다.　　　　　都付一虛舟.

성 동주[73]에게 준다　贈成東洲
　─성제원의 호이다.

조그마한 고을이라 볼 사무 별로 없어,　斗縣無公事,

---

69) 옛 절 : 단속사를 말한다.
70) 정당매 : 고려말기 인물인 통정(通亭) 강회백(姜淮伯)이 경남 산청군 단속사
　　에서 어린 시절 공부할 때 심은 매화. 그의 벼슬이 정당문학(政堂文學)에 이
　　르렀으므로 이 매화를 ‘정당매’라 불렀다. 현재까지도 절터에 그가 심은 매화
　　가 남아 있다.
71) 붉은 점 찍다가 : 옛날 사람들은 책의 중요한 곳에 붉은 점을 찍는 풍습이 있
　　었다.
72) 요전 : 『서경』의 편명.
73) 성 동주 : 1506~1559. 성제원(成悌元)의 호가 동주다. 자는 자경(子敬), 본관은

때때로 술 취한 세계에 들 수 있다네.　　　　時時入醉鄉.

눈에 완전한 소 보이지 않는 칼솜씨[74]를,　　目牛無全刃,

어찌 닭을 잡다가 상할 필요 있겠는가?[75]　焉用割鷄傷.

중이 둥근 부채 보내준 것에 사례하여　謝僧送圓扇

일찍이 지팡이를 날리며 방문했기에,　　　曾將飛錫訪,

태전(太顚)[76]처럼 부지런하여 매우 감사했다오.　太謝太顚勤.

다시 둥그런 부채 부처 보내주니,　　　　更寄團團面,

달 속의 계수나무[77] 쪼개온 듯하도다.

　　　　　　　　　　　　　　　　　　分來一桂根.

제목 없이　無題

서리는 초나라 왕궁에 들고,　　　　　　霜入楚王宮,

조수는 기자국(夔子國)[78]에 통했네.　　潮通夔子國.

창녕, 벼슬은 현감을 지냈다. 저서로는 『동주유고』(東洲遺稿)가 있다. 시호는 청헌(清憲).

74) 눈에……칼솜씨 : 『장자』「양생주」(養生主)에 나오는 우화(寓話)이다. 양(梁) 나라의 소 잡는 사람이 소를 잘 잡았다. 잘 분리되는 곳으로만 칼을 쓰기 때 문에 칼 한 자루를 19년간 썼는데도 칼날이 막 숫돌에서 갈아낸 것 같았다. 이 사람의 눈에는 소의 전체 몸뚱이는 보이지 않고 분해되어 보였던 것이다. 솜씨가 신기(神技)에 이른 것을 비유하였다.

75) 닭을……있겠는가 : 『논어』「양화편」(陽貨篇)에 나오는 내용인데, 공자의 제 자 자유(子游)가 무성(武城)의 고을원이 되었기에 공자가 가봤더니, 자유가 거문고를 켜고 있었다. 공자가 "닭을 잡는 데 어찌 소 잡는 칼을 쓰랴?"라고 했다. 여기서는 남명이 성동주의 재주가 고을원을 하기에는 아깝다는 뜻이다.

76) 태전 : 주(周)나라 문왕(文王)의 어진 신하. 문왕의 네 명의 벗 가운데 한 사 람이다.

77) 달 속의 계수나무 : 아주 귀중하다는 뜻이다.

78) 기자국 : 초나라와 동성인 나라인데, 기자국 임금이 제사를 지내지 않기에 초 나라가 멸망시키고 그 임금을 붙들어갔다. 지금의 호북성(湖北省) 자귀현(秭 歸縣)에 있었다.

망한 나라 사람 받아들인 것 아니라,　　　　　　不是納亡人,
임금 마음이 스스로 먼저 미혹했기 때문.　　　　君心先自惑.

제목 없이[79]　無題

약을 먹어 장생하기를 바라도,　　　　　　　服藥求長年,
고죽군(孤竹君)의 아들[80]만은 못해.　　　　　不如孤竹子.
수양산(首陽山)[81] 고사리 캐먹어도,　　　　　一食西山薇,
만고토록 오히려 죽지 않았으니.　　　　　　萬古猶不死.

김렬[82]에게 준다　贈金烈

요임금·순임금은 나면서부터 안 사람이고,　　堯舜生知聖,
그 밖에는 배운 뒤에 안 현자(賢者)라네.[83]　其他學後賢,
지금 그대는 나이 아직도 젊으니,　　　　　　君今齒尙潔,
옛 사람보다 더 나을 수가 있다네.　　　　　庶可以光前.

장 판관[84]의 옷에 쓰다　書張判官衣

높은 산은 어찌 그리 높은지?　　　　　　　高山何太高,

---

79) 제목 없이 : 안정복(安鼎福)의 『상헌수필』(橡軒隨筆)에, "명(明)나라 호응린
(胡應麟)의 『시수』(詩藪)에 의하면, 이 시는 원(元)나라 사람 노처도(盧處道)
가 지은 「이제채미」(夷齊採薇)인데, 첫번째 '不'자가 노(盧)의 시에는 '孰'자로
되어 있다"라고 했다.
80) 고죽군의 아들 : 백이·숙제를 말한다. 고죽은 은(殷)나라 때의 제후국 이름.
81) 수양산 : 중국 산서성(山西省) 영제현(永濟縣) 남쪽에 있는 산 이름. 서산(西
山) 또는 뇌수산(雷首山)이라고도 한다.
82) 김렬 : ? ~ ?. 본관은 선산(善山), 문경충(文敬忠)의 손자 문익정(文益精)의
사위이다.
83) 요임금……현자라네 : 공자가 말하기를, "어떤 사람은 나면서부터 알고 어떤
사람은 배워서 알고 어떤 사람은 곤란을 겪고 나서 안다"라고 했다. ―『중용』

눈초리 찢어지도록 멀리 갈 때까지 본다.	決眦送秋毫.
하늘 끝 바다는 응당 만리나 되겠지,	海天應萬里,
내일이면 꿈만이 서로 수고로우리.	明日夢相勞.

육언절구(六言絶句)

건숙에게 부친다 寄健叔

이 사람 오봉루(五鳳樓)[85]의 솜씨를 가지고도,	之子五鳳樓手,
태평성대에도 밥 한 그릇 얻어먹지 못하네.	堯時不直一飯.
오래 된 방합(蚌蛤)조개에 명월주(明月珠) 감추어져 있건만,	明月或藏老蚌,
왕은 어찌하여 가짜만을 찾아 쓰는지?	山龍烏可騫楦.

오언사운(五言四韻)

오 학록[86]에게 준다 贈吳學錄

| 산 북쪽 절[87]에서 잠시 만났는데, | 簿簿山北寺, |

---

84) 장 판관 : 1510~1574. 이름은 필무(弼武). 자는 무부(武夫), 호는 백야(栢冶), 본관은 구례(求禮). 무과에 급제하여 절도사(節度使)를 지냈다. 온성 판관(穩城判官)·제주 목사를 지낸 적이 있다. 무인이면서도 역학(易學)에 밝았다.

85) 오봉루 : 훌륭한 문장 솜씨를 말한다. 송나라 한부(韓溥)·한계(韓洎) 형제는 둘 다 고문(古文)을 잘하였다. 아우인 한계가 형 한부를 깔보아 말하기를, “우리 형님의 문장은 문지도리를 새끼줄로 얽은 초가집이니 겨우 비바람만 가릴 수 있지만, 나의 문장은 오봉루를 지을 솜씨다”라고 했다. 오봉루는 후량(後梁)의 무제(武帝)가 지은 높이 100장(丈)의 화려한 누각이다.

86) 오 학록 : 덕계(德溪) 오건(吳健)을 말한다. 1566년 1월 15일 산청(山淸)에 있는 덕계의 집에서 헤어지고 나서, 17일에 김치와 함께 이 시를 지어 보냈다.

모두가 훌륭한 인물이었네.　　　　　　　箇箇比龍鱗.

보아하니 모두 실력이 충실하고,　　　　　豆子看來熟,

마음에 맞는 벗으로서 동지가 될 만하네.　蘭叢對有隣.

바람에 떨리는 나무 보고 부모를 생각하고,　卽懷風振木,

의리를 지키다 억울하게 당한 사람을 슬퍼한다.　曾噎義寃人.

아름다운 손님 대접할 것이 없기에,　　　無以佳賓餉,

남쪽 시냇가에서 마름을 캐었다네.[88]　　　採之南澗濱.

만사　輓詞

황승상(黃丞相)의 후손이요,　　　　　　世系黃丞相,

시가(媤家)는 문벌 좋은 집안이라네.　　　夫家許史來.

머리 허연 백살 노친(老親)은 살아 있고,　　百年留鶴髮,

아리따운 두 딸을 남겨두었도다.　　　　　雙女見蚌胎.

시냇가의 옛집은 허물로 벗었고,　　　　　古宅溪邊蛻,

새 무덤은 눈 속에 자리잡았네.　　　　　新塋雪裏開.

나무꾼 길에는 산양(山陽)의 눈물[89] 있나니,　山陽樵有道,

맹상군(孟嘗君)[90]의 죽음을 슬퍼하는 듯.　翻作孟嘗哀.

---

87) 절 : 산청(山淸)에 있는 지곡사(智谷寺)를 말한다.

88) 남쪽……캐었다네 :『시경』「채빈편」(采蘋篇)에, "마름 캐기를 남쪽 시냇가에서 한다네"[于以采蘋, 南澗之濱]라는 구절이 있다.

89) 산양의 눈물 : 진(晉)나라의 상수(向秀)가 산양(山陽)에 있는 옛집을 지나다가 이웃 사람이 피리 부는 소리를 듣고서 죽은 친구 혜강(嵇康) 등을 생각하며 눈물을 흘렸다 한다.

90) 맹상군 : 전국시대 제(齊)나라 공자(公子). 성은 전(田), 이름은 문(文). 제나라의 정승을 지냈다. 그는 각지에서 많은 인재를 불러모아 그의 밑에는 식객(食客)이 3천 명이나 되었다. 그가 인재를 불러모으는 방법은 귀천을 가리지 않고 한 가지 재주라도 있으면 우대하였으므로 많은 사람들이 몰려들었다. 여기서는 무덤 곁을 지나다니는 나무꾼들마저도 자기들을 보호해주던 이 사람의 죽음을 슬퍼한다는 뜻이다. 그리고 맹상군은 후사가 없었다.

박 우후[91]의 죽음을 슬퍼하여　輓朴虞候

오가산(鰲角山) 세 봉우리 아래,	鰲角三峯底,
그대의 빛나는 집안 있었네.	於君高大門.
진한(辰韓)의 먼 후예[92]요,	辰韓瓜瓞遠,
조씨(曹氏)와 위양(渭陽)[93]에서 나뉘었다네.	曹氏渭陽分.
기름 칠한 장막[94]에서 도후(都侯)[95] 지냈고,	油幕都侯掩,
은천(殷川)의 석계륜(石季倫)[96]이라네.	殷川石季倫.
이웃집에선 방아노래 하지 않는데,[97]	隣舂不相杵,
쓸쓸히 산허리에 구름이 걸려 있네.	零落半山雲.

산 속의 절에서 우연히 읊다　山寺偶吟

수풀 속 천년 된 옛 절로,	林下千年寺,

---

91) 박 우후 : ? ～ ?. 이름은 운(芸), 호는 수성재(修誠齋), 본관은 밀양. 허원보 (許元輔)의 사위로, 퇴계(退溪)의 처고모부이다. 의령(宜寧) 가례(嘉禮) 마을 에 살았다. 우후는 지방의 병사영(兵使營)이나 수사영(水使營)에 딸린 무관직 으로 절도사(節度使)나 수사(水使)의 보좌관이다. 원문의 '侯'자는 '候'의 오자.

92) 진한의 먼 후예 : 박씨는 모두 신라의 시조인 박혁거세(朴赫居世)의 후손인데, 신라는 진한에서 유래하였다.

93) 위양 : 진(晉)나라 문공(文公)이 그 외삼촌과 위양에서 이별하였다.『시경』「진 풍」(秦風)에「위양편」(渭陽篇)이 있다. 후대에는 외삼촌과 생질 사이의 관계 를 나타내는 말로 쓰였다. 여기서는 조씨(曹氏)의 외손이란 뜻이다.

94) 기름 칠한 장막 : 장수의 막부(幕府).

95) 도후 : 후한 때의 벼슬 이름. 야간 순찰을 담당하였다. 여기서는 우후(虞候)의 별칭으로 볼 수 있다.

96) 석계륜 : 진(晉)나라의 큰 부자 석숭(石崇)의 자가 계륜이다. 여기서는 박 우 후(朴虞候)가 아주 부유하였다는 뜻이다.

97) 이웃집에선……않는데 :『예기』「단궁편」에, "이웃에 상이 있으면 방아 찧는 사람들이 노래로 가락을 맞추지 않으며, 마을에 빈소가 있으면 거리에서 노래 하지 않는다"라는 구절이 있다.『사기』(史記)「상군전」(商君傳)에, "어진 정 승이 죽으매 백성들이 슬퍼하여 방아를 찧으며 노래를 부르지 않았다"라는 구절이 있다.

사람은 외로운 학 따라 찾아왔다네. 人隨獨鶴尋.
중은 굶주려 아침 부엌 싸늘하고, 僧飢朝竈冷,
오래 된 대웅전엔 밤 구름 깊도다. 殿古夜雲深.
봉우리 위의 달빛이 등불이요, 燈點峯頭月,
물 속의 반듯한 돌에선 방아소리가 나네. 春聲水中砧.
부처 앞의 향불은 이미 꺼졌는데, 佛殿香火死,
보이는 것은 오직 식은 마음뿐이라네. 唯見已灰心.

홀로 선 나무를 읊다　咏獨樹

무리를 떠나 홀로 있기에, 離群猶是獨,
스스로 비바람 막기 힘들겠지. 風雨自難禁.
늙어감에 머리는 없어졌고, 老去無頭頂,
상심하여 속이 다 타버렸네. 傷來爩腹心.
아침이면 농부가 와서 밥 먹고, 穡夫朝耦飯,
한낮엔 야윈 말이 그늘에서 쉬네. 瘦馬午依陰.
다 죽어가는 등걸에서 무얼 배우랴? 幾死查寧學,
마음대로 하늘에 떴다 가라앉았다 하네. 升天只浮沈.

최 현좌[98]에게 준다　贈崔賢佐
　ー최흥림(崔興霖)의 자이다.

안개와 구름 낀 금적산(金積山)[99] 골짝에서, 金積烟雲洞,
그대와 만나니 두 줄기 눈물 흐르누나. 逢君雙涕流.
뼛골에 사무치는 그대 가난을 불쌍히 여기고, 憐君貧到骨,

---

98) 현좌 : 최흥림(崔興霖)의 자. 1506～1581. 호는 계당(溪堂), 본관은 화순(和順).
　대곡(大谷) 성운(成運)의 문인으로, 보은에 살면서 금적정사(金積精舍)를 지
　어놓고 학문에 정진하였다. 저서로는 『계당유고』(溪堂遺稿)가 있다.
99) 금적산 : 충청북도 보은의 남부에 있는 산 이름.

내 머리칼은 온통 눈빛이라 한스럽도다.	恨我雪渾頭.
푸른 나무엔 비 막 지나갔고,	碧樹初經雨.
국화는 바로 가을을 만났구나.	黃花正得秋.
산 속의 집에 돌아와 환한 달 안고서,	還山抱白月,
그리운 마음 꿈에 부쳐 보낸다네.	魂夢付悠悠.

삼산에 사는 탁이[100] 어른에게 드린다　奉三山卓爾丈
－김태암(金泰岩)의 자이다.

녹문(鹿門)[101]에서 방노인(龐老人)[102] 만나보니,	鹿門龐老見,
자기를 잊고 또 나이도 잊었구나.	忘我又忘年.
많은 선비를 만나보았겠지만,	閱士蓋多矣,
허기진 듯이 어리석은 저 좋아하였지요.	耽愚如恧焉.
좋은 생각을 들판 바깥에 펼쳤고,	好懷開野外,
돌아오는 말 강변에서 쉬었지요.	歸馬卸江邊.
여쭈어보나니 삼산(三山)의 물이,	爲問三山水,
지금은 몇 갈래로 되었는지요?[103]	於今更幾川.

대곡에게 부친다　寄大谷

막 임금님 하직하고 초야로 오니,	曾別王來野,

---

100) 탁이 : 김태암의 자. 1477～1554. 호는 희암(希菴), 본관은 보은(報恩). 학행
    으로 천거되어 찰방(察訪)을 지내다가, 기묘사화로 삭직되어 고향에서 여생
    을 마쳤다.
101) 녹문 : 산 이름. 중국 호북성(湖北省) 양양현(襄陽縣) 동남쪽에 있다.
102) 방노인 : 후한 말기의 방덕공(龐德公)을 말한다. 방통(龐統)의 숙부다. 유표
    (劉表)가 여러 번 청했지만 나가지 않았다. 그 뒤 처자와 함께 녹문산(鹿門
    山)에 들어가 약초를 캐면서 숨어 살았다.
103) 삼산의……되었는지요 : 남명이 김태암을 그리워하는 마음이 여러 갈래로
    강하게 달려간다는 뜻을 상징한 표현이다.

그때 가을은 한창 구슬펐지.　　　　　　　　　　當時秋正悲.

푸른 하늘의 구름은 나보다 먼저 갔고,　　　　碧雲先我去,

제비는 그대와 함께 돌아갔도다.　　　　　　　玄燕與君歸.

맺혀진 생각 은하수처럼 아련하고,　　　　　　結念空霄漢,

남은 간장은 아녀자처럼 되었지.　　　　　　　殘腸近女兒.

늙은이 마음에 응당 가장 많이 생각하리니,　老懷應第一,

어떤 일이 다시 이러하겠는가?　　　　　　　何事更如之.

이 황강의 정자 문위틀에 쓰다　書李黃江亭楣

두견새 누굴 위해 우짖는가?　　　　　　　　　子規誰與叫.

외로운 꿈 억제하지 못하겠네.　　　　　　　　孤夢不能裁.

신세는 구덩이 속의 사슴[104]과 같고,　　　　身世阱中鹿,

뜻 펴거나 숨어지내는 것은 모래밭의 자라[105] 같네.　行藏沙畔能.

풀 옆으론 많은 길이 나 있는데,　　　　　　　草邊多路去,

---

104) 구덩이 속의 사슴 : 옛날 정(鄭)나라의 어떤 사람이 나무를 하다가 사슴을
잡아 구덩이에 감추어두고 기뻐하면서 돌아왔다. 얼마 뒤에 감춰둔 곳을 잊
어버리고서, 꿈 속에서 일어난 일이거니 하고 중얼거리면서 집으로 돌아왔
다. 그 중얼거리는 소리를 다른 사람이 듣고 그곳을 찾아가보니 사슴이 있
었다. 집으로 사슴을 가져와서 그 아내에게 그 사연을 이야기하고서, "내가
사슴을 얻었으니 그 사람은 참꿈을 꾼 것이다"라고 말하니, 그 아내가 "당신
이 실제로 그 사람을 만난 것이 아니라 꿈 속에서 만난 것이며, 이제 사슴을
얻었으니 참꿈을 꾼 것이요"라고 하였다. 그날 밤에 사슴을 잃은 나무꾼이
정말 꿈을 꾸었다. 그 꿈에 본 것을 따라, 사슴을 가져간 사람을 찾아내어
송사를 일으켰더니, 재판관이 사슴을 각각 반분하도록 하였다. 뒷날 정나라
임금이 이 이야기를 듣고서, "그 재판관도 꿈 속에서 사슴을 반분하라고 한
것이 아닐까?"라고 했다 한다. -『열자』(列子)

105) 모래밭의 자라 : 원전의 '내'(能)는 발이 세 개인 자라인데, 모래 속을 기어가
면 발이 잠기기도 하고 다 보이기도 하기 때문에 그 정체를 알기 어렵다. 사
람이 세상에 나가거나 숨어지내거나 하는 것도 미리 예측하기 어렵다는 뜻
이다.

강 가에는 다니는 사람들 적구나.　　　　　　　　江上少人來.
여러 겹겹의 파초 잎은,　　　　　　　　　　　複複芭蕉葉,
겉은 벌어져도 속은 벌어지지 않네.[106]　　外開心未開.

건숙의 시에 화답하여 금적산 서재로 최 현좌에게 드린다
和健叔呈崔賢佐于金積山齋

금적산(金積山)을 다 둘러보고서,　　　　　　踏破金華積,
물길 가까운 제일 좋은 곳 잡았네.　　　　　　源頭第一流.
지대가 높아 모든 것이 아래에 있고,　　　　地高羣下衆,
정신이 고원(高遠)하니 혼이 좀 시름겹네.　神遠片魂愁.
그대 집 아들은 점잖디점잖고,　　　　　　　鄭鄭君家子,
내 벗의 배를 부르고 부른다네.[107]　　　　招招我友舟.
이내 회포 그려내지 못하니,　　　　　　　　此懷模不得,
앞으로 정말 두고두고 그리우리.　　　　　　來日正悠悠.

삼족당에게 준다　贈三足堂

뗏목 타고 은하수에 오르던 날에,[108]　　　槎上牛津日,
귀 씻고서 보는 것 응당 미워했으리.[109]　應嫌洗耳看.

---

106) 겉은……않네 : 시를 지어도 속마음을 다 표현할 수 없다는 뜻이다.
107) 내 벗의……부른다네 :『시경』「패풍」(邶風)「포유고엽편」(匏有枯葉篇)에, "배 젓는 사람을 부르고 부르나니, 다른 사람들은 건너도 나는 건너지 않는다. 다른 사람들은 건너도 나는 건너지 않는 것은, 나는 나의 벗을 기다리기 때문이라네"[招招舟子, 人涉卬否. 人涉卬否, 卬須我友]라는 구절이 있다. 여기서는 '자기 마음에 맞는 벗을 찾는다'는 뜻이다.
108) 뗏목……날에 : 한(漢)나라 장건(張騫)이 해마다 8월이면 바닷가에서 조수를 따라 밀려오는 뗏목을 타고 은하수에 올랐다 한다. 여기서는 대궐에 가서 임금을 만나는 것을 의미한다.
109) 귀……미워했으리 : 요(堯)임금이 허유(許由)를 불러서 임금 자리를 맡으라 했더니, 허유가 더러운 말을 들었다고 영수(潁水)에 가서 귀를 씻었다. 끝까

나는 쇠뿔 두드리는 사람[110]이 아닌데,　　　　我非雙角扣,

그대 어찌 다섯 장 양 가죽으로 구하겠는가?[111]　渠豈五羖干.

가느다란 풀 삼년째 푸르른데,　　　　　　　細草三年綠,

깨달은 마음 여러 번 수련을 한다.　　　　　醒心百鍊丹.

어여뻐라! 구름 잠들고 나자,　　　　　　　爲憐雲伴宿,

조각달 다시 산 위로 돋는구나.　　　　　　山月更生彎.

정부인 최씨[112]의 죽음을 슬퍼하여　輓貞夫人崔氏

당나라 최씨·노씨처럼 유명한 집안인데,[113]　　崔盧唐世久,

추밀공(樞密公)[114]이 다시 집안을 일으켰다네.　樞密又伸之.

우리 집안 사람과 인연을 맺었고,[115]　　　　合璧吾家子,

여러 산소엔 훌륭한 행적 담긴 비석 서 있네.　連塋幼婦碑.

부군(夫君)은 훌륭한 주석지신(柱石之臣)이고,[116]　榛看當谷虎,

지 벼슬하지 않는 남명이 벼슬에 나가는 삼족당(三足堂)을 보고서 지조 없다고 여긴 것에 대해 삼족당이 남명을 미워하지 않을까라는 뜻이다.

110) 쇠뿔 두드리는 사람 : 위(衛)나라 영척(甯戚)은 덕은 갖추었으나 등용되지 못했다. 그래서 장사를 시작하여 이 나라 저 나라로 떠돌아다니다가 제(齊)나라에 당도하여 동쪽 문밖에서 자게 되었다. 그때 제나라 환공(桓公)이 밤에 순시를 하였는데, 영척이 먹이던 소뿔을 두드리며 목청을 높여 노래했다. 환공이 듣고 그가 어질다는 것을 알고서 등용하였다.

111) 다섯……구하겠는가 : 춘추시대 우(虞)나라 대부 백리해(百里奚)는 진(晉)나라에 우나라가 망하자, 진나라의 포로가 되었다. 초(楚)나라로 도망가 노예가 되어 있었는데, 진(秦)나라 목공(繆公)이 그가 어질다는 사실을 알고서, 다섯 장의 양 가죽으로 그 몸값을 대신 갚아주고서 그를 데려와 국정을 맡긴 일이 있었다.

112) 정부인 최씨 : 황강(黃江) 이희안(李希顔)의 어머니인데, 세종조에 좌의정을 지낸 최윤덕(崔潤德)의 증손녀이다.

113) 최씨·노씨 : 당나라 때 최씨와 노씨가 대단한 귀족이었다.

114) 추밀공 : 최윤덕의 아버지 최운해(崔雲海 : 1347~1404)를 가리킨다. 참판승추부사(參判承樞府事)를 지냈기 때문에 '추밀공'(樞密公)이라 일컬었다.

115) 인연을 맺었고 : 남명의 외조모 최씨(崔氏)는 최윤덕의 손녀이다.

많은 자손은 나라의 요직에서 근무했네.[117]   蠡聚羽林兒.

남극성(南極星)[118]이 막 움직였지만,   南極星初動,

강 동쪽에 있던 나는 밤이라 알지 못했지.   江東夜不知.

하희서[119]의 죽음을 슬퍼하여   輓河希瑞
－자는 귀로(龜老)이다.

팔십 한평생 적게 산 건 아니지만,   八十年非乏,

서로 안 것은 한바탕 꿈과 같구나.   相知一夢如.

머리론 선비의 도를 받들었고,   頭承章甫道,

입으론 한강의 물고기를 먹었지.[120]   口喫漢江魚.

그대 아버지는 단청을 잘하였고,[121]   若考塗丹雘,

여러 손자들은 예서(禮書)를 좋아하누나.   諸孫好禮書.

그대의 손 잡던 손으로,   未將携手手,

그대의 소매 부여잡지 못하네.   摻執子之裾.

---

116) 부군은……주석지신이고 : 최씨의 부군인 이윤검(李允儉)은, 가선대부 동지
중추부사 겸 오위도총부 도총관(嘉善大夫 同知中樞府事 兼 五衛都摠府 都摠
管)을 지냈다.

117) 요직에서 근무했네 : 이희안의 큰형 이희증(李希曾)은 문과에 급제하여 홍문
관(弘文館) 수찬(修撰)을, 둘째형 이희민(李希閔)도 문과에 급제하여 이조
정랑(吏曹正郎) 등 청요직(淸要職)을 역임하였다.

118) 남극성 : 남쪽에 있는 별로 일명 노인성(老人星)이라고도 한다. 추분날 새벽
에는 병방(丙方)에서 뜨고 춘분날 저녁에는 정방(丁方)에서 뜬다. 인간의 수
명을 주재하며 이 별을 보면 오래 산다고 한다.

119) 하희서 : 호는 운금정(雲錦亭), 본관은 진주. 생원시에 합격하였다. 하인서(河
麟瑞)의 형이자, 송정(松亭) 하수일(河受一)의 조부이고, 각재(覺齋) 하항(河
沆)의 백부이다.

120) 한강의 물고기를 먹었지 : 하희서가 서울에서 태어나 어렸을 때 거기서 살
았다는 뜻이다.

121) 단청을 잘하였고 : 이미 문호(門戶)가 있는 집안을 더욱 흥하게 했다는 말.

다시 한 수 又

내 친구 중요한 자리 오로지하더니,	我友專重席,
하루 아침에 신선 세계로 건너갔구나.	朝來渡十洲.
그 모습은 우뚝한 나무처럼 남아 있지만,	儀刑喬木在,
목소리와 숨결은 저녁 구름 속으로 사라져갔네.	聲息暮雲收.
외로운 아들은 세 어진 신하[122]의 뜻이 있고,	孤子三良意,
조문하는 벗의 다섯 마리 수레[123] 머물러 있네.	挽朋五馬留.
그대 돌아가는데 무엇을 주어야 하나?	君歸何以贈,
한 쟁반의 인어(人魚) 구슬[124]이라네.	鮫客一盤珠.

생질 자수에게 부친다 寄子修侄

온갖 근심에도 눈은 멀지 않았지만,[125]	百憂明未喪,
세상만사에 조금도 관심이 없다네.	萬事寸無關.
생질이 천리 밖으로 간 지,	姉侄一千里,
열두 성상이 지나갔구나.	星霜十二還.
궂은 장마에 석 달 동안 껌껌하고,	窮霖三月晦,
오경엔 외로운 꿈이 차갑도다.	孤夢五更寒.

---

122) 세 어진 신하 : 진(秦)나라 목공(穆公)의 세 어진 신하. 곧 자거씨(子車氏)의
    세 아들인 엄식(奄息)·중행(仲行)·침호(鍼虎)를 말한다. 이들은 목공이 죽
    자 순사(殉死)하였다. 하희서의 아들도 순사할 정도로 슬퍼한다는 뜻이다.

123) 다섯 마리 수레 : 한(漢)나라 때 지방장관인 태수(太守)가 다섯 마리의 말이
    끄는 수레를 탔으므로, 후대에는 고을원을 가리키는 말이 되었다. 여기서는
    조문 온 사람 가운데 고을원도 있다는 뜻이다.

124) 인어 구슬 : 남쪽 바다에 인어가 사는데 얼굴은 사람 모양이고 몸뚱이는 물
    고기 모양이었다. 울면서 쉬지 않고 베를 짜는데 눈물을 흘리면 그 눈물이
    모두 구슬로 변했다 한다. 여기서는 '눈물'을 뜻한다.

125) 눈은 멀지 않았지만 : 공자의 제자 자하(子夏)가 아들을 잃고 슬피 울어 눈
    이 멀었다. 남명이 아들을 잃은 이후로도 여러 가지 근심을 많이 겪었지만
    아직 눈이 멀지는 않았다는 뜻이다.

방장산(方丈山)[126] 혹 저버리지 않았을지,	方丈如毋負,
내가 다시 편지 하기는 어려우리라.	音書亦復難.

강 참봉[127]의 죽음을 슬퍼하는 글　姜叅奉輓詞
― 이름은 익(翼)이고 자는 중보(仲輔)이다.

삼천 가지 의례(儀禮) 기록을,	儀禮三千錄,
오십 년 동안 연구하였다네.	尋究五十年.
가시 섶[128] 거듭 불타는 것 보았고,	棘薪看燬重,
원추리 또 서리에 쓰러졌다네.[129]	萱草又霜顚.
밤이 다하는데 상조(商鳥)[130]가 울고,	夜盡啼商鳥,
봄이 깊어 두견새가 울부짖누나.	春深叫杜鵑.
하늘에다 하소연할 수도 없지만,	上天呼不得,
군자다운 이 사람 과연 무슨 허물이던고?	君子果何愆.

---

126) 방장산 : 지리산의 별칭.
127) 강 참봉 : 1523~?. 호는 개암(介庵), 본관은 진주. 남명의 제자. 학행으로 천
　　거되어 참봉에 제수되었다. 1566년 정여창(鄭汝昌)을 신원하는 상소의 소수
　　(疏首)로 활약하여 성사시켰다. 함양의 남계서원(灆溪書院)에 종향(從享)되
　　었다. 저서로는 『개암집』(介庵集)이 있다.
128) 가시 섶 : 다 큰 아들을 말한다. 『시경』 「개풍편」(凱風篇)에, "훈훈한 바람이
　　남쪽으로부터 와 가시나무의 어린 싹에 부네.……훈훈한 바람이 남쪽으로부
　　터 와 가시나무 섶에 부네"[凱風自南, 吹彼棘心.……凱風自南, 吹彼棘薪]라
　　는 구절이 있다. '어린 싹'은 어린 아들을, '가시 섶'은 다 큰 아들을 뜻하는
　　데, '거듭 불탔다'는 말은 다 큰 두 아들을 잃었다는 뜻이다.
129) 원추리……쓰러졌다네 : 원추리는 어머니를 상징하는 풀이다. 그 이유는 주
　　로 여자가 거처하는 집 북쪽에 심었기 때문이다. 여기서는 어머니 상을 당
　　했다는 뜻이다.
130) 상조 : 꾀꼬리를 말한다. 『예기』 「하소정」(夏小正)에, "이월에 창경(倉庚 :
　　꾀꼬리)이 우는데, 창경은 상경이다"[二月, 有鳴倉庚, 倉庚者, 商庚也]라는
　　구절이 있다.

칠언절구(七言絶句)

단속사[131] 정당매　斷俗寺政堂梅
－진주에 있다.

절 부서지고 중 파리하고 산도 옛날 같지 않은데,	寺破僧羸山不古,
전 왕조의 왕은 집안 단속 잘하지 못했다네.	前王自是未堪家.
조물주가 추위에 지조 지키는 매화의 일 정말 그르쳤나니,	化工正誤寒梅事,
어제도 꽃을 피우고 오늘도 또 꽃을 피웠도다.[132]	昨日開花今日花.

인숙을 보내며　送寅叔
－이공량(李公亮)의 자인데, 선생의 자형이다.

절 이름 동향사(東向寺)[133]인데 그대 서쪽으로 가는구나.	寺名東向君西向.
한 해 동안 만났다 헤어진 것이 한평생의 일 같도다.	一年携貳一生同.
봄 깊은 지리산과 남쪽 바다는 멀기도 한데,	春深智異南冥遠,
한강물 서쪽으로 흘러 물고기[134]도 오가지 못하겠네.	漢水西流魚不通.

131) 단속사 : 지금의 산청군 단성면(丹城面) 운리(雲里)에 있던 절 이름. 신라 때 창건되었는데, 솔거(率居)의 벽화로 유명했다. 현재 절터에는 탑만 두 기 남아 있다. 신라 최치원을 비롯한 역사상 유명한 인물들의 발자취가 많이 남아 있던 절이었다.

132) 어제도……피웠도다 : 단속사에 매화를 심은 고려말기의 정당문학(政堂文學)을 지낸 통정(通亭) 강회백(姜淮伯)이, 고려조에 벼슬하다가 고려가 망하자 지조를 지키지 않고 조선조에 또다시 벼슬하였다고 남명이 풍자한 것이다.

133) 동향사 : 진주시(晋州市) 미천면(美川面) 동향(東向) 마을 뒷산에 있던 절. 이 절터 앞에 이공량 아버지의 산소를 비롯한 전의 이씨(全義李氏)들의 산소가 있다. 그 아래 동향 마을에는 이전에 전의 이씨들이 많이 살았다. 현재 전의 이씨들의 제각이 있다.

134) 물고기 : 옛날 사람들은 물고기가 편지를 전해준다고 생각하였다. 고악부(古樂府)「음마장성굴행」(飲馬長城窟行)이란 시에, "손이 먼 데서 와서, 나에게

오대사[135]에 쓴다　題五臺寺
― 진주에 있다.

이름자를 산기슭에 쓰기를 일찍이 부끄러워하였고,	名字曾羞題月脅.
변변찮은 입 갖고서 웃으며 절간에 들렀다네.	笑把蚊觜下蟬宮.
예로부터 사람의 인연은 삼세(三世)[136]에 얽힌 것이니,	人緣舊是三生累,
한나절 만에 돌아오며 적송자(赤松子)[137]에 비긴다네.	半日歸來擬赤松.

산 속에서 즉흥적으로 읊어　山中卽事

지금까지의 육십 년은 일찍이 하늘이 빌려준 게고,	從前六十天曾假.
앞으로 구름 낀 산에서 사는 건 땅이 빌려준 거라네.	此後雲山地借之.
막다른 길에도 또다시 길 있나니,	猶是窮道還有路,
그윽한 오솔길 찾아 고사리 캐어 돌아온다네.	却尋幽逕採薇歸.

다시 한 수　又

해질녘에 산골의 아이는 호미 메고 서서,	日暮山童荷鋤長.
김맬 때도 묻지 않고 심은 때도 잊어버렸네.	耘時不問種時忘.
오경의 학 울음 소리에 새벽 꿈 깨자,	五更鶴唳驚殘夢,
비로소 몸이 개미 나라 왕[138] 겸했다는 걸 알았네.	始覺身兼蟻國王.

잉어 두 마리를 주네. 아이를 불러서 삶게 했더니, 뱃속에서 흰 비단에 쓴
편지가 나왔네"[客從遠方來, 遺我雙鯉魚. 呼童烹鯉魚, 中有尺素魚]라는 구절
이 있다.

135) 오대사 : 지금의 하동군 청암면(靑巖面) 오대산(五臺山) 아래 있던 절 이름.
　　지금은 없어지고, 그 자리에 수정사(水晶寺)가 들어서 있다.

136) 삼세 : 전생・현세・내세를 말한다.

137) 적송자 : 중국 고대 전설상의 신선 이름. 한고조(漢高祖)의 공신 장량(張良)
　　이 그를 따라 놀았다 한다. 남명 자신이 중들과 논 것을, 적송자가 신선을
　　따라 논 것에 견주어보았다.

138) 개미 나라 왕 : 당나라 이공좌(李公佐)의 「남가기」(南柯記)에, "순우분(淳于

감사 정종영[139]이 들렀기에   鄭監司宗榮見過

봉황새 높이 나는 데 바람 필요 없나니,	丹鳳高飛不待風.
감사이면서 벼슬 없는 나와 어울리는구려.	金章還與布衣同.
손님 대접에 좋은 음식 없다 싫어하지 마오.	莫嫌餉客無長物,
소반에 비친 구름 낀 산 만 겹이라오.[140]	盤面雲山一萬重.

이 우옹이 고향으로 돌아왔다는 소식을 듣고서   聞李愚翁還鄕

산해정(山海亭)에서 꿈 몇 번이나 꾸었던가?	山海亭中夢幾回.
뺨에 흰 눈 가득한 황강(黃江)[141] 노인 모습을.	黃江老叟雪盈腮.
반평생 동안 금마문(金馬門)[142]에 세 번 이르렀지만,	半生金馬門三到,
임금님은 만나뵙지도 못하고 돌아왔다지.[143]	不見君王面目來.

棼)이 자기집 뜰에서 술을 마시다가 취하여 잠이 들었다. 꿈 속에 괴안국(槐安國)에 이르러 임금의 사위가 되어 부귀영화를 마음껏 누리면서 남가군(南柯郡)의 태수(太守)가 되어 다스렸다. 꿈에서 깨어나보니, 자기가 마시던 술동이가 그대로 놓여 있었다. 괴안국은 자기집 뜰 홰나무 밑의 개미집이었다.

139) 정종영 : 1513~1589. 자는 인길(仁吉), 호는 항재(恒齋), 본관은 초계(草溪). 벼슬은 우찬성에 이르렀다. 1552년, 1562년 두 차례 경상도 관찰사를 역임하였다. 저서로는 『항재집』(恒齋集)이 있다.

140) 소반에……겹이라오 : 좋은 음식은 없어도, 좋은 경치가 좋은 음식을 대신할 수 있다는 뜻이다.

141) 황강 : 남명의 친구인 이희안(李希顔)의 호. 우옹(愚翁)은 그의 자. 1504~1559. 본관은 합천(陜川). 유일로 천거되어 현감을 지냈으나, 곧 사퇴하고 돌아왔다. 남명의 절친한 벗이자 친척이다.

142) 금마문 : 한나라 때 궁궐의 문. 후대엔 궁궐이나 궁궐문을 의미하는 말로 쓰였다.

143) 임금님은……돌아왔다지 : 남명과 황강이 벼슬하러 나가지 않기로 다짐했지만, 그 뒤 황강은 임금의 부름에 응해서 벼슬에 나갔다가 별 대접도 받지 못하고 돌아온 것을 남명이 풍자한 것이다.

뜰의 배 庭梨

뜰을 반쯤 덮은 배나무 두어 그루,	半庭梨樹兩三株.
동양수(東陽守)[144] 되는 것 막아주니, 귤[145]에 비길 만하네.	遮爲東陽擬木奴.
덤덤한 그 한평생 꼭 나와 비슷해,	無味一生全類我,
세상 사람들이야 나를 두고 양주(楊朱)[146] 배웠다고 말하겠지.	世人應道學楊朱.

청학동[147] 青鶴洞

한 마리 학은 구름을 뚫고 하늘 나라로 올라갔고,	獨鶴穿雲歸上界.
구슬이 흐르는 한 가닥 시내는 인간 세상으로 흐르네.	一溪流玉走人間.
누(累) 없는 것이 도리어 누가 된다는 것을 알고서,	從知無累翻爲累,
마음에 둔 산하(山河)는 보지 않았다고 말해야겠네.	心地山河語不看.

---

144) 동양수 : 양(梁)나라 심약(沈約)을 가리킨다. 심약이 동양(東陽)의 태수(太守)로 나가 번거로운 노고가 많아 몸이 점점 야위어졌다. 여기서는 뜰의 배가 남명이 야위는 것을 막아준다는 뜻이다.

145) 귤 : 오(吳)나라 이형(李衡)이 무릉(武陵) 범주(氾洲)에다 집을 짓고 감귤 천 그루를 심어두었다. 임종 때 그 아들에게 말하기를, "네 어머니는 내가 살림을 돌보지 않는 것을 싫어하였다. 그러나 내가 시골에 감귤 천 그루를 심어두었으므로 너에게 입혀달라 먹여달라 하지 않으면서 해마다 비단 한 필 정도의 수입을 바칠 것이니, 쓰기에 충분할 것이다"라고 했다. 원전에서 '木奴'라고 한 것은 나무이면서 노비처럼 주인을 위해서 일한다는 뜻이다.

146) 양주 : 전국시대의 사상가로 극단적인 이기적 사상을 제창하여, 맹자에게 배척을 당했다.

147) 청학동 : 지리산 속의 동천 이름. 쌍계사(雙磎寺) 동북쪽에 있다. 옛날부터 신선이 살면서 푸른 학을 타고 다닌다는 전설이 있었다. 역사상 이인로(李仁老) 등 많은 인물들이 청학동을 찾기 위해서 탐방하였다. 남명의 「유두류록」(遊頭流錄)에 자세히 기록되어 있다. 지금 하동군 청암면에 있는 청학동은 1950년 이후에 형성된 마을로 문헌에 기록된 것과는 관계가 없다.

자형 인숙과 작별하면서 준다　贈別姊兄寅叔

쌓인 시름 풀과 같아 비 오자 새로워져,　　　積憂如草雨中新.
한평생 중 지금 이 순간 가장 쓰라리네.　　　太半生來此最辛.
갈림길에서 말에 기대어 둘 다 말이 없는데,　倚馬臨歧渾不語,
하늘 끝으로 길 사라지는데 또 봄이로다.　　天涯消遣又成春.

다시 한 수　又

촛불은 다만 심지 때문에 남아 있고,　　　　燭火只因心子在.
골짜기 바람 일어나니 땅은 우레 치듯 시끄럽네.　谷風旋作地雷喧.
새벽별 듬성듬성 반짝이고 싸늘한 달 지는데,　殘星分暝寒隆月,
이별하려 하니 가을 소리 들을 수가 없구나.　欲別秋聲不可聞.

강가 정자에서 우연히 읊다　江亭偶吟

병으로 높다란 집에 누웠으니 낮 꿈 번거로운데,　臥疾高齋晝夢煩.
도화원(桃花源)을 막는 구름 속의 나무 몇 겹인가?　幾重雲樹隔桃源.
새로 흘러온 물 푸른 옥보다 더 깨끗한데,　　　新水淨於靑玉面,
제비가 차서 생긴 물결 흔적 밉기도 해라.[148]　爲憎飛燕蹴生痕.

---

148) 제비가……해라 : 퇴계(退溪)가 어릴 때, "싱그런 이슬 머금은 풀 물가에 둘러 있는데, 조그마한 못 맑고 출렁여 모래 없네. 구름이 날고 새가 지나가는 것 원래 상호작용을 하는데, 때때로 제비가 물결 찰까 두렵도다[露草夭夭繞水涯. 小塘淸活淨無沙. 雲飛鳥過元相管, 只怕時時燕蹴波]라는 시를 지었다. 갈암(葛庵) 이현일(李玄逸)이 『수주관규록』(愁州管窺錄)에서 다음과 같이 비교하였다. "두 시는 모두 천연자득(天然自得)의 정취(情趣)가 있다. 다만 퇴도(退陶)의 시는 고요한 속에서 존양(存養)하고 움직이는 속에서 관찰하고, 사물이 다가오면 순응하겠다는 기상이 있는데, 남명의 시는 공적(空寂)을 주장하여 비추어 아무것도 거리끼는 것이 없기를 구하는 뜻이 있다." 갈암이 인용한 남명의 시에는, '高'자가 '山'자로 되어 있고, '樹'자가 '水'자로 되어 있다.

느낌이 있어 有感

굶주림 참는 데는 굶주림 잊는 수밖에 없어,
모두가 백성들 쉴 곳이 없기 때문이라네.
집 주인[149]은 잠만 자고 전혀 구제하지 않는데,
푸른 산 푸르름 흐르는 저녁 시내에 드리워져 있네.

忍飢獨有忘飢事.
摠爲生靈無處休.
舍主眠來百不救,
碧山蒼倒暮溪流.

봄날 즉흥적으로 읊어 春日卽事

붉고 희고 한 것이 모두 봄철의 일이라,
만물 빛이 때를 만나 들녘에 새롭구나.
본래 봄의 신은 꽃과 기약 있는 듯한데,
소나무 너에게는 어찌하여 은택 없는고?

朱朱白白皆春事.
物色郊原得意新.
自是東皇花有契,
髥君於汝豈無恩.

안음 옥산동에서 놀다 遊安陰玉山洞

푸른 봉우리 우뚝 솟았고 물은 쪽빛인데,
좋은 경치 많이 간직했어도 탐욕 되지 않아.
이 잡으면서[150] 어찌 꼭 세상사 이야기할 것 있으랴?
산 이야기 물 이야기만 해도 이야기가 많은데.

碧峯高揷水如藍.
多取多藏不是貪.
捫蝨何須談世事,
談山談水亦多談.

다시 한 수 又

삼월 봄바람 무릉도원(武陵桃源) 속에 노니니,
갠 하늘빛 담은 시냇물이 넓다랗네.
한 번 노는 것 내 분수에 넘치는 일은 아니라도,
인간 세상에서 한 번 놀기는 응당 어렵나니.

春風三月武陵還.
霽色中流水面寬.
不是一遊非分事,
一遊人世亦應難.

---

149) 집 주인 : 임금을 완곡하게 표현한 말이다.
150) 이 잡으면서 : 예법의 구속을 받거나 다른 사람의 눈치를 보지 않고 거리낌
    없이 살아간다는 뜻이다.

이 경윤을 보내며 送李慶胤
―이희생(李喜生)[151]의 자다.

나그네 심회 물 같기도 하고 또 실 같기도 한데,	客懷如水又如絲.
하물며 산에 올라 그대가 떠나갈 때에 있어서랴?	況是登山子去時.
그대 한강 가에 이르면 늙은 나를 그리워하겠지,	君到漢濱思老我,
내 낀 물 가에서 가을 생각[152] 억제하긴 정말 어려우리.	渚烟秋意定難裁.

아무렇게나 지어 漫成

물엔 김 피어오르고 어지러운 빗방울 산에 자욱할 제,	水蒸飛粉雨渾山.
책상 위의 책에 붉은 점 찍다가 소반을 치기도 한다네.[153]	朱點書床又考槃.
밤이 되자 계절의 벌레 소리 여울 주변에서 급하니,	向夜候虫灘下急,
해남(海南)[154]의 몸이 검남(劍南)[155]에 있는 듯하네.	海南身似釖南間.

---

151) 이희생 : ? ~1584. 호는 벽진(碧珍), 본관은 벽진(碧珍)으로 삼가에 살았다.
　　남명의 제자로 진사에 급제했다. 문집 『벽진유고』(碧珍遺稿)가 남아 있다.
　　노파(蘆坡) 이흘(李屹)의 백부이다.

152) 가을 생각 : 진(晉)나라 장한(張翰)이 세상이 어지러워지자, 고향의 농어회와
　　순채(蓴菜)국이 생각난다고 하면서, 벼슬을 버리고 고향인 소주(蘇州)로 돌
　　아갔다. 여기서는 고향 생각이란 뜻이다.

153) 소반을 치기도 한다네 : 은자의 느긋한 생활을 말한다. 『시경』 「고반편」(考
　　槃篇)에, "소반을 두드리면서 시냇가에 살아감이여, 훌륭한 사람의 느긋함이
　　로다"[考槃在澗, 碩人之寬]라는 구절이 있다. 또 주자(朱子)는 '고'(考)는 '이
　　룬다', '반'(槃)은 '거닌다'는 의미로, 은자가 은거할 집을 이루었다는 뜻으로
　　풀이하기도 한다.

154) 해남 : 중국 광동성(廣東省) 남쪽 바다에 있는 섬.

155) 검남 : 촉(蜀)지방으로 가는 험한 길인 검각(劍閣) 이남의 지방을 말한다. 지
　　금의 사천성(四川省) 성도(成都) 일대. 소동파의 고향이 성도 부근의 사천성
　　미산(嵋山)인데, 해남에서 귀양살이한 적이 있었다. 여기서는 몸은 객지에
　　있으면서 마음은 고향으로 달려간다는 뜻이다.

친구의 시[156] 운자에 따라   次友人韻

두둥실 버드나무 배에 목련나무 노를 저어,
내 님은 어디매 있는가? 구름을 격하였네.
순채(蓴菜)국과 농어회[157] 속에 많은 뜻이 있으니,
강동(江東)으로 가는 돛단배를 만나 물어보소서.

泛泛楊舟檣木蘭.
美人何處隔雲間.
蓴鱸裡面猶多意,

只會江東一帆看.

군호[158]에게 준다   贈君浩
— 이원(李源)의 자다.

매양 좋은 선물 받아도 보답하지 못하나니,
무엇도 없는 집 경쇠 달아맨 듯[159]하기 때문이라네.
늙은이 생각은 있어 실컷 이야기하려 했건만,
수레와 종이 없어 갇힌 듯이 앉았을 뿐.

每承嘉貺未能酬.
爲是家空似磬垂.
唯有老懷呈欲破,
又無車僕坐如囚.

---

156) 친구의 시 : 친구는 사미정(四美亭) 문경충(文敬忠)이다. 그의 시는 이러하
다. "사람 없다고 해서 난초 향기 내지 않지는 않나니, 아름다운 남은 절조
(節操) 여기서 이름났네. 가을 바람 부는 때 되니 좋은데, 어느 곳에서 마음
을 갖고 보는지 모르겠도다"[無人不以不芳蘭. 猗歟遺操響此間. 正值秋風今日
好, 不知何處有心看].

157) 순채국과 농어회 : 진(晉)나라 장한(張翰)이 조정에서 벼슬하고 있다가 가을
바람이 일어나자 고향 강동(江東) 지방의 순채국과 농어회가 생각났다. 문득
생각하기를, "사람은 제 뜻대로 사는 것이 중요하다. 벼슬에 얽매어 녹과 명
예를 구한들 무엇하랴?"라고 하고는 드디어 벼슬을 버리고서 배를 타고 고
향으로 돌아가버렸다. '속에 많은 뜻이 있다'라고 한 말은, 장한이 어지러워
질 정국을 미리 피하기 위하여, 고향의 순채국과 농어회가 생각난다고 말한
것이기 때문이다. 여기서는 문경충(文敬忠)이 벼슬을 그만두고 물러난 데는
많은 의미가 들어 있다는 뜻이다.

158) 군호 : 이원(李源)의 자. 1501~?. 호는 청향당(淸香堂), 본관은 합천(陜川)이
다. 단성(丹城) 배양리(培養里)에 살았는데, 학행(學行)으로 훈도(訓導) 등에
임명되었으나 나아가지 않고 학문에만 전념하였다. 남명・퇴계와 동갑으로
절친하게 지냈다. 그에 관한 기록을 모은 『청향당실기』(淸香堂實紀)가 있다.

159) 경쇠 달아맨 듯 : 집이 가난하여 아무 물건이 없기에 썩어 무너져내린 처마
끝의 서까래만 달아맨 경쇠처럼 보인다는 뜻.

명경대[160] 明鏡臺
─ 자굴산(闍窟山)에 있다.

도끼로 바위를 깎아 산 북쪽에 세웠는데,	斧下雲根山北立,
소매로 하늘 치듯 봉새[161] 남쪽으로 날아갔네.	袖翻天窟鳳南移.
나는 훌쩍 떠나 열흘 정도 지나 돌아오고자 하니,	泠然我欲經旬返,
일행에게 알리노니 그대들은 해안에서 돌아가길.	爲報同行自岸歸.

국화 菊花

춘삼월에 꽃을 피워 비단으로 성을 이루는데,	三月開花錦作城.
국화 너는 어이하여 가을이 다 간 뒤 꽃 피우나?	如何秋盡菊生英.
서리에 시들어 떨어지는 것 조물주가 허락지 않은 건,	化工不許霜彫落,
응당 저물어가는 해의 다하지 못한 정을 위해서겠지.	應爲殘年未盡情.

시골 노인을 찾아가 訪村老

황강(黃江)[162] 물결 위로 가벼운 내 하늘거리고,	黃流波上輕烟細.
밝은 햇살 구름 속에서 새어나와 쏟아지는구나.	白日窺中銀箭斜.
골짜기 어귀 조그만 시내에 오두막을 지었는데,	谷口小溪開小室,
그 앞으로 절뚝거리는 나귀 탄 야인(野人)이 지나가네.	蹇驢時有野人過.

---

160) 명경대 : 의령 자굴산 남쪽 기슭 가례(嘉禮) 마을 위에 있는 높은 벼랑. 남명
　　이 젊은 시절 그 아래 절에서 글을 읽은 적이 있다.
161) 봉새 : 원문은 '봉'(鳳)인데, 원주에 "'봉'(鳳)자는 옛날의 '붕'(朋)자라고 선생
　　께서 스스로 말씀하셨다"라고 되어 있다. '붕'(朋)자는 '봉'(鳳)자의 본자(本
　　字)이다.
162) 황강 : 낙동강의 지류로 합천(陜川) 남쪽을 가로질러 창녕(昌寧) 건너편에서
　　낙동강에 합류한다.

황계폭포 黃溪瀑布
― 합천에 있다.

구슬을 던진다 해도 골짜기에 부끄러울 정도,	投璧還爲壑所羞.
암벽은 구슬 가루를 전달하느라 머무른 적 없네.	石傳糜玉不曾留.
계곡의 신이 괜스레 용왕의 욕심 섬기느라고,	溪神謾事龍王欲,
아침에 명월주 만들어 다 싣고 가도록 허락해버렸네.	朝作明珠許盡輸.

다시 한 수 又

달아맨 듯한 한 줄기 물 은하수에서 쏟아져,	懸河一束瀉牛津.
구르던 돌 어느새 만 섬 옥으로 변했구나.	走石飜成萬斛珉.
내일 아침엔 여러 사람들 논의 그리 각박하진 않으리,	物議明朝無已迫,
물과 돌 탐냈는데 또 사람까지도 탐냈다 하여.	貪於水石又於人.

덕산에서 우연히 읊다 德山偶吟

우연히 사륜동(絲綸洞)[163]에서 살아오면서,	偶然居住絲綸洞,
조물주도 속이는 줄 오늘 비로소 알았다네.	今日方知造物給.
일부러 공연한 전갈로 수나 채우는 은자로 만들어놓아,	故遣空織充隱去,
나를 부르는 임금님의 사자 일곱 번이나 왔다오.	爲成麻到七番來.

연꽃을 읊다 詠蓮

꽃봉오리 늘씬하고 푸른 잎 연못에 가득한데,	華盖亭亭翠滿塘.
덕스런 향기를 누가 이처럼 피어나게 했는가?	德馨誰與此生香.
보게나! 아무 말 없이 뻘 속에 있을지라도,[164]	請看默默淤泥在,

---

163) 사륜동 : 오늘날의 산청군 시천면(矢川面) 소재지인 사리(絲里)이다.
164) 뻘 속에 있을지라도 : 송나라 염계(濂溪) 주돈이(周敦頤)의 「애련설」(愛蓮說)
    에, "나는 홀로 연꽃의 이런 점을 사랑한다. 진뻘에서 솟아나왔으면서도 더럽

해바라기 해 따라 빛나는 정도만은 아니라네.　　　　　不是葵花向日光.

다시 한 수 又

다만 연꽃이 유하혜(柳下惠)[165] 기풍 있는 게 사랑스러워,　　只愛芙蕖柳下風.
손으로 당겨보았더니 그대로 연못 속에 있네.　　　　　援而還止于潢中.
고죽군(孤竹君)[166]이 편협하여 응당 싫어하겠지,　　　　應嫌孤竹方爲隘,
맑은 향기 멀리 퍼뜨려 이 늙은이에게까지도 이르네.　遠播淸香到老翁.

봉명루[167]　鳳鳴樓
－진주에 있다.

기산(岐山)[168] 아래 남은 소리 이 누각에 있는데,　　　岐下遺音屬有樓.

혀지지 않고, 맑은 물에 씻겼으면서도 요염하지 않고, 속은 비고 겉은 곧고, 덩굴 지지도 않고 가지 지지도 않은 채, 우뚝히 깨끗하게 서 있는데, 멀리서 바라볼 수는 있지만 더럽히거나 희롱할 수는 없다 [予獨愛蓮之出於淤泥而不染, 濯淸蓮而不妖, 中通外直, 不蔓不枝, 香遠益淸, 亭亭淨植, 可遠觀而不可褻玩焉]라는 구절이 있다. 주돈이는 연꽃을 군자에 비유하여 매우 사랑하였고, 연꽃이 무성하게 피어났을 때는 그 주변을 거닐면서 차마 떠나지 못했다고 한다.

165) 유하혜 : 춘추시대 노(魯)나라의 어진 신하. 성명은 전금(展禽). 『맹자』「만장편」(萬章篇)에, "유하혜는 더러운 임금도 부끄러워하지 않고 작은 벼슬도 사퇴하지 않고 나아가서는 자기의 어짊을 숨기지 않고 반드시 그 도(道)로써 하고, 버려져도 원망하지 않고, 곤궁하여도 걱정하지 않았다. 시골 사람들과 어울려서도 느긋하여 '너는 너고 나는 나다. 비록 내 곁에서 옷을 벗을지라도 네가 어찌 나를 더럽히겠느냐?'라고 했다. 그래서 유하혜의 기풍을 들은 사람은 야비한 사나이도 너그러워지고 각박한 사람도 두터워진다"라는 구절이 있다.

166) 고죽군 : 은(殷)나라 때 고죽군을 습봉한 백이(伯夷)를 말한다. 『맹자』「만장편」에, "백이는 눈으로 나쁜 빛을 보지 않고 귀로 나쁜 소리를 듣지 않으며 그 임금이 아니면 섬기지 않고 그 백성이 아니면 부리지 않는다"라는 구절이 있다.

167) 봉명루 : 진주(晉州) 객사(客舍)의 남대문 바깥에 있던 3간의 누각으로, 하륜(河崙)의 「봉명루기」(鳳鳴樓記)가 있다. 지금 진주중학교 동남쪽에 있었다. 주세붕(周世鵬)의 「봉명루」(鳳鳴樓) 시는 이러하다. "비봉산 앞의 봉명루 누

어질게 여기고 친하며 즐겁게 여기고 이롭게 여기는	親賢樂利迄悠悠.
뜻[169] 지금껏 아련하구나.	
촉석성(矗石城)[170]에다 새로 누각 세운 뒤부터는,	自從矗石新開宇,
봉황새 울음소리 흐르는 강물 따라 오르내리는구나.	六六鳴隨上下流.

항우전[171]을 읽고서　讀項羽傳

죽어간 영웅이 수없이 많음을 알았지만,	英雄死去知無數,
「오추가」(烏騅歌)[172]에 이르러선 목이 메여 읽을 수 없네.	讀到騅歌咽不成.

각 속에 지는 손 꿈이 맑고 그윽히도다. 땅이 신령스러워 인물도 걸출하니 강씨 하씨 정씨라. 그 이름 남강과 더불어 만고에 흐르리"[飛鳳山前鳳鳴樓. 樓中宿客夢淸幽. 地靈人傑姜河鄭, 名與南江萬古流]. 그런데 이 시를 정몽주(鄭夢周)의 『포은집』(圃隱集) 속1권에서는 '봉명루'(鳳鳴樓)를 '비봉루'(飛鳳樓)로, '청유'(淸幽)를 '유유'(悠悠)로 하여 포은의 시로 수록하고 있고, 지금까지도 진주 사람들은 포은의 시로 알고 있다.

168) 기산 : 중국 섬서성(陝西省) 기산현(岐山縣) 동북쪽에 있는 산 이름. 주나라의 고공단보(古公亶父)가 비로소 이곳에 도읍을 잡았다. 문왕(文王)이 기산에서 거문고를 타자 봉황이 와서 춤을 추었다 한다.

169) 어질게……여기는 뜻 : 『대학』 「석지어지선장」(釋止於至善章)에, "군자는 그 어진 사람을 어질게 여기고 그 친한 사람을 친하게 여긴다. 백성들은 그 즐거움을 즐겁게 여기고 그 이로움을 이롭게 여긴다"[君子賢其賢而親其親, 小人樂其樂而利其利]라는 구절이 있다. 주나라 문왕이나 무왕(武王)의 공덕이 후대의 임금이나 사람들에게까지 미침을 말한 것이다.

170) 촉석성 : 진주성(晉州城)을 촉석성이라고도 하는데, 여기서는 진주의 별칭으로 씌었다.

171) 항우전 : 사마천(司馬遷)의 『사기』(史記)에는 「항우본기」(項羽本紀)로 되어 있고, 반고(班固)의 『한서』(漢書)에는 「항우전」(項羽傳)으로 되어 있다.

172) 「오추가」 : 보통 「해하가」(垓下歌)라고 한다. 항우가 안휘성(安徽城) 해하(垓下)에서 유방의 군대에게 포위되어 패색이 완연했을 때, 술을 마시고 "힘은 산을 뽑고 기운은 세상을 덮지만, 때가 불리하니 오추마(烏騅馬)도 가지 않누나. 오추마가 가지 않으니 난들 어떡하나? 우(虞)여! 우여! 너를 어이할꺼나?"[力拔山兮氣蓋世, 時不利兮騅不逝. 騅不逝兮可奈何, 虞兮虞兮奈若何]라는 노래를 부르며 눈물을 흘렸다. '오추마'는 항우가 늘 타고 다니던 준마

나무가 뽑히고 한낮에도 어두운 건[173] 하늘 뜻 있은 拔木晝冥天意在,
듯한데,[174]
어찌해서 다시 눈동자 둘인 사람[175]을 낳은 것인지? 如何重作兩瞳生.

건숙에게 화답하여   和健叔

머리가 빠지려 할 때 희끗희끗 눈발 벌써 날리는데,   頭欲童時雪已飛,
그대는 십 층이나 되는 높은 경지에 이르렀겠지.   想到君行十層危.
지금껏 난초 같은 선물[176] 받지 않았더라면,   祇今未受如蘭餉,
항상 가난하여 배가 너무나 고팠을 텐데.   生喫長貧太腹飢.

귤을 두고 읊어   詠橘
 ─ 위 두 연(구의 잘못)은 진사 어응신(魚應辰)[177]이 지었고, 아래 두 구는
 선생이 지었다.

옥 같은 가지[178] 얼까 하여 온 몸을 감쌌다가,   玉枝疑凍全身裹.

였고, '우'는 항우의 애첩 이름이었다.
173) 나무가……어두운 건 : 기원전 206년 안휘성 수수(睢水) 위에서 항우가 한나
  라 군사를 세 겹으로 포위하고 있는데, 갑자기 큰 바람이 서북쪽에서 일어나
  나무를 부러뜨리고 집을 무너뜨리고 모래와 돌을 날려 한낮인데도 캄캄했다
  한다. 옛날 사람들은 바람에 나무가 뽑히는 일을 재앙이 있을 징조로 보았다.
174) 하늘……듯한데 : 하늘이 유방(劉邦)을 황제로 삼고 항우(項羽)를 패하게 하
  려는 뜻이 미리 있었는 듯하다는 뜻이다.
175) 눈동자 둘인 사람 : 항우는 양쪽 눈에 눈동자가 두 개씩 있었다고 한다. 옛
  날 순임금도 눈동자가 둘씩 있었다 한다. 유방을 황제로 만드는 것이 하늘
  의 뜻이라면, 왜 황제감이 될 항우를 낳아 헛되이 죽게 했느냐는 뜻이다.
176) 난초 같은 선물 :『주역』「계사전」(繫辭傳)에, "두 사람이 마음을 같이하면
  그 날카로움이 쇠를 자르고 마음을 같이하는 사람의 말은 향기롭기가 난초
  같다"[二人同心, 其利斷金. 同心之言, 其臭如蘭]라는 구절이 있다. 난초 같은
  선물이란 의기가 투합되는 우정을 말한다.
177) 어응신 : 1510~1572. 자는 사공(士拱), 본관은 함종(咸從), 사인(舍人) 어영
  준(魚泳濬)의 둘째아들이다. 김해에 세거하였는데, 서울에서도 거주한 적이

노란 알맹이 보고자 한 쪽을 열었도다.   金子要看一面開.

가시 있다고 귤을 오히려 싫어하지만,   味諫猶嫌芒刺在,

거친 데 버려져[179] 상림원(上林苑)[180]의 매화와는 다르다오. 投荒不似上林梅.

　　ー'유혐'(猶嫌)이 어떤 데는 '유래'(由來)로 되어 있다.

명월사에서 독서하는 유 계선[181]과 어 사공[182]에게 부친다

寄柳繼先魚士拱明月寺讀書

이제 알았노라! 모였다 흩어지는 데 본디 마(魔) 있다는 걸, 聚散方知固有魔.

그대들 수레 여기에 참여하지 못했으니 진실로   公車無此信堪嗟.

탄식스럽도다.

겨울 밤 삼경녘에 글읽기를 끝냈을 테지.   三更唇罷三冬夜,

과거에 합격하면 어떻고 떨어지면 어떤가?   一捶何如缺一叉.

　　ー'결'(決)자가 어떤 데는 '결'(缺)자로 되어 있다.

송 재상[183]에게 화답하여 부친다   和寄宋相

　　ー이름은 찬(贊)이다.

천주봉(天柱峯)[184] 높은 멧부리 구름 속에 숨었다가,   泰嶽雲藏天柱峯.

있다. 1528년에 생원(生員)에 합격하였다. 남명의 문인인 이광우(李光友), 진
극인(陳克仁)은 그의 사위이다.

178) 옥 같은 가지 : 귤이 달린 나뭇가지를 말한다. 강엄(江淹)의 「공청부」(空靑
賦)에, "밝은 푸른 이끼 붉은 풀에 감춰 있고 속엔 옥 같은 가지와 마노(瑪
瑙)가 들어 있구나"[外隱靑苔丹草, 內伏玉枝瑪瑙]라는 구절이 있다.

179) 거친 데 버려져 : 옛날에는 귤이 제주도에서만 났는데, 제주도는 아주 무거
운 죄를 지은 사람을 귀양보내는 곳이기 때문에 이렇게 말한 것이다.

180) 상림원 : 진(秦)나라 궁궐의 유람하는 곳을 상림원이라 한 이래로 황제의 원
림(苑林)을 상림원이라 했다. 상림원의 매화는 인공적으로 돌보아 귀한 대접
을 받는다는 뜻이다.

181) 유 계선 : 미상.

182) 어 사공 : 어응신(魚應辰)의 자가 사공(士拱)이다.

상공(相公)이 오는 걸 위해서 얼굴을 드러내네.　　　　相公來到爲開容.
산골 늙은이 기장 술에 거나하게 취하였는데,　　　　山翁黍麥釅無類,
훌륭한 분 마주하니 정이 끝이 없구나.　　　　　　　對與高明未有窮.
　　　─'명'(明)자가 어떤 데는 '붕'(朋)자로 되어 있다.

아무렇게나 지어　漫成

한평생의 일 한숨만 나올 따름,　　　　　　　　　平生事可噓噓已.
뜬 세상 공명 힘써 무엇하랴?　　　　　　　　　　浮世功將矻矻何.
알겠노라! 그대는 귀하여 나와 뜻이 다르다는 것을.　知子貴無如我意,
몸 화산(華山)[185]에 오른 것 어찌 꼭 자랑해야만 하나?　那須身上太華誇.

박사공[186] 군에게 준다　贈朴君思恭

해당화 져서 서리처럼 날리는데,　　　　　　　　海棠花謝又鱶霜.
그대 정이 많아 향기 맡고자 하네.　　　　　　　之子多情欲嗅香.
절묘한 그림이나 살아 있지 않다는 것 알고서,　　都識妙畫渾不活,
날아왔던 호랑나비 돌아가기 응당 바쁘리라.　　飛來蝴蝶去應忙.
　　　─'화사'(花謝)가 어떤 데는 '지상'(枝上)으로 되어 있다.

도사 장 의중[187]에게 답하여 준다　答贈都事張儀仲

복성(福星)[188] 막 비치어 그대 행차하였는데,　　福星方作綵眞遊.

---

183) 송 재상 : 송찬(宋贊). 1510~1601. 자는 치숙(治叔), 호는 서교(西郊), 본관은
　　진천(鎭川). 벼슬은 판중추부사(判中樞府事)에 이르렀고, 청백리에 녹선되었
　　다. 1570년 경상 감사(慶尙監司)로 부임하였다.
184) 천주봉 : 창원시(昌原市)에 천주산(天柱山)이 있다.
185) 화산 : 중국 오악(五嶽)의 하나로 장안 동쪽에 있다.
186) 박사공 : 1519~?. 자는 경부(敬夫). 1552년 문과에 급제하여, 사헌부 장령(掌
　　令)을 지냈다. 박경신(朴慶新)의 아버지이다.

시간 흘러 늦가을이 되었도다.   行邁恍恍屬暮秋.
깊이 한하노라! 내 살림 가난하여,   深恨故人家道遜,
친구 만났건만 마주하여 멋있게 못 노니.   相逢無以對風流.

희감[189]스님에게 준다   贈熙鑑師

암자는 쓸쓸하게 황혼이 깃들어 있는데,   上房岑寂鎖黃昏.
대 그림자 솔바람 소리에 도는 저대로 존재하네.   竹影松聲道自存.
기심(機心)[190] 끊어도 시 좋아하는 버릇 남아 있어,   斷盡機心詩癖在,
굳이 아름다운 시구 갖고서 남의 문을 두드리네.   強將佳句扣人門.

청향당[191]에 지어준 여덟 수의 시   淸香堂八詠

대에 부는 바람   竹風

세 친구 어울리던 쓸쓸한 오솔길[192] 하나 나 있는데,   三益蕭蕭一逕通.
한미한 사람에게 힘든 공 좋아하는 게 가장 갸륵하다.   最憐寒族愛難功.

---

187) 장 의중 : 장범(張範)의 자가 의중이다. 본관은 인동(仁同), 장우신(張禹臣)의
　　아들이다. 1545년 문과에 급제하여 군수를 지냈다.
188) 복성 : 복을 맡아보는 별.『산당사고』(山堂肆考)에 이런 내용이 있다. 송나라
　　선우신(鮮于侁)이 절동전운사(浙東轉運使)가 되어 떠날 때, 사마광(司馬光)
　　이 말하기를, "이제 동쪽 지방의 폐단을 구제하려고 한다면 자준이 아니면
　　안 된다. 이 일대에는 복성이 비쳤다"라고 했다.
189) 희감 : 미상.
190) 기심 : 간교하게 책략을 꾸미는 마음.『장자』「천지편」(天地篇)에, "간교한
　　계책을 꾸미는 사람에게는 반드시 간교한 일이 있고, 간교한 일이 있는 사
　　람에게는 반드시 간교한 마음이 있다"[有機械者, 必有機事, 有機事者, 必有
　　機心]라는 구절이 있다.
191) 청향당 : 원주에 "이원(李源)의 집 이름이다"라고 하였다.
192) 세 친구……오솔길 : 후한(後漢) 장후(蔣詡)가 자기집 뒤뜰에다 세 오솔길을
　　내고서 솔·대·국화를 심었다.

그래도 싫도다! 소나무와 한편이 되지 않고서,　　　　　　猶嫌未與鬐君便,
바람에 내맡겨 형세 따라 오르락내리락 하는 것이.　　　　隨勢低昂任却風.

소나무에 비친 달　松月

쏴쏴 찬바람 소리에 자주 시원스러운데,　　　　　　　　寒聲淅瀝頻蕭颯,
달과 어울리니 산뜻하면서도 근엄하구나.　　　　　　　天桂交加淨復森.
어느 곳엔들 크고 좋은 나무 없을까마는,　　　　　　　何處獨無繁好樹,
덕 항상 지키지 못하고 이리저리 마음 변하더라.　　　　不常其德二三心.

거문고 소리　琴韻

세 성인[193] 오묘한 뜻 한 거문고에 있나니,　　　　　三聖幽微在一琴.
조용히 거두는 곳에 참된 소리 있더라.　　　　　　　寂然收處是眞音.
부끄러워라! 그대 나에게 아양곡(峨洋曲)[194] 권하나,　　慚君勉我峩洋韻,
보잘것없는 내가 어찌 음악을 이해할 수 있겠나?　　　薄劣如何會得音.

눈 속의 매화　雪梅

한 해 저물어 홀로 서 있기 어려운데,　　　　　　　歲晩見渠難獨立,
새벽부터 날 샐 때까지 눈이 내렸구나.　　　　　　雪侵殘夜到天明.
선비 집 오래도록 매우 외롭고 가난했는데,　　　　儒家久是孤寒甚,
네가 돌아와서 다시 조촐하게 되었구나.　　　　　更爾歸來更得淸.

---

193) 세 성인 : 우(禹)·주공(周公)·공자(孔子)를 말한다. 유교의 문물제도 정리
　　에 공을 많이 남겼는데, 모두 다 음악을 중시하였다.

194) 아양곡 : 춘추시대 백아(伯牙)는 거문고를 잘 탔고, 그 친구 종자기(鍾子期)는
　　음을 잘 알았다. 백아가 거문고로 높은 산을 형용하면, 종자기가, "우뚝하도다!
　　태산 같구나"라고 하였고, 백아가 흐르는 물을 형용하면, 종자기는, "넘실넘실
　　하도다! 강물 같구나"라고 하였다. 종자기가 죽자, 백아는 거문고 줄을 끊어버
　　리고 다시는 거문고를 타지 않았다. ─『열자』(列子)「탕문편」(湯問篇)

서리 속의 국화 霜菊

찬 국화 만 송이에 얇은 이슬 맺혔는데,	薄露凝菊寒萬鈴.
짙은 향기 제일 많은 곳 뜰 한복판이구나.	活香多處最中庭.
높은 집에서 채색옷 입고 춤추는[195] 중양절[196]에,	高堂綵舞重陽節,
술잔에 사람 얼굴 비스듬히 비쳐 맑구나.	人面橫斜酒面淸.

화분에 심은 연꽃 盆蓮

상림원(上林苑) 복사꽃 자랑하는 것 인정 마소서.	上園休許小桃誇.
진뻘 속의 군자다운 꽃[197]을 누가 알리오?	淤裡誰知君子花.
조그만 화분에 담아두고서 함양하는 뜻은,	留得小盆涵養意,
은은한 향기 밤 깊어야 달빛과 어울리기 때문.	暗香將月夜深和.

경전 經傳

광문(廣文)[198]은 자못 자운(子雲)[199]의 집과 같아,	廣文頗似子雲家.
종래부터 옛일 상고하면 득력(得力)함이 많다네.	稽古由來得力多.

---

195) 채색옷 입고 춤추는 : 춘추시대 노래자(老萊子)는 부모를 기쁘게 해드리기 위해서 나이 70에도 때때옷을 입고 아이처럼 춤을 추며 놀기도 하고, 마루에 오르다 일부러 넘어져 엉엉 울기도 하고 병아리를 잡고서 놀기도 하였다.

196) 중양절 : 음력 9월 9일을 말한다. 이 날은 '등고'(登高)라 하여, 높은 곳에 올라 바람에 모자를 날리고 국화 꽃잎을 띄운 술을 마시면서 시를 짓는 풍속이 있다.

197) 군자다운 꽃 : 송나라 주돈이(周敦頤)의 「애련설」(愛蓮說)에, "연꽃은 꽃 가운데서 군자다운 꽃이다"[蓮, 花之君子者也]라는 구절이 있다.

198) 광문 : 각 지방 향교의 종9품직인 훈도(訓導)를 말하는데, 일반적으로 곤궁하게 사는 선비를 말한다. 이원이 훈도를 지낸 적이 있다.

199) 자운 : 한나라의 학자 양웅(揚雄)의 자. 문장과 학문으로 유명하다.『논어』를 본받아『양자법언』(揚子法言)을,『주역』을 본떠『태현경』(太玄經)을 지었다. 집에 들어앉아 고심하며 저서하여도 사람들이 알아주지 않자, 그는 "후대에 나의 자운(子雲)이 있을 것이다"라고 했다. 여기서는 이원(李源)이 벼슬에 나가지도 않고 침잠하여 열심히 학문연구를 한다는 뜻이다.

살아 있는 법은 모름지기 마루 아래 수레 다듬는   活法會須堂下斵,
사람이 이해했나니,[200]
다섯 수레 많은 책의 의미도 '사(邪)가 없는 것'   五車書在一無邪.
한 가지 속에 있나니.

제8수[201]   八

청컨대 주인 이름인 이원을 새기소서.   請入主人刊李源.
지금 비석 기단 이미 거친 언덕에 있을지라도.   直今碑砌已荒原.
먼 후손 가운데 다시 그대 같은 사람 있게 되면,   仍雲更有如君者,
요동(遼東)의 학[202] 다시 돌아왔을 때 돌은 남아 있으니.   遼鶴重來石可存.

아무렇게나 지어   漫成

구름 속에서 한나절 여기가 신선 세계,   半日雲中是赤城.
승명전(承明殿)[203]에 들어가는 건 평생 허락키 어려워라.   一生難許入承明.
이제야 알았노라! 소부(巢父)·허유(許由)[204]도 절개   方知巢許無全節,

---

200) 살아……이해했나니 : 『장자』(莊子) 「천도」(天道)에 이런 이야기가 있다. 제 (齊)나라 환공(桓公)이 마루 위에서 글을 읽고 있는데, 마루 아래서 수레바 퀴 다듬던 윤편(輪扁)이라는 사람이 연장을 놓고서 환공에게 묻기를, "임금 님께서 읽으시는 책은 무슨 책입니까?"라고 했다. 환공이 "성인의 책이다" 라고 대답하자, 또 "그 사람이 살아 있습니까?"라고 물었다. 환공이 "이미 죽었다"라고 대답하자, 그 수레바퀴 깎는 사람은 "그것은 단지 성인의 찌꺼 기일 뿐입니다"라고 했다. 여기서는 이원(李源)에게 맹목적으로 경전을 읽지 말고, 실생활에 활용될 수 있도록 하라고 권유한 것이다.

201) 제8수 : 갑오본(甲午本) 이후로는 시제(詩題)가 「비체」(碑砌)로 되어 있다.

202) 요동의 학 : 정영위(丁令威)가 학이 되어 갔다가 천년 만에 고향인 요동(遼 東)으로 돌아와보니, 옛 모습은 다 사라졌으나 다만 화표주(華表柱)만 남아 있었다 한다.

203) 승명전 : 한림원(翰林院)의 별칭. 조선시대의 예문관(藝文館)에 해당된다. 여 기서는 벼슬하러 나간다는 뜻이다.

온전히 하지 못한 걸,

이들로부터 기산(箕山)이 만들어지게 되었으니.　　　自是箕山做得成.

신응사[205]에서 글을 읽다가　讀書神凝寺
— 두류산에 있다.

아름다운 풀로 봄 산에 푸르름 가득한데,　　　瑤草春山綠萬圍.

옥 같은 시냇물 사랑스러워 늦도록 앉아 있노라.　爲憐溪玉坐來遲.

세상을 살아가노라면 세상 얽매임 없을 수 없기에,　生世不能無世累,

물과 구름을 다시 물과 구름에 도로 돌려주고　　水雲還付水雲歸.

돌아온다.

백운동[206]에서 놀며　遊白雲洞

천하 영웅들을 부끄럽게 만드는 바는,　　　天下英雄所可羞.

일생의 공이 유(留) 땅에만 봉해진 것[207] 때문.　一生筋力在封留.

---

204) 소부·허유 : 요(堯)임금 때의 은자. 요임금이 기산에 숨어 사는 허유를 불
　　러 나라를 맡으라고 청하니, 허유는 더러운 말을 들었다고 영수(潁水)에 가
　　서 귀를 씻었다. 소부가 송아지에게 물을 먹이기 위해서 끌고 왔다가 그 사
　　실을 알고는 송아지에게 더러운 물을 먹일 수 없다 하여 송아지를 끌고서
　　상류로 가서 물을 먹였다. 결과적으로 이들의 이러한 일로 인해서 기산과
　　영수가 선전되어 후세에 유명해졌으니, 이들은 은자로서의 온전한 절개를
　　지켰다고 할 수 없다는 뜻.

205) 신응사 : 경남 하동군(河東郡) 화개면(花開面) 신흥리(新興里)에 있던 절 이름.

206) 백운동 : 지금의 경남 산청군(山淸郡) 단성면(丹城面) 백운리(白雲里) 안쪽에
　　있는 계곡이다. 남명이 이 골짜기에 터를 잡고 살까 고려한 적이 있었다.

207) 일생의……봉해진 것 : 한(漢) 고조(高祖)가 공신을 봉할 때, 장량(張良)에
　　대해서, "군막(軍幕)에서 작전을 짜내어 천리 밖에서 승리를 얻게 한 것은
　　장량의 공이다"라고 하여, 제(齊) 땅 3만 호를 봉해주었다. 장량은 사양하여,
　　"폐하께서 신이 낸 작전계획을 실행하셔서 다행히 들어맞은 것입니다. 신은
　　유(留) 땅에 봉해지기만 해도 충분합니다. 3만 호에 봉하는 것은 신이 감당
　　할 수 없습니다"라고 하였다. 그는 나중에 공명을 다 버리고 신선 적송자(赤

가없는 푸른 산에 봄바람이 부는데,　　　　　　　青山無限春風面,
서쪽을 치고 동쪽을 쳐도 평정하지 못하네.[208]　西伐東征定未收.

이름 없는 꽃[209]　無名花
　－건숙(健叔)에게 부친다.

오랫동안 한 해 계절의 변화와 연관맺었건만,　　一年消息管多時.
이름과 향기는 묻혀 세상에선 모른다네.　　　　名與香埋世不知.
이름과 향기는 본디 자신의 누(累)가 되는 것.　摠是名香爲己累,
서울에서 일찍이 몇 사람이나 돌아왔던가?　　洛陽曾得幾人歸.

학사 이증영[210]을 보내면서 준다　贐別李學士增榮

그대 보내노라니 강물에 잠긴 천 길의 달도　送君江月千尋恨.
한스러워하는 듯.
붓으로 그리려 해도 어찌 이 깊은 심정 그려낼 수 있겠나?　畫筆何能畫得深.

松子)를 따라 놀았다. 다른 왕에 봉해진 다른 공신 한신(韓信)・팽월(彭越)
등은 뒤에 의심을 받아 주살(誅殺)되었다. 여기서는, 큰 공을 세운 장량은
자기 공을 사양하고 물러설 줄 아는데, 천하의 여러 영웅들은 사양할 줄을
모르니, 여러 영웅들이 장량의 처신을 보고서 부끄러움을 느낄 것이라는 뜻
이다. 남명 자신이 벼슬을 탐내지 않고 출처(出處)의 대절(大節)을 지키는
것에 대해서 자긍심을 느낀 것이다.

208) 서쪽을……못하네 : 세상 사람들이 명리(名利)를 쫓아 이리저리 분답스럽게
　　다녀도 이룬 것이 아무것도 없다는 뜻이다.
209) 이름 없는 꽃 : 벼슬에 나가지 않고 절조(節操)를 지키는 대곡(大谷)을 비유
　　한 것이다.
210) 이증영 : ? ~ ?. 자는 적옹(積翁), 본관은 덕산(德山), 서울에서 살았다. 1534
　　년 생원에 합격하여 합천 군수(陜川郡守)를 지냈다. 그에 대한 송덕비인 「이
　　합천유애문」(李陜川遺愛文)을 남명이 지었고, 황기로(黃耆老)가 글씨를 썼
　　는데, 지금 합천 함벽루 동북쪽 기슭에 남아 있다. 이 시는 1559년 이증영이
　　떠날 때 준 시로 보인다.

이제부터 이 얼굴이야 오래도록 이별하게 되겠지만,   此面由今長別面,
이 마음이야 언제나 헤어지지 않은 마음이라네.   此心長是未離心.

산해정 궂은비 속에서   山海亭苦雨

산 속의 거처 늘 어둑어둑한 곳에 있기에,   山居長在晦冥間.
해를 볼 기약 없고 땅을 보기도 어려워라.   見日無期見地難.
하느님은 도리어 방비를 단단히 하여,   上帝還應成戍會,
얼굴 반쪽도 일찍이 열어보인 적 없다네.   未曾開了半邊顔.

아무렇게나 지어[211]   謾成

취했다 버렸다 하는 세상 인심 나무랄 것도 못되지만,   取舍人情不足誅.
구름마저 대단하게 아첨할 줄 어찌 알았으랴?   寧知雲亦獻深諛.
먼저는 갠 날을 틈 타 다투어 남쪽으로 내려왔다가,   先乘霽日爭南下,
날이 흐리면 다투어 얼른 북쪽으로 내달으니.   却向陰時競北趨.

냇물[212]에 목욕하고서   浴川

― 기유년(1549) 팔월초에 우연히 감악산(紺岳山)[213] 아래서 놀았다. 함양의 문사인 임희무(林希茂)[214]와 박승원(朴承元)[215]이 듣고서 달려와 함께 목욕하였다.

사십 년 동안 더럽혀져온 몸,   全身四十年前累.

---

211) 아무렇게나 지어 : 남명의 제자인 청강(淸江) 이제신(李濟臣)의 『청강시화』(淸江詩話)에는 이 시의 제목이 「모재관운」(茅齋觀雲)으로 되어 있다.
212) 냇물 : 지금의 거창군(居昌郡) 신원면(神院面)에 있는 포연(鋪淵)이다.
213) 감악산 : 거창군과 합천군 사이에 있는 산.
214) 임희무 : 1527~1577. 자는 언실(彦實), 호는 남계(灆溪), 본관은 나주(羅州). 함양(咸陽)에 살았다. 벼슬은 승지를 지냈다. 문집 『남계집』(灆溪集)이 있다.
215) 박승원 : ? ~ ?. 자는 백윤(伯胤), 본관은 반남(潘南).

천 섬 되는 맑은 못에 싹 씻어버린다.　　　　千斛淸淵洗盡休.
오장 속에서 만약 티끌이 생긴다면,　　　　塵土倘能生五內,
지금 당장 배 쪼개 흐르는 물에 부쳐보내리.　直今刳腹付歸流.

덕산에 살 곳을 잡고서[216]　德山卜居

봄 산 어느 곳엔들 향그런 풀 없으리오마는,　　春山底處無芳草.
다만 천왕봉(天王峯)[217] 하늘 나라에 가까운 걸　　只愛天王近帝居.
사랑해서라네.
맨손으로 들어와서 무얼 먹고 살 건가?　　　　白手歸來何物食,
은하수 같이 맑은 물[218] 십리니 먹고도 남겠네.　銀河十里喫有餘.

아들을 잃고서　喪子

집도 없고 아들도 없는 게 중과 비슷하고,　　靡室靡兒僧似我.
뿌리도 꼭지도 없는 이내 몸 구름 같도다.　　無根無蔕我如雲.
한평생 보내면서 어쩔 수 없었는데,　　　　　送了一生無可奈.
여생을 돌아보니 머리 흰눈처럼 어지럽도다.　餘年回首雪紛紛.

서쪽 집 늙은이에게 부친다　寄西舍翁

만 겹의 푸른 산 곳곳에 아지랑이,　　　　　　　萬疊青山萬市嵐.
이내 몸 하늘만 보이는 골짜기를 아주 사랑한다네.　一身全愛一天函.
째째하도다. 제갈량(諸葛亮)은 끝내 무슨 일로,　　區區諸葛終何事,

---

216) 덕산에 살 곳을 잡고서 : 남명은 61세 되던 1561년 삼가현(三嘉縣) 토동(兎
　　洞)으로부터 진주목(晋州牧) 덕산(德山)으로 옮겨와 산천재(山天齋)를 짓고
　　만년을 보냈다.
217) 천왕봉 : 지리산의 최고봉. 높이가 1915미터이다. 덕산에서 서북쪽으로 그 정
　　상이 보인다.
218) 은하수……물 : 덕천강(德川江)을 가리킨다.

손권(孫權)[219]에게 무릎 굽히고 나아가 겨우   膝就孫郎僅得三.
삼국(三國)이 되게 하였나?[220]

풍월헌 시의 운자에 화답하여   和風月軒韻

— 진사 하린서(河麟瑞)의 당호(堂號)이다. 두 아들 락(洛)과 항(沆)이 있다. 선생께서 스스로 말씀하시기를, "시의 뜻은 이들을 가리킨다……"라고 하셨다.

단청한 집이 동쪽으로 눌러앉았는데,   畫閣東邊鎭一頭.
시원한 바람 살랑이는 달 밝은 가을.   浩風飀了桂宮秋.
보게나! 오래 된 조개 명월주(明月珠)[221] 간직한 것이.   請看老蛤藏明月,
좋은 집에서 예쁜 여인 둔 것과 어떠한지를?   爭似高堂有莫愁.

황강의 정자에 쓴다   題黃江亭舍

강 위로 제비 어지러이 날고 비 묻어오는데,   江鷰差池雨欲昏.
보리 누렇게 익어 누렁 송아지 분간할 수 없네.   麥黃黃犢不能分.
접때부터 손의 마음은 아무런 까닭도 없이,   向來客意無詮次,
외로운 기러기 되었다가 또 구름 되기도 한다네.[222]   旋作孤鴻又作雲.

---

219) 손권 : 삼국시대 오(吳)나라 임금.

220) 삼국이……하였나? : 제갈량이 손권을 찾아가 설득하여, 유비(劉備)와 오(吳)가 연합하여 조조의 대군을 적벽(赤壁)에서 크게 무찌른 뒤에, 손권에게 형주(荊州)를 빌렸으므로, 조조에게 쫓겨와 있던 유비(劉備)가 촉한(蜀漢)을 세울 수 있는 기틀을 마련하여 삼국이 정립(鼎立)할 수 있었다.

221) 명월주 : 진주(眞珠)를 말하는데, 진주조개 속에서 나온다. 여기서는 훌륭한 아들을 가리킨다.

222) 외로운……한다네 : 높이 나는 기러기나 흘러가는 구름처럼, '속세에 얽매이지 않고 자유롭게 살고 싶은 생각이 든다'라는 뜻이다.

가원에게 준다　贈可遠
－ 성근(成近)[223]의 자다.

존경하는 가원씨 평안하신지요?	可遠氏尊平安否.
그대 때문에 봄 회포 많이 읊조렸다오.	春懷多爲子成吟.
말라붙은 백 겹의 파초 잎이,	乾封百複芭蕉葉,
어느 때나 비 얻어 속을 하나하나 펼 수 있을는지?[224]	得雨何時細展心.

양산 쌍벽루[225] 시의 운자를 따라서　次梁山雙碧樓韻

푸른 물 푸른 대나무에 달빛이 흐를 때	綠水靑簹銀箭流.
떨어지는 차가운 잎에 계수나무 이우는 가을.	落來寒葉桂殘秋.
양주(良州)[226] 강가엔 제사지내는 사람 없는데,[227]	無人酹去良州干,
눈에 가득한 돌아가는 구름 내 시름만은 못하네.	滿目歸雲不滿愁.

자수의 그림 병풍 가운데 양양성 폭에 쓰다　題子修畫屛襄陽城
－ 위의 고병(古屛)과 같은 제목이다.

석양녘 현산(峴山)[228]에는 푸르름이 서려 있고,	峴山西照綠差池.

---

223) 성근 : ? ～ ?. 자는 가원(可遠), 호는 경재(敬齋), 본관은 창녕(昌寧)으로 성운(成運)의 백형(伯兄)이다. 1507년 진사에 합격하였다.

224) 말라붙은……있을는지 : "언제 인편을 얻어 자신의 마음에 쌓이고 쌓인 하고 싶은 말을 다할 수 있을는지"라는 뜻이다.

225) 쌍벽루 : 양산(梁山) 객관(客館)의 서남쪽에 있던 누각. 물과 대나무가 푸르기 때문에 쌍벽(雙碧)이라 이름하였다. 김시용(金時用)의 기문(記文)이 있다.

226) 양주 : 양산(梁山)의 옛날 이름.

227) 강가엔……없는데 : 양산을 가로지르는 황산강(黃山江)은 옛날 신라의 사독(四瀆)의 하나로서 제사를 지내던 곳이었다. 지금은 신라가 망하고 없으니, 세상사 무상함을 느낀다는 뜻이다.

228) 현산 : 중국 호북성(湖北省) 양양(襄陽) 남쪽에 있는 산 이름. 양양에 주둔하고 있던 양호(羊祜)가 산수를 좋아하여 자주 이 산에 올랐다. 후인들이 양호를 추모하여 이 산 위에 사당과 비석을 세워 제사지냈다.

양양(襄陽)[229] · 등현(鄧縣)[230] 아련한데 옛 성첩(城堞)
높다랗네.
그 당시 임금과 신하[231] 계책을 다했던가?
숙자(叔子)[232]를 만난다면 나는 할말 있도다.

襄鄧微茫古堞危.

當日君臣籌畫盡,
如逢叔子我有辭.

포석정　鮑石亭
― 경주에 있다.

단풍 든 계림(鷄林)[233] 벌써 나뭇가지 변했는데,
견훤(甄萱)이 신라를 멸망시킨 것 아니라네.
포석정에서 스스로 대궐의 군사 불러 정벌케 한 것,[234]
이 지경에 이르른 임금과 신하는 어쩔 도리 없다네.

楓葉鷄林已改柯.
甄萱不是滅新羅.
鮑亭自召宮兵滅,
到此君臣無計何.

성 중려[235]에게 준다　贈成仲慮

세 줄의 편지는 삼 년 만에 본 얼굴인 듯,

三行信字三年面.

---

229) 양양 : 오늘날의 호북성(湖北省) 양양현(襄陽縣)이다. 조조가 형주(荊州)를
차지하고서 비로소 양양군을 만들어 중진(重鎭)을 두었다.
230) 등현 : 호북성 양양현 동북쪽에 있던 고을 이름.
231) 임금과 신하 : 멸망 당한 오(吳)나라의 임금과 신하.
232) 숙자 : 진나라 장수 양호(羊祜)의 자. 오나라를 공격할 계책을 건의하였다.
233) 단풍 든 계림 : 신라말 최치원(崔致遠)의 글에, "계림에는 누런 단풍이요, 곡
령에는 푸르른 솔이라"[鷄林黃葉, 鵠嶺靑松]라는 말이 있다. '경주에 서울을
둔 신라는 운수가 다했고, 개성에서 새로 일어난 고려는 운수가 성하다'는
뜻이다. '곡령'은 개성에 있는 송악산(松岳山)이다.
234) 포석정에서……것 : 신라 경애왕(景哀王)이 실제로는 견훤 군대의 습격을
받아 피살되었지만, 경애왕과 수행하는 신하들을 호위하던 대궐의 군사들이
이미 마음속으로 저런 짓을 하는 임금과 신하는 죽임을 당해야 마땅하다고
생각하고 마음 속으로 이미 여러 차례 죽였을 것이라는 뜻이다.
235) 성 중려 : 성우(成遇 : 1495~1546)의 자이다. 성우는 대곡(大谷) 성운(成運)
의 중형으로 서울에서 살았다. 남명과 어릴 적부터 벗이었는데, 을사사화에
희생되었다. '仲'자가 경진본(庚辰本)에는 '中'자로 되어 있다.

찬찬히 보아가니 아주 마음 안타깝게 하네.　　　　　　　細細看來細斷神.
살고 죽는 것은 아예 말할 것이 없지만,　　　　　　　　生活死休俱可已,
두 집 식구들 굶주리며 떨고 있으니 우리 둘은　　　　　兩家寒餒兩何人.
뭣하는 사람인지?

다시 한 수 又

천 겹의 주름은 그대 때문이 아니오,　　　　　　　　　千疊皮皤非子故.
한평생 우정은 거의 삼산(三山)[236]에 있네.　　　　　　一生投度幾三山.
구름 깃들인 모악(母岳)[237]에서 형제처럼 지내다　　　雲栖母岳荊分樹,
헤어졌는데,
그 뒤로는 나그네로 궁하게 지내며 전혀 관계맺지　　此外羈窮摠不關.
못했다네.
　　　　－‘파’(皤)자가 어떤 데는 ‘반’(蟠)자로 되어 있다.

청향당 시에 화답하여　　和淸香堂詩

네 가지 같으니[238] 응당 새로 안 사람과는 다르기에,　四同應不在新知.
나를 일찍이 종자기(鍾子期)[239]에 견주었었지.　　　　擬我曾於鍾子期.
칠언시·오언시가 만금의 가치가 있건만,　　　　　　　七字五言金直萬,
곁의 사람은 한 편의 시로만 간주하는구나.　　　　　　傍人看作一篇詩.

---

236) 삼산 : 보은의 별칭.
237) 모악 : 서울 도성(都城) 서쪽에 있는 산. 곧 안현(鞍峴)이다.
238) 네 가지가 같으니 : 남명과 청향당 이원(李源)은 같은 해(1501), 같은 경상도
　　에서 태어난 것, 마음이 같은 것, 덕이 같은 것 등 네 가지 점에서 서로 같다
　　는 말이다.
239) 종자기 : 춘추시대 초(楚)나라 사람. 거문고의 명인 백아(伯牙)가 연주하는
　　악곡을 잘 감상하여, 두 사람의 관계가 아주 좋았다.

오대사의 중에게 준다   贈五臺僧

산 아래 외로운 마을 풀 덮인 문에,	山下孤村草掩門.
날이 막 어두워질 때 중이 찾아왔네.	上人來訪日初昏.
시름겨운 마음 다 이야기하고서 잠 못 이루는데,	愁懷說罷仍無寐,
달빛은 앞 시내에 가득하고 밤은 이슥했도다.	月滿前溪夜欲分.

　　－'혼'(昏)자가 어떤 데는 '훈'(臐)자로 되어 있다.[240]

배를 읊다   詠梨

어줍잖은 배나무 문 앞에 섰는데,	支離梨樹立門前.
열매 시어서 이빨이 들어가지 않네.	子實辛酸齒未穿.
너도 주인과 함께 버려진 물건이긴 해도,	渠與主人同棄物,
그래도 쓸모 없기에 타고난 수명 보존하느니라.[241]	猶將樗櫟保天年.

문견사[242]의 소나무 정자에 쓰다   題聞見寺松亭

행장은 소매 속의 책 한 권,	袖裏行裝書一卷.
푸른 신 대 지팡이로 절간 서쪽으로 오른다.	靑鞋竹杖上方西.
나그네는 이름 없는 한을 풀지 못하는데,	遊人未釋無名恨,
산새는 종일토록 뜻을 다하여 우는구나.	盡日山禽盡意啼.

다시 한 수   又

구름 소매 노을 갓의 두 노인장,	雲袖霞冠尊兩老.
늘 긴 해 바라보는데 서쪽으로 몇 발 남았네.	常瞻長日數竿西.

---

240) '臐'자는 '曛'자의 잘못이다.

241) 오히려……보존하느니라 : 『장자』「산목편」(山木篇)에, "이 나무는 재목이
되지 못하기에 그 천수(天壽)를 다한다"라는 구절이 있다.

242) 문견사 : 소재 미상.

돌 제단 바람 이슬에 티끌 세상의 일 적어,　　　　　石壇風露少塵事,
늙은 소나무 바위 가에선 새도 울지 않네.　　　　　松老巖邊鳥不啼.

제목 없이　無題

신무성(神武城)[243] 서쪽으로 얼음이 풀리려는데,　　神武城西氷欲泮.
풍경 소리 처음으로 바람에 울리어 천지 운행 본다.　鈴風初叫看儀籛.
쑥국이나 떡국 끓여먹는 일 모두 한가로운 것인데,　羹艾湯餠渾閑事,
대부분은 잊어버렸고 대부분은 알고 있다네.　　　　太半遺忘太半知.
　　－'탕'(湯)자가 어떤 데는 '자'(煮)자로 되어 있다.

배 생의 죽음을 슬퍼하여　輓裵生
　　－이름은 충효(忠孝), 김해 사람이다.

남해 노인성(老人星) 밤만 너무 길게 만들어,　　　老星南海夜偏長.
집에 좋은 말 있어도 달리는 것 보지 못했네.　　　家有龍媒未見驤.
잔나비 숲에 잔나비 다시 모이지 않고,　　　　　　無復猩林猩首會,
현악기를 연주하듯 굶주린 부엉이 석양녘에 울부짖네.　彈絃餓鴉叫斜陽.

제목 없이　無題

평평한 벌판 멀리 푸르른 관악산이요,　　　　　　　平野遙靑冠岳山.
조강(祖江)[244]은 질펀히 서쪽 바다로 흐르네.　　　祖江漫汙海西間.
향그런 모래톱 가엔 버들꽃 바람에 다 날려갔는데,　楊花吹盡芳洲岸,
낚시꾼은 낚시터에서 졸고 낚싯대 위엔 제비 지저귀네.　睡到漁隈燕語竿.

---

243) 신무성 : 서울 도성(都城)의 북쪽 성문이 신무문(神武門)인데, 서울 도성의
　　　북쪽 부분을 신무성이라 부른 것 같다.
244) 조강 : 한강과 임진강이 합쳐져 조강이 된다.

태온[245]과 건숙에게 아울러 준다　兼贈太溫健叔

삼산(三山)에 놀기로 세 벗과 약속했었지만,　　　三要三山曾有約.
식언을 많이 하여 나는 잘 살쪘다네.　　　　　食言多矣我能肥.
다시 늙은 아내로 하여금 봄옷을 짓게 했지만,　更敎老婦裁春服,
다만 그대들은 각호(角虎)[246]에서 돌아갔을까 두렵네.　只恐君從角虎歸.

주 경유(周景游)의 시운에 따라서 중의 시축(詩軸)에 쓴다　次景游韻題僧軸

백운산(白雲山)[247] 스님 신응사(神凝寺)에서 만나,　　白雲山衲神凝見.
시축(詩軸) 표지 열어보니 헌납(獻納)[248]의 시로구나.　篇面開來獻納詩.
아침 해가 다시 시내를 따라 골짜기에서 나오는데,　朝日更從川出谷,
자는 구름은 어느 곳에서 돌아가는 스님을 재울는지?　宿雲何處宿歸師.

야옹정[249]　野翁亭
　－ 단성(丹城)에 있다.

뇌룡계(雷龍溪) 아래 야옹담(野翁潭) 있는데,　　雷龍溪下野翁潭.
봄 산 아지랑이 좋지 않은 곳이 없구나.　　　　無處春山不好嵐.
다만 현판에 남긴 주인의 뜻을 저버렸나니,　　只負主人留扁意,

---

245) 태온 : 김천부(金天富)의 자. 1498~1584. 본관은 경주(慶州). 1519년 진사에
　　합격하여, 김제 군수(金堤郡守)를 지냈다. 성운(成運)의 처남이다.
246) 각호 : 지명인 듯하다.
247) 백운산 : 전라남도 광양(光陽)에 있는 산 이름. 이 밖에도 함양(咸陽) 등 여
　　러 곳에 백운산이 있다.
248) 헌납 : 당시 사간원(司諫院) 헌납(獻納)으로 있던 주세붕(周世鵬)을 가리킨다.
249) 야옹정 : 경술본(庚戌本)에는 "김응벽(金應璧)의 정자이다"라고 하였다. 호음
　　(湖陰) 정사룡(鄭士龍)이 지은 「제하진사야옹정」(題河進士野翁亭)이란 시는
　　이러하다. "하늘이 아끼던 곳을 파내어, 문득 새 정자 일으켰네. 이리저리 굽
　　은 강은 글자를 배우는 듯 꼬불꼬불하고, 아련한 산은 상투를 배열한 듯하

노인성(老人星)은 본디 하늘 남쪽에 있기에.[250]   老星元是在天南.

윤 대련[251]에게 준다　贈尹大連

합포(合浦)[252] 장군이 그대에게 잔치 베풀어주고,   合浦將軍按鹿萍.
봄이 되자 고을 원님이 그대를 맞이하는구나.   春來五馬邀君迎.
멀리서도 아노라. 집 뒤의 천 그루 소나무를,   遙知掖後松千樹,
지금도 내 눈에는 한결같이 푸르르네.   吾眼如今一樣靑.

대를 그리다　畵竹

살아 있는 향기 죽은 향기로 보지 마소서!   生香莫作死香看.
산 것과 죽은 것의 차이 알기 어렵나니.   生死路頭知者難.
옛 현인들 비록 죽어도 전형은 남아 있나니,   先哲雖亡模樣在,
모름지기 전형 속에서 깊이 볼지어다.   要須模樣裡深看.

의령 현감에게 준다　贈宜寧倅

비가 도화원(桃花源)[253]에 지나가자 온갖 꽃이 시들었는데,   雨過桃源百卉腓.

네. 경치를 구경하여 시로 옮기고, 깊이 생각하여 만물의 발양함 믿는다네. 부끄러워라! 내가 시 잘 짓지 못하니, 끝내 묘사 하기가 어렵도다"[鑿破天慳地, 新亭起咄嗟. 縱橫江學字, 依約岫排鬐. 領略歸詩律, 冥搜信物華. 愧非能賦手, 摹寫竟難加].

250) 노인성……있기에 : 야옹정의 주인이 초야에 묻혀 살지도 못하고, 또 오래 살지도 못한 것을 이렇게 말한 듯하다.

251) 윤 대련 : 윤소종(尹紹宗)의 자가 대련(大連)이다. 본관은 해평(海平), 찰방(察訪) 윤필경(尹弼卿)의 아들이다. 서울에서 살았다. 1528년 생원에 합격하였고, 충순위(忠順衛)를 지냈다.

252) 합포 : 지금의 경남 마산(馬山).

253) 도화원 : 의령현의 관아가 있던 곳은 지금 의령읍 소재지인데, 남쪽만 트이고 나머지 삼면은 산으로 둘러싸여 있어 무릉도원(武陵桃源)을 연상케 한다.

꽃 잎 띄워 흐르는 물줄기 정암호(鼎巖湖)[254]로 흘러드네.　泛花流與鼎湖歸.
이 사람은 무슨 일로 모양이 늘 파리한가?　之君底事形長瘦,
식언을 하지 않으니 살이 찔 수가 없다네.　不食言來不得肥.

분성[255]에서 보리 타작하는 소리를 듣고　在盆城聞打麥聲

한낮이 지나자 햇볕도 취한 듯 짙은데,　過午陽和醉似濃.
수많은 버들가지에 바람이 한 번 지나가네.　萬條楊柳一邊風.
숨어사는 사람도 전양자(全陽子)[256]를 읽을 줄 알기에,　幽人解讀全陽子,
그래도 공중에서 보리 타작하는[257] 소리를 듣는다네.　打麥猶聞聲在空.

두류산에서 짓다　頭流作

고상한 마음 천 자나 되어 걸기 어려운데,　高懷千尺掛之難.
방장산(方丈山)[258] 제일 높은 꼭대기에나 걸어볼까?　方丈于頭上上竿.
옥국관(玉局觀)[259]에 모름지기 삼세(三世)의 문적　玉局三生須有籍,
있을 테니,
다른 날 내 이름자를 직접 볼 수 있겠지.　他年名字也身看.

---

254) 정암호 : 의령에서 함안으로 건너가는 부근의 남강을 말한다.

255) 분성 : 김해의 옛 이름.

256) 전양자 : 송나라 유염(兪琰)의 호인데, 여기서는 그의 저술을 가리킨다. 자는
　옥오(玉吾), 석동(石洞), 임옥산인(林屋山人) 등의 호도 썼다. 송나라가 망한
　뒤 은거하여 학문을 깊이 연구하였는데, 역학(易學), 도가설(道家說) 등에 정
　통하였다. 저서로는, 『주역집설』(周易集說)·『독역거요』(讀易擧要)·『주역
　참동발휘석의』(周易參同契發揮釋疑) 등이 있다.

257) 공중에서 보리 타작하는 : 어떤 도사가 사람을 공중에 뜨게 하는 기술이 있
　었는데, 보리 타작하는 사람들을 공중에 다 뜨게 하여 공중에서 보리 타작
　을 하도록 했다 한다.

258) 방장산 : 지리산의 별칭.

259) 옥국관 : 사천성(四川省) 성도(成都)에 있는 도교 사원. 후한의 장도릉(張道
　陵)이 여기서 도를 얻었다. 여기서는 하늘나라를 가리킨다.

하 군려²⁶⁰⁾에게 부친다 寄河君礪

자굴산(闍窟山) 줄기를 충분히 구경하고서,　　剩得闍山骨子來.
깊은 곳에서 조수 돌아 흐르는 것 보았네.　　却於冥處看潮廻.
그대 청려장(靑藜杖) 짚고 방문한 것 위로하고자,　　勞君暫許靑藜間,
신선이 다니는 길을 그대 위해 한 번 열겠네.　　鰲上河關爲子開.

제목 없이 無題

세상에 쓰이거나 숨거나 대개 자신이 결정할 일,　　强半行藏辦自家.
다만 고쳐 구제하려 하니 십년 된 쑥 필요하다네.²⁶¹⁾　　也徒醫濟十年艾.
구름 낀 산에서 그를 따라 늙으려 했지만,　　雲山只欲從渠老,
세상 일이 매양 마(魔)가 되는 것을 어쩌랴?　　世事其如每作魔.

산해정에서 『대학』 팔조가의 뒤에 쓴다 在山海亭書大學八條歌後²⁶²⁾

한평생 근심과 즐거움 둘 다 번거롭고 원망스러운데,　　一生憂樂兩煩冤.
선현들께서 세워둔 깃발에 우리들이 힘입는다네.　　賴有前賢爲竪幡.
저술하고자 해도 학술 없는 게 부끄러워,　　慙却著書無學術,
억지로 회포를 긴 말에 부치노라.　　强作襟抱寓長言.

---

260) 군려 : 하종악(河宗岳)의 자. 남명의 질서인데 진사에 급제하였다.
261) 다만 고쳐……필요하다네 : 『맹자』「이루상편」(離婁上篇)에, "지금의 왕도 정치를 하려는 사람은, 7년 동안 병을 앓으면서, 3년 동안 말린 쑥을 구하는 것과 같다"라는 말이 있다. 즉, 평소에 미리 준비하지 않았다가 급한 일을 당하여 구하려고 하면 이미 때가 늦다는 말이다.
262) 기유본에는, '後'자 뒤에, '贈鄭君仁弘'(정인홍에게 준다)이라는 다섯 자가 있었는데, 신묘년(1651)에 덕천서원 유생들이 빼버렸다. 제목 뒤에 다음과 같은 원주가 있었다. "병인년 가을에 선생께서 산해정에 계셨는데, 인홍이 따라 모시면서 반 달 동안 머물렀다. 인홍이 북쪽으로 돌아갈 적에, 선생께서 「격치성정가」(格致誠正歌)를 손수 써주시고, 또 이 절구 한 수를 그 뒤에 써서 주셨다."

진극인[263]의 죽음을 슬퍼하여　輓陳克仁

ㅡ 진은 본래 천령(天嶺) 사람인데, 김해로 장가와서[264] 살았다.

천령(天嶺)[265]은 수로왕(首露王)의 땅[266]에서 아득하여,	天嶺迷迷首露墟.
태어날 때는 신어산(神魚山)[267]을 알지 못했더라.	不曾生識有神魚.
푸른 하늘에 뜬 구름은 얽매임 없으니,	浮雲無繫蒼面,
그대 지금이 도리어 못하다고 누가 말하겠는가?	誰道君今還不如.

현좌[268]에게 화답하여 올린다　和上賢佐

이 사람 만나니 벌써 흰 머리일세.	之子相逢已白頭.
듣자니 초당(草堂)이 깊숙이 있다는구려.	草堂聞說在深幽.
나그네 선물 줄 것 없어 부끄러워하여,	遊人解佩憨無分,
다만 돌아가는 구름에 의지하여 눈길 보내노라.	祇倚歸雲送送眸.

다시 한 수　又

약수(若水)[269]를 보니 모두들 충실한데,	若水看來豆子新.
그대 이미 나를 잊었고 나는 나 자신도 잊었노라.	已君忘我我忘身.
그대 천 겹 산 속 초가에서 생활하고 있으니,	草堂生契山千疊,
태평한 시대에 복 없는 사람은 아니라네.	不是明時薄福人.

---

263) 진극인 : ? ~1551. 자는 선장(善長), 호는 경재(警齋), 본관은 여양(驪陽).
264) 김해로 장가와서 : 진극인은 김해에 살던 생원 어응신(魚應辰)의 사위이다.
265) 천령 : 함양의 별호.
266) 수로왕(首露王)의 땅 : 곧 김해(金海).
267) 신어산 : 김해에 있는 산 이름. 남명이 그 기슭에 산해정을 짓고서 학문을
　　　연구하였다.
268) 현좌 : 최흥림(崔興霖)의 자.
269) 약수 : 보은에 있는 물 이름인 듯하다.

황강에게 부친다 寄黃江

컴컴한 장마에 막다른 깊은 골목,	冥冥積雨窮深巷.
문 밖의 뽕나무와 삼은 사람 키보다 더 높네.	門外桑麻沒得人.
가슴 답답한 것은 무엇 때문인가?	果腹噎懷緣底事,
명예와 이익 때문도 아니고 가난 때문도 아니라네.	不緣名利不緣貧.

황계폭포에서 놀 때 김경부에게 준다 遊黃溪贈金敬夫
　－김우굉(金宇宏)[270]의 자이다.

늙은이 머리에 이미 서리요 얼굴은 말랐는데,	老夫頭面已霜乾.
나뭇잎 누를 때 산에 올랐노라.	木葉黃時上得山.
두 그루 잣나무[271] 가지와 줄기 좋으니,	雙栢有枝柯幹好,
뜰에 지초와 난초 빼어났다고 말하지 말게나.	莫言庭際秀芝蘭.

다시 한 수 又

가을 정경 스산하다 한탄하지 말게나.	莫恨秋容淡更疏.
봄이 남긴 뜻 싹 가시지는 않았다네.	一春留意未全除.
땅에 가득한 하늘 향기 코에 스며드니,	天香滿地薰生鼻,
비단도 시월 달 국화만은 못하리라.	十月黃花錦不如.

죽연정[272]에서 윤 진사 규[273]의 시운에 따라서 竹淵亭次尹進士奎韻
　－고령 박윤(朴潤)[274]의 강가 정자이다.

너른 강물에 흐르는 한은 정히 침침한데,	滄江流恨政沈沈.

---

270) 김우굉 : 1524～1590. 자는 경부(敬夫), 호는 개암(開巖), 본관은 의성(義城).
　　칠봉(七峰) 김희삼(金希參)의 아들이자 동강(東岡) 김우옹(金宇顒)의 형이다.
　　부제학(副提學)을 역임하였고, 문집으로 『개암집』(開巖集)이 있다.
271) 두 그루 잣나무 : 훌륭한 형제를 상징한다.

회포를 일찍이 거문고에 올린 적이 있었던가?　襟抱何曾上得琴.
해오라비는 응당 서리 맞으며 자겠지,　　　沙鷗定應霜下宿,
들녘 안개 속에 그 마음 알 수가 없네.　　　野烟無以認渠心.

다시 한 수　又

우저(牛渚)²⁷⁵⁾ 못물에 대 젖어들어 푸르름 깊디깊은데,　竹浸牛渚綠深深.
시름을 녹일 수 있다면 잔을 다 따르련만.　　　若可消憂盡可斟.
봄 바람 속에서 무한한 한을 다 풀지 못하고,　　不釋春風無限恨,
도리어 가을 물이 되어 돌아가는 이 마음을 전송하네.　却成秋水送歸心.

다시 한 수　又

왕사(王謝)²⁷⁶⁾의 풍류는 영남에서 손꼽혔는데,　王謝風流數嶺南,
그대의 여러 아들들은 그대보다 나으이.　　　多君諸子出於藍.
유독 그윽한 대를 사랑하여 정자 이름으로 삼았는데,　獨憐幽竹亭爲號,
그 덕이 원래부터 변함이 없다네.　　　其德元來不二三.
　　　－'유'(幽)자가 더러는 '고'(高)자로 되어 있기도 하다.

다시 한 수　又

초당(草堂)에 높이 스치는 건 푸른 대나무,　草堂高拂碧簹簹.

---

272) 죽연정 : 고령현(高靈縣) 관아 남쪽 20리에 있다.
273) 윤규 : 1500~?. 자는 문로(文老), 호는 월오(月塢), 본관은 파평(坡平). 고령
　　에서 살았다.
274) 박윤 : 1517~?. 자는 덕부(德夫), 호는 죽연(竹淵), 본관은 고령. 고령에서
　　살았다.
275) 우저 : 고령군 우곡면(牛谷面)에 있는 물 이름.
276) 왕사 : 진(晉)나라 때는 왕씨와 사씨가 이름 있는 귀족이었는데, 이들 가운데
　　는 풍류로 이름난 사람이 많았다.

강 위 제비 어지러이 날고 비는 평상을 때린다.　　　江燕差池雨打床.
넘실거리는 강가에 사는 우애 넘치는 여러 형제들,　　秩秩斯干兄及弟,
아침 저녁으로 하는 일은 부모님 잘 모시는 일.　　　昏晨家事在溫凉.

냇가에서 읊다　川上吟

냇물 서쪽으로 흘러가다 자고새와 함께 남쪽으로
돌아 흐르고,　　　　　　　　　　　　　　　　　　西去還同鷓鴣南.
아무것도 낳지 못하는 나방은 누에만 못하다네.　　無生蛾子不如蠶.
불포(佛浦)에서 높다랗게 노래 부르던 건 당시의 일,　高歌佛浦當時事,
거친 시냇가에 벙어리 마냥 오똑이 앉아 있다네.　　兀坐荒溪似久瘖.

강 진사 서[277]의 죽음을 슬퍼하여　挽姜進士瑞
　　－자는 숙규(叔圭)이다.

한밤중에 울부짖는 서 절효(徐節孝)[278]여,　　　中夜叫號徐節孝.
귀신도 그 소리 들었다면 응당 슬퍼하리라.　　鬼神聞此亦應悲.
쌀을 지고[279] 천리 먼 길을 오려 했건만,　　　欲負米來千里遠,
새벽 바람에 높은 나뭇가지 이미 꺾이었구나.[280]　曉風高樹已摧枝.

다시 한 수　又

면벽(面壁)하듯 일찍이 남에게 얼굴 알리지 않았으니,　面前墻道不曾開.
털과 뼈 한혈구(汗血駒)[281]인 줄을 누가 알았으리오?　毛骨誰知汗血來.

---

277) 강서 : 1510~40. 호는 매곡(梅谷). 모암(慕岩) 강우(姜瑀)의 아우로 의령에
　　서 살았다. 남명의 제자로, 효행이 지극하였다.
278) 서 절효 : 송나라 효자 서적(徐積)을 말함. 절효는 그 시호.
279) 쌀을 지고 : 공자의 제자인 자로(子路)가 부모를 봉양하기 위해서 쌀을 지고
　　백리 길을 갔다. 여기서는 부모님께 효도하려 했다는 뜻이다.
280) 높은……꺾이었구나 : 아버지가 이미 죽었다는 뜻이다.

거친 무등(無等)[282] 마을에 그대 보이지 않으니, 　　　無等荒村君不見,
눈물 드리우고 동쪽으로 돌아오며 괜히 고개 돌리노라. 　東歸垂淚首空回.

복괘(復卦)[283]를 두고 읊다　地雷吟

역상(易象)이 분명하여 땅 밑 우레[284]를 보는데, 　　　易象分明見地雷.
어찌 사람의 마음은 착함의 실마리 열리는 것을 　　人心何昧善端開.
모르는가?
다만 싹트는 것이 응당 우산(牛山)의 나무[285]와 같나니, 　祇應萌蘖如山木,
소나 양으로 하여금 날마다 오게 하지 말게나. 　　莫遣牛羊日日來.

---

281) 한혈구 : 서역 대완국(大宛國)에서 생산되던 좋은 말로 출중한 인재를 뜻한다.

282) 무등 : 의령읍의 동쪽에 있는 마을 이름. 지금의 무전리(茂田里). 무등(舞
　　等)·무동(舞洞)·무동(茂洞) 등으로도 표기한다.

283) 복괘 : 땅을 나타내는 곤괘(坤卦) 아래에 우레를 나타내는 진괘(震卦)가 합
　　쳐져 복괘(復卦)가 된다. 완전히 없어졌던 양기(陽氣)가 다시 살아나는 것을
　　상징한다. 만물의 회복을 나타낸다.

284) 땅 밑 우레 : 동지가 되면 음기(陰氣)가 극도에 이르지만 양기(陽氣)가 땅 속
　　에서 막 처음으로 생겨난다.『주역』의 복괘(復卦)가 이를 형상화한 것인데,
　　땅을 나타내는 곤괘(坤卦)와 우레를 나타내는 진괘(震卦)가 합쳐진 것이 복
　　괘이다.

285) 우산의 나무 : 우산은 제나라 동남쪽에 있는 산 이름.『맹자』「고자상편」(告
　　子上篇)에, “우산의 나무가 일찍이 아름다웠으나, 큰 나라의 교외에 있는 까
　　닭에 도끼로 베니 아름다울 수 있겠는가? 주야로 자라나고 비나 이슬에 젖
　　어 싹과 움이 나지만 소나 양이 자라자마자 먹어버리므로 저렇게 민둥산이
　　되었다. 사람들은 그 민둥산이 된 모습을 보고서 일찍이 재목이 없었다고
　　생각하는데, 이 어찌 산의 본래 모습이겠는가?”라는 말이 있다. 모든 사람이
　　본래 착한 본성을 타고났는데, 나쁜 환경의 영향으로 착한 본성을 잃게 되
　　었다는 뜻으로 많은 사람들은 착한 본성을 잃은 상태를 사람의 본래 모습인
　　줄로 착각한다는 것을 비유한 것이다.

이 원길[286]이 책력을 보낸 것을 감사하여 謝李原吉送曆

동쪽 시내를 향해 새 책력 부치지 마오.　莫向東溪寄曆新.
오행(五行) 운행하는 것 산골 사람은 기억 못하나니.　山人不記五行新.
오직 창 너머에 매화가 있어,　隔窓唯有梅花在,
눈 헤치고서 해마다 이른 봄을 알린다오.　撥雪年年報早春.

제목 없이 無題

『대학』 첫머리 열여섯 자의 말[287]은,　大學篇頭十六言.
반평생을 공부해도 그 근원을 만나지 못했네.　工夫半世未逢源.
여러 학생들은 총명을 충분히 타고났으니,　諸生剩得聰明在,
시서(詩書)를 요리하여 잘 응용하소서.　經記詩書好吐呑.

제목 없이 無題
－완전히 남아 있지 않다.

가을 산 어느 곳엔들 잎이 누렇지 않았으랴?　秋山何處不黃葉,
강 가운데 돌은 비록 날이 어두워도 환한 모습이네.　江石雖昏猶白身.

또 又

붉은 잎이 산에 가득하니 봄의 뜻이 있는 듯,　紅葉滿山春有思,
푸른 하늘에 옥이 구르고 들엔 구름 피어오르네.　碧天流玉野升雲.

---

286) 이 원길 : 이준경(李浚慶)의 자. 1499～1572. 호는 동고(東皐), 본관은 광주(廣
　　州). 오랫동안 영의정을 지낸 중신이다. 저서로는 『동고유고』(東皐遺稿)가 있
　　다. 시호는 충정(忠正). 남명과는 어린 시절 같이 공부한 절친한 친구이다.
287) 『대학』 첫머리 열여섯 자의 말 : 『대학』 경일장(經一章)의 첫머리 "대학지도
　　재명명덕 재친민 재지어지선"(大學之道, 在明明德, 在親民, 在止於至善)을
　　가리킨다.

칠언사운(七言四韻)

하희서의 죽음을 슬퍼하여　挽河希瑞

시서(詩書)를 가업으로 한 진사(進士)로서,	詩書家業上庠生.
뽕만 광주리에 따 담았지 환한 붉은 비단을 짜진 못했다네.[288]	筐篚朱陽織不成.
흰 머리에 황관(黃冠)[289]으로 상석(上席)에 추대되었고,	皓首黃冠推上座,
형제들 사이에 우애가 서로서로 깊었다네.	紫花蒼樹因高莉.
탄식하는 노인들은 세 번의 고복(皐復)[290] 소리에 놀랐고,	嗟嗟大耋驚三復,
울부짖는 자식들은 두 기둥 사이[291]에 앉아 있는 모습 꿈꾸었네.	呌呌孤兒夢兩楹.
무덤 구덩이 깊은 곳에 한 줌 흙으로 남았기에,	馬鬣封深抔土在,
옹문(雍門)[292]의 사람처럼 날이 샐 때까지 눈물을 뿌린다네.	雍門淚洒到天明.

---

288) 뽕만……못했다네 : 공부에 공을 많이 들였으나 끝을 보지 못했다는 뜻이다.

289) 황관 : 풀로 만든 관으로 주로 농부들이 썼다.

290) 고복 : 사람이 숨을 거둔 직후, 지붕 위에 올라가 죽은 사람이 입던 옷을 흔들면서 죽은 사람의 이름을 세 번 불러 그 사람의 혼을 부른다. 상례(喪禮)에서 죽음을 확인하는 절차이다.

291) 두 기둥 사이 : 집의 좌우 중간을 말하는데, 여기서는 죽음을 의미하는 말이다. 『예기』(禮記)「단궁편」(檀弓篇)에, "공자가 자공(子貢)에게 일러 말하기를, '내가 지난 밤에 두 기둥 사이에서 상전(上奠) 드리는 것을 받는 꿈을 꾸었다'라고 했다"라는 말이 있는데, 그 얼마 뒤에 공자가 죽었다.

292) 옹문 : 옛날 한아(韓娥)라는 사람이 동쪽의 제(齊)나라로 갔는데, 옹문을 지나면서 노래를 불러주고 밥을 빌어 먹었다. 그가 떠나고 나서도 여운이 대들보에 감돌아 사흘 동안 그치지 않았다. 여관의 사람이 그를 욕보이자, 한아가 긴 목소리로 슬피 우니, 온 마을의 남녀노소가 시름에 잠겨 슬피 눈물을 흘렸고 서로 마주하여 사흘 동안 먹지 못했다 한다. ─『열자』(列子)「탕문」(湯問篇)

다시 한 수 又

지난 생애 촛불처럼 밝았건만 귀신이 시기하여,	半生明蠟鬼曾魔.
지금 보니 아홉 가지 복 가운데 수명만 유독 길었네.	九福如今壽獨遐.
골짜기를 차지한 호랑이는 하나라도 적은 게 아니고,[293]	當谷於菟非一少,
뜰에 빼어난 성한 난초 많아 셋이나 되는구나.[294]	秀庭蘭苗是三多.
넉넉한 살림살이에 종들도 많이 거느렸고,	困困釜庚兼僮指,
우애 있는 형제들과 효성스런 아들 있네.	友友常華又蓼莪.
머리 돌리니 벗은 여기 묻히려는데,	回首故人將稅駕,
가을은 저무는데 늙은이 회포 뭉클하도다.	老懷秋盡已萋苴.

함허정 涵虛亭

─김해에 있다. '전'(專)자가 어떤 데는 '천'(擅)자로 되어 있고, '분'(分)자가 어떤 데는 '분'(奔)자로 되어 있고, '가'(歌)자가 어떤 데는 '현'(絃)자로 되어 있고, '한'(寒)자가 어떤 데는 '잔'(殘)자로 되어 있다.

신기루처럼 솟은 교룡(蛟龍)의 집 들보엔 제비 없는데,	蜃騰蛟屋燕無樑.
텅 빈 것 머금어야 곧고 바름[295]을 볼 수 있다네.	虛箇涵來見直方.
남쪽에 이름난 크고 좋은 집이요,	傑閣專南謾好大,
늙은 솔이 북쪽 맡아 바람과 서리 많도다.	老圭分北剩風霜.
우애 좋던 집엔 풍악 소리도 그쳤고,	棠華館裡笙歌咽,
서왕모(西王母)[296]의 못가엔 은하수가 서늘하네.	王母池邊河漢凉.

---

293) 골짜기를……아니고 : 하희서에게는 훌륭한 아들이 하나 있었다.

294) 뜰에……되는구나 : 하희서에게는 난초처럼 빼어난 손자가 세 명 있었다.

295) 곧고 바름 : 『주역』(周易)에, "경(敬)으로써 안을 곧게 하고, 의(義)로써 바깥을 반듯하게 한다"라는 말이 있다. 남명은 이 말을 대단히 중시하여, 자기의 칼에 "안으로 밝히는 것은 경(敬)이고, 밖으로 결단하는 것은 의(義)다"라는 구절을 새겼다.

296) 서왕모 : 고대 전설상의 신선 이름. 주나라 목왕(穆王)이 곤륜산에서 만난 적이 있고, 한나라 무제(武帝)도 요지(瑤池)에서 만난 적이 있다고 한다.

쓸쓸한 생애는 줄어든 차가운 물과 같기에,	殘落生涯寒落水,
한을 묻어버리고자 잔 길게 끌어당긴다.	欲將埋恨引杯長.

정부인 최씨의 죽음을 슬퍼하여 挽貞夫人崔氏

고명한 이 집안을 귀신이 엿보아서,	高明家世鬼神窺.
대부(大夫)의 벼슬이 막 왔다가 다시 가버렸다네.[297]	朱紱方來又去之.
문백(文伯)[298]의 형제는 백골(白骨)이 부러졌고,	文伯弟兄摧白骨,
자고(子皐)[299]의 얼굴은 황리(黃梨)[300]가 썩은 듯.	子皐頭面朽黃梨.
봉분은 큰 새가 내려앉은 듯 손님이 모여들었고,	墊臨大鳥看賓會,
무덤은 소가 잠 자는 듯 천천히 복을 내리겠구나.	兆啓眠牛降福遲.
저 세상에서 내 아버지 내 아들을 응당 만나게 될 텐데,	吾父吾兒應上謁,
삼가 소식을 전하노라면 눈물이 이리저리 엉키겠지요.	敬傳消息涕交垂.

죽연정에서 진사 윤규에게 준다 竹淵亭贈尹進士奎
— 자는 문로(文老)이다.

문로(文老)의 재주와 명성 일류인데,	文老在名第一流.
전날 터잡아 지은 집 깊고도 그윽하다.[301]	從前卜築更深幽.
천성이 자연을 즐겨 깃들여 숨을 만하고,	性耽泉石堪棲隱,

---

297) 대부(大夫)의……가버렸다네 : 부군 이윤검(李允儉)이 대부(大夫)의 품계에 오르자 곧 죽었다는 뜻이다.

298) 문백 : 춘추시대 노나라 중손곡(仲孫穀)을 말한다. 문백 형제가 그 아버지 목백(穆伯)의 명예를 회복하려 했으나 이루지 못하였다.

299) 자고 : 공자의 제자. 자고(子羔)라고도 쓴다.

300) 황리 : 과일 이름. 모양은 토란 뿌리 같은데 큰 것은 말[斗]만한 것도 있고 껍질에는 주름이 있다. 아들들이 예법에 맞게 거상(居喪)하느라 얼굴이 누렇게 뜬 것을 비유하였다.

301) 전날……그윽하다 : 죽연정(竹淵亭)은 박윤(朴潤)이 지었다고 기록되어 있으나, 맨 처음 윤규(尹奎)의 정자였을 가능성도 배제할 수 없다.

몸은 관복(官服)을 싫어하여 벼슬하지 않누나.　　　　身厭簪紳不宦遊.
꿈속에서 찾아가고자 해도 중간의 길 모르겠고,　　魂夢欲尋迷半路,
편지 전하기 어려워 삼 년이나 소식 몰랐지.　　　　書筒難遞隔三秋.
명리(名利)의 마당에서 묵은 빚 이제 모두 던져버렸지만,　名場宿債今抛盡,
노년 세월은 또한 멈추어주질 않는구나.　　　　　　老境光陰亦不留.

죽연정에서 문로의 시운에 따라서　竹淵亭次文老韻
　　─박윤(朴潤)의 환갑 때.[302]

가야산(伽倻山) 물이 멀리 백 리를 흘러오니,　　　倻水遙從百里流.
낙동강 물의 신은 너와 더불어 깊고 그윽하도다.　洛神還與女深幽.
이리저리 어지러운 깃 같은 건 은어 갇힌 그물이요,　參差亂羽銀魚罺,
높게 낮게 나는 실 같은 건 들 아지랑이 하늘거리는 것.　高下飛絲野馬遊.
허연 머리에 이끼 깊어 세월이 많이 흘렀고,　　　鶴髮苔深多歲月,
가시나무[303] 꽃 향기 나니 나이 젊다네.　　　　　荊花香發少春秋.
늙어가면서 자연 속에서 사노라니 이익에 깨끗하여,　老來泉石廉於利,
소식(蘇軾)[304]·황정견(黃庭堅)[305]처럼 열흘 동안 머물지　未作蘇黃十日留.
못한다네.

강가 누각[306]　江樓

불 땐 음식 먹던 당시의 속기(俗氣) 다 없어지지　烟火當年化未銷.

---

302) 박윤의 환갑 때 : 박윤은 1517년 생이므로 박윤의 환갑 때는 남명이 이미 세
　　상을 떠났다. 윤규는 1500년 생이므로 윤규의 환갑일 가능성이 높다.
303) 가시나무 : 자식을 가리킨다.
304) 소식 : 북송(北宋)의 문학가. 자는 자첨(子瞻), 호는 동파(東坡). 벼슬은 한림
　　학사(翰林學士)에 이르렀다. 저서로는『동파전집』(東坡全集)이 있다.
305) 황정견 : 북송의 문학가. 자는 노직(魯直), 호는 산곡(山谷). 저서로는『산곡
　　집』(山谷集)이 있다. 소식과 황정견이 남의 환갑에 참석하여 열흘 동안 머문
　　일이 있은 듯하다.
306) 강가 누각 : 단성현(丹城縣) 동쪽 신안강(新安江) 가에 있던 누각.

않았고,

지리산으로 돌아왔다 다시 남쪽으로 갈 일을 도모한다네.	歸來方丈更南圖.
맑은 강 고요한 밤은 선성태수(宣城太守) 사조(謝朓)[307]의 시구 같고,	澄江靜夜宣城謝,
외로운 학이 배를 스쳐감은 소동파의 적벽부(赤壁賦)[308] 구절 같네.	孤鶴橫舟赤壁蘇.
관에서 닦은 십리 길가 버들 푸르른 빛이 물 속에 잠겨 있고,	十里官楊靑倒水,
여러 차례 들려오는 우레 같은 북소리 파란 하늘에 이어져 있네.	萬傳雷鼓碧連霄.
뜬 구름 같은 인간세상 일 모두 꿈과 같나니,	浮生世事渾如夢,
내일이면 사립문이 정말 쓸쓸해지겠구나.	明日柴門政寂寥.

송씨의 임정[309]에 쓴다   題宋氏林亭

초당(草堂) 전면으론 마장산(麻杖山)[310]이 갈라져나갔고,	草堂前面分麻杖,

---

307) 사조 : 남북조시대 제(齊)나라의 문학가. 자는 현휘(玄暉), 오언시에 특히 뛰어났다. 저서로는 『사선성집』(謝宣城集)이 있다. 그의 「만등삼산환망경읍」(晩登三山還望京邑)이라는 시에, "맑은 강은 고요하여 흰 깁 같다"[澄江靜如練]라는 구절이 있다.

308) 적벽부 : 소동파가 1082년 음력 7월 16일에 황주(黃州) 적벽(赤壁)에서 뱃놀이를 하고서 「전적벽부」(前赤壁賦)를 지었고, 이해 10월 15일에 다시 놀고서 「후적벽부」(後赤壁賦)를 지었다. 「후적벽부」 가운데, "마침 외로운 학이 있어 강을 가로질러 와 내 배를 스쳐서 서쪽으로 갔다"[適有孤鶴, 橫江而來, 掠予舟而西也]라는 구절이 있다.

309) 임정 : 송형(宋珩 : 1504~1565)의 정자로 합천군 대병(大幷)에 있었다. 송형의 자는 백옥(伯玉), 호는 임정(林亭), 본관은 은진(恩津)으로 대병에 살았다. 남명의 부실(副室) 송씨 부인(宋氏夫人)의 백부이다.

310) 마장산 : 삼가현(三嘉縣) 관아의 북쪽 6리에 있는 산으로 삼가현의 진산(鎭山)이다. 마장산(馬莊山)으로 쓰기도 한다.

높이 치솟은 자형화(紫荊花) 꽃은 다섯 줄기가 이어졌네.[311]	高樹荊花幹五連.
감악산(紺岳山)[312] 동쪽에서 푸르러 북쪽 분명히 바라볼 수 없게 했고,	紺岳東蒼迷北望,
황매산(黃梅山)[313] 서쪽이 검으니 남쪽 하늘을 숨겼네.	黃梅西黑隱南天.
시내에 개 짖는 소리 들리니 시내 따라 집이 있고,	溪聞犬吠沿開戶,
산에 고기 비늘 같은 것은 물 댄 논이라네.	山帶魚鱗灌作田.
손과 주인은 인척간인데 한 사람은 젊고 한 사람은 어른이라,	賓主婚姻兼少長,
바깥 사람들은 때때로 무릉도원(武陵桃源)이라 부른다오.	外人時道武陵川.

— 마장(麻丈)은 산 이름이다. '빈주'(賓主)가 어떤 데는 '붕주'(朋酒)로 되어 있다.

정사현[314]의 사랑에 쓴다　題鄭思玄客廳

녹라지(綠蘿池)[315] 못물 표면에 빗방울 흔적 생기고,	綠羅池面雨生痕.
먼 멧부리 안개에 잠겼고 가까운 멧부리 어둑어둑하네.	遠岫烟沉近岫昏.
만년이나 된 소나무 나지막하게 물을 눌렀고,	松老萬年低壓水,
나무는 삼대(三代)를 지나[316] 비스듬하게 문을 가렸네.	樹徑三世倚侵門.
가야(伽倻) 옛 나라[317]의 산에는 무덤만 늘어서 있고,	伽倻故國山連冢,

---

311) 높이……이어졌네 : 훌륭한 형제가 다섯이란 뜻이다.
312) 감악산 : 거창과 삼가의 경계에 있는 산 이름.
313) 황매산 : 합천에 있는 산 이름. 옛날에는 삼가 경내에 속했다.
314) 정사현 : 여기는 '鄭思玄'으로 되어 있는데, '鄭師賢'의 초명(初名)이다. 1508~
　　1555. 자는 희고(希古), 호는 월담(月潭), 본관은 진양(晋陽), 고령에 살았는
　　데, 효자로 이름났다. 남명의 매부이다.
315) 녹라지 : 중국 호남성(湖南省) 녹라산(綠蘿山) 밑에 있는 못 이름.
316) 지나 : 원문의 '徑'자가 경오본·갑오본·경술본에서는 '經'자로 되어 있는데,
　　여기서는 '經'자의 뜻으로 번역하였다. 제3구와의 대구인 점에서 볼 때, '經'
　　자가 옳다.

황량한 월기(月器) 마을 혹은 죽었고 혹은 아직 살아 있네.　　月器荒村亡且存.

여린 풀은 파릇파릇 봄 빛을 띠었는데,　　小草斑斑春帶色,

해마다 한 치씩 혼을 녹이는구나.　　一年銷却一寸魂.

　　― '촌'(寸)자가 어떤 데는 '번'(番)자로 되어 있다.

방응현[318]의 풀로 인 정자에 쓴다　題房應賢茅亭
　　― 방은 남원 사람이다.

방노인 집안 명성 해동(海東)에 드날렸는데,　　房老家聲擅海東.

내손(來孫)[319]은 원래 당나라에서 왔도다.　　來孫元自大唐中.

어린 나이의 훌륭한 아들 둘도 없는 옥이요,　　弱齡佳子雙無玉,

많은 번성한 일가는 십리에 뻗은 소나무 같네.　　多黨强宗十里松.

하늘에 구름이 싹 걷히자 파란 빛이 짙고,　　雲掃一天靑靄靄,

바람에 흔들리는 천 그루 나무는 싱싱하게 푸르네.　　風搖千樹碧瓏瓏.

흰 옷 입고[320] 늘 나물 먹는다고 싫어하지 말게나.　　莫嫌衣白長咬荣,

소반에 비친 두류산[321] 먹어도 다함 없다네.　　盤面頭流食不窮.

대곡과 작별하면서 주다　贈別大谷
　　― 병인년(1566)에 함께 소명(召命)을 받았을 때 지은 것이다.

북문(北門)으로 나와[322] 함께 한강을 건넜으니,　　出自北門同渡漢,

---

317) 가야(伽倻) 옛 나라 : 고령(高靈)을 가리킨다. 정사현이 고령에 살았다.

318) 방응현 : 1524~1589. 일명 응주(應周), 자는 준부(俊夫), 호는 사계(沙溪), 본
　　관은 남양(南陽), 남원에 살았다. 남명의 문인. 일재(一齋) 이항(李恒)의 문하
　　에도 출입하였다. 그의 행적에 대한 기록인 『사계실기』(沙溪實記)가 있다.

319) 내손 : 5대손을 말한다. 여기서는 시조로부터 5대손임을 뜻한다.

320) 흰 옷 입고 : 벼슬하지 않는다는 뜻이다.

321) 두류산 : 방응현이 사는 곳이 지리산 북쪽에 있었다.

322) 북문(北門)으로 나와 : 『시경』 「패풍」(邶風) 「북문편」(北門篇)에, "북문으

세 가지는 같은데 성(姓)은 같지 않구나.   三同猶有姓非同.

굽이진 늪에서 학이 화답하는 것[323]은 일찍이 바라던 바요,   九皐鶴和曾心願,

멀리 떨어진 별처럼 천 리 밖으로 헤어질 길에 다다랐네.   千里星分已道窮.

들판 물은 동쪽으로 흘러가 돌아오지 않고,[324]   野水東流歸不返,

변방 구름은 남쪽으로 내려가 뒤쫓아갈 수 없구나.[325]   塞雲南下去無從.

한낮에 정녕코 서로 생각하는 뜻이,   丁寧白日相思意,

뒷날 밤 꿈 속에서라도 은근히 통하겠지.   魂夢慇懃他夜通.

황강에게 준다 贈黃江

서리 내리는 밤 달빛 속에 그대 생각 정말 깊은데,   思君霜月正離離.

기러기 새로 돌아올 때 나그네 신세인 제비 돌아가네.   新鴈時兼旅燕歸.

붉은 나뭇잎 산에 가득하여 온통 붉은색이고,   紅葉滿山全有色,

골짜기에 남은 푸른 솔은 반쯤 가지 없네.   青松留壑半無枝.

달려드는 백발에 근심은 뒤얽히고,   侵陵白髮愁爲橫,

슬피 우는 백성들은 풍년에도 더욱 굶주린다.   嗚咽蒼生稔益飢.

배에 가득한 답답한 생각 적을 수 없지만,   果腹嘻懷書不得,

우직한 황강(黃江) 노인 그대야 응당 알리라.   黃芚老子爾能知.

　　　―'둔'(芚)자가 어떤 데는 '강'(江)자로 되어 있다.

로부터 나오니, 근심스런 마음 견딜 수 없네"[出自北門, 憂心殷殷]라는 구
절이 있다. 어진 신하가 폭군을 만나 훌륭한 정치를 할 수 없는 고충을 읊
은 시다.

323) 굽이진……화답하는 것 : 『시경』 「소아」 「학명편」(鶴鳴篇)에, "학이 굽이진
　　깊은 늪에서 우니, 그 소리가 하늘에까지 들린다"[鶴鳴于九皐, 聲聞于天]라
　　는 구절이 있다. 대개 언로(言路)의 열림을 상징한 시다.

324) 들판……않고 : 대곡이 한 번 가면 다시 서울 가기 어렵다는 뜻이다.

325) 변방……없구나 : 남명 자신이 한 번 남쪽 지리산으로 내려가고 나면, 대곡
　　이 찾아오기 어렵다는 뜻이다.

대곡에게 부친다 寄大谷

만 첩 깊은 산중 풀이 문을 덮어 있고,	萬疊窮山草合門.
땅벌이 길 한가운데에 새끼를 쳤구나.[326]	地蜂當道遍生孫.
어험 소리 문득 급한데 놀라움 어찌 진정하리?	我誠忽急驚何定,
늙은이 눈물로 마주보다가 한참 만에 말했었지.	老淚相看久始言.
형제가 버리고 떠났으니[327] 갈 곳이 없고,	兄弟棄捐無處去,
벗들은 쇠잔했는데 생존해 있는 이 누군가?	友朋零落有誰存.
외롭게 겨울 석 달을 붙어서 먹고 지내던 일,	獨孤寄食三冬事,
그 당시를 다 잊어버리고서 말하지 않네.	當日都忘未與論.

호음[328]이 사미정에 쓴 시의 운자에 따라서 次湖陰題四美亭韻

다 늙어 매운맛 짠맛 입에 맞지 않으니,	垂老辛鹹口失宜.
세상은 잊었어도 아직 기심(機心)은 잊지 못해.	縱然忘世未忘機.
깊은 골짜기 백 번 찾아와도 몸은 오히려 나그네고,	百穿深壑身猶客,
높다란 집에서 반쯤 잠드니 꿈이 이미 기이하도다.	半睡高堂夢已奇.
병목(竝木)[329] 땅 저문 봄에 사람은 쇠잔해졌고,	竝木殘春人舊謝,
사천(舍川) 가랑비에 냇물이 새로 불었도다.	舍川微雨水新肥.
유후(留侯)에 봉해지려는 생각[330]을 장군[331]이 하찮게	將軍肯小封留計,

---

326) 땅벌이……쳤구나 : '길에 사람이 거의 다니지 않는다'는 뜻이다.

327) 형제가……떠났으니 : 대곡(大谷) 성운(成運)의 형들이 모두 먼저 죽었다.

328) 호음 : 정사룡(鄭士龍)의 호. 1491~1570. 자는 운경(雲卿), 본관은 동래. 벼슬은 판중추부사(判中樞府事)에 이르렀다. 의령(宜寧) 정암(鼎巖) 부근에 살면서 경상우도의 경치를 두고 많은 시를 남겼다. 문집 『호음잡고』(湖陰雜稿)가 있다. 『호음잡고』 권2에 「야숙사미정주인색제심가용진퇴격위근체시삼수이색기근」(夜宿四美亭主人索題甚苟用進退格爲近體詩三首以塞其勤)이라는 시가 실려 있는데, 이 시의 원운(原韻)이다.

329) 병목 : 지금의 합천군 대병면에 있는 땅 이름.

330) 유후(留侯)에……생각 : 한(漢)나라 고조(高祖)가 장량(張良)의 공이 큰 것을 생각하여 제왕(齊王)으로 봉하려 하자, 장량은 "신이 폐하를 유(留)에서

여기라?

한낱 서생이라 해도 또한 여기에³³²⁾ 뜻이 있다네.　　　　一介書生亦在斯.

　　　ㅡ'병목'(竝木)·'사천'(舍川)은 모두 땅 이름이다.

다시 한 수　又

요동(遼東)의 학 다시 왔으니 많은 세월 흘렀고,　　遼鶴重來歲月遲.

옛 정자 물 서쪽 가에 오래도록 서 있네.　　　　古亭西畔立多時.

남명(南冥)의 대를 이을 일은 석 달 된 아이에 달려 있고,　南冥世業兒三月,

강태공의 공명(功名)은 한 낚시터의 낚싯대에 있네.　呂尙功名竹一磯.

향그런 풀은 나그네의 한을 몇 번이나 녹였던가?　芳草幾消遊子恨,

높은 산에서 어린 딸을 읊은 시³³³⁾를 늘 생각하였다네.　高山長憶季女詞.

황소 갈비 같이 생긴 두류산을 열 번 돌아보았는데도,　頭流十破黃牛脇,

분명 전생의 인연 때문에 돌아갈 여건이 못 되네.　定是前緣未許歸.

　　　ㅡ'황'(黃)자가 어떤 데는 '사'(死)자로 되어 있다.

제목 없이³³⁴⁾　無題

이 물가에서 날마다 즐거워 마음 거스르는 일 없는데,　斯干日日樂靡違.

이를 버려두고 천리(天理) 이야기해선 기이할 게 못 돼.　舍此談天未是奇.

처음 만났으니, 유 땅에만 봉해져도 충분합니다"라고 하고 사양하였다. 공훈을 탐내던 장수들은 나중에 대부분 주살(誅殺)당했다.

331) 장군 : 정자의 주인인 문경충(文敬忠)을 가리킨 듯하다.

332) 여기에 : 큰 명리(名利)를 사양하는 일.

333) 어린……시 : 『시경』 조풍(曹風) 「후인편」(候人篇)에, "나긋나긋하고 아리따워라. 어린 딸이 굶주리는구나"[婉兮變兮, 季女斯饑]라는 구절이 있다. 이 시의 주제는, '임금이 소인들만을 좋아하여, 어진 사람은 아래에 묻혀 고생하고 있어 그 딸이 굶주린다'는 것이다. 나라 정치가 어지러운 당시 상황을 남명이 풍자하고 있다.

334) 제목 없이 : 이 시는 「무제」(無題)라고 되어 있으나, 사실은 앞의 두 수의 시

지리산 삼장(三藏)[335]의 거처는 아주 괜찮고,	智異三藏居彷彿,
무이구곡(武夷九曲)[336]의 물은 아련하도다.	武夷九曲水依俙.
잘 바른 담장도 기와 오래 되니 바람에 으스러지고,	鏝墙瓦老風飄去,
깊은 돌길 여러 갈래로 나누어져도 말이 절로 아는구나.	石路歧深馬自知.
허연 머리로 다시 온 사람은 옛 주인 아닌데,	皓首重來非舊主,
한 해 봄이 다 가는데 「무의」(無衣)[337]시 읊조린다네.	一年春盡詠無衣.

방백의 시운에 따라서 次方伯韻
- 정종영(鄭宗榮)이다.

오십육 년 동안 좋은 소문 듣고 놀랐었는데,	驚聽瑤音五十六.
아련한 신선 사는 집 뜰의 가을을 느낀다네.	依依紫府感庭秋.
대신의 높은 부절(符節) 바야흐로 쉬지를 못하고,[338]	鼎臣高節方未鹽,

와 함께 지어진 연작시(連作詩)다. 현재 합천군 대병면(大幷面) 병목(幷木)에는 문경충(文敬忠)의 정자인 사미정(四美亭)이 남아 있는데, 거기에는 호음(湖陰) 정사룡(鄭士龍)이 지은 세 수의 시와 그 시에 차운한 남명의 시 세 수와 문경충이 차운한 시 세 수가 판각(板刻)되어 걸려 있다.

335) 삼장 : 지리산 골짜기 지명인데, 덕산의 서북쪽에 있다. 옛날에 삼장사(三藏寺)가 있었다.

336) 무이구곡 : 중국 복건성(福建省)에 있는 무이산의 그 아홉 골짜기를 무이구곡이라 하는데, 경치가 매우 아름답다. 주희(朱熹)가 일찍이 무이구곡가(武夷九曲歌)를 지어 더욱 유명해졌고, 무이구곡을 본받아 우리 나라에도 곳곳에 구곡이 많이 있다. 여기서는 지리산 남쪽 맥이 흘러서 된 구곡산(九曲山)에 있는 무이구곡(武夷九曲)을 가리킨다.

337) 「무의」 : 『시경』「당풍」(唐風) 「무의편」(無衣篇)에, "일곱 가지 무늬의 옷 없다고 어찌 말하리오마는, 그대가 준 옷의 편안하고 좋은 건만 못해"[豈曰無衣七兮, 不如子之衣, 安且吉兮]라는 구절이 있다. 춘추시대 진(晉)나라 때 곡옥(曲沃)에 봉해진 환숙(桓叔)의 손자인 무공(武公)이 자기 종국(宗國)인 진나라를 멸하고 천자에게 명을 요청하는 내용의 시이다. 남명의 이 시의 주제에 대해서는 여러 학자들의 해석이 구구하다. 『시경』「진풍」(秦風)에도 「무의편」(無衣篇)이 있다.

338) 대신의……못하고 : 출세한 정종영은 감사로서 바쁜 나날을 보내고 있다는

풀에 맺힌 이슬 같은 남은 혼 오래도록 수습하질 못해.[339]   草露餘魂久未收.
북두성 빛나는 높은 하늘의 물방울처럼 기억되고,   星斗九天微沫記,
바람 서리에 백 번 변하여 이 한몸 남았다네.   風霜百變一身留.
그대가 마음 노력 대단히 한다는 것 알고 있으니,   認渠已汗心頭馬,
한창 잘나갈 때 물러나기를 정녕코 권하노라.   說道丁寧退上流.

묵재가 읊은 것[340]에 따라서   次默齋吟
─이문건(李文楗)[341]의 호이다.

영고성쇠는 모두 천지조화에 달린 것,   枯榮渾與大鈞諧
쫓겨났다고 어찌 일찍이 원망했었던가?   放逐曾何有怨乖
상수(湘水) 신령의 비파 소리에[342] 달은 곱게 외로운   湘瑟月娟孤影照
그림자 비추고,
초강(楚江)[343]은 구름 띠어 구의산(九疑山)[344]이   楚江雲帶九疑佳

뜻이다.

339) 풀에……못해 : 남명 자신은 지금 정신과 기력이 쇠잔해졌다는 뜻이다.

340) 묵재(默齋)가 읊은 것 : 이 시와 이 다음의 시는, 묵재(默齋) 이문건(李文楗)
이 그의 호인 묵재(默齋)와 휴수(休叟)를 제목으로 하여 두 수의 시를 지어
여러 친구들에게 차운(次韻)해줄 것을 요청해서 『묵휴창수록』(默休唱酬錄)
이라는 시축을 만들었는데, 현재 후손가에 제현들이 친필로 쓴 시축이 남아
있다. 묵재가 시를 지은 시기는 1554년 7월이었다.

341) 이문건 : 1494~1567. 자는 자발(子發), 호는 묵재(默齋), 휴수(休叟), 본관은
성주(星州)이다. 조광조(趙光祖)의 문인으로 벼슬은 승지에 이르렀다. 1545
년 을사사화에 연루되어 성주에서 23년 동안 귀양살이하다가 배소에서 죽었
다. 이 시는 남명이 성주 배소에 있던 이문건의 시에 차운한 것이다. 그의
이름자가 『국조방목』(國朝榜目)에는 그의 형 이충건(李忠楗)과 함께 이문건
(李文楗)으로 기록되어 있다.

342) 상수(湘水)……소리에 : 『초사』(楚辭) 「원유」(遠遊)에, "상수의 신령으로 하
여금 비파를 연주케 하고, 바다의 신으로 하여금 깊은 물 속에서 춤을 추게
함이여!"[使湘靈鼓瑟兮, 令海若舞馮夷]라는 구절이 있다. 상수(湘水)는 동정
호(洞庭湖)로 흘러드는 강 이름이다. 순(舜)임금의 비(妃)가 창오산(蒼梧山)
에서 죽어 상수(湘水)의 신령이 되었다고 한다.

아름답구나.

뇌룡사(雷龍舍)[345]는 멀어 보이지 않고,　　　　　　　　　　雷龍舍遠莫之見

휴수(休叟)는 읊조리는 데 흥이 많구나.　　　　　　　　　　休叟吟來多也懷

늘 시 지을 거리 없어 술도 마시지 못하니,　　　　　　　　詩料長空無以酒

태상(太常)의 관원[346]도 내게 견주면 재계(齋戒)하는　　　　大常方我未爲齋
것 아니라네.

휴수가 읊은 시의 운자를 따라서　次休叟吟

그대 자신의 일 도모하기에 서툰 줄 아는데,　　　　　　　認君身事拙於謀

그게 바로 우리 유가(儒家)의 높은 경지라네.　　　　　　　自是吾家好地頭

그날 임금님의 명령 대궐에서 내리더니,　　　　　　　　　當日絲綸天上降

지금은 초야에서 값 오른 땔나무와 양식 구한다네.[347]　　如今桂玉草中求

교유하던 사람들은 문득 임금의 신임받는 신하
되었는데,　　　　　　　　　　　　　　　　　　　　　交遊便作宜王屬

홀어미는 오히려 칠실(漆室)의 걱정[348]이 깊도다.　　　　嫠婦猶多漆室憂

십 년 동안의 귀양살이에 조상 묘소[349] 아득한데,　　　十載牂牁丘墓遠

---

343) 초강 : 동정호 서쪽에 있는 강 이름. 일명 민강(岷江)이라고도 한다.

344) 구의산 : 중국 호남성에 있는 산 이름. 아홉 개의 봉우리가 모양이 서로 비
슷하여 구별하기 힘들어 구의산이라고 한다.

345) 뇌룡사 : 남명이 강학하기 위하여 삼가현 토동(兎洞)에 지었던 집 이름.『장
자』「재유편」(在宥篇)에 나오는, "연못처럼 고요히 있다가 우레처럼 소리치
고, 시동처럼 가만히 있다가 용처럼 나타난다"[淵默而雷聲, 尸居而龍見]라는
말에서 따온 것이다.

346) 태상(太常)의 관원 : 태상은 봉상시(奉常寺)의 별칭으로 종묘(宗廟)의 의례
(儀禮)를 관장한다. 여기서는 묵재를 가리키는 말이다.

347) 지금은……구한다네 : 이문건이 지금은 생활하기 어렵다는 뜻이다.

348) 칠실(漆室)의 걱정 : 칠실은 춘추시대 노나라의 고을 이름. 칠실에 사는 어떤
과부가 자기가 짜던 베틀의 실이 떨어진 것은 걱정하지 않고 나라일을 걱정
했다고 한다. 초야에 묻힌 사람이 나라일을 걱정하는 것을 겸손하게 표현한
말이다.

서리와 이슬 내리자 조상을 생각하여 마지않는구나.   思經霜露不能休

명경대 明鏡臺

높은 명경대 누가 공중에 솟게 했는지?   高臺誰使聳浮空
그 당시 오주(鰲柱)³⁵⁰⁾ 부러져 골짜기에 박힌 것이리.   鰲柱當年折壑中
창공이 저대로 내려오는 것 허락치 않은 것은,   不許穹蒼聊自下
양곡(暘谷)³⁵¹⁾을 다 볼 수 있도록 하려 한 것이리.   肯敎暘谷始能窮
속인이 이르는 것 싫어해 문 앞에 구름을 드리웠고,   門嫌俗到雲猶鎖
마귀의 시기가 두려워 바위를 나무가 에워쌌도다.   巖怕魔猜樹亦籠
하늘에 빌어 주인 노릇 해볼까도 하지만,   欲乞上皇堪作主
은혜 융성한 걸 인간세상에서 질투하니 어쩔 수 없네.   人間不奈妬恩隆

사마소³⁵²⁾의 잔치   司馬所宴
　　― 김해에서.

요동(遼東)의 학 아련하여 나그네 감정 구슬픈데,   遼鶴依依愴客情
들 안개 자욱하고 옛 나라는 깊이 잠겨 있네.   故邦深鎖野烟平
수로왕(首露王) 탄강한 구지봉(龜旨峯)³⁵³⁾은   首露龜峯城北古
성 북쪽에 옛 모습 그대로네,

---

349) 조상 묘소 : 이문건의 5대조부터 아버지까지의 산소가 경기도 양주(楊州)에
　　있다.
350) 오주 : 자라발로 된 기둥. 『사기』 「삼황기」(三皇記)에, "여와씨(如媧氏)가 오
　　색의 돌을 쪼아 하늘을 깁고, 자라의 발을 잘라 네 기둥을 만들었다"라는 말
　　이 있다.
351) 양곡 : 동쪽 해가 돋는 곳을 말한다.
352) 사마소 : 사마시(司馬試 : 생원·진사 시험)에 합격한 사람들이 회합하는 장
　　소. 대개 각 고을 단위로 있었다.
353) 구지봉 : 김해부(金海府) 관아 북쪽 3리에 있는 봉우리로, 분산(盆山)으로 흘
　　러왔다.

서불(徐市)³⁵⁴⁾이 간 대마도는 해 남쪽으로 밝구나.　徐生馬海日南淸
높은 집에서 비파 연주하여 양주곡(梁州曲)³⁵⁵⁾이　高堂按去梁州晚
무르익고,
아름다운 술 차가워지니 옅은 안개 생기는구나.　美酒寒來軟霧生
올해는 지난해의 한스러운 일³⁵⁶⁾ 짓지 말지어다.　今年莫作前年恨
동지인 내일 아침이면 책력풀이 또 한 잎 나겠지.　冬至明朝又一蓂

서 화담의 시운³⁵⁷⁾에 따라서　次徐花潭韻

가을 강 부슬비 속에 낚시 드리움직하고,　秋江踈雨可垂綸
봄 들자 산고사리 돋아나니 가난하지 않다네.　春入山薇亦不貧
일편단심으로 이 세상 소생시키고자 하는데,　要把丹心蘇此世
누가 밝은 해를 돌려 이내 몸 비춰줄는지?　誰回白日照吾身
시내에 가 거울 닦으니 번쩍번쩍 때 없고,　臨溪鍊鏡光無垢
달 아래 누워 시 읊조리니 신나는 흥취 있네.　臥月吟詩興有神
뜰의 매화가 나무에 가득 필 때를 기다려,　待得庭梅開滿樹
한 가지 꺾어서³⁵⁸⁾ 먼 데서 노는 사람³⁵⁹⁾에게 보낸다.　一枝分寄遠遊人

---

354) 서불 : 전국시대 진(秦)나라 사람. 진시황이 그에게 동남동녀 삼천 명을 거느
　리고 동해의 삼신산으로 들어가 불로초를 구해오게 했으나, 돌아오지 못했
　다. '불'(市)자는 '복'(福)자의 고자이기 때문에 서복(徐福)이라 읽기도 하고,
　또 서시(徐市)라고 읽기도 한다.
355) 양주곡 : 당나라 때 유행하던 곡조 이름이다.
356) 한스러운 일 : 과거에 불합격하는 것을 지칭한다.
357) 서 화담의 시운 : 남명의 이 시는, 화담(花潭) 서경덕(徐敬德)의 「술회」(述
　懷)라는 시를 차운한 것이다.
358) 한 가지 꺾어서 : 남조(南朝) 송(宋)나라 육개(陸凱)라는 사람이 범엽(范曄)
　과 우정이 두터웠는데, 강남(江南)에서 매화 한 가지를 꺾어서 역사(驛使)를
　통해 장안(長安)에 있던 범엽에게 보냈다. 이후로 친구가 서로 그리울 때 안
　부를 묻는다는 뜻으로 쓰였다.
359) 먼 데서 노는 사람 : 『화담연보』(花潭年譜)에, "34세 때 속리산(俗離山)과 지
　리산(智異山) 등을 유람하였다"라고 되어 있다. 그 뒤에도 지리산을 유람했

완구정[360]에 쓴다 題玩龜亭

－영천(永川)에 있는데, 좌랑 안증(安增)[361]의 강가 정자이다.

금마문(金馬門)에서 대책(對策)[362] 늦게 올리는 것 뭘 싫어하랴?	金馬何嫌上策遲
이 강에 주인 없다면 또한 옳지 못하리.	此江無主亦非宜
거북[363] 구경하는 건 수양하는 일이고,	玩龜自是觀頤事
술 마실 때가 득의한 때라는 걸 바야흐로 알았도다.	飲酒方知得意時
동쪽 들판은 강가로 뻗어 이루어졌고,	東畔野延河畔遂
북쪽 산은 해 쪽으로 달려가누나.	北邊山走日邊馳
한 줄기 졸졸 흐르는 물 강물과 어우러졌으나,	潺湲一帶凝江水
만 길 운문산(雲門山)[364] 기이함에는 미치지 못해	不及雲門萬丈奇

을 가능성이 있다. 우암(尤庵) 송시열(宋時烈)의 『송자대전』(宋子大全)에, "동주(東洲) 성제원(成悌元)이 보은(報恩) 고을원으로 있을 때, 남명·토정(土亭)·화담이 먼 곳으로부터 이르러 책상을 마주하여 여러 날 밤 동안 이야기했다"라는 기록이 있다. 그러나 동주가 고을원으로 있을 때 남명이 보은을 방문한 것은 사실이지만, 그때는 1557년의 일로 화담은 11년 전에 이미 세상을 떠난 뒤였다. 따라서 그때 남명과 화담이 만났다는 것은 사실이 아니다.

360) 완구정 : 영천군(永川郡) 관아 남쪽 10리에 있다.
361) 안증 : 1494~1553. 자는 사겸(思謙), 호는 완구(玩龜), 본관은 광주(廣州)이다. 사마시(司馬試)에 합격하고 문과에 급제하였다. 형조좌랑(刑曹佐郎), 설서(說書) 등직을 지내다가 을사사화가 일어나자 벼슬을 버리고 이수(二水) 위에 정자를 지어 완구정이라 했다. 처음에 밀양에 살다가, 뒤에 영천(永川)으로 옮겼다. 그에 관한 기록을 모은 『완구실기』(玩龜實記)가 있다. 이름 자가 본래 '증'(峏)자인데, 『남명집』에 '증'(增)자로 된 것은 잘못이다.
362) 대책 : 문체의 하나로, 주어진 문제에 대해 자신의 의견을 개진하는 글이다. 옛날 과거시험 과목의 하나였으므로, 과거 공부하는 사람들이 대책을 짓는 연습을 많이 하였다.
363) 거북 : 거북 모양으로 생긴 바위가 부근에 있은 듯하다.
364) 운문산 : 경북 청도(淸道)에 있는 산 이름. 영천에서도 볼 수 있다.

완구정 제영(題詠)의 뒤에 쓴다 　題玩龜亭題詠後
－선위사(宣慰使) 이산해(李山海) 지음.

인간 세상에서 다투어 「봉황음」(鳳凰吟)[365]을 읊조리니,	人間爭誦鳳凰吟
그로 인하여 한 글자가 만금 가치 있음을 알겠구나.	一字從知重萬金
가마[366]를 들고자[367] 하나 어찌 쉽게 되겠는가?	欲擧藍輿那易得
쌍계(雙溪)[368] 아득한데 푸른 구름 깊구나.	雙溪迢遞碧雲深

고풍(古風)

호접루[369]　蝴蝶樓
－단성의 강가에 있는 누각이다.

많은 길 가는 사람들이,	多少行人
즐겁게 훨훨 날더니,[370]	栩栩飛飛
별안간 모두 보이질 않누나.[371]	瞥眼皆非
오직 가야 할 먼 길 있기에,	唯有長程
물가에 다다라 돌아가는 사람 보낸다.	臨水送將歸

---

365) 「봉황음」: 남명의 시를 지칭한 것이다.

366) 가마 : 원문의 ‘람’(藍)자는 ‘람’(籃)자의 잘못이다.

367) 가마를 들고자 : 가마를 타고 남명을 찾아가고자 한다는 뜻이다.

368) 쌍계 : 남명이 살고 있는 지리산에 대한 범칭이다.

369) 호접루 : 단성(丹城)의 강루(江樓)를 남명이 호접루(蝴蝶樓)라고 명명했다 하나, 호접루와 강루는 각각 다른 누각인지 명확히 알 수 없다. 강가에 호접루 등 여덟 개의 누각이 있었다는 설도 있다.

370) 즐겁게……날더니 : 『장자』 「제물론」(齊物論)에, “전에 장주(莊周)가 꿈에 나비가 되어 훨훨 날아다녔다”라는 구절이 있다.

371) 별안간……않누나 : 압운(押韻)으로 보면, 비(飛)·비(非)·귀(歸)가 운자이니, 이 구 앞에 한 구가 빠진 듯하다.

영양(永陽)[372]의 채련당에 쓴다 題永陽採蓮堂

목란(木蘭) 대들보에다 강가엔 옥 같은 모래,   樑木蘭江玉沙

푸른 들 파아란 연기 모두 어떠한가?   綠野蒼烟渾亦何

좋은 향기 하늘에 알리고 싶으나,   欲把天香聞帝室

땅에는 먼지와 놀 아득하구나.   茫茫下土塵霞

성 중려(成仲慮)[373]에게 준다 贈成仲慮

시골 꽃 절로 피었다 지고,   村花自開落

들에는 처녀들이 나물 캐며 노래하네.   郊女謠青荣

밤새도록 앉았다 일어나도,   竟夕坐且起

이내 뜻을 봄은 알지 못하는구나.   此意春不解

오늘 아침에 제비 돌아왔건만,   今朝燕子來

친구는 아직도 금릉(金陵)[374] 땅에 있네.   故人金陵在

중옥(仲玉)[375] 어른께 드린다 奉上仲玉丈
― 성청송(成聽松)의 자다.

대마도 바다[376]는,   馬之島海

노인성(老人星)이 뜨는 끝이요.   老人之角

---

372) 영양 : 영천(永川)의 별칭이다.

373) 성 중려 : 성우(成遇 : 1495~1546)의 자이다. 성우는 대곡(大谷) 성운(成運)
　　 의 중형으로 남명과 어릴 적부터 벗이었으나, 을사사화에 희생되었다.

374) 금릉(金陵) : 지금의 남경(南京)인데, 여러 왕조의 도읍지였다. 여기서는 단
　　 순히 '남쪽 지방'을 말한다.

375) 중옥 : 성수침(成守琛)의 자. 1493~1564. 호는 청송(聽松), 본관은 창녕(昌
　　 寧). 우계(牛溪) 성혼(成渾)의 아버지. 조광조(趙光祖)의 문인으로 기묘사화
　　 의 참상을 보고서 평생 은거하면서 지냈다. 저서로는 『청송집』(聽松集)이
　　 있다. 시호는 문정(文貞).

376) 대마도 바다 : 남쪽 바다로 남명 자신이 있는 곳을 가리킨다.

파주(坡州)의 강물은,	坡之江水
직녀가 빨래하는 곳이라네.[377]	織兒之濯
그대 멀리 떨어져 있어도,	之子之遠
그 도(道)를 걱정하는구나.	而道之憂
언제나 만나볼 수 있을까?	曷之覯乎
꿈에서나마 만나 놀았으면.	要之夢遊

　－청송의 원운(原韻)에, "파산(坡山)의 아래는, 쉬면서 목욕할 수 있네. 옛 시내 맑고 차가워, 내 갓끈을 씻을 수 있다네. 이 물을 마시고 먹으니, 기쁨도 시름도 없다네. 깊숙한 이 산 속에 누가 날 따라 놀건가?"[坡山之下 可以休沐 古澗淸冷 我纓斯濯 飮之食之 無喜無憂 奧乎玆山 孰從我遊]라고 하였다. 신생이 스스로 주를 달기를, "입성(入聲)으로 되는 대로 운을 다는 것은 옛 법식이 아니기에, 외람되이 조심스럽게 고쳤다. 내가 사는 곳이 대마도와 가깝기 때문에 남극(南極)이라고 한 것이다"라고 했다.

석천자에게 준다　贈石川子
　－임억령(林億齡)[378]의 호이다.

지금 세상에 석천자 있는데,	今有石川子
그 사람됨 옛날의 남은 절조(節操)라.	其人古遺節
연꽃처럼 모두 흰칠하고 얽매이지 않는데,	芙蓉儘聳豪
어찌 크고 작은 걸 구별하여 말하랴?	何言大小別
그 옛날 나를 찾아왔었지.	昔年要我乎
산해정 오두막 집으로	山海之蝸穴
보아하니 아주 속이 찬 사람으로,	看來豆子熟
여러 가지 좋은 이야기 나누었지.	琬琰東西列
석천(石川)의 천 그루의 귤,[379]	石川千木奴

---

377) 파주(坡州)의……곳이라네 : 청송이 있는 파주는 남쪽에서 보면 은하수처럼 높은 곳에 있다는 뜻이다.
378) 임억령 : 1496~1568. 자는 대수(大樹), 본관은 선산(善山), 해남에서 살았다.

단 알을 깨무니 향기 혀에 가득하도다.　　　　　　　　破甘香滿舌

돌아가³⁸⁰⁾ 꽃 키우는 일을 일삼으며,　　　　　　歸來花判事

그 처신함을 변치 않았도다.　　　　　　　　　其行不改轍

비록 굶주려도 한 말을 어기질 않으니,　　　　雖飢不食言

사람들 사이에서 말썽이 없도다.　　　　　　人益紅爐雪

그대의 현명하고 안온한 훈계 높게 치나니,　尙君明逸戒

사무치는 그리움 풀 길이 없네.　　　　　　　有懸非解綆

삼족당(三足堂)에 쓴다　題三足堂

하늘 나라 같은 운문산(雲門山)³⁸¹⁾ 구비요,　　　天上雲門曲

인간 세상 녹문(鹿門)³⁸²⁾의 사람이로다.　　　　人間鹿門客

곁에서 보니 온갖 것이 다 충족한 듯한데,　　傍觀百具足

뜻대로 된 것으로 세 가지만 꼽는구나.　　　自得三爲畫

백성들이 복이 없기 때문에,　　　　　　　　蒼生無福故

이 사람이 누런 배 빛이라네.　　　　　　　此人黃梨色

나그네는 돌아가지 않고,　　　　　　　　　遊子不言歸

상서로운 집에서 열흘을 묵는다네.　　　　十日吉祥宅

사람들은 서울로 향한 길을 가고,　　　　　人歸西伐路

강물은 물의 신 있는 남쪽으로 흘러드네.　江注南河伯

동생 백령(百齡)이 윤원형(尹元衡)에게 붙어 많은 선비들을 해치자, 중간에 벼슬을 그만두고 숨어지냈다. 벼슬이 관찰사에 이르렀다. 문집으로『석천집』(石川集)이 있다.

379) 석천(石川)의 천 그루의 귤 : 석천이 자기 농장에서 생산한 귤을 남명에게 선물한 듯하다.

380) 돌아가 : 을사사화의 원흉(元兇)인 임백령(林百齡)이 석천의 친동생인데, 온 갖 간악한 짓을 자행하기에 석천이 여러 차례 타일러도 듣지 않았다. 이에 그가 벼슬을 버리고 고향으로 돌아가 숨어지냈던 것을 말한다.

381) 운문산 : 청도군(淸道郡) 관아 동쪽 95리에 있다.

382) 녹문 : 중국 호북성(湖北省) 양양(襄陽)에 있는 산 이름인데, 삼국시대 방덕공(龐德公)이 이 산에 숨어 살았다. 여기서는 은거하는 곳이란 뜻이다.

창 앞의 나뭇잎은 아가씨보다 여리어,   窓葉少於姬
방 안의 텅 빈 기운을 없애주누나.   破我房內白
봄철이라 하기엔 맞지 않은데,   春事已非宜
강 서쪽[383]에선 다만 두견새 소리 들리네.   河西獨蜀魄
　　－'하서'(河西)는 어떤 데는 '이서'(伊西)로 되어 있다.

취하여 숙안[384]에게 준다   醉贈叔安

다른 사람을 겸허하게 받아들이니,   虛受人
그 마음 속은 물과 같다네.   其中也水
혹 티끌 속에 묻혀졌을 때,   塵或汨之
주재함이 없다면 어찌 지킬 수 있겠는가?   無主何守

칠언장편(七言長篇)

흰 여우 갖옷[385]   狐白裘詩

붉지 않으면 여우 아니랴? 안 붉어도 여우라네.   莫赤非狐莫赤狐
흰 갖옷의 흰 빛은 어째서 희나?   白裘之白胡爲白
한 올 한 올 쌓아서 갖옷을 만드는데,   寸積毫積始爲裘
천 마리 만 마리 여우의 겨드랑이 한 군데 털이라네.   千狐萬狐之一腋
전씨(田氏) 집 공자(公子)[386]가 부질없이 혼자   田家公子謾自良

---

383) 강 서쪽 : 원문의 '강서'(江西)가 어떤 데는 '이서'(伊西)로 되어 있는데, '이서'
　　(伊西)는 청도(淸道)에 있는 땅 이름이니, 삼족당이 살던 곳이 아닌가 한다.
384) 숙안 : 박흔(朴忻)의 자이다.
385) 흰 여우 갖옷 : 전국시대 제(齊)나라 맹상군(孟嘗君)이 진(秦)나라 소왕(昭王)
　　의 초빙으로 진나라에 갔다가 탈출해 나오는 고사를 제재로 하여 지은 시이다.
386) 전씨 집 공자 : 제(齊)나라 위왕(威王)의 손자인 전문(田文), 곧 맹상군(孟嘗
　　君)을 가리킨다. 그는 제나라 정승을 맡았는데, 식객이 3천 명이었다. 진(秦)

좋은 것 가지려 했네.

추위만 막으면 됐지 붉은 것 흰 것 가릴 것 있으랴?　備寒赤白何所擇

천하에 다시 없는 보물을 얻고자 하여,　欲得天下無所寶

천하의 여우를 다 죽여 얻으려고 했네.　殺盡天下狐爲索

궁궐 중의 여인도 오히려 보물인 줄 알았고,　宮中女子尙知之

진(秦)나라 왕도 좋아해 마음 놓지 못했네.　秦王悅之心未釋

조(趙)나라 구슬³⁸⁷⁾을 자기 것으로 만들려 하면서,　擬以趙璧欲收之

다만 선비를 좋아한다는 명분으로 속임수를 썼네.　顧以好士名爲射

직하(稷下)³⁸⁸⁾의 여러 공자(公子) 식객이 삼천인데,　稷下諸君食三千

식객들의 지혜 그 점을 생각지 못했으니　智不慮此堪可惜

애석해할 만하다.

함곡관(函谷關)³⁸⁹⁾이 한 번 닫히자 바다보다 깊고,　函關一鎖海於深

행낭 속에 있던 갓옷 진나라 광 속에 들어갔네.　囊中有裘秦藏籍

진나라 왕 끝내 탐하다 마침내 손에 넣었으니,　畢竟貪得止於得

맹상군은 쓸데없는 물건처럼 되어버렸네.　文也已爲筌蹄擲

그렇지 않다면, 보잘것없는 한 사내를,　不然區區一竪子

나라에 들어가자, 진나라 소왕(昭王)이 그를 죽이려고 억류하였다. 그 식객 가운데서 한 사람이 개처럼 꾸미고서 진나라 궁궐에 잠입하여 전에 진나라 왕에게 바쳤던 하얀 여우 갓옷을 훔쳐, 진나라 왕이 총애하는 여인에게 바쳐서 석방될 수 있었다. 함곡관(函谷關)에 이르니 문이 닫혀 있어 탈출할 수가 없었다. 닭이 울어야 성문을 열게 되어 있었는데, 식객 가운데서 닭 우는 소리를 낼 줄 아는 사람이 있어, 닭 우는 소리를 내어 문을 지키는 사람을 속이고서 탈출할 수 있었다.

387) 조(趙)나라 구슬 : 본래 초나라 변화(卞和)라는 사람이 형산(荊山)에서 얻은 구슬로, 한때 조나라의 소유가 되었는데, 진(秦)나라가 빼앗으려고 하였다.

388) 직하 : 산동성(山東省) 임치현(臨淄縣) 북쪽에 있는 땅 이름. 제나라 때 많은 학자들이 이곳에서 활동하였다. 제나라의 공자 맹상군은 이 곳에서 식객(食客) 3천 명을 거느렸다.

389) 함곡관 : 중국 하남성(河南省) 영보현(靈寶縣)의 황하 유역에 있는 험준하기로 유명한 관문. 옛날에는 동쪽 지방에서 장안으로 가려면 반드시 이 관문을 거쳐야만 했다.

내가 죽이고자 하나 무슨 이익을 다투겠는가? 　我欲殺之爭何益

이웃 나라 훌륭한 인물이라면 나의 원수이니, 　若爲隣賢是我讐

갖옷 한 벌 가지고서야 바꿀 수 없으리. 　未應一裘便相易

우스워라! 개 짖는 것처럼 했다는 말 매우
잘못된 것, 　可笑狗吠之說亦甚誤

개구멍으로 들어갈 수 있다 한들 궁궐 어디를 가겠는가? 　狗竇可入宮安適

진나라 왕의 포악함 여룡(驪龍)[390]보다 심했고, 　秦王之暴過驪龍

광 속의 갖옷 조나라 구슬 같았지. 　藏裘等是頷下璧

구중궁궐은 깊은 못 같아 개미도 얼씬 못하는데, 　九重深淵蟻莫近

진비(晉鄙)의 부절(符節)을 무슨 틈으로 훔쳐냈나?[391] 　晉鄙之符儵何隙

다만 전씨(田氏) 집에 한 벌 더 있을 것으로 생각해 　只慮田家又有之

물여우[392]처럼 온갖 교활한 짓 다 부렸지. 　狙獪百端如鬼蜮

이미 없는 것 알고서도 또 준다고 했으니, 　旣試其無又與之

한밤중 개구멍처럼 들어가 훔치는 수단을 빌릴 수밖에 　聊假夜半狗偸客

앞에 한 일이나 뒤에 한 일이나 수단 교활해, 　前段後段着手狡

진나라 왕의 간교한 사기술로도 쓸 데가 없었다네. 　秦王智詐庸無迹

---

390) 여룡(驪龍): 용의 한 종류인데 빛깔이 검다. 턱 밑에 구슬을 머금고 있는데, 그 밑에 거꾸로 난 비늘을 건드리면 성질이 사나워진다.

391) 진비의……훔쳐냈나:『전국책』(戰國策)「위책」(魏策)에 이런 사실이 실려 있다. 전국시대 조(趙)나라가 진(秦)나라의 침공을 받자 위(魏)나라에 구원을 청하였다. 위나라 왕은 장수 진비(晉鄙)에게 십만 군을 이끌고 가 구원하도록 했다. 진나라에서 위나라에 구원하지 말라고 협박하자, 위나라 왕은 진비에게 조나라로 가지 말고 국경 지방에서 성을 쌓도록 했다. 조나라의 평원군(平原君)이 위나라의 신릉군(信陵君)에게 구원을 독촉해 왔으나, 위나라 왕은 진나라의 위협이 두려워 듣지 않았다. 이때 진비에게 준 부절(符節)의 반이 위왕의 침실에 있었는데, 그 침실에는 총애 받는 여인 여희(如姬)만 들어갈 수 있었다. 신릉군이 여희 아버지의 원수를 갚아준 일이 있었기 때문에 신릉군의 요청에 따라 여희가 부절을 훔쳐내왔다. 그 부절을 갖고서 진비 손에 있는 병권을 빼앗아 조나라를 구원할 수 있었다.

392) 물여우: 모래를 머금고 가만히 숨어 있다가 지나가는 사람을 노려 그의 그림자에다 쏘면 그 사람이 죽는다고 한다. 몰래 사람을 해치는 자에 비유한다.

그때 맹상군이 어리석었을 뿐만 아니라,	不但當時公子愚
후세 사람들의 평가 또한 사리에 닿지 않네.	後人過眼皆不繹
천하의 보배는 착한 것이 제일인데,	天下之寶莫於善
물질을 보배로 삼으면 도리어 괴롭다네.	所寶在物還辛螫
예로부터 빛깔 좋아하는 사람들 모두 잘못됐는데,	從來好色擧爲誤
흰 갖옷의 흰 빛은 어찌하여 더 심하나?	白裘之白何爲劇

소 자경(蘇子卿)[393] 시 蘇子卿詩

오랑캐 땅의 까마귀 희어지지 않고 숫양 젖 나지 않으니,[394]	胡烏未白羝不乳
흉노(匈奴)에 억류된 한나라 사신은 돌아올 기약 없구나.	漢庭行人歸未期
까마귀 머리는 희어지지 않았는데도 사신 간 사람 머리는 희어졌네.	烏頭未白行人白
누가 그 희어진 머리를 까마귀처럼 검게 바꿔주리.	誰令換白烏頭爲
사월에도 차가운 모래에 눈이 한 자나 쌓였는데,	四月寒沙雪一尺
눈이 있어 먹을 수는 있지만 몸에 입을 옷 없다네.	有雪可噉身無衣
날 저물어 누런 구름에 까마귀는 밤에 울고,	日暮黃雲烏夜啼
흉노 사람들 자작나무 껍질로 만든 피리 부누나.	胡人解吹文樺皮
외로운 신하 죽지 않고 부절(符節) 손에 있으니,	孤身未死節在手
인(仁)을 구하여 인을 얻었음[395]을 천지가 안다네.	求仁得仁天地知
백등(白登)[396]이 눈에 보여 황제 생각나건만,	白登在眼乃祖皇

---

393) 소 자경 : 한나라 무제(武帝) 때 흉노(匈奴)에 사신으로 갔던 소무(蘇武)로, 자경은 그의 자이다. 억류되어 갖은 협박과 고난에도 지조를 지키며 굴복하지 않았다. 소제(昭帝) 때 흉노와 화친이 이루어져 19년 만에 돌아오게 되었다.

394) 오랑캐⋯⋯않으니 : 소무가 흉노에 사신으로 가서 억류당했을 때, 흉노의 왕이 말하기를, "까마귀가 희어지고 숫양이 젖이 나면 돌려보내 주겠다"라고 했다.

395) 인(仁)을⋯⋯얻었음 : 『논어』 「술이편」(述而篇)에서 공자가 백이⋅숙제를 평하여, "인을 구하다가 인을 얻었으니 또 무엇을 원망하겠는가?"라고 하였다.

하찮은 사신이야 없어져도 대수롭지 않은 일.	區區使臣無亦卑
내정(內政) 닦고 외적 물리치는 황제 나라의 도가 있나니,	內修外攘周道在
산에는 사다리 놓이고 바다에는 배가 다녀야 하는 법.[397]	梯山航海則有之
기러기 발엔 편지 없고 상혜(常惠)[398]도 없기에,	鴈足無書常惠否
자경의 몸뚱이는 오랑캐 땅의 풀처럼 시들어가네.	子卿身上胡草腓
무릉(茂陵)[399]은 죽은 줄 알고 살아 있는 줄 몰랐으니,	茂陵知死不知生
돌아와 능 향해서 한 번 절하나 무슨 말을 알리?	松楸一拜知何辭

'여섯 나라를 평정하고 오니 두 귀밑머리가 허옇더라'[400]라는 시
六國平來兩鬢霜詩

여섯 나라[401]를 평정하고 오니 두 귀밑머리 허옇네.	六國平來兩鬢霜
장군도 이 지경에 이르러서는 응당 놀랐으리.	將軍到此魂應驚
청동 거울 대하니 다시는 옛날 사람 아니라.	青銅非復舊時人
한평생 구진성(勾陳星)[402] 된 것을 후회한다네.	生平悔作勾陳星
말 수레 달리며 순수(鶉首)[403]에서 늙어,	彭彭車馬老鶉首

---

396) 백등 : 중국 산서성(山西省)에 있는 지명. 한나라 무제가 이곳에서 흉노족에 게 포위당한 적이 있었다.

397) 산에는……법 : 국가를 통치하는 사람은 평소에 교통과 통신시설을 갖추어 두어야 앞으로 소무 같은 이런 사람이 다시 발생하지 않을 수 있다는 뜻이 다. 당시 우리 나라 임금에게 하는 경고로도 볼 수 있다.

398) 상혜 : 한나라 무제 때 사람으로 소무와 함께 흉노에 귀양가서 억류되었다가 10년 만에 놓여 돌아와 소무가 살아 있다는 사실을 한나라에 알렸다.

399) 무릉 : 한나라 무제의 능호(陵號)이다.

400) 여섯……허옇더라 : 천하통일에 공이 큰 진(秦)나라의 명장 왕전(王翦)의 일 생을 제재로 한 것 같다.

401) 여섯 나라 : 전국시대 여섯 제후 나라. 곧 연(燕)·제(齊)·한(韓)·위(魏)· 조(趙)·초(楚)를 말한다. 모두 진시황에게 멸망당했다.

402) 구진성 : 별 이름으로 장군의 운명을 주관한다.

403) 순수 : 별 이름으로 진(秦)나라 지역을 관장한다.

해어진 갖옷으로 오히려 새벽 길 간다네.　　　　　　蒙戎繡裘猶晨征

만리 산조(酸棗)⁴⁰⁴⁾ 땅에 가니 요동은 가을이 되려 하고,　萬里酸棗遼欲秋

역수(易水)⁴⁰⁵⁾로 돌아오니 꾀꼬리가 우네.　　　　　易水歸來鶬鶊鳴

아침에 한단(邯鄲)⁴⁰⁶⁾에 들렀다가 저녁에
임치(臨淄)⁴⁰⁷⁾에 닿았고,　　　　　　　　　　　朝入邯鄲暮臨淄

상당(上黨)⁴⁰⁸⁾의 근심스런 구름 바람에 깃발이 펄럭이네.　上黨愁雲風飄旋

효관(崤關)⁴⁰⁹⁾에 처음 돌아오니 말 또한 지쳤는데,　崤關初返馬亦黃

머리 위의 서리 응당 오늘 다시 생기리라.　　　　　頭霜此日應更成

돼지가 물 건너고⁴¹⁰⁾ 달이 필성(畢星)에 걸리는 등,⁴¹¹⁾　豕涉波月離畢

아침밥 먹을 틈도 없더니 이제야 평정되었도다.　　不遑朝矣而今平

주(周)나라가 망하자 그 도(道)를 제후나라 사람들이
흠모하였는데,　　　　　　　　　　　　　　　匪風匪風周道西

아아! 장군은 너무 늦게 태어났도다.⁴¹²⁾　　　　鳴呼將軍之晚生

---

404) 산조 : 요동에 있는 지명이다.

405) 역수 : 중국 하북성(河北省)에 있는 강 이름. 연나라 자객 형가(荊軻)가 진시
　　황을 찔러 죽이러 갈 때, 이 강가에서 전송을 받았는데 「역수가」(易水歌)를
　　부르고 길에 올랐다.

406) 한단 : 전국시대 조(趙)나라 서울이다.

407) 임치 : 전국시대 제(齊)나라 서울이다.

408) 상당 : 전국시대 한(韓)나라의 땅 이름이다.

409) 효관 : 효산(崤山)과 함곡관(函谷關). 하남성(河南省)에 있는 험한 지역이다.

410) 돼지가 물 건너고 : 재해가 생길 징조라 한다.

411) 달이……걸리는 등 : 필성은 별 이름으로 서쪽 하늘에 있는데, 달이 필성에
　　걸리게 되면 장마가 온다고 했다. 전쟁 중에 온갖 악천후를 다 경험했다는
　　뜻이다.

412) 장군은……태어났도다 : 문화가 찬란한 시절에 태어났더라면 더 큰 업적을
　　남겼을 텐데, 전쟁 통에 온갖 고생만 하면서 결국 진시황 같은 폭군에게 이
　　용만 당했다는 뜻이다.

부(賦)

원천부 原泉賦[1]

땅 속에 물이 있는 것은,	惟地中之有水
천일(天一)[2]이 북쪽에서 생기게 하기 때문이다.[3]	由天一之生北
하늘에 근본을 둔 것은 다함이 없나니,	本於天者無窮
이 때문에 쉼 없이 흐르는 것이다.	是以行之不息
샘물이 솟아나오는 것을 보면,	徵一泉之觱沸
오목한 땅에 고인 한 잔의 물과는 다르다.	異杯水之坳覆
애초에는 졸졸 솟구치는 물에 불과하지만,	縱初原之涓涓
천지를 다 적셔도 넉넉하다.	委天地而亦足
근본이 없다면 그렇지 아니하리니,	非有本則不然
사람 몸에 피가 도는 것과 같다네.	類人身之運血

1) 원천부 : '원천'(原泉)이란 근원이 있는 샘물이라는 말로, 학문을 하여 세상의
   온갖 이치에 환하게 밝도록 하는 것을, 근원이 있는 샘물이 끊임없이 흐르는
   것에 비유하여 쓴 글이다. '부'(賦)는 문체의 하나로, 한 구가 대체로 여섯 자로
   구성되며 격구로 압운된다.
2) 천일 : 북극(北極)의 신(神)을 가리킨다.
3) 천일(天一)이…… 때문이다 : 북쪽은 오행(五行)으로 보면 수(水)에 해당되므
   로 그렇게 말한 것이다.

혹여 잠시라도 멈추게 되면,	或一暫之止息
때로는 우주의 질서가 파괴되기도 하지만,	天地亦有時而潰裂
곡신(谷神)[4]과 같이 영원히 죽지 않으니,	同不死於谷神
실로 기모(氣母)[5]의 항해(沆瀣)[6]와 같도다.	實氣母之沆瀣
그러므로 제사(祭祀)의 법전에서도 근본을 숭상하여,	故祀典之崇本
반드시 황하(黃河)에 먼저 제사하고 바다는 뒤로 하였다.	必先河而後海
공자(孔子)가 자주 물을 일컬었던 점을 생각하니,	思亟稱於宣尼
근본이 있다는 뜻으로 이해한 맹자(孟子)의 마음을 믿을 만하구나.[7]	信子輿之心迪
미루어보건대, 물이 웅덩이를 채우고 난 뒤에 흘러가니,	推涛水於習坎
평소에 덕행(德行)을 쌓는 것이 마땅하리라.	宜德行之素積

---

4) 곡신 : 골짜기 가운데의 텅빈 곳을 가리키는 말로, 세상의 온갖 생성과 변화를 주도하는 현묘한 도를 비유하는 말이다. 『노자』(老子) 제6장에 "곡신(谷神)은 죽지 않는다. 이를 현빈(玄牝)이라 한다. 현빈의 문을 천지의 뿌리라 한다. 면면히 유행하는 것이 마치 존재하는 것 같으며 아무리 써도 다하지 않는다"[谷神不死 是謂玄牝 玄牝之門 是謂天地根 綿綿若存 用之不勤]라고 하였다.

5) 기모 : 만물을 생성하는 근본이라는 의미이다. 『장자』(莊子) 「대종사」(大宗師)에 "복희(伏羲)가 자연의 대도(大道)를 터득하여 기모(氣母)를 가지게 되었다"[伏戲得之 以襲氣母]라 하였는데, 그 주석에 '기모'는 '원기'(元氣)라고 하였다.

6) 항해 : 북방의 한밤중의 기운을 일컫는 말로, '이슬 기운'[露氣]이라고도 한다. 『초사』(楚辭) 「원유」(遠遊)에는 "육기(六氣)를 반찬으로 하고 항해(沆瀣)를 마시며, 정양(正陽)으로 양치질하고 조하(朝霞)를 머금고 있네"[餐六氣而飮沆瀣兮 漱正陽而含朝霞]라 하였다.

7) 근본이……만하구나 : 『맹자』(孟子) 「이루」(離婁)에, "서자(徐子)가 말했다. '공자께서 자주 물을 일컬으시면서 "물이여! 물이여!"라고 하셨으니 물에서 어떤 뜻을 취하신 것입니까?' 맹자께서 말씀하셨다. '근원이 있는 물은 끊임없이 솟아나서 밤낮을 쉬지 않고 흘러 구덩이를 채운 뒤에 나아가 사방의 바다에까지 도달한다. 근본이 있는 것은 이와 같으니, 이 뜻을 취하신 것이다"[徐子曰 仲尼亟稱於水曰 水哉水哉 何取於水也 孟子曰 原泉混混 不舍晝夜 盈科而後進 放乎四海 有本者如是 是之取爾]라는 말이 보인다. 공자가 흐르는 물을 보고 탄식한 것에 대하여 맹자가 이처럼 사람도 근본에 힘써야 한다는 것으로 풀이한 것이다. 원문의 자여(子輿)는 맹자의 자(字)이다.

일상생활에서 실천할 수 있는 일을 궁구함이,	究人事之下行
오묘한 이치에 도달하는 근본이 된다.	根天理之上達
온갖 이치가 다 본성(本性)에 갖춰져 있어,	萬理具於性本
운용에 따라 모두가 활발해진다.	混潑潑而活活
필요에 따라 취하여 써도 남음이 있는 것이,	隨取用而有餘
마치 물이 지하에서 솟아나오는 것과 같다.	猶窟宅之生出
작은 덕은 흐르는 냇물 같고 큰 덕은 무궁한 조화를 이루니,[8]	合川流而敦化
모두가 근본을 충실히 하는 데서 오는 것이다.	皆大本之充實
무궁한 조화의 덕은 광박(廣博)·심후(深厚)한 땅과 대비되니,	配悠久於博厚
만물의 다양함이 한가지 이치로 귀결이 된다.[9]	歸萬殊於一極
이는 지극한 정성이 자연스레 나타나는 것,	是誠者之自然
은하수처럼 아득하여 이루 다 헤아릴 수 없도다.	河漢浩而莫測
그 깊은 뜻, 높은 하늘 깊은 연못으로도 다 비유할 수 없어,	濬不喩於天淵
다만 물고기가 자유롭게 뛰노는 것으로 비유하였다.[10]	但魚躍之洋洋
큰 근원이 곤륜산(崑崙山)에서 발원하여,	發大原於崑崙
온 천지 사방에 가득 퍼진다.	彌六合其無方

---

8) 작은……이루니 : 『중용』(中庸)에, "만물이 함께 자라면서 서로 해치지 않으며 도가 함께 행해지면서 서로 어긋나지 않나니, 작은 덕은 흐르는 냇물과 같고 큰 덕은 무궁한 조화를 이룬다. 이것이 천지의 위대함이다"[萬物并育而不相害 道并行而不相悖 小德川流 大德敦化 此天地之所以爲大也]라고 하였다.

9) 만물의……된다 : 『중용』(中庸)에, "무궁한 조화의 덕이 쌓이면 넓고 두터워진다"[悠遠則博厚]고 하고, 다시 "넓고 두텁기 때문에 만물을 실을 수 있고, 무궁한 조화의 덕이 있기 때문에 만물을 이루어준다"[博厚 所以載物也 悠久 所以成物也]라고 하였는데, 이 무궁한 조화의 덕 속에 '지극한 정성'을 오래 간직하여서 자연스럽게 나타나는 것이라고 주자가 해석하였다.

10) 물고기가……비유하였다 : 『시경』(詩經) 「한록」(旱麓)에, "솔개는 날아 하늘 높이 다다르고, 물고기는 연못에서 뛰노네"[鳶飛戾天 魚躍于淵]라 하였는데, 『중용』에서 이를 인용하여 '무궁한 조화의 덕이 위와 아래에 다 나타남을 보여주는 것'이라고 하였다[詩云 鳶飛戾天 魚躍于淵 言其上下察也].

큰 물결 하늘에 닿을 듯이 도도히 흘러가면,	巨浸稽天而漫汗
결코 물길을 바꾸거나 흐리게 할 수 없나니,	曾不撓以使濁
태양이 땅을 태울 듯이 강력히 내리쬐더라도,	火輪燋土而爛烈
누가 한 바가지의 물인들 줄일 수 있으랴!	庸詎殺其一勺
또한 군자가 선(善)의 단서를 미루어 극진히 하는 데는,[11]	而君子之致曲
근본을 세우는 것이 무엇보다 중요하다.	尤有大於立本
또한 학문이란 쌓지 않으면 두터워지지 않으니,	學不積則不厚
비유컨대 오줌을 받아놓고 바다를 묻는 것과 같다.	等聚溲而海問
진실로 신령한 뿌리[12]가 마르지 않으면,	苟靈根之不渴
천하를 적시고도 마르기 어려우리.	沃九土其難涸
덮어놓지 않은 샘의 차가운 물[13]을 보라.	見寒泉之勿幕
아무리 퍼내어도 여전하지 않은가!	人百槹其猶若
경계하노니,	戒曰
마음으로 세상 만사에 대응하면,	心以應事
온갖 물욕의 감정이 마음을 흔들고 돋운다.	百感搖挑
학문으로 근본을 삼으면,	學以爲本
물욕의 감정이 마음을 흔들지 못한다.	感罔能擾
물욕의 감정에 빠져버리면 근본이 없어지며,	可汨則無本
물욕의 감정에 흔들리면 쓰임이 없어지리라.	可擾則用熄

---

11) 또한……하는 데는 : '치곡'(致曲)은 『중용』에 나오는 말인데, 이미 성인의 경
    지에 오른 사람은 저절로 지극한 정성이 있어서 천지의 화육(化育)에 동참할
    수 있지만, 아직 그 경지에 이르지 못한 사람은 '이미 드러나 있는 선의 단서
    에서부터 미루어 극진히 함'[致曲]으로써 그 지극한 경지에 이를 수 있다고
    하였다.

12) 신령한 뿌리 : 가장 근본이 되는 것을 비유하여 표현한 말이다. 즉 명선(明
    善)・성신(誠身)을 나타낸다. 다음 구절의 '천하를 적시고도 마르기 어려우리'
    란 표현은 치국(治國)・평천하(平天下)도 어렵지 않다는 뜻을 나타낸다.

13) 덮어놓지……물 : 『주역』(周易) 정괘(井卦)의 구오효(九五爻)와 상륙효(上六
    爻)의 효사(爻辭)에 '차가운 샘물'[寒泉]과 '덮어두지 말라'[勿幕]는 말이 나온
    다. 이 두 구절은 근본을 착실히 해두면 쓰임이 무한하다는 것을 비유적으로
    표현한 것이다.

경(敬)을 통하여 그 근원을 함양(涵養)하고	敬以涵源
하늘의 법칙에 근본해야 하리라.	本乎天則

민암부 民巖賦[14]

유월 어름 장마철에,	六月之交
염예퇴(灩澦堆)[15]가 말과 같아	灩澦如馬
올라갈 수도 없고,	不可上也
내려갈 수도 없다.	不可下也
아아,	吁嘻哉
험함이 이보다 더한 데는 없으리니,	險莫過焉
배가 이로 인해 가기도 하고,	舟以是行
또한 이 때문에 엎어지기도 한다.	亦以是覆
백성이 물과 같다는 말은,	民猶水也
예로부터 있어왔으니,[16]	古有說也

---

14) 민암부 : 민암(民巖)은 '백성은 나라를 엎을 수도 있는 위험한 존재'라는 말이
   다. 이 글은, 통치자인 임금은 백성을 사랑하여 편안히 살도록 해야 하는데,
   그렇지 않으면 백성이 나라를 엎을 수도 있다는 것을 경계하는 내용이다. 『서
   경』(書經) 「소고」(召誥)에, "백성의 암험함을 돌아보아 두려워하소서"[顧畏于
   民嵒]라는 말이 있다. 「민암부」의 '암'(巖)자가 판본에 따라 '암'(嵒), '암'(喦)으
   로 되어 있고, 『서경』에는 '암'(嵒)으로 되어 있으나, 다 '암'(巖)과 같은 뜻이
   다. 1534년 문과시험 문제 가운데 '민암부'가 있었고, 남명도 그때 응시했으므
   로, 이 글은 아마 그때 지은 것인 듯하다.

15) 염예퇴 : 중국의 사천성(四川省)을 흐르는 양자강(揚子江)의 구당협(瞿塘峽)
   어구에 있는 거대한 바위이다. 이 바위 주변은 맹렬하게 소용돌이치는 물결
   때문에 배가 지나가기가 매우 위험한 곳이다. 이 바위에 새겨져 있는 '대아
   래'(對我來 : 나를 마주보고 오라)라는 글자를 마주하여 배가 나아가면 무사
   히 지나갈 수 있으나, 이 바위를 피하여 가려고 하면 급한 소용돌이에 휘말
   려 배가 전복된다고 한다. 중국 정부 수립 이후 선박 왕래에 장애가 된다고
   해서 폭파해버렸다.

16) 예로부터 있어왔으니 : 『순자』(荀子) 「왕제」(王制)에 "임금은 배이고 서민은
   물이다. 물은 배를 떠우기도 하고 배를 엎기도 한다"[君者舟也 庶人者水也 水

백성은 임금을 받들기도 하지만,	民則戴君
백성은 나라를 엎어버리기도 한다.	民則覆國
내 진실로 알거니와, 눈으로 볼 수 있는 것은 물이니,	吾固知可見者水也
험함이 밖에 나타난 것은 만만하게 보기 어렵지만,	險在外者難狎
눈으로 볼 수 없는 것은 마음이니,	所不可見者心也
험함이 안에 감추어진 것은 만만하게 보기 쉽다.	險在內者易褻
걸어다니기에 평지보다 더 평탄한 곳이 없지만,	履莫易於平地
맨발로 다니면서 살피지 않다가는 발을 다치고,	跣不視而傷足
거처함이 이부자리보다 더 편안한 곳이 없지만,	處莫安於衽席
바늘을 겁내지 않다가는 눈을 다친다.	尖不畏而觸目
재앙은 실로 소홀히 하는 데서 생기나니,	禍實由於所忽
험함이 계곡에만 있는 것은 아니다.	巖不作於谿谷
원한이 마음 속에 있을 적엔,	怨毒在中
한 사람의 생각이라 몹시 미세하고,[17]	一念甚銳
필부(匹婦)[18]가 하늘에 호소해도,	匹婦呼天
한 사람일 적엔 매우 보잘것없다.	一人甚細
그러나 저 밝은 감응이란 다른 데 있지 않으니,	然昭格之無他
하늘의 보고 들으심이 바로 이 백성에게 있다네.[19]	天視聽之在此

則載舟 水則覆舟]라는 구절이 있고, 『서경』(書經) 「소고」(召誥) '王不敢後 用
顧畏于民嵓'의 세주(細註)에, "소씨(蘇氏)가, '백성은 물과 같다. 물은 배를 실
을 수도 있지만 또한 배를 엎을 수도 있다. 세상에는 백성보다 더 암험한 것
은 없다'[蘇氏曰 民猶水也 水能載舟 亦能覆舟 物無險於民者矣] 하였다"라는
구절이 있다.

17) 미세하고 : 원문의 '예'(銳)자는 문맥의 흐름상 '날카롭다'고 해석하기보다는
『춘추좌씨전』(春秋左氏傳) 소공(召公) 16년조의 '불역예호'(不亦銳乎)라는 예
에 의거하여 '사소하다'·'미세하다'는 뜻으로 풀이함이 마땅하다.

18) 필부 : 한(漢)나라 때의 동해(東海) 효부(孝婦)를 가리킨다. 시어머니를 살해
했다는 누명을 쓰고 억울하게 죽었는데, 그 뒤로 3년 동안 가물어 그 무덤에
치제(致祭)하니 비로소 비가 왔다고 한다.

19) 하늘의……있다네 :『맹자』(孟子)「만장」(萬章)에, "하늘의 보심은 우리 백성
이 보는 것을 따르고, 하늘의 들으심은 우리 백성이 듣는 것을 따른다"[天視

하늘은 백성이 원하는 것을 반드시 들어주니,	民所欲而必從
마치 부모가 자식에 대해서와 같다.	寔父母之於子
한 사람의 원한, 한 아낙의 하소연, 처음엔 하찮은 것이나,	始雖微於一念一婦
끝내 거룩하신 상제(上帝)께 대신 갚아주기를 바라니,	終責報於皇皇上帝
그 누가 감히 우리 상제를 대적하리?	其誰敢敵我上帝
실로 하늘이 내린 험함은 건너기가 어렵도다.	實天險之難濟
하늘이 만고(萬古)에 걸쳐 험함을 보였건만,	亘萬古而設險
얼마나 많은 제왕들이 이를 예사로 보았던고?	幾帝王之泄泄
걸(桀)·주(紂)가 탕(湯)·무(武)에게 망한 것이 아니라,	桀紂非亡於湯武
바로 백성에게 신임을 얻지 못했기 때문이었다.	乃不得於丘民
한(漢)의 유방(劉邦)은 보잘것없는 백성이었고,	漢劉季爲小民
진(秦)의 호해(胡亥)는 대단한 임금이었는데,	秦二世爲大君
필부(匹夫)로서 천자(天子)의 자리를 차지했으니,	以匹夫而易萬乘
이처럼 큰 권한은 어디에 있는 것인가?	是大權之何在
다만 우리 백성의 손에 달려 있으니,	只在乎吾民之手兮
겁내지 않아도 될 만한 것, 몹시 겁낼 만하도다.	不可畏者甚可畏也
아아, 촉산(蜀山)[20]의 암험함이	嘻嘘哉 蜀山之險
어찌 임금을 넘어뜨리고 나라를 엎을 수 있으리오?	安得以償君覆國也哉
그 암험함의 근원을 찾아보면,	究厥巖之所自
진실로 임금 한 사람에게서 벗어나지 않는다.	亶不外乎一人
한 사람의 불량함에 말미암아,	由一人之不良
여기서 위험이 가장 크게 된다네.[21]	危於是而甲仍
궁실(宮室)이 넓고 큼은	宮室廣大

自我民視 天聽自我民聽] 하였다.

20) 촉산 : 중국 사천(四川) 지방의 험한 산악을 가리킨다. 이 산의 험악함을 이백 (李白)이 「촉도난」(蜀道難)으로 표현한 바 있다.

21) 가장……된다네 : 원문의 '잉'(仍)자는 후대의 판본에 '인'(因)자로 되어 있는데, 뜻은 서로 같고 '인'(因)으로 해야 운(韻)이 맞으므로 고친 듯하다. '갑잉'(甲仍)은 '가장 큰 원인'이라는 뜻이다.

암험함의 시작이요,	巖之輿也
여알(女謁)[22]이 성행함은	女謁盛行
암험의 계단이요,	巖之階也
세금을 끝없이 거두어들임은	稅斂無藝
암험함을 쌓음이요,	巖之積也
도에 넘치는 사치는	奢侈無度
암험함을 일으켜세움이요,	巖之立也
부극(掊克)[23]이 자리를 차지함은	掊克在位
암험으로 치닫는 길이요,	巖之道也
형벌(刑罰)을 자행(恣行)함은	刑戮恣行
암험을 돌이킬 수 없게 함이다.	巖之固也
비록 그 암험함이 백성에게 있다지만,	縱厥巖之在民
어찌 임금의 덕에서 말미암지 않겠는가?	何莫由於君德
물은 하해(河海)보다 더 큰 것이 없지만,	水莫險於河海
큰 바람이 아니면 고요하고,	非大風則安帖
암험함은 민심보다 더 위태로운 것이 없지만,	險莫危於民心
포악한 임금이 아니면 다 같은 동포인 것을!	非暴君則同胞
동포를 원수로 생각하니,	以同胞爲敵讐
누가 그렇게 하도록 하였는가?	庸誰使而然乎
남산(南山)이 저렇듯 우뚝하지만,	南山節節
돌이 험하게 붙어 있고,[24]	維石巖巖
태산이 저렇듯 험준하지만,	泰山巖巖

---

22) 여알 : 임금의 총애를 틈 타 비빈(妃嬪)이나 궁녀(宮女)가 정치에 참여하는 것을 말한다.

23) 부극 : 백성의 재물을 수탈하는 데 혈안이 된 사람을 뜻한다.

24) 남산(南山)이……있고 : 원문의 '남산절절 유석암암'(南山節節 維石巖巖)은 『시경』(詩經) 소아(小雅) 「절남산」(節南山)의 '절피남산 유석암암'(節彼南山 維石巖巖)을 인용한 것이다. 이 시는 임금이 태사(太師) 윤씨(尹氏)를 등용하여 나라를 어지럽게 한 것을 풍자한 것인데, 우뚝한 남산에 험하게 붙어 있는 바위는 백성의 암험함을 상징하고 있는 것으로 인용한 것이다.

노(魯)나라 사람들이 우러러본다.[25]	魯邦所瞻
그 암험함은 마찬가지로되,	其巖一也
안위(安危)는 다르도다.	安危則異
나로 말미암아 편안하기도 하고,	自我安之
나로 말미암아 위태롭기도 하니,	自我危爾
백성을 암험하다 말하지 마라!	莫曰民巖
백성은 암험하지 않느니라.	民不巖矣

군법행주부　軍法行酒賦[26]

술은 병기(兵器)와 같은 것이니,	酒猶兵也
그치지 않으면 스스로 망하게 된다.[27]	不戢將自伐矣
하물며 즐거움도 지나치면 어지럽게 되나니,	矧乎樂勝則亂
진실로 술자리에서는 절제해야만 마땅하리라.[28]	固宜折衝樽俎之列
대체 어떤 사람인가, 저 유씨(劉氏)의 아들은!	獨何人兮劉氏子
당당한 기상이 산과 같이 우뚝하도다.	堂堂氣聳之如山

---

25) 태산이……본다 : 원문의 '태산암암 노방소첨'(泰山巖巖 魯邦所瞻)은 『시경』(詩經) 노송(魯頌) 「비궁」(閟宮)에 나오는 말로, 노(魯)나라가 주공(周公)의 성덕(聖德)에 힘입어 나라를 잘 다스렸으므로 백성들이 험준하게 솟아 있는 태산을 보면서 임금을 그 태산처럼 우러러본다는 의미로 인용한 것이다.

26) 군법행주부 : 한(漢)나라의 고조(高祖)와 혜제(惠帝)가 죽고, 고조의 비(妃)인 여태후(呂太后)가 정권을 천단(擅斷)할 때, 고조(高祖)의 손자 유장(劉章)이 여러 여씨들과의 연회석상에서 주리(酒吏)를 맡아 음주(飮酒)를 군법(軍法)에 의거 실행한 것을 두고 쓴 글이다.

27) 술은……된다 : 이 부분은 『춘추좌씨전』(春秋左氏傳) 은공(隱公) 4년조의 "무릇 병기는 불과 같은 것이니, 그치지 않으면 장차 스스로를 태우게 될 것입니다"[夫兵猶火也 弗戢將自焚也]라는 말을 용사(用事)한 것이다.

28) 진실로……마땅하리라 : 연회석상에서 주리(酒吏)가 된 유장(劉章)이, "저는 장수의 후예이니 군법에 따라 술잔을 돌리겠습니다"[臣將種也 請得以軍法行酒]라 하여 여태후(呂太后)의 승락을 받은 뒤, 술에 취하여 술자리를 도망치는 여씨 한 사람의 목을 베었다. 『한서』(漢書) 제38권 「제도혜왕전」(齊悼惠王傳)에 보인다.

의연(毅然)하게 비상(非常)한 법을 정하여, 　　毅然制非常之法

비상한 어려움²⁹⁾에 대처하였도다. 　　以處夫非常之艱

이 사람은 바로 발란반정(撥亂反正)³⁰⁾할 큰 　是直拔亂反正之器

그릇이었으니,

어찌 졸장부 같은 사람이었으리오? 　　夫豈小丈夫然哉

일찍이 그 할아버지가 무예를 좋아하여, 　　曾乃祖之好武

예의(禮義)를 태만히 하고 앞세우지 않았다. 　慢禮義而不先

술에 취해 칼을 뽑아 기둥을 치기도 하였으니,³¹⁾ 　酗拔劍而擊柱

어찌 손님 사이에 질서인들 있었겠는가? 　　夫執賓交之秩秩

집안의 어른이 죽고 난 뒤에, 　　　顧家老之旣亡

시끄럽게 뭇 자손들이 바지락거렸지만,³²⁾ 　紛衆孼之狋狋

어미는 제멋대로 하고 아들은 용렬하고 신하는 거만하여, 母囂子庸臣傲

나라는 위태롭고 법도는 흔들렸다. 　　邦之危兮扤隉

저 여러 여씨(呂氏)들이 유씨(劉氏)의 천하를 노려, 彼諸呂之睥睨

궁궐을 자기집 문지방으로 여기면서, 　謂吾家之闉闍

벼슬을 주고 빼앗는 것도 제 마음대로 하고, 與之奪之自我

게다가 사람을 죽이기까지 하였다. 　　又濟之以殺戮

태워버릴 듯, 깔아버릴 듯, 죽여버릴 듯하여, 焚如突如死如

---

29) 비상한 어려움 : 혜제가 죽은 뒤에 여태후가 새 임금을 세우지 않고 마음대로
　　정권을 천단하면서 정권의 핵심에 여씨들을 포진시켰는데, 고조의 손자인 유
　　장은 당시의 상황을 유씨의 나라가 여씨에게 넘어갈 수 있는 비상한 위기로
　　본 것이다.

30) 발란반정(撥亂反正) : 혼란함을 다스려 정상으로 되돌린다는 뜻이다. 원문의
　　'발'(拔)은 마땅히 '발'(撥)로 보아야 한다.

31) 술에……하였으니 : 한(漢) 고조(高祖)가 천하를 통일한 뒤에, 여러 신하들이
　　술을 마시면서 서로 공을 다투다가 취하여 고함을 지르기도 하고 칼을 뽑아
　　기둥을 치기도 하였는데, 고조가 이를 걱정하자 유자(儒者) 숙손통(叔孫通)이
　　예의를 정하여 익히도록 했다. 『한서』(漢書) 제43권 「숙손통전」(叔孫通傳)에
　　보인다.

32) 시끄럽게……바지락거렸지만 : 혜제가 죽은 뒤 제위(帝位)가 비어 있는 동안
　　의 상황을 묘사한 것이다.

온 집안이 모두 적국(敵國) 사람이었다.	一室之內盡是敵國
이러한 때를 당하여	當是時也
시시한 예의로 이들을 제압하려 한다면,	欲以糠粃之禮而制之
산을 뽑는 것보다 오히려 어려웠으리라.	比拔山其猶難
굽실굽실 머리를 숙이고 그들의 명령을 듣는 것은,	循循然俯首而聽命
또한 주 허후(朱虛侯)[33]가 편안히 여기는 바가 아니었다.	又非朱虛之所安
연회석에서 시끄럽게 떠드는 것을 보니,	視盤筵之叫呶
창을 잡고 방으로 들어올 듯하였다.	等操戈而入室
어찌 그들이 깔보는 정도에만 이르고 말겠는가?	奚至於相猶而已
세력이 커지면 도모하기 어렵고 기회도 없으리라.	蔓難圖矣非日
번쩍이는 흰 칼날이 허리에 있으니,	差差白刃之在腰
떨쳐 일어나 한번 쳐서 덮치고 싶었으리라.	奮一擊而欲襲
하물며 군령(軍令)을 숭상하는 것은,	矧軍令之所尙
바로 한(漢)나라 왕실의 법도임에랴!	乃漢氏之家法
이는 여씨(呂氏)도 안심하던 것이어서,	是呂氏之所安
또한 거슬리지 않고 허락을 받았던 것.	亦不忤而見許
이윽고 한 사람이 명령을 범하자,	俄一人之干令
문득 손발이 잘려버렸다.	遽手足之異處
만좌(滿座)한 사람들이 서로 돌아보며 실색을 하였으니,	四座相顧而失色
사지(四肢)가 떨릴 뿐 아니라 간담(肝膽)도 서늘했다.	非但股慄而膽亦掉
다들 말하기를, "주도(酒道)를 잃어 목 벨 만하였으니,	亦皆曰失酒而可斬
진실로 법을 범하였다면 어찌 목숨을 보존하리오?	苟犯義者何保
유장(劉章)은 가장 두려워할 만한 사람이니,	劉氏章者最可畏
우리는 삼가 피할 따름이다"고 했다.	吾等謹避而已
예전엔 이리처럼 날뛰고 범처럼 고함치더니,	昔也狼戾而虎嘽
이제는 머리를 조아리고 죽음에 나아가네.	今焉稽首而就屍
여씨 세력 끝날 때까지 아무도 그를 어쩌지 못했으니,	終呂氏而莫敢誰何

---

33) 주 허후(朱虛侯) : 유장(劉章)의 봉호(封號)이다.

이는 실로 그날 술자리에서의 사건 때문이었다.	實由於今日之酒使之
우뚝히 한 시대의 견고한 요새를 진압하였으니,	屹然鎭一代金湯之險
저 예의나 익히는 사람[34]과 견주어보면 어떠한가?	視綿蕝其何似
여기서 알 수 있으니, 사람은 의기가 없을 수 없고,	是知人不可無義氣
의기가 없는 남자는 남의 미끼밖에 되지 않는다는 것을.	無義氣男子可餌
다만 안타깝게도 저 한나라 왕실엔 법도가 없어서,	獨惜夫漢家之無法
군법(軍法)으로 그 일을 해내었도다.	以軍法而爲俐
제왕의 궁정은 피 흘릴 곳이 아니거니와,	王庭非流血之地
칼과 톱은 음악 소리와는 어울리지 않는다.	刀鉅異鍾鼓之聲
예의로 제압하는 것보다 더 나은 방법이 어디 있으랴!	曷若制之以禮
군신은 하늘과 땅처럼 그 분수가 다르잖은가!	君君臣臣 分如天淵
이부자리도 오히려 어지럽혀서는 안 되거늘,	袵席之猶不可亂
하물며 지엄하신 천자 앞에서랴!	而況於穆穆天子之前
하늘의 험함을 체득케 하는 데는 예의만한 것이 없나니,	體天險者無如禮矣
사람이 누가 하늘을 이기겠는가?	人孰勝夫天哉
고조(高祖)의 한 외로운 손자여,	一介孤孫
얻으면 유씨 천하요 잃으면 여씨 천하이니,	得之則劉 失之則呂
아마도 이 또한 필부의 행실인가 하노라.	蓋亦匹夫之行矣
거듭 탄식하거니와, 예의가 없으면 나라가 망하나니,	重歎夫無禮則國亡
유씨 천하가 여씨 천하로 되지 않았음이 요행이로다.	劉不呂者幸矣

---

34) 저……사람 : 한(漢)나라의 의례(儀禮)를 확립시킨 숙손통(叔孫通)을 가리킨
다. 『한서』(漢書) 제43권 「숙손통전」(叔孫通傳)에, 숙손통이 제자들로 하여금
야외에서 줄을 쳐 위치를 표시해두고 의례를 익히게 하였다는 말이 있다. 원
문의 '면체'(綿蕝)는 '끈으로 위치를 표시하는 것'을 말한다. 초기 판본에는
'체'(蕝)자가 내 죽(竹) 밑에 끊을 절(絕)자로 되어 있는데, 이는 오자이다.

명(銘)

좌우명　座右銘

언행(言行)을 신의 있게 하고 삼가며,　　　　　　庸信庸謹
사악(邪惡)함을 막고 정성(精誠)을 보존하라.　　閑邪存誠
산처럼 우뚝하고 못처럼 깊으면,　　　　　　　　岳立淵沖
움 돋는 봄날처럼 빛나고 빛나리라.　　　　　　　燁燁春榮

패검명　佩劍銘

안으로 마음을 밝히는 것은 '경'(敬)이요,　　　　內明者敬
밖으로 행동을 결단하는 것은 '의'(義)다.[1]　　　外斷者義

혁대명　革帶銘

혀는 새는 것이요,　　　　　　　　　　　　　　舌者泄
가죽은 묶는 것이니,　　　　　　　　　　　　　革者結
살아 있는 용을 묶어서,　　　　　　　　　　　　縛生龍
깊은 곳에 감추어두라.　　　　　　　　　　　　藏漠沖

---

1) 안으로……'의'(義)다 : 『주역』(周易) 「곤괘」(坤卦)의 문언(文言)에, "군자는 경

신명사명 神明舍銘[2]

<만물의 생성과 변화를 주재하는> 태일진군(太一眞君)[3]이   太一眞君

 ―사악(邪惡)함을 막으면 마음이 한결같아지고, 사욕(私欲)이 없으면 마음
이 한결같아진다.[4] 예의(禮義)는 반드시 태일(太一)에 근본해야 한다.[5] 사
악한 마음을 없애는 것이 그 법칙이니, 충효(忠孝)로써 섬겨야 한다.[6]

 (敬)으로 안을 곧게 하며 의(義)로써 바깥을 반듯하게 한다[君子 敬以直內 義以
 方外]라고 한 것을 체득하여 자신에 맞게 의미를 다시 부여하여 표현한 것이다.

2) 신명사명 : 신명(神明)은 '마음'을 가리키는 것으로, 『대학』(大學) 첫구절의 주
 자 주석에서 이른바 "실체는 없으면서도 신령스러워, 온갖 이치를 갖추고서 세
 상 만사를 대처할 수 있는 것"[虛靈不昧 以具衆理而應萬事者]이다. '사'(舍)는
 '마음을 에워싸고 있는 집'이란 뜻이다. 이 「신명사명」에 대하여는 후산(后山)
 허유(許愈, 1833~1904)가 「신명사도명혹문」(神明舍圖銘或問)에서 자세하게
 풀이했으므로, 대부분 이를 참조하여 주석하였다.

3) 태일진군 : 신명(神明)한 마음을 가리키는 말로, 『동강집』(東岡集)의 「천군전」
 (天君傳)에 나오는 천군(天君)이다. '태일'(太一)은 원래 '대도'(大道)·원기(元
 氣)'의 뜻으로 만물을 총섭(總攝)하는 것에 대한 명칭이고, '진군'(眞君)은 『장
 자』(莊子) 「제물론」(齊物論)의 "백해(百骸)와 구규(九竅)와 육장(六臟)에 진군
 (眞君)이 존재한다"는 말에서 취한 것이다. 원주의 "예의는 반드시 태일에 근
 본해야 한다"는 것은 『공자가어』(孔子家語) 「예운」(禮運)에 나오는 말인데,
 '태일'이라는 용어의 출전을 밝힌 것이다. 그리고 『순자』(荀子) 「해폐」(解蔽)에
 "마음은 형체의 임금이며 신명의 주인이다"[心者 形之君也 而神明之主也]라는
 말이 있으므로 마음을 '군'(君)이라고 표현한 것이다.

4) 사악함을……한결같아진다 : 태일(太一)이 한결같지 못하게 되는 까닭은 사악
 함과 사욕이 그 사이에 끼여들었기 때문이다. 사악함을 막아 그 정성을 보존할
 수 있고 사욕을 줄여서 없어지는 경지에 이를 수만 있다면, 고요할 적에는 마
 음이 비어 있고 움직일 적에는 마음이 곧아서 어디서든 '크게 한결같지'[太一]
 않음이 없게 된다. 요컨대 사악함을 막는다는 말과 사욕을 없앤다는 말을 통하
 여 한결같음을 이루는 요점을 보여주고 있다.

5) 예의는……한다 : 『후산집』 「신명사도명혹문」에서는, "'태일'(太一)은 마음의
 본체이니 『주역』의 이른바 '태극'(太極)이 바로 이것이다. 대개 마음은 세상 모
 든 일의 근본이 되고 세상의 모든 일은 하나에 근본하므로 태일이라고 한 것
 이다"[太一者 心之本體 易所謂太極 是也 蓋心爲萬事之本 而萬殊而一本 故曰太
 一也] 하였다.

신명사도 神明舍圖*

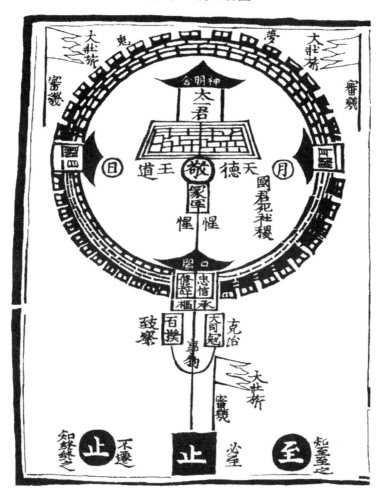

* 이 그림은 원래 『남명집』에서는 '신명사명' 앞에 위치해 있는데 이 책에서는 편집상 순서가 조금 바뀌었다.

명당(明堂)에서 정사(政事)를 편다.[7]   明堂布政

안에서는 총재(冢宰)가 관장하고,   內冢宰主

　　─ 마음을 보존하는 것이다.[8]

밖에서는 백규(百揆)가 살핀다.[9]   外百揆省

　　─ 배우고 묻고 생각하고 분별하는 것이다.[10] 사물에 나아가 이치를 궁구(窮

---

6) 사악한……한다 : 군자가 하늘을 섬기는 것은 효자가 어버이를 섬기고 충신이
　　임금을 섬기는 것과 같다. 하늘이 바른 이치[正理]로써 나에게 법도를 내려주
　　었으니, 나는 바른 도리[直道]를 추구해야지 감히 사악하고 굽은 것[邪曲]을 추
　　구할 수는 없다. 이것이 바로 하늘을 섬기는 충효(忠孝)이다.

7) 명당(明堂)에서……편다 : 「신명사도」에는 '태일군'(太一君)의 아래, '경'(敬)의
　　좌우에 '천덕'(天德)과 '왕도'(王道)라는 말이 있는데, 이것은 『대학』의 '명명
　　덕'(明明德)과 '신민'(新民)에 해당하는 말로, 이는 왕정(王政)의 목표라는 뜻이
　　다. 또한 학자의 일생의 목표이기도 하다. 「신명사도」에는 또 '국군사사직'(國
　　君死社稷)이라는 말이 있는데, 이는 '임금은 사직(社稷)과 그 운명을 같이한다'
　　는 뜻으로, 임금이 사직과 그 운명을 같이할 수 없으면 그 나라를 보전할 수
　　없듯이, 학자도 죽음으로써 도를 지킬 뜻이 없으면 그 마음을 옳게 보전할 수
　　없다는 것을 말한 것이다.

8) 마음을……것이다 : 총재가 주관하는 것이 존심(存心)이라는 말인데, 총재가 주
　　관한다는 이 '존심'이 바로 '경'(敬)이다. 그래서 「신명사도」에 '경'(敬)이라는 굵
　　은 원 아래에 '총재'(冢宰)라는 말을 바로 붙여둔 것이다. 총재는 내정(內政)을
　　총괄하는 사람인데, 마음과 경의 관계는 임금과 총재와의 관계와 같으므로 명칭
　　을 그렇게 붙였다. 「신명사도」에는 총재 밑에 '성성'(惺惺)이라는 글자가 있는데,
　　이는 늘 깨어 있다는 뜻으로 총재가 제 역할을 다하려면 마음을 늘 깨어 있게 해
　　야 한다는 뜻이다. 『주역』 곤괘의 '경이직내'(敬以直內)가 바로 이것이다.

9) 밖에서는……살핀다 : '백규'(百揆)는 외정(外政)을 총괄하는 사람인데, 사물에
　　임하여 의리에 맞는가를 헤아려 결단하는 것이 정치에서 백규의 하는 일과 같
　　으므로 명칭을 그렇게 붙였다. 『주역』 「곤괘」의 '의이방외'(義以方外)가 바로
　　이것이다. 「신명사도」에는 백규와 함께 '대사구'(大司寇)라는 말이 있는데, 대
　　사구는 외부에서 쳐들어오는 적을 물리치는 일을 맡은 사람으로, 학자가 사욕
　　(私慾)을 이겨내는 것에 비유한 것이다. 백규와 대사구는 외정을 담당
　　　하고 외적을 막아야 하므로, 「신명사도」에서는 그 옆에 '치찰'(致察 : 극진히
　　　살핌)과 '극치'(克治 : 능히 다스림)라는 단어를 각각 써둔 것이다. 그리고 「신

究)하는 것이[11] 명덕(明德)을 밝히는 첫번째 공부이다.[12] 총체(總體)이다.[13]

추밀(樞密)[14]을 받들어 말[言語]의 출납을 맡아,[15] 承樞出納

　─세분한 것이다.[16] 선(善)을 가려내고, 지식을 극진히 하는 것이다.[17]

진실되고 미덥게 언어로 표현한다.[18] 忠信修辭

　─오상(五常)의 실제 이치이다.[19] 털끝만큼도 스스로를 속이지 말아야 한

명사도」에 백규와 대사구 사이에 '사물'(事物)이란 말을 쓴 것은, 백규가 담당
하는 외정과 대사구가 막아야 할 외적은 학자에게는 외부의 사물과 접하는
관계와 같기 때문이다.

10) 배우고……것이다 : 『중용』에 나오는 박학(博學)·심문(審問)·신사(愼思)·
명변(明辨)을 가리키는 말로, 존덕성(尊德性)에 대한 도문학(道問學)의 절목
으로서 말한 것이다.

11) 사물에……것이 : 이치는 고원(高遠)한 것이 아니고, 다만 일상의 윤리와 사
물 사이에서 극진히 궁구하는 것이 바로 학문이므로 한 말이다.

12) 명덕(明德)을……공부이다 : 사물에 나아가 그 이치를 궁구하는 것이 태학(太
學)에서 처음 가르치는 것이므로 한 말이다.

13) 총체(總體)이다 : 총재가 내정을 관장하고 백규가 외정을 살펴서 평치(平治)
를 이룩하는 것처럼, 마음을 다스리는 데에도 안으로는 경을 통하여 존양하고
밖으로는 의를 통하여 성찰하는 것이 심성 수양의 총체라는 뜻이다.

14) 추밀(樞密) : 국가의 중요한 기밀(機密)을 말하는 것으로, 사람의 마음의 흐름
을 비유한 것이다.

15) 추밀(樞密)을……맡아 : 이 부분은, 『시경』(詩經) 「증민」(烝民)에 "왕명(王命)
을 출납하니 왕의 후설(喉舌)이로다"[出納王命 王之喉舌]라는 말이 있으므로,
「신명사도」에서 입의 관문, 즉 '구관'(口關)에 배치한 것이다.

16) 세분한 것이다 : '내총재주 외백규성'이 총체라면 '승추출납 충신수사'가 세분
이라는 뜻이다. 그 세분한 내용이 바로 '택선(擇善)·치지(致知)·고집(固
執)·역행(力行)'이다.

17) 선(善)을……것이다 : 이는 지(知)의 측면에서 한 말이다. 승추(承樞)의 직분
은 선을 가려내서 출납하는 데 있으므로 이렇게 설명하였다.

18) 진실되고……표현한다 : 「신명사도」에서 구관(口關)에 이 '충신'(忠信)과 '수
사'(修辭)를 써둔 이유는, 마음의 진망사정(眞妄邪正)과 일신의 길흉영욕(吉凶
榮辱)이 모두 이 입을 통해서 나오므로 귀와 눈과 입의 세 관문 가운데 입의
관문이 가장 중요하고, 또 '충신'(忠信)이 아니면 '수사'(修辭)를 할 수 없으며

다.[20] 식료(食料)에 해당한다.[21] <이상은 '충신'(忠信)에 대한 주석이다.>
　─'수'(修)는 '수신'(修身)의 '수'(修)이다. 고집(固執)과 역행(力行)이 이에 해당된다.[22] 도철(塗轍)이다.[23] 도철은 막힘이 없이 끊임없이 유전(流轉)된다. <이상은 '수사'(修辭)에 대한 주석이다.>

네 글자의 부절(符節)을 발부하고,　　　　　　　　　　　發四字符
　─화(和)·항(恒)·직(直)·방(方)이다.[24] 예(禮)의 쓰임은 화(和)가 귀하니, 화(和)는 절도에 맞는 것이며, 언행(言行)을 항상 신의 있게 하고 삼가는 것이 항(恒)이니, 항(恒)은 오래도록 변하지 않는 것이다. 아무도 알지 못하는 곳에서도 조심함[謹獨]이 직(直)이며, 자로 잰 듯이 행동함[絜矩]이 방(方)이다.

'수사'(修辭)가 아니면 '충신'(忠信)의 자세가 흔들려 제자리를 지킬 수 없으므로, 입의 관문에다 이 둘을 써두어서 학자에게 진덕(進德)과 수업(修業)의 근본을 보여준 것이다.

19) 오상의……이치이다 : '충'(忠)과 '신'(信)이 바로 '정성'[誠]이고, 이 정성이 바로 오상의 실제 이치인 까닭으로 한 말이다.

20) 털끝만큼도……한다 : 정성스러우려면 털끝만큼도 스스로를 속이지 말아야 한다는 뜻이다.

21) 식료(食料)에 해당한다 : 사람에게 '충신'(忠信)이 있어야 하는 것은 음식을 먹지 않으면 죽는 것처럼 중요한 것이라는 말이다.

22) 고집(固執)과……해당된다 : 이 부분은 앞의 '택선'·'치지'와 정면으로 상응한다. 택선은 정(精)의 공부요, 고집은 일(一)의 공부이며, 치지는 궁리(窮理)의 공부요, 역행은 수신(修身)의 공부이다. 묶어서 말하면 택선과 치지는 『중용』(中庸)의 이른바 '명선'(明善)으로 '지'(知)의 일이며, 고집과 역행은 『중용』의 이른바 '성신'(誠身)으로 '행'(行)의 일이다. 이는 선생이 「무진봉사」(戊辰封事)의 첫머리에서 임금이 해야 할 가장 중요한 것으로 내세운 것이다.

23) 도철(塗轍)이다 : 성현이 이미 이루어놓은 법도를 따라 '고집·역행'하여 이를 순도수철(循塗隨轍)의 터전으로 삼으면 딴 길로 빠질 염려가 없다는 뜻이다.

24) 화(和)·항(恒)·직(直)·방(方)이다 : 이 네 글자는 마음을 다스리는 부절과 같다는 뜻이다.

백 가지 금지(禁止)의 깃발을 세운다.[25]　　　　　　　建百勿旟

　－인(仁)에 이르는 방법이다. 지(知)와 행(行) 및 존심(存心)과 성찰(省察)
　을 아울러 행하는 것이다. 이는 명맥(命脈)에 해당한다.[26]

아홉 구멍의 사악(邪惡)함[27]도,　　　　　　　　　　　九竅之邪

세 군데 요처(要處)에서 처음으로 나타난다.　　　　　三要始發

　－사사로운 욕심이다.[28]

---

25) 백 가지……세운다 : 안자(顏子)가 공자에게 인(仁)에 이르는 방법을 물었을
　때, "예가 아니면 보지 말며[非禮勿視], 예가 아니면 듣지 말며[非禮勿聽], 예
　가 아니면 말하지 말며[非禮勿言], 예가 아니면 행하지 말라[非禮勿動]"고 하
　였다.－(『논어』(論語)「안연」(顏淵) 안자(顏子) 정도의 경지에 오른 사람은
　이 네 가지의 금지만 지키더라도 인(仁)에 이를 수 있겠지만, 범인(凡人)은 하
　지 말아야 할 내용이 너무 많으므로 '백 가지'라고 한 것이다.
　「신명사명」 원본에는 지(知)・행(行)과 존(存)・성(省)의 곁에 작은 동그라미
　를 치고 둘씩 선으로 연결하였는데, 원문의 '건백물기'(建百勿旟)의 의미를 다
　시 설명한 것이다. 즉 금지의 내용을 알고난 뒤에는 그것을 실행해야 하며,
　금지해야 한다는 마음을 늘 갖고 있으면서 한편으로는 실제 자신의 행실을
　돌이켜보아야 한다는 것이다.
　「신명사도」에는 귀・눈・입의 세 관문에 '대장기'(大壯旟)가 세워져 있는데,
　'대장'(大壯)이라는 말은 『주역』「대장」(大壯)괘의 "우레[雷]가 하늘[天] 위에
　있는 형상이 대장(大壯)의 형상이니, 군자는 이로써 예가 아니면 실천하지 않
　느니라"[象曰 雷在天上 大壯 君子以非禮不履]고 한 데서 취해온 것이다. 이
　부분에서 정자(程子)는, "끓는 물이나 타는 불에 나아가고 허연 칼날을 밟는
　따위는 무부(武夫)의 용기로 가능하지만, 자기의 사욕을 이겨내어 예의 경지
　로 되돌아가는 것은 군자의 크게 씩씩함[大壯]이 아니면 불가능하다"[赴湯火
　蹈白刃 武夫之勇 可能也 至於克己復禮 則非君子之大壯 不可能也]라고 말하였
　다. 또 '기'(旟)라는 말은 『논어』「안연」 극기복례(克己復禮)장의 세주(細註)
　에 주자(朱子)가, "설문(說文)에 '물'(勿)자는 깃발과 같다고 했는데, 이 깃발
　을 한번 휘두르면 삼군(三軍)이 다 물러간다"[說文謂勿字似旟脚 此旟一麾 三
　軍盡退]고 한 데서 취한 것이다.
26) 이는……해당한다 : 사람에게는 사지와 오장, 뼈와 살이 다 필요하지만 명맥
　(命脈)은 사람의 목숨과 직결되므로 가장 중요하다는 의미에서 명맥이란 말
　을 사용하였는데, 이것은 인(仁)이 사람의 명맥과 같이 중요하다는 뜻이다.

낌새[29]가 있자마자 용감하게 이겨내고,   動微勇克
  － 사악함을 막는 것이다.[30]

나아가 반드시 섬멸[廝殺]토록 한다.   進敎廝殺
  － 이겼다.[31]

승리를 임금께 보고하니,[32]   丹墀復命
  － 정성을 존재시켜 두는 것이며, 지극한 선에 이르러 머무는 것이다.

---

27) 아홉……사악함 : 사람 몸에 뚫려 있는 아홉 가지 구멍으로 인하여 생기는
   온갖 욕심을 말한다.
28) 세 군데……욕심이다 : 앞의 '아홉 가지 구멍'은 몸 전체를 가리켜 한 말이고,
   여기서 말하는 '세 군데의 요처'는 귀·눈·입을 가리키는데, 사람 마음의 사
   악한 욕심은 모두 이 세 군데에서부터 나타난다는 말이다. 원주(原註)는 나타
   나는 대상이 바로 '사사로운 욕심'이라는 뜻을 밝힌 것이다.
29) 낌새 : 「신명사도」에는 세 대장기(大壯旂) 밑에 각각 '심기'(審幾)라는 말이
   있는데, '기'(幾)와 '미'(微)는 같은 뜻으로서 '기미'(幾微)라고도 하며, 이는 '선
   과 악이 갈라지는 부분, 또는 그 낌새'라는 의미를 지닌다. 선악이 갈라지는
   이 순간을 잘 살피지 않으면 똑똑 떨어지는 물이 하늘까지 치솟을 수도 있고,
   조금씩 타들어가는 불이 온 들판을 다 태울 수 있는 것과도 같으므로, 귀·
   눈·입의 세 관문에 대장기(大壯旂)를 세워서 그 낌새를 살피라고 한 것이다.
30) 낌새가……것이다 : 원주(原註)에서 '사악함을 막는다'고 한 것이 바로 '이겨
   낸다'는 뜻이다. 낌새가 있자마자 용감하게 이겨내야 한다는 것은, 뿌리가 없
   으면서도 견고한 것이 욕심이므로 천하의 큰 용기가 아니면 이겨낼 수 없기
   에 하는 말이다.
31) 나아가……이겼다 : 원주의 '이겼다'는 말은, 처음으로 나타났던 사욕[己]을
   여기에 이르러서는 완전히 죽여 싸움이 승리로 끝났음을 말하는 것이다. '시
   살'(廝殺)은 완전히 죽인다는 말로, 이에 대해서는 이 명(銘)의 끝부분에서 자
   세히 설명하고 있다. 병오본(丙午本, 1606년 간본)의 이 부분에는 '사흘 밤낮
   만 싸울 각오로 나아가, 군사를 만 갑절로 쓴다'[三返晝夜 用師萬倍]라는 주석
   이 추가되어 있다.
32) 승리를……보고하니 : 이 구절은 사악한 무리들을 완전히 제거하였음을 태일
   진군에게 보고한다는 뜻이다. 사악함을 막으면 정성이 존재하게 되므로, 앞에

요순(堯舜)의 세월이로다.[33]   堯舜日月

　　－사물의 이치가 극진해지지 않음이 없고[物格], 지혜가 극진해지지 않음이
　　없다[知至]. 예(禮)의 상태로 되돌아간 것이다[復禮].[34]

서 '사악함을 막는다'[閑邪]라 하고, 여기서는 '정성을 존재시켜 둔다'[存誠]고
한 것이다. '지'(止)는 '도달하여 그 상태에서 퇴보함이 없이 머물러 있다'는
의미인데, 「신명사도」의 가장 밑에 적어둔 '지'(止)와 조응(照應)된다.
　「신명사도」에는 하단 중앙 네모 안에 '지'(止)자가 있는데, 이는『대학』(大學)
의 "지극한 선에 도달하여 물러남이 없이 그 상태를 늘 유지한다"[止於至善]
고 한 말에서 취한 것으로, 「신명사도」의 중앙에 위치한 '경'(敬)자와 상응하
며, 천덕(天德)과 왕도(王道)의 표적(標的)이면서 충신(忠信)과 수사(修辭)의
극치(極致)이다.『서경』(書經) 「익직」(益稷)에서 "그대는 마땅히 머물러야 할
곳을 편안하게 여기시며"[安汝止]……라 하였고『대학』(大學)에서는 "아아,
선왕의 빛나는 업적을 이어 공경하는 마음을 지니시고 마땅히 머물러야 할
곳에 머무르셨다"[於緝熙敬止]라고 하였으니, 저 '도달하여 물러남이 없이 그
상태를 유지한다'는 의미의 '지'(止)는 마음의 법칙이므로 심학(心學)을 하는
사람은 마땅히 머물러야 할 곳에 도달하기를 구하지 않을 수 없다. 그러므로
하단 중앙의 '지'(止)자 양 옆에 반드시 도달한다는 의미의 '필지'(必至)와 머
무른다는 의미의 '불천'(不遷)을 써둔 것이다.
　그리고 이 네모 안에 든 '지'(止)의 좌우의 동그라미 안에 '지'(至)와 '지'(止)
가 있고 각각의 곁에 '지지지지'(知至至之)와 '지종종지'(知終終之)라는 말이
있는데, 이는『주역』(周易) 「건괘」(乾卦)의 문언(文言)에 "이를 곳을 알아 이
르니 기미(幾微)에 참여할 만하며, 마칠 곳을 알아 마치니 의(義)를 두는 데
참여할 만하다"[知至至之 可與幾也 知終終之 可與存義也]라 한 말에서 취해
온 것이다.

33) 요순의 세월이로다 : 「신명사도」에는 '목관'(目關)과 '이관'(耳關) 옆에 각각
　　'일'(日)과 '월'(月)이 표시되어 있는데, 후산(后山)은 「신명사도명혹문」에서
　　눈은 해와 함께 '양'(陽)에 해당하고 귀는 달과 함께 '음'(陰)에 해당하므로 각
　　기 음양에 맞게 배열한 것이나, 임금이 남쪽으로 앉아 있으므로 임금의 좌측
　　이 양에 해당되고 우측이 음에 해당되는데,『남명집』의 「신명사도」에서는 이
　　것이 바뀌어 있다고 지적하면서, 이와 함께 '백규'(百揆)－'치찰'(致察)과 '대사
　　구'(大司寇)－'극치'(克治)의 위치도 서로 바뀌어야 한다고 주장했다.
34) 예의……것이다 : 모든 사욕을 완전히 다 이겨낸 뒤에 오는 결과를 말한 것
　　이다.

세 관문을 닫아두니,[35]   三關閉塞

깨끗이 치워진 들판이 끝없이 펼쳐 있다.[36]   清野無邊

　　— 함양(涵養)하는 것이다.

하나에로 되돌아가니,[37]   還歸一

　　— 돌아가 묵는다.

시동(尸童)과도 같으며 연못과도 같도다.[38]   尸而淵

　　— 함양(涵養)하는 것이다.[39]

---

35) 세 관문을 닫아두니 : 야기(夜氣)를 통하여 마음을 조존(操存)하는 것을 뜻한
　　다.『맹자』「고자」(告子)의 우산지목장(牛山之木章)에 보인다.

36) 맑은……있다 : 이 구절은 바로 앞 구절과 함께 고요히 함양하는 것을 말한
　　것이다.

37) 하나에로 되돌아가니 : 경(敬)의 상태를 유지하면 움직일 때나 고요할 때나
　　모두 한결같아질 수 있다. 그러나 모든 움직임은 고요함에서 일어나므로 고요
　　함이 그 근본이다. 밤중에 아무 일이 없어 편안히 움직이지 않으면 본연의 한
　　결같음으로 돌아가게 되는데, 이것이 이른바 '하나에로 되돌아감'이다.

38) 시동과도……같도다 :『장자』(莊子)「재유」(在宥)에 "시동(尸童)처럼 가만히
　　있다가 용(龍)처럼 나타나며, 연못처럼 고요히 있다가 우레처럼 커다란 소리
　　를 낸다"[尸居而龍見 淵默而雷聲]는 말이 있는데, 정자(程子)가 이 말을 자주
　　들어 학자들의 마음을 깨우치고 힘쓰도록 하였다. 여기서는 함양하는 때를 말
　　한 것이므로, '시동'과 '연못'만 말하고 '우레'와 '용'은 말하지 않은 것이다. 그
　　러나 '우레'와 '용'의 뜻이 이미 이 속에 감추어져 있으므로, 배우는 사람들은
　　마땅히 묵묵히 알고 마음으로 깨달아야 하는데, 이는 대체로 아직 나타나기
　　전에 이 마음이 모름지기 살아 있어야 하기 때문이다.
　　원문의 '태일진군'(太一眞君)과 '환귀일'(還歸一)에서, '일'(一)자의 중앙 상단에
　　작은 동그라미가 있는 것은 마음을 뜻하는 것인데, 이는 마음이 가운데 거처
　　하면서 바깥 일에 응하며 또한 존귀하기가 견줄 데가 없음을 표시한 것이다.
　　그리고 글자 오른쪽에 동그라미와 세로줄을 쳐둔 것이 있는데, 동그라미는 학
　　자가 추구할 심법(心法)은 원활(圓活)함이 필요하다는 뜻이고, 세로줄은 학자
　　가 직접 실행하는 데는 정직(正直)함이 필요하다는 뜻이다. 또 동그라미 두
　　개를 세로줄로 연결해둔 것은 항목은 두 개이지만 실제로는 서로 바탕이 된
　　다는 것을 표시한 것이고, 동그라미와 세로줄이 연결되지 않고 같이 있는 것

＊충신(忠信)[40] : 이 마음이 있어야 덕(德)에 나아갈 수 있다. 충신(忠信)은 진기(盡己)・체물(體物)과 함께 하나로 꿰어진다.[41] 이면(裏面 : 마음)에서 부터 나와 사물에 나타난다.[42] 참으로 이러한 마음이 있으면, '지극한 정성은 쉼이 없는'[至誠無息] 것과 같은 경지에 이르게 된다.[43]

＊밥해 먹던 솥도 깨부수고 주둔하던 막사도 불사르고 타고 왔던 배도 불지른 뒤, 사흘 먹을 식량만 가지고 사졸(士卒)들에게 죽지 않고는 결코 돌아오지 않으리라는 의지를 보여주어야 하는데, 이와 같아야 바야흐로 반드시 섬멸[厮殺]할 수 있다.[44]

＊모름지기 마음 안에서 엄청난 전공(戰功)을 거두어야 한다.[45]

은 한 가지 일이면서도 두 가지 뜻을 겸하고 있다는 것을 나타내는 것이다.

39) 함양(涵養)하는 것이다 : 앞의 '삼관폐색(三關閉塞)・청야무변(淸野無邊)'의 원주와 상응한다. 앞에서는 함(涵)이라 하고 뒤에서는 양(養)이라 하였는데, 같은 의미이지만 함(涵)은 고요히 마음을 가라앉히는 데 중점이 있고 양(養)은 기르는 데 중점이 있다.

40) 충신 : 『논어』(論語)의 「학이」(學而), 「자한」(子罕), 「안연」(顔淵) 등의 여러 편에서 공자께서는 "충신(忠信)을 위주로 해야 한다"[主忠信]고 하였고, 『예기』(禮記) 「예기」(禮器)에 "충신(忠信)은 예(禮)의 근본이다"[忠信 禮之本也]라고 하였으니, 대체로 사람은 충신(忠信)이 아니면 덕(德)에 나아갈 방법이 없으므로, 명(銘)의 원문에서 언급하고 또 여기서 다시 말한 것이다.

41) 충신은……꿰어진다 : 진기(盡己)는 자신에게 극진히 함을 말하고 체물(體物)은 사물이 사물로서의 제 역할을 하도록 함을 말하는 것으로, 이것이 다 충신(忠信)에 해당하고 또 성(誠)에 해당한다.

42) 이면에서부터……나타난다 : 사물에 나타나는 것이 이 마음의 작용이 아님이 없고, 마음은 한결같을 따름이니, 이것이 바로 성(誠)이다.

43) 참으로……된다 : 성(誠)이란 한 글자가 하나로 꿰게 하는 것으로, 이 성(誠)이 없으면 태일(太一)이 한결같을 수 없게 된다.

44) 밥해……있다 : 이것은 명(銘)의 원문에 나오는 용(勇)의 자세를 보여준 것이다. 학자의 용기는 남을 이기기 위해 필요한 것이 아니고 자신을 이기기 위함인데, 이는 쉬운 듯하지만 실로 어려운 것이니, 죽을 힘을 다하지 않으면 안된다. 그러므로 이 말을 하여 배우는 이들을 송동(聳動)시킨 것이다. 처음 배우는 이들은 이러한 뜻이 없으면 그것으로 그만이니, 깊이 생각하지 않을 수 없는 것이다. 이 부분은 『사기』(史記) 「항우본기」(項羽本紀)에 나오는 문장을 약간 변경시켜 인용한 것이다.

* 나라에는 두 임금이 없으며,　　　　　　　　　　　國無二君
　마음에는 두 주인이 없다.　　　　　　　　　　　心無二主
　삼천 명이 한 마음이 되면,　　　　　　　　　　三千惟一
　억만의 군사도 쓰러뜨린다.　　　　　　　　　　億萬則仆

* 사악한 마음을 막아 정성을 보존하며,　　　　　　閑邪存
　언어의 표현을 다듬어 정성스런 마음을 세우라.　修辭立
　정밀하고 한결같은 경지를 추구하려거든,　　　　求精一
　경(敬)을 통하여 들어가라.　　　　　　　　　　由敬入

* 마음의 소리는 메아리와 같고,　　　　　　　　　心聲如響
　그 자취는 인장(印章)과 같으니라.　　　　　　其跡如印
　　—이상의 세 명(銘)은 모두 제목이 없는 것이다.[46]

* 참고 : 병오본(丙午本)에만 있는 부주(附註)

　　* 홍(汞)[47] : 영단(靈丹)과 현주(玄珠)이다. 유주(流珠)인지라 잘 달아나 간
　직하기가 어렵다[48][汞 靈丹玄珠 流珠 易走難持].

---

45) 모름지기……한다 : 배우는 이가 마음을 다스리려는 노력하는 것이, 전쟁터
　에서 온갖 고초를 겪으며 노력하여 공을 거두는 것처럼 하여야 한다는 말
　이다.
46) 이상의……것이다 : 이 가운데 첫째 명(銘)은 병오본(丙午本, 1606년 간본)
　「신명사명」(神明舍銘)의 원문 '태일진군'(太一眞君) 아래의 세주로 들어가
　있는데, '국무이군 심무이주'(國無二君 心無二主) 다음에 '진극처정 우유임
　하'(辰極處正 優游任下 : 임금이 바른 자리를 차지하고 있으면서, 넉넉히 천
　하를 맡아 다스린다)라는 두 구절이 더 들어 있다. 그리고 둘째 명(銘)도
　병오본(丙午本)에는 원문이 끝난 뒷부분의 둘째 줄에 들어 있다.
47) 홍(汞) : 자연물로서는 수은(水銀)을 가리키나 인간의 신체에 있어서는 타고
　난 본연의 기(炁)를 의미한다. 흔히 연(鉛)과 홍(汞)을 함께 일컫는데, 연은 신
　(神)에 해당하고 홍은 기(炁)에 해당하는 것으로 본다.
48) 홍(汞)……어렵다. : 『주역참동계발휘』(周易參同契發揮) (上)에 보인다.

* 밤낮 하거(河車)[49]가 잠시도 멈추지 않으니, 묵묵히 대조(大造)[50]와 하나가 되어 함께 운행하라[51][晝夜河車不暫停 默契大造同運行].

* 마음을 보존하되 지극히 텅 비고 고요하게 하며, 구멍을 막고[52] 발을 드리우고 묵묵히 엿보아야 한다[53][但要存心極虛靜 塞兌垂簾默默窺].

* 용(龍)이 여의주(如意珠)를 보살피듯 마음에 잊지 말며, 닭이 알을 품듯 기운을 끊지 말며, 고양이가 쥐구멍을 지키듯 정신을 흐트리지 말라[如龍養珠心不忘 如鷄伏卵氣不絶 如猫守穴神不動].

* 요점은 마음과 숨쉬는 것이 항상 서로 돌아보는 데 달려 있다. 한 번 숨쉬는 것이라도 함부로 하면 마음인 임금은 죽고 시체만 움직이는 꼴이 될 터이니, 그 나라는 망한다[要在心與息常相顧 有一息之放 則君喪而走尸 其國亡].

* 사람은 단지 임금이 있는 것만으로도 자신이 살아 있는 것보다 낫다고 생각해 오히려 그를 위해 죽기도 하는데, 하물며 진군(眞君)을 위해서임에랴[54][人特以有君爲愈於己身 猶死之 而況其眞乎]!

* 기름에 붙은 불 속에 심지[마음]가 있어, 그로 말미암아 광명(光明)을 발할 수 있으니, 마음이 능히 타고난 본성을 극진히 할 수 있는 것과 같다[膏火中有心子 由能光明 猶心能盡性].

* 병 마개를 닫듯 입을 닫아 말을 조심하고, 성(城)을 지키듯 생각이 함부로 치닫지 못하게 하라[55][守口如瓶 防意如城].

* 임금은 예의(禮義)로써 신하를 부리고, 신하는 충성으로써 임금을 섬기라[56][君使臣以禮 臣事君以忠].

---

49) 하거 : 역동(力動)하는 우주의 본원적인 힘을 가리키는 듯하다.

50) 대조 : 천지(天地) 또는 대자연(大自然)의 질서를 의미한다.

51) 밤낮……운행하라 : 『주역참동계발휘』(周易參同契發揮) (中)에 보인다.

52) 구멍을 막고 : 원문의 색태(塞兌)란 말은 『노자』(老子)에 나오는 말로, 몸에 있는 여러 구멍으로 해서 생기는 온갖 욕심을 막으라는 뜻이다.

53) 마음을……엿보아야 한다. : 『도덕경』(道德經)에 보이며, 『주역참동계』(周易參同契)에도 보인다.

54) 사람은……위해서임에랴 : 『장자』(莊子) 「대종사」(大宗師)에 나오는 말이다.

55) 병 마개를……하라 : 주자(朱子)의 「경재잠」(敬齋箴)에 나오는 말이다.

56) 임금은……섬기라 : 노(魯)의 정공(定公)이 임금은 신하를 어떻게 부리고 신

* 군자(君子)의 도(道)가 세력을 얻으면 태평(泰平)하게 되고, 소인(小人)의 도(道)가 세력을 얻으면 비색(否塞)하게 된다[57][君子道長則泰 小人道長則否].
* 나라의 임금은 사직(社稷)과 운명을 같이하고, 대신(大臣)은 목숨을 걸고 자기 직분을 지켜야 한다[58][國君死社稷 大夫死官守].

신언명 愼言銘

연못에 물이 없으면 곤란하니,[59]	澤無水困
물고기와 용(龍)이 등을 드러내게 된다.	魚龍背背
─ 살피는 것이다.[60]	

구름 낀 큰 둑이 만 발이나 되어도,	雲堤萬丈
개미집으로 해서 무너진다.	由蟻穴潰

하는 임금을 어떻게 섬겨야 하느냐고 물었을 때 공자(孔子)가 대답한 말이다. 『논어』(論語) 「팔일」(八佾)에 나온다.

57) 군자의……된다 : 『주역』(周易) 「태괘」(泰卦)에 "군자(君子)의 도(道)가 자람에 소인(小人)의 도가 소멸한다"[君子道長 小人道消也]라 하였고, 「비괘」(否卦)에는 "소인의 도가 자람에 군자의 도가 소멸한다"[小人道長 君子道消也]라 하였다. 이 글은 원래 "군자의 도가 자라는 것이 태괘이고, 소인의 도가 자라는 것이 비괘이다"라는 뜻인데, 바꾸어 풀어본 것이다.

58) 나라의……한다 : 『예기』(禮記) 「곡례」(曲禮)에 "임금은 사직에서 죽고 대부는 군(軍)에서 죽는다"[國君死社稷 大夫死衆]는 말이 있는데, 임금은 나라의 멸망과 그 운명을 같이하고 대부는 나라의 위기 때 적과 싸우다가 군사들 앞에서 죽는다는 뜻이다.

59) 연못에……곤란하니 : 이 말은 『주역』(周易) 「곤괘」(困卦)에 나오는 것으로, 곤괘가 연못 아래에 구멍이 나 있던[兌上坎下] 형상이므로 상사(象辭)에서 "연못에 물이 없는 것이 곤괘의 형상이다"[澤无水困]라 한 것이다. 곤괘의 뜻은 험한 경우를 만나더라도 의(義)를 잃지 않으면 험한 가운데서도 열락(悅樂)을 얻을 수 있다는 것으로, 입 조심할 것을 말하고 있다.

60) 살피는 것이다 : 연못 밑에 구멍이 나서 물이 없어지므로 연못에 기르던 물고기와 용 등을 드러내 죽게 되듯이, 입에서 함부로 말이 새나가도록 하면 마음을 잘 기르기가 어려우므로 이를 잘 살펴야 한다는 말이다.

―늘 마음에 두고 살피는 것이다.[61]

시동(尸童)처럼 있으면서 용(龍)처럼 나타나고,   尸龍

연못처럼 고요하면서도 우레처럼 큰 소리를 낸다.   淵雷

―생사(生死)의 갈림길이다.[62]

언어의 표현을 다듬어 정성을 세우고,[63]   修辭立誠

―천리응위(千里應違)[64]

병마개를 닫듯 입을 닫아 말을 조심하라.   守口如甁

---

61) 개미집으로……것이다 : 『한비자』(韓非子) 「유로」(喩老)에 “천 발이나 되는 긴 둑도 개미 구멍 때문에 허물어진다”[千丈之堤 以螻蟻之穴潰]라 하였다. 미세한 말이라도 그로 인하여 국가든 개인의 인격 문제에 있어서든 결정적인 손상을 입을 수 있으므로, 여기에 늘 마음을 두어 살피고 삼가라는 뜻이다.

62) 시동(尸童)처럼……갈림길이다 : 『장자』(莊子) 「재유」(在宥)의 “시동(尸童)처럼 가만히 있으면서도 용처럼 위의(威儀)와 문채(文彩)가 나타나고, 연못처럼 고요하고 깊으면서도 그 덕이 사람을 감동시키는 것이 우레 소리와 같다”[尸居而龍見 淵默而雷聲]는 말을 압축하여 표현한 것이다. 특별한 행동이나 말을 하지 않더라도 위의와 덕성(德聲)이 드러나므로 중간에 ‘활’(活)과 ‘발’(潑)이라는 글자를 써둔 것이다. 또 시동처럼 있으면서 용처럼 위의와 문채가 드러나지 않는다든지 연못처럼 고요하면서 덕이 우레 소리와 같이 나타나지 않으면 이는 죽은 것과 같으므로 원주에서 ‘생사의 갈림길’이라고 한 것이다.

63) 언어의……세우고 : 『주역』(周易) 「건괘」(乾卦) 문언(文言)에 나오는 말이다. 구삼효(九三爻)의 효사(爻辭)에서 말한 ‘군자가 종일토록 꿋꿋하고 저녁에도 두려워하면서 힘쓰는’[君子終日乾乾 夕惕若] 것이 바로 ‘덕에 나아가는 것’과 ‘학업을 닦는 것’인데, ‘충신’(忠信)이 덕에 나아가는 바탕이요, ‘언어의 표현을 다듬어 그 정성을 세우는 것’이 학업을 닦는 바탕이라는 것이다. 앞의 「신명사명」(神明舍銘)에서도 인용된 바 있는 것으로 여기서는 말을 삼가라는 의미에서 인용한 것이다.

64) 천리응위 : 집 안에 거처하면서도 하는 말이 선하면 천리 밖에서도 이에 응하는 사람이 있고, 하는 말이 선하지 못하면 천리 밖에서도 비난하는 사람이 있으니, 군자는 추기(樞機)에 해당되는 언행(言行)을 삼가지 않을 수 없다는 말이다. 『주역』(周易) 「계사」(繫辭)에 보인다.

　－추기(樞機) 영욕(榮辱) 동천지(動天地)
　－<이 두 구절은> 살피는 것이다.

문제는 게으르고 소홀한 데 있으니,　　　　　　　　　在庸在忽
충신(忠信)을 주로 해서 완성하라.　　　　　　　　　主忠信成

금인명 金人銘[65]

굳세고도 장중하니,　　　　　　　　　　　　　　　　剛而重
　－의(義)이다. －인(仁)이다.

그 덕을 아무도 당할 수 없도다.　　　　　　　　　　德莫戡
이미 말이 없거늘,　　　　　　　　　　　　　　　　已無言
　－소리도 없고 냄새도 없다.[66]

게다가 세 번이나 봉하였도다.　　　　　　　　　　　緘復三
　－말로 신(神)을 감격(感格)시키지 않고, 행동이 지극히 공경스럽다.

이상은 정성과 공경을 극진히 하는 것을 말한 것이다.[67]　　極其誠敬

태묘(太廟) 앞에 있으면서,　　　　　　　　　　　　在太廟

---

65) 금인명 : 금인(金人)은 주(周)나라의 태조(太祖) 후직(后稷)의 사당 오른쪽 계
　　단 앞에 있었다는 쇠로 만든 사람이다. 공자(孔子)가 주나라의 태묘(太廟)에
　　가서 이 금인을 보았는데, 그 입은 세 번 봉하여져 있고 그 금인의 등에는
　　"옛날 말을 삼간 사람이었다"라는 말이 새겨져 있었다고 한다. 『공자가어(孔
　　子家語)』「관주」(觀周)에 보이며, 『설원』(說苑)「경신」(敬愼)에도 보인다.
66) 소리도…… 없다 : 『중용』(中庸)에 나오는 말인데, '하늘의 덕과 비견할 만한
　　성인(聖人)의 덕'을 묘사한 것이다.
67) 이상은……것이다 : 이 부분은 앞의 네 구절에 대한 총괄적인 주석인데, 잘못
　　원문으로 처리된 듯하다.

참사(參祀)하는 사람들을 엄숙하게 한다.　　　　　　　　　　　肅鬼參

　　ㅡ나타나지 않을 수 없는 대단한 덕을 말했다. 나타나지 않을 수 없기에 또
한 친림(親臨)하는 것이다.

이상은 아무도 알지 못하는 곳에서도 조심함을 말한 것이다.[68]　　　謹獨

---

68) 이상은……것이다 : 이 부분은 앞의 두 구절에 대한 총괄적인 주석인데, 잘못
　　원문으로 처리된 듯하다.

서(書)

퇴계에게 답함 答退溪書

하늘에 있는 북두성(北斗星)처럼 평소 우러러보았고, 책 속에 있는 성현(聖賢)처럼 까마득히 만나기 어렵다고 생각했습니다. 그런데 문득 간절한 뜻으로 깨우쳐주신 편지를 받고 보니, 저의 병통을 다스릴 약이 될 말씀이 넓고도 많아 아침저녁으로 만나던 사이 같았습니다.

식(植)과 같이 어리석은 사람이 어찌 자신을 아끼는 것이 있겠습니까?[1] 단지 헛된 이름을 얻음으로써 한 세상을 크게 속여 성명(聖明)에게까지 잘못 알려지게 된 것입니다. 남의 물건을 훔치는 것도 도둑이라 하는데, 하물며 하늘의 물건[2]을 훔치는 데 있어서이겠습니까? 이때문에 몸둘 바를 모르고 두려워하며 날마다 하늘의 꾸지람을 기다렸

---

1) 식(植)과……있겠습니까? : 자신이나 깨끗이 하며 끝까지 출사(出仕)하지 않겠다는 뜻이 아니라는 말이다. 『퇴계선생문집』(退溪先生文集) 권10에 실려 있는, 계축년(명종 8, 1553)에 퇴계가 남명에게 보낸 편지인 「여조건중」(與曺楗仲)을 보면, 퇴계는 전생서 주부(典牲署主簿)에 제수된 남명이 출사하지 않는 것에 대해 언급하고 있다.

2) 하늘의 물건 : 도덕이 훌륭하다는 명망을 말한다. 벼슬자리에 나아갈 만한 덕이 없는데도 천거되었기 때문에 하늘의 물건을 훔치는 것이라고 말한 것이다.

는데, 과연 하늘의 꾸지람[3]이 이르렀습니다.

지난 겨울에 한달 남짓 허리와 등이 쑤시고 아프더니, 갑자기 오른쪽 다리를 절게 되었습니다. 이제는 행인들 틈에도 끼일 수 없게 되었으니, 평지를 걷고자 한들 어찌 그럴 수 있겠습니까? 이에 남들이 모두 저의 단점을 알게 되었고, 저 또한 남들에게 저의 단점을 숨길 수 없게 되었습니다. 비웃고 탄식할 만한 일입니다.

다만 생각건대, 공은 서각(犀角)을 태우는 듯한 명철함[4]이 있지만, 식(植)은 동이를 이고 있는 듯한 탄식[5]이 있습니다. 그런데 오히려 아름다운 문장이 있는 곳[6]에서 가르침을 받을 길이 없군요. 게다가 눈병까지 있어 앞이 흐릿하여 사물을 제대로 보지 못한 지가 여러 해 되었습니다. 명공(明公)께서 발운산(撥雲散)[7]으로 눈을 밝게 열어주지 않겠습니까? 삼가 헤아려주시기 바랍니다. 멀리서 지면을 빌려 말씀을 드리니, 파초잎처럼 겹겹이 쌓인 마음을 어찌 조금이나마 드러낼 수 있겠습니까? 삼가 절합니다. ─ '근'(靳)은 '근'(蘄)으로 되어 있기도 하고, '도인지물'(盜人之物)은 '절인지재'(竊人之財)로 되어 있기도 하다.

---

3) 하늘의 꾸지람 : 그만한 덕이 없으면서 명망을 얻었기 때문에 하늘이 벌을 내렸다는 뜻인데, 구체적으로는 뒤에 보이는 '허리와 등이 쑤시고 다리를 절게 되었다'는 말을 가리킨다.

4) 서각(犀角)을……명철함 : 혼미(昏迷)한 가운데서도 사리(事理)를 명확히 분별할 수 있는 명석한 판단 능력을 가리킨다. 서각(犀角)은 물소의 뿔이다. 『진서』(晉書) 「온교열전」(溫嶠列傳)에 "온교(溫嶠)가 무창(武昌)에서 돌아오다 우저기(牛渚磯)에 이르렀는데, 수심(水深)을 헤아릴 수 없었다. 세상 사람들은 그 물 속에 괴물이 많다고 하였다. 그러자 온교가 서각을 태워 물 속을 비추어보았는데, 괴물의 기이한 형상이 마치 수레를 타고 붉은 옷을 입은 것 같았다"라는 이야기가 실려 있다.

5) 동이를……탄식 : 동이를 이고 있어 하늘을 볼 수 없듯이, 세상사를 올바로 바라볼 수 있는 명철한 판단력이 없다는 뜻이다. 『한서』(漢書) 「사마천열전」(司馬遷列傳)에 "저는 생각건대 동이를 이고 있는 것과 같으니, 어떻게 하늘을 바라볼 수 있겠습니까?"라는 구절이 있다.

6) 아름다운……곳 : 여기에서는 퇴계(退溪)를 가리키는 말이다.

7) 발운산 : 눈앞의 흐릿한 것을 제거해주는 안약(眼藥)을 가리킨다.

퇴계에게 드림 與退溪書

평생 마음으로만 사귀면서 지금까지 한번도 만나질 못했습니다. 앞으로 이 세상에 머물 날도 얼마 남지 않았으니, 결국 정신적 사귐으로 끝나고 마는 것인가요? 인간의 세상사에 좋지 않은 일이 많지만, 어느 것 하나 마음에 걸릴 것이 없는데, 유독 이 점이 제일 한스러운 일입니다. 선생께서 한번 의춘(宜春)[8]으로 오시면[9] 쌓인 회포를 풀 날이 있으리라 매번 생각하고 있었는데, 아직까지도 오신다는 소식이 없으니, 이 또한 하늘의 처분에 모두 맡겨야 하겠습니다.

요즘 공부하는 자들을 보건대, 손으로 물 뿌리고 비질하는 절도[10]도 모르면서 입으로는 천리(天理)를 담론하여 헛된 이름이나 훔쳐서 남들을 속이려 하고 있습니다. 그러나 도리어 남에게 상처를 입게 되고, 그 피해가 다른 사람에게까지 미치니, 아마도 선생 같은 장로(長老)께서 꾸짖어 그만두게 하지 않기 때문일 것입니다. 저와 같은 사람은 마음을 보존한 것이 황폐하여 배우러 찾아오는 사람이 드물지만, 선생 같은 분은 몸소 상등의 경지에 도달하여 우러르는 사람이 참으로 많으니, 십분 억제하고 타이르심이 어떻겠습니까? 삼가 헤아려주시기 바랍니다. 이만 줄입니다.

갑자년(명종 19, 1564) 9월 18일 못난 동갑내기 건중(楗仲) 드림.

---

8) 의춘(宜春) : 경상남도 의령(宜寧)의 옛 이름이다.

9) 선생께서……오시면 : 『퇴계선생문집』 권10에 실려 있는, 계축년에 퇴계가 남명에게 답한 편지에 보면, 처가가 있는 의령으로 가게 되면 서로 만날 수 있으리라고 한 말이 있기 때문에 그렇게 말한 것이다.

10) 손으로……절도 : 『소학』(小學)에 나오는 '쇄소응대진퇴지절'(灑掃應對進退之節), 곧 물 뿌리고 비로 쓸어 집 안팎을 깨끗이 청소하는 생활 자세, 웃어른의 부름에 달려가거나 응대하는 예절, 자리에 나아가고 물러나는 예절 등을 가리킨다.

전주 부윤에게 드림　與全州府尹書

- 부윤은 이윤경(李潤慶)[11]이다.

　외딴 곳에서 쓸쓸히 살다보니, 공의 생사와 길흉에 대해 전혀 소식을 듣지 못하였습니다. 다행히 신 자함(申子誠)[12]을 통해 공의 안부를 물으니, 올해 백제(百濟)의 고도(古都)[13]를 맡았다고 하더군요. 그제야 여러 사람들의 입에 오르내려 공의 입장이 난처해진 줄을 알게 되었습니다.[14] 늘그막의 심경을 더욱 상상할 만합니다.

　식(植)도 이 세상에 머문 지 오래 되어 쇠병(衰病)이 매우 심합니다. 몇 년 전에 외아들을 잃어[15] 상심이 이만저만이 아니었는데, 늦게 차자(次子)를 얻었습니다.[16] 지금은 삼가현(三嘉縣)에 있는 선친의 옛집으로 이사와 살고 있습니다만, 살림이 빈한하여 매일 끼니도 제대로 잇지 못하고 있습니다. 그러나 허물이 적고 걱정거리가 별로 없으니, 내

---

11) 이윤경(李潤慶, 1498~1562) : 자는 중길(重吉), 호는 숭덕재(崇德齋)이며, 남명과 어려서부터 절친했던 친구로, 동고(東皐) 이준경(李浚慶)의 형이다.

12) 신 자함(申子誠) : 자함(子誠)은 신계성(申季誠, 1499~1562)의 자이다.

13) 백제(百濟)의 고도(古都) : 여기에서는 전라북도 전주(全州)를 가리킨다.

14) 여러……되었습니다 : 『명종실록』(明宗實錄)에 의하면, 이윤경은 1550년(명종 5)에 구수담(具壽耼)의 일파로 몰려 문외출송(門外黜送)당했다가 1553년(명종 8) 송세형(宋世珩) 등의 구원으로 풀려나 형조 참의(刑曹參議)에 제수되었고, 이듬해 전주 부윤(全州府尹)으로 나갔다. 여기서는 이윤경이 무고(誣告)에 의해 문외출송당했던 일을 가리키는 듯하다.

15) 몇 년……잃어 : 『편년』(編年)에 의하면, 갑진년(중종 39, 1544) 선생의 나이 44세 때 아들 차산(次山)을 잃은 것으로 되어 있다.

16) 늦게……얻었습니다 : 이 구절은 번역저본인 을유후판본(乙酉後板本)에만 나오는 내용이다. 을유후판본 이전의 판본에는 '매득무염아(買得無鹽兒)'로 되어 있는데, 이는 못생긴 측실(側室)을 두었다는 말이다. '무염아'는 춘추시대 제 선왕(齊宣王)의 부인 종리춘(鍾離春)을 가리키는 '무염읍'(無鹽邑)의 딸에서 따온 말로, 매우 못생긴 여자를 비유하는 말이다. '매득무염아'라는 말이 후손들에게 껄끄러우므로 을유후판본에 와서 '만득기차남'으로 바뀐 듯하다. 『편년』에 의하면, 임자년(명종 7, 1552) 선생의 나이 52세 때에 부실(副室) 송씨(宋氏)의 몸에서 아들 차석(次石)을 얻은 것으로 되어 있다.

입장에서 공의 처지를 보면 오히려 내가 더 낫습니다.

이웃집 유생(儒生)의 사촌동생인 박열(朴悅)이 공의 관하(官下)에서 도망친 노복(奴僕)을 잡았는데, 그가 가는 편에 편지를 보내게 되었으니 참으로 저절로 전할 길이 생긴 것입니다. 호남에는 남을 공격하고 위협하는 풍속이 으레 많아 심한 경우 길목을 지키고 있다가 살상(殺傷)하기까지 한다고 하니, 그가 올린 문건을 부(府)에서 받아들여 안전하게 호송해 보내는 것이 어떻겠습니까?

띠집이 시냇가에 있어 부엌에서 일하는 아이가 때때로 물고기를 잡아오는데, 다만 그물이 없기 때문에 물가에서 땀만 흘릴 뿐입니다. 명주실이 있어야 그물을 짜 고기를 잡지요? 잡곡밥도 제대로 못 먹는데, 오히려 고기 먹을 생각을 하였으니, 분수에 넘치는 짓이 아니겠습니까?

이 서신을 보내고 나면, 뒤에 서로 소식을 전하기가 어려울 듯합니다. 단지 가물거리는 저의 회포만 더할 뿐입니다. 한두 가지 일을 정리해 진술합니다.

이 합천에게 드림 與李陜川書
― 합천 군수의 이름은 증영(增榮)[17]이다.

어제 서신을 보냈는데, 보셨는지요? 양(羊)은 누린내가 나지만 개미는 그것을 좋아한다고 들은 적이 있습니다. 양은 그래도 괜찮지만, 양과 벗하는 자를 사람들이 비방하는 것은 참으로 손뼉치며 우수워할 만한 일입니다.

저는 지금 육동(陸洞)[18]에 와서 매부(妹夫)[19]의 장례를 치르고 있습니

---

17) 증영(增榮) : 합천 군수(陜川郡守)를 지낸 이증영(李增榮)을 가리키는데, 어떤 인물인지 자세치 않다. 다만 「이합천유애비문」(李陜川遺愛碑文)의 내용으로 미루어보아, 선정을 베푼 수령인 듯하다.

18) 육동(陸洞) : 경상남도 합천군 쌍백면(雙栢面) 육리(陸里)인 듯하다.

19) 매부(妹夫) : 남명의 자부(姊夫)로는 정운(鄭雲)·이공량(李公亮)이 있고, 매부(妹夫)로는 정백빙(鄭白氷)·정사현(鄭師賢)이 있는데, 육리(陸里)에 정백

다. 이 동네에 정 순경(鄭舜卿)[20]이란 자가 있는데, 어머니가 돌아가셨는데도 장례를 치를 여력이 없습니다. 지금 육동의 선영(先塋)으로 모시고 와 장사를 지내고자 하지만, 백리 밖에서 운구(運柩)해올 방법이 없습니다. 상복(喪服)을 입고 어쩔 줄 몰라 하며 눈물을 참지 못하고 있으니, 이는 상복을 입을 사람이 없는 상(喪)이나 마찬가지입니다.

순경이 나에게는 거의 길가에서 만난 한 상주(喪主)나 다름이 없지만, 공에게 있어 그의 모친과 선대부인(先大夫人)[21]은 육촌 사이라고 들었습니다. 상을 당했다는 소식을 들었으면 힘을 다해 서로 도와주어야 할 것이니, 나와 같이 무관한 사람과는 비할 바가 아닙니다. 선(善)을 행하다 끝까지 하지 않으면 선이 없는 것이나 마찬가지라는 말을 들어보지 못했습니까? 공이 상여꾼을 시켜 두현(豆峴)[22]까지 호송하도록 하였으니, 아현(阿峴)[23]까지 수송할 수는 없겠습니까? 저는 공의 친족의 일을 말씀드리는 것일 뿐이니, 공이 요량하여 처리하십시오.

상국 이 원길에게 답함   答李相國原吉書
－원길은 이준경(李浚慶)[24]의 자이다.

멀리 이 궁벽한 마을까지 보내주신 귀한 서찰을 반갑게 받았습니다.

빙과 같은 관향(貫鄕)을 쓰는 초계 정씨들이 집단으로 거주하고 있는 것으로 보아, 여기에서는 정백빙을 가리키는 듯하다.

20) 정 순경(鄭舜卿) : 순경(舜卿)은 자인 듯한데, 이름은 자세치 않다.

21) 선대부인(先大夫人) : 이증영(李增榮)의 돌아가신 어머니를 일컫는 말이다.

22) 두현(豆峴) : 『신증동국여지승람』 권30 합천군(陜川郡) 산천(山川)에 의하면, 군 서북쪽 30리 지점에 두리현(頭里峴)이 있다고 되어 있는데, 이 고개를 가리키는 듯하다.

23) 아현(阿峴) : 『신증동국여지승람』 권30 합천군 산천에 의하면, 군 남쪽 25리 지점인 삼가현(三嘉縣) 경계에 아현이 있다고 되어 있다. 합천과 삼가 사이에 있는 고개 이름으로, 흔히 아등현(阿登峴)이라고 불렀다. 이 아현을 넘으면 그 아래에 육동(陸洞)이 있다.

24) 이준경 : 자는 원길(原吉), 호는 동고(東皐)이며, 본관은 광주(廣州)이다. 남명

아울러 보내주신 여러 가지 약재도 잘 받았습니다. 약재를 보내주신 것이 참으로 정성스러우니, 병통을 고치지는 못하더라도 옛친구를 버리지 않는 마음은 실로 요즘 세상에 없는 일입니다. 그날 밤중 꺼져가는 등불이 가물거릴 때, 아련히 꿈 속에서 공이 말하는 듯하여 그리운 마음을 금할 길이 없었습니다. 두 해에 걸쳐 보내온 책력(冊曆)이 두 해의 모습으로 남아 있으니, 어찌 저에게 백붕(百朋)[25]을 주신 것일 뿐이겠습니까?

삼가 생각건대, 저는 깊은 산 속에 살다보니, 만나는 것이라곤 사슴이나 멧돼지 같은 산짐승들뿐입니다. 이어 십분 자신의 몸을 돌보고 아끼라고 말씀해주시니, 진중하고 지극한 뜻으로 멀리하는 마음이 없으신 점에 더욱 감사드립니다. 저 또한 공께서는 소나무처럼 위로 우뚝하게 치솟아, 사람들이 등넝쿨처럼 아래서 타고 올라오지 못하게 하시기를 부탁드립니다.[26] 이 한마디 말씀을 드립니다. 뒤늦게 눈병을 얻으셨다는 사실을 알고서 놀라움과 탄식을 금치 못했습니다. 다만 영공(令公)의 눈병이 일찍 생기지 않은 것이 한스럽습니다.[27] 삼가 잘 살피시길 바라며, 감사의 말씀을 드립니다.

과 어려서부터 절친한 친구로, 영의정까지 역임하면서 명재상으로 이름을 날렸다.

25) 백붕 : 붕(朋)은 화폐의 단위로, 5패(貝)가 1붕(朋)이다. 여기서 '백붕'은 매우 많은 돈을 가리킨다.

26) 저 또한……부탁드립니다 : 정승으로서의 체모(體貌)를 높게 지켜 아랫사람들이 사적(私的)으로 붙는 일이 없도록 하라는 말이다.

27) 영공의……한스럽습니다 : 『동고유고』(東皐遺稿)에 의하면, 이준경(李浚慶)이 우의정·좌의정에 제수되었을 때 눈병을 이유로 사직하는 상소가 여러 곳에 보인다. 따라서 이 문구는 이준경이 일찍 눈병이 나 빨리 사직하지 않은 것이 한스럽다는 뜻으로 쓴 것 같다.

청도 고을 원에게 드림 與淸道倅書

— 고을 원은 이유경(李有慶)[28]으로, 교리(校理) 이연경(李延慶)[29]의 형이다.[30]

식(植)은 아룁니다. 삼가 공께서 남쪽 지방의 수령으로 부임하셨다는 소식을 들었지만, 뵈올 길이 없었습니다. 원길(原吉)[31]과는 어려서부터 친구 사이입니다. 근래 선길(善吉)[32]이 찾아왔었습니다만, 또한 문안을 드릴 길이 없었습니다. 이에 제가 들은 바에 따라 감히 여쭙겠으니, 삼가 살펴주시기 바랍니다.

그 고을에 좌랑(佐郞) 김대유(金大有)[33]가 있었는데, 일찍이 그 지방 사람들에게 은택을 끼쳤습니다. 그래서 그 고장 사람들이 동창(東倉)에다 사당을 세워 그 사모하는 마음을 표하려고 하니, 어찌 단지 진(晉)나라 사람들만이 개지추(介之推)[34]를 추모해 삼월 한식날 찬밥을 먹은 것일 뿐이겠습니까? 또한 어찌 향선생(鄕先生)이 죽으면 사(社)[35]에 제사할 수 있다는 정도일 뿐이겠습니까? 후세에 이 사람에게 제사를 지내주지 않는 것이 부당함을 항상 한스러워 했습니다. 이제야 사

---

28) 이유경 : 1497~1558. 자는 응길(應吉), 호는 주남(周南)이다.

29) 이연경 : 1484~1548. 자는 장길(長吉), 호는 탄수(灘叟)이며, 동고 이준경의 종형(從兄)이다.

30) 형이다 : '아우이다'를 잘못 표현한 것이다. 이연경은 오형제의 맏이이며, 넷째가 유경, 다섯째가 여경이다.

31) 원길 : 이준경의 자이다.

32) 선길 : 이준경의 아우 이여경(李餘慶)의 자이다.

33) 김대유 : 1479~1552. 자는 천우(天佑), 호는 삼족당(三足堂)이며, 탁영(濯纓) 김일손(金馹孫)의 조카이다. 문과에 급제하여 칠원 현감(漆原縣監) 등을 지냈다.

34) 개지추 : 춘추시대 진(晉)나라 사람으로, 진 문공(晉文公)을 따라 19년 동안 망명생활을 했는데, 귀국한 뒤에 봉록(封祿)을 받지 못하였다. 그래서 어머니를 모시고 면산(綿山)에 들어가 숨었다. 문공이 그를 찾았으나 나오지 않자 산에 불을 질렀다. 그래도 그는 끝내 나오지 않고 불에 타 죽었다. 문공이 그의 넋을 위로하기 위해 그날은 불을 피우지 못하게 한 데서 한식(寒食)이 유래했다고 한다.

35) 사 : 그 지방의 토지신(土地神)을 모셔놓은 사당을 가리킨다.

당을 세우는 자가 있게 되었으니, 귀군(貴郡)에 지역 사회에서 명예를 좋아하는 자가 있어 창도해 일으킨 것입니다.

　다만 촌사람들이 선악(善惡)과 공사(公私)의 지극한 면을 어찌 분명하게 살필 수 있을지 염려스러울 뿐입니다. 반드시 어질고 덕망이 있는 사람에게 자문을 한 뒤에야 취하고 버릴 것을 결정할 수 있을 것입니다. 참으로 향인(鄕人)이나 친족(親族)의 사정(私情)에 따라 처리하여, 군자의 기롱을 사서는 안 될 것입니다. 그리고 사류(士類)에 이름도 알려지지 않은 사람을 배향(配享)한다면 크게 불가합니다. 참으로 지주(地主)[36]가 배향할 만한 사람인지 아닌지를 재량해본 뒤에야 배향할 수 있을 것이며, 반드시 도주(道主)[37]에게 자문해 공공의 의논을 채택한 뒤에야 결정할 수 있을 것입니다.

　명부(明府)[38]께서 빨리 이 사람의 묘갈문(墓碣文)을 취해 그 사람됨의 전말을 살펴보시고, 혹시라도 미진하다고 생각되는 점이 있으면 허락지 마셔야 합니다. 방백(方伯)은 나이가 많지 않으니, 이 사람의 실덕(實德)이 어떠했는지 잘 모를 것입니다. 따라서 이 사람의 묘갈문의 대체적인 것만 간략히 취해 가지고 아뢰어서는 안 될 듯합니다. 그 지역 사람들도 벌써 잘 알지 못합니다.

　탁영 선생(濯纓先生)[39]이 바로 이 사람의 숙부입니다. 탁영 선생은 살아서는 송죽(松竹) 같은 절개가 있었고, 죽어서는 하늘에 사무치는 원통함이 있었으니, 참으로 탁영 선생을 먼저 모시고 이 삼족당(三足堂)[40]을 배향해야 합니다. 삼족당은 경세제민(經世濟民)할 수 있는 능력을 넉넉히 가지고 있었으며, 평생 한 점의 흠도 없었습니다. 다만 벼슬을 못하고 평범하게 살다 죽었기 때문에 사람들이 견문을 통해 감동

---

36) 지주 : 그 고을의 수령을 가리킨다.
37) 도주 : 그 도의 감사(監司)를 가리킨다.
38) 명부 : 여기에서는 청도(淸道)의 수령인 이유경(李有慶)을 가리킨다.
39) 탁영 선생 : 탁영(濯纓)은 김일손(金馹孫, 1464~1498)의 호이다.
40) 삼족당 : 김대유의 호이다.

을 불러일으키는 점에 있어서는 혹 탁영보다 못할 것입니다. 그러나 요즘 사림의 의논으로 기준을 삼는다면 조카가 숙부보다 낫습니다.

동창(東倉)에 사당을 세우는 것은 적당하지 않습니다. 향소(鄕所)[41]에다 세우면 어떻겠습니까? 동창은 삼족당이 거처하던 곳이니, 뒷날 수호하기 위해서는 그곳에 의탁할 만하지만, 탁영을 위해서 생각한다면 그곳에다 세울 수 없습니다. 창사(倉祠)라는 명칭도 불가합니다. 모두 지주(地主)께서 향리의 원로들에게 자문하신 뒤에 결정할 수 있는 일들입니다.

요즘 서원을 보니, 사의(私意)로 서원을 세우려고 하면 감사(監司)가 허락을 하지 않을 듯합니다. 이와 같은 사당은 허사(虛祠)나 하나의 빈 사당에 불과할 것입니다. 도주(道主)에게 아뢰기를 바라는 것은 한두 사람의 사사로운 의논이 발한 데서 나온 것이 아니고, 한 시대 공공의 의논이 허여한 데서 나와 오래도록 전할 수 있게 하려고 하는 것입니다. 다행히 그 지역 사람들이 이런 의논을 한다고 들었습니다.

직접 찾아뵙고서 아뢰지 못하고 지면을 통해 말씀드리게 되어 외람된 마음을 금치 못하겠습니다. 삼가 헤아려주시기 바랍니다. 삼가 갖추어 편지를 올립니다. 융경(隆慶) 2년(1568) 9월 18일에 조식이 절하고 아룁니다.

경안령 수부에게 답함　答慶安令守夫書
　－영(令)의 이름은 요(瑤)[42]이다.

때로 강성(江城)[43] 사람을 통해 공의 안부를 탐문하고, 때때로 혼자 그리운 생각을 할 뿐이었습니다. 천 리나 멀리 떨어져 있다 보니, 한

---

41) 향소 : 유향소(留鄕所)를 가리킨다.

42) 요 : 세종(世宗)의 아들인 담양군(潭陽君)의 증손으로 이름은 요(瑤), 자는 수부(守夫)이다.

43) 강성 : 경상남도 산청군 단성면(丹城面)의 옛 이름이다.

번 서신을 전하기가 여간 어려운 일이 아닙니다. 문득 이번에 편지를 보내주셨는데, 그간 건강하게 지내셨다니 매우 안심이 됩니다. 명학(鳴鶴)의 화답[44]이 구구(九衢)[45]에까지 통했으니, 일념으로 기억해주시는 공의 정성을 알 만합니다. 다만 제가 어떻게 감당하겠습니까?

이 늙은이는 다행히 죽지 않았으나 정신과 기력이 옛날과 같지 않은 지 오래 되었습니다. 어떻게 예전대로라고 말할 수 있겠습니까? 지난해 공이 서울로 돌아가기 전에 제가 오히려 문안을 할 수 있었는데, 일꾼들이 겨를이 없어 한 글자 안부 편지도 띄우지 못하고, 갑자기 천 리나 멀리 만날 수 없는 이별을 하고 말았으니, 저에게 잘못이 있습니다. 내년에 고향으로 행차하시리라 생각되지만, 이 늙은이가 이 세상에 머물 날이 얼마 안 될 것 같습니다. 해 그림자를 붙들어매어 한 번 만날 수 있게 되기를 어찌 기약하겠습니까? 오직 공께서는 배운 바를 변치 마시고 인간의 대도(大道)를 우뚝한 모습으로 걸어서, 넓은 성(城)으로 돌아가 서로 만날 수 있기를 바랍니다. 종가(宗家)의 화려한 뜰에 공과 같이 걸출한 사람이 몇이나 있겠습니까? 다만 걱정되는 바는 한혈마(汗血馬)[46]가 길을 가다가 중도에서 그만두지 않을까 하는 점입니다. 신미년(선조 4, 1571) 11월 25일.

경안령에게 답함　又

전에 식(植)도 공의 행차가 남쪽 고을에 도착했다는 소문을 들었으

---

44) 명학(鳴鶴)의 화답 : 어미 학(鶴)이 보이지 않는 곳에서 울자 새끼가 화답한다는 말로, 마음 속의 그리움이 서로 통했다는 뜻이다. 『주역』 중부괘(中孚卦) 구이효(九二爻) 효사(爻辭)에 "우는 학이 깊숙한 곳에 있는데 그 새끼가 화답한다"[鳴鶴在陰 其子和之]라고 한 데서 유래된 말이다.

45) 구구 : 아홉 갈래로 나뉘는 거리를 의미하는 말로, 경안령(慶安令)이 거주하는 서울을 가리킨다.

46) 한혈마 : 피 같은 땀을 흘리며 하루에 천릿길을 간다는 명마(名馬)를 가리키는데, 여기서는 경안령(慶安令)을 두고 하는 말이다.

나, 만나뵙지는 못했습니다. 이번에 이 외딴 마을까지 보내주신 서신을 문득 받고, 행차 중에 건강하심을 알게 되어 한량없이 안심이 되었습니다. 일찍이 이 외진 산골에 살다보니, 가끔 산승(山僧)이 문전에 당도해도 신을 거꾸로 신고 달려가 반기는데, 하물며 왕손(王孫)께서 소식을 전해온 데 있어서이겠습니까?

식(植)은 근래 현기증이 매우 심해, 방안에 편안히 앉아 있다가 나도 모르게 자리에 쓰러지기가 일쑤입니다. 누에고치 같은 신세로 머리를 내밀 날이 없게 되어 남들과 발길을 끊고 사니, 이 사정을 명공(明公)께서 어찌 아시겠습니까? 더구나 세상 사람들의 의논이 다시 무거워져 화(禍)가 살갗에 닿을 듯하니, 허물을 살피며 깊숙이 숨어살 뿐, 남들과 말을 하고 싶은 마음이 전혀 없습니다. 고명하신 공께서 저의 이런 심정을 알고 계시리라 믿습니다. 죽음에 임박한 날 앉아서 귀한 서신을 받았습니다만, 얼굴을 마주할 수 없으니 회한이 구릉(丘陵)처럼 쌓입니다. 삼가 헤아려주시기 바라며, 절하고 감사의 말씀을 드립니다.

신 송계에게 드림 與申松溪書
― 송계의 이름은 계성(季誠)[47]이고, 자는 자함(子誠)이다.

여름에 접어들어 두 번씩이나 서로 만나 정담을 나누었으니, 참으로 일 년을 헛되게 보내지 않을 줄 알겠습니다. 요즘 기력은 어떠하시며, 서쪽으로의 행차는 언제쯤 하실 예정입니까? 저도 덕분에 예전과 다름없으며, 이 달 27, 8일경에 본거지로 돌아갈 예정입니다.

전에 약값으로 세목(細木)[48] 한 근을 보냈는데, 요즘 약재가 매우 귀

---

47) 계성 : 1499~1562. 자는 자함(子誠), 호는 송계(松溪)로 밀양(密陽)에 거주하였으며, 남명과 도의(道義)로 교유했던 인물이다. 남명과 신계성·이희안(李希顔)을 당대 사람들이 '삼고'(三高)라 일컬었다 한다.
48) 세목 : 올이 가는 고운 무명을 가리킨다.

하니 그 돈으로는 겨우 한 가지 약재나 살 수 있을까, 약 한 제를 조제하기는 정히 어려울 것입니다. 참으로 공에게 번거로움을 끼쳐서는 안 되는데, 번거롭게 하고 말았습니다. 중국산 약재만 구입해주시면 후추, 마른 생강 등은 제가 이곳에서 사 보충할 수 있습니다.

처음에는 원길(原吉)[49]에게 부탁하려고 했는데, 다시 생각해보니 내 한 몸의 병이 이 세상과 무슨 상관이 있기에 남에게 관청의 약을 달라고 하겠습니까? 참으로 감히 하지 못할 일입니다. 원길을 보거든 안부나 잘 전해주시기 바랍니다. 그리고 친한 친구도 벼슬이 높아지면 편지하고 싶지 않은 법이라고 전해주십시오. 이번 행차에 언제쯤 고향으로 돌아오실지 모르겠군요? 돌아오시거든 한 글자 안부 편지라도 주십시오. 이번 여행에 부디 건강하시기를 바라며, 삼가 아룁니다. 임○년[50] 4월 24일 식(植).

신 송계에게 드림　又

근래 서로 안부를 묻지 못했는데, 기력은 어떠하신지 모르겠습니다. 가슴 속에 쌓인 회포, 말로 표현할 수가 없습니다. 저는 다행히 죽지 않고 살아 있으나, 집안이 망해가는 것을 우두커니 지켜보고만 있는 처지가 된지라, 항상 죽는 것만 못하다고 생각한 지 오래입니다. 어머니의 병환은 끊이질 않고, 처의 병세도 점점 더해 밤새도록 눈물을 흘립니다. 훌쩍 먼 곳으로 달려가고 싶지만 그렇게 할 수도 없고, 공을 만나고 싶은 마음 항상 절실하지만 늘 그렇게 하질 못하고 있습니다. 사사건건 참으로 고통스럽습니다. 이처럼 얽매어 있다 보니, 산장(山庄)[51]에 가지 못한 지도 벌써 해를 넘겼습니다. 그러니 누구에게 하소

---

49) 원길 : 이준경의 자이다.

50) 임○년 : 앞뒤의 편지 내용으로 보아 김해(金海)에 거처할 때인 임인년(중종 37, 1542)인 듯하다.

51) 산장 : 산해정(山海亭)을 가리키는 듯하다.

연하며, 어디에서 회포를 풀겠습니까? 갖가지 생각이 꼬리를 물어 말로 다할 수 없군요. 공의 안부가 궁금해 삼가 아룁니다. 14일 식(植).

신 송계에게 드림   又

근래 연달아 안부 편지를 받았습니다. 생각건대 공의 기력이 좋은 듯하니, 매우 안심이 됩니다. 아이[52]의 병이 날로 심해진 지 오래되어, 이제는 한결같이 조물주의 처분만 기다릴 뿐입니다. 노모께서 전에 앓으시던 학질(瘧疾) 증세는 발작이 끊이질 않고, 저의 두통도 날이 갈수록 더해집니다. 한 가정의 일년 동안 하는 일이 이런 병치레 이외는 다른 일이 없습니다. 고맙게도 홍원자(紅圓子)[53]를 보내주셨는데, 어떻게 감사해야 할지 모르겠군요. 공께서 여러 차례 보내주신 약을 매번 받고서도 외병(外病)·내병(內病)을 모두 치료하지 못했으니, 참으로 탄식할 만합니다.

팔계(八溪)[54]로 가는 길을 따라서 봉성(鳳城)[55]으로 한 바퀴 둘러 돌아오며, 쌓였던 회포를 풀어볼까 생각 중입니다. 어머니와 자식의 병세가 전처럼 낫지 않는다면 형편상 곧바로 돌아와야 할 것입니다. 그러나 한 번 만날 일을 다시 도모하겠습니다. 항상 바닷가에 살다 보니, 선물 꾸러미 하나 올리지 못해 부끄럽기 짝이 없습니다. 삼가 감사를 드립니다. 25일 식(植).

---

52) 아이 : 차산(次山)을 가리키는 듯하다. 차산은 갑진년(중종 39, 1544) 선생의 나이 44세 때 9세의 나이로 죽었다.

53) 홍원자 : 매자기·봉출·선귤껍질·후취·건강 등을 섞어 만든 환약으로 소화불량, 어혈, 헛배 부른 데 쓰인다.

54) 팔계 : 경상남도 합천군(陜川郡) 초계면(草溪面)의 옛 이름이다.

55) 봉성 : 경상남도 합천군 삼가면(三嘉面)의 옛 이름이다.

신 송계에게 드림 又

매양 찾아가 뵙지도 못하면서 한갓 연모한다는 말만 하니, 빈말이 아니겠습니까? 늙었기 때문만은 아니고, 아마도 수양이 부족해 군자를 친히 하는 마음이 날로 성글어져서 그런가 봅니다. 그러나 공은 변함없는 마음으로 안부 편지를 보내 옛 친구를 저버리지 않으시니, 부끄럽기도 하지만 감사하기 이를 데 없습니다. 저번에 편지를 보냈는데, 받아 보셨는지요?

다음달 초순이 지난 뒤 봄볕이 따뜻해지거든 찾아가 두서너 밤 정다운 시간을 갖고자 생각 중이었습니다. 그러나 공의 집안이 무고한지의 여부를 몰라 망설였는데, 편지가 와 모두 편안함을 알게 되었으니, 저의 행차를 그만두지 않을 것입니다. 이 생각 저 생각 꼬리를 무는데, 만나 정담을 나눈지도 오래 되었다는 생각이 듭니다. 얼굴을 마주하고 회포를 풀 날이 있을 것입니다. 삼가 말씀을 드립니다. 생 대구 한 마리를 보내니, 받아주십시오. 식(植).─'온'(穩) 아래에 빠진 글자가 있다.

신 송계에게 드림 又

두 해나 소식이 끊겨 항상 궁금했습니다. 사는 곳이 멀어지게 되니, 서신마저도 뜸해지는군요[56] 늘그막에 만날 날이 다시 얼마나 되겠습니까? 봉성(鳳城)에 있을 때 공의 편지를 받았습니다. 지난달 김해(金海)에 있는 집으로 돌아왔습니다만, 아직 안부 편지도 띄우지 못해 얼마나 죄스러운지 모르겠습니다. 공의 체증(滯症)이 매우 위중하다고 오래 전에 들었지만, 혼자 탄식만 더할 뿐입니다. 늙고 병들어 출입하고 싶은 마음이 점점 시들해지니, 이제는 죽을 날이 멀지 않았나 봅니

---

56) 사는……뜸해지는군요 : 신계성(申季誠)은 일생을 밀양(密陽)에서 살았다. 남명이 김해(金海)에 살 적에는 그래도 자주 서신 왕래를 할 수 있었지만, 삼가(三嘉)로 이사한 뒤에는 거리가 멀어 편지조차 자주 하기 어렵다는 말이다.

다. 누구와 더불어 이 근심스런 마음을 다 풀겠습니까? 산해정(山海亭)에 와보니, 나무숲이 울창해져 지붕 머리를 완전히 덮어버렸습니다. 경치가 매우 그윽해져 전보다 배나 좋아졌습니다. 그러나 공이 병을 참고 먼 길을 와 푸른 산에서 한가한 꿈을 함께 꿀 수 없으니, 이 회포가 어떻겠습니까?

오 어사에게 줌 與吳御史書
― 어사의 이름은 건(健)[57]이다.

근래 숙부(肅夫)[58]가 보낸 편지를 받았는데 곧 이어 자수(子修)[59]가 찾아와서, 벼슬살이가 평탄하다는 것을 알게 되었습니다. 또 소실(小室)을 들었다는 소식을 들었는데, 오래 그곳에 머물 생각을 한 것일 테지요.

내가 사람들을 만나본 것이 적지 않은데, 유독 선생[60]에 대해서 출처(出處)[61]의 뜻으로 권면하는 것은, 전에 그대가 밥 먹는 것을 보니 등줄기를 따라 내리지 않고 식도(食道)를 따라 내리기 때문입니다.[62] 시사(時事)가 두려워할 만하다는 것은 어리석은 부인들도 알고 있습니

---

57) 건 : 오건(吳健, 1521~1574)은 남명의 제자로 자는 자강(子強), 호는 덕계(德溪)이다. 문과에 급제하여 사간원 정언(司諫院正言), 이조 정랑(吏曹正郎) 등을 역임했다.

58) 숙부 : 김우옹(金宇顒, 1540~1603)의 자이다. 남명의 제자로 호는 동강(東岡)이다. 남명의 외손서(外孫壻)로 문과에 급제하여 대사헌 등을 역임하였다.

59) 자수 : 이준민(李俊民, 1524~1590)의 자(字)로, 호는 신암(新庵)이다. 이공량(李公亮)의 아들로 남명의 생질이다.

60) 선생 : 이 편지에서 남명은 오건에 대해 '선생'(先生)과 '그대'[君]라는 표현을 혼용하고 있는데, 여기서의 '선생'은 스승의 의미라기보다는 상대방을 높여주기 위해 쓴 칭호이다.

61) 출처 : 세상에 나아가 벼슬하는 것[出]과 나아가지 않고 초야에 은거하는 것[處]을 말한다.

62) 등줄기를……때문입니다 : 출처(出處)의 문제에 있어 지절(志節)을 따르지 않고 사욕(私慾)을 따른다는 뜻을 밥 먹는 것에 비유해 쓴 말이다.

다. 선생은 본래 식견이 높지 않은데 지금 그 판국 안에 나아가 있으니, 소견이 벌써 어두워졌을 것입니다.

명사(名士)들은 날로 나아가기만 하고, 멀리 떠나 피할 줄은 모르고 있습니다. 젊은 사람들이 성리(性理)를 말하면, 문득 그들을 마주하고 종장(宗匠)이 된 사람처럼 말을 합니다. 그리하여 명망이 갑자기 무거워져서 사람들이 모두 그를 보중(保重)하니, 도피하려 해도 도피할 곳이 없게 되었습니다. 마치 달아나는 돼지를 뒤쫓듯이 대중들이 모두 그를 좇고 있으니, 끝내 어느 곳에 몸을 두겠습니까?

성(性)과 천도(天道)는 공자(孔子) 문하에서 드물게 말하던 것입니다.[63] 화정(和靜)[64]이 이에 대해 설을 내자, 정 선생(程先生)[65]이 경박한 설을 함부로 내지 말라고 저지하였습니다. 그대는 요즘의 선비들을 살펴보지 않았습니까? 손으로 물 뿌리고 비질하는 절도도 모르면서 입으로 천상(天上)의 이치를 말하는데, 그들의 행실을 공평히 살펴보면 도리어 무지한 사람만도 못합니다. 이 점에 대해서 반드시 다른 사람의 꾸지람이 있어야 한다는 것은 의심할 나위도 없습니다. 이런 때에 과연 현자의 지위를 외람되게 차지하고서 허위의 우두머리가 되어야 하겠습니까?

고정(考亭)[66]처럼 어진 분도 참수(斬首)하라는 설[67]이 있음을 면치 못하였는데, 하물며 인심이 지극히 교묘한 우리 나라에 있어서이겠습니까? 전 시대 한훤당(寒暄堂)[68]과 효직(孝直)[69] 같은 분들도 모두 선

---

63) 성(性)과……것입니다 :『논어』「공야장」(公冶長)에 "선생님께서 성(性)과 천도(天道)에 대해 말씀하시는 것을 들을 수 없었다"[夫子之言性與天道 不可得而聞也]라는 구절이 있다.

64) 화정 : 송나라 때 정이(程頤)의 문인이었던 윤돈(尹焞)을 가리킨다.

65) 정 선생 : 송나라 때 유학자인 정이(程頤)를 가리킨다.

66) 고정 : 송나라 때 유학자인 주희(朱熹)의 호이다.

67) 참수(斬首)하라는 설 : 송나라 영종(寧宗) 초기에 심계조(沈繼祖)·호굉(胡紘)·유덕수(劉德秀) 등이 주희를 탄핵하여 참수할 것을 상소한 이른바 경원지당화(慶元之黨禍)를 가리킨다.

견지명이 부족했는데, 하물며 나와 그대들 같은 사람이겠습니까? 이런
시국에는 거짓 미친 척하여 자신을 더럽히더라도 화를 면하기 어려울
듯합니다. 『주역』에 "군자가 벼슬에서 물러나 삼 일 동안 밥도 못 먹
고 곤궁하게 지내다 떠나갈 채비를 차리자, 주인이 말을 한다"[70]고 하
였습니다. 떠나간다고 주인이 비난을 하더라도, 함께 앉아 화를 기다
릴 자가 누가 있겠습니까?

더구나 내간(內間)의 일[71]은 그대도 잘 모를 것입니다. 내가 당일 입
대(入對)할 적에,[72] 아뢰는 말이 간략하지 못하고 번잡함을 오히려 한
탄했습니다. 그리고 나는 선비들을 만나면서 언사(言辭)와 안색(顔色)
을 거짓으로 꾸민 적이 없었습니다. 다만 항지(恒之)[73]를 만났을 때, 그
가 의논하는 것을 듣고서 마음 속 깊이 승복되지 않아 머리를 끄덕이
려 하지 않았습니다. 술에 취하고 나서야 그의 팔을 당겨 손을 잡고서
"이 팔은 튼튼하기도 한데, 자네는 어찌하여 자네의 우각(牛角)[74]을 드
러내지 않아 이런 부끄러운 일을 함께 만났는가? 자네는 상적(上賊)이
고, 나는 부적(副賊)이니, 이런 도적이 어찌 담장을 뚫고 들어가거나
넘어 들어가는 도둑의 유(類)에 비견되겠는가?"라고 하였습니다. 그리
고 문득 허리띠로 몸을 묶고 잔에 술을 가득 채우고서 "도적은 도망을
잘 치는 법이니, 두 도적 중에 먼저 도망치는 도적이 있을 것이다"라

---

68) 한훤당 : 김굉필(金宏弼)의 호이다.

69) 효직 : 조광조(趙光祖)의 자이다.

70) 군자가……한다 : 『주역』 명이괘(明夷卦) 초구효(初九爻) 효사(爻辭)에 보이
는 말이다. 이 말은 군자가 세상이 어지러워질 것을 미리 보고 벼슬에서 물러
나 삼 일 동안이나 굶으며 곤궁하게 지내다 떠나가려 하자, 군주가 그가 떠나
가는 것을 옳지 못하다고 말을 한다는 뜻이다.

71) 내간(內間)의 일 : 여기에서는 궁중의 일을 가리킨다.

72) 내가……적에 : 병인년(명종 21, 1566) 10월 남명이 성운(成運)·이항(李恒)
등과 함께 경학(經學)에 밝고 행실이 깨끗한 선비로 천거되어 상경해 명종(明
宗)을 배알했는데, 그때를 가리키는 듯하다.

73) 항지 : 이항(李恒, 1499~1576)의 자이다.

74) 우각 : 자기의 주장이나 태도를 일컫는 말이다.

고 하면서, 멋대로 농담을 주고받으며 법도를 따르려 하지 않았습니다. 참으로 어지러이 세상 사람들과 뒤섞여 술자리에 있는 다른 사람들과 다름이 없고자 하였습니다.

나를 지목해 말과 태도가 거만하다고 하는 것이 바로 이 우각(牛角)의 희롱입니다. 나를 두고 주공(周公)의 잘못이라고 말하는 것[75]이 과연 참말입니까? 당시 술에 대취하지 않았으니, 더 크게 장난질을 치고 나오지 못한 것이 한스럽습니다. 사자(士子)들의 소견이 이와 같으니, 대체로 그 사람들을 대강 상상해볼 수 있습니다. 나는 평생 다른 기예(技藝)를 배우지 않고, 혼자 책만 보았을 뿐입니다. 입으로 성리(性理)를 말하고자 하면 어찌 남들보다 못하겠습니까마는, 오히려 그 점에 대해 기꺼이 말하고 싶지 않았습니다.

그대는 매양 기미를 살피지 못하니, 하루아침에 화란(禍亂)이 발생하면 피하기 어려울 듯합니다. 붕우 사이에는 선(善)으로 권면해야 하는데, 나는 지금 선생에게 화(禍)로써 분부하고 있으니, 분부하는 것이 도리어 선하지 못합니다. 얼굴을 마주하고 토의할 길이 없어 안타까운 마음만 더할 뿐입니다. 삼가 헤아려주기 바랍니다.

내가 일찍이 그대에게 작은 고을로 물러났다 그만두라고 권유하였는데, 지금은 그렇지 않습니다. 그대는 벌써 중한 명망을 얻었으니, 고을을 다스리게 되면 그곳 사람들이 반드시 그 점을 생각할 것입니다. 따라서 한층 더 진가를 발휘하게 될 것이니, 물러나는 것은 더욱더 나아가는 것이 될 것입니다. 모두 의(義)로써 헤아리기에 달려 있습니다. 어떻게 생각하십니까? 병○년 섣달 10일.[76] – 병인년(명종 21, 1566)

---

75) 주공(周公)의······것 : 그 자리에 모였던 사람들이 남명을 주공에 비유하였는데, 남명이 술에 취해 농담한 말을 그렇게 말한 듯하다.
76) 병○년 섣달 10일 : 이 편지는 병인년(명종 21, 1566) 10월 남명이 서울에 올라가 입대(入對)하고 내려온 뒤에 쓴 것으로 보인다.

자강[77] · 자정에게 줌 與子强子精書
― 자정은 정탁(鄭琢)[78]의 자이다.

지난달 자강(子强)의 답장을 받고, 근래 벼슬살이가 평탄하리라 생각했습니다. 그러나 자정(子精)의 안부가 어떤지, 무슨 벼슬을 하고 있는지는 알 길이 없어 궁금한 마음만 더했습니다. 나는 염려 덕분에 죽지 않고 살아 있습니다. 다음달 초하룻날 고향으로 돌아가려 합니다.

다만 진산(晉山)[79]에 음부(淫婦)의 옥사(獄事)[80]가 크게 일어났습니다. 이 사건을 발설한 사람은 중도의 입장에 있었는데, 옥사가 일어났을 때 나를 증인으로 지목한 것은 음부의 남편인 하종악(河宗岳)[81]의 전처(前妻)가 바로 내 죽은 형의 딸이기 때문입니다. 집안끼리 연줄이 닿아 나를 거론한 것입니다. 신임 감사(監司)[82]가 부임해 와서 죄인들을 풀어줬습니다. 죄인 서너 명이 옥에 갇혀 거의 죽게 되었다가 다시

---

77) 자강 : 오건(吳健)의 자이다.
78) 정탁(鄭琢, 1526~1605) : 자는 자정(子精), 호는 약포(藥圃)이다. 남명과 퇴계 양문(兩門)에서 수학했으며, 문과에 급제하여 좌의정까지 올랐다.
79) 진산 : 경상남도 진주(晉州)를 가리킨다.
80) 음부의 옥사 : 남명의 형의 딸이 진사 하종악(河宗岳)에게 시집갔다가 일찍 죽었다. 하종악은 이씨(李氏)에게 다시 장가를 든 뒤, 오래지 않아 죽었다. 그 뒤 하종악의 후처에게 음란한 행실이 있다는 소문이 있었다. 하종악의 서출(庶出) 여동생은 이정(李楨)의 첩이었다. 그때 마침 남명의 친구 이희안(李希顔)의 젊은 후처에게도 좋지 못한 행실이 있어, 이정이 경상감사에게 이 일을 조사해보라고 종용하였다. 감사는 정인홍의 장인인 김해부사 양희(梁喜)에게 조사를 맡겼고, 양희는 사위 정인홍을 시켜 알아보게 하였다. 정인홍은 스승 남명의 벗에 관한 문제이므로 남명에게 문의하였는데, 남명은 이정이 자기집과 관계 있는 하종악의 집안일을 은폐하기 위해 이희안의 집안일을 들추어내게 한 것으로 판단해, 하종악 후처의 일을 자세하게 말해주었다. 그러자 남명의 제자들이 하종악 후처의 집을 헐어버렸다. 이 일이 조정에 보고되어 기대승 등이 남명 및 제자들을 처벌해야 한다고 주장하였다.
81) 하종악 : 자는 군려(君礪)이고, 본관은 진양이며, 남명의 형 조납(曺拉)의 사위다.
82) 신임 감사 : 이 편지의 내용으로 보아 정유길(鄭惟吉)을 가리키는 듯하다.

살아났으니, 그들이 원한을 품고 독심을 부리는 데 못하는 짓이 없을 것입니다. 몰래 흉계를 품고 반드시 쏘아죽이려 한다고 하니, 병정년(丙丁年)[83]의 우려뿐만이 아닙니다.

하루아침에 앙화(殃禍)가 일어나 온 집안사람들이 해를 입게 되었으니, 하늘의 재앙이 인사(人事)의 밖에서 갑자기 일어날 줄을 어찌 알겠습니까? 바닷가로 가면 온 가족이 통곡을 하고,[84] 산[85]으로 가면 온 집안식구들이 근심에 잠겨 있습니다. 죽을 날이 멀지 않은 이 늙은이가 자신을 돌이켜보고 싶지만 그럴 만한 곳도 없습니다. 오직 하늘의 명만 기다릴 뿐입니다.

10년 전 강이(剛而) - 이정(李楨)[86]의 자이다 - 를 만났을 때, 내가 음부의 일에 대해 분개하면서 "공은 한 집안사람인데, 어찌 중간에서 다리를 놓은 계집종을 잡아 강물에 던지지 않습니까?"라고 하자, 강이는 묵묵히 대답하려고 하지 않아, 나는 마음 속으로 매우 불만이었습니다. 그런데 뒤에 듣자 하니, 한강(漢江) 가에 있는 하종악의 전답(田畓)과 그 전답을 지키는 노복 몇 명을 음부로부터 받았다고 하더군요. 지금 일이 터지자, 감사(監司)와 추관(推官)[87]에게 힘껏 구원하기를

---

83) 병정년 : 하종악 후처의 음행(淫行)에 관한 옥사가 본격적으로 일어난 것이 무진년(선조 1, 1568)인데, 이정(李楨)의 손자 이곤변(李鯤變)이 쓴 「의외졸변」(疑訛拙辨)을 보면 무오년(명종 13, 1558)에 남명이 이정에게 음부의 실행(失行)을 은밀히 말한 것으로 되어 있다. 따라서 여기서 '병정년'(丙丁年)은 무오년 이전의 병진년(명종 11, 1556) · 정사년(명종 12, 1557)이라고 볼 수 없다. 그렇다면 병정년은 병인년(명종 21, 1566) · 정묘년(명종 22, 1567)을 가리키는 듯하다. 아마도 이 해에 음부의 집을 불태운 사건이 일어난 듯하고, 이듬해인 무진년에 옥사가 크게 일어난 것으로 보인다.

84) 바닷가…하고 : 김해(金海)를 가리킨다. 1568년 7월에 부인의 상을 당했다.

85) 산 : 여기에서는 덕산(德山)을 가리킨다.

86) 이정(李楨, 1512~1571) : 경상남도 사천(泗川) 사람으로, 호는 구암(龜巖)이다. 퇴계의 문인으로 남명과 교유했으나, 하종악 후처의 음행사건(淫行事件)으로 남명이 절교하고 말았다.

87) 추관(推官) : 추국(推鞫)하는 관원, 곧 중죄인을 잡아다가 신문(訊問)하는 관원을 가리킨다.

"이 일은 일찍이 남명에게서 들었는데, 남명이 잘못 들은 것입니다. 한 집안의 일을 내가 직접 보았으니, 귀로 들은 자와 누가 더 낫겠습니까? 내 비록 간적(奸賊)을 토벌할 수는 없지만, 어찌 간악한 사람과 편당을 지을 사람이겠습니까?"라고 하였다 합니다. 그의 말이 이와 같기 때문에 죄인이 전적으로 나를 지목해 유감을 풀려고 하니, 이는 강이가 집안을 멸망시킬 궁지로 나를 몰아넣은 것입니다.

그가 나에게 편지를 보내 말하기를 "사람들의 말이 전파된 지 벌써 오래되었으니, 반드시 그 계집종과 그 사내를 먼저 죽여야 합니다. 이런 뜻으로 감사와 추관에게 이미 통보했습니다"라고 하였습니다. 그러나 실은 그렇지 않았습니다. 최 현숙(崔見叔) - 현숙은 최응룡(崔應龍)의 자이다. 이때 진주목사였다 - 이 나를 방문했을 때 그에게 물었더니, 전혀 그런 말이 없었다고 하였습니다. 그가 힘껏 구원해 풀어주고자 노력하여, 박 감사(朴監司)[88]가 모두 석방하려 하다가 중간에 첩문(牒文)[89]을 고쳐 "유식한 사람의 말도 바른 데서 나오지 않으니, 10년 전의 계집종을 다시 추고(推考)해야 합니다"라고 하였습니다.

강이가 그제야 숨길 수 없음을 알고 갑자기 나에게 편지를 보내 말하기를 "등잔 밑이 어두워 너무 늦게서야 알게 되었습니다. 선생을 찾아가뵐 면목이 없습니다"라고 하였습니다. 그리고 박 감사에게 자신이 분명히 알지 못한 죄를 자수하였습니다. 서울로 좇아가 또 추관에게 사죄하며 말하기를 "내가 처음 남에게 기만을 당했고, 공들은 나에게 기만을 당했습니다"라고 하였습니다. 그리고 또다시 여성위(礪城尉)[90]에게 사람을 급히 보내 그 애매한 말을 극도로 진술했습니다. 도위(都尉)[91]와 길원(吉元)[92]은 어려서부터 정분이 매우 돈독했기 때문에,

---

88) 박 감사 : 여기에서는 박계현(朴啓賢, 1524~1580)을 가리킨다.
89) 첩문 : 상관에게 서면으로 보고하는 문건으로, 첩보(牒報) 혹은 첩정(牒呈)이라고 한다. 특히 지방의 관원이 중앙 조정에 보내는 공문을 지칭하는 말이다.
90) 여성위 : 중종(中宗)의 부마인 송인(宋寅, 1516~1584)을 가리킨다.

길원이 자기 관하(官下)에 이르러[93] 곧 놓아보내려고 하였습니다. 그런
데다 강이가 다시 종일 그를 상대하며 온갖 방법으로 구원하였습니다.
이 때문에 죄인들이 곧 석방된 것입니다.

강이는 이 사건에 대해 세 차례나 말을 번복했습니다. 처음에는 '잘
모르겠다'고 하다가, 중간에는 '과연 그렇다'고 하고, 마지막에는 '허위
의 일'이라고 하였습니다. 이것이 과연 성현의 글을 담론하며 일찍이
경의(敬義)를 말하던 자가 할 일입니까? 그는 일찍이 언구(彦久)[94] ─ 윤
춘년(尹椿年)[95]의 자이다 ─ 에게 아첨하다가, 뒤에 공거(公擧) ─ 이량(李
樑)[96]의 자이다 ─ 를 섬겼으며, 다시 벗[97]을 앙화(殃禍) 속으로 빠뜨리고
음부에게 뇌물을 받아 죽은 친구[98]를 저버렸으니, 의리상 끊어버려야
할 사람입니다. 나는 그를 사절했는데, 그대들의 생각은 어떻습니까?

환난과 길흉은 붕우 사이에 서로 알아야 할 일이기에 감히 언급을 했
습니다. 일찍이 사론(士論)이 바야흐로 밝아진다고 들었는데, 공도(公
道)가 암담한 것이 이런 지경에 이르렀으니, 그래도 벼슬할 수 있겠습니
까? 윤 자고(尹子固)[99]가 지난 가을 나를 찾아왔을 때, 이 일을 언급하

---

91) 도위 : 여성위 송인을 가리킨다.

92) 길원 : 정유길(鄭惟吉)의 자이다.

93) 길원이……이르러 : 정유길의 문집인 『임당유고』(林塘遺稿)에 의하면, 정유
   길이 무진년(선조 1, 1568) 7월 경상관찰사에 제수되었다가, 이듬해 2월 사직
   한 것으로 되어 있다.

94) 언구 : '구'(久)는 '문'(文)의 오자이다.

95) 윤춘년(尹椿年, 1514~1567) : '춘'(椿)은 '춘'(春)의 오자이다. 윤춘년은 자가
   언문(彦文), 호가 학음(學音)으로, 윤원형(尹元衡)에게 아부하여 을사사화(乙
   巳士禍) 때 사림(士林)에 화를 끼친 인물이다.

96) 이량 : 1520~1571. 명종(明宗)의 비(妃)인 인순왕후(仁順王后)의 외삼촌으로,
   사림을 모두 숙청하려는 음모를 꾸몄던 권간(權奸)이다.

97) 벗 : 여기에서는 남명 자신을 가리킨다.

98) 죽은 친구 : 하종악을 가리키는 듯하다. 하종악이 죽은 뒤 그의 후처가 음란
   한 짓을 하였는데, 이정이 그녀에게 뇌물을 받고 구원했기 때문에 그렇게 말
   한 듯하다.

99) 윤 자고 : 자고는 윤근수(尹根壽, 1537~1616)의 자이다. 그의 호는 월정(月

며 대충 이야기했습니다. 공들이 이 앙화를 누그러뜨리려 하지만 이미 손을 쓸 곳이 없게 되었으니, 어찌하겠습니까? 10월 27일.[100] ─ 선생이 일찍이 이정의 선친 묘비명(墓碑銘)[101]을 지었는데 문집에서 삭제했다.

자강·자정에게 줌 又

어제 산음(山陰)[102]에서 전해온 두 공의 편지를 문득 받고, 자정(子精)은 벼슬살이가 평탄하지만 자강(子强)은 아직 고질병에 시달리고 있다는 것을 알게 되었습니다. 그러니 한편으로는 안심이 되고, 한편으로는 걱정이 됩니다. 그곳은 의원이 있는 곳이니, 갖은 치료를 다했을 텐데 오히려 치유하지 못하고 있는 것은 어찌된 일입니까? 부쳐주신 납제(臘劑)[103]와 새해 책력은 모두 도착했습니다. 깊이 감사의 말씀을 드립니다.

그리고 두 공에게 모두 난처한 뜻이 있음을 알게 되어, 혀를 차며 탄식했습니다. 다만 그런 생각[104]을 하게 된 것이 너무 늦은 듯합니다. 시종신(侍從臣)이 되어 임금의 은총을 받은 것이 많으니, 이제는 조정에서 떠날 만한 이치가 없습니다. 조정에서 물러나 외직으로 나아가길 청한다면 그래도 괜찮을 것입니다.

汀)이며, 경상 감사·예조 판서·좌찬성 등을 역임했다.

100) 10월 27일 : 정유길(鄭惟吉)이 무진년(선조 1, 1568) 7월에 경상관찰사에 제수되어 내려온 것으로 보아, 이 편지는 무진년 10월 27일 쓴 것으로 보인다.

101) 이정의……묘비명(墓碑銘) : 이정의 선친은 이담(李湛)으로, 남명이 일찍이 이 사람의 묘비명을 지었다. 갑오본 속집(續集)에 「증가선대부 호조참판 겸 동지의금부사 이공 신도비명 병서」(贈嘉善大夫戶曹參判兼同知義禁府事李公神道碑銘幷序)가 실려 있는데, 이 책에서는 보유편에 수록해놓았다.

102) 산음 : 경상남도 산청(山淸)을 가리킨다.

103) 납제 : 일명 납약(臘藥)이라고도 하는데, 동지가 지난 지 한 달쯤 되는 납일(臘日)에 내의원(內醫院)에서 만들어 임금이 근신(近臣)에게 하사하는 청심원(淸心元)·소합원(蘇合元)·안신원(安神元) 등의 약제를 말한다.

104) 그런 생각 : 조정에서 물러나 외직을 구하는 일을 가리키는 듯하다.

나의 현기증은 날이 갈수록 더 심하니, 이 증세에 시달리다 남은 생을 마무리할 것 같습니다. 한 장의 종이에 쓴 몇 줄의 이 말이 또한 공들과 영결(永訣)하는 말이 될 것입니다.

일찍이 죄과가 많았으니 중한 견책이 내려져야 할 텐데, 갑자기 관작(官爵)과 품질(品秩)이 더해졌습니다. 공들은 논사(論思)의 자리[105]에 있으니, 시의(時議)가 발한 바에 애석하게 여기는 의사가 전혀 없음을 모르지 않았을 것이고, 일흔 살에 벼슬길에 나아가는 것이 잘못[106]이라는 것을 모르지 않을 것입니다. 그런데 오히려 이런 천거[107]를 하였으니, 과연 무슨 생각에서였습니까? 내 생각으로는 도무지 이해할 수가 없습니다. 삼가 모두 살펴주기 바랍니다. 경○년[108] 2월 15일. ─'종사지계'(從仕之計)에 오자가 있는 듯하다.

자강 · 자정에게 줌 又

지난달 20일쯤에 자강이 지난해 10월 호남에서 보낸 편지를 받았고, 어제는 산음(山陰)에서 전해온 전년 11월에 띄운 두 공의 편지를 삼가 받았습니다. 아울러 부쳐준 일력(日曆)도 받았습니다. 그리고 두 사람의 벼슬살이가 평안한 줄을 갖추어 알게 되었으니, 이것이 천리 밖에서 제일 큰 기쁨입니다. 나도 죽지 않고 살아 있습니다만, 병통이 해가 갈수록 점점 고통스러워져 회복할 가망 없이[109] 하루하루를 보내고 있습니다.

---

105) 논사(論思)의 자리 : 홍문관·사헌부·사간원 등 시종신(侍從臣)의 자리를 말한다.

106) 잘못 : 원문에는 '계'(計)자로 되어 있으나, 이는 '류'(謬)자의 오자인 듯하여 우선 '잘못'으로 번역해둔다. 원문 주석에도 '오자가 있는 듯하다'고 하였다.

107) 이런 천거 : 『편년』에 의하면, 이 해에 두 차례의 소명(召命)이 있었는데, 어떤 벼슬에 제수되었는지는 자세치 않다.

108) 경○년 : 이 편지의 내용으로 보아 경오년(선조 3, 1570)인 듯하다.

109) 회복할……없이 : 원문 주석에 '무망'(無望) 아래 빠진 문구가 있다고 하였다. 우선 '회복할 가망이 없다'는 뜻으로 이 구절을 해석해둔다.

일찍이 조보(朝報)[110]를 보고, 자강이 건의해 밝힌 바가 많음을 알았습니다. 나라의 큰일은 국방을 튼튼히 하고, 식량을 넉넉히 하는 데 불과합니다. 포조(逋租)[111]와 포졸(逋卒)[112]에 대해 백 년 동안이나 막혀 있던 것을 터놓았으니,[113] 공과 같은 사람은 배운 바를 저버리지 않았다고 할 만합니다. 다만 이 일이 묘당(廟堂)[114]의 계책에서 나오지 않고, 6품의 언관(言官)[115]에게서 나온 것이 한스러울 뿐입니다. 재상은 하는 일 없이 자리나 채우고 있으니, 따질 것도 없습니다.

그리고 자정이 외직을 구했으나 나오지 못하게 되었다고 들었습니다. 몸가짐에 법도가 있어 동료들에게 버림을 받지 않았음을 알 수 있으니, 참으로 기뻐할 만한 일입니다. 다만 내직이건 외직이건 모두 녹봉만 타먹고 있는 듯하니, 벼슬길에 나아가기 어려움이 어찌 오늘날과 같은 때가 있겠습니까? 이 늙은이는 관(棺)에 들어갈 날이 얼마 남지 않았는데, 어찌 이런 일에 털끝만큼이라도 집착해 걱정거리를 만들겠습니까?……신정(新正) 5일.─'무망'(無望) 아래에 빠진 문구가 있다.

성 청송[116]에게 답함 答成聽松書

금옥(金玉) 같은 소식을 들은 지도 벌써 두 기(紀)[117]가 넘었는데, 하

물며 뵈온 지는 얼마나 오래되었겠습니까? 다만 지금은 서로 틈을 내어 회포를 펼 길이 없고, 황천(黃泉)에서나 만날 기약을 해야 하겠으니, 이런 것을 무슨 기약이라고 합니까? 지금 이 사람을 통해 기체(氣體)가 아직 평안하심을 대략 알게 되었으니, 이것이 서로 애타게 기다리던 것 중에 가장 큰 기쁨입니다. 식(植)이 비록 예전과 같다고 하지만, 이[齒]와 머리털이 다 빠져 면목(面目)이 변했습니다. 제가 이처럼 다른 사람이 되어 예전과 같지 않은데, 하물며 어르신은 어떠하시겠습니까?

마침 공이 계신 곳으로 가는 사미(沙彌)[118]를 만나게 되니, 그리운 마음 억누를 수 없고 그 옛날의 회포만 더할 뿐입니다. 곶감 한 꾸러미를 상자에 담아 애오라지 소식을 전하니, 살펴주시기 바랍니다. 삼가 절하고 문안을 드립니다. 임○년[119] 3월 그믐날.

성 청송에게 답함 又

올해 11월에 고을 사람 송함(宋瑊)이 공께서 8월에 부치신 편지와 벗들과 함께 읊으신 시를 전해왔습니다. 20년 전에 소식이 끊어졌다가 이제 비로소 연락이 왔는데, 모두 손에 가득 움켜쥔 명주(明珠) 같아 내려주신 은택을 받고 기쁘기 한량없었습니다. 매번 대부인(大夫人)께서 강녕하시다는 소문을 들었는데, 다시 만수무강하시기를 빕니다.

식(植)도 아직 성명(性命)을 보전하고 있습니다만, 머리가 하얗게 희었습니다. 성대한 이름만 훔쳐 높으신 공의 고아한 풍도에 누를 끼쳤으니, 스스로를 속였을 뿐만이 아니어서 더욱더 죄스럽고 부끄럽습니다. 건숙(健叔)[120]이 자신을 드러내지 않고 학문에 잠심하여 일찍이

---

118) 사미 : 불문(佛門)에 들어가 머리를 깎고 십계(十戒)를 받았으나, 아직 수행이 미숙한 젊은 승려를 말한다.

119) 임○년 : 원문에는 '임'(壬)으로만 되어 있는데, 다음에 나오는 편지가 임자년(명종 7, 1552)에 쓴 것으로 미루어 이 편지도 임자년에 쓴 것으로 보인다.

남에게 보증을 받지 않았음을 칭탄(稱歎)하면서, 저 자신은 세상에 이름을 팔아 군자를 크게 속였으니, 이 사람을 볼 면목이 없습니다.

요구하신 사언시(四言詩)를 화답해 올립니다. 시를 읊조리는 일은 완물상지(玩物喪志)[121]하는 가장 좋은 것일 뿐만 아니라, 식(植)에게 있어서는 매번 무한히 교만해지는 죄를 더하는 것이라고 일찍이 생각했습니다. 이 때문에 시를 읊지 않은 지가 거의 수십 년이나 됩니다. 이제 멀리서 하명(下命)하심을 다행히 입었으니 간과 폐를 나누더라도 아까울 것이 없는데, 하물며 종이 쪽지에 몇 글자 시를 써서 올리는 데 있어서이겠습니까? 다만 공께서 읊으신 시를 볼 수 없음이 한스러울 뿐입니다. 문사(文辭)가 졸렬하다는 이유로 꺼리신다면, 공은 본디 시를 잘 짓는 것을 자긍하는 분이 아니잖습니까?

이 뒤로는 소식이 아득한 하늘처럼 막막할 터이니, 서로 잊었던 옛날 회포를 더욱더 불러일으켜 스스로 억제하지 못하겠습니다. 지금 이 편지를 가지고 가는 자는 이름이 원우석(元右釋)인데, 일찍이 사미승(沙彌僧)으로 출가했던 사람입니다. 판서(判書) 송 헌숙(宋獻叔)[122]이 우석(右釋)이라고 이름을 지어준 것은 전에 중이었다는 뜻입니다. 그런 대로 소식을 잘 전할 만한 자이기에 이 사람에게 부탁해 천리 밖으로 면목(面目)을 부칩니다. 임자년(명종 7, 1552) 11월 일.

성 청송에게 답함 又

백발이 되어 서로 그리워할 뿐 아득한 하늘처럼 소식이 적막하니, 금옥 같은 서신이 이 하늘 가까지 날아올 줄 어찌 생각이나 했겠습니까? 급히 봉함을 뜯어보고 놀라움이 진정된 뒤에야 비로소 안심을 하

---

120) 건숙 : 남명의 절친한 친구 성운(成運)의 자이다.
121) 완물상지 : 쓸데없는 물건을 가지고 노는 데 정신을 빼앗겨 소중한 자기의 심지(心志)를 잃게 된다는 뜻이다.
122) 송 헌숙 : 헌숙은 송세형(宋世珩, ? ~1553)의 자이다.

게 되었습니다. 죽음에 가까운 사람들이 세상사에 대한 생각을 다 버리고 쇠잔한 몸뚱이를 각자 보전하는 것도 충분히 좋은 일인데, 다시 무슨 바람이 있겠습니까?

다만 공께서 아직 문필(文筆)을 놓지 않으시고 멀리 있는 저에게 시를 요구하신 것을 보니, 복 있는 분의 앞날이 아직도 넉넉하심에 매우 위안이 됩니다. 저는 어르신보다 몇 살이 적은데도, 이가 다 빠져 음식을 거의 먹을 수 없습니다. 누에고치처럼 틀고 들어앉아 있으니, 문묵(文墨)에 뜻이 없을 뿐만 아니라 교유마저 끊었습니다. 요구하신 시를 억지로 지어 보내려고 했지만, 마치 바람이 새는 우(竽)[123]와 같아 제 소리를 내지 못하였으니, 죄를 지은 것이 실로 많습니다.

말씀하신 환노(換奴)는 벌써 도망을 갔습니다.[124]

전에 올린 거친 시편도 높으신 안목에 보잘것이 없었을 터인데, 어찌 다시 써서 올리겠습니까? 그러나 천리 밖에서 중히 돌보시는 뜻을 어기기 어려워 고쳐 써서 올려보냅니다. 뒷날 황천에서 서로 만나기를 바랍니다. 부디 건강을 돌보시어 만복을 누리시길 바라며, 삼가 절하고 답장을 올립니다. 을묘년(명종 10, 1555) 봄.

노 공신(盧公信)[125]에게 줌 　與盧公信書

얼마 전에 진군(陳君)[126]을 통해 그대가 아직 천령(天嶺)[127]에 있다는 소식을 들었습니다. 천령과 김해(金海)는 서로의 거리가 하늘과 땅만큼이나 멀리 떨어져 있을 뿐만이 아닌데, 문안 편지를 두 번씩이나 보

123) 우 : 생황(笙簧)과 비슷한 관악기로 구멍이 여러 개 있다.
124) 말씀하신……갔습니다 : 시에 대해 이야기하다가 갑자기 이 말이 나왔는데, 앞뒤의 문맥으로 보아 의미가 잘 통하지 않는다.
125) 노 공신 : 공신은 노흠(盧欽, 1527~1602)의 자이다.
126) 진군 : 남명의 문인으로 함양에 살다가 김해 사람에게 장가를 들었던 경재(警齋) 진극인(陳克仁, ? ~1551)을 가리키는 듯하다.
127) 천령 : 경상남도 함양(咸陽)의 옛 이름이다.

내어 이 늙은이를 저버리지 않을 줄을 어찌 생각이나 했겠습니까? 발이 없이도 이르는 주옥같은 소식은 참으로 사람에게 달려 있나 봅니다. 두 번씩이나 보낸 서신이 발이 없는데도 500리 밖에까지 이르렀으니, 어찌 정성을 기울인 것이 아니겠습니까?

나는 죄가 쌓인 것이 더욱 커져서 몇 달 사이에 기년복(朞年服)[128]과 공복(功服)[129]을 입을 사람이 네 명이나 세상을 등졌습니다. 나 자신도 이 세상에 살 날이 얼마나 되겠습니까? 또한 남의 집에 우거하고 있다 보니 날로 불편한 일이 생겨, 선친께서 사시던 옛터로 돌아가 뜻을 같이하는 향리의 벗들과 함께 지내고 싶은 생각입니다. 지난 50년의 세월을 벼슬길에 나가는 데 모두 허비했으니, 지금부터는 하루의 일과가 나의 것이 되도록 해야 하는데, 다만 몸을 의지할 계책이 없어 쉽게 뜻을 이루지 못할까 염려스럽습니다.

생각건대, 그대는 나이가 젊고 힘이 굳세니, 학문이 벌써 10층의 경지에 올랐을 것입니다. 그대와 한나절 동안이나마 학문에 관한 토론을 할 수 없음이 한스럽습니다. 그대는 물을 거슬러 올라가는 배를 보지 못했습니까? 잠시라도 방심하면 10장(丈)[130]이나 밀려내려갑니다. 부디 힘써 정진해, 훗날 이 늙은이를 저버리지 않으면 매우 다행이겠습니다. 백익(伯益)[131] · 경윤(景胤)[132] 등 몇 사람은 어디에 있는지요? 본거지[133]에 갈 적마다 생활이 어려운 것을 알면서도 자리가 따뜻해지기도 전에 돌아오고 맙니다.[134] 유독 이 한 가지 일만은 성인 공자(孔子)에게

---

128) 기년복 : 일년 동안 입는 상복을 말한다.
129) 공복 : 공복(功服)에는 소공복(小功服, 5개월)과 대공복(大功服, 9개월)이 있다.
130) 십 장(丈) : 1장(丈)이 10척(尺)이니, 10장은 100척이다.
131) 백익 : 누구의 자인지 분명치 않다.
132) 경윤 : 이희생(李喜生, ? ~1584)의 자이다.
133) 본거지 : 삼가(三嘉)의 구거지(舊居地)를 일컫는 듯하다.
134) 자리가……맙니다 : 한 곳에 오래 머물러 있지 못하고 곧 떠난다는 말이다. 본래 이 말은 "공자(孔子)가 세상을 구제하려고 천하를 돌아다니느라 자리가 따뜻해질 겨를도 없이 떠났다"[孔席不暇暖]는 말에서 따온 말이다.

서 배웠으니, 참으로 안타까울 따름입니다. 설을 쇤 뒤에 나는 누이동생[135]의 장사를 지내러 가야 하고, 그대들은 과거시험을 보러 갈 것이니, 어느 겨를에 방문을 하겠습니까? 그럼 이만 줄입니다.

강원 감사에게 드림 與江原監司書

마음으로만 교유한 지 참으로 오래 되었는데, 영공(令公)이 남쪽으로 내려오지 않아 이 늙은이가 북쪽으로 소식을 띄웁니다. 한 세상에 함께 살면서 다른 세상 사람처럼 영원히 만날 수 없으니, 어찌 책 속에 있는 사람을 논하는 것이 아니겠습니까? 지금 문하생 중에 유종지(柳宗智)[136]라는 사람이 있는데, 학문을 좋아하여 게을리하지 않습니다. 그런데 명산을 찾아가서 흉금(胸襟)을 넓히고자 풍악산(楓岳山)[137]을 향하여 떠납니다. 이 사람을 통해 소식을 전하게 되었으니, 이른바 등[燈]으로 등불을 전하는 격이라, 온갖 생각이 꼬리를 물고 이어집니다.

세 사람이 길을 떠나는데, 한 사람은 길원(吉元)[138]의 누이동생의 아들이고, 또 한 사람은 그의 사촌형입니다. 한 달 넘게 먼길을 가야 하니, 진(陳)나라에 있을 때의 근심[139]이 있을 것입니다. 다행히 돌보아 주시는 은택을 받을 수 있을는지요? 봄날 누에고치처럼 서리고 서린

---

135) 누이동생 : 남명은 누나가 둘, 여동생이 둘 있었는데 누구를 가리키는지 분명치 않다.

136) 유종지 : 1546∼1589. 자는 명중(明仲), 호는 조계(潮溪)이며, 본관은 문화(文化)이다. 참봉에 제수되었으나 나아가지 않았다. 1589년 기축옥사에 연루되어 죽임을 당했다.

137) 풍악산 : 금강산을 가리킨다. 금강산은 계절에 따라 이름을 달리하는데, 봄에는 금강산(金剛山), 여름에는 봉래산(蓬萊山), 가을에는 풍악산(楓嶽山), 겨울에는 개골산(皆骨山)이라 한다.

138) 길원 : 정유길(鄭惟吉)의 자이다.

139) 진(陳)나라에……근심 : 공자(孔子)가 천하를 돌아다닐 적에 진(陳)나라와 채(蔡)나라 사이에서 식량이 떨어져 종자(從者)들이 일어나지도 못한 적이 있었다. 여기에서는 식량이 떨어질 정도로 매우 곤궁한 상황을 말한다.

회포를 애오라지 지면에 실어보냅니다. 다 갖추지 못합니다.

오 자강에게 줌   與吳子强書

자수(子修)[140]가 서쪽으로 간 뒤, 인편이 이어지지 않아 서신을 전할 길이 없었는데, 유독 공은 나를 멀리하는 마음이 없군요. 전에 보낸 편지를 보고서 여전히 고질병이 있다는 것을 알아 멀리서 혼자 안타까워한 지 오래 되었습니다. 지금 다시 보내온 편지를 보고서, 근래에도 묵은 증세가 그대로인 줄을 상상할 수 있었습니다. 무슨 인연으로 큰 의원을 만나 우리 군자로 하여금 날 듯이 건강하게 하여, 10리 뽕나무밭 사이[141]에서 나를 좋아하게 할 수 있을까요?

세상에 나아가고 물러날 때에는 너무 단호하게 해 흔적을 남겨서는 안 되니, 공이 적의(適宜)하게 요량해야 할 것입니다. 유독 곁에서 보는 사람은 안목이 흐릿하지 않아, 손을 흔들어 사공을 불러서 부르는 소리를 따라 얼른 떠나가지, 풍랑(風浪)을 기다리지 않습니다.[142] 시속이 숭상하는 바를 자세히 들여다보면, 당나귀 가죽에 기린의 모형을 뒤집어씌운 것[143] 같은 고질(痼疾)이 있습니다. 온 세상이 모두 그러해

---

140) 자수 : 이준민(李俊民)의 자이다.
141) 10리……사이 : 남명이 초야에 은거하였기 때문에 자신이 사는 곳을 가리켜 그렇게 말한 듯하다.
142) 유독……않습니다 : 벼슬살이를 하지 않는 사람은 세상이 어지러워질 기미를 알아차리고 서로 더불어 얼른 세상을 피해 떠나간다는 뜻이다.
143) 당나귀……것 : 내실은 없으면서 겉만 화려하게 꾸미는 시속(時俗)을 말한다. 즉 본바탕은 당나귀의 가죽인데 겉에다 기린의 모형으로 수식을 한다는 뜻이다. 『조야첨재』(朝野僉載)에 "당나라 양형(楊炯)이 조정의 선비들을 부를 적마다 기린원(麒麟楦)이라고 하면서 '지금 장난 삼아 기린 모양의 신발 모형을 빌려서 말하는 것은 반드시 그 모양을 수식하여 당나귀의 가죽에다 뒤집어씌우지만 껍질을 벗겨내면 도리어 당나귀 가죽이기 때문이다'라고 하였다"라는 이야기가 실려 있다.
원문의 '인원'(麟楦)은 기린 모양을 본뜬 신발의 모형을 가리키고, '노곽'(驢

혹세무민(惑世誣民)하는 데 급급하고 있으니, 크게 어진 이가 있더라
도 구제할 수 없을 것입니다.

이는 실로 사문(斯文)의 종장(宗匠)인 사람[144]이 오로지 상달(上達)
만 주로 하고, 하학(下學)을 궁구하지 않아 구제하기 어려운 습속을
이루었기 때문입니다. 일찍이 그와 더불어 서신을 왕복하며 논란을 했
지만, 돌아보려 하지 않았습니다. 공은 지금 이 폐단을 구제하기 어렵
다는 것을 알지 않으면 안 됩니다.

나의 건강이 쇠약해짐은 날이 갈수록 더욱 심해지기만 합니다. 이제
는 마음대로 움직여 선조의 제사에 가서 절할 수도 없으니, 다른 일을
알 수 있을 것입니다.

방금 소명(召命)을 내리고 식물(食物)을 하사하셨다고 들은 듯한데,
또한 무엇 때문입니까? 상께서 전교(傳敎)가 있었습니까? 혹 아뢴 자
가 있었습니까? 이 늙은이가 죽을 때까지 남들을 속여 위로 임금까지
속이게 되었으니, 이 지경에 이르렀는데 황천에서 어떻게 눈을 감겠습
니까?

죽기 전에 한 가닥 그리운 생각을 금치 못하겠으니, 남쪽으로 내려
오는 인편이 있거든 한 글자 소식을 아끼지 마십시오. 한 글자 소식을
통할 날이 다시 얼마나 되겠습니까? 당시 여관에서 가슴 아픈 이별을
할 때,[145] 공은 등뒤에 서 있었고 내가 탄 말은 쏜살같이 내달았습니다.
뒷날 이 세상을 영결하고 땅 속으로 돌아가 청산에 높이 누우면 이 회
포를 모를 것입니다. 다 갖추지 못합니다.

鞹)은 신발을 만드는 당나귀의 가죽을 가리킨다.

144) 사문(斯文)의……사람 : 여기에서는 퇴계를 가리키는 듯하다.

145) 당시……때 : 남명이 예순여섯 살 때 상서원 판교(尙瑞院判官)에 제수되어
상경(上京)해 입대(入對)하고 삼 일 만에 돌아왔는데, 그 당시 오건(吳健)과
이별하던 장면을 가리키는 듯하다. 이 편지에 임금이 식물(食物)을 하사했다
는 내용이 있으니,『편년』에 따르면 이 편지는 남명이 일흔 살 때 쓴 것으
로 보인다.

오 자강·배 경여[146]에게 답함 答吾子强裵景餘書
― 배(裵)는 이름이 신(紳)이다.

오늘 하천서(河天瑞)[147]가 와 두 공의 서신을 전해주었습니다. 그로 인하여 둘이 같은 집에 함께 기거하면서 학문을 강구하고 토론하기를 극진히 한다는 사실을 알게 되었습니다. 그 즐거움이 어떠하겠습니까? 절차탁마하는 공력을 날마다 기울이니, 이 어찌 두 옥(玉)이 서로 다듬어지는 것이 아니겠습니까? 일찍이 자강이 보낸 몇 통의 편지를 받고서 모두 즉시 답장을 했습니다. 다만 천 리나 멀리 부친 편지인지라 많이 지체될까 걱정인데, 받아보았는지 모르겠습니다.

내가 경여에 대해서는 벼슬길에 나아가기를 권유하고, 자강에 대해서는 끌어당겨 물러나게 하였는데, 이는 녹사(祿仕)[148]와 행도(行道)[149]가 참으로 다르기 때문입니다. 다만 내가 헤아려보건대, 자강은 인망(人望)이 너무 무거운 것이 아닌가 합니다. 두 사람이 함께 거처하니, 의리를 재단하는 것이 반드시 밝을 것입니다. 삼가 모두 헤아려주기 바랍니다.

식(植)은 지난봄 두어 달 병으로 누워 있었는데, 지금 다시 때때로 열이 나 항상 이부자리에 누워 있습니다. 하루아침에 문득 숨을 거두면 얼굴을 언제 다시 보겠습니까? 밀려오는 생각을 금치 못하겠습니다.

---

146) 배 경여 : 경여(景餘)는 배신(裵紳, 1520~1589)의 자이다. 호는 낙천(洛川)이며, 남명·퇴계 양문(兩門)에서 수학하였다.

147) 하천서 : 자는 중려(仲礪), 호는 망추헌(望楸軒), 본관은 진양(晉陽)이다. 남명의 친구인 이림(李霖)의 외손이며, 자형인 이공량(李公亮)의 사위이다.

148) 녹사 : 녹을 타기 위해 벼슬하는 것을 가리킨다. 부모의 봉양을 위하거나 생계 유지를 위해 부득이 벼슬하는 것으로, 이 경우 미관말직에 나아가는 것이 관례이다.

149) 행도 : 세상에 나아가 도를 행하기 위해 벼슬하는 것을 가리킨다.

성 대곡에게 드림 與成大谷書

양쪽에서 모두 소식이 끊어진 지 벌써 5, 6년이나 되었으니, 공과 나는 다른 세상 사람이 되었습니까? 길가다 만난 사람처럼 무관한 사람이 되었습니까? 말을 하자면 목이 메어 말이 나오지 않는다고 할 만합니다. 지난해 속리산(俗離山)으로 들어가는 승려가 있어 안부 편지를 띄웠는데, 도착했는지 어떤지 모르겠습니다.

각자 저물어가는 인생길에 있는데, 저는 쇠약함이 극도에 달해 전혀 다른 모양의 얼굴이 되었습니다. 오직 공을 그리워하는 한 가닥 마음만 다시 가물가물 할 뿐입니다. 요즘 신상에 질병은 별로 없으십니까? 집안에 걱정거리나 즐거운 일은 또한 어떠한지요? 저 또한 염려 덕분에 큰 탈 없이 지내고 있습니다만, 목소리와 얼굴이 많이 변해서 전과 같다고 말할 수 없습니다.

일찍이 중옥(仲玉)[150]이 서거했다는 소식을 들었는데, 올해는 또 매형(妹兄)[151]의 상을 당했습니다. 우리들이 그렇게 떠날 날도 선후가 남았을 뿐입니다. 죽기 전에 이 회포를 어찌 금할 수 있겠습니까? 이제 우리 두 사람만이 살아 있는데, 그것도 시위를 떠난 화살 같은 신세[152]이니, 참으로 책 속의 사람이 되고 말았습니다. 어찌하리이까? 명년에 다행히 죽지 않는다면 자형의 무덤에 가서 곡하고, 청홍도(淸洪道)[153]

---

150) 중옥 : 성수침(成守琛)의 자이다.

151) 매형 : 남명의 자형(姊兄)으로는 정운(鄭雲)·이공량(李公亮)이 있고, 매부(妹夫)로는 정백빙(鄭白氷)·정사현(鄭師賢)이 있는데, 누구를 가리키는지 분명치 않다. 이 편지의 뒷부분에 '자형'(姊兄)이란 말이 또 보이는데, 한 사람을 그렇게 달리 표현한 것인지, 아니면 별도의 두 사람인지 분명치 않다. 다만 세칭(世稱) 갑오본(甲午本)에 '매형'(妹兄)이나 '자형'(姊兄)이란 말을 쓰지 않고 모두 '인숙'(寅叔)으로 되어 있는 것으로 보아, 자형인 이공량을 가리키는 듯하다.

152) 시위를……신세 : 화살이 활시위를 떠나듯이, 영영 다시 만날 수 없다는 뜻이다.

153) 청홍도 : 충청도의 옛 이름이다. 성운(成運)이 충청도 보은(報恩)에 살고 있

로 찾아가 공과 영결하고자 합니다. 이런 생각을 한 지는 오래 되었으나, 보증하기는 어렵습니다. 삼가 아룁니다.

성 대곡에게 드림　又

　지난해 영동 현감(永同縣監) 이 중선(李仲宣)[154]이 찾아와 그 편에 몇 자 적어 보냈는데, 받아보셨습니까? 아련히 그리워하지만 소식은 깜깜하니, 이제부터는 이 세상에 살아도 이미 다른 세상 사람이나 마찬가지입니다. 이런 말과 생각을 하게 되니, 이 회포가 어떻겠습니까? 저는 어지럼증에 오래 시달리고 있어 하루도 편치 못합니다.

　죽을 날이 머지않은 늙은이가 세상을 그르치는 것이 더욱 심합니다. 일찍이 관작을 내리는 명이 있었으니, 공도 몸소 경험하신 바입니다. 늙고 병든 것이 매우 심한데 다방면으로 남들을 속이고 있으니, 스스로 얼굴을 붉히면서 감히 나아가지 못하는 것입니다. 그런데 무슨 마음으로 단지 현임 재상의 잘잘못을 논하며 나의 거취(去就)를 정하겠습니까? 어떤 사람이 나에게 전하기를, 내가 원길(原吉)[155]의 부당함을 꾸짖은 적이 있어 나아가려 하지 않는다고 합디다. 공이 나아가기를 어렵게 여기는 것도 내가 나아가기를 어렵게 여기는 것과 같을 것이니, 과연 정승 때문에 나아가고 물러나고 하는 것입니까? 관직에 제수된 지 몇 달도 안 되어 내가 정승의 잘잘못을 따지더라도, 사람들의 말이 충사(忠師)에 미칠 리는 없습니다. 이것이 바로 교위(校尉)에 임명된 지 열흘도 안 돼 물러났던 이유입니다.[156]

　었기 때문에 충청도로 찾아가겠다고 한 것이다.

154) 이 중선 : 중선은 자인 듯한데, 이름은 자세치 않다.

155) 원길 : 이준경의 자이다.

156) 이것이……이유입니다 : 교위(校尉)는 한(漢)나라 때부터 설치했던 무반(武班)의 관직인데, 조선시대에는 정5품에서 종6품까지의 서반(西班)의 품계였다. 이 구절은 아마도 교위에 임용된 지 10일도 안 돼 그만둔 역사 속의 인물을 인용해 자신의 행적을 드러낸 것인 듯한데, 누구인지 자세치 않다. 고

평소 나의 몸가짐이 보잘것없어서 오늘날의 이런 비방을 불러온 것이니, 공이 옥처럼 자신을 지켜 남들이 감히 이러쿵저러쿵 흠잡을 수 없게 하신 점에 더욱 머리가 숙여집니다. 더욱이 공이 일찍이 질병을 얻어 세상사에 귀를 기울이지 않고 문을 굳게 닫아버린 것이 부럽습니다.[157] 이 일이 어찌 공에게 알려드릴 만한 것이겠습니까? 깊은 골짜기에서 쓸쓸히 살다보니 마음을 터놓고 얘기할 사람이 없어 붓 가는 대로 심정을 말씀드리는 것입니다. 이번에 찾아가는 두세 사람은 일찍이 나를 따라 공부하던 자들입니다. 항상 공을 찾아뵙고자 하였는데, 이제야 길을 떠나 속리산으로 들어가게 되었습니다. 또한 이 늙은 얼굴을 대신해 보내니, 학문의 실마리를 찾을 수 있는 말씀을 해주시길 바랍니다.

이 뒤로는 소식이 진정 막막해질 것입니다만, 오히려 그리워하는 마음[158]은 끊임없이 이어질 것입니다. 아마도 하늘은 우리의 한 가닥 마음의 길이 끊어지지 않기를 바랄[159] 것입니다.

사를 인용한 것이 아니라면, 이 편지가 만년에 씌어진 듯하니 66세 때 상서원 판관(尙瑞院 判官)에 제수되어 입대(入對)하고 바로 사직한 일을 가리키는 것 같기도 하다. 남명은 52세 때 유일(遺逸)로 천거되어 전생서 주부(典牲署 主簿)에 제수되고, 이듬해 사도시 주부(司䆃寺主簿)·예빈시 주부(禮賓寺主簿)에 제수되었으며, 55세 때 단성 현감(丹城縣監)에 제수되어 모두 나아가지 않았다. 66세 때 종5품직인 상서원 판관에 제수되어 상경해 입대하고 바로 돌아왔다. 이 편지에 이준경(李浚慶)이 당시 정승으로 있었다는 내용이 보이는데, 이준경은 남명의 나이 58세 때 우의정이 되고, 60세 때 좌의정이 되었으며, 65세 때 영의정이 되었다. 이준경이 영의정으로 재직하던 시기에 남명이 상서원 판관에 제수되어 바로 물러났는데, 상서원 판관이 종5품직이므로 5품에 해당하는 무반의 품계인 교위(校尉)라는 말을 쓴 것 같다.

157) 공이……부럽습니다 : 을사사화 때 형 성우(成遇)가 화를 당한 뒤, 성운(成運)은 충북 보은 속리산에 은거하였는데, 이를 두고 한 말인 듯하다.

158) 그리워하는 마음 : 원문에는 '당당'(幢幢)으로 되어 있는데, 이는 '동동'(憧憧)의 오자이다.

159) 바랄 : 원문의 '정'(正)자는 '은'(慇)자의 오자인 듯하다. 여기서는 '은'(慇)자로 보아 '원한다'는 뜻으로 해석하였다.

성 대곡에게 드림 又

죽을 날이 눈앞에 닥쳤는데, 천리 밖의 서신이 한 달에 두 번이나 올 줄을 어찌 알았겠습니까? 이 중선(李仲宣)은 세상에 보기 드문 아름다운 재주를 가진 사람입니다. 공과 나의 끊어지게 된 회포를 전해 주니, 이 또한 운수(運數)에 관계된 것인가요?

생각건대, 요즘 공의 건강이 여전하신 것 같습니다. 저도 아직 예전 모양을 유지하고 있습니다. 두 늙은이의 좋은 소식이 이 밖에 무엇이 더 있겠습니까? 새 사람이 옛 사람만 못하다는 말이 이제 더욱 가슴에 와닿습니다. 공을 생각하는 것이 더욱 깊어질 뿐만 아니라, 죽음에 임박한 날 공이 끼쳐주신 감화를 생각하면 다시는 다른 사람에게 조금도 바랄 것이 없습니다. 다만 이제 다 죽게 된 날, 서로 저버리지 않았다고 할 수 있겠습니다. 죽은 뒤 만나게 될 것이니, 오늘날 서로 가까이하지 못함을 어찌 근심하겠습니까?

저의 강계지성(薑桂之性)[160]은 늘그막에 이르러도 오히려 매워지기만 합니다. 밖에서 들려오는 말이 아무리 많더라도 매양 차가운 웃음으로 흘려버립니다. 목을 잘리게 되더라도 전혀 애석해하지 않을 것인데, 하물며 목을 잘리지 않는 데 있어서이겠습니까? 다만 몸가짐이 변변치 못해서 죄와 견책을 불러오고 말았습니다. 나의 처지에서 공을 보면, 공은 평생 동안 어찌 일찍이 한 사람이라도 공을 비방하는 사람이 있었습니까? 공께서 한 번도 견책을 받은 적이 없었던 것은 또한 어떻게 처신하셨기 때문입니까? 저의 경우는 심지어 함께 학문을 담론한 사람[161]조차 서로 등을 돌리니, 어찌 사론(私論)에 음흉하고 간교함이 있겠습니까?

온 조정이 첨예하게 대립하여 흑백(黑白)이 분명하고, 권문(權門)에

---

160) 강계지성 : 생강과 육계(肉桂)가 오래 묵을수록 맛이 더욱 매워지는 것처럼, 나이가 들수록 더욱 강직해지는 성품을 가리킨다.

161) 함께……사람 : 이정(李楨)을 가리키는 듯하다.

손을 뻗어 아래위를 위협해 검은 것을 희다고 하니, 옛날 권간(權奸)
도 이보다 심하지는 않았습니다. 이른바 도학(道學)의 종사(宗師)라고
하는 사람이 과연 이와 같을 수 있습니까? 공이 아니라면 어찌 감히
이런 말을 하겠습니까? 시의(時議)가 이와 같으니, 어떻게 지하에서
눈을 감을 수 있겠습니까? 다시 한번 손뼉을 치면서 탄식할 만합니다.

마른 해삼(海蔘)을 보내니, 물에 담가 오랫동안 삶은 뒤에 회를 만들
어 드십시오. 그러나 이 물건이 어찌 늙은이의 이[齒]에 맞겠습니까?

성 대곡에게 드림 又

지난달 공께서 초여름에 보낸 편지를 받고 기력이 여전하신 줄 알
게 되었으니, 이보다 더한 위안이 어디 있겠습니까? 이런 노경(老境)
에 기뻐하고 바라는 바는 질병이 없는 한 가지일 뿐, 전혀 다른 생각
이 없습니다. 편지를 뜯어보니 '영결'(永訣)이란 글자가 보이는데, 이
말이 결별(訣別)하는 말인 줄 알면서도 가슴 속을 짓누르는 아픔을 스
스로 억제할 수 없었습니다.

저 또한 노쇠함이 점점 더해 현기증이 더욱더 심해집니다. 방안에
편안히 앉아 있다가 나도 모르게 쓰러지는 경우가 많으니, 하루하루
죽지 않고 살아 공의 안부 편지를 다시 받을 수 있기를 어찌 바라겠습
니까?

몸가짐이 변변치 못해 견책을 불러오게 되었는데, 내 스스로 불러들
인 것인지라, 전혀 원망하는 바가 없습니다. 명공께서 칠십 평생 동안
남들이 감히 한마디 말도 흠잡을 수 없게 하신 점에 매번 감복할 따름
입니다. 자신을 수양한 도가 없이 어찌 그럴 수 있겠습니까? 저와 같
은 사람은 서리맞은 파초처럼 행실이 잘못되었을 뿐만 아니라, 명공으
로 하여금 멀리서 걱정하게 하였으니, 매우 애통합니다. 일찍이 자신
을 그르쳤고 다시 벗에게 누를 끼쳤으니, 황천에서 마주 대할 면목이
없습니다.

지금 이 중선(李仲宣)을 보니, 공을 대했던 눈으로 다시 나를 대하고 있어 한결같이 등[燈]으로 등불을 전하는 것과 같습니다. 공의 용모와 음식과 기거(起居)를 갖추어 알겠으니, 서로 찾아본 것과 거의 같습니다. 그러나 등잔 밑에 나그네를 마주하고 있다보니, 가슴 속에 있는 정을 다 토로하지 못하겠고, 또 막상 글을 쓰자니 생각이 나질 않습니다. 내일 혼자 앉아 있게 되면 이 회포가 빗속에 쭉쭉 뻗은 삼대처럼 이어질 것이니, 어찌하겠습니까? 생각건대 공도 나의 회포와 같았을 것이니, 어찌 다 쓸 수 있었겠습니까?

성 대곡에게 드림   又

지난해 정인홍(鄭仁弘)[162]이 전해준 편지를 본 뒤로 적막하게 소식이 없었습니다. 근래 장 도사(張都事)[163]가 찾아와 공께서 안녕하시다는 말을 듣게 되었습니다. 죽을 날이 가까운 사람의 안부는 하루가 10년에 맞먹을 것입니다. 두 늙은이가 아직 조물주의 덕택으로 쇠잔한 목숨을 보전하고 있습니다만, 저는 현기증이 점점 심해져서 어떤 때는 눈앞이 깜깜해져 땅에 주저앉고 맙니다. 음식을 먹어도 맛을 모르고, 두세 홉의 밥도 삼키지 못하니, 공보다 먼저 죽을 것이 뻔합니다. 늙은이의 심정은 마치 감정도 없는 채소처럼 잘라도 곧 돋아나 끊어질 때가 없으니, 눈을 감은 뒤에야 그칠 것입니다.

방금 나라에 국상(國喪)[164]이 있다고 들었습니다. 나라에 어진 임금이 있더라도 보필하는 선량한 신하가 없으니, 우리들이 다행히 꺼져가는 목숨을 연장하더라도 새로운 덕화를 보기는 참으로 어려울 것입니다.

---

162) 정인홍 : 1536~1623. 남명의 제자로 자는 덕원(德遠), 호는 내암(來庵), 본관은 서산(瑞山)이다. 광해군 때 영의정을 지냈다.

163) 장 도사 : 도사(都事)는 관리들의 감찰을 담당하는 종5품의 관원인데, 누구를 가리키는지 분명치 않다.

164) 국상 : 그 나라의 백성이 모두 상복을 입는 임금이나 왕비 등의 상을 뜻하는 말인데, 여기서는 명종(明宗)의 승하를 가리키는 듯하다.

성 대곡에게 드림 又

봄부터 여름이 다 가도록 속리산으로 가는 사미승(沙彌僧)을 탐문해 편지를 띄우려 하였는데, 끝내 인편이 없었습니다. 지난달 첨사(僉使)[165] 장필무(張弼武)[166]가 나에게 왔기에, 편지와 오미자(五味子)를 그에게 맡겼습니다. 태구(太久)[167]를 통해 전했는데, 도착했는지 모르겠군요?

저는 다음달 김해(金海)로 가서 손아(孫兒)[168]의 혼례를 치르고, 다시 동래(東萊)로 가볼 계획을 세우고 있습니다.[169] 또한 살펴보건대, 공의 집에는 훌륭한 조카[170]가 있어 집안일을 도맡아 하니, 죽건 살건 의탁할 데가 있습니다. 그러나 나의 처지를 살펴보면, 미천한 어린 자식들밖에 없어 내가 죽는 날 동서로 표류할 것이니, 과연 어떻겠습니까? 이번에 훌륭한 조카가 사마시(司馬試)[171]에 합격했다는 소식을 들었으

---

165) 첨사 : 무반(武班) 종3품의 병마첨 절제사(兵馬僉節制使)나 수군첨 절제사(水軍僉節制使)의 약칭이다.

166) 장필무 : 자는 무부(武夫), 호는 백야(栢冶)이며, 1564년 부산첨사(釜山僉使)에 부임하였다.

167) 태구 : 성운(成運)의 처남 김천주(金天宙)의 자인 듯하다.

168) 손아 : 남명은 44세 때 아들 차산(次山)을 잃었다. 그 뒤 부실(副室)의 몸에서 52세 때 차석(次石)을 낳고, 57세 때 차마(次磨)를 낳고, 59세 때 차정(次矴)을 낳았다. 따라서 남명 생전에 손자의 혼례는 있을 수 없다. 세칭 갑오본(甲午本)에는 '돈아'(豚兒)로 되어 있는데, 그 경우는 부실의 몸에서 난 아들을 가리킬 수 있다. 그러나 변개(變改)가 심한 갑오본을 신빙하기는 어렵다. 원문대로 '손아'(孫兒)로 보면, 외손자나 외손녀를 가리키는 것으로 보는 것이 타당하다고 생각된다.

169) 동래(東萊)로⋯⋯있습니다 : 창녕 조씨(昌寧曺氏) 족보(族譜)에 의하면, 남명의 증조모의 묘소가 동래에 있는 것으로 되어 있다. 또한 김우옹(金宇顒)에게 보낸 편지에도 동래의 선영으로 가보려 한다는 말이 있는 것으로 보아, 선영에 성묘(省墓)하러 간다는 말인 듯하다.

170) 훌륭한 조카 : 성운(成運)은 본래 자식이 없다. 처남 김천부(金天富)의 아들 김가기(金可幾, 1537~1597)를 데려다 길러 질녀(姪女)와 결혼시켰는데, 여기서는 이 사람을 가리키는 듯하다.

니,[172] 문호(門戶)를 보호하는 데 넉넉함이 있겠습니다.

죽음에 임박한 날 서로 알아주는 사이로 어떤 사람이 있겠습니까? 다만 천리 밖에서 공허한 편지를 부칩니다. 생사(生死)가 영원히 갈리고 나면, 이 뒤에 어찌 다시 한 글자 서신을 통할 수 있겠습니까? 만나서 할 말을 잊은 것도 아닌데, 막상 편지를 쓰려고 하니 목이 메어 아무리 쓰려 해도 쓸 수가 없습니다. 돌이켜 다시 생각해도 내 마음을 알지 못하겠습니다. 그 때문에 붓을 던지고 눈물을 뿌립니다. 이런 노경에 이르게 되면 단지 '안부'(安否) 두 자일 뿐, 달리 물을 바가 없습니다.

성 대곡에게 드림 又

요즘 기력이 어떠신지 모르겠군요? 지난 12월 이준민(李俊民)[173]을 통해 보내주신 서신을 받고, 오패(五貝)[174]를 얻은 것처럼 노령(老齡)을 잘 보전하고 계신 줄 알았습니다.

내 아직 이 세상에 우거(寓居)하고 있지만, 남의 비방만 더할 뿐이니, 남은 생애를 보전하기 어려울 듯합니다. 죽음이 임박한 나이에 만사가 모두 편안해 조용히 눈을 감고 관속으로 들어가야 하는데, 규문(閨門)에서 생긴 화(禍)[175]가 우리 집안에까지 미치게 되었습니다. 이름이 공장(供狀)에 나오니[176] 상하로 비웃고 의논하는 사람이 한둘이 아

---

171) 사마시 : 생원(生員)·진사(進士)의 시험을 말한다.

172) 훌륭한……들었으니 : 김가기는 1579년 생원시에 합격하였다.

173) 이준민 : 1524~1590. 남명의 생질로 자는 자수(子修), 호는 신암(新菴), 본관은 전의(全義)다. 남명의 자형인 이공량(李公亮)의 아들로, 벼슬이 판서에 이르렀다.

174) 오패 : 『서경』 소아(小雅) 「청청자아」(菁菁者莪)의 '백붕'(百朋)과 같은 뜻으로 녹봉이 많을 것은 의미한다.

175) 규문(閨門)에서……화(禍) : 하종악(河宗岳)의 후처가 음란한 행실을 하여 송사가 일어난 것을 가리키는 듯하다. 하종악의 전처가 남명의 질녀이다.

176) 이름이……나오니 : 공장(供狀)은 공초(供招)·공사(供辭)와 같은 말로, 죄

닙니다. 공께서 한 점 흠도 없이 옥 같은 면모를 높이 유지하시는 점에 대해 깊이 감복하면서 스스로 개탄을 합니다.

태온(太蘊)·태용(太容)[177] 두 사람도 안녕하신지요? 이 뒤로는 편지를 주고받는 일도 서로 드물 것입니다. 한 글자 소식을 통하려 해도 길이 없을 것입니다. 다시 생각건대, 우리가 육십 평생 각자 아무 탈없이 살았으니, 어찌 다시 불만스런 마음이 있겠습니까? 그러나 가슴 속 깊이 서로 그리워하는 마음은 오히려 이와 같이 그만두지 못하겠습니다. ― '번'(樊)자는 '울'(鬱)자인 듯하다.

또 자강에게 답함 又答子强書

지난봄, 산[178]에 있을 때 보내준 편지를 받고 기거(起居)가 평안한 줄 대강 알았는데, 이번에 자정(子精)[179]을 만나 보내준 서한을 다시 받고서 벼슬살이에 별 근심이 없음을 갖추어 알게 되었으니, 매우 위안이 됩니다. 나 또한 예전 모습 그대로 잘 지내고 있습니다. 근래 바닷가 집[180]에 머물 적에 두 차례 편지를 보냈는데, 받았는지요? 자수(子修)[181]의 증세가 오래도록 낫지 않고 있다는데, 거리가 워낙 멀다보니 더한지 덜한지 계속 들을 수 없어, 단지 날마다 근심 속에 탄식만 할 뿐입니다.

지난봄에 안음(安陰)[182]으로 찾아가 터를 잡은 곳의 시내 앞을 지난

인의 범죄 사실을 진술하는 문건을 가리킨다. 이 말은 하종악 후처의 실행(失行)에 관한 송사가 조정에까지 올라가 남명의 이름이 공초(供招)에까지 오르게 되었다는 뜻이다.

177) 태온·태용 : 모두 성운(成運)의 처남으로 태온은 김천부(金天富)의 자이고, 태용은 김천우(金天宇)의 자이다.

178) 산 : 여기에서는 덕산(德山)을 가리킨다.

179) 자정 : 정탁(鄭琢)의 자이다.

180) 바닷가 집 : 여기에서는 김해(金海)의 집을 말한다.

181) 자수 : 이준민(李俊民)의 자이다.

182) 안음 : 경상남도 안의(安義)의 옛 이름이다.

적이 있는데, 터가 좋지 못해 깃들여 살기에는 부족하다고 다시 깨닫게 되었습니다. 위 아래로 인적이 끊어지고, 농사를 지을 손바닥만한 땅도 없어 더욱 거주할 엄두가 나지 않았습니다. 청컨대 전에 세운 계획을 철회하는 것이 어떻겠습니까?

공이 부절(符節)[183]을 가지고 내려오려 한다는 소문을 들은 듯합니다. 과연 그렇게 된다면 얼굴을 마주할 날이 있을 것이니, 바라고 또 바라겠습니다. 또한 은대(銀臺)[184]에 임시로 입직(入直)[185]한다는 소문을 들었는데, 틀림없이 정식으로 승정원(承政院) 관리가 되는 것을 면치 못할 것입니다. 그 자리에 있는 것은 바로 밥 먹는 것과 같아 음식을 조절하거나 배불리 먹는 것이 다른 사람에 관계된 것이 아니니, 공은 반드시 긴요한 점을 깊이 살펴야 할 것입니다.

다른 말은 만나서 얘기하기로 합시다. 삼가 절하고 아룁니다. 병○년[186] 7월 15일. 식(植)은 이 달 그믐께 산[187]으로 돌아가려 합니다.

중보 등에게 답함   答仲輔等書
— 중보는 강익(姜翼)[188]의 자이다.

식(植)은 지금 이 세상에 우거하고 있지만, 항상 무거운 허물을 지고 날마다 명백한 벌을 기다리고 있습니다. 조만간 화란(禍亂)이 닥

---

183) 부절 : 사신이 가지고 다니던 신표이다.
184) 은대 : 승정원(承政院)의 별칭이다.
185) 입직 : 관청에 들어가 근무하는 것을 말한다.
186) 병○년 : 원문에는 '병'(丙)이라고만 하였는데, 이 편지에 오건(吳健)이 승정원(承政院)에 입직했다는 내용이 있는 것으로 보아 병인년(명종 21, 1566)인 듯하다. 「덕계선생연보」(德溪先生年譜)에 의하면, 오건은 병인년에 성균관 박사(成均館博士)가 되었고, 정묘년(명종 22, 1567)에 승정원 주서 겸 기사관 (承政院注書 兼 記事官)에 제수된 기록이 보인다.
187) 산 : 여기에서는 덕산(德山)의 산천재(山天齋)를 가리킨다.
188) 강익 : 1523~1567. 남명의 제자로 자는 중보(仲輔), 호는 개암(介菴), 본관은 진양이다.

칠[189] 것 같아 항상 알몸으로 달아나고 싶은데, 그렇게 하지도 못하고 미적미적 세월만 보내고 있습니다. 공들과 같은 사람은 평지 위에서 마음대로 지내고 있으니, 어찌 평탄하지 않겠습니까? 윗사람을 속인 죄가 바로 나에게서 나왔으니, 여러분들이 힘써 구제하더라도 소용이 없을 것입니다.

인백에게 답함 答仁伯書
　─ 인백은 김효원(金孝元)[190]의 자이다.

지난해 이 궁벽한 산골에 부절(符節)을 멈춘 것[191]이 나에게는 커다란 옥을 받은 것처럼 소중했는데, 어떻게 마땅히 보답할 길이 없군요. 항상 아득한 밤하늘처럼 다시는 소식을 들을 길이 없으리라 생각했으니, 어찌 가슴 속에 있는 생각을 서로 말하는 것처럼 간절한 소식이 올 줄 생각이나 했겠습니까? 이 늙은이가 땅 속으로 들어갈 날이 멀지 않았지만, 오히려 인간사를 끊어버릴 수 없다는 것을 바야흐로 알았습니다.

매양 생각건대, 오늘날의 학자들은 전혀 옛날 사람과 같지 않습니다. 송(宋)나라 때 현인들이 강구해 밝혀놓은 것이 갖추어지고 극진해서, 물을 담아도 새지 않는 그릇처럼 빈틈이 없습니다. 따라서 후세의 학자들은 그것에 힘을 쓰는 것이 느슨한가, 맹렬한가에 달려 있을 따름입니다. 어찌 털끝만큼이라도 들어가는 길을 분간하지 못해 계단을 잘못 올라가는 일이 있겠습니까?

이 늙은이는 자신의 일도 제대로 못하는데, 어찌 감히 남에게까지 미

---

189) 화란(禍亂)이 닥칠 : 원문의 '박상'(剝床)은 『주역』 박괘(剝卦)에 나오는 말로 '침상을 갉아먹는다'는 뜻이다. 즉 화란이 자신의 몸에 가까이 다가왔음을 나타내는 말이다.

190) 김효원 : 1542~1590. 남명의 제자로 자는 인백(仁伯), 호는 성암(省庵), 본관은 선산(善山)이다.

191) 지난해……것 : 부절(符節)은 사신이 가지고 다니는 신표로, 지난해 김효원이 사신으로 내려왔다가 남명을 찾은 것을 말한다.

치겠습니까? 다만 공이 나를 깊이 생각해주는데, 나는 집이 빈한(貧寒)해 아무것도 공에게 줄 것이 없으니, 참으로 부끄러워할 만합니다.

생각건대 공은 타고난 성품이 온화하고 선량하니, 하나의 좋은 사람일 뿐만이 아닙니다. 물 뿌리고 비질하고 응대(應對)하는 것은 어려서부터 익숙히 익힌 일입니다. 공부가 이미 육 분(分)의 길로 향하고 있으니, 이제『대학』(大學)을 가지고 공부를 하며 틈틈이『성리대전』(性理大全)을 한두 해 탐구하십시오. 항상『대학』한 집에만 출입하게 되면, 연(燕)나라에 가고 초(楚)나라에 가더라도 본가(本家)로 돌아와 머물게 될 것입니다. 성인이 되고 현인이 되는 것도 모두 이 집안에서 벗어나지 않습니다. 회암(晦菴)이 평생 힘을 얻은 것도 모두 이 책에 있었다고 하니,[192] 어찌 후인을 속이는 말이겠습니까?

오늘날의 시속은 오염되고 훼손된 것이 매우 심하니, 천길 절벽처럼 우뚝하게 서서 머리가 쪼개지고 사지(四肢)가 분해되더라도 시속에 따라 변하지 않은 뒤에야 길인(吉人)이 될 수 있을 것입니다.

진사 김 숙부에게 사례함　奉謝金進士肅夫
　　－숙부는 김우옹(金宇顒)의 자이다.

어제 김해(金海) 집의 종이 와 그대가 김해로 갈 것임을 알게 되었습니다. 지금 또 멀리서 정성스럽게 보낸 편지를 받고 훤위(萱闈)[193]께서 평안하신 줄 알게 되었으니, 위안이 되고 감사하는 마음 둘 다 지극합니다. 이 늙은이가 그대의 알아주는 마음에 무엇으로 보답을 하겠습니까? 진중하게 서로 믿는 것이 이와 같으니, 이른바 황량(黃粱)[194]을 가보(家寶)로 하면서 구장(璆璋)[195]을 부러워하지 않는다는 것입니다.

---

192) 회암이……하니 : 회암(晦菴)은 송(宋)나라 때 학자인 주희(朱熹)의 호이다. 이 말은『대학장구』「독대학법」(讀大學法)에 보인다.

193) 훤위 : 남의 모친(母親)을 일컫는 말이다.

194) 황량 : 찰기가 없는 좁쌀인 메조를 말한다.

195) 구장 : 좋은 옥을 가리킨다.

한(漢)·당(唐) 때의 유학자들은 도덕의 행실이 대강 있기는 하였지만, 도덕의 학문을 강구하지 않았습니다. 염락(濂洛)의 어진 이들[196]이 나온 이후로, 저술과 집해(輯解)에 계제(階梯)와 노맥(路脈)이 해와 별처럼 밝아 초학자들도 책을 펴면 이치가 환하게 나타납니다. 따라서 고명한 스승이 귀를 당겨 일러준다 하더라도 전현(前賢)들의 가르침보다 조금도 더하지 못할 것입니다. 어찌 맹자(孟子)가 살던 시대에 배우기를 구하면 스승 삼을 만한 사람이 넘치던 것과 같을 뿐이겠습니까?[197] 다만 학자들이 학문을 구하는 것이 정성스럽지 못할 따름입니다.

이 늙은이가 일찍이 지향할 바를 대략 알았으나, 전현들이 전한 말을 체득하지 못해 이처럼 용렬하게 되고 말았으니, 이도 내가 정성스럽지 못했기 때문입니다. 그대가 사자(四子)의 글[198]을 섭렵했으면서도 오히려 의심하는 바가 있으니, 정성이 돈독(敦篤)[199]하지 못해서인 듯합니다. 이 늙은이에게 교학상장(敎學相長)할 힘이 조금 있기는 하지만, 어찌 주자(周子)[200]·정자(程子)[201]가 입언(立言)한 데 털끝만큼이라도 더하겠습니까?

그 가운데 어록(語錄)과 『역경』(易經)에는 난해한 곳이 있는데, 나도 억지로 그 뜻을 구하지 않고 모두 등한한 말로 보아 넘깁니다.[202]

---

196) 염락(濂洛)의……이들 : 염(濂)은 염계(濂溪), 낙(洛)은 낙양(洛陽)으로, 송(宋)나라 때 염계(濂溪)의 주돈이(周敦頤)와 낙양(洛陽)의 정이(程頤)·정호(程顥) 등을 가리키는 말이다.

197) 어찌……뿐이겠습니까 : 이 말은 송나라 때 유학자들이 학문의 길을 잘 밝혀놓아, 지금은 맹자가 살던 시대보다 학문하기가 더 낫다는 뜻이다.

198) 사자(四子)의 글 : 공자(孔子)·증자(曾子)·자사(子思)·맹자(孟子)가 지은 『논어』·『대학』·『중용』·『맹자』를 가리킨다.

199) 돈독 : 원문에는 '독'(篤)자 앞에 한 글자가 빠져 있는데, 우선 '돈독하다'는 뜻으로 번역해둔다.

200) 주자 : 송(宋)나라 때 유학자 주돈이(周敦頤)를 가리킨다.

201) 정자 : 송(宋)나라 때 유학자 정호(程顥)·정이(程頤)를 가리킨다.

202) 등한한……보아 넘깁니다 : 원문에는 '한어'(閑語) 다음에 한 글자가 빠져 있다.

이 또한 우물을 팔 때처럼, 처음에는 혼탁하지만 다 파고 맑아진 뒤에는 은빛 물결이 또렷하게 빛나는 것과 같습니다. 청컨대 한번에 다 얻으려 하지 말고, 여러 해 공력을 쌓아 날로 터득함이 있은 뒤에, 이 늙은이와 만나 절차탁마하면 매우 다행이겠습니다.

나는 다음달에 나주(羅州)에 있는 자씨(姊氏)에게 가보려고 합니다.[203] 자씨가 오는 가을 서울로 돌아가려 하는데, 근일 만나기를 청하기 때문입니다. 그대가 나를 보러 오더라도 자못 조용한 시간을 가질 수 없을 것이니, 몇 달 공부를 더 하다가 겨울에 오길 바랍니다. 한 열흘쯤 함께 지내다보면 내가 그대에게 얻음이 있지 않으면, 그대가 혹 나에게 취함이 있을 것입니다.

그대의 산중사(山中詞) 또한 온당치 않습니다. 그대는 단지 장로(長老)로 나를 기대해야 할 것이니, 어찌 이처럼 부화(浮華)한 사장(詞章)으로 나를 칭할 수 있겠습니까? 그리고 손자와 할아비로 일컫는 것[204]도 온당치 못합니다. 옛날 사람은 그렇게 부르지 않았습니다. 건중(楗仲)이 급히 씁니다.

김 숙부에게 줌 又

백씨(伯氏)[205]가 보내준 여러 가지 물건을 받았는데, 이는 그대가 부탁한 것일 겁니다. 이것이면 이 해가 다 가도록 먹고 살 만하니, 어떻게 감사를 해야 할까요? 나도 요즘 들어 음식 맛이 조금 돌아와 하루

---

203) 나주로……합니다 : 자씨(姊氏)는 이공량(李公亮)에게 시집간 남명의 누이를 가리킨다. 당시 생질 이준민(李俊民)이 어머니를 모시고 나주목사(羅州牧使)로 나가 있었는데, 이준민의 어머니가 서울로 가기 전에 남명을 한번 만나보고자 하여 찾아간 것이다.

204) 손자와……것 : 김우옹(金宇顒)이 남명의 외손서(外孫壻)이기 때문에 조손(祖孫) 사이로 일컬은 것이다.

205) 백씨 : 김우옹의 맏형 김우홍(金宇弘)을 가리킨다. 김우홍의 자는 면부(勉夫), 호는 이계(伊溪)이다.

하루를 잘 보내고 있습니다. 모레는 동래(東萊)로 떠나 선영(先塋)에 참배하고 돌아올 예정입니다.[206]

내가 그대에게 바라는 것이 어찌 안회(顔回)[207]를 사위로 삼은 것일 뿐이겠습니까?[208] 단지 붕우 사이의 의리로 어울릴 뿐이니, 어찌 이보다 더 아끼는 정이 있겠습니까? 오륜(五倫)의 의리는 전적으로 붕우에 의해 이루어지는데, 세상 사람들은 이를 전혀 염두에 두지 않은 지 오래 되었습니다. 도의(道義)를 가지고 서로 연마하는 데 그대와 함께 하지 않고 누구와 함께 하겠습니까?

매번 살펴보건대, 그대는 물처럼 청렴하고 고요하지만, 정성스럽고 독실하고 세밀하게 살피는 뜻이 적으니, 길이 진보하기가 쉽지 않을 것 같아 이 늙은이는 항상 염려스럽습니다. 청컨대 정성스럽고 독실하게 하는 공부를 통렬히 더해, 성취한 것을 이 늙은이에게 나누어주길 바랍니다. 다른 사람에게 선(善)을 하도록 도와주는 것[209]이 군자의 첫 번째 좋은 일입니다.

소실(小室)을 둘 생각[210]과 같은 것은 또한 십분 생각해서 해야 합니다. 그대는 실로 청빈하니, 출신(出身)[211]한 뒤에 구업(舊業)[212]을 가진

---

206) 동래로……예정입니다 : 족보에 의하면, 남명의 증조모의 묘가 동래에 있는 것으로 되어 있다.

207) 안회 : 공자(孔子)의 고제(高弟)이다.

208) 내가……뿐이겠습니까 : 김우옹이 남명의 외손서이므로 안회를 사위로 삼는 다는 비유를 한 것인데, 이 말 속에는 공자와 안연의 관계처럼 도의(道義)로 맺어지기를 바란다는 뜻이 들어 있다.

209) 다른……것 : 『맹자』「공손추」(公孫丑) 상편에 '남이 선을 행하도록 도와준 다'는 뜻의 '여인위선'(與人爲善)이란 말이 보이는데, 여기서도 그런 뜻으로 쓰였다.

210) 소실을……생각 : 세칭 경진본(庚辰本) 『남명선생별집』(南冥先生別集) 7권 사우록(師友錄)의 김우옹(金宇顒) 조에 보면, 김우옹이 청빈해서 부유한 집 의 여자를 첩으로 삼아 살림의 밑천을 마련하려 했다는 기록이 보인다.

211) 출신 : 과거에 급제하고 아직 벼슬길에 나아가지 않은 사람을 일컫는 말인 데, 여기서는 과거에 급제하는 것을 가리킨다.

212) 구업 : 윗대로부터 물려받은 재산을 가리킨다.

사람을 취해서 아울러 생계에 밑바탕이 되게 하기를 도모하는 것이 옳을 것입니다. 바야흐로 학문에 뜻을 두고 있으면서 급급히 의식(衣食)에 관한 것을 먼저 도모한다면, 어찌 다른 길로 미혹되는 것일 뿐이겠습니까?

소열(昭烈)[213]이 공명(孔明)[214]에게 부탁하기를 "내 자식은 불가하니, 그대가 이 나라를 스스로 취할 수 있다"고 하였습니다. 소열은 한 나라를 들어 남에게 주는 것도 오히려 헌신짝처럼 보았는데, 하물며 이 곤충이나 물고기처럼 미미한 어리석은 아이[215]에 있어서이겠습니까? 그대가 이 늙은이에 대해 이런 생각을 조금이라도 갖는다면, 어찌 나를 박대(薄待)하는 것이 아니겠습니까?

김 숙부에게 줌   又

새해에는 학문이 날로 새롭고 또 새로워져야 할 텐데, 해가 갈수록 점점 더 퇴보하니, 어찌 '날로 새롭게 한다'[216]는 교훈에 부끄럽지 않겠습니까? 덕이 더욱더 높아진다고 한 그대의 말은 어찌 서로 권면하는 뜻이 아니겠습니까?

---

213) 소열 : 중국 삼국시대 촉(蜀)나라 소열황제(昭烈皇帝)인 유비(劉備)를 가리킨다.

214) 공명 : 삼국시대 유비(劉備)를 도왔던 제갈량(諸葛亮)을 가리킨다.

215) 어리석은 아이 : 아마도 김우옹(金宇顒)에게 시집간 남명의 외손녀를 가리키는 듯하다. 김우옹은 24세 때 남명의 외손녀에게 장가들고, 28세 때 문과에 급제했다. 이 편지의 뒷부분은 김우옹이 출신(出身)하기 전 빈한한 살림 때문에 상당한 재산을 물려받을 수 있는 여인을 첩으로 두는 문제로 남명에게 자문한 것에 대해, 남명이 답변한 내용이다. 김우옹은 남명의 외손녀에게 장가든 지 얼마 되지 않아 첩을 들이려는 문제에 대해 남명에게 미리 자문을 구했던 것 같고, 남명은 김우옹이 의식주를 편안히 해결하려는 데 마음을 두어 학문에 방해가 될까 염려하였던 것 같다.

216) 날로⋯⋯한다 : 탕(湯)의 반명(盤銘)에 나오는 "날마다 새롭게 하고 또 날로 새롭게 한다"[日日新 又日新]는 말로, 『대학』(大學) 등에 보인다.

김 숙부에게 줌   又

밑바닥에 이른 빈한한 선비는 두 손이 경쇠와 같은 법인데,[217] 그대는 무슨 소득이 있어 나에게까지 이런 물건을 보내줍니까? 종이와 오미자(五味子)를 보내준 것에 대해 또한 감사드립니다.

김 숙부에게 줌   又

그대의 학문을 향한 마음이 깊고도 절실한 줄 알게 되었으니, 이것이 바로 내가 이응(李膺)[218]을 사위로 얻었다고 하는 것입니다. 김해(金海) 집에 있는 상자 속에 푸른 표지의 작은 책 『근사록』(近思錄)이 있으니, 가져다 골똘히 생각해보십시오. 몇 달 동안 함께 지내며 절차탁마해 서로 유익하게 할 수 없음이 한스럽습니다. 그대가 혹 이번 가을 과거시험에 합격하지 못하면, 몸이 한가하여 마음대로 할 수 있을 것이니, 필마(匹馬)로 찾아와 한 달 동안 아름다운 손님이 되십시오. 나에게 소득이 있지 않으면, 그대에게 반드시 도움이 있을 것입니다.

김 숙부에게 줌   又

지난번 며칠 동안 오붓한 자리를 갖기는 했지만, 우스갯소리가 뒤섞여 도무지 정밀한 얘기를 하지 못했습니다. 그런데 그대는 문득 그것을 취해 규계로 삼았으니, 이를 두고 선과 악이 모두 나의 스승이 되기에 충분하다고 하는 것이구려. 그대는 남에게서 잘 취하는 장점을 가지고 있습니다.

다만 살펴보건대, 내가 그대에게 걱정스러운 것은 하루 햇볕을 쬐이

---

217) 두……법인데 : 방안에 아무것도 없이 썰렁하게 경쇠만 매달아놓은 것처럼, 두 손에 아무것도 가진 것이 없다는 뜻이다.

218) 이응 : 후한(後漢) 환제(桓帝) 때 사람으로, 조정의 기강이 어지러운 상황에서 혼자 풍교(風敎)를 유지한 인물이다.

고 열흘을 춥게 하는 것[219]과 같을 뿐만이 아닙니다. 근본이 확립되지 않아 행동을 절제하는 데 재능이 없으며, 학문을 강구하는 데 정밀하긴 하지만 치용(致用)에 졸렬하여 자유자재로 운용해 쓸 수 있는 수단이 짧으니, 이 점이 가장 시급히 갖추어야 할 일입니다.

일찍이 살펴보건대, 자[尺度]는 집집마다 모두 가지고 있습니다. 집집마다 가지고 있을 뿐만 아니라, 하찮은 사람들까지도 모두 가지고 있습니다. 그리고 푼(分)·촌(寸)의 눈금도 매우 명백합니다. 그런데 이 자를 이용하여 구장복(九章服)[220]을 마름질하는 사람도 있고, 한 자밖에 안 되는 버선도 만들지 못하는 사람이 있습니다. 스스로 헤아려 보건대, 그대의 자로 처음 모양의 물건을 마름질할 수 있겠습니까? 그대가 알 일입니다. 다 갖추지 못합니다.

김 숙부에게 줌 又

내 듣건대, 상산(商山)[221]에서 해약(解約)한 문건이 이 부(府)에 도착했다고 합니다. 성상께서 들으시고 회부(回附)하여 양종(兩宗)[222]을 새로 혁파했으며, 못된 짓을 하던 중은 죽고 음사(淫祠)도 불태웠다고 합니다. 당초 궁궐문을 두드리며 부르짖던 날과는 같지 않으니, 적의하게 계책을 바꾸어야 할 것입니다. 그렇게 하는 것이 또한 의리를 해치지 않을 것입니다. 다만 경부(敬夫)[223]에게는 오히려 독단적으로 재단해야 할 의리가 있을 것입니다. 나는 아직 예전의 모습을 보전하고 있습니다.

---

219) 하루……것 : 『맹자』 「고자」(告子) 상편에 나오는 말로, 하루 학문에 나아가고 열흘은 그렇지 못함을 나타내는 말이다.
220) 구장복 : 아홉 가지 무늬를 새긴 천자(天子)의 의복을 말한다.
221) 상산 : 경상북도 상주(尙州)의 옛 이름이다.
222) 양종 : 확실치는 않으나 불교의 선종(禪宗)과 교종(敎宗)을 가리키는 듯하다.
223) 경부 : 김우옹의 형인 김우굉(金宇宏, 1524~1590)의 자이다.

김 숙부에게 줌 又

그대가 헛되이 왔다가 빈손으로 돌아갔다고 생각되지만, 백년 사업[224]에 있어 이번 걸음과는 달리 실득(實得)이 있어 왔다가, 실득을 얻어가지고 돌아가는 경우가 있을 줄 어찌 알겠습니까?

늙은 몸이 오히려 전과 같지 않으니, 먼길을 분주히 돌아다니다 천리 밖의 나그네가 된 기분입니다. 평생의 행동거지는 웃음과 한탄을 자아낼 만하고, 늙어서도 일컬을 만한 것이 없으니, 이미 도적이나 다름없습니다. 이제 다시 이 몸은 이름난 도적이 되어 백방으로 도망을 치려 해도 달아날 수 없게 되었으니, 바로 하늘의 명호(名號)를 훔쳐 하늘이 도망을 치지 못하게 하는 것입니다.

지난달 27일 정사(政事)에서 상서원 판관(尙瑞院判官)[225]에 제배(除拜)되었습니다. 다시 교지(敎旨)가 내려 승정원(承政院) 하리(下吏)가 싸가지고 왔는데, 내의원(內醫院)의 약재까지 하사하셨습니다. 그리고 감사(監司)에게 식물(食物)을 보내라고 명하였다 합니다. 오는 18일 재계하고 한양으로 떠나려 합니다.

김 숙부에게 줌 又

일찍이 조사(詔使)[226]가 오는 것을 보고, 부끄럽고 한스러움을 견딜 수 없었습니다. 남을 속이다 끝내 임금을 속이는 데까지 이르렀으니, 참으로 현자(賢者)의 지위에 스스로 앉아 버젓이 몸을 드러냄으로써 이름을 훔친 죄를 더욱 무겁게 할 수 있겠습니까? 이미 신병(身病)을 호소하는 소지(所志)[227]를 올렸습니다. 몸을 온전히 하면서 이름을 훔

---

224) 백년 사업 : 평생토록 도를 추구하며 학문에 정진하는 것을 가리킨다.
225) 상서원 판관 : 상서원(尙瑞院)은 새보(璽寶)·부패(符牌)·절월(節越) 등을 관장하던 이조(吏曹)에 딸린 관청이고, 판관(判官)은 동반(東班)의 종5품 관직이다.
226) 조사 : 왕명을 받든 사신을 가리킨다.

쳤으니, 전현(前賢)들의 대열에 스스로 어깨를 나란히 할 수 있겠습니까? 이런 가운데 또 말하기 어려운 점이 있습니다. 감히 낱낱이 거론하지 못합니다.

김 숙부에게 줌 又

나의 시에 '기러기는 남쪽으로 날아왔는데 멀리 떠난 사람 아직 돌아가지 못하고, 공명(功名)은 손에 잡히지 않는데 굶주린 이[蝨]만 옷속에 가득하네'라고 했으니, 참으로 우습고 탄식할 만합니다. 과거시험에 대한 기별을 아직 정확히 듣지 못했습니다. 만약 어사화(御賜花)를 꽂게 되거든, 어버이에게 절한 뒤 곧바로 뽑아버리십시오. 머리에 꽂은 채 사람들을 물리치며 친척집에 출입하여 유식한 사람의 기롱을 받는 것은 참으로 옳지 못하니, 크게 올바로 하십시오.

학관²²⁸⁾ 권응인²²⁹⁾에게 답함 答權學官應仁書

당일 만났을 때도 할 말을 잊었었는데, 이제 다시 붓을 잡고 쓸 말을 잊을 줄 어찌 생각이나 했겠습니까? 이런 회포를 공은 상상할 수 있을 것입니다. 원융(元戎)²³⁰⁾께서 다시 편지를 부치시고 이어 선물까지 보내주셨으니, 어찌 감히 사양할 일이겠습니까? 그대가 역수(易數)로 풀이해 보내준 것을 보니, 내 수명이 너무 깁니다. 일컬을 만한 것도 없으면서 늙어서도 죽지 않는다면 한 도적이 됨을²³¹⁾ 어찌 면하겠습

---

227) 소지 : 자기나 다른 사람의 사정을 호소하는 소장(訴狀)을 말한다.

228) 학관 : 이문학관(吏文學官)의 준말로, 승문원(承文院)의 한 관직이다.

229) 권응인(權應仁, 1517~ ?) : 남명의 제자로, 자는 사원(士元), 호는 송계(松溪)이다. 문장에 능했으며, 한리학관(漢吏學官)을 지냈다.

230) 원융 : 장수(將帥)를 뜻하는 말인데, 누구를 가리키는지 알 수 없다.

231) 국문(國門)의 도적 : 유일(遺逸)로 천거된 것을 가리킨다. 즉 그만한 학문과 덕행이 없는데 헛되이 이름을 훔쳐 조정에까지 알려지게 되었다는 뜻이다.

니까? 전부터 이름을 훔친 것이 적지 않아 일찍이 국문(國門)의 도
적[232]이 되었는데, 이 뒤에 다시 조화(造化)의 도적[233]이 될 줄 어찌 알
겠습니까?

일찍이 지은 시에 "맨손으로 돌아왔으니, 무엇을 먹고 살까? 은하 같
은 냇물 십리나 뻗어 있으니, 마시고 마셔도 오히려 남음이 있으리"[234]
라고 하였으니, 이제부터 다시 10년 동안 이 물을 더 마신다면 산수(山
水)의 도적이 될 것입니다. 모두 손뼉을 치며 한바탕 웃을 만한 일입니
다. 공과 마주앉아 한바탕 웃을 수 없음이 한스럽습니다. 마침 손님이
와서 이만 줄이겠습니다. 삼가 답합니다.

유해룡[235]에게 줌   與柳海龍書

일찍이 나를 찾아주었고, 이제 다시 편지를 보내주니 참으로 감사합
니다. 그대는 문장을 짓는 데 어찌 배우처럼 흉내만 냅니까? 문리(文
理)가 이어지지 않을 뿐만 아니라, 조어(造語)가 문사(文辭)를 이루지
못합니다. 사람들이 나를 두고 귀머거리에게 함소(咸韶)[236]를 들려준다
고 할 것입니다. 청컨대 『고문진보』(古文眞寶) 후집(後集)을 가져다
한두 해 배워 환골탈태하기를 구하십시오. 그리하여 이 늙은이로 하여
금 양공(羊公)의 소견이 되게 하지 말고, 그대로 하여금 양공(羊公)의
학(鶴)이 되게 하지 마십시오.[237]

---

232) 늙어서도……됨을 : 『논어』「헌문」에 공자가 친구 원양(原壤)에 대해 "젊어
    서는 불손하고, 성장해서는 칭술할 만한 것이 없고, 늙어서도 죽지 않으니
    이는 도적이다"라고 하면서 지팡이로 그의 정강이를 때렸다는 말이 보인다.
233) 조화(造化)의 도적 : 자연의 조화에 따라 살지 않고 몸을 조섭하여 늙어서도
    죽지 않는 것을 가리킨 듯하다.
234) 맨손으로……있으리 : 남명의 시 「덕산복거」(德山卜居)의 제3, 4구이다.
235) 유해룡 : 어떤 인물인지 자세치 않다.
236) 함소 : 함(咸)은 요(堯)의 음악인 함지(咸池)이고, 소(韶)는 순(舜)의 음악으
    로, 모두 성왕(聖王)의 훌륭한 음악을 가리킨다.
237) 이 늙은이로……마십시오 : 옛날 양숙자(羊叔子)라는 사람이 학(鶴)을 가지

또한 그대의 사람됨은 흡사 탐라산(耽羅山)[238]의 망아지 같으니, 굴레와 고삐를 매지 않으면 어떻게 잘 길들여진 준마(駿馬)가 될 수 있겠습니까? 강 너머에 유 명중(柳明仲)[239]이라는 사람이 있는데 사람됨이 근후(謹厚)하니, 그대가 찾아가 그를 따라 배우는 것이 어떻겠습니까?

송파자[240]에게 보임 示松坡子

옛날이나 지금이나 학문하는 사람들이 『주역』을 궁구하기를 매우 어렵게 여기는데, 이는 사서(四書)에 익숙하지 못하기 때문입니다. 학문하는 사람들이 사서를 정독(精讀)하고 숙독(熟讀)하여 진리가 쌓이고 힘이 오래 되면, 도의 상달처(上達處)를 알 수 있어 『주역』을 궁구하는 것이 거의 어렵지 않을 것입니다.

대체로 정독하기만 하고 숙독하지 않으면 도를 알 수 없고, 숙독만 하고 정독하지 않으면 또한 도를 알 수 없습니다. 정독하고 숙독하는 것이 모두 지극해야 골자를 꿰뚫어볼 수 있습니다. 다만 『대학』은 여러 경전의 강령(綱領)이니, 모름지기 『대학』을 읽어서 훤히 꿰뚫어 알게 되면 다른 글을 보기가 쉬워질 것입니다.

또한 경(敬)은 성학(聖學)의 시작이 되고 끝이 되는 것으로, 초학자로부터 성현(聖賢)에 이르기까지 모두 경을 주로 하는 것으로 도에 나아가는 방편을 삼습니다. 학문을 하면서 경을 주로 하는 공부가 부족하면 학문하는 것이 거짓이 됩니다. 맹자가 말씀하기를 "학문하는 도

고 있었는데 춤을 잘 추어 사람들에게 자랑을 했다. 어떤 사람이 구경을 하자고 하여 학을 데려왔는데, 학이 깃털을 세우고 춤을 추려 하지 않았다. 그래서 사람들이 '양공학'(羊公鶴)이라고 불렀다 한다. 이는 『세설신어』(世說新語)에 나오는 이야기로, 다른 사람에게 인재라고 추천했는데 추천된 사람이 그에 상응하는 능력이 없을 때, 비유적으로 일컫는 말이다.

238) 탐라산 : 제주도 한라산을 가리킨다.

239) 유 명 : 명중(明仲)은 유종지(柳宗智)의 자이다.

240) 송파자 : 어떤 인물인지 자세치 않다.

는 다른 것이 없다. 놓아버린 마음을 구하는 것뿐이다"[241]라고 하였으니, 이것이 바로 경을 주로 하는 공부입니다. 옛날 여러 성현들의 글이 많지만, 이 한마디로 지극하고 극진합니다. 학문하는 사람들이 이 마음을 능히 거두어들여 오래도록 잃지 않으면 모든 사악한 마음이 저절로 사라지고, 온갖 이치가 저절로 통하게 될 것입니다.

이는 내가 함부로 하는 말이 아니고 바로 성현들이 남긴 교훈으로, 내가 매번 학문하는 사람들에게 일러주는 말입니다. 세상의 학자들은 사서가 평범한 데 싫증을 느껴서, 장구(章句)나 기억하고 암송하는 습관으로 구해 읽는 속유들과 다를 바 없이 그 책을 읽고 있습니다. 그들은 견문을 넓히는 글이나 좋아해, 그런 데에만 공력을 기울이려고 합니다. 이것이 이른바 색은행괴(索隱行怪)[242]이니, 이런 사람들은 도체(道體)를 알지 못할 뿐만 아니라, 끝내 문호(門戶)도 엿볼 수 없을 것입니다.

주자(朱子)는 말씀하기를 "내가 평생 정력을 기울일 것이 모두 『대학』에 있었다"[243]고 하였고, 정자(程子)는 말씀하기를 "『논어』와 『맹자』를 온전히 공부하고 나면 육경(六經)은 배우지 않아도 밝아질 수 있다"고 하였습니다. 학문하는 사람들이 글을 널리 보는 공부는 이와 같이 해야 합니다.

---

241) 학문하는……뿐이다 :『맹자』「고자」(告子) 상편에 보인다.
242) 색은행괴 :『중용』에 나오는 말로, 은미하고 변벽된 이치를 찾고 괴이한 것을 행한다는 뜻이다.
243) 평생……있었다 :『대학장구』「독대학법」(讀大學法)에 주자(朱子)가 말하기를 "사마온공(司馬溫公)이『통감』(通鑑)을 짓고 말하기를 '평생의 정력이 모두 이 책에 있었다'고 하였는데, 나도『대학』에 대해 또한 그러했다"고 하였다.

기(記)

행단기　杏壇記[1]

　이 단(壇)을 설치한 지는 오래 되었으니, 춘추시대 노나라 대부 장문중(臧文仲)이 이름을 붙인 데서 비롯되었다. 이 곳은 노나라 도성 동쪽으로, 궐리(厥里)[2]와 가까운 곳이다.

　공자께서 치유(緇帷)[3]라는 숲에서 노닐다가 이 단 위에서 쉬며 바람을 쐬기도 하고, 제자들과 학문을 강론하기도 하셨다. 하루는 자유(子游)·자하(子夏)·계로(季路) 등이 공자를 모시고 있었는데, 공자께서

---

1) 행단기 : 『장자』(莊子) 「어부」(漁父)에, "공자가 치유(緇帷)라는 숲을 거닐다가 행단(杏壇) 위에 앉아 휴식하였다"[孔子游於緇帷之林　休坐乎杏壇之上]라는 말이 보이는데, 『장자』에 보이는 공자에 대한 다른 기록을 참조해보면, 이 기록도 우언(寓言)으로 봄이 마땅하다. 송(宋)나라 건흥(乾興) 연간(1022)에 공자의 45대손인 도보(道輔)가 곡부(曲阜)에 있는 공자의 사당을 중수하면서, 대성전(大成殿) 앞을 행단(杏壇)으로 비정(比定)하여 행목(杏木 : 이 나무를 우리 나라 사람들은 은행나무라고 생각해 왔었는데 중국 사람들은 대체로 살구나무로 생각하고 있다)을 주위에 심어놓고 '행단'(杏壇)이라는 비석을 세워두었다고 한다.
2) 궐리 : 공자가 태어난 동리 이름으로, 추읍(鄹邑) 창평향(昌平鄕)에 속하였다.
3) 치유 : 공자가 노닐던 이 숲이 너무 무성하여 하늘의 해를 가릴 정도로 검고[緇], 잎과 가지가 펼쳐져 있는 것이 장막과 같아서 붙여진 이름이라고 한다.

안연(顔淵)을 돌아보며 말씀하셨다.

"너는 이 단(壇)의 이름을 아느냐?"

"모르옵니다."

"이 단을 처음 설치한 연유를 아느냐?"

"모르옵니다."

"너희는 기억해두도록 해라. 이것은 바로 장문중이 쌓은 단으로, 중원(中原)의 여러 제후들과 회맹(會盟)하던 곳이다. 이름을 행단(杏壇)이라고 한 것은 이때부터 유래한 것이니라. 사물을 보고 그 사람을 생각하게 되나니, 느낌이 없을 수 있겠는가?"

그리고 거문고를 가져오게 하여, 뜯으면서 읊조리셨다.

"더위가 감에 추위가 오며, 봄이 감에 다시 가을이네."

회(回)가 조심스럽게 나아가 두 번 절하고 기문(記文)을 짓는다.

장문중(臧文仲)은 노(魯)나라의 훌륭한 대부(大夫)였으며, 노나라는 천자(天子)와 종실(宗室)이 되는 국가였다. 당시에 제후들을 모아 맹약했던 것이 무슨 내용인지를 나는 모르겠다. 어진 사람의 도움을 받아 서백(西伯)[4]이 했던 직분을 수행하려는 것이었다면 유하혜(柳下惠)처럼 어진 사람이 있어도 함께 조정에 서서 일하지 않은 것은 어찌된 일이며,[5] 예의의 가르침을 밝혀서 제 환공(齊桓公)과 진 문공(晉文公)이 했던 일을 시행하려는 것이었다면 자기 집에 점치는 거북을 간직

---

4) 서백 : 주(周)나라 문왕(文王)을 일컫는 말이다. 그는 은(殷)의 말기에 서쪽 지방 제후의 장(長)이 되어 왕도정치(王道政治)의 실현을 꿈꾸었다.

5) 유하혜처럼……일이며 : 『논어』(論語) 「위령공」(衛靈公)에 "공자께서 말씀하시기를, '장문중(臧文仲)은 지위를 훔친 사람이로다! 유하혜(柳下惠)가 현명하다는 것을 알고서도 함께 조정에 참여하지 못하게 하였으니' 하였다"[子曰 臧文仲 其竊位者與 知柳下惠之賢而不與立也]라는 말이 보이는데, 여기서는 장문중이 왕도정치를 실현할 뜻이 있었다면 마땅히 유하혜 같은 어진 이를 조정에 불러들였어야 하는데 그가 그렇게 하지 못했다는 것을 말한 것이다. 유하혜는 전금(展禽)이라는 사람으로, 유하(柳下)는 식읍(食邑)이고 혜(惠)는 그 시호(諡號)이다. 『맹자』(孟子) 「만장」(萬章)에서 맹자는 그를 성지화자(聖之和者)라고 하였다.

하기 위한 집을 지어 신하로서의 예의를 범한 것은 어찌된 일인가?[6] 당시에 등용되지 않았다면 그만이거니와, 만일 자신을 등용해주었다면 천자의 종실이 되는 나라에 벼슬하고 있고 또 주나라 왕실이 미약해 지던 시대를 당하여, 실행에 뜻을 둔 선비가 왕실을 버려두고서 무슨 일을 하겠는가?

그렇지 않다면 이 단 위에서 맹약을 주재하고 제후들을 연합하는 사이에서 보여준 모습이 어찌 주공(周公)의 위엄을 빙자하여 제후를 속인 짓이 아니겠는가? 땅에다 희생(犧牲)을 놓고 그 위에 맹약의 문 서를 얹어두고 제후의 입에 맹약의 피를 바르게 한 것은, 강자가 약자 를 업신여기고 포악하게 굴어 자신에게 이롭게 하려는 짓에 가깝지 않겠는가?

아아, 문중(文仲)이 이 단에 이르러 맹약할 때는 주나라 왕실의 위 엄이 허물어지기 전이었건만 이를 구원할 수 없었고, 선생께서 이 단 에서 감상을 일으키신 때는 주나라 왕실이 이미 어지러워진 뒤이건만 이를 바로잡고자 하셨으니, 시대의 행(幸)·불행(不幸)과 세상의 치 (治)·불치(不治)는 천운(天運)이리라.

문중(文仲)은 여기에서 희생의 말을 잡아놓고 군대 문제를 맹약하면 서 동맹국의 민중들에게 위엄을 부렸지만, 동주(東周)[7]의 운수를 돌리 지도 못했고 여러 오랑캐의 침략을 늦추지도 못했다. 그런데 선생께서

---

6) 자기 집에……일인가 : 『논어』(論語) 「공야장」(公冶長)에 "공자께서 말씀하시 기를, '장문중이 복점용(卜占用) 거북을 보관하는 집을 짓되 두공(斗栱)에다 산 그림을 그리고 동자기둥에다 마름풀을 그려 단청(丹靑)을 하였으니 어찌 지혜 롭다 하리오?' 하셨다"[子曰 臧文仲居蔡 山節藻梲 何如其知也]라는 말이 보이 는데, 이는 장문중이 백성을 위한 의로운 일에는 힘쓰지 않고 자기 분수에 넘 치는 짓을 하여 귀신에게 아첨한다고 비평한 것이다. 여기서는 이와 함께 대부 의 집에서는 거북을 간직하기 위한 집을 짓지 않는 것이 예(禮)인데 장문중이 이를 범했다는 것을 지적한 것이다.

7) 동주 : 주(周)나라가 낙양(洛陽)으로 천도한 이후를 동주(東周)라 하는데, 그 이후로는 왕실의 권위가 땅에 떨어졌다.

는 여기에서 도학(道學)을 강론하시고 의리(義理)를 창도(倡導)하시면
서 천리(天理)의 공명정대함을 밝히셔서, 사람들이 왕실을 업신여길 수
없다는 것과 중국이 오랑캐와 다르다는 것을 알게 하셨다. 이 단(壇)에
서 군대 문제를 의논했던 사람은 장대부(臧大夫)인데 한 나라의 대부에
불과하였고, 규구(葵丘)에서의 맹약[8]에 비해 도리어 부끄러운 점이 있
으며, 이 단에서 도학을 강론하였던 분은 우리 선생이신데 천하의 성인
(聖人)이 되셨으니, 어찌 서백(西伯)이 추구하려 했던 일에 대한 유공자
(有功者)가 아니겠는가? 같은 단 위에서 일을 했지만 의리(義理)와 이
익(利益)의 서로 같지 않음은 하늘과 땅만큼의 차이가 있다.

　후세에 의리를 실천할 선비들은 여기에서 마땅히 무엇을 본받아야
하겠는가? 그것이 장씨의 법이겠는가? 선생의 학문이겠는가? 나는, 이
단을 쌓은 사람은 장대부(臧大夫)이고 이 단에 이름을 붙인 사람도 장
대부이지만, 후세 사람들은 틀림없이 '장씨의 단'이라 일컫지 않고 '공
씨의 단'이라고 일컬으리라 생각한다. 선생께서 탄식하신 것은 문중(文
仲)을 사모해서가 아니요, 문중이 왕도정치를 보좌할 만한 재주가 없
었음을 슬퍼하신 것이다. 세월이 가는 데 대하여 느꺼워하신 것은 흘
러가는 세월 자체를 탄식하신 것이 아니요, 도(道)가 행해지지 않음을
걱정한 끝에 세월이 머무르지 않음을 안타까워하신 것이다. 하물며 여
기에 단이 있으니, 후세에 이 단에 오르는 자 중에 선생의 탄식을 알
아줄 사람이 있을는지? 여기에 나무가 있으니, 후세에 세신(世臣)[9]을
생각하는 자 중에서 오래 된 교목(喬木)을 기억할 사람이 있을는지?

　계로(季路)가 일어나서 노래하였다.

---

8) 규구(葵丘)에서의 맹약 : 춘추시대에 제(齊)나라 환공(桓公)이 규구(葵丘)에서
　천하의 제후를 모아놓고 크게 맹약한 것을 가리킨다. 이로부터 무력의 위세로
　써 인(仁)을 빙자하는 패도정치(覇道政治)가 출현하였다.

9) 세 : 대대로 그 나라의 신하 노릇을 하면서 그 나라를 이끌어갈 만한 신하를
　말한다. 『맹자』(孟子) 「양혜왕」(梁惠王)에 보이는 "이른바 오래 된 나라란 교
　목이 있음을 두고 하는 말이 아니라 세신이 있음을 두고 이르는 말입니다"라
　는 내용을 염두에 두고 한 말이다.

평평한 이 단에는,	壇之町町
군자가 있건마는,	君子之居
더러운 저 들판엔,	穢之野兮
우리 도(道)가 미약하도다.	吾道之微
누가 장차 서쪽으로 돌아갈꼬,	誰將西歸
좋은 소식을 품고서?[10]	懷之好音

선생께서 "그래" 하고 말씀하셨다.

왕(王)의 아무 해 월일에 문인(門人) 안회(顏回)가 기록하다.

누항기　陋巷記[11]

선생께서 위(衛)나라로부터 노(魯)나라로 돌아오셔서 추(鄹)에 거처하신 지 몇 달이 지났건만 어수선하여 몸도 마음도 아직 풀리지 않으셨다. 문인(門人)들을 둘러보시고, "우리의 도(道)는 동방으로 가겠구나. 나는 어디로 갈까?"라 말씀하시고는 수레를 준비하게 하셔서 옛날 안회(顏回)가 살던 마을을 지나가셨다. 세 번이나 수레를 되돌리셨지

---

10) 누가 장차……품고서 : 『시경』(詩經) 「비풍」(匪風)에 나오는데, 주(周)나라 왕실의 정치가 기강이 없고 쇠퇴해진데다, 제후들은 방자하여 다시는 왕을 높이는 의리가 있는 줄 모르고 있음에 대하여, 당시의 시인이 걱정하고 마음 아파하는 내용이다. 『시경』에서는 원문의 순서와 같이 되어 있지만, 여기서는 압운(押韻) 관계상 이 두 구절을 서로 바꾸어 '회지호음 수장서귀'(懷之好音 誰將西歸)로 함이 마땅할 듯하다. '미'(微)와 '귀'(歸)가 같은 운(韻)이다.

11) 누항기 : 이 글은 누추한 마을에서 어렵게 살다가 요절한 안회(顏回)의 성대한 덕을 기리는 내용인데, 안회의 동문인 증삼(曾參)이 기록해주는 형식을 취하고 있다. 이 글은 『논어』(論語) 「옹야」(雍也)에서 공자가 말한 "어질도다, 안회여! 한 그릇 밥과 한 표주박의 물만으로 누추한 마을에서 지내는 것을. 남들은 그것을 괴로움으로 여겨 견뎌내지 못하지만, 안회는 그것을 즐거움으로 여겨 변치 않았으니, 어질도다, 안회여!"[賢哉回也 一簞食一瓢飮 在陋巷 人不堪其憂 回也不改其樂 賢哉回也]라는 말을 염두에 두고 쓴 글이다.

만 끝내 내리지는 않으시고, 수레의 끌채를 가볍게 두드리시며 그를
위해 노래를 부르셨다.

누추한 마을이여,	穢之墟兮
황량한 한쪽 구석이로구나!	荒之陬
기성(箕星)과 두성(斗星)이 떨어졌건만,	箕斗隕兮
하늘은 거두지 않네![12]	天不收

이에 증삼(曾參)은 무릎을 꿇고 나아가서 말씀드렸다.

"난목(蘭木)이 비록 물에 잠기더라도 그것을 필마(匹馬)와 바꾸는
것은 귀한 것이 있기 때문이며, 원구(元龜)[13]가 비록 죽더라도 종묘(宗
廟)에 모셔두는 것은 신령스러움이 있기 때문입니다. 비록 안회(顏回)
는 떠나갔지만 그래도 그 도(道)는 남아서 죽지 않은 것이 있는데 어
찌 그의 죽음에 대해 그다지도 근심하십니까?"

선생께서, "그래. 그대는 기록할지어다" 하고 말씀하셨다.

물러나 그를 위해 기문(記文)을 쓴다.

안씨(顏氏)의 도(道)는 사물의 시초에까지 극진하였고 조화(造化)의
시작에까지 아득히 닿아 있다. 천지(天地) 같은 크기로도 그의 도를
측량할 수 없으며, 일월(日月) 같은 광명(光明)도 그의 도보다는 밝을
수 없다. 또한 하늘로써 즐기고, 하늘로써 근심하였다. 그러나 외지고

---

12) 기성(箕星)과……않네 : 기성(箕星)은 곡식을 까부르는 키같이 생긴 별이고,
두성(斗星)은 술이나 국을 퍼담는 국자같이 생긴 별인데, 이 별이 떨어졌음에
도 불구하고 하늘이 거두려고 하지 않는다고 말함으로써, 유능한 인재가 태어
났음에도 알아주는 임금이 없어서 끝내 등용되지 못했음을 안타까워하는 내
용이다. 『시경』(詩經) 「대동」(大東)에는 "남쪽 하늘에 키가 있건만 그로써 곡
식을 까부를 수 없고, 북쪽 하늘에 국자가 있건만 그로써 술이나 국물을 뜰
수가 없네"[維南有箕 不可以簸揚 維北有斗 不可以挹酒漿]라는 말이 있다.

13) 원구 : 옛날 국가에 큰일이 있을 때 점을 치기 위하여 사용했던 큰 거북. 배가
죽을 불로 지져서 생긴 금의 모양으로 길흉(吉凶)을 판단했다고 한다.

누추한 마을에서 한미하게 지냈으니, 쑥대와 억새가 그 집에서 자라고 방에는 거미가 있으며 사마귀가 그 속에 자리잡고 있었다. 칠순(七旬)에 아홉 끼니 먹으면서, 개구리·맹꽁이와 더불어 무리가 되고 초동(樵童)·목부(牧夫)와 더불어 지냈다. 몸은 비록 마소 발굽[14] 정도의 좁은 공간을 벗어나지 않았지만 이름은 우주 밖에 이르기까지 가득 차고, 덕(德)은 우직(禹稷)[15]보다 못하지 않았지만 그의 교화는 제(齊)나라와 노(魯)나라 사이를 벗어나지 못하였다. 이는 하늘이 그 덕에 상응하는 봉토(封土)를 주지 않았고, 지위(地位)를 주지 않았기 때문에 그런 것일까? 결코 그렇지 않다. 천자(天子)는 천하(天下)로써 자신의 영토를 삼는 사람이지만 안자(顔子)는 만고(萬古)[16]로써 자신의 영토를 삼는 사람이므로 누항(陋巷)이 그의 봉토는 아니었던 것이며, 천자는 만승(萬乘)으로써 자신의 지위로 삼는 사람이지만 안자는 도덕(道德)으로써 자신의 지위를 삼는 사람이므로 곡굉(曲肱)[17]이 그의 지위는 아니었던 것이다. 그러니 그의 봉토는 얼마나 넓은가! 그의 지위는 얼마나 큰가!

아아, 도(道)가 드러나느냐 숨어 있느냐에 따라 시대의 치란(治亂)이 달려 있도다! 우순(虞舜)[18]은 하빈(河濱)에서 도자기를 구우면서 생

---

14) 마소 발굽 : 원문의 '잠제'(涔蹄)는 원래 마소 발굽 자국에 고인 물이란 뜻이다. 여기서는 그처럼 좁은 곳을 무대로 살았음을 말한 것이다. 『회남자』(淮南子)「숙진훈」(俶眞訓)에서 자그마한 것의 비유로 '우제지잠 무척지리'(牛蹄之涔 無尺之鯉)라는 말을 사용하였다.

15) 우직 : 순(舜)의 신하로 황하의 홍수를 다스렸고 나중에 하(夏)나라를 일으켰던 우(禹)임금과, 순의 신하로 농사를 담당했고 그 후손이 주(周)나라를 일으켰던 후직(后稷)을 말한다.

16) 만고 : 유구한 세월을 의미한다.

17) 곡굉 : 『논어』(論語)「술이」(述而)에서 공자가, "거친 밥을 먹고 맹물을 마시며 팔을 굽혀 베고 지내더라도 즐거움이 그 속에 있으니, 의롭지 못한 부귀(富貴)는 나에게 있어서는 뜬 구름과 같으니라"[飯疏食飮水 曲肱而枕之 樂亦在其中矣 不義而富且貴 於我如浮雲]라 하였는데, 남명은 안자(顔子)야말로 공자의 이 말씀을 실천한 것으로 판단하고 여기의 '곡굉'이란 말을 인용한 것이다.

활하였고 부열(傳說)[19]은 부암(傳巖)에서 길을 닦으면서 생활하였으니,
하빈과 부암은 누항(陋巷)만도 못하지만 우순은 천하의 훌륭한 임금이
되었고 부열은 천하의 훌륭한 신하가 되었으며 또한 천하의 드러난
이름들을 얻었으니, 이는 천운(天運)인 것이다. 만약 우순이 하빈을 떠
나지 않았더라면 누항에 살던 안회처럼 되었을 것이고, 만약 부열이
부암을 나가지 않았더라면 단사(簞食)[20]로 연명하던 안회처럼 되었을
것이다. 그러니 타고난 시대의 행(幸)・불행(不幸)은 하늘도 어찌할
수 없는 것이리라.

거문고를 당겨서 그를 위해 곡조를 지어 읊조린다.

> 마을이 아름답지 않음이여,　　　　　　　　　　　巷之不美
> 어찌 그다지도 누추한가!　　　　　　　　　　　　何渠之下
> 마을에 사람이 없음이여,　　　　　　　　　　　　巷無人兮
> 내 말[馬]을 동쪽으로 돌리고 싶어라![21]　　　　其東我馬

문인(門人)[22] 증삼(曾參)이 기록하다.

---

18) 우순 : 순(舜)은, 요(堯)가 다스리던 시절에 하빈(河濱)이라는 곳에서 도자기
　　를 굽고 역산(歷山)이라는 곳에서 농사를 짓다가 등용되어 재상의 지위에 오
　　르고 요(堯)의 뒤를 이어 천자가 되었다고 한다. '우'(虞)는 순(舜)이 다스렸던
　　나라 이름이다.
19) 부열 : 은(殷)나라 고종(高宗) 때의 어진 정승. 부암(傳巖)이란 곳에 은거해 있
　　으면서 그곳의 부서진 도로를 고치는 데서 일을 하며 지냈는데, 고종이 꿈에
　　부열을 만나고는 물색한 끝에 얻어 정승으로 삼았다. 『서경』(書經)의 「열명」
　　(說命) 세 편은 부열을 등용한 전말을 기록한 것이다.
20) 단사 : 일단사일표음(一簞食一瓢飲)을 줄여 쓴 것이다.
21) 내 말[馬]을……싶어라 : 이 글의 서두에서 말한 "우리의 도(道)는 동쪽으로
　　가겠구나"[吾道東矣]라 한 말과 상응한다. 동쪽은 조선을 의미한다.
22) 문인 : 이 글이 비록 안자(顏子)에 대한 기록이지만, 공자의 명에 의해 기록한
　　형식을 취하였으므로 증자(曾子)가 문인(門人)이라 한 것이다.

영모당기 永慕堂記

두류산(頭流山) 천첩만학(千疊萬壑)[23]의 물이 다투어 흘러와 굽이틀어 청천(菁川)[24]이 되는 곳이 바로 진양(晉陽)의 촉석루(矗石樓)가 있는 곳이다. 이 물이 다시 동남쪽으로 넓은 들판을 삼키기도 하고 토하기도 하면서 수십 리 쯤 달려내려온 곳이 바로 가방(嘉坊)[25]의 관개리(冠盖里)[26]이다. 마을 어구에는 검푸른 물이 거울처럼 펼쳐져 있고 푸른 산이 뼈를 드러낸 듯하다. 그 꼭대기에 훌륭한 집이 우뚝 솟아 있고 '읍벽'(挹碧)이라는 편액(扁額)을 걸어두었는데, 이 집이 바로 이진사(李進士) 어른[27]이 옛날 살던 집이다.[28] 이 집의 대문 밖 남쪽을 향한 사방 두어 발[丈]의 터는 그윽하면서도 전망이 탁 트였는데, 진사 어른이 일찍이 여기에 작은 집을 지으려고 하였으나 뜻을 이루지 못했다. 나의 자부(姊夫) 이공량(李公亮)[29]이 진사 어른의 맏아들로서, 그 아버지의 뜻을 이어 여기에 집을 지었다. 작은 창문을 통해 전망이 아름답게 비치어 물과 달이 서로 잠겨 있으니 참으로 누워서도 경치를 구경할 수 있는 곳이다. 이군(李君)이 이 당(堂)의 이름을 '영모'(永慕)라 하였으니, 아아, 상상할 만하도다!

옛집과 옛 나무는 오히려 남아 있건만 선인(先人)은 계시지 않고 옛

---

23) 천첩만학 : 수없이 겹쳐 있는 산골짜기를 말한다.

24) 청천 : 『진양지』(晉陽志)에는, 촉석루 앞을 남강(南江)이라 하고, 그 상류 3리에 청천(菁川)이 있다고 하였다. 여기서는 남강을 청천이라 한 것이다. 진주의 신라 때 이름이 청주(菁州)였던 것은 이 강 이름에서 연유하였다.

25) 가방 : 지금의 진주시 금산면(琴山面) 가방리(嘉芳里)이다.

26) 관개리 : 지금 가방리에 '관동'(冠洞)이라는 마을이 있다.

27) 이진사 어른 : 이정윤(李貞胤)을 가리킨다. 그의 자는 정중(正仲)이다. 연산 갑자년(1504)에 진사가 되었다. 호음(湖陰) 정사룡(鄭士龍)이 그의 집을 지나면서 「제읍벽당상사이정중소편」(題揖碧堂上舍李正仲所扁)이란 시를 남긴 바 있다.

28) 그 꼭대기에……집이다 : 지금의 가방 초등학교 정문 남쪽에 있었다.

29) 이공량 : 1500~1565. 자는 인숙(寅叔), 호는 안분당(安分堂)이며, 본관은 전의(全義)이다.

산과 옛 물은 여전하건만 선인은 돌아가셨으니, 여기에 앉고 여기에
눕고 여기서 노래하고 여기서 춤추고 여기서 형제들과 우애있게 지내
고 여기서 벗들과 어울리면서 어찌 잠시인들 선인을 잊을 수 있겠는
가! 무성한 대나무 일천 줄기가 산처럼 우뚝 서서 옥색(玉色)을 자랑
하고 있는 것은 선인이 손수 심으신 것이요, 맑은 강 한 줄기가 바람
결엔 비단 같고 고요할 땐 무지개 같은 것은 선인이 밥상을 마주해도
밥맛을 잊고 완상하던 것이다. 월아산(月牙山)이 높이 버티고 있어 흰
구름 속에 소라 껍데기처럼 솟은 모양은 바로 선인이 몰래 감추어두
고 홀로 즐기던 경치였고, 귀동(龜洞)[30]에 넘실대는 푸른 들판의 이내
낀 경치는 바로 형제들이 함께 즐기던 것이다.

　많은 자손들이 예의(禮義)의 방향을 자못 알고 있는 것은 선인이 끼
치신 가르침이 아닌가! 입고 먹을 것이 넉넉하여, 굶주리고 헐벗을 때
에도 살아갈 수 있는 것은 선인이 끼치신 은택이 아닌가! 하물며 아들
은 과거에 합격하여 부모를 기쁘게 해주는 즐거움이 있고, 여러 아우
들은 자신을 수양하여 선인에게 누가 미칠 염려도 없음에랴! 이 어찌
모두 방덕공(龐德公)[31] 같은 분이 편안히 거처하면서 사랑을 끼쳤고,
훌륭한 아들이 종신토록 그 덕을 영원히 사모한 결과가 아니겠는가!

　우리 자형은 평소 별난 행실을 좋아하지 않았고, 입으로 일찍이 남
의 나쁜 점을 말한 적이 없으며, 마음으로 남을 해치려는 생각을 가져
본 적이 없었다. 남을 사랑하고 착한 것을 좋아하며 소탈하고 얽매이
지 않아 고인(古人)의 풍모가 있었다. 어릴 적부터 문장을 하여 매양
동당시(東堂試)[32]에 합격하였으나 대과(大科)에는 실패하였으며, 더불

---

30) 귀동 : 지금 가방리의 남성 마을 일대를 '터골'이라 하고 한자로는 '기동'(基
　洞)이라 하는데, 이 '기동'이 바로 '귀동'(龜洞)인 듯하다. 남성 마을 입구의
　'부사정'(浮査亭) 기문(記文)에서 남명의 문인인 부사(浮査) 성여신(成汝信, 1546∼
　1632)이 자신을 '귀촌야부'(龜村野夫)라고 표현한 것에서 확인된다.
31) 방덕공 : 후한 때의 은자. 제갈량이 자주 그를 방문했다고 한다.
32) 동당시 : 과거시험에서 경서(經書)를 외는 시험으로, 소과(小科) 시험을 가리
　키기도 하고 대과(大科) 초시를 가리키기도 한다. 여기에 합격하면 성균관(成

어 사귀었던 사람이 모두 당대 일류의 명사(名士)들이었지만, 한번도 고관대작(高官大爵)의 집을 기웃거려 자신을 알아주기를 바라지 않았다. 서울에 집이 있었지만 홀로 고향에서 지냈던 것은 어버이를 영원히 사모했기[永慕] 때문이었다.

만년에는 자취를 감추고 세상을 피하여 술³³⁾에다 몸을 감추었는데, 때로는 옥산(玉山)³⁴⁾이 무너지듯 취해 쓰러지고 우레처럼 큰 소리로 고함을 지르는 경우도 있었다. 또 천하의 만물을 마치 바람이나 구름이나 초파리처럼 하찮게 보았다. 그래서 주변에 있던 사람들도 때로는 그를 이해하지 못하였다. 이와 같다면 세상을 이미 잊었고 자신의 몸을 이미 잊은 것이건만 그래도 잊지 못하는 것이 있었다. 그것은 아마도 부모에 대한 생각만은 마음 속에서 떨쳐버리지 못하고, 외로운 집에서 쓸쓸히 살다보니 그리워하는 마음이 홀로 살면서 더욱 깊어진 것이 아니겠는가!

일찍이 다섯 아들을 두었는데, 모두 한마(汗馬)³⁵⁾와 같았으나, 불행히도 일찍 죽었다. 위로는 부모를 그리워하면서 아래로 자식을 생각함에, 오장(五臟)이 타는 듯하여 세상 모든 일에 뜻이 없어졌으니, 한 세상에서 손을 저으며 떠나 문득 아무런 생각도 없는 곳에다 몸을 던져버리고자 해도 끝내 회포가 없을 수 없는 경우가 어찌 아니겠는가?

그래도 두 아들이 있어서, 준민(俊民)³⁶⁾은 두 번 과거에 급제하여 거

均館)에서 공부할 수도 있으며 대과 복시에도 응시할 수 있었다.

33) 술 : 원문의 '성현'(聖賢)은 청주(淸酒)와 탁주(濁酒)를 가리키는 말이다.

34) 옥산 : 인품이나 용모가 옥처럼 아름다운 모습을 말한다.

35) 한마 : 한혈마(汗血馬). 피 같은 땀을 흘리며 하루에 천 리를 달린다는 명마(名馬)이다.

36) 준민 : 1524~1590. 자는 자수(子修), 호는 신암(新庵)이다. 1549년 식년 문과에 병과(丙科)로 급제하여 사간원 정언(正言)과 홍문관 수찬(修撰)을 역임하고, 다시 1556년 문과 중시에 병과로 급제하여 내외 요직을 두루 거쳐 병조·이조·예조의 판서를 역임하고 1587년 좌참찬(左參贊)에 이르렀다. 당파 싸움을 증오하여 동·서인(東西人)의 조정에 나섰던 율곡 이이(李珥)와 뜻을 같이하였다. 시문(詩文)이 뛰어났으며, 저서로는 『신암유고』(新庵遺稿)가 있다.

듭 악란학사(握蘭學士)[37]가 되었으며, 헌민(獻民)은 생원시(生員試) 2
등에 입격하였다. 이 두 아들이 모두 아들과 손자를 두어서 이미 아이
가 아니건만, 그래도 때로는 큰 이불 위에서 끌어안고 누워 따뜻하게
감싸주고 어루만져주기도 하여 마치 포대기에 싸인 어린아이 같이 하
니, 사모하고 자애하는 은덕이 한 집안에 흡족하게 흐르고 있음을 볼
수 있다. 아버지는 그 어버이를 생각하고 아들은 그 아버지에 의지하
여, 아버지도 넉넉하고 자식도 넉넉하며 집안 또한 넉넉하니, 강의 위
아래에 위치한 명홍정(冥鴻亭)[38]・조월대(釣月臺)[39]・십완정(十玩亭)[40]
등의 주인과 견주어본다면 과연 어떠할까?

신유년(1561) 신축(12)월에 방장산(方丈山) 노인 남명 조식은 기록
한다.

---

37) 악란학사 : 본래 황제의 좌우에서 정무를 처리하는 사람을 가리키는 말인데,
   조선시대의 승지(承旨)에 해당된다.
38) 명홍정 : 판서(判書)를 지낸 조윤손(曺潤孫)이 세운 정자로, 진양군 금곡면 송
   곡리(松谷里)에 있었던 것이다. 이 정자 아래 탁영대(濯纓臺)가 있다고 한다.
39) 조월대 : 명홍정의 동쪽에 있었는데, 영의정(領議政)을 지낸 경재(敬齋) 하연
   (河演)이 지었고 관포(灌圃) 어득강(魚得江)이 명명하였다고 한다.
40) 십완정 : 판서(判書)를 지낸 호음(湖陰) 정사룡(鄭士龍)이 거처하던 곳으로,
   의령의 만천리(萬川里)에 있었다. 십완당(十玩堂)이라고도 한다.

발(跋)

한훤당 화병 발문　寒暄堂畵屛跋

　잘 갈무리하는 사람은 하늘에 갈무리한다. 그 하늘의 실상(實相)은 태허(太虛 : 크게 공허함)이다. 공허하여 여러 공용(功用)을 간직하고 있기 때문에 그 갈무리는 굳이 갈무리하지 않아도 사물이 달아나는 바가 없으며 사람들이 아무도 그것을 다투지 않는다. 크게는 천하(天下)와 같은 것에서부터 작게는 티끌과 같은 것에 이르기까지 힘으로써 끌어당기려고 해도 도리어 잃게 되고, 지혜로써 가두어두려고 하면 도리어 잃게 된다. 반드시 사물은 각기 사물에게 맡겨서 자연에 갈무리되도록 한 뒤에 하늘에 책임을 맡겨야 한다.

　이제 보니, 한훤(寒暄) 선생께서 집안에 갈무리해두셨던 옛 그림이 이리저리 굴러다녀서 주인의 소유가 되지 못한 지 거의 백 년이었다가, 이번에 다시 주인에게 갈무리되었다. 이 두어 장의 유묵(遺墨)은 사람이 맡아서 지킨 것도 귀신이 돌보아준 것도 아닌데, 쥐가 파손하지도 못했고 좀벌레가 파먹지도 못했고 바람이 훼손하지도 못했고 비가 썩게 하지도 못했다. 채색이 아련한 빛을 머금고 있어 완전한 것이, 마치 어제 표구한 듯하다.

열 폭 짧은 병풍에 검푸른 전나무와 늙은 소나무, 푸른 나무와 파릇한 버들, 오래된 나무와 무성한 대숲, 거문고와 학, 소와 양, 낚싯줄을 드리우고 달을 완상(玩賞)하는 모습, 구름 낀 산의 초가(草家), 백 리(百里) 긴 강, 천 척(千尺)의 매달아둔 듯한 폭포 등이 보이는데, 그때는 어느 시대이며, 드러누워 쉬는 사람은 누구인가? 선생께서 마주보고 누워 있을 때나 눈길을 주고 감흥을 일으키실 적에 어떤 생각을 하셨을까 상상해본다. 온갖 생각을 펼쳤다가 말았다가 하며, 휘파람 불고 읊조리며 고개를 들었다 떨구었다 하노라니 상쾌한 바람 같은 선생의 영혼이 흐릿하게 그림 속에 남아 있고, 사모하는 마음 사이에 예전의 모습이 오히려 보이는 듯하다.

그 분은 이미 떠나가버렸으니 '어흠' 하는 소리 듣고 싶어도 들을 수 없다. 자손된 사람은 뽕나무와 가래나무[1]도 오히려 공경하거늘, 하물며 이것은 정신이 엉겨 있는 곳이어서 마치 선생의 면목(面目)을 뵈옵는 듯함에랴! 후생(後生)으로서 선생을 뵙고 싶어도 뵐 수 없는 사람도 이 그림을 보고 감회를 일으키리라.

이 그림은 안견(安堅)[2]이 그린 것인데, 안견은 정신을 그림에 담아내는 능력이 있어 동국(東國)의 오도자(吳道子)[3]로 알려졌다. 손가락

---

1) 뽕나무와 가래나무 : 옛날 이 나무들을 담 밑에 심어 자손들의 생계와 일용에 도움이 되도록 하였는데, 자손들은 그 때문에 그 나무를 보고 마치 부모를 뵙는 듯 공경하였다고 한다. 나중에는 '고향'이라는 뜻으로 쓰였다.

2) 안견 : 생몰년 미상. 조선 초기의 대표적 화가. 자는 가도(可度) 또는 득수(得守), 호는 현동자(玄洞子) 또는 주경(朱耕), 본관은 지곡(池谷)이다. 세종 때 화원(畵員)의 한품(限品)인 종6품의 제한을 깨고 정4품까지 승진될 정도로 당시에 이미 인정을 받았으며, 그의 그림은 대체로 경물(景物)들이 흩어져 있으면서도 서로 조화를 이루는 구도상의 특색을 비롯하여 공간 개념과 필법 등에서 한국적인 특징을 짙게 띠고 있다고 한다. 그의 수많은 작품들은 이제 다 없어지고 「몽유도원도」(夢遊桃源圖)만이 일본의 천리대학(天理大學) 중앙도서관에 소장되어 있다.

3) 오도자 : 당대(唐代)에 화성(畵聖)으로 알려진 사람. 본명은 도현(道玄), 도자는 그의 자이다. 불상(佛像)과 산수(山水)를 특히 잘 그렸는데, 「경운사지옥변상도」

이 사물과 어울려 조화를 부림에, 마음으로 생각하지 않더라도 자연의 참모습을 그려내어 요술을 부리듯 생생한 향기와 살아 있는 터럭을 이루어낸 것이니, 애초에 사물을 그 자체에다 부쳐둔 것일 따름이었다.

선생께서 불행함을 당하심[4]에 미쳐서 나라에서 그 집을 적몰(籍沒)[5]하니, 집안의 재산이 쓸린 듯 다 없어져 해어진 빗자루 하나 남지 않았으나, 다만 이 한 물건만이 도화서(圖畫署)[6]에 갈무리되었다. 이렇게 되고 보니, 갈무리하지 않음으로써 갈무리한 셈이 되었고, 개인의 소유는 아니게 되었다. 또 어느 해인지는 알지 못하지만 민가(民家)로 훌쩍 나간 뒤 아무도 간 곳을 알지 못했다. 이는 다시 갈무리하지 않은 곳으로 돌아간 셈이었다.

지난 경오(1570)년에 주상(主上 : 宣祖)께서 소대(召對)[7] 때에 우연히 "김굉필(金宏弼)의 유적(遺跡)을 볼 수 있는가"라고 물으시니, 승지 이충작(李忠綽)[8]이 등대(登對)하여 "신(臣)이 한 민가에서 김모(金某 : 金宏弼)가 집에 갈무리하던 화병첩(畫屛帖)을 본 적이 있습니다"고 하였다. 초계 현감(草溪縣監)을 지낸 선생의 손자가 김립(金立)[9]이 충작에게 탐문하였더니, 충작이 "일찍이 현감 오언의(吳彦毅)[10]의 집에

(景雲寺地獄變相圖)는 귀신의 괴이함을 그리지 않았는데도 죄 지은 사람이 이 그림을 보고 많이 뉘우쳤다고 한다.
4) 불행함을 당하심 : 갑자사화(甲子士禍, 1504)로 인하여 한훤당이 사사(賜死)당한 것을 가리킨다.
5) 적몰 : 중죄인(重罪人)에 대하여 그 전재산을 몰수하는 것을 말한다.
6) 도화서 : 조선시대에 그림 그리는 일을 맡아보던 관아이다.
7) 소대 : 왕명으로 불려들어가 정사(政事)에 관한 의견을 아뢰는 것, 또는 경연(經筵)의 참찬관(參贊官) 이하를 불러 임금이 몸소 글을 강론하는 것을 말한다. 여기는 후자의 뜻이다.
8) 이충작 : 1521~1577. 자는 군정(君貞), 호는 낙빈(洛濱)이며, 본관은 전주이다. 세종의 아들 임영대군(臨瀛大君)의 현손이다.
9) 김립 : 1497~1583. 자는 입지(立之), 호는 성재(惺齋)이다. 음직으로 여러 벼슬을 거쳐 초계 군수에 이르렀다.

서 본 적이 있다"고 하였다. 오언의의 손자 학유(學諭)[11] 오운(澐)[12]이
애초에 그의 처가(妻家) 허원보(許元輔)[13]의 집에서 얻었던 것인데, 새
비단으로 다시 표구하여 김 초계(金草溪)에게 주었다. 이것은 모두 사
람의 힘이 미친 것은 아니니, 주상(主上)의 물으심이 당초에 자연(自
然)의 우연함에서 나왔고, 다른 사람이 소식을 알려준 것도 일찍이 자
연의 요행함에서 나왔고, 그 손자가 얻게 된 것도 마침내 자연의 기회
로부터 돌아온 것이기 때문이다.

이로써 이치(理致)의 자연스러움에 맡기면 실(實)하면서도 자취가
없고, 사물의 자연스러운 변화에 맡겨두면 허(虛)하면서도 기대할 수
있다는 것을 알게 되었다. 갈무리하지 않았으므로 갈무리가 된 것이
며, 뜻함이 없었기 때문에 잘 갈무리된 것이니, 하늘에 갈무리하면 사
물이 숨을 데도 없고 사람이 빼앗을 수도 없다는 것을 알 수 있다. 청
컨대 주인은 집에 갈무리하지 말고 선생을 모신 서원(書院)[14]에 갈무
리한다면, 아마도 잘 갈무리하는 것이 되리라. 단단한 쇠로 봉하여 대
대로 지키더라도 골짜기 속에 배를 숨겨두는 꼴[15]이 꼭 안 된다고 할

---

10) 오언의 : 1494~1566. 자는 인원(仁遠), 본관은 고창(高敞)으로 함안(咸安) 모
　　곡촌(茅谷村) 출신이다. 퇴계의 숙부 송재(松齋)의 사위이며 문인이다. 퇴계와
　　교분이 두터웠다.
11) 학유 : 성균관(成均館)의 종9품 벼슬이다.
12) 오운(吳澐, 1540~1617) : 자는 태원(太源), 호는 죽유(竹牖)이다. 퇴계(退溪)
　　와 남명(南冥) 양 문하에서 수학(修學)하였다. 임진왜란 전에 관직이 목사(牧
　　使)에 이르렀고, 임진왜란 때에는 망우당(忘憂堂)과 함께 의병활동을 하였다.
13) 허원보 : 1455~?. 자는 몽득(夢得), 호는 예촌(禮村)이며, 본관은 김해이다.
　　의령(宜寧) 가례(嘉禮)에 살았다. 1495년 생원에 입격하였다. 죽유(竹牖) 오운
　　(吳澐)의 처증조부(妻曾祖父)이다. 망우당(忘憂堂)은 이 분의 외손자이며, 퇴
　　계(退溪)는 이 분의 손녀서(孫女壻)로 죽유(竹牖)의 처고모부(妻姑母夫)이다.
　　한훤당 김굉필, 탁영 김일손 등과 교분이 깊었다.
14) 선생을……서원(書院) : 여기에서 말하는 서원은 쌍계서원(雙溪書院)을 가리
　　키는데, 임진왜란 때 이 서원은 불탔다. 1605년에 달성군 구지면 도동리 낙동
　　강 가에 옮겨 재건되었고, 1607년에 도동서원(道東書院)으로 사액되었다.
15) 골짜기……꼴 : 아무리 견고하게 갈무리해두더라도 때로는 조화(造化)에 의

수는 없으리라.

김 초계는 나이가 여든에 가까운데, 이 일 때문에 두류산(頭流山)으로 나를 찾아와 그 전말을 기록해주기를 청하였다. 사양해도 되지 않아 이렇게 기록한다.

융경(隆慶) 5년 신미년(1571) 임신(7)월 11일 남명(南冥) 조식(曺植).

규암이 선물한 『대학』 책갑 안에 씀 書圭菴所贈大學冊衣下
― 규암(圭菴)은 송인수(宋麟壽)[16]의 호(號)이다.

나는 애초에 타고난 자질(資質)이 매우 둔(鈍)한데다 스승과 벗들의 규계(規戒)도 없어서, 오직 남에게 오만한 것으로 고상함을 삼았다. 사람에게만 오만하였을 뿐만 아니라 세상에 대해서도 오만한 마음이 있어서, 부귀(富貴)와 재리(財利)를 보면 마치 지푸라기나 진흙처럼 멸시하였다. 사람됨이 가벼워 진실되지 못하고, 호쾌히 휘파람을 불기도 하고 팔을 걷어붙이기도 하였으며, 항상 세상사를 잊고 살 듯한 기상이 있었다. 이 어찌 돈후(敦厚)·주신(周信)·박실(朴實)한 기상이겠는가? 날마다 소인(小人)이 되는 쪽으로 달려가면서도 스스로 모르고 있었다.

약관(弱冠)에 문과(文科) 한성시(漢城試)[17]에 합격하고, 다시 사마시(司馬試) 초시(初試)에도 합격하였으나 복시(覆試)에서는 다 낙방하였

하여 잃어버릴 수 있다는 말이다. 『장자』(莊子) 「대종사」(大宗師)에, "무릇 골짜기에 배를 숨기거나 연못에 산을 숨긴다면 견고하게 숨겼다고 이르겠지만, 그러나 한밤중에 힘이 있는 자가 짊어지고 달아나는데도 어리석은 자는 이것을 알지 못한다"[夫藏舟於壑 藏山於澤 謂之固矣 然而夜半 有力者負之而走 昧者不知也]는 말이 있다.

16) 송인수 : 1499~1547. 자는 미수(眉叟), 본관은 은진(恩津)이다. 남명과 교분이 두터웠던 친구로, 을사사화(乙巳士禍)에 연루되어 파직당하였다가 나중에 사사(賜死)되었다.

17) 문과(文科) 한성시(漢城試) : 문과의 초시로 한성의 유생들에게 보이는 시험이다.

다. '과거시험이 애초에 장부(丈夫)가 자신을 세상에 드러내는 방법이
되지 못하는데 하물며 소과(小科)임에랴!'라고 생각하고는 드디어 사
마시(司馬試)는 포기하고, 동당시(東堂試)에만 나아가 세 차례 일등에
합격하였다. 그 뒤 합격하기도 하고 떨어지기도 하면서 나이 서른을
넘겼다. 또 문장이 과문(科文)의 형식에 맞지 않는다는 생각을 하여,
다시 평이(平易)하고 간실(簡實)한 책을 구하여 보았다. 그래서 처음
으로 『성리대전』(性理大全)을 가져다 읽었다.

하루는 그 책을 보다가 허씨(許氏)[18]가, "나아가 벼슬하면 나라를 위
해 크게 하는 일이 있어야 하고, 물러나 은거해 있으면 스스로를 지킬
줄 알아야 한다. 대장부는 마땅히 이와 같이 하여야 한다. 나아가 벼슬
해도 하는 일이 없고 물러나 은거하면서도 지키는 것이 없다면, 뜻하
고 배운들 무엇하겠는가?"[19]라고 한 말을 보고서 흠칫 자신을 돌아보
니, 부끄럽고 위축되어 정신을 잃을 것 같았다. 배운 것이 형편 없어
거의 일생을 그르칠 뻔한 것과, 애초에 인륜(人倫)이나 일상 생활에서
의 일들이 모두 본분 속에서 나오는 것인 줄 몰랐던 것에 대하여 깊이
탄식하였다.

드디어 과거 공부에 싫증이 나서 다시 이를 포기하고, 학문에 전념
하여 점점 근본적인 곳으로 나아가게 되었다. 이는 꼭 어린 나이에 부
모를 잃고 어디로 가야 할지 몰라 하다가, 하루아침에 문득 자애로운
어머니의 얼굴을 뵙고 자기도 모르게 손을 흔들고 발을 구르며 춤을
추는 것 같았다. 나의 벗 원길(原吉)[20]은 이를 보고 기뻐하여 나에게

---

18) 허씨 : 원나라 학자 노재(魯齋) 허형(許衡)을 말한다.

19) 나아가……무엇하겠는가 : 『성리대전』(性理大全)에 나오는 글이다. 다른 판
본에는 이 앞의 "이윤(伊尹)의 뜻으로 뜻을 삼고, 안자(顔子)의 학문을 배워
서"[志伊尹之志 學顔子之學]라는 말을 더 인용하였다.

20) 원길 : 이준경(李浚慶, 1499~1572)의 자이다. 호는 동고(東皐)이며, 본관은 광
주(廣州)이다. 선생이 서울에 있을 적에 친하게 지냈던 친구로, 명재상으로
이름났으며, 임종 때 선조(宣祖)에게 붕당의 조짐이 있음을 예견해 알렸던 인
물이기도 하다.

『심경』(心經)을 주었으며, 미수(眉叟)는 나에게 이 책을 주었다. 이때를 당해서는 마치 저녁에 죽더라도 유감이 없을 듯하였다.

아아, 사람이 타고난 자질은 일만 가지로 달라서, 어떤 사람은 8, 9할 또는 6, 7할을 얻어서 태어나고, 어떤 사람은 3, 4할을 얻어서 태어난다. 8, 9할 또는 6, 7할을 얻어서 태어나 배우지 못한 사람은, 비록 일이 또는 3, 4할 정도의 그릇된 점이 있더라도 오히려 흰 것 가운데의 검은 것이기에 군자가 못 되는 것은 아니지만, 3, 4할을 얻어서 태어난 사람은 비록 3, 4할 정도의 착한 점이 있다 하더라도 오히려 검은 것 가운데의 흰 것이므로 마침내 6, 7할 정도의 나쁜 사람이 된다.

나 같은 사람은 겨우 3, 4할을 얻어서 태어난 사람인데다 기질적인 병통이 남과는 다른 점이 있다. 당시에 뜻을 얻었더라면 자신을 그르쳤을 뿐만 아니라 응당 나라도 그르쳤을 것이니, 비록 나이 들어 뉘우침이 있은들 잘못을 만회할 수 있겠는가? 지금 와서 생각해보니, 나도 모르게 혀가 내둘러진다. 비록 평범한 사람을 만나더라도 모두 나보다 나은 사람 같으니, 다시 남에게 오만하고자 해도 그럴 수가 없다. 앞의 사고방식대로 살면 소인(小人)이 되고, 뒤의 사고방식으로 살면 도(道)를 들은 사람이 되니, 한 치 되는 기미(機微)를 옮김에 따라 천 리만큼 어긋나게 되는 것이다. 이는 사실 부귀에 대하여 오만한 한 가지 마음이 사사로운 욕심을 적게 하는 한 가닥 길을 열 수 있기 때문이다.

그리하여 착한 일을 하는 것과 악한 일을 하는 것이 모두 반드시 터전이 있어서 마치 오늘 씨를 뿌리면 내일 돋아나는 것과 같다는 것을 그제야 알게 되었다. 사람들은 대체로 곤궁함을 걱정하지만, 나에게 있어서는 곤궁함이 바로 통달(通達)함이 되었다. 여러 번 과거(科擧)에 낙방하여, 곤궁함을 인하여 형통해지기를 구하다가 가야할 길을 찾게 되었고, 그 길을 가다가 본지풍광(本地風光)을 볼 수 있었고, 부형(父兄)의 기침 소리를 들을 수 있었다.

굶주리다가 먹을 것을 얻고 근심하다가 즐거움을 얻게 되었으니, 나의 곤궁함을 세상 사람들의 통달함과 바꿀 수 있겠는가? 나는 바꾸지 않으리라. 다만 다리 힘이 없어서, 용감히 나아가고 힘껏 행하지 못할까 두려울 뿐이다. 자신을 잘 돌이켜볼 수 있는 방법이 모두 이 책에 있는데 나의 벗이 이로써 나에게 권면해주니, 남이 착하도록 도와주려는 그의 뜻이 어찌 쇠를 끊을 수 있는 정도[21]일 뿐이겠는가? 힘쓰기를 게을리하느냐, 부지런히 하느냐는 전적으로 나에게 달려 있으니, 마땅히 단순한 책으로만 보지 않음이 옳으리라.

　가정(嘉靖) 임진년(1532)에 남명 조식이 쓰다.

이 군이 선물한 『심경』 끝에 씀　題李君所贈心經後

　나의 벗 이 군(李君) 림(霖) 중망(仲望)[22]은 어질고 공경할 줄 아는 사람이다. 그 사람됨이 내면은 얼음을 담은 옥항아리[氷壺]처럼 깨끗하고 맑으며, 외면은 옥색(玉色)같이 곱고 부드럽다. 입으로는 일찍이 남을 헐뜯는 말이나 조급한 말을 한 적이 없으며, 마음에는 일찍이 남을 거스르거나 해치려는 싹조차 움튼 적이 없다. 옛것을 매우 좋아하고 벗을 좋아한다. 그를 바라보면 노여움이 사라지고 분한 마음이 풀어진다. 이로써 그가 충신(忠信)한 사람임을 알 수 있다.

　이 사람의 이러한 측면은, 어찌 하나하나 극진히 살펴서 함양(涵養)한 가운데서 흘러나와 그렇게 된 것이겠는가? 대체로 타고난 본성이 그러하였으니, 하늘로부터 타고난 것이 이미 6, 7할인데다 학문(學問)을 더하였기 때문인 것이다. 백로의 흰색과 까마귀의 시꺼먼 색은,

---

21) 쇠를……정도 : 『주역』(周易) 「계사」(繫辭)에 "두 사람이 마음을 같이하면 그 예리함은 쇠를 끊을 수 있으며, 마음을 같이하는 사람의 말은 그 향기가 난초와 같다"[二人同心 其利斷金 同心之言 其臭如蘭]라는 말이 있는데, 여기서는 그만큼 서로의 마음을 잘 이해해주는 친구라는 뜻이다.

22) 이 군(李君)……중망(仲望) : 군(君)은 존칭이고, 림(霖)은 이름이며, 중망(仲望)은 자이다. 이림(1505~1546)의 본관은 함안(咸安)이며, 1524년 급제하여 1545년에는 병조참의(兵曹參議)에 이르렀으나, 을사사화(乙巳士禍)에 연루되어 의주로 장배(杖配)되었다가 이듬해 사사되었다.

햇빛에 그을려도 검어지지 않고 비에 씻겨도 희어지지 않는 것이니, 비록 스스로 더럽히고자 한들 어찌 될 수 있는 일이겠는가?

그가 일찍이 "천하에는 버릴 재목이 없다"고 말한 적이 있는데, 이 마음을 미루어서 나 같이 못난 사람도 버리지 않고 『심경』(心經) 한 권을 부쳐준 것일 터이니, 남이 착해지도록 도와주려는 그 뜻을 어찌 이루 다 헤아릴 수 있겠는가?

사람으로서 이 '마음'이 없다면, 비록 자신을 칭송하는 말이 천하에 가득 퍼졌더라도, 원숭이 한 마리가 태어났다 죽은 것과 다름이 없을 것이다. 부모의 상(喪)을 당하고서도 멍하니 슬퍼할 줄 모른다면, 어찌 이 한 세상을 위하여 통곡하고 눈물을 흘릴 일이 아니겠는가? 비단 상(喪)을 당하고도 슬퍼할 줄 모를 뿐만 아니라, 도리어 복상(服喪)하는 사람을 가리켜 이상한 놈이라 생각하고, 나아가서는 욕을 보이기도 한다.

이 책은 바로 한낮의 북적대는 시장 속의 평천관(平天冠)[23]과 같은 것이다. 평천관은 사람들이 사지 않을 뿐만 아니라, 혹 이를 머리 위에 써보기라도 하면 참람(僭濫)하다고 주벌(誅罰)을 받는다. 이 때문에 사람들이 이 책을 싫어하여, 평천관 정도로 보는 데서 그치지 않고 자신을 죽이는 도구로까지 보고 있다. 그래서 만고(萬古)에 마음을 밝힌 일들이 영원히 캄캄한 밤처럼 되고 사람의 윤리가 짐승처럼 되어도, 다만 묵묵히 일생을 보낼 따름이다.

안타깝도다! 중망(仲望)은 후사(後嗣)가 없어서, 학문에 독실하고 실행에 지극한 정성을 가지고 있었던 모습을, 갱장(羹墻)[24]의 사이에서 기억해줄 사람이 없으며, 나도 아이를 잃어서, 벗끼리 서로 학업을 도

---

23) 평천관 : 임금이 쓰는 관(冠)의 한 가지로 면류관(冕旒冠)의 별칭이다.
24) 갱장 : 사람을 우러러 사모하는 것. 주로 부모를 사모하는 경우에 많이 쓴다. 요(堯) 임금이 죽은 뒤에 순(舜)이 3년을 우러러 사모하였는데, 앉으면 벽에서 요(堯) 임금을 보고 식사할 적에는 국 속에서 요 임금을 보았다는 데서 온 말이다. 『후한서』(後漢書) 「이고전」(李固傳)에 보인다.

와주던 의리를 책 속에다 남길 수 없으니! 이 책은 다른 날 못된 애들에 의해 창이나 벽에 발라지고 말 것이니, 이 두 가지 점이 다 탄식할 만한 일이다.

이 원길[25]이 선물한 『심경』 끝에 씀　書李君原吉所贈心經後

나의 벗 광릉(廣陵)[26] 이 원길이 이 책을 주면서 스스로, "나는 비록 착하지 못하지만 남이 착하도록 도와주려는 생각은 진실로 얕지 않다. 이 '마음'을 잘 미루어나가면 비록 나라를 나누어주더라도 저울 눈처럼 자잘하게 여길 것이다"라고 하였다.

내가 처음 이 책을 받고는 황송하고 두려워서 마치 산더미를 짊어진 듯하였다. 내가 항상 스스로 경계하여, "언행(言行)을 신의 있게 하고 삼가며, 사악(邪惡)함을 막고 정성(精誠)을 보존하라. 산처럼 우뚝하고 못처럼 깊으면, 움 돋는 봄날처럼 빛나고 빛나리라"[27]라는 말을 벽 위에 써서 걸어두었으나, 마음은 늘 초(楚)나라와 월(越)나라 사이처럼 아득히 멀어져 있는 경우가 많았다.

마음은 죽고 육체만 걸어다닌다면 금수(禽獸)가 아니고 무엇이겠는가? 그렇다면 내가 이군(李君)을 저버린 것이 아니라 바로 이 책을 저버린 것이며, 이 책을 저버린 것이 아니라 바로 내 마음을 저버린 것이다. <내 마음을 저버리면 마음이 죽은 것이니> 슬프기로는 마음이 죽은 것보다 더 큰 것이 없다.[28] 죽지 않는 약을 구했으면 먹는 것이 급한 일인데, 이 책이 아마 마음을 죽지 않게 하는 약이리라. 반드시 먹어서 그 맛을 알고 좋아해서 그 즐거움을 알아야, 오래갈 수도 있고 편안할 수도 있으며, 아침 저녁으로 일상 생활에서 쓰기를 스스로 마

---

25) 이 원길 : 동고(東皐) 이준경(李浚慶)의 자이다.

26) 광릉 : 동고(東皐)의 본관이 광릉(廣陵 : 廣州)이다.

27) 언행(言行)을……빛나리라 : 남명의 좌우명(座右銘)이다.

28) 슬프기로는……없다 : 『장자』(莊子) 「전자방」(田子方)에 나오는 말이다.

지 않을 것이다. 노력하여 게으르지 않도록 하라. 안자(顏子)와 같이 되는 길이 바로 여기에 있느니라.

가정(嘉靖) 신묘년(1531) 10월 ○일에 하성(夏城)[29] 조 건중(曹楗仲) 이 쓰다.

성 중려[30]가 선물한 『동국사략』 끝에 씀
題成中慮所贈東國史略後

가정(嘉靖) 임진년(1532)에 내가 서울로부터 가족을 데리고 김해(金海)의 옛집으로 돌아올 적에, 나의 벗 성 군(成君) 중려(中慮)가 이것을 주어 전별하면서, 멀고 구석진 곳에서 옛일을 살펴보는 바탕이 되게 하였다. 중려는 청빈(淸貧)하기가 물과 같아서 일찍이 나와 단금지교(斷金之交)를 맺었고 기와 조각 따위와 합하지는 않았다.[31] 나에게 반 푼어치 정도를 나누어주는 것조차 장차 몸을 더럽히는 듯이 하였는데, 나에게 백붕(百朋)[32]의 가치에 해당하는 것을 선물하니 예기치 못했던 일이다. 나는 <이 책의 내용 곳곳에> 붉은 색과 검은 색으로 점을 찍어서 산해정(山海亭)에 비치해두었다. 산림(山林)에서 조용히 지내면서 산새가 손님이 되고 쇠파리가 더불어 조문(弔問)할 적에, 때때로 펼쳐보고 묵묵히 앉아 생각에 잠기기도 하여, 길이 상상의 나래를 펼침에 어찌 다함이 있겠는가?

---

29) 하성 : 하산(夏山)이라고도 하며 창녕(昌寧)의 옛 이름으로, 남명의 본관이다.

30) 성 중려 : 성우(成遇, ?~1546)의 자가 중려이다. 대곡(大谷) 성운(成運)의 형이다. '중려'(中慮)의 중(中)은 중(仲)의 오자인 듯하다.

31) 기와……않았다 : 자신의 방정(方正)함을 굽혀서까지 못난 사람과 어울리지 않는다는 뜻이다. 『예기』(禮記) 「유행」(儒行)에, "유자(儒者) 가운데 자신의 방정함을 굽혀서까지 자기만 못한 이들을 포용해주는 너그러움이 있는 사람이 있다"는 내용이 보인다.

32) 백붕 : 붕(朋)은 화폐의 단위로, 백붕은 매우 많은 돈을 가리킨다.

묘지(墓誌)

진사 김공 의인[1] 안씨 쌍묘지명 병서
進士金公宜人安氏雙墓誌銘 幷序

원객(園客)[2]의 고치에서 명주실을 뽑은 것이, 은거하면서 훌륭한 문채를 드러낸 것이듯,[3] 김 군(金君) 석량(錫良)은 벼슬하는 것을 수치로 여겨[4] 세상에 나아가지 않았으니,[5] 소박한 생활에 만족한 것이다.[6] 자

---

1) 의인 : 조선시대 외명부(外命婦)의 봉작(封爵)으로, 6품 관원의 아내에게 내려 주었다. '유인'(孺人)으로 되어 있는 본이 있는데, 유인은 9품 관원의 아내에게 내리는 봉작이다. 여기서는 진사 김공(金公)이 벼슬을 하지 않았으므로 유인이라 하는 것이 옳은 듯하다.
2) 원객 : 『술이기』(述異記)에 나오는 신선의 이름이다. 본래 제음(濟陰) 사람으로, 잘생겼으나 부인을 얻지 않고 오색 향초(香草)를 길렀다. 10여 년이 되자 오색 나방이 모여들어, 그 밑에 베를 펼쳐놓았더니 화려한 누에를 낳았다. 어떤 여인이 와서 누에 치는 것을 도우면서 향초를 먹었다. 후에 고치 120매를 얻었는데, 고치 하나가 물동이만 했고, 고치 한 개를 켜는 데 6,7일이 걸렸다. 고치를 다 켜고 그 여인과 원객은 신선이 되어 떠나갔다고 한다.
3) 은거하면서……것이듯 : 원문의 구원(丘園)이란 약간 높은 곳에 있는 꽃동산인데, 여기에서는 은거하는 곳을 뜻한다. 『주역』 비괘(賁卦)의 '비우구원'(賁于丘園)에서 나온 말이다.
4) 벼슬하는……여겨 : 원문의 '곡치'(穀恥)는 『논어』 「헌문」(憲問)편에 나오는

(字)는 익경(翼卿)인데, 병자년(중종 11, 1516)의 진사시(進士試)에 합격하였다. 먼 선조(先祖) 중에 구(坵)라는 분이 있는데 보문각 직학사(寶文閣直學士)를 지냈다. 부친은 휘(諱)가 후손(後孫)인데, 처사(處士)였다.

공은 한 세상에 이름이 알려져 명함(名啣)을 만들 필요가 없었다. 부모가 돌아가시자 3년 동안 여막(廬幕)살이를 하면서, 한 번도 집에 오지 않았다. 높은 벼슬아치들이 입을 모아 칭찬하였지만, 그는 벼슬하는 것을 원치 않았다. 불행히도 마흔일곱 살에 일생을 마쳤으니, 애석한 일이다.

부인 안씨(安氏)는 현령(縣令)을 지낸 항(恒)의 딸이다. 집안사람들을 널리 포용하였으며,[7] 남에게 미덥게 하고 어려운 사람들을 구제해 주었다. 향년(享年)은 일흔한 살이었으며, 1남 1녀를 두었다. 아들 광(光)은 제용감 직장(濟用監直長)을 지냈으며, 직제학(直提學) 이약해(李若海)의 딸에게 장가들어 아들 승복(承福) · 연복(衍福) · 익복(益福)을 두었다. 딸은 진사(進士) 안언용(安彦鎔)에게 시집갔는데, 안언용은 현릉 참봉(顯陵參奉)이 되었다. 광(光)이 창락(昌樂)의 운사(雲師)[8]가 되었을 때, 내가 제학공(提學公)[9]의 친구라 하여, 나에게 와서

"나라에 도가 있으면 벼슬을 하거니와, 나라에 도가 없으면 벼슬하는 것이 수치이다"[邦有道穀, 邦無道穀 恥也]라는 말에서 따온 것이다.

5) 세상에……않았으니 : 원문의 '가식'(家食)은 『주역』 대축(大畜)괘의 '가식하지 않으면 길하다'[不家食吉]라는 말에서 따온 말로, 벼슬길에 나아가지 않는다는 말이다.

6) 소박한……것이다 : 원문의 '소리지왕'(素履之往)은 『주역』 「이」(履)괘에 나오는 말이다.

7) 집안사람들을……포용하였으며 : 원문의 '풍부'(豐蔀)는 『주역』 풍(豐)괘에 나오는 '풍기부'(豐其蔀)에서 따온 말이다. '풍기부'란 덮어가리는 것이 풍부하다는 뜻으로, 집안사람들을 널리 포용한다는 의미이다.

8) 창락의 운사 : 창락은 풍기(豐基)에 거점을 두고 인근 아홉 역을 관할하던 역으로, 운사는 그 수장 즉 찰방(察訪)을 말하는 것이다.

9) 제학공 : 광(光)의 장인인 이약해(李若海)를 가리킨다.

명(銘)을 지어 달라고 하였다. 명은 다음과 같다.

훌륭한 분 돌아가시니	滄海遺珠
용한 의원(醫員)도 약을 쓸 수 없네.	大醫無藥
덕망 있는 그 사람 흰칠하게 생겼는데,[10]	碩人其俁
조정에서는 벼슬을 내리지 않았네.	公不錫爵
집에는 맹광(孟光)[11] 같은 어진 아내 있고,	家有孟光
아들은 주석(柱石)의 신하라네.[12]	子惟當谷
난초같이 훌륭한 자손을 두었으니,	蘭孫種之
남전(藍田)의 옥(玉)[13] 같이 아름다워라.	藍田之玉

중훈대부 시강원 보덕 증통정대부 승정원 도승지 조공 묘명 병서
中訓大夫侍講院輔德贈通政大夫承政院都承旨趙公墓銘 幷序

아아! 여기가 조선의 시강원 보덕(侍講院輔德)을 지낸 조공(趙公)의 묘이다. 연릉계자(延陵季子)의 묘에 다른 말이 없었으니 성인의 말은 핵심만 드러냈을 뿐이다.[14] 사마광(司馬光)이 현명했다는 것은[15] 국사

10) 덕망……생겼는데 : 원문의 '석인기우'(碩人其俁)는 『시경』 패풍(邶風) 「간혜」(簡兮)편에 나오는 '석인우우'(碩人俁俁)에서 온 말로, 석인은 큰 덕을 지닌 사람이고, 우우는 용모가 큰 모양이다.

11) 맹광 : 후한 사람 양홍(梁鴻)의 아내이다. 얼굴이 못났지만 행실이 훌륭하였다고 한다.

12) 아들은……신하라네 : 원문의 '당곡'(當谷)은 골짜기를 지킨다는 말인데, 의미가 바뀌어 사람이 믿음직한 것을 가리킨다. 한유(韓愈)의 「맹호행」(猛虎行)이라는 시에 "한낮에 골짜기를 지키고 잠을 자는데, 눈에는 백 걸음 밖까지 뻗히는 위엄이 있다"[正晝當谷眠, 眼有百步威]라는 구절이 있다.

13) 남전의 옥 : 남전은 산 이름으로 중국 섬서성(陝西省) 남전현(藍田縣)에 있는데, 이 산에서 아름다운 옥이 산출된다고 한다. '남전의 옥'이란 어진 가문에서 태어난 훌륭한 자제를 가리키는 말이다.

14) 연릉계자……뿐이다 : 오(吳)의 계찰(季札)을 연릉(延陵)에 봉했으므로 연릉계자라 한다. 그의 무덤에는 다른 말이 없고, 다만 공자가 '嗚呼有吳延陵季子

(國史)에 전해져오고 사람들의 입에 붙은 말이었으니, 어찌 군더더기
말이 필요하겠는가? 다만 저 연산군(燕山君)이 우리 훌륭한 사람을 인
정해주지 않은 것이 애통할 뿐이다. 연산군이 죽자 자신도 죽었으니,
연산군 당시에는 소망지(蕭望之)[16]처럼 보필하였고, 나중에는 오자서
(伍子胥)[17]처럼 억울하게 죽었다. 애달피 울면서 하늘에 울부짖을 일이
다. 공의 무덤 앞에 세우는 비석을 아름다운 것으로 하지 않고,[18] 평범
한 돌을 가져다 쓰는 것은[19] 여러 형제들이 나의 조모가 시강원 보덕
(侍講院輔德)의 누이라서 나를 먼 인척으로 여기기 때문이다.[20] 그래서

之墓'라고만 기록해두었다고 한다.

15) 사마광이……것은 : 원문의 '아동군실 주졸사마'(兒童君實 走卒司馬)는 송(宋)
사마광(司馬光)의 고사이다. 군실(君實)은 사마광의 자. 『송사』(宋史) 「사마광
전」(司馬光傳)에 '아동과 주졸이 모두 사마군실을 안다'[兒童走卒 皆知司馬君
實]라 하였고, 송(宋) 소식(蘇軾)의 「독락원시」(獨樂園詩)에 '아동이 군실을
외우고, 주졸이 사마를 안다'[兒童誦君實 走卒知司馬]라 하였으니, 사마광이
천하에 현인인 줄을 모르는 사람은 아무도 없다는 뜻이다.

16) 소망지 : 한나라 때의 사람으로 선제(宣帝) 때에 태자태부(太子太傅)가 되었
는데, 선제가 위독해지자 유조(遺詔)를 받들어 어린 임금을 보좌하였다. 임금
을 잘 이끌어 많은 일을 바로잡았던 것으로 유명하다. 여기에서는 조공(趙公)
이 시강원 보덕(侍講院輔德)이 되어 연산군의 세자 시절에 잘 보필하였던 것
을 말한다.

17) 오자서 : 춘추시대 초(楚)나라 사람으로 이름은 원(員)이다. 아버지와 형이 초
나라 평왕(平王)에게 죽어 오(吳)나라로 망명하였다. 오왕(吳王) 합려(闔廬)를
도와 초를 정벌하여 원수를 갚고, 합려가 죽자 그 아들 부차(夫差)와 함께 월
(越)을 정벌하였다. 월왕(越王) 구천(句踐)이 화의(和議)를 청해옴에 부차가
허락하자, 오자서는 화의를 받아들이지 말라고 여러 차례 간하였는데, 월의
뇌물을 받은 태재(太宰) 백비(伯嚭)가 참소하여 부차가 오자서에게 칼을 주어
자결토록 하였다. 여기에서는 조공이 연산군 때 참수당한 것을 말한다.

18) 공의……않고 : 원문의 '여와석'(女媧石)은 귀미산(歸美山) 위의 돌의 이름이
다. 귀미산의 돌은 붉고 빛나며 아름답다고 한다.

19) 평범한……것은 : 여기에서 평범한 돌이란 작자 자신이 쓴 비문을 낮추어 말
한 것이다.

20) 나를……때문이다 : 원문은 '위여위곽자의묘중지인야'(謂余爲郭子儀墓中之人
也)인데, 곽자의는 자손이 매우 많았으니, 여기서는 남명이 조지서의 먼 인척

거절하지 못하였다.

공의 휘는 지서(之瑞)이고, 자는 백부(百符)이다. 대대로 임천(林川)[21]에 살았으며, 그 시조는 천혁(天赫)인데 중국의 진사시에 합격하고 고려에서 벼슬하였다. 그 6세손인 문하지후(門下祗候) 순(淳)은 석견(石堅)을 낳았는데 문하시중(門下侍中)이 되고 가흥백(嘉興伯)에 봉해졌다. 그 아들 익(益)은 전중(殿中)을 지냈으며, 사온시 직장(司醞寺直長)이 된 민원(敏原)을 낳았다. 민원의 아들은 찬(瓚)이라고 하는데 진사시에 합격하고 문과에 급제하여 사헌부 감찰(司憲府監察)이 되었으며, 집의(執義)에 추증되었다. 이 분이 공의 선친으로 생원 정삼(鄭參)의 딸에게 장가들어 공을 낳았다.

공은 성화(成化) 갑오년(성종 5, 1474)의 생원시에 일등으로, 진사시에 이등으로 합격하고, 문과(文科)에 병과(丙科)로 합격하여 승문원 정자(承文院正字)에 임명되었다. 기해년(성종 10, 1479)에 다시 중시(重試)에 일등으로 급제하여 형조 정랑(刑曹正郎)을 제수받고 홍문관(弘文館)의 교리(校理)와 응교(應敎)를 역임하였으며, 시강원(侍講院)의 필선(弼善)과 보덕(輔德)으로 연산군의 스승이 되었다. 연산이 즉위하자 감당할 수 없을 것임을 알고 창원 부사(昌原府使)[22] 자리를 청하였다. 물러나서 은거한 지 10여 년이 되었는데도 화를 면하지 못하고 갑자사화 때에 몸은 저잣거리에 내걸리고 집은 연못이 되고 시체는 강물에 던져졌다. 병인년(중종 1, 1506) 중종반정(中宗反正) 뒤에 통정대부(通政大夫) 승정원 도승지(承政院都承旨)에 추증되었다.

후취 부인[23] 정씨(鄭氏)는 생원 윤관(允寬)의 딸인데, 윤관은 바로

이라는 의미로 쓴 것인 듯하다.

21) 임천 : 충청남도에 있던 부(府)의 이름으로, 지금의 부여군 임천면이다.
22) 창원부사 : 창원은 경상남도 의창(義昌)과 회원(會原) 두 현(縣)의 합명(合名)인데, 조선 태종(太宗) 때 두 현을 합하여 창원으로 고치고 부로 승격시켰다.
23) 후취 부인 : 여기에는 조지서의 전취 부인에 대한 언급이 없으나, 족보에 의하면 초취 부인은 사정(司正) 오보민(吳保民)의 딸 해주 오씨(海州吳氏)로, 슬하에 1남 2녀가 있는 것으로 되어 있다.

문충공(文忠公) 정몽주(鄭夢周)의 증손이다. 갑자사화 때 부인이 적몰(籍沒)되어 성단(城旦)[24]이 되었다가 초야에 떠돌았다. 아들 침(琛)은 포대기에 있었고, 리(理)는 뱃속에 있었는데, 손수 나무열매를 주워 오지사발에 삶아서 아침저녁으로 제전(祭奠)을 받들었다. 중종조(中宗祖)에 정려문(旌閭門)을 세워 포상하였다.

맏아들 정(理)은 금옥(禁獄)에서 두 번이나 고문을 당해 거의 죽을 뻔하다가 살아나 남해(南海)로 귀양갔다. 중종조에 신원(伸寃)되어 군자감 참봉(軍資監參奉)에 제수되고 1년 동안 벼슬살이하고 집으로 돌아왔다. 정(理)은 아들 득황(得璜)·득당(得瑭)·득유(得瑜)가 있었는데, 두 아들은 일찍이 세상을 떠서 후사(後嗣)가 없고, 득유는 사위 조원우(曺元佑)가 있다. 조원우는 아들 경윤(慶潤)·경홍(慶洪)·경찬(慶贊)을 두었다. 참봉[25]은 서자(庶子) 득련(得璉)이 있어서 제사를 받든다.

침(琛)은 생원시에 합격하였으며, 아들 광수(光璲)·광현(光玹)·광옥(光玉)을 두었다. 사위 두 사람은 문인(門人) 정희봉(鄭希鳳)과 만호(萬戶) 양숙(梁淑)이다.

리(理)는 내금위(內禁衛)가 되었고, 아들 광후(光珝)를 두었다. 사위는 사인(士人) 남태형(南泰亨)인데, 태형은 아들 엽(曄)을 두었다.

승지[26]의 아들들은 모두 일찍 죽고, 오직 서자 손(孫)이란 사람만 아직 살아 있다. 손의 아들은 광해(光海)·광부(光富)이다.

자산(子産)[27]이 죽자 공자(孔子)가 눈물을 흘리며 말하기를 "옛날의 곧은 유풍을 간직한 사람이다"라고 하였는데, 나는 거기에 이어서 말하기를 "보덕 역시 옛날의 곧은 유풍을 간직한 사람이다"라고 한다.

---

24) 성단 : 형벌의 한 가지로 성 쌓는 일에 복역하게 하는 형이다.

25) 참봉 : 여기에서는 정(理)을 가리킨다.

26) 승지 : 조지서(趙之瑞)를 가리킨다.

27) 자산 : 춘추시대 정(鄭)나라 대부 공손교(公孫僑)의 자(字)이다. 『논어』에서 정자산(鄭子産)으로 불리는 인물인데, 공자도 그의 정치적 능력을 인정하였다.

명(銘)은 다음과 같다.

진산(晉山)²⁸⁾ 땅 동곡(桐谷)으로   晉之山兮桐之谷
고향으로 돌아왔다가 재능을 펴지 못하고 죽었네.²⁹⁾   狐首丘兮龜毀匵
몸은 백 번 부서져도 인상여(藺相如)의 옥이요,³⁰⁾   身百碎兮藺之玉
집안의 두 절개는 소상강(瀟湘江)의 대나무라.³¹⁾   家雙節兮湘之竹
양공(羊公)의 한 비석처럼 눈물 흘릴 만하거니와³²⁾   羊公一石淚可目也
비간(比干)의 일곱 구멍 같아 차마 입에 올릴 수 없네.³³⁾   比干七竅口不可讀

---

28) 진산 : 지금의 경상남도 진주(晉州)를 가리킨다.

29) 재능을······죽었네 : 원문의 '귀훼독'(龜毀匵)은 『논어』「계씨」(季氏)의 "신귀(神龜)와 보옥(寶玉)이 궤속에서 망가졌다면 그게 누구의 잘못이겠느냐?"[龜玉毀於匵中 是誰之過與]라는 말에서 따온 것으로, 재능을 발휘하지 못하고 죽음을 뜻한다.

30) 몸은······옥이요 : 인상여(藺相如)는 전국시대 조(趙)나라 사람으로, 조나라의 화씨지벽(和氏之璧)을 가지고 진(秦)나라에 갔다가, 다시 무사히 가지고 돌아온 인물이다. 이로부터 '완벽'(完璧)이라는 고사가 유래되었다. 여기서는 자신의 임금을 위해 목숨 바쳐 충성함을 비유하고 있다.

31) 집안의······대나무라 : 순(舜)임금의 두 부인 아황(娥皇)과 여영(女英)이 순임금을 사모해서 소상강(瀟湘江) 가에 왔다가, 순이 죽었다는 말을 듣고 슬피 울어 눈물을 뿌렸더니, 그 피눈물이 대나무에 묻어 대나무가 모두 반죽(斑竹)이 되었고, 두 부인은 물에 빠져 죽어 상강(湘江)의 신(神)이 되었다고 한다. 여기서는 조지서 부인의 절개를 비유한 것이다.

32) 양공의······만하거니와 : 양공은 진(晉)의 양호(羊祜)를 가리킨다. 양호는 형주 도독(荊州都督)이 되어 선정을 펼쳐서 민심을 얻었다. 그가 현산(峴山)에 자주 올랐는데, 그가 죽자 사람들이 그곳에 비석을 세웠다. 그 비석을 보는 사람은 그 덕을 사모해 눈물을 흘리지 않는 이가 없었는데, 두예(杜預)가 그 비석을 타루비(墮淚碑)라 불렀다.

33) 비간의······없네 : 비간은 은(殷)나라 주왕(紂王)의 숙부이다. 주의 음란을 간하고 3일 동안 떠나지 않자, 주가 노해서 "내가 들으니 성인의 염통은 구멍이 일곱 개라 하더라" 하고, 드디어 비간을 죽여 그 염통을 꺼내보았다. 여기서는 조지서가 사화(士禍)에 죽음을 당한 것을 말한다.

선고 통훈대부 승문원 판교 묘갈명 병서
先考通訓大夫承文院判校墓碣銘 幷序

아아! 여기가 나의 선고(先考)의 묘이다. 삼대(三代)가 같은 산에 있는데 고조부와 증조부에 대해서는 비갈(碑碣)에 기록되어 있다.

부군(府君)의 휘(諱)는 언형(彦亨)이고, 자(字)는 형지(亨之)이다. 타고난 성품이 순후(醇厚)하고 방정(方正)하며,·일에 임해서는 공손하고 청렴하였다. 홍치(弘治) 갑자년(연산군 10, 1504) 정시(廷試)에서 장원하여 승문원(承文院) 정자(正字)에 제수되고부터, 가정(嘉靖) 병술년(중종 21, 1526) 판교(判校)에 이르기까지 23년 동안 벼슬하였다. 그 가운데 외직(外職)에 임명된 것이 두 번으로, 의흥 현감(義興縣監)과 단천 군수(端川郡守)를 지냈다. 이조(吏曹)에서 근무한 것이 두 번인데, 좌랑(佐郎)과 정랑(正郎)이었다. 사헌부(司憲府)와 사간원(司諫院)의 관리가 된 것이 세 번인데, 정언(正言)·지평(持平)·집의(執義)였다. 성균관(成均館)에서 스승이 되었던 것이 여섯 번인데, 전적(典籍)이 세 번, 사예(司藝)가 한 번, 사성(司成)이 된 것이 두 번이다. 그리고 종부시 정(宗簿寺正)이 된 것이 한 번이고, 춘추관(春秋館)에서 일한 것이 한 번이었으며, 춘추관의 일을 겸임한 것이 세 번이었다. 이것이 부군이 종사(從仕)한 대략이다.

부군이 임금을 섬기고 백성을 다스림에 기술(記述)할 만한 덕이 있으면 사관(史官)이 기록을 하고, 백성들이 전할 것이니 과장하고 둘러댈 바에는 뇌(誄)를 짓지 않는 것이 마땅하다. 가령 말할 만한 덕이 없다면, 아첨하는 말이 되어서 나의 아버지를 속이는 것이고, 남을 속이는 행동이 되어 나의 아버지를 부끄럽게 만드는 것이다. 아버지를 속이거나 아버지를 부끄럽게 하는 것은 나 또한 차마 하지 못할 일이다.

벼슬살이를 20년 동안 하였지만 돌아가셨을 때 예(禮)를 갖출 수가 없고, 집에서는 먹고 살 길이 없었으니, 자손들에게 남겨준 것은 분수에 만족하라는 것뿐이었다. 두 임금을 내리 섬기면서 특히 수고하고 힘썼지만 품계(品階)는 삼품(三品)에 지나지 않았으니, 그가 세상에 구차하게 아첨하여 영화를 취하지 않았음을 알 수 있다. 비록 높은 반열(班列)에 오르지는 못했지만 조정의 고관(高官)들이 공에게 의지해서 하루라도 공이 없으면 안 될 정도였으니, 한 시대에 나라 사람들에게 어떤 대우를 받았는지도 알 수 있다.

아! 나의 경우에는 선고(先考)를 속이는 일을 거의 면할 수 있게 되고, 선고의 경우에는 덕에 비추어 거의 부끄럽지 않을 것이다. 그런데 하늘은 어찌하여 훌륭한 덕을 지닌 사람을 세상에 내어놓고는, 그 수명(壽命)에는 인색하게 하여 고작 쉰여덟 살에 그치게 하였는가? 그러니 내가 하늘을 향해 부르짖고 애통해 하는 것이 어찌 하늘 때문이 아니겠는가? 액운을 만나 제주 목사(濟州牧使)로 임명되자마자 병이 심해져 취임하지 못하였는데, 마침내는 병을 핑계로 어려운 일을 회피하였다는 죄에 걸려 관작을 모두 삭탈당하였다. 염(殮)을 하고 난 다음 달에 임금에게 원통함을 호소하자, 판교 이하의 관작을 회복한다는 명이 내려졌다. 아, 이것이 어찌 밝은 세상의 일이겠는가!

부인은 이씨(李氏)인데, 조부는 현령(縣令)을 지낸 추(忸)이고,[34] 외구(外舅)는 좌의정(左議政)을 지낸 최윤덕(崔潤德)이다.[35] 아들 일곱을 두었는데 모두 일찍 죽고, 나와 막내 환(桓)만이 다행히 죽지 않았다. 딸이 넷인데 사위는 정운(鄭雲)·이공량(李公亮)·정백빙(鄭白氷)·

---

34) 조부는……추이고 : 원문에 '왕부'(王父)로 되어 있으나, 창녕 조씨(昌寧曺氏) 족보에 의하면 부인 이씨의 조부는 이극성(李克誠)이고, 이추는 증조부이다. '왕부' 앞에 '증'(曾)자가 빠진 듯하다.

35) 외구는……최윤덕이다 : 원문에 '외구'(外舅)로 되어 있는데, 외구는 흔히 장인을 일컫는 말로 쓰이지만, 외숙을 가리키는 말이라는 설도 있다. 그런데 최윤덕은 실제로 이씨의 외증조부이다. 최윤덕(崔潤德, 1376~1445)은 조선 초기의 무신으로 본관은 통천(通川), 자는 여화(汝和)·백수(伯修), 호는 임곡(霖谷)이며, 지중추부사(知中樞府事) 운해(雲海)의 아들이다. 음관(蔭官)으로 기용되어 아버지를 따라 여러 번 전공을 세우고, 후에 좌·우의정과 영중추원사(領中樞院事)를 역임하였다.

정사현(鄭師賢)이다.

여기에 장사하고 나서 나는 선고의 행적을 없어지게 할 수 없어, 표
(表)를 세워 명(銘)을 새긴다. 명은 다음과 같다.

나의 선조는 창산(昌山)[36] 사람인데	我祖昌山
구세(九世)에 걸쳐 평장사(平章事)를 지냈다.	九世平章
선고께서 그 일을 거듭하시어	皇考申之
그 바탕을 연마하셨다.	有琢其相
큰 뜻을 품었으나 보잘것없는 직책을 맡았으니	懷弘受粗
진실로 그 운명은 덧없었다.	寔命靡常
사람들은 착한 이가 복 받는다 하지만	人曰福善
내 무엇으로 그것을 확인할까?	曷予其徵
나는 아직 죽지 않고	孤鮮不死
철 따라 제사를 올릴 뿐이네.	唯以嘗蒸

가정(嘉靖) 7년 무자(중종 23, 1528) 시월 모일에 아들 식(植)이 짓다.

선무랑 호조 좌랑 김공 묘갈 병서
宣務郎戶曹佐郎金公墓碣 并序

공의 휘는 대유(大有)이고 자는 천우(天祐)이다. 본관은 금관(金
官)[37]이니 가락국(駕洛國) 수로왕(首露王)의 후손이다. 스스로 호를 삼
족(三足)이라 했고 향년은 일흔네 살이었다. 친구인 남명(南冥) 조식
(曺植)이 다음과 같이 기록한다.

공 같은 사람은 세상을 뒤덮을 만한 영웅이었다. 운문산(雲門山) 골
짜기를 지키던 믿음직한 사람이 지금은 세상을 떠나고 없으니, 아, 애

---

36) 창산 : 경상남도 창녕(昌寧)의 옛 이름이다.
37) 금관 : 경상남도 김해(金海)의 옛 이름이다.

석하구나!

선대부(先大夫) 제학공(提學公)이 사도시 정(司䆃寺正) 고태익(高台翼)의 딸에게 장가들어 공을 낳았는데, 선대부의 휘는 준손(駿孫)이다. 조부 집의공(執義公)은 휘가 맹(孟)이며 증조부는 휘가 극일(克一)[38]인데 절효선생(節孝先生)이 바로 그분이다. 숙부는 휘를 일손(馹孫)[39]이라 하는데, 탁영선생(濯纓先生)이 그분이다. 연산군 때 정치가 혼란하여 탁영이 사형을 당하였다. 가문에 화가 겹쳐 일어나 공과 제학공이 모두 호남으로 귀양살이를 갔다가 병인년(중종 1, 1506) 반정(反正)이 일어난 뒤에 사면(赦免)을 받아 예전처럼 되었다.

이듬해 정묘년(중종 2, 1507)에 공이 정시(庭試)에 장원하여 곧장 진사과(進士科)에 나아갔으나, 고향으로 영원히 돌아가 선영을 보살폈다. 그때 임금은 행실이 올바른 사람을 한창 구하고 있었는데, 그 고을 사람들이 공을 첫째로 추천하여 전생서 직장(典牲署直長)에 임명되었다. 이 해에 드디어 문과에 급제하여 성균관 전적(成均館典籍)에 제수되었다가, 호조 좌랑 겸 춘추관 기사관(戶曹佐郞兼春秋館記事官)으로 옮겼다. 다시 정언(正言)으로 옮기게 되었는데 사양하고 취임하지 않았다. 칠원[40] 현감 겸 춘추(漆原縣監兼春秋)에 제수되었을 때는 부임한 지

---

38) 극일 : 김극일은 조선 초기 사람으로 효행으로 이름이 났다. 자는 용협(用協), 호는 모암(慕菴)이다. 의흥 현감(義興縣監) 진(澄)의 아들이며, 부인은 한성부 윤(漢城府尹) 이간(李暕)의 딸이다. 사시(私諡)는 절효(節孝)이다.

39) 일손 : 김일손(金馹孫, 1464~1498)의 자는 계운(季雲), 호는 탁영(濯纓)이며, 김종직(金宗直)의 문인으로 이조 정랑(吏曹正郞)을 지냈다. 춘추관(春秋官)의 사관으로 있으면서 전라도 관찰사 이극돈(李克敦)의 비행을 직필하고, 그뒤 헌납(獻納) 때 이극돈과 성준(成俊)이 새로 붕당의 분쟁을 일으킨다고 상소하여 이극돈의 원한을 샀다. 1498년 『성종실록』(成宗實錄) 편찬 때 김종직의 「조의제문」(弔義帝文)을 사초(史草)에 실은 것이 이극돈을 통해 연산군에게 알려져 사형당하고, 이를 계기로 무오사화가 일어났다. 중종반정(中宗反正) 이후 신원되고 도승지에 추증되었다.

40) 칠원 : 칠원은 경상남도에 있는데 조선에 들어와서 현감을 두었다. 임진왜란 후 창원(昌原)에 편입되었다가 후에는 함안(咸安)으로 편입되었다.

석 달 만에 교화(教化)가 행해져서 고을 사람들이 신명(神明)처럼 여겼다. 이내 사양하고 돌아와 벼슬길에 나아가지 않았다. 당시에 소인배들이 마음대로 권세를 부리고 있었는데, 공을 거짓 학자라고 지목하여 관작(官爵)과 과거 급제한 경력을 모두 몰수하였다. 을사년(1545)에 다시 홍패(紅牌)가 주어졌으나 얼마 안 되어 도로 거두어갔다. 마침내 병으로 운문산(雲門山)[41] 우연(牛淵)의 삼족당(三足堂)에서 일생을 마치니, 이 해가 임자년(명종 7, 1552)이다. 삼족당 북쪽 금곡(金谷)에 장사하였다.

공은 현감 이량(李樑)의 딸에게 장가들었는데 자녀가 없다. 공이 세상을 떠난 4년 뒤 을묘년(명종 10, 1555)에 부인이 뒤이어 돌아가시어 공의 묘 왼쪽에 합장하였다. 부인은 본디 지혜롭지는 못했으나, 어린 종이 엄한 주인을 섬기듯 첩들이 잘 모셨고, 노복들을 잘 대우해 모두 그들의 환심을 샀다. 안팎으로 화목하여 고을을 잘 다스리게 된 것은 실로 가정에서 본보기를 보인 데에서 비롯되었다. 첩의 몸에서 아들 성(成)과 생(生) 둘을 두었는데, 모두 집안을 이어갈 만한 재주[42]가 있었다. 상을 당하자 너무 슬퍼하고 몸을 돌보지 않아, 생은 대를 잇지 못하였고 성도 쓰러지고 말았으니 슬픈 일이다. 성은 첨사(僉使) 이세전(李世銓)의 딸에게 장가들었는데, 아들은 진(津)이고 딸은 군수(郡守) 이학서(李鶴瑞)에게 시집갔다. 생은 찬성(贊成)[43] 이장곤(李長坤)[44]

---

41) 운문산 : 지금의 경상북도 청도군(淸道郡)에 있는 산이다.

42) 집안을……재주 : 원문의 '간고'(幹蠱)는 『주역』 고괘(蠱卦)에 나오는 말로 '아버지의 잘못을 가린다'는 뜻이다. 의미가 변하여 일을 잘 처리하는 국량이 있음을 말한다.

43) 찬성 : 원문의 이상(二相)은 좌찬성·우찬성을 가리키는 말인데, 이장곤은 벼슬이 우찬성에 이르렀다.

44) 이장곤 : 1474~?. 조선 전기의 문신으로, 본관은 벽진(碧珍)이다. 자는 희강(希剛), 호는 학고(鶴皐)·금헌(琴軒)·금재(琴齋)·우만(寓灣) 등이며, 김굉필(金宏弼)의 문하에서 수학하였다. 이조와 병조의 판서를 지냈으며, 기묘사화에 가담하였으나, 조광조(趙光祖)를 비롯한 신진사류(新進士類)들의 처형을 반대했다가 관작을 삭탈당하고 은거하였다.

의 딸에게 장가들었는데 아들은 일양(一陽)이고 딸은 아직 시집가지 않았다.

내가 남을 보증하는 경우가 대체로 드문데, 유독 천하의 훌륭한 선비로 인정해주는 사람이 공이다. 어떤 때 보면 단아(端雅)한 모습으로 경사(經史)를 토론하는 큰 선비이고, 또 다른 때 보면 훤칠한 키에 활쏘기와 말달리기에 능숙한 호걸이다. 홀로 서당에 거처하면서 길게 노래를 부르고 느릿느릿 춤을 추기도 하는데, 집안사람들은 아무도 그 의중을 짐작하는 이가 없었으니, 이는 그가 타고난 본성을 즐겨 노래하고 춤추는 때였던 것이다. 자연에 몸을 맡겨 낚시하고 사냥할 때에는 당시 사람들이 쫓겨난 사람인 줄 알았으나, 이는 세상을 피해 숨어사는 것을 근심하지 않고 재주를 감추고 있는 것이었다. 그러나 덕을 같이한 내가 보기로는, 국량이 크고 깊어 부지런히 인(仁)을 행하고, 언론이 격앙하여 엄격히 의(義)를 지키는 것이었다. 선(善)을 좋아하였으나 크게 쓰이지 못하여 자기 혼자만 선을 행하였고, 크게 일을 이루려 하였으나 자기만을 이루었을 뿐이니, 천명(天命)인가 시운(時運)인가? 청소나 하는 아낙은 화려한 곤룡포(袞龍布)에 수를 놓지 못하듯이, 용을 이야기하고는 뱀을 그려놓는 꼴이 되는 것은 내가 글이 서툴러서 그런 것이 아니겠는가? 여기에 명(銘)을 쓰자니 낯을 들지 못하겠다. 명은 다음과 같다.

금곡(金谷)의 언덕에 묻혔으니	金谷有原
운문산(雲門山)의 골짜기로다.	雲門之壑
학문 깊은 훌륭한 사람	蘊吾良人
화산(華山)을 실을 만하였네.[45]	載之以華岳
이름은 만 길이나 높았는데	名高萬丈
무덤 높이 겨우 네 자.	封之嵩四尺

45) 화산을……하였네 : 『중용』의 "화산을 싣고 있어도 무거워하지 않는다"[載華嶽而不重]에서 따온 말로, 사람의 덕이 큰 것을 비유하는 말이다.

지키는 이 누구런가?	誰其守者
무덤 앞의 비석 하나로다.[46]	襄陽一片石

처사 신군 묘표   處士申君墓表

나만 나중에 죽으려는지 벗들이 먼저 간다. 삼족당(三足堂)[47]이 떠나
더니 동주(東洲)[48]와 황강(黃江)[49]이 그를 따르고, 청송(聽松)[50]이 또 뒤
를 이었다. 천우(天祐)[51]와 우옹(愚翁)[52]의 장례(葬禮)에 내 이미 그 발
인(發靷)을 맡았고, 그 비명(碑銘)을 지었다. 자경(子敬)[53]·중옥(仲
玉)[54]이 세상을 떠났으니 그 집안사람들 또한 내가 친구라 하여 묘표

---

46) 무덤……하나로다 : 진(晉)의 양호(羊祜)가 양양(襄陽)을 다스릴 때 선정을
   펴서 민심을 얻었다. 그가 죽자 백성들이 그가 자주 오르던 현산(峴山)에 비
   석을 새웠는데, 그 비를 보는 사람들이 모두 눈물을 흘렸으므로 후에 타루비
   (墮淚碑)라 부르게 되었다. 원문의 '양양일편석'(襄陽一片石)은 곧 비석을 가
   리킨다.
47) 삼족당 : 김대유(金大有, 1479~1552)의 호이며, 자는 천우(天祐)이다. 정여창
   (鄭汝昌)의 문인이며 김일손(金馹孫)의 조카이다. 호조 좌랑(戶曹佐郎)과 칠원
   현감(漆原縣監)을 지냈다.
48) 동주 : 성제원(成悌元, 1506~1559)의 호이다. 성제원의 자는 자경(子敬)이고,
   본관은 창녕(昌寧)이다. 만년에 유일(遺逸)로 보은 현감(報恩縣監)을 지냈다.
49) 황강 : 남명의 절친한 벗인 이희안(李希顔, 1504~1559)의 호이다. 이희안의
   자는 우옹(愚翁)이고, 본관은 합천이다. 1554년 유일(遺逸)로 천거되어 고령
   현감(高靈縣監)에 제수되었다.
50) 청송 : 성수침(成守琛, 1493~1564)의 호이다. 성수침의 자는 중옥(仲玉)이고,
   본관은 창녕(昌寧)이며, 우계(牛溪) 성혼(成渾)의 아버지이다. 조광조(趙光祖)
   의 문인으로 명망이 높았으나, 기묘사화를 보고 평생 은거하였다. 시호는 문
   정(文貞)이다.
51) 천우 : 김대유(金大有)의 자이다. 원문에는 '천우'(天佑)로 되어 있으나 김대유
   의 묘갈명에는 '천우'(天祐)로 되어 있다.
52) 우옹 : 이희안(李希顔)의 자이다.
53) 자경 : 성제원(成悌元)의 자이다.
54) 중옥 : 성수침(成守琛)의 자이다.

(墓表)를 구하려 할 것이다. 여러 집의 자제들이 모두 부형(父兄)의 뜻을 모르고 그 차마 하기 어려운 일을 억지로 맡기면서 눈물을 흘리며 간청을 하니, 어찌 괴롭지 않겠는가?

이번에 자함(子誠)의 아들 유안(有安)이 다시 갈명(碣銘)을 써달라고 왔으니, 내 차마 그 일을 할 수 있겠는가?

공의 휘는 계성(季誠)이고 자는 자함(子誠)이다. 향년은 예순네 살이고, 가정(嘉靖) 임술년(명종 17, 1562)에 밀성(密城)[55] 동촌(東村) 장선리(長善里)에 장사지냈다. 신씨(申氏)의 본관(本貫)은 평산(平山)이다. 비조(鼻祖) 숭겸(崇謙)은 고려 태조(太祖)의 원훈(元勳)이다. 고려·조선의 두 금의 조정에서 벼슬하였다. 세상에 이름을 빛내고 더욱 번성하게 된 지가 거의 천 년이나 된다. 가선대부(嘉善大夫) 동지중추부사(同知中樞府事)를 지냈고 좌의정(左議政)에 추증(追贈)된 자수(自守)는 바로 군의 고조이다. 증조부 윤원(允元)은 통훈대부(通訓大夫) 군자감정(軍資監正)을 지냈으며, 조부 승준(承濬)은 생원으로 서른도 되기 전에 요절하였다. 아버지 탁(倬)은 일찍이 간질병(癎疾病)이 있어서 출세하지 못하였으며, 부윤(府尹) 손영유(孫永裕)의 손자 순무(筍茂)의 딸에게 장가들어 공을 낳았다.

공은 찰방(察訪) 이철수(李鐵壽)의 딸에게 장가들어 2남 1녀를 낳았는데, 딸은 사인(士人) 조몽길(曹夢吉)에게 시집갔다. 몽길(夢吉)은 아들 응인(應仁)을 두었고, 큰딸은 생원 김담수(金聃壽)에게, 둘째딸은 충순위(忠順衛) 윤탕신(尹湯臣)에게 시집갔으며, 셋째딸은 미혼이다. 맏아들 유정(有定)은 게으름을 피우지 않고 독실하게 공부하였는데 일찍 죽었다. 진사 이원(李遠)의 딸에게 장가들어 1남 1녀를 낳았는데, 아들은 충복(忠復)이고, 딸은 생원 송유경(宋惟敬)에게 시집갔다. 둘째아들 유안(有安)은 습독(習讀) 유기원(柳沂源)의 딸에게 장가들어 아들 넷을 두었는데, 충경(忠敬)·충근(忠謹)·충후(忠厚)·충

---

55) 밀성 : 경상남도 밀양(密陽)의 옛 이름이다.

임(忠任)이다.

공은 학문으로 몸가짐을 단정히 하여 시종 변함이 없어서 아무도 겨룰 사람이 없었으며, 법도로 집안을 다스리고 한 고을에 모범이 되어 사람들이 감히 트집을 잡지 못했다.

아! 죽지 않은 사람은 살아 있지만 죽으면 영영 없어진다. 이번에 자함(子誠)이 죽듯이 다음에는 내가 죽는다는 것은 말할 필요도 없는 것이다. 문득 붓을 던지고 한 번 탄식한다. 명(銘)은 다음과 같다.

우리 고을에 인재가 많은데,	吾黨有人
그 중에 신군(申君)이 첫째라네.	申君爲最
마음가짐은 엄숙하고	齊莊於內
행동거지는 꼿꼿하였네.	氷蘗其外
선현들을 사숙(私淑)하다가	私淑諸人
송당(松堂)⁵⁶⁾의 문하에 들어갔네.	松堂之門
벼슬은 하지 않았지만	雖家食吉
끼친 향기가 퍼져나가네.	遺香則聞

명(明)나라 가정(嘉靖) 갑자년(명종 19, 1564)에 남명 조식이 짓다.

진사 강군 묘표　進士姜君墓表

강 진사(姜進士) 숙규(叔圭)가 세상을 떠났다. 그 죽음은 슬프지만 영광스러우며, 그 가계(家系)는 성대하지만 끊어지게 되었다. 아! 가문에는 물려줄 선(善)이 있어야 하고, 종통(宗統)은 세계(世系)를 이을 사람이 있어야 한다. 강군 같은 사람은 가문에서 선을 본받고 세계를

---

56) 송당 : 박영(朴英, 1471~1540)의 호이며 자는 자실(子實)이다. 양녕대군(讓寧大君)의 외손자로 무예에 뛰어났는데, 정붕(鄭鵬)의 문하에 수학하면서 성리학을 공부하였다. 스승의 영향으로 김굉필(金宏弼) 계통의 학문을 따랐다. 벼슬은 경상도 병마절도사에 이르렀다.

이은 사람이니, 그 또한 물려받은 바가 있을 것이다.

강군의 세계(世系)는 성대하여 국사(國史)에 전해지고 사람들 입에 회자되고 있다. 우선 그 세계별 종통(宗統)을 차례대로 살펴보기로 한다. 봉산군(鳳山君) 군보(君寶)가 시조이고, 3세(三世)를 내려와 소윤공(少尹公) 안수(安壽)는 추은(推恩)[57]으로 호조 참판(戶曹參判)이 되었다. 군수공(郡守公) 모(某)가 이분의 아들이고, 감찰공(監察公) 효정(孝貞)이 이분의 손자이다. 이분이 모(某)를 낳았으니 바로 진사의 아버지이다. 이분은 벼슬하기를 즐겨하지 않아 세상에 나아가지 않았는데, 문인(門人)들도 그 영향을 받았다. 어머니의 나이 아흔 살이 되도록 낯빛을 살펴가며 봉양하기를 오롯하고 지극하게 하였으며, 그러한 효성이 쌓여 집안이 교화된 것이 여러 해가 되었다.

부인 이씨(李氏)는 의천군(義泉君) 승은(承恩)의 딸이다. 몸가짐이 가지런하고 유순하며, 밝게 살펴 마치 가문(家門)을 온전히 이끌어가는 큰 선비 같았으니, 부인의 행실이 문 밖에까지 나오지 못한 것이 아깝다. 아들을 두었는데 첫째는 진사인 우(瑀)이고, 둘째는 무(珷)이고, 넷째는 진사인 진(瑨)이다. 군은 셋째 아들로 휘는 서(瑞)이다.

겨우 이를 갈 무렵에 어머니가 세상을 버렸고, 맏형도 죽었다. 둘째 형인 무(珷)는 온유하고 문아(文雅)한 행실이 있어 공을 어려서부터 기르고 가르쳤다. 공은 성장하여 가정(嘉靖) 정유년(중종 32, 1537)에 진사시에 합격하였다. 경자년(중종 35, 1540)에 아버지의 상을 당하여 죽만 먹고 거적을 깔고 자다가 병이 들어 여막(廬幕)에서 죽었다. 마을 사람들이 그 사실을 위에 알리자 담당 부서에서는 정려(旌閭)의 은전(恩典)을 내리려 하였다. 대개 그의 효제(孝悌)하고 돈목(敦睦)한 행실은 어려서부터 익혀서 그리 된 것이다. 불행히도 일찍 죽었는데, 만

---

57) 추은 : 시종(侍從) 또는 곤수(閫帥) 이상의 관직에 있는 사람의 아버지로서, 나이가 칠십 세 이상인 자에게 정3품 통정대부 이상의 품계에 올려주는 것을 말한다.

약 하늘이 그에게 몇 해를 더 살게 해주었다면 인(仁)에 뜻을 두고 도(道)를 향해 나가는 정성이 가이없었을 것이다.

대사헌(大司憲) 성세순(成世純)[58]의 아들 참봉(參奉) 수근(守瑾)의 딸에게 장가들었는데, 뒤를 이을 자식이 없었다. 성씨(成氏)가 괴롭게 울부짖으며 밥을 먹지 않고, 기절하였다가 다시 살아났다. 여러 번 자결하려 하였는데, 집안사람들이 구호하여 화는 면할 수 있었다. 사람들은 이를 두 가지 아름다운 일로 일컫는다.

아! 형 진사 우(瑀)가 평소에 유술(儒術)과 효도를 잘 실천하였고, 학자로 사람들에게 소문이 났었는데, 어머니가 병들었을 때 탕약을 마련하느라 허둥대다가 어머니의 뒤를 이어 죽었다. 아우 진사군(進士君)[59]은 행실을 스스로 가다듬어 당시의 훌륭한 선비가 되었는데, 아버지가 돌아가시자 슬퍼하고 사모하다가 몸을 상하여 역시 아버지의 뒤를 이어 죽었다. 형은 어머니 때문에 죽고, 아우는 아버지 때문에 죽었으니 세상에 어찌 이런 일이 있단 말인가?

만약 이 사람이 죽지 않았다면 그 집안을 크게 일으켰을 것이다. 아름다운 난옥(蘭玉)[60]이 잘 자라다가 완성을 보지 못하고 말았으니, 명교(名敎)를 가지고 말한다면 그 죽음이 영광되지만, 강씨 문중으로 보자면 그의 죽음은 슬픈 것이다. 또 선조의 입장에서 보면 그 세계(世系)가 성대해진 것이지만, 이 사람으로 말하면 그 세계가 위축된 것이다. 그 선대부(先大夫)[61]가 전해준 두 가지 아름다운 행실과 형제들이 가정에서 함양해온 것은, 본디 전해져 내려오는 바가 있어서 그런 것이다. 자기는 선조를 잘 계승하였는데 자기의 세계는 끊어졌으니, 장차 그가 잘 계승하였던 것도 아울러 없어져버릴 것인가? 가문

---

58) 성세순 : 1463~1514. 자는 태순(太純)이다. 연산군 때의 난정(亂政)에 대해 간관(諫官)으로서 여러 차례 직언(直言)을 하였다.

59) 진사군 : 서(瑞)를 가리킨다.

60) 난옥 : 난이나 옥처럼 훌륭한 사람이란 뜻으로, 남의 자제를 이르는 말이다.

61) 선대부 : 원문에 선대부(先大府)로 되어 있으나, 선대부(先大夫)의 오자인 듯하다.

이 성대해지는 것도 천명(天命)이요, 위축되는 것도 천명이다. 그 슬픈 죽음 역시 천명이니, 군에 대해 어찌 할 수도 없는 것이다. 다만 사람들이 군에게 칭찬을 돌리는 것만은 천명이 아니고 자신에게서 말미암은 것이다. 군이 처신을 잘하였기 때문에 사람들이 영광되게 여기는 것이다. 내가 여기에 쓴 것은 단지 사람들의 말을 기록한 것일 따름이다.

중직대부 행문화현령 숙인 현씨 쌍묘표
中直大夫行文化縣令淑人玄氏雙墓表

숙인(淑人) 현씨(玄氏)가 세상을 뜨자 목사(牧使) 이승종(李承宗)이 그를 문화공(文化公)의 왼쪽에 합장하고는 나에게 쌍묘비문(雙墓碑文)을 지어달라고 요청하였다. 내가 글을 짓지 못한다고 사양하였더니 목사가 말하기를 "선대부(先大夫)께서 한산공 묘표(韓山公墓表)를 지어준 것[62]은 통혼(通婚)을 하여 잘 아는 사이[63]였기 때문이었습니다. 한 가문의 일은 오래 전부터 가깝게 지낸 사람이 아니면 알 도리가 없는 것이니 그대가 일을 맡아주면 좋겠습니다"라고 하였다. 나는 더 이상 사양하지 못하였다.

한산 군수(韓山郡守) 선동(善仝)이 통찬(通贊) 이수생(李壽生)[64]의 딸에게 장가들어 문화공(文化公)을 낳았는데, 통찬은 도은(陶隱)[65]의

---

62) 선대부……것 : 남명의 아버지 조언형(曹彦亨)이 목사(牧使) 이승종(李承宗, 1510~?)을 길러준 문화현령 문광서의 아버지 한산 군수(韓山郡守) 문선동(文善仝)의 묘표를 지어주었다.

63) 통혼을……사이 : 한산 군수(韓山郡守) 문선동(文善仝)은 삼우당(三憂堂) 문익점(文益漸)의 증손이고, 남명의 부친 조언형(曹彦亨)은 문익점의 조카 문가용의 외증손이다.

64) 이수생(李壽生) : 족보에는 이수산(李壽山)으로 되어 있다. 이수산은 도은(陶隱)의 증손이다.

65) 도은 : 고려말의 학자로 삼은(三隱)의 한 사람인 이숭인(李崇仁, 1349~1392)을 가리키는데, 자는 자안(子安)이고 도은(陶隱)은 그의 호이다.

후손이다. 문화공은 성(姓)이 문(文)이고 휘는 광서(光瑞), 자는 백부(伯符)이며, 본관은 강성(江成)[66]이다. 송화[67] 현감(松禾縣監) 현분(玄賁)은 판서 이극감(李克堪)[68]의 딸에게 장가들어 부인을 낳았는데, 현씨(玄氏)의 보계(譜系)는 팔거(八莒)[69]에서 나왔다.

문화공은 병진년(연산군 2, 1496)에 무과에 올라 경관(京官)을 여러 번 역임하였다. 처음에는 결성[70] 현감(結城縣監)에 임명되었다가 다시 임피[71] 현령(臨陂縣令)에 제수되었으니, 어버이 때문이었다. 나중에 문화[72] 현령(文化縣令)에 제수되었는데, 큰 병이 들어 수레에 실려 서울로 돌아와 18년 동안이나 문밖 출입을 하지 못하였다. 세상을 떠난 뒤에 선영 곁으로 모셔 장례를 치렀다. 향년은 예순세 살이었다.

부인은 온화하고 은혜로우며 공손하였다. 시부모를 예로써 섬기고 가족들을 은애(恩愛)로 대하였다. 가도(家道)가 풍족하였으며, 동복(僮僕)들이 수십 명이었다. 일생을 마칠 때까지 철 따라 선영에 성대하게 제사를 지냈다.

공은 첩의 몸에서 남매를 두었는데, 어머니가 천인(賤人)인지라 자식들도 천한 신분을 면하지 못하였다. 공이 인사(人事)를 살피지 않자, 부인이 노비(奴婢)로 대신시키고 재물을 주어서 그들을 속량(贖良)시켰다. 부인은 밖의 일은 간여하지 않는 법이지만, 이 몇 가지 일을 보면 부인이 집안을 잘 다스렸음을 알 수 있다. 향년은 일흔여섯 살이었다.

---

66) 강성 : 지금의 경상남도 산청군(山淸郡) 단성면(丹城面)을 중심으로 한 지역이다.

67) 송화 : 황해도에 있었던 현으로, 청송(靑松)과 가화(嘉禾) 두 현을 합한 것이다.

68) 이극감 : 1427∼1465. 자는 덕흥(德興), 본관은 광주(廣州)이다. 형조판서를 지냈으며, 시호는 문경(文景)이다.

69) 팔거 : 경상북도 칠곡군(漆谷郡)의 옛 이름이다.

70) 결성 : 충청남도에 있으며, 지금의 홍성군(洪城郡) 결성면(結城面)이다.

71) 임피 : 전라북도에 있으며, 지금의 옥구군(沃溝郡) 임피면(臨陂面)이다.

72) 문화 : 황해도에 있으며, 지금의 신천군(信川郡) 문화면(文化面)이다.

양가(兩家)의 선조들은 나라의 역사서에 기사가 실려 있어 분명히 볼 수 있으니, 대충 들추어서는 안 될 일이다. 문씨(文氏)의 고조부(高祖父) 익점(益漸)은 우문관 제학(右文館提學)이었는데 중국에서 처음으로 목화씨를 구해왔다. 참지우의정 부사(參知右議政府事) 강성군(江城君)에 봉해졌다. 증조부(曾祖父) 중용(中庸)은 사간원 헌납(司諫院獻納)이었고, 조부 승로(承魯)는 무과에 급제하였으나 일찍 죽었다. 현씨(玄氏)의 증조부(曾祖父) 규(珪)는 군자감 정(軍資監正)이었고, 조부(祖父) 득리(得利)는 문과에 합격하여 판관(判官)이 되었다.

문화공(文化公)은 적처(嫡妻)에게서는 자녀가 없어 목사(牧使)[73]를 데려다가 키웠는데 바로 매부(妹夫)인 군수(郡守) 학(鶴)의 아들이다. 목사는 복남(腹男) 현윤명(玄允明)의 딸에게 장가들었다. 계묘년(중종 38, 1543)의 무과(武科)에 합격하였으며, 경사(經史)에 여러 차례 통하여 임금이 특명을 내려 당상(堂上)에 오르도록 하였다.

부사(府使)·목사(牧使)를 역임하면서 두 번의 상(喪)[74]을 치렀는데, 친부모의 상을 당했을 때처럼 하였다. 목사는 훗날 명성과 공적이 기린각(麒麟閣)[75]에 오른 사람들에 상응할 것이다. 다만 평소에 종사하는 것이 글 짓고 글씨 쓰는 것이지, 활쏘기나 말타기가 아니었다. 비록 무과로 발신(拔身)하였지만 겸손하고 지조 있고, 진실되고 정직한 것이 바로 정밀하고 민첩한 선비이다. 내가 이로써 그 뒤를 이으려 하는데 가능할까? 5남 1녀를 두었다. <문화공(文化公)의> 서자(庶子) 언국(彦國)은 3남을, 서녀(庶女)는 2남을 두었다. 명은 다음과 같다.

헌걸찬 선비로   赳赳士子

---

73) 목사 : 이승종(李承宗)을 가리킨다. 본관이 여주(驪州)이고 이학(李鶴, 1481~1537)의 둘째아들이다.
74) 두 번의 상 : 문화공(文化公)과 그 부인 현씨(玄氏)의 상을 가리킨다.
75) 기린각 : 한 무제(武帝) 때 지은 것으로, 공덕이 있어 세상에 이름이 알려진 사람들의 영정을 모셔놓은 건물이다.

누가 문화공(文化公) 같을손가.	孰文化如
점이 열수(列宿)에 응하여	筮應列宿
세 차례나 동어부(銅魚符)[76]를 찼다.	三佩銅魚
양자운(揚子雲)처럼 병이 많아[77]	子雲多病
이십 년 동안 방안에서 살았다.	卄載幽室
그래도 육십까지 살았으니	食年猶六十
병이 있었지만 없는 거나 마찬가지였다.	有疾而無疾
부인은 착하고 신중하여	夫人淑愼
그 덕이 준마처럼 빼어났다.	其德驥矣
깊은 산 속의 호랑이와 표범 같은 양자를 길렀으니	深山養虎豹
본디 아들이 없었지만 아들을 둔 셈이었다.[78]	無子而有子
신안(新安)[79]의 북쪽	新安之北
다불(多佛)[80]의 언덕에	多佛之崗
연리지(連理枝)[81]처럼 다정한 부부의 무덤이 생겨나니	連理啓域
유성(遊聖)과 귀창(歸昌)이 수창하는 것 같다.[82]	遊聖歸昌

명(明)나라 가정(嘉靖) 30년 경신년(명종 6, 1551)에 족자(族子)[83]

76) 동어부 : 구리로 만든 물고기 모양의 부절(符節)로, 여기서는 세 차례 현감 또
  는 현령이 되었던 것을 가리키는 듯하다.
77) 양자운……많아 : 양자운은 한나라 때의 문장가로 이름은 웅(雄)이다. 매우
  박식하였으며, 『논어』를 본떠 『법언』(法言)을, 『주역』을 본떠 『태현경』(太
  玄經)을 지었다. 잔병치레를 많이 했다고 전한다.
78) 본디……셈이었다 : 문광서(文光瑞)가 매부의 아들 이승종(李承宗)을 데려다
  키운 것을 말한다.
79) 신안 : 경상남도 산청군(山淸郡) 신안면(新安面)이다.
80) 다불 : 지금의 경상남도 산청군 신안면에 있는 산 이름이다.
81) 연리지 : 두 나무의 가지가 결이 서로 통한 것을 가리키는데, 부부 또는 남녀
  사이가 화목한 것을 가리키는 말로 쓰인다.
82) 유성과……같다 : 유성은 기린의 암놈이 우는 것이고, 귀창은 기린의 숫놈이
  우는 소리로, 부부가 다정하게 지낸다는 뜻이다.
83) 족자 : 남명의 증조부가 문화현령의 종고조부인 익하의 손서이므로 족자라 한

남명이 짓다.

군자감 판관 이군 묘갈 병서 軍資監判官李君墓碣 幷序

군(君)의 휘는 희안(希顔)이고 자는 우옹(愚翁)이다. 보계(譜系)는 강양(江陽)[84]에서 나왔다. 아버지의 휘는 윤검(允儉)인데 가선대부(嘉善大夫) 동지중추부사 겸 오위장 도총부 부총관(同知中樞府使兼五衛將都摠府副摠官)을 지냈다. 조부는 휘가 순생(順生)인데 가선대부(嘉善大夫) 병조 참판 겸 동지의금부사(兵曹參判兼同知義禁府事)를 추증받았다. 증조부의 휘는 지로(智老)인데, 통정대부(通政大夫) 병조 참의(兵曹參議)에 추증되었다. 금자광록대부(金紫光綠大夫) 경분(景芬)이 시조(始祖)이며, 참의공(參議公)의 육세조(六世祖)가 된다. 동지공(同知公)이 좌의정 최윤덕(崔潤德)의 손자 참군(參軍) 계한(季漢)의 딸에게 장가들어 희증(希曾)과 희민(希閔)과 공을 낳았다. 희증은 홍문관 수찬(弘文館修撰)이 되었고, 희문은 이조 정랑(吏曹正郞)이 되었는데, 모두 일찍 세상을 떴다.

공은 좌의정 권진(權軫)의 손자인 통정대부(通政大夫) 귀성 도호부사(龜城都護府使) 중신(仲愼)의 딸에게 장가들어 딸을 하나 두었다. 그 딸은 현감 이공보(李公輔)의 아들 사인(士人) 득분(得賁)에게 시집갔다. 또 소실의 몸에서 아들 팽고(彭考)를 두었는데, 의국(醫局)에 소속돼 있다. 후취 부인은 이한정(李漢禎)의 딸인데 자녀가 없다.

부인은 머리를 올리고 공의 배필이 된 것이 겨우 5년밖에 되지 않았다. 짚신 신고 상복 입고 여막살이를 하면서 제주(祭酒)를 올렸으며, 머리도 빗지 않고 미음도 먹지 않아 혼절(魂絶)하였다 다시 깨어난 것이 여러 번이었다. 문득 자결하여 한 구덩이에 묻히기로 작정하기도 하였다. 그후 힘 닿는 대로 자금을 모아 비석을 마련한 뒤, 나에게 비

것이다.

84) 강양 : 경상남도 합천(陜川)의 옛 이름이다.

문을 요구하였다. 나는 이군과는 정의(情誼)가 형제나 같아서 마음이
답답하고 할 말이 막혀 붓을 놀릴 수가 없었다. 거칠게나마 그 개략을
서술한다.

공은 겨우 열 살 때에 능히 글을 지었고, 열네 살 때 사마시(司馬試)
에 합격하였다. 향시엔 여러 번 장원을 하였으나 문과(文科)에는 모두
실패하였다. 유일(遺逸)[85]로 천거되어 처음에 전옥서 참봉(典獄署參奉)
에 임명되었는데 몇 달 동안 일을 보다가 돌아와버렸다. 다시 장악원
주부(掌樂院主簿)에 임명되었다가 고령 현감(高靈縣監)에 제수되었는
데 2년 만에 사직하고 돌아왔다. 뒤에 조지서 사지(造紙署司紙)에 제
수되었고, 군자감 판관(軍資監判官)으로 승진하였는데, 2년도 못 되어
서 물러났다. 기미년(명종 14, 1559)[86] 5월에 성산(城山)[87]의 사택(私宅)
에서 일생을 마쳤으니, 향년은 쉰여섯 살이었다. 오서(烏棲)[88]의 선영
아래 선부인(先夫人)의 묘 오른쪽에 장사지냈다.

그의 효성과 자애, 그리고 형제간의 우애하는 정성과, 선(善)을 돈
독히 하고 학문을 좋아하며 남을 사랑하고 일에 부지런한 마음은 거
의 견줄 데가 없었다. 붙잡으면 주저앉기로는 유하혜(柳下惠)와 비슷
하고,[89] 통달해서 알기로는 진동보(陳同父)[90]와 유사하였다. 도를 지키
려는 뜻을 가지고 있으면서 도를 보고도 보지 못한 듯이 여긴 사람

---

85) 유일 : 유능한 사람으로 초야에 묻혀 있는 사람을 가리킨다.
86) 기미년 : 원문에는 '을미년'(乙未年)으로 되어 있으나, '을'(乙)은 '기'(己)의 오
    자이다.
87) 성산 : 지금의 경상남도 합천군(陜川郡) 쌍책면(雙冊面) 성산리(城山里)를 가
    리킨다.
88) 오서 : 지금의 경상남도 합천군 쌍책면 오서리를 가리킨다.
89) 붙잡으면……비슷하고 : 유하혜(柳下惠)는 중국 춘추시대 노(魯)나라 사람.
    본명은 전금(展禽), 자는 계(季)이다. 유하혜는 노나라에서 사사(士師)가 되었
    을 때, 세 번이나 쫓겨났는데, 그래도 다른 나라로 가지 않고 다시 벼슬하면
    서 곧은 도로써 임금을 도왔다. 여기에서는 이희안(李希顔)이 세 번이나 벼슬
    자리에 나아갔던 것을 두고 한 말인 듯하다.
90) 진동보 : 송(宋)나라 때 사람으로, 이름은 양(亮)이고 호는 용천(龍川)이다.

이다. 활쏘기와 말타기의 재주를 겸비하여 무인의 반열에서도 뛰어났다. 마침내 세상에 쓰이지 못하고 이름만 남겼으니, 사람들이 아까워하는 바이다. 지극한 감정은 꾸밈이 없는 것이어서, 이에서 더 이상 쓸 수가 없다.

명(明)나라 가정(嘉靖) 신유년(명종 16, 1561)에 벗 남명 조식이 짓다.

어 집의 부인 백씨 비문　魚執義夫人白氏碑文
- 집의(執義)의 이름은 영준(泳濬)[91]이다.

난(鸞)새와 봉황(鳳凰)은 깃을 감추지 않기 때문에 사람들이 그것을 볼 수 있다. 다만 그윽한 난초는 깊은 골짜기에 있어 나무꾼 중에 본 사람도 있고 보지 못한 사람도 있다. 어 대부(魚大夫) 집의공(執義公)이 조정에서 드날린 것은, 봉황이 높이 나는 것과 같아, 사람들이 다투어 구경을 한다. 그러나 백씨(白氏)가 그 부인이 되어 복을 풍성하게 하고 그 가문을 엄격히 다스린 것은, 아는 사람이 드물다. 더구나 부인은 밖의 일은 간여하지 않는 법이니, 제사를 받들고 옷을 마련하며, 아랫사람들에게 따뜻이 대해주고[92] 손님 접대를 정성껏 한 것은[93] 부인이 집안에서 하는 일이니, 아는 사람도 있고 모르는 사람도 있다.

내가 뜰에서 대부에게 절을 하고 또 당하(堂下)에서 부인을 배알한 적이 있었는데, 풍겨오는 덕의 향기가 난초 같았다. 훌륭한 인품은 남의 도움이 필요치 않았으니,[94] 대부공의 배필이 된 것은 제대로 된 일

---

91) 영준 : 어영준(魚泳濬, 1483~1529). 자는 언심(彦深)이고, 호는 송정(松亭)이다.
92) 아랫사람들에게……주고 : 원문의 '규목'(樛木)은 『시경』의 편명으로, 가지가 아래로 늘어진 나무에 넝쿨들이 타고 올라가듯이, 주(周) 문왕(文王)의 후비가 은애로써 여러 첩을 감싸주었다는 뜻이다. 여기서는 아랫사람들을 은혜로 포용했다는 말이다.
93) 손님……것은 : 원문의 '호토'(瓠兎)는 『시경』 소아(小雅) 「호엽」(瓠葉)에서 따온 말로, 박잎을 뜯어다 삶아 술안주를 마련하고, 토끼머리를 구워 술안주로 내놓는다는 것이니, 주인이 정성껏 손님을 대접함을 뜻한다.

이고, 여수(麗水)[95]에서 진주(珍珠)가 나듯이 그가 훌륭한 아들을 낳은 것 또한 마땅한 일이다.

아들 응성(應星)·응신(應辰)을 두었고, 딸은 진사 유숭종(柳嵩宗)에게 시집갔다. 응성의 아들은 몽주(夢周)·몽우(夢禹)이고, 사위는 박사충(朴士忠)·진극인(陳克仁)인데 사인(士人)이며, 나머지 아들은 아직 어리다. 숭종의 아들은 윤(潤)이고 딸은 아직 어리다. 응신은 무자년(중종 23, 1528)의 생원시에 합격하였으며, 벗들 사이의 칭찬과 돈독한 행실은 거의 독보적이었다. 그 아들은 몽뢰(夢賚)·몽운(夢雲)·몽택(夢澤)이고, 사위는 이추(李鰍)와 이균(李鈞)인데, 이균은 음자(蔭子)이다.

가정의 보배는 금도 옥도 아니고 바로 봉황 같고 난초 같은 훌륭한 후손이다. 그 대부와 그 부인의 덕이 이와 같으니 우리 나라에 길이 훌륭한 후손이 있어야 마땅하지 않겠는가? 불행히 대부가 부인보다 먼저 조정에서 별세했고, 22년 뒤 신해년(명종 6, 1551)에 부인이 김해(金海)의 옛집에서 일생을 마치니, 향년이 일흔두 살이었다. 이어서 딸이 먼저 세상을 뜨고 응성과 진극인이 이어서 작고하였다. 이 해 10월에 선영(先塋)의 동쪽에 합장하였으니, 이곳이 영원(靈原)이란 곳이다.

생원[96]이 사귄 사람은 모두 문학의 대가(大家)들이었는데, 이들에게 묘표를 써달라고 하지 않고 나에게 요구하는 것은, 나무꾼이 난초를 본 것처럼 내가 집안일을 잘 알기 때문이다. 그런데 내가 쓰지 않으면 그윽한 난초를 본 것이 진신(縉紳)들에게 알려지지 않을 것이므로 사양할 수 없었다.

그 보계(譜系)를 서술하자면 부인은 본관이 부여(夫餘)로, 증조부의

---

94) 훌륭한……않았으니 : 원문의 '규장'(珪璋)은 좋은 옥으로 훌륭한 인품을 비유하고, '개선'(价傔)의 '개'(价)는 '개'(介)와 통하는데 개는 빈객을 돕는 사람, 선은 주인을 돕는 사람이란 뜻으로, 도움을 받는다는 의미로 쓴 것이다.

95) 여수 : 중국 절강성(浙江省)에 있는 강으로, 옥의 산지로 유명하다.

96) 생원 : 응신(應辰, 1510~1572)을 가리킨다.

휘는 지온(之溫)이며, 사헌부 감찰(司憲府監察)을 지냈고, 조부는 휘가 기(琦)이며 생원으로 의영고 부봉사(義盈庫副奉事)가 되었으며, 아버지는 휘가 자정(子精)으로 참봉이었다. 어머니는 양산 이씨(陽山李氏)로 통정대부(通政大夫) 강계 부사(江界府使) 항무(恒茂)의 딸이다. 대대로 훌륭한 교훈을 세워 아름다운 법도가 집안에 전해오니, 원객(園客)이 누에를 쳐서 뽑은 명주실이 아름다운 비단이 되듯이,[97] 아름다운 가풍으로 자식이 훌륭하게 된 것은 마땅하다.

명(明)나라 가정(嘉靖) 31년 임자(명종 7, 1552) 모월 모일에 창산 조식이 적다.

의인 곽씨 묘표 宜人郭氏墓表

깊은 산 큰 못에는 반드시 용과 범이 산다. 곽씨(郭氏) 가문은 훌륭한 인물이 나오는 큰 못이다. 시조(始祖) 직학사(直學士) 원(元)은 고려조(高麗朝)에 벼슬하였고, 11대를 내려와 동지사(同知事) 운(惲)은 본조(本朝)에 벼슬하였다. 갑과(甲科)·을과(乙科)에 합격한 사람이 열한 명이고 정당(政堂)[98]의 자리에 올랐던 사람이 셋이며, 금림(禁林)[99]에 들어간 사람이 여덟이었다. 용과 범이 출몰하고 아름다운 옥이 찬란히 빛나는 것 같으니, 이를 두고 문인(文人)의 곳간이라 하는 것이다.

숭정대부(崇政大夫)로 의정부(議政府)에서 벼슬한[100] 추(樞)가 바로

---

97) 원객이……되듯이 : 원객은 『술이기』(述異記)에 나오는 신선인데, 본래 누에를 쳤던 사람이다. 누에를 쳐서 고치에서 실을 뽑아 비단을 짜듯이, 자식을 훌륭하게 길렀음을 비유하고 있다.

98) 정당 : 정당문학(政堂文學)을 가리키는데, 정당문학은 고려 내사문하성(內史門下省)의 종2품 벼슬, 또는 조선초기의 문하부(門下府)의 정2품 벼슬이다.

99) 금림 : 한림원(翰林院)의 별칭. 한림원은 고려 때에 임금의 명령을 받아 문서를 꾸미는 일을 맡은 관청이다.

100) 의정부에서 벼슬한 : 이 비문 끝에 "'의정부'(議政府) 다음에 빠진 문구가 있

부인의 증조부이다. 추는 직장(直長) 영(永)을 낳았고, 영은 통찬(通贊) 계의(繼儀)를 낳았다. 계의는 직장(直長) 이문(李聞)의 딸에게 장가들어 부인을 낳았다. 부인은 군기시 정(軍器寺正) 송여림(宋汝霖)의 아들 세적(世勣)에게 시집가서 삼가현(三嘉縣)[101]에서 살았다. 아들 형(珩)·함(瑊)·린(璘)·기(琪)·관(瓘)을 두었고, 사위는 정(鄭)아무개와 길(吉)아무개이다. 향년이 예순일곱 살이었으며, 본관은 서원(西原)[102]이다.

　부인은 덕성이 일찍 다듬어져, 사람들을 사랑하고 재산을 잘 다스려 가도(家道)가 태평하였으니, 큰 가문의 며느리로 알맞았다. 부인의 행실은 밖으로 드러나지 않는 법이니, 명(銘)이 아니면 나타나지 않을 것이다. 나는 변변치 못한 사람으로, 입을 닫고 사람들과 관계를 끊고 있으니, 어찌 다시 필설(筆舌)을 휘두르겠는가? 송형(宋珩)은 자신을 깨끗이 한 사람이다. 명을 지어달라고 세 번이나 찾아왔는데 세 번 모두 거절하다가 할 수 없어 명을 쓴다.

송(宋)나라에 형씨(荊氏)란 땅이 있는데	宋有荊氏
가래나무·잣나무·뽕나무가 잘 자랐다.	宜楸栢桑
장인(匠人)이 그것을 취하는데	工焉取之
길고 짧은 것을 가리지 않았다.[103]	短長無方
부인이 태어난 건	夫人之生

다"고 하였는데, 관직명이 빠진 듯하다. 족보에 의하면 곽추(郭樞)는 참찬(參贊)을 지냈으며 시호는 문량(文良)이다.
101) 삼가현 : 경상남도에 있으며, 삼기(三岐)와 가수(嘉樹)현의 합명(合名)이다. 조선 태종(太宗) 때에 두 현을 합하여 삼가로 개명하였는데. 한말에 신지면(神旨面)·율원면(栗原面)은 거창(居昌)에 귀속시키고 나머지는 합천(陜川)으로 편입시켰다.
102) 서원 : 충청북도 청주(淸州)의 옛 이름이다.
103) 송나라에……않았다 : 『장자』 「인간세」(人間世)에 나오는 이야기다. 송나라 형씨라는 곳에서 좋은 재목이 잘 자랐듯이, 부인의 자식이 잘 자라 인재로 뽑아 쓰는데 누구 하나 버릴 사람이 없었다는 말이다.

화려한 문벌이었다.	曾是貝區
본손(本孫)과 지손(支孫)이 자라나서	本枝其脩
기수(琪樹)처럼 훌륭한 사람이 번성하니,	琪樹榮敷
안봉(安峯)[104]은 만고에 서 있을 것이요	安峯萬古
산(山)[105]은 외롭지 않으리라.	山不孤

 - '의정부'(議政府) 다음에는 빠진 문구가 있다.

의인 이씨 묘표   宜人李氏墓表

이씨(李氏)의 본관은 강양(江陽)이다. 직장(直長) 문(聞)의 딸이고 봉상시 정(奉常寺正) 반(伴)의 손녀이며, 영의정 평양군(平壤君) 박거소(朴居蘇)의 외손녀이다. 직장 곽영(郭永)의 아들 통찬(通贊) 계의(繼儀)에게 시집가서 삼가현(三嘉縣)에서 살았다. 딸 둘을 낳았는데 큰딸은 신여수(愼汝修)에게 시집갔고, 둘째는 송세적(宋世勣)에게 시집갔다. 향년은 예순두 살이었다. 장수는 하였지만 자식이 없었고, 집안을 크게 키우기는 하였지만 그 지위는 작았으니, 애석하다.

명(明)나라 가정(嘉靖) 35년 병진(명종 11, 1556)에 식(植)이 짓다.

숙인 남씨 묘표   淑人南氏墓表

부인이 가통(家統)을 계승할 때 목사공(牧使公)[106]이 짝이 되었고, 목사공이 집안일을 계승할 때는 부인이 도와주었다. 바람이 불에서 나오듯이, 지아비는 지아비답게 지어미는 지어미답게 행동하였다.[107] 이 분

---

104) 안봉 : 묘소가 있는 합천군 대병면 병목의 봉우리 이름이다.

105) 산 : 이 묘표의 명(銘) 부분은 4자1구(四字一句)로 되어 있는데 이 구절만 세 글자로 되어 있으니, 아마도 '山'자 앞에 한 글자가 빠진 듯하다.

106) 목사공 : 신륜(辛崙)을 가리킨다.

107) 바람이……행동하였다 : 『주역』「풍화가인」(風火家人)괘에 나오는 말로, 자족들이 모두 제자리를 지키며 서로 돕는다는 말이다.

이 생존해 있을 때는 어린것들이 의지하고 제사가 정성스러웠으며, 이 분이 세상을 뜨자 종족들이 허둥대고 마을 사람들은 탄식하였다. 이것이 어찌 말 소리나 웃는 모습을 꾸며서 그렇게 되었겠는가? 참으로 온유하고 아름다운 것을 법으로 삼은 때문일 것이다. 여인네들이란 본래 인(仁)을 행하는 데 도움이 되지는 못한다. 그러나 이 분의 자애롭고 은혜로우며, 온화하고 선량함이 이러하였으니, 진실로 여군자(女君子)였다. 그 아들 여성(汝誠)이 세 번이나 찾아와 눈물을 흘리며 머리를 조아리고 어머니의 행적을 글로 지어달라고 요청하였다. 나는 그의 아버지와 친구이니, 어찌 감히 쓰지 않을 수 있겠는가?

부인의 성은 남씨(南氏)이고 본관은 의령(宜寧)이다. 아버지의 휘는 정소(廷卲)인데 선무랑(宣務郎)이다. 선무랑의 부인은 죽계절부(竹溪節婦)라고 하는 안씨(安氏)로 부사(府使) 장(璋)의 딸이고, 문성공(文成公) 향(珦)의 10세손이다. 이 분은 머리털을 자르고 귀를 잘라 남편의 관에 넣고, 남편과 시부모의 영정을 그려 놓고 조석으로 직접 제물(祭物)을 올리고, 삭망(朔望) 때에는 내외 3대(三代)에 아울러 제사를 지냈다.

조부의 휘는 기(琦)이며 종부시 첨정(宗簿寺僉正)이었다. 증조부는 휘가 치화(致和)로 지의영고사(知義盈庫事)를 지냈는데, 이 분이 바로 고려 문하부사(門下府事) 을진(乙珍)의 손자이다. 부사는 고려가 망하리라는 것을 알고, 벼슬을 버리고 양주(楊州)의 농막으로 돌아가 여생을 마쳤다.

부인은 옥 같은 낯빛에 비단 같은 바탕으로 효성이 지극하고 잘 순종하였다. 아무리 타고난 바탕이 아름답더라도 백로는 희고 까마귀는 검으니, 이는 대개 태어날 때부터 씨가 다른 것이다.

부인은 참의(參議)를 지낸 신공(辛公) 필주(弼周)의 아들인 목사(牧使) 륜(崙)에게 시집갔다. 목사의 본관은 영산(靈山)[108]이다. 증조부는

---

108) 영산 : 경상도에 있었던 현명(縣名)으로, 오늘날의 창녕군(昌寧郡) 영산면(靈山面)이다.

절도사(節度使)를 지낸 숙청(淑晴)이고, 조부는 황주 판관(黃州判官)을 지낸 수무(秀武)이다. 먼 윗대 조상으로 사천(斯蒇)은 판서(判書)를 지냈고, 고조(高祖) 제(劑)는 군사(郡事)를 지냈다.

부인은 군자의 배필이 되어 30년이 되도록 거스르는 일이 없었다. 공보다 10년 앞서 별세하였는데 향년은 마흔일곱 살이었다. 아들은 둘을 두었다. 첫째는 여근(汝謹)인데 생원 곽지원(郭之元)의 딸에게 장가들어 아들 려(膂)를 낳았다. 둘째 여성(汝誠)은 경력(經歷) 장세침(張世沈)의 딸에게 장가들어 아들 윤(胤)을 낳았다. 딸은 사성(司成) 진관(陳瓘)의 아들 유경(裕慶)에게 시집갔다.

목사공은 상투를 꽂은 뒤로 세상을 뜰 때까지[109] 남을 해칠 마음을 먹은 적이 없었고, 부인은 시집와서부터 세상을 떠날 때까지 꾸짖고 미워하는 소리를 한 적이 없었으니, 하늘이 자손을 주어 훌륭한 후손이 대대로 나오게 한 것이 당연하다. 내 생각에는 이 가문의 경사가 끝이 없을 것 같다. 드디어 다음과 같이 명을 쓴다.

의성(宜城)[110]의 네 성씨(姓氏)가[111]	宜城四姓
노(魯)나라의 삼종(三宗)[112]과 같다.	魯猶三宗
남씨(南氏)와 심씨(沈氏)가 존장(尊丈)이니	南沈爲丈
근원의 유래가 오래되었다.	源遠其從
죽계절부(竹溪節婦)[113]의 남긴 절개	竹溪遺節

---

109) 세상을……때까지 : 원문의 '역책'(易簀)은 '삿자리를 바꾸다'라는 말인데, '죽다'라는 뜻으로 쓰인다. 증자(曾子)가 죽을 때 깔고 있던 자리가 자기 신분에 지나치다 하여 다른 것으로 바꾸게 했다는 고사에서 나온 말이다.

110) 의성 : 경상남도 의령(宜寧)을 가리킨다.

111) 의성의……성씨가 : 이 글에서 말하는 남씨(南氏)·심씨(沈氏)·안씨(安氏)·신씨(辛氏)를 가리키는 것으로 보인다.

112) 삼종 : 노(魯)나라의 삼환(三桓), 곧 맹손씨(孟孫氏)·숙손씨(叔孫氏)·계손씨(季孫氏)를 가리킨다.

113) 죽계절부 : 죽계절부는 안장(安璋)의 딸이며, 숙인(淑人) 남씨(南氏)의 어머니이다.

유월에도 서리가 내릴 듯하더니,	六月隕霜
이에 착한 후손 있어	爰有令孫
난초와 옥 같은 바탕이 있었다.	蘭玉其相
신씨(辛氏) 가문[114]에 시집갈 때	結褵辛門
그 위의(威儀)를 훌륭히 갖추었도다.	九十其章
부인은 새벽 일찍 일어나	夫人夙興
식구들을 보살피고 받들었다.	載紫載將
저녁에 거울이 깨지더니	昏鏡初分
새벽에 별이 지고 말았다.[115]	曉星零落
한 집안 살림을 넉넉히 꾸리고	裕蠱一室
옛집에서 한 쌍의 학처럼 살았다.	舊窩雙鶴
여칙(女則)이 아직 남아 있으니	女則猶存
대대로 맹광(孟光) 같은 어진 부인 있으리라.	世有孟光
서책(書冊)[116]에 전해지지 않아도	汗青無籍
비석에 꽃다운 이름 전해지리로다.	篆石流芳

공인 모씨지묘　恭人牟氏之墓

오늘날 진주 모씨(晉州牟氏)는 함평 모씨(咸平牟氏)에서 갈린 것이다. 부인의 아버지 진사 모수천(牟秀阡)은 좌사간(左司諫) 순(恂)의 맏아들이고, 부인의 어머니 김씨(金氏)는 삼군도총제(三軍都總制) 종행(宗行)의 딸이며, 부인의 남편 최윤옥(崔潤屋)은 군수 이식(以湜)의 아들이다.[117]

---

114) 신씨 가문 : 숙인 남씨의 남편, 곧 신륜의 집안을 말한다.

115) 저녁에……말았다 : 거울이 깨졌다는 것은 부부가 헤어지는 것을 뜻하는데, 여기서는 숙인 남씨가 남편인 신륜보다 먼저 죽은 뒤, 10년 후에 남편도 죽었음을 말한 것이다.

116) 서책 : 원문의 ‘한청’(汗青)은 푸른 대를 불에 구워 진을 빼낸 댓조각인데, 종이가 없던 시절에 문서를 쓰기 위해 사용하였다. 한간(汗簡)이라고도 하는데, ‘청사’(青史)라는 말은 이에서 유래되었다 한다.

117) 군수……아들이다 : 기유본(己酉本)에는 이 부분이 ‘현감 수지의 아들이다’

부인이 딸 하나를 낳고 최군이 세상을 떠났다. 딸은 진사 정서붕(鄭瑞鵬)
에게 시집갔다. 서붕은 독실한 효도로 일컬어졌으나, 벼슬을 하지 못하고
일찍 세상을 떠났다. 아들을 두었는데 백빙(白氷)과 백거(白渠)이다.

부인을 장사지낼 때 백빙이 나를 찾아와 말하기를 "외가(外家)는 이
름난 대가(大家)인데 부조(父祖)의 가업을 계승하지 못했습니다.[118] 부
인[119]은 딸만 있고, 그 딸은 문 밖을 나올 수 없었습니다. 내가 그 계통
을 이을 수는 없지만, 그렇다고 차마 그 행적을 매몰시켜버릴 수도 없
습니다. 오복(五服)[120]의 친족들 입에 전해지는 사실을 가지고 비문을
지어 무덤의 비석에 새기려 하는데, 가능하겠습니까?"라고 하였다. 나
는 머리를 조아려 절하고 말하기를 "사람은 반드시 어버이가 있고, 어
버이는 반드시 돌아가시어 장사를 치르게 됩니다. 사람은 업신여길 수
있어도 장례는 함부로 할 수 없으며, 사람은 묻을 수 있어도 그의 선
행(善行)은 묻어버릴 수 없습니다" 하였다. 내가 감히 그 일을 드러내
어 다음과 같이 명을 쓴다.

갈래가 져도 다 같은 물이니	派者同水
온갖 내가 서로 다르지만 같은 물이다.	百川雖異則水
선(善)한 사람은 하늘이 지키는 것이니	善者天守
만고(萬古)의 긴 세월이 지나도 지켜지리라.	萬古雖長則守

[縣監水智之子也]라고 되어 있다. 그러나 「의인최씨묘갈」(宜人崔氏墓碣)에
도 최윤옥은 '전적 수지의 손자이고 군수 이식의 아들이다'[典籍水智之孫 郡
守以湜之子也]라고 되어 있으니 이식의 아들인 것이 맞는 것 같다.

118) 부조의……못했습니다 : 원문의 '기구'(箕裘)는 부조의 가업을 계승한다는
 뜻이다. 『예기』「학기」(學記)편의 '훌륭한 대장장이의 아들은 반드시 갖옷
 만드는 법을 배우고, 훌륭한 궁사(弓師)의 아들은 반드시 키 만드는 법을 배
 운다'[良冶之子 必學爲裘 良弓之子 必學爲箕]라는 말에서 유래하였다.

119) 부인 : 정백빙의 외조모를 가리킨다.

120) 오복 : 다섯 등급의 상복(喪服). 즉 참최(斬衰, 3년)·제최(齊衰, 1년)·대공
 (大功, 9개월)·소공(小功, 5개월)·시마(緦麻, 3개월)를 말한다.

명(明)나라 가정(嘉靖) 17년(중종 33, 1538)에 조선국의 남명 조식이
적다.

의성 김씨 묘지　義城金氏墓誌

집에 칠보(七寶)의 구슬이 있다면 사람들은 그 집이 가난한 집이 아
님을 안다. 김씨 가문의 경우는 이옥(夷玉)・대옥(大玉)[121]이 있는 셈
이다. 삼척 부사(三陟府使) 김공(金公) 사로(師魯)[122]는 아들 셋을 두었
으니,[123] 우홍(宇弘)[124]・우굉(宇宏)[125]・우옹(宇顒)[126]이다. 모두 좋은 성
적으로 문과에 급제해 문원(文苑)을 독차지해서 우리 나라의 쌍벽(雙
璧)이 되었다. 딸 하나를 두었는데 강 위에 뜬 아름다운 달이 물 속에
떨어진 것 같았으니, 세 아들에 비교하자면 천구(天球)가 완염(琬琰)[127]
가운데 있는 것 같았다. 이군 응명(應命)에게 시집간 사람이 바로 그
사람이다.

　몇 살 안 되었을 때 길쌈 벽돌이나 가지고 노는 것[128]이 그녀의 일이

---

121) 이옥・대옥 : 모두 옥의 이름으로, 왕실의 한 보물이다. 『서경』「고명」(顧
　　命)편에 나온다.

122) 사로 : 김희삼(金希參)의 자이다.

123) 아들……두었으니 : 김희삼의 아들은 넷인데, 셋째인 우용(宇容, 1538∼
　　1608)을 빠뜨린 듯하다.

124) 우홍 : 1522∼1560. 김우홍(金宇弘)의 자는 면부(勉夫), 호는 이계(伊溪)이다.
　　문과에 급제하였다.

125) 우굉 : 1524∼1590. 김우굉(金宇宏)의 자는 경부(敬夫), 호는 개암(開巖)이다.
　　문과에 급제하였다.

126) 우옹 : 1540∼1603. 김우옹(金宇顒)의 자는 숙부(肅夫)이고, 호는 동강(東
　　岡)・직봉포의(直峯布衣)이며, 남명의 문인이자 외손서(外孫壻)이기도 하다.
　　벼슬은 대사성(大司成)까지 이르렀다.

127) 천구가 완염 : 천구와 완염은 모두 귀한 옥의 일종이다. 『서경』「고명」편에
　　모두 나온다.

128) 길쌈 벽돌이나……것 : 원문의 '농와'(弄瓦)는 딸을 낳았다는 말로, 『시경』
　　「사간」(斯干)편의 "딸을 낳았을 때……길쌈 벽돌을 가지고 놀게 한다"[乃

련마는 어버이의 병에 한 번도 곁을 떠난 적이 없었다. 점점 자라서는 의젓하고 차분하며, 단정하고 순수하였다. 효성과 우애의 마음은 타고난 것이었다. 시집가서는 시어머니의 성품이 너그럽지 않고, 남편은 생각이 모자랐지만, 공경히 따르고 온화하게 견디며 부도(婦道)를 잘 지켰다. 어머니가 돌아가시자 허둥지둥 달려와서 애통해 하다가 자리에 쓰러졌다. 상을 다 마치기도 전에 병이 심해져 일어나지 못하고 말았으니, 애석하다.

부인의 보계(譜系)는 문소(聞韶)[129]에서 나왔으니, 고려 태자첨사(太子詹事) 용비(龍庇)의 후손이요, 통정대부(通政大夫) 부사(府使) 희삼(希參)의 딸이다. 바탕이 맑고 깨끗해서 안팎으로 모두 흠이 없었다. 예의범절이 정성스럽고 단아(端雅)했으며, 말과 행동에 법도가 있었다. 재물에 대해 욕심을 내지 않고, 남을 꾸짖는 모진 소리를 입에 올리지 않았다. 백로는 희고 까마귀는 검은 것은, 대개 타고난 바탕이 있어서 그렇게 된 것이다.

병이 깊어진 지 여러 날 되어 기력이 실낱 같았으나, 정신과 언동은 평소 때나 꼭 같았다. 집안 식구들이 신에게 빌어보자고 하자 문득 역정을 내어, "죽고 사는 것은 천명(天命)이 있는 것이니, 푸닥거리를 해서 피할 수 있는 것이 아니다"라고 하면서 못하게 하였다. 다만 대부(大夫)[130]에 관한 몇 마디 말을 여러 동기간(同氣間)들에게 부탁하고 세상을 떴다. 아무리 옛날에 독실히 공부하여 훌륭한 인격을 갖춘 사람이라 하더라도 아마 이러하지는 못했을 것이다. 오직 정 명도(程明道) 선생의 딸이 이와 흡사할 뿐이다.[131] 향년은 스물일곱 살이었고 딸

生女子……載弄之瓦]는 말에서 따온 것이다.

129) 문소 : 경상북도 의성(義城)의 옛 이름이다.

130) 대부 : 부인의 친정아버지인 김희삼(金希參)을 기리킨다.

131) 정 명도……뿐이다 : 명도는 송(宋)의 학자 정호(程顥)의 호이다. 그에게 딸이 있었는데 어려서부터 언행이 단정하고 취향이 고결하며, 지혜가 출중하여 글을 가르치지 않았는데도 스스로 문리를 터득했다. 온 가족이 애지중지하며 그녀에게 짝할 만한 신랑감을 찾았으나 구하지 못했다. 부득이 그녀만

아이가 하나 있었다. 선영 곁에 합장하였다.

선대부(先大夫)는 나와 사이좋게 지냈고, 우옹은 또 나의 손녀에게 장가들었다. <우옹이> 울면서 나에게 말하기를 "저는 차마 흰 옥이 누런 흙 속에 묻혀서 까마득히 아무도 모르게 하지는 못하겠습니다. <누이의 행적을> 비석에 새겨 그녀의 존재를 남기게 해주십시오"라고 하였다. 나는 남에 대해서 잘 인정해주지 않는다. 무슨 일이 있어도 살아 있는 사람에게 아첨한 적이 없었는데, 지금 편안히 지내면서 어찌 죽은 귀신에게 아첨하려 하겠는가? 마침내 이어서 말하기를 "부인은 문 밖 출입을 하지 않아서 이정(彝鼎)[132]에 기록되지는 못한다. 그러나 달 속의 계수나무와 같아, 사람들이 가까이 할 수는 없어도 향내는 그치지 않는다"라고 하였다. 나는 마침 통혼한 가문의 우호로 인해 그 향기를 맡고 이를 기록한다.

융경(隆慶) 4년 경오(선조 3, 1570) 10월 모일에 남명 조식이 쓰다.

정부인 최씨 묘표   貞夫人崔氏墓表

정부인 최씨가 태어난 곳은 회창(會昌)[133]에 있는 정승[134]의 옛집이고, 돌아가신 곳은 초계(草溪)[135]에 있는 원융(元戎)[136]의 세거지(世居地)였다. 정승은 가문을 온전히 해 4대에 걸쳐 대신의 자리에 올랐으며, 충성과 정절(貞節)을 세습하여 사직(社稷)을 지탱한 공이 있었으

못한 사람에게 시집 보내려 하였는데, 그때 마침 어머니가 돌아가셨다. 그녀는 상중에 몸을 돌보지 않고 너무 애통해하다 그만 죽고 말았다고 한다.

132) 이정 : 종묘의 제사에 술을 따라두는 그릇으로, 공로가 있는 신하의 이름을 표면에 새겨 오래도록 전하였다.

133) 회창 : 경상남도의 창원부(昌原府)를 가리킨다.

134) 정승 : 최씨의 증조부 최윤덕(崔潤德)을 가리킨다.

135) 초계 : 경상남도에 있으며, 지금의 합천군(陜川郡) 초계면·쌍책면·적성면·율곡면 등지이다.

136) 원융 : 장수(將帥)를 가리키는 말로, 이희안(李希顔)의 아버지 이윤검(李允儉)이 오위장(五衛將)을 역임하였기 때문에 원융이라 한 것이다.

니, 부인이 시집오기 전의 가문을 칭찬하는 것도 중요하지만, 그것으로 부인의 행실을 치장하기에는 부족하다. 원융(元戎)은 총융(摠戎)[137]으로 세 조정에 걸쳐 오랑캐와 중국에 위세를 떨쳤지만, 자신은 한미한 선비 같았고 집안은 살림이 하나도 없이 텅 비어 있었으니, 부인이 내조를 잘하여 집안을 잘 꾸렸지만, 그것으로 부인의 덕을 평가하기에는 부족하다.

이옥(夷玉)·천구(天球) 같고, 산룡(山龍)·분미(粉米) 같은 훌륭한 자식들은 부인의 큰아들·둘째아들·막내아들, 그리고 딸들이다. 이에 비로소 훌륭한 자식이 있음을 말한 셈이 되었지만 부인이 훌륭한 성품과 분수를 지니고 있음은 아직 말하지 않았다.

나는 고령 현감(高靈縣監) 이희안(李希顔)과 친하게 지냈다. 당하(堂下)에서 부인을 뵌 적이 있었는데, 그 훌륭함을 보고서야 보통 사람이 아님을 알게 되었다. 멀리서 바라보면 엄숙하면서도 공경스러운 것은 제사를 받들고 남편을 받드는 거동이었고, 온화하면서도 엄격한 것은 비첩(婢妾)을 어루만져주고 자녀를 가르치는 법이었다. 동지공(同知公)[138]이 나라를 걱정하여 집에는 신경을 쓰지 않고 평생토록 집을 돌보지 않았으나, 부인이 인(仁)으로 집안일을 넉넉히 다스리고 전택(田宅)을 잘 경영하여, 엄연히 법도가 있는 한 가문을 이루었다. 동지공이 매양 탄식하며 말하기를 "이렇게 훌륭한 사람을 얻었으니, 집안 식구들의 생계는 전혀 마음 쓰이지 않는다"라고 하였다. 부인이 어찌 힘써 공부한 적이 있어 그로써 수신제가(修身齊家)한 사람이겠는가? 단지 아름다운 자질을 타고난 것이 많아, 자기가 지니고 있는 것을 잃지 않고 있었을 뿐이다. 금이 불로 인해 순수해진 것이 아니고, 옥이 사람으로 인해 따뜻해진 것이 아니다. 대개 그 타고난 성질이 그

---

137) 총융 : 부인의 남편인 이윤검(李允儉)이 도총부 부총관(都摠府副摠官)을 역임하여 총융이라 일컬은 것이다.

138) 동지공 : 남편 이윤검(李允儉)이 동지중추부사(同知中樞府事)를 지냈기 때문에 이렇게 일컬은 것이다.

러한 것이다.

고령[139]은 일찍이 나를 세상 사람에게 아첨하지 않는 사람으로 여겼다. 따라서 무덤 속에 있는 사람에게도 아첨하지 않으리라 생각하여, 나에게 묘표(墓表)를 지어주기를 요구하기에, 삼가 그 가계(家系)를 차례대로 적는다.

부인은 본관이 통천(通川)이니, 대장군(大將軍) 록(錄)은 우리 태조(太祖)와 함께 고려말에 벼슬한 분이다. 이 분이 처음으로 회창(會昌)에 살게 되었는데, 오늘날의 창원부(昌原府)이다. 록은 판서 운해(雲海)를 낳았고, 운해는 좌의정 윤덕(潤德)을 낳았으니 이 분이 부인의 증조부이다. 조부는 숙손(叔孫)인데 자헌대부(資憲大夫) 전라도 병사(全羅道兵使)를 지냈고, 아버지 계한(季漢)은 훈련원 참군(訓鍊院參軍)을 지냈다. 어머니 김씨(金氏)는 현감(縣監) 진(振)의 아들인 신(晨)의 딸이다.

아들 셋과 딸 둘을 두었고 향년은 여든두 살이었다. 가정(嘉靖) 을사년(인종 1, 1545)에 동지공의 묘 아래에 합장하였으니, 곧 초계(草溪)의 청계산(靑溪山) 봉원(鳳原)이다. 장녀는 충의위(忠義衛) 우희순(禹希舜)에게 시집갔으며, 아들 종간(宗侃)을 두었다. 차녀는 충의위 신식(申湜)에게 시집갔고, 아들 경심(景深)을 두었다.

맏아들 희증(希曾)은 약관(弱冠)의 나이가 되기도 전에 과거에 급제하여 홍문관 수찬(弘文館修撰)에 제수되었으며, 둘째아들 희민(希閔)도 이어서 급제하여 홍문관 교리(弘文館校理)에 제수되었는데, 모두 일찍 세상을 떴다. 막내아들 희안(希顔)은 선(善)을 즐기고 학문을 좋아하였으며, 여러 번 향시(鄕試)에 장원하였고, 활쏘기와 말타기의 재주도 겸비하였다. 조정에서 처음에 전옥서 참봉(典獄署參奉)으로 기용하였으나 배명(拜命)만 하고 물러났다. 또 천거되어 고령 현감(高靈縣監)이 되었는데, 2년도 안 돼 사직하고 돌아왔다. 사람들이 세 형제의

---

139) 고령 : 고령 현감을 지낸 이희안(李希顔)을 가리킨다.

행적이 아깝다고 하였다. 다만 수찬(修撰)[140]은 팽년(彭年)이라는 아들을 두었다. 팽년은 아들 양수(良受)·천수(天受)를 두었고, 사위는 진사 문익성(文益成)과 학사(學士) 정견(鄭堅)·서득(徐得)이다. 교리(校理)[141]는 아들 팽신(彭信)을 두었는데, 일찍 죽었고, 사위인 좌랑(佐郎) 김렴(金濂)과 첩의 몸에서 난 아들 팽치(彭齒)가 있을 뿐이다. 고령(高靈)은 사위 이득분(李得蕡)과 소실의 몸에서 난 아들 연정(硯丁)이 있다. 후취(後娶)는 사인(士人) 이한정(李漢禎)의 딸이다. 어진 사람의 후손은 번창하지 않으니, 아름다운 문채가 알록달록한 표범 가죽의 한 점 무늬에 겨우 남아 있다. 사람들 또한 이씨(李氏) 가문이 쇠하였다고 한다. 그러나 썩어 없어지지 않을 행적이 사람들 입에 남아 있으리니, 그러한 이야기를 써서 돌에 새긴다.

명(明)나라 가정(嘉靖) 35년 병진(명종 11, 1556)에 집안사람 창산 조식이 쓰다.

노군 묘명　盧君墓銘

작록(爵綠)으로 조정의 반열(班列)에 서지는 못했지만 사람들이 선(善)하다는 칭찬을 그에게 돌리면, 그는 언제 어디서나 존경받을 만한 점을 지닌 사람일 것이다. 우리 고을에 선사(善士)가 있으니, 노군(盧君) 수민(秀民)이 그 사람이다. 나는 남들에 대해서 잘 인정을 해주지 않는데, 그를 볼 때마다 마치 면류관을 쓴 사람처럼 훌륭해 보였으니, 그 또한 평범한 사람과 다른 점이 있는 사람인 듯하다.

노군의 휘는 수민이고, 자는 준옹(俊翁)이다. 본관은 광주(光州)이며, 병정(兵正) 이품(二品)[142] 교위(校尉) 인미(仁美)의 13세손이다. 그

---

140) 수찬 : 이희증(李希曾)을 가리킨다.
141) 교리 : 이희민(李希閔)을 가리킨다.
142) 병정 이품 : 고려 때 주(州)·부(府)·군(郡)·현(縣)에 두었던 향리직(鄕吏職) 중에 병부경(兵部卿)을 병정이라 하였다. 이품이라 한 것은 분명치 않다.

후대에 고성(固城)으로 이사하였다. 아버지 적(璃)은 선전관(宣傳官) 이승원(李承元)의 딸에게 장가들어 삼가(三嘉)에서 살았다. 이씨(李氏)는 본관이 성산(星山)이다.[143] 이승원은 바로 자헌대부(資憲大夫) 지중추부사(知中樞府事)를 지내고 시호(諡號)가 평정(平靖)이며 청백리(淸白吏)[144]로 봉해진 약동(約東)의 아들이다.

조부의 휘는 선경(善卿)인데 군자감 첨정(軍資監僉正)을 지냈으며, 증조부 갑생(甲生)은 도염서 승(都染署丞)을 지냈다. 고조부 계종(繼宗)은 생원이었고, 현조(玄祖)로는 서운관 부정(書雲館副正)을 지낸 효손(孝孫)과, 사온시 직장(司醞寺直長)을 지낸 인정(仁正)과, 전공 판서(典工判書)를 지낸 창(昶)과, 감찰 규정(監察糾正)을 지낸 승조(承肇)와, 륜(倫)・공비(公庇)・도충(到忠)이 있는데, 모두 과거에 급제했다.

노군은 생원 세기(世紀)의 딸 손씨(孫氏)에게 장가들었다. 손씨의 비조(鼻祖)는 순응(荀凝)인데, 본관은 안동(安東) 일직(一直)이다. 고려 태조가 삼국을 통일할 초기에 의병을 일으켜 귀부(歸附)하니, 공손히 따른다 하여 왕건(王建)이 이 성(姓)을 하사하였다. 그 후예가 밀양(密陽)에 옮겨와 살았다. 조부 순무(荀茂)는 교수(敎授)였고, 증조부 윤하(胤河)는 광흥창 승(廣興倉丞)이었으며, 고조 조서(肇瑞)는 통정대부(通政大夫) 봉산 군수(鳳山郡守)였다. 현조(玄祖)로 진성[145] 현감(珍城縣監)을 지낸 관(寬)과, 한성 부윤(漢城府尹)을 지낸 영우(永祐), 밀직사 좌대언(密直司左代言)을 지낸 득수(得壽), 직성군(直城君)으로 시호는 정평(靖平)인 홍량(洪亮)이 있다.

세기는 생원(生員) 이적(李績)의 딸에게 장가들어 부인을 낳았다.

---

143) 본관이 성산이다 : 성산은 경상북도 성주(星州)의 옛 이름인데, 지금은 본관을 성주의 옛 이름 가운데 하나인 벽진(碧珍)으로 쓰고 있다.

144) 청백리 : 청렴한 관원이란 뜻으로, 본래 의정부・육조・경조(京兆)의 2품 이상의 당상관과, 사헌부・사간원의 수직(首職)이 추천한 인물 가운데서 의정부가 선정하는 벼슬아치이다.

145) 진성 : 경상남도 단성(丹城)의 옛 이름이다.

이씨(李氏)의 본관은 인천(仁川)이며, 후에 삼가(三嘉)에서 살았다. 증조부 중생(仲生)은 선공감 주부(繕工監主簿)였고, 고조부 계충(繼忠)은 청풍 군사(淸風郡事)였다. 현조(玄祖)로는 한성 부윤(漢城府尹)을 지낸 효인(孝仁)과 정당문학(政堂文學)이 되었던 문화(文和)가 있다. 노군은 향년이 쉰아홉 살이었으며, 살던 곳의 서쪽 금성산(金城山)에 장사하였다. 유인(孺人)은 향년이 예순아홉 살로, 15년 뒤에 일생을 마쳤으며, 선영의 동쪽에 합장하였다.

세상 사람들이 귀하게 여기는 것은 가문이 명망으로 일컬어지는 것이고, 그 집안의 가도(家道)는 들먹이지 않는다. 그런데 노군의 경우는 혁혁하게 대대로 가도를 지닌 집안이다. 선공(先公) 적(璥)은 상을 당하여 몸을 상하고 효를 행하다 일생을 마쳤다. 갑생(甲生)은 자신을 깨끗이 수양하고 마음을 너그럽게 하여, 세상을 피해 살다가 일생을 마쳤다. 군이 어버이에게 효도한 것은 선공의 가르침 때문이었고, 자신에 엄격했던 것은 선조로부터 유래한 것이다. 문을 닫아걸고 수레바퀴를 닦아두고는 문밖 출입을 하지 않았다. 사람들이 아무도 부모 형제 사이에 대해서 트집을 잡지 못하였다. 가정 안이 정연하게 법도가 있었던 것은 유인(孺人)의 행실이 도움이 되었던 때문이다. 사람들이 말하기를 "준옹(俊翁)은 훌륭한 자손을 둘 것이다"라고 하였다.

아들 흠(欽)은 경의(敬義)를 궁구하여 도를 깨우친 지가 오래 되었다. 갑자년(명종 19, 1564) 생원시에 합격하여 세상에 이름이 알려졌다. 딸은 도승지(都承旨) 조지서(趙之瑞)의 손자 득당(得瑭)에게 시집갔는데, 일찍 세상을 떠나 후사(後嗣)가 없다. 둘째딸은 군수 허순(許珣)의 아들 팽령(彭齡)에게 시집갔는데, 자녀가 아직 어리다.

흠은 참봉(參奉) 임각(林珏)의 딸에게 장가들어 아들 하윤(賀胤)을 낳았고, 딸은 박계조(朴繼祖)의 손자 정벽(廷璧)에게 시집갔다. 흠은 나에게 배운 적이 있었는데, 내가 글을 하는 사람이라 여겨서가 아니고 그 집안의 일을 알고 있다 하여, 나에게 와서 명(銘)을 지어달라고 하였다. 병 때문에 두 번이나 사절하자 울면서 간청하다 피눈물을 흘리므로, 마침내 그를 위해 명을 짓는다. 명은 다음과 같다.

큰 늪에 재목이 있어	大澤有木
도끼로 찍어다가,	斧以斯之
여기 집을 세우니	有竪其家
왕실(王室)을 보좌하였다.	王室之毗
철성(鐵城)[146]에 노씨(盧氏)가 있어	鐵城有盧
인재의 큰 숲이 되었네.	大藪於材
봉성현(鳳城縣)[147]의 집안으로	鳳城縣家
무진주(武珍州)[148]에서 왔다.	武珍州來
높은 구름 같은 문벌이 열려	高雲啓閥
나라 위해 일했는데,	服勞王國
오직 노군 부자(父子)만은	唯君兩世
벼슬하지 않고 살았다.	吉用家食
마지막 삼세(三世)에 걸쳐	季通三世
한결같이 곤궁하게 살면서도,	一食其簞
자식에게 시(詩)와 예(禮)를 가르쳐	敎子詩禮
유독 안분(安分)의 도를 남겨주었다.	獨遺以安
손씨(孫氏) 집에 훌륭한 자녀 있어	孫家有子
여칙(女則)이 늘 손에 들려 있었는데,	女則在手
노씨(盧氏)의 부인 되어	盧室之婦
시부모를 잘 섬겼다.	宜姑宜舅
남편 받들기 40년에	齊眉四十年
어린것들에게도 화락함이 미쳤다.	燕及卑孺

146) 철성 : 경상남도 고성(固城)의 옛 이름이다.
147) 봉성현 : 경상남도 삼가(三嘉)의 옛 이름으로, 지금은 합천군(陜川郡)에 편입되어 있다.
148) 무진주 : 전라남도 광주(光州)의 옛 이름이다.

아들이 하나지만 적다 할 수 없으니	一不爲小
증삼(曾參)처럼 집안일을 잘 꾸렸다.	參也蠱裕
두 사람 생사를 같이하였으니	穀死其同
흰 옥이 쌍으로 합해진 듯.	白璧雙合
세상에 명월주(明月珠) 있었는데	世有明月
구천(九泉)이 그 조개 갈무리하고 있네.	九泉藏蛤

— '유'(孺)는 '유'(幼)로도 되어 있다.

통훈대부 광주 목사 신공 묘명 병서
通訓大夫光州牧使辛公墓銘 幷序

신씨(辛氏)의 본관은 영산(靈山)이다. 영산 신씨는 우리 나라의 이름난 가문으로 주(周)나라에 있어서 윤씨(尹氏)나 길씨(姞氏)[149]와 마찬가지이다. 공의 휘는 류(崙)이고 자는 경립(景立)이다. 현조(玄祖) 사천(斯蕆)은 고려에 벼슬하여 전공 판서(典工判書)가 되었다. 고조 제(劑)는 군사(郡事)가 되었으며, 종부시 정(宗簿寺正) 정인자(鄭仁慈)의 딸에게 장가들어 절도사(節度使) 숙청(俶晴)을 낳았으니, 이 분이 공의 증조부이다. 군사(郡事)는 고려말에 적신(賊臣) 신돈(辛旽)이 그 명망을 흠모하여 같은 종족이라고 칭탁(稱托)하려 화복(禍福)으로 겁을 주었으나, 끝내 굽히지 않았다. 조부 수무(秀武)는 황주 판관(黃州判官)을 지냈고, 선고 필주(弼周)는 참의(參議)를 지냈으며, 창원 황씨(昌原黃氏)에게 장가들어 공을 낳았다. 참의공은 홍치(弘治) 병진년(연산군 2, 1496)에 진사시에 합격하였다. 연산군(燕山君) 때 정치가 어지러워지자 마침내 과거공부를 그만두었다가, 정덕(正德) 정묘년(중종 2, 1507)에 이르러 중종(中宗) 때의 문과(文科)에 합격하였다. 문무(文武)에 큰 재주가 있어 내외직(內外職)에서 명성을 드날린

---

149) 윤씨나 길씨 : 주(周)나라 때의 윤씨와 길씨로, 주나라 왕실에서 혼인을 많이 한 이름난 집안이다.

것이 40여 년이나 되었다.

공은 젊어서부터 글을 좋아해 겨우 열다섯에 진사시의 향시(鄉試)에 합격하였고, 가정(嘉靖) 병오년(명종 1, 1546)에 문과에 급제하였다. 신씨는 대대로 가문의 명성을 세웠으니, 남전(藍田)에서 미옥(美玉)이 나는 것은 당연하다. 처음에 성균관 학정(成均館學正)과 박사(博士)에 임용되었다가 전적(典籍)에 올랐다. 형조 좌랑(刑曹佐郎)으로 옮겨서는 원통한 일을 풀어주고 숨은 죄를 다스리니, 형조의 아전 가운데 참의공이 정랑(正郎)이었을 때 섬기던 자들은 말하기를 "판결을 잘하기로는[150] 정랑과 같다"고 하였다. 경술년(명종 5, 1550)에 경상도 도사 겸 춘추관 기주관(慶尙道都事兼春秋館記注官)에 제수되었으나, 그 해 그 달에 부친상(父親喪)을 당하였다. 예제(禮制)보다 지나치게 몸을 돌보지 않고 애통해 하였으며, 몸소 제물(祭物)을 준비하였다. 어머니에게 혼정신성(昏定晨省)하고, 내실(內室)에는 들지 않았다.

임자년(명종 7, 1552)에는 함경도 도사(咸鏡道都事)에 제수되었는데, 모부인(母夫人)에게서 멀리 떨어지게 된다 하여 취임하지 않았다. 다시 예조(禮曹)·공조(工曹)·형조(刑曹)의 정랑이 되었는데 어머니를 봉양하기 위해 예천 군수(醴泉郡守) 자리를 청하고, 다시 청하여 영해 부사(寧海府使)가 되었다. 계해년(명종 18, 1563) 가을에 또 광주 목사(光州牧使) 자리를 청하였는데, 모부인이 연로하여 길을 떠나지 못하자 마침내 벼슬을 버리고 돌아가 자신이 직접 음식을 마련하면서 봉양하였다. 을축(乙丑)년[151] 5월에 병으로 집에서 일생을 마치니, 향년이 예순두 살이었다.

공은 선무랑(宣務郎) 남정소(南廷召)의 딸에게 장가들었다. 정소는 죽계절부(竹溪節婦)인 부사(府使) 안장(安璋)의 딸에게 장가들어 부인을 낳았다. 부인이 아들 둘을 낳았으니 여근(汝謹)과 여성(汝誠)이다.

---

150) 판결을 잘하기로는 : 원문의 '숙동'(淑同)은 '숙문'(淑問)의 오자인 듯하다. 숙문은 '선신'(善訊)과 같은 뜻으로, 청송(聽訟)을 잘하는 것을 가리킨다.
151) 을축년 : 원문에는 '기축'(己丑)으로 되어 있으나 '을축'(乙丑)의 오자이다.

딸은 사성(司成) 진관(陳瓘)의 아들 유경(裕慶)에게 시집갔다. 여근은 생원 곽지원(郭之元)의 딸에게 장가들어 아들 하나를 낳았는데, 려(膂) 라고 한다. 딸은 아직 어리다. 여성은 경력(經歷) 장세침(張世沈)의 딸에게 장가들어 아들 하나를 낳았는데, 윤(胤)이라고 한다.

공은 겉모습이 훤칠하고 타고난 성질이 순박하였다. 어버이를 효성스럽게 섬기고 백성들을 화목하게 다스렸다. 사물에 접할 때는 성실하게 하고, 말은 화려하게 하지 않으며, 행동은 허위가 없었다. 고을 사람들이 그 효성을 칭찬하였으며, 벼슬자리가 그 사람의 그릇에 적당하지 않아 사람들이 아깝게 여겼다.

부인은 단아(端雅)하여 부녀자로서의 법도가 있었다. 공보다 10년 앞서 세상을 떠났다. 여근이 내가 선공(先公)과 친분이 있었고, 또 아첨하는 말을 하지 않는 사람이라고 여겨, 내게 와서 명(銘)을 청하였다. 명은 다음과 같다.

마포(馬浦)[152]의 북쪽 영축산(靈鷲山)[153]에	馬浦之北
신령스러운 기운이 있었다.	靈鷲有神
상서로운 기운 내리니	周禎之降
신씨(辛氏)가 바로 그 기운을 받았네.	其辛維申
대대로 높은 벼슬하였으니	簪纓瓜瓞
갑자기 일어난 것이 아니다.	非勃其起
어진 사람으로서 오래 산 이는	仁者之壽
참의공(參議公)[154]이고,	於參議
어진 사람으로서 오래 살지 못한 이는	仁者之不壽
오직 목사공(牧使公)[155]이다.	唯牧使

---

152) 마포 : 미상. 칠원(漆原)과 영산(靈山)을 연결하는 밀포(密浦), 또는 멸포(蔑浦)를 가리키는 듯하다.

153) 영축산 : 영산현(靈山縣 : 오늘날의 창녕군 영산면)에 있는 산 이름으로 영산의 진산(鎭山)이다.

154) 참의공 : 신륜(辛崙)의 아버지 신필주(辛弼周)를 가리킨다.

국사에 남달리 수고하다가	賢勞之獨
세 번이나 그 자리를 그만두었다.	三已其位
공경스런 기색으로 부지런히 공부하여	敬色之勤
붉은 휘장 두른 수레 여러 번 탔네.[156]	累朱其轓
나라에는 훌륭한 신하 되었고,	惟鄉國有臣
선조에는 훌륭한 자손 되었다.	惟玄考有昆
증자(曾子)처럼 극진히 봉양하지 못했으나	而曾參莫養
늙으신 어머니에게 손자를 안기었네.	而黃媼抱孫
그대의 혼 부르는 소리에[157]	皐皐景立
그 눈을 감지 못하리.	不瞑爾目
무슨 말을 써서 비석을 세워줄까?	何以樹之
한 쌍의 백옥이 그것이로다.	雙白之其
임금에겐 연못이요 아들에겐 산이니,	君之淵兮子之山
우리 수령 기다리자[158] 하늘이 보내었다.	徯我侯兮天送之
천 년 후에 향기 끊어져도	後千香絶
돌은 여기에 그대로 있으리.	石乎在玆

융경(隆慶) 원년(元年) 정묘년(명종 22, 1567) 12월 17일에 벗 남명 조식이 짓다.

155) 목사공 : 신륜(辛崙)을 가리킨다.

156) 붉은……탔네 : 한(漢)나라 때 이천석(二千石) 이상의 벼슬아치는 양쪽에 붉은 휘장을 두른 수레를 탔는데, 여기서는 신륜(辛崙)이 목사(牧使)·부사(府使) 등의 벼슬길에 나아간 것을 가리킨다.

157) 그대의……소리에 : 원문의 '고'(皐)는 혼 부르는 소리이고, 경립(景立)은 신륜(辛崙)의 자이다.

158) 기다리자 : 원문에는 '혜'(傒)로 되어 있는데 이는 '혜'(徯)의 오자이다.

효자 정백빙 묘갈명 孝子鄭白氷墓碣銘

군(君)의 휘는 백빙(白氷)이고 본관은 초계(草溪)이다. 효자인 진사 서붕(瑞鵬)의 아들이다. 진사는 사인(士人) 최윤옥(崔潤屋)의 딸에게 장가들어 군을 낳았다. 진사는 바로 통정대부(通政大夫) 희천 군사(熙川郡事) 원서(原緖)의 증손이고, 사온서 직장(司醞署直長) 자권(自權)의 손자이며, 충순위(忠順衛) 영손(永孫)의 아들이다.

군은 사람됨이 신중하고 주밀하며, 학문을 좋아하여 그만두지 않았다. 모친의 상을 당하여 애통해하다 몸을 상하여 세상을 떴으며, 소생은 없다.

그의 처가 그를 장사지내고는, 복(服)을 마치고 나서도 조석으로 제전을 올렸다. 또 비석을 세우고 묘 왼쪽을 비워두어, 훗날 자신이 묻힐 곳으로 하였다. 그 처는 곧 나의 친동생이니, 아버지는 승문원 판교(承文院判校) 언형(彦亨)이다. 시동생 별좌(別座) 백거(白渠)의 아들 이겸(以謙)을 세워 후사(後嗣)로 삼았다. 또 언니의 아들 수찬(修撰) 이준민(李俊民)을 길러 백거의 딸과 짝지었다. 내가 죽은 이에게 아첨하지 않는다는 것을 알고 나에게 명(銘)을 지어달라고 요청하였다. 명은 다음과 같다.

천자가 사신(使臣)에게 들으니	帝聞皇華
세상에 대(代)를 이은 효자 있다네.	人有世孝
만석군(萬石君)의 가문에서	萬石君家
자식에게 전해준 건 미소뿐.[159]	傳子者笑

---

159) 만석군의……미소뿐 : 한(漢)나라 때 석분(石奮)이 아들 넷을 두었는데, 모두 이천석(二千石)의 벼슬에 올랐다. 그래서 경제(景帝)가 석분을 만석군이라 불렀다. 석분은 자손들에게 잘못이 있어도 꾸짖지 않고, 모서리에 앉으면 밥상을 대하고도 밥을 먹지 않았다. 그러자 자식들이 서로 질책하고 행실을 바르게 하였다. 여기서는 말로 가르치지 않았지만 저절로 그 뜻을 본받았다는 뜻인 듯하다.

오직 가정의 교훈을 그 후손에게 전해주어	唯庭訓以貽厥
진사(進士)에게 훌륭한 아들이 있었도다.	進士有子
대를 이어 목숨 바쳐 효도했으니,	減性相承
세상에 어찌 이런 일이 있을손가?	寧有是耶
덕을 좋아하고 사람을 좋아함은	好德好人
옛것을 상고한 힘이었다.	稽古之力
장수(長壽)하지 못하고 자식도 없으니	無壽無兒
이제 와서 보면 안타까운 일이다.	視今則惜
벼슬하지 않은 사람 뇌(誄)도 없으니	素臣無誄
단지 비문(碑文)만 돌에 새겨 세우노라.	祗以入石

명(明)나라 가정(嘉靖) 무오년(명종 13, 1558)에 창산 조식이 쓰다.

의인[160] 최씨 묘갈 宜人崔氏墓碣

최씨(崔氏)의 본관은 전주(全州)이고, 사인(士人) 윤옥(潤玉)의 딸이다. 윤옥은 바로 사온시 정(司醞寺正) 사필(斯泌)의 현손(玄孫)이고, 개령[161] 현감(開寧縣監) 자경(自涇)의 증손이며, 전적(典籍) 수지(水智)의 손자이고, 군수 이식(以湜)의 아들이다. 윤옥은 진사(進士) 모수천(牟秀阡)의 집에 장가들었는데, 모수천은 사인(舍人) 순(恂)의 아들이다.

최씨부인은 진사 정서붕(鄭瑞鵬)에게 시집갔는데, 진사는 부친의 상을 당하여 애통해 하다 몸을 상해서 생을 마쳤다. 아들 둘을 낳았다. 맏이는 백빙(白氷)이고, 둘째는 백거(白渠)인데 별좌(別座)를 지냈다. 별좌의 아들 이겸(以謙)은 내금위(內禁衛)가 되었고, 여겸(汝謙)·수겸(守謙)·익겸(益謙)은 모두 아직 어리며, 딸은 홍문관 수찬(弘文館

---

160) 의인 : 의인(宜人)은 조선조 때 외명부(外命婦)의 봉작(封爵)으로, 6품 관원의 아내에게 내려주었다. 진사 김공(金公)은 벼슬을 하지 않았으므로 유인(孺人)이라 하는 것이 옳을 것이다.

161) 개령 : 경상북도에 있으며, 지금의 금릉군(金陵郡) 개령면(開寧面)이다.

修撰) 이준민(李俊民)에게 시집갔다.

부인은 성품이 착하고, 집안에서는 형제간에 우애하며, 어려운 사람을 도와주었다. 진사는 지극한 효행이 있었는데, 거기에 맞추어 거스르는 일이 없었다. 향년은 예순네 살이었다.

명(明)나라 가정(嘉靖) 무오년(명종 13, 1558)에 창산 조식이 쓰다.

이 합천 유애비문 李陝川遺愛碑文[162]

누군들 부모가 없을 것이며, 어느 부모인들 어린애가 없을 것인가? 어린애가 어머니를 잃으면 다른 사람이 더러 거두어 길러줄 수도 있다. 부모가 갓난애를 먹일 때는 사랑이 때에 따라 틈이 날 수도 있다. 그러나 유독 우리 공(公)이 백성의 부모가 되었을 때는 사랑이 어찌 잠시라도 틈이 난 적이 있던가? 우리 갓난아이들이 어진 어머니 품을 떠나면 다른 사람이 어찌 거두어 길러주겠는가? 아침에 먹여주지 않으면 굶주리고, 저녁에 먹여주지 않으면 초췌해지고, 세 끼를 다 먹지 못하면 버려질 것이니, 우리 갓난아이들은 구렁텅이나 골짜기에 죽어 넘어지고 말 것이다. 불러봐도 소용없고 다른 곳에서 빌려올 수도 없으니, 백만 명을 합해놓아도 자기와는 관계없는 무리일 뿐이다. 사람이 쉰 살이 되어서도 부모를 그리워하여, 큰 길거리에서도 늘 이야기하고 비석을 세운다.

우리 부모라는 사람은 누구인가? 이 학사(李學士) 증영(增榮)이 그 사람이다. 우리 갓난아이란 누구인가? 합천군(陝川郡)의 백성이다. 부모 되었다는 것은 무엇인가? 합천의 군수(郡守)가 되었다는 것이다. 그가 부임해 왔을 때에는 자신만만하여 우리 백성 보기를 아픈 상처 보듯 하더니, 그가 떠나갈 때는 황급히 비석에 그의 공적을 기재하지도 않고 떠났다. 우리에게 밭이 있으면 공이 농사짓게 해주고, 우리에

---

162) 이합천 유애비문 : 합천군수 이증영(李增榮)이 백성에게 끼쳤던 사랑을 기록한 글이라는 뜻이다. 이증영은 1554~1559년에 합천 군수를 역임하였다.

게 뽕이나 삼이 있으면 공이 옷을 만들어 입게 해주었다. 나라에서 무거운 요구가 있으면 관아에서 스스로 대응하고, 백성들에게 굶주리는 기색이 있으면, 자기 음식을 밀어 살을 찌워주었다. 향약(鄕約)을 일으킨 것은 윤리를 돈독하게 하려는 것이었고, 주포(周布)를 불린 것은 백성들의 노역을 덜어주려는 것이었다. 의지할 데 없는 백성들이 외로운 송아지가 젖을 들이받는 것처럼 덤벼도 노하지 않고 타일렀으며, 권문세가에서 뇌물을 요구할 때는 매번 빈 봉투를 보냈다.

이제 그 분이 떠나가니 사랑이 나올 곳이 없다. 다만 생각건대, 갈 사람은 가고 올 사람은 오는 것이니, 내일 부모가 될 사람이 자식 기르는 방법을 배우고 나서 오는 것이 아니고, 갓난아이가 되는 사람도 역시 어버이 사랑하는 것을 배운 다음에 효도하는 것은 아니다. 이와 같다면 계속해서 끝없이 자애로운 부모가 있을 것이고, 끝없이 효를 생각하는 자식이 있을 것이다. 다만 이 부모를 생각하여 사랑을 남겨 준 것을 드러낼 뿐이다. 어찌 혹시라도 부모의 은혜에 대해 구별함이 있어서이겠는가?

명(明)나라 가정(嘉靖) 38년 기미년(명종 14, 1559) 11월에 합천 군민(陜川群民)이 세우다.

소(疏)

을묘년에 사직하는 상소문[1]   乙卯辭職疏

선무랑(宣務郎) 단성 현감(丹城縣監)에 새로 제수된 조식(曺植)은 진실로 황공하여 머리를 조아리며 주상 전하께 소(疏)를 올립니다.

엎드려 생각하옵건대, 선왕(先王, 중종)께서는 신이 변변치 못한 사람이라는 것을 모르시고 처음에 참봉(參奉)에 제수하셨습니다.[2] 그리고 전하께서 왕위를 이으신 뒤에, 주부(注簿)[3]로 제수하신 것이 두 번이었는데,[4] 지금 또 제수하여 현감으로 제수하시니 떨리고 두렵기가 언덕과 산을 짊어진 것 같습니다. 그런데도 아직까지 감히 황종(黃琮)

---

1) 을묘년에……상소문 : 이 상소는 1555년(명종 10) 10월 11일에 단성 현감에 임명된 뒤 11월 19일에 올린 것이다.

2) 처음에……제수하셨습니다 : 1538년(중종 33)에 회재(晦齋) 이언적(李彦迪)의 추천으로 남명을 참봉에 제수하였다.

3) 주부(注簿) : 돈령부(敦寧府)·봉상시(奉常寺)·종부시(宗簿寺)·내의원(內醫院)·사복시(司僕寺) 및 그 밖의 여러 관아에 딸린 종6품의 낭관 벼슬이다.

4) 주부로……두 번이었는데 : 실록에 따르면 남명은 명종 7년 7월에 성수침(成守琛)·조욱(趙昱)·성제원(成悌元)·이희안(李希顔) 등과 더불어 주부에, 다시 같은 해 10월에 전생서 주부에 임명된 바 있고, 또다시 다음해인 명종 8년 4월에도 예빈시 주부에 제수된 적이 있다.

한 자쯤 되는 땅[5]에 나아가서 하늘의 해와 같은 은혜에 사례 드리지 못하고 있습니다. 임금이 사람을 쓰는 것이 목수가 나무를 쓰는 것과 같습니다. 깊은 산과 커다란 못 어느 곳에 있는 것이든 재목을 버려두지 않고 그것을 가져다가 커다란 집을 짓는 일을 이룩하는 것은 훌륭한 목수가 하는 것이지 나무가 스스로 참여할 수 없는 일인 것입니다. 전하께서 사람을 쓰시는 것은 나라를 다스리시는 책임 때문입니다. 제가 걱정이 되어 견딜 수 없는 것은 이 때문이니, 감히 그 큰 은혜를 저 혼자 누릴 수는 없습니다만 머뭇거리며 나아가기 어려워하는 뜻을 끝내 측석(側席)[6] 아래 감히 말씀드리지 않을 수 없습니다.

신은 벼슬에 나아가기 어려워하는 뜻은 두 가지가 있습니다. 지금 저의 나이는 예순에 가깝고 학문은 어두우며, 문장은 과거시험(科擧試驗) 끝자리에도 뽑힐 수 없고 행실은 물 뿌리고 비질하는 일을 제대로 해내기에도 모자랍니다. 과거시험을 보기 10여 년 동안에, 세 번이나 떨어진 뒤 물러났으니, 애초부터 과거 공부를 일삼지 않은 사람은 아니었습니다. 만약 과거를 탐탁하게 여기지 않는 사람이 있다고 해도 그런 사람은 성질 급하고 마음 좁은 평범한 백성에 지나지 않을 뿐이니 큰일을 할 만한 온전한 인재는 아닙니다. 하물며 그 사람 됨됨이가 선한가 선하지 아니한가는, 과거를 보려고 하느냐 과거를 보려고 하지 않느냐 하는 데에 달려 있는 것이 아닙니다. 보잘것없는 신이 이름을 도둑질하여 집사(執事)[7]에게 제가 훌륭한 인물이라고 잘못 판단하게

---

5) 황종……땅 : 임금이 있는 대궐을 가리킨다. 황종(黃琮)은 황색의 서옥으로 옛날 제사지낼 때 사용하던 것이다. 『주례』(周禮) 「대종백」(大宗伯)에 "황종으로 땅에 예를 드린다"[以黃琮禮地]라는 말이 있는데, 그 주석에 "종은 팔각형으로 땅의 모습을 본떴다"[琮八方象地]라고 되어 있다.

6) 측석 : 임금이 자신의 자리 옆에 어진 선비를 대우하기 위해 비워두는 자리로 곧 어진 사람이 임금에게 나아가는 자리를 말한다. 『후한서』(後漢書) 「장제기」(章帝紀)의 주에 보면 "측석은 임금이 바로 앉지 못하는 것을 말하니, 어질고 착한 사람을 기다리기 위해 마련해놓은 자리이다"[側席謂不正坐, 所以待賢良也]라고 되어 있다.

했고, 집사는 이름만 듣고서 전하께서 제가 훌륭한 인물이라고 잘못 판단하시도록 한 것입니다.

전하께서는 과연 신을 어떠한 사람이라 생각하십니까? 도(道)를 지니고 있다고 생각하십니까? 문장에 능하다고 생각하십니까? 문장에 능한 사람이라고 해서 반드시 도를 지닌 사람은 아니며, 도를 지닌 사람은 반드시 신처럼 이렇지는 않습니다. 신에 대해 다만 전하께서 아시지 못한 것일 뿐만 아니라 재상도 또한 알 수 없는 것입니다. 그 사람을 알지 못하면서 등용하여 훗날 국가의 수치가 된다면, 어찌 죄가 보잘것없는 신에게만 있겠습니까? 헛된 이름을 바쳐 몸을 파느니, 알찬 곡식을 바쳐 벼슬을 사는 것이 낫지 않겠습니까? 신이 차라리 신의 한몸을 저버릴지언정 차마 전하는 저버릴 수 없습니다. 이것이 나아가기 어려운 첫번째 까닭입니다.

또 전하의 나라일이 이미 그릇되었고 나라의 근본이 이미 망했으며 하늘의 뜻은 이미 떠나버렸고 민심도 이미 이반되었습니다. 비유하자면, 백 년 동안 벌레가 그 속을 갉아먹어 진액이 이미 말라버린 큰 나무가 있는데, 회오리바람과 사나운 비가 어느 때에 닥쳐올지 전혀 알지 못하는 것과 같으니, 이 지경에 이른 지가 오랩니다. 조정에 있는 사람 가운데 충성된 뜻 있는 신하와 일찍 일어나 밤 늦도록 공부하는 선비가 없지는 않습니다. 하지만 이미 그 형세가 극도에 달하여 지탱할 수 없고 사방을 둘러보아도 손쓸 곳이 없다는 것을 알면서도, 낮은 벼슬아치는 아래에서 히히덕거리면서 주색만을 즐기고, 높은 벼슬아치는 위에서 어름어름하면서 오로지 재물만을 늘리며, 물고기의 배가 썩어들어가는 것 같은데도 그것을 바로잡으려고 하지 않습니다.[8]

---

7) 집사 : 해당 관원. 여기서는 추천을 담당한 관원을 말함.

8) 물고기의……않습니다 : 물고기는 배부터 썩어 들어간다는 뜻의 '하어복질'(河魚腹疾)에서 나온 말로, 어떤 병통이 본격적으로 시작됨을 뜻하는데, 『좌전』(左傳) 선공(宣公) 12년에 나온다. 원문의 '시'(尸)는 '시'(矢)로 보아야 하며 '바로잡는다'는 뜻이다.

게다가 궁궐 안의 신하는 후원하는 세력 심기를 용이 못에서 끌어
들이는 듯하고[9] 궁궐 밖의 신하는 백성 벗기기를 이리가 들판에서
날뛰듯 합니다. 그들은 가죽이 다 해어지면 털도 붙어 있을 데가 없
다는 것을 알지 못합니다.

신은 이 때문에 은근히 걱정하고 깊게 생각하면서 낮에는 하늘을
우러러보며 탄식한 것이 여러 차례이고, 크게 한탄하면서 아픈 마음
을 억제하며 밤에 천장을 쳐다본 지가 오래되었습니다.

자전(慈殿)[10]께서 생각이 깊으시기는 하나 깊숙한 궁중의 한 과부에
지나지 않고, 전하께서는 어리시어 다만 선왕의 한 외로운 아드님이실
뿐이니, 천 가지 백 가지의 천재(天災)와 억만 갈래의 민심(民心)을 어
떻게 감당해내며 무엇으로 수습하시겠습니까? 냇물이 마르고[11] 곡식이
비처럼 내리니,[12] 그 조짐이 무엇이겠습니까? 노랫가락이 구슬프고[13]
입는 옷이 흰색이니,[14] <나라가 어지러울> 형상이 이미 나타났습니다.

---

9) 용이……듯하고 : 원문의 '용나'(龍拏)는 용이 여의주를 움켜쥐고 있듯이 사
  물을 끌어들이는 모습을 말한다. 풍수지리에서도 산의 형세가 용이 사물을 움
  켜쥐고 끌어들이는 형태와 같을 때에도 이러한 용어를 그대로 쓴다고 한다.

10) 자전 : 임금의 어머니를 일컫는 말로, 달리 '자성'(慈聖)이라고도 한다. 여기서
  는 명종의 어머니 문정왕후(文定王后)를 말한다.

11) 냇물이 마르고 :『국어』(國語)「주어」(周語)에 "무릇 나라는 반드시 산천(山
  川)에 의지하니, 산이 무너지고 냇물이 마르는 것은 망할 징조이다"[夫國必依
  於山川, 山崩川竭, 亡之徵也]라고 하였다.

12) 곡식이……내리니 :『회남자』(淮南子)「본경훈」(本經訓)에 "예전에 창힐이
  문자를 만들자 하늘이 좁쌀비를 내리고, 귀신이 밤에 통곡하였다"[昔蒼頡作
  書, 而天雨粟, 鬼也哭]라 하였고, 그 주석에서 본업을 버리고 이익을 추구하기
  때문에 하늘이 보여주는 징조라고 하였다.

13) 노랫가락이……구슬프고 :『예기』(禮記)「악기」(樂記)에, "망해가는 나라의
  노래는 구슬프고 시름겹다"[亡國之音, 哀以思]고 하였다.

14) 입는……흰색이니 :『주례』(周禮) 춘관(春官)「사복」(司服)에, "역질이 크게
  돌거나 기근이 크게 들거나 홍수 가뭄이 들면, 임금이 흰옷을 입는다"[大札大
  荒大災素服]는 말이 있는데, 당시 백성들이 흰옷을 많이 입는 것과 관련시켜
  한 말이다.

이런 때를 당해서는 비록 재주가 주공(周公)[15]·소공(召公)[16]을 겸하고, 지위가 정승 자리에 있다 하더라도 또한 어떻게 손을 쓰지 못할 것입니다. 하물며 한 보잘것없는 몸으로 초개와 같은 재주를 가진 신이 무엇을 할 수 있겠습니까? 위로는 만에 하나도 위태로움을 붙들 수 없고, 아래로는 털끝만큼도 백성을 보호할 수 없으니, 전하의 신하 노릇하기가 또한 어렵지 않겠습니까? 조그만 헛된 이름을 팔아서 전하의 관작을 얻어 그 녹을 먹으면서도 그 녹에 맞는 일을 하지 않는 것은 또한 신이 원하는 바가 아닙니다. 이것이 나아가기 어려운 두 번째 까닭입니다.

또 제가 요즈음 보건대, 변방에 일이 생겨 여러 대부(大夫)들이 제때에 밥도 먹지 못하지만, 신은 놀라지 않았습니다. 왜냐하면 이 일은 20년 전에 터질 것인데, 전하의 신무(神武)하심에 힘입어서 지금에야 비로소 터진 것이지, 하룻저녁에 갑자기 생긴 것이 아니라고 생각했기 때문입니다. 평소에 조정에서 재물로 사람을 임용하니, 재물만 모이고 백성은 흩어져버렸습니다. 그래서 마침내 장수의 자격에 합당한 사람은 없고 성에는 군졸이 없어서, 외적이 무인지경에 들어오듯 했으니 이것이 어찌 괴이한 일이겠습니까? 이번에도 대마도(對馬島) 왜노(倭奴)가 향도(向導)와 남몰래 짜고 만고에 끝없는 치욕스러운 짓을 하였건만, 왕의 신령한 위엄이 떨치지 못하여 마치 절하듯 했습니다. 이는 옛 신하를 대우하는 의리가 혹 주(周)나라 예법보다도 엄하면서[17] 원

---

15) 주공 : 주나라 문왕(文王)의 아들로 성은 희(姬), 이름은 단(旦)이다. 형 무왕(武王)을 도와 은나라 주왕(紂王)을 정벌했는데, 무왕이 죽고 조카인 어린 성왕(成王)이 왕위에 오르자, 성왕을 도와 주나라의 문물 제도를 정비하는 데 크게 기여하였다.

16) 소공 : 주나라 문왕의 아들로 이름은 석(奭)이다. 성왕 때 삼공(三公)이 되어 주공과 협(陝)을 나누어 다스려, 이백(二伯)이 되었기 때문이 달리 소백(召伯)이라고도 부른다. 협의 서쪽을 맡아 다스렸는데, 덕정을 베풀었다고 한다.

17) 주나라……엄하면서 : 중국의 예제(禮制)가 주나라 때 완성되었는데, 그 법도가 자세하고도 엄격하였다. 『주례』는 지금도 13경(經)의 하나로 예서(禮書)의

수를 총애하는 은덕이 도리어 망한 송(宋)나라보다 더한 경우가[18] 아니겠습니까? 세종께서 남쪽 오랑캐를 정벌하시고 성종께서 북벌하신 일을 보아도 어디에 오늘날과 같은 일이 있었습니까?

그러나 이와 같은 것은 피부에 생긴 병에 지나지 않아서 가슴과 배의 통증이 되지는 못합니다. 가슴과 배의 통증이란 걸리고 막히어 위 아래가 통하지 않게 되는 것이니, 이것은 곧 공경대부(公卿大夫)가 목이 마르고 입술이 타들어가도록 열심히 일하지만, 수레는 달리고 사람은 달아나는 것과 같은 일입니다.[19]

근위병(近衛兵)을 불러모으고 나라일을 정돈하는 것은 자질구레한 정치나 형벌에 있지 아니하고 오직 전하의 마음에 달려 있습니다. 방촌(方寸)[20]의 사이에서 말이 땀을 흘리는 것처럼 노력하여,[21] 만 마리의 소가 밭을 갈아야 하는 너른 땅에서 공을 거두는 그 기틀은 자기 자신에게 있을 뿐입니다. 유독 전하께서 종사하시는 일이 무슨 일인지 모르겠습니다. 학문을 좋아하십니까? 풍류와 여색을 좋아하십니까? 활쏘기와 말달리기를 좋아하십니까? 군자를 좋아하십니까? 소인을 좋아하십니까? 좋아하시는 바에 따라서 나라가 흥하느냐 망하느냐 하는 것이 달려 있습니다.

전범으로 일컬어지고 있다.

18) 원수를……경우가 : 송나라 양공(襄公)의 일을 가리키는데, 양공이 초나라와 싸울 때, 초나라 군사가 아직 전열을 가다듬지 못한 틈을 타서 공격하자고 여러 참모들이 건의하였으나, 군자는 남을 어려운 지경에 빠뜨리지 않는다고 미루다가 결국 초나라에게 크게 패하였다. 사람들이 이 일을 두고 비웃었는데, 이에서 '송양지인'(宋襄之仁)이라는 성어가 유래되었다.

19) 수레는……일입니다 : 외적이 침입한 것을 나타내는 말이다. 외적이 침입하였을 때 수레가 있는 사람은 급히 수레를 타고 피난을 가고, 수레가 없는 사람은 달려가는 것을 말한다.

20) 방촌 : 마음을 일컫는 말로 마음이 가슴속 사방 한 치 사이에 있다고 생각하여 이렇게 표현한 것이다.

21) 말이……노력하여 : 한마(汗馬)는 말이 피땀을 흘리도록 달리는 것처럼 노고를 아끼지 않는다는 말이다.

진실로 어느 하루 깜짝 놀라 깨달아, 팔을 걷어붙이고 학문에 힘쓰시면 홀연히 덕을 밝히고 백성을 새롭게 하는 도리를 얻게 될 것입니다. 그렇게 하시면 덕을 밝히고 백성을 새롭게 하는 도리 안에 온갖 선이 갖추어지게 되고, 온갖 덕화(德化)도 이로 말미암아서 나오게 됩니다. 이것을 들어서 시행하면 나라를 다 잘 살게 할 수 있고, 백성을 화합하게 할 수 있으며, 위태로움을 편안하게 만들 수 있습니다. 요약해서 간직하기만 해도, 마음이 거울처럼 비지 않음이 없으며, 저울처럼 고르지 않음이 없으며, 생각이 사특하지 않을 것입니다.

불교에서 말하는 진정(眞定)[22]이란 것도 다만 이 마음을 간직하는 데에 달려 있을 뿐이니, 위로 하늘의 이치에 통하게 되는 데 있어서는 유교와 불교가 한가지입니다. 다만 사람의 일을 시행함에 있어서는 다리로 땅을 밟지 않으므로,[23] 우리 유가에서는 본받지 않는 것입니다. 전하께서는 이미 불교를 좋아하시니,[24] 그것을 학문하는 데로 옮기신다면, 이것이 바로 우리 유가의 일입니다. 이는 어렸을 때 집을 잃었던 아이가 자기 집을 찾아 부모, 친척, 형제, 친구를 만나보는 일과 같은 것이 아니겠습니까?

더구나 정치를 하는 것은 사람에게 달려 있고, 사람을 쓰는 것은 몸으로써 하고, 몸을 수양하는 것은 도로써 하는 것입니다. 전하께서 만약 사람을 쓰는 데에 몸으로써 하신다면 유악(帷幄)[25] 안에 있는

---

22) 진정 : 참된 정(定)이라는 뜻이다. 정이란 마음이 한 곳에 정지(定止)하여 흩어지거나 움직이지 않게 하는 것이다.

23) 사람의……않으므로 : 불교의 가르침 가운데에는 인간 세계와 상관없는 공허한 이야기가 많음을 빗대어 말한 것이다.

24) 전하께서는……좋아하시니 : 명종 때 문정왕후가 섭정하면서 불교를 독신하여, 1551년 과거시험에 선종(禪宗)과 교종(敎宗) 양종(兩宗)의 선과(禪科)를 두고, 중 보우(普雨)를 불러다 불법을 폈던 일을 말한다.

25) 유악 : 국사(國事), 또는 군사(軍事)를 계획하는 곳을 가리키는데, 『한서』(漢書) 「고제기」(高帝紀)에 보면 고조 유방(劉邦)과 그의 참모 장량(張良)이 장막 안에서 밥을 먹다가 젓가락으로 작전계획을 짰던 일에서 유래된 말이라

사람은 사직을 보위하지 않는 자가 없을 것이니, 아무 일도 모르는 보잘것없는 신 같은 자가 무슨 소용이 있겠습니까? 만약 사람을 눈으로만 뽑으신다면 잠잘 때 이외에는 모두 속이고 저버리는 무리일 것이니, 이 경우에도 앞뒤가 막힌 보잘것없는 신 같은 자가 무슨 소용이 있겠습니까? 훗날 전하께서 왕천하(王天下)의 지경에 이르도록 덕화를 베푸신다면, 저는 마부의 끝자리에서 채찍을 잡고 그 마음과 힘을 다해서 신하의 직분을 다할 것이니, 어찌 임금을 섬길 날이 없겠습니까?

엎드려 원하옵건대, 전하께서는 반드시 마음을 바로하는 것으로써 백성을 새롭게 하는 요점으로 삼으시고, 몸을 수양하는 것으로써 사람을 쓰는 근본으로 삼으셔서, 왕도(王道)의 법을 세우십시오. 왕도의 법이 왕도의 법답지 않으면 나라가 나라답게 되지 못합니다. 밝게 살피시길 엎드려 바라옵니다. 신은 떨리고 두려운 마음을 감당할 수 없습니다. 죽음을 무릅쓰고 전하께 아룁니다.

정묘년에 사직하면서 승정원에 올린 상소문[26]
丁卯辭職呈承政院狀

지금 신은 나이가 시제(時制)[27]에 이르고, 늙고 병든데다 죄까지 중하여 부르시는 명을 쫓아 달려갈 수가 없었습니다. 성상(聖上)께서 은택을 베풀어 너그럽게 용서하사 죄를 다스리지는 않으셨지만, 만 번 죽는 것이 마땅하옵기에 처벌을 기다리옵니다.

엎드려 생각하옵건대, 주상께서 늙은 백성을 부르시는 뜻은 변변치

한다.
26) 상소문 : 이 상소문은 1567년(선조 1)에 올린 것인데, 『조선왕조실록』에는 잘못하여 1571년(선조 4) 5월에 실려 있다.
27) 시제 : 70세를 일컫는 말이다. 『예기』「왕제」(王制)에 보면 '시'(時)는 계절을 뜻하는데 옛날에 나이 일흔 살이 되는 사람에 대해서는 한 계절 동안에 마련할 수 있는 상구(喪具)를 준비해야 한다고 한 데서 유래한 말이다.

못한 늙어빠진 몸을 보고자 하심이 아니고, 진실로 한마디의 말이라도 들어서 만에 하나 임금님의 덕화(德化)에 보탬이 되게 하시려는 것일 것입니다. 그러므로 '구급'(救急)[28]이라는 두 글자로써 나라를 부흥시키는 한마디로 삼아, 신이 몸을 바치는 것에 대신하고자 합니다.

신이 엎드려 보니, 나라의 근본은 쪼개지고 무너져서 물이 끓듯 불이 타듯 하고, 여러 신하들은 거칠고 게을러서 시동(尸童)[29] 같고 허수아비 같습니다. 기강은 씻어버린 듯 말끔히 없어졌고, 원기(元氣)가 완전히 위축되었으며, 예의가 온통 쓸어버린 듯 없어졌고, 형정(刑政)이 온통 어지러워졌습니다. 선비의 습속이 온통 허물어졌고, 공정한 도리가 온통 없어졌으며, 사람을 쓰고 버리는 것이 온통 혼란스럽고 기근이 계속 되풀이되고 있습니다. 또한 창고는 온통 고갈되었고, 제사를 지내는 것이 온통 더럽혀졌으며, 세금과 공물(貢物)을 멋대로 걷고, 국방은 허술할 대로 허술합니다.

뇌물을 주고받음이 극도에 달했고, 백성들을 착취하는 풍조가 극도에 달했고, 백성들의 원통함이 극도에 달했고, 사치도 극도에 달했고, 음식을 호화스럽게 먹고 있습니다. 공헌(貢獻)이 통하지 않고, 오랑캐들이 업신여겨 쳐들어오고 있습니다. 온갖 병통이 급하게 되어 하늘의 뜻과 사람의 일도 또한 예측할 길이 없습니다. 이러한 폐단을 버려두고 구제하지 않으면서 한갓 헛된 이름만을 일삼고 말만 번지르한 사람을 따르고 있습니다. 아울러 산야에 버려진 신을 찾아 어진 이를 구한다는 아름다운 이름만을 일삼으려 하는데, 헛된 이름으로는 실질적인 어려움을 구제할 수 없습니다. 이는 마치 그림의 떡으로 굶주림을 구제하지 못하는 것과 같으니, 발등에 떨어진 급한 일을 구제하는 데에는 전혀 보탬이 안 됩니다.

---

28) 구급 : 발등에 떨어진 급한 일들을 먼저 구제해야 한다는 뜻이다. '급'(急)의 대상은 다음에 자세히 열거한 내용들이다.

29) 시동 : 옛날 제사지낼 때 신위(神位) 대신에 고인의 옷을 입혀 앞에 앉혀놓았던 아이를 가리킨다. 시동은 아무 말도 하지 못하고 가만히 앉아 있기만 한다.

청하옵건대 일의 완급(緩急)과 허실(虛實)을 다시금 분간해서 처리하시옵소서. 예로부터 비록 태평한 세상이라도 옳고 그르고, 되고 안 되는 것을 따지는 일이 없을 수 없기에 궁중 여자까지도 다 글을 올려서 나라의 일을 논할 수 있었습니다.[30] 그런데 지금은 나라에 형세가 엎어질 듯 위태로워 어찌할 수가 없는데도, 몸이 정승의 자리를 차지하고 있는 자도 좌우에서 둘러서서 보기만 하고 구원하지 않으니, 반드시 손을 댈 수 없는 형편에 있는가 합니다. 시대의 변화를 알지 못하는 지각 없는 늙은 백성이 제 자리를 벗어나서 관청에서 할 일까지 침범하면서, 임금님께 죽음을 무릅쓰고 올립니다. 처사가 함부로 나라 일을 논의한 죄[31]에 대해서는 신이 당연히 벌을 받겠사옵니다. 삼가 소장을 올리옵니다.

무진년에 올리는 봉사[32] 戊辰封事

경상도 진주(晉州)에 사는 백성 조식은 진실로 황공하여 삼가 절하고 머리를 조아려 주상 전하께 상소하나이다. 엎드려 생각하건대, 신은 노쇠한 병이 점점 더해서, 밥을 먹고 싶은 생각이 없어지고 몸은 자리에서 일어나지 못합니다. 부르시는 명을 거듭 내리시니, 길 떠날

---

30) 궁중……있었습니다 : 여사(女史)의 제도를 일컫는 말인 듯하다. 여사는 주나라 때부터 있던 관직명으로 부녀 가운데 글을 아는 사람에게 맡긴 일을 말한다. 한나라 때에는 후궁 가운데 서기의 일을 맡은 사람을 일컬었다. 『후한서』 「황후기」에 "여사(女史)가 붉은 붓으로, 공과(功過)를 기록한다"[女史彤管, 記功書過]라고 한 구절이 있다.

31) 처사가……죄 : 『맹자』 「등문공하」(滕文公下)에 "성스러운 임금이 나오지 않자, 제후들이 방자하게 되고 벼슬하지 않은 선비들이 멋대로 논의하게 되었다"[聖王不作 諸後放恣 處士橫議]라는 말이 있다.

32) 무진년에……봉사 : 무진년은 1568년(선조 1)이며, 왕조실록에 의하면 이 글은 5월 26일 올린 것으로 되어 있다. 봉사(奉事)는 임금만이 직접 그 내용을 볼 수 있도록 봉해 올린 글을 말한다. 선조가 즉위하여 조야(朝野)를 막론하고 널리 어진 사람의 말을 구하므로 남명이 올린 글이다.

거마(車馬)를 기다리면 오히려 뒤처지겠지만,[33] 해바라기가 해를 향하는 마음으로 길을 바라보기만 할 뿐 나아가기가 어렵습니다. 진실로 죽을 날짜가 얼마 남지 않아서 성상의 은택에 보답할 길이 없음을 아옵기에, 감히 가슴 속에 간직하고 있는 말을 다해 대왕 전하께 올립니다.

엎드려 보건대, 주상께서는 상지(上智)[34]의 자질을 타고나셔서 백성을 다스리고자 하시는 마음이 있으니 이것은 진실로 백성과 사직(社稷)의 복입니다. 그런데 백성을 잘 다스리는 도는 다른 데서 구할 것이 아니라, 요점은 임금이 선을 밝히고 몸을 정성되게 하는 데에 있을 뿐입니다. 이른바 선을 밝힌다는 것은 이치를 궁구함을 이름이요, 몸을 정성되게 한다는 것은 몸을 닦는 것을 말합니다. 천성 안에는 모든 이치가 다 갖추어 있으니, 인(仁)·의(義)·예(禮)·지(智)가 그 본체이고, 모든 선(善)이 다 이로부터 나옵니다. 마음은 이치[理]가 모이는 주체이고, 몸은 이 마음을 담는 그릇입니다. 그 이치를 궁구하는 바탕이 되는 것은 글을 읽으면서 의리를 강명(講明)하고, 일을 처리할 적에 그 옳고 그름을 찾는 것입니다. 몸을 닦는 요체(要諦)가 되는 것은 예가 아니면 보지도 듣지도 말하지도 움직이지도 않는 것입니다.

가슴 속에 마음을 보존해서 혼자 있을 때를 삼가는 것이 큰 덕[大德]이고, 밖으로 살펴서 그 행동에 힘쓰는 것이 왕의 도리[王道]입니다. 그 이치를 궁구하고 몸을 닦으며, 가슴 속에 본심을 보존하고 밖으로 자신의 행동을 살피는 가장 큰 공부는 곧 반드시 경(敬)을 위주로 해야 합니다. 이른바 경이란 것은 정제하고 엄숙히 하여, 항상 마음을

---

33) 길 떠날……뒤처지겠지만 : 『논어』「향당」(鄕黨)에 "임금이 부르면 수레에 멍에 매기를 기다리지 않고 길을 떠난다"[君命召, 不俟駕行矣]라는 구절이 있다.

34) 상지 : 나면서부터 아는 생이지지자(生而知之者)를 말한다. 『안씨가훈』(顔氏家訓)「교자」(敎子)에 "상지(上智)는 가르치지 않아도 뜻을 이루고, 하우(下愚)는 비록 가르치더라도 아무 보탬이 없으며, 보통 사람은 가르치지 않으면 알지 못한다"[上智 不敎而成, 下愚 雖敎無益, 中庸之人 不敎不知也]라는 구절이 있다.

깨우쳐서 어둡지 않게 하는 것입니다. 한 마음의 주인이 되어 만사에 응하는 것은, 안은 곧게 밖은 방정하게 하는 것입니다. 공자께서 이른 바, "경(敬)으로써 몸을 닦는다"[35]라는 것이 이것입니다. 그러므로 경을 주로 하지 않으면 이 마음을 보존할 수 없고, 마음을 보존하지 못하면 천하 이치를 궁구할 수 없으며, 이치를 궁구하지 못하면 사물의 변화를 다스릴 수가 없습니다.

그러나 부부에서 시작해서 가정, 국가, 천하에 미치는 것은 다만 선과 악의 나뉨을 밝혀 자신이 성실해지는 데로 돌아가게 하는 데에 있을 뿐입니다. 아래로 사람의 일을 배우고 위로 하늘의 이치에 통하는 것이 또 학문에 나아가는 순서입니다. 사람의 일을 버리고 하늘의 이치를 말하는 것은 곧 입에 발린 이치이며, 자신에게서 돌이켜보지 않고 들어서 아는 것만 많은 것은 곧 귀에 발린 학문입니다.

천화(天花)[36]가 어지러이 떨어지니 수신(修身)을 할 이치가 전혀 없다고 말하지 마십시오. 그렇더라도 전하께서 과연 경(敬)으로 몸을 닦으면서, 하늘의 덕에 통하고 왕도를 행하셔서, 지극한 선에 이른 뒤에 그곳에 머무신다면, 밝음과 선을 밝히는 일과 몸을 정성스럽게 하는 일이 함께 진전이 있어, 자신을 닦고 남을 다스리는 일이 아울러 극진해질 것입니다. 이것을 정치 교화에 베푸는 것은 바람이 일어나자 구름이 몰려가는 것과 같으니, 아래 백성이 본받는 것은 반드시 이보다 더한 바가 있을 것입니다.

왕의 학문이 간혹 유자(儒者)와 다른 것은, 행동하고 처신하는 것이 구경(九經)[37]에 더욱 비중을 두었기 때문입니다. 『주역』이란 책은 시의

35) 경으로써……닦는다 : 『논어』「헌문」(憲問)에 나오는 말이다.
36) 천화 : 천화(天華). 불교 용어로서 하늘 나라에서 내리는 꽃으로 설법을 잘할 때 내린다고 한다. 『법화경』(法華經)「비유품」(比喩品)에 "모든 하늘의 기악(妓樂) 수많은 종류가 허공(虛空) 가운데서 한때에 한목에 일어나니 천화가 비 오듯 하였다"고 하였다. 구이지학(口耳之學)은 아무리 이론적으로는 좋더라도 실제로는 아무런 소용이 없다는 뜻이다.
37) 구경 : 『중용』에서 말하는 아홉 가지 상도(常道)를 가리킨다. 『중용』에 "무릇

(時宜)를 따른다는 뜻이 가장 중요합니다. 지금 시대로 말하자면, 왕의 신령스러움이 시행되지 않고, 정치는 사사로운 은혜를 베푸는 일이 많습니다. 명령이 나오면 오직 거꾸로 행하여 기강이 서지 않은 지가 여러 대나 되었습니다. 헤아릴 수 없는 전하의 위엄을 떨치지 않으면 죽처럼 온통 흩어져버린 형세를 모을 수 없으며, 큰 장마비로 적셔주지 않으면 7년 가뭄에 시든 풀을 살릴 수 없을 것이니, 반드시 세상의 운세를 걸머질 뛰어난 보좌를 얻어서 윗사람과 아랫사람이 함께 협조하고 공경하여, 한 배를 탄 사람과 같이 한 다음이라야, 무너지고 타들어가고 목마른 듯한 형세를 조금이나마 바로잡을 수 있을 것입니다.

그러나 사람을 등용하는 것은 솜씨로 하는 것이 아니고, 반드시 몸으로써 해야 합니다. 몸이 닦이지 않으면 자기 마음 속의 저울과 거울이 없으므로, 선악을 분별하지 못하여 사람을 쓰고 버리는 데 실수를 하게 됩니다. 또 옳은 인물이 쓰이지 않으면 누구와 함께 다스리는 도를 이룩하겠습니까? 옛날에 남의 나라 염탐을 잘하던 사람은 그 나라 국세의 강약을 보지 않고, 사람을 얼마나 잘 쓰고 못 쓰는가를 보았습니다. 이를 보면 천하의 일이 비록 극도로 어지럽고 극도로 잘 다스려지더라도 모두 사람이 만드는 것이지, 다른 데에서 말미암는 것이 아님을 알 수 있습니다. 그러므로 자기 몸을 닦는 것이 다스림을 펴는 근본이며, 어진 이를 쓰는 것이 다스림의 근본입니다. 그리고 몸을 닦는 것은 또 사람을 쓰는 근본이 되기도 합니다. <성현의> 천 마디 만마디 말이 어찌 '자신을 닦고 사람을 쓰는 것' 바깥에 벗어난 것이 있었습니까? 옳은 인재를 쓰지 않으면 군자는 초야에 있고 소인이 나라

천하 국가를 다스리는 데는 구경(九經)이 있으니, '몸을 닦는 것, 어진 이를 높이는 것, 친해야 할 사람과 친하게 지내는 것, 대신을 공경하는 것, 여러 신하를 내 몸같이 아끼는 것, 여러 백성을 자식처럼 사랑하는 것, 온갖 기술자가 우리 편으로 오게 하는 것, 먼 지방에 사는 사람들을 부드럽게 대해 주는 것, 제후들을 포용하는 것'이다"[凡爲天下國家, 有九經, 修身也, 尊賢也, 親親也, 敬大臣也, 體君臣也, 子庶民也, 來百工也, 柔遠人也, 懷諸侯也]라는 구절이 있다.

를 마음대로 하게 됩니다.

예로부터 권신으로서 나라를 마음대로 했던 일이 있기도 하였고, 외척으로서 나라를 마음대로 했던 일이 있기도 하였으며, 부녀자와 환관으로서 나라를 마음대로 했던 일이 있기도 하였습니다. 그러나 지금처럼 서리(胥吏)가 나라일을 마음대로 했던 일이 있었다는 것은 듣지 못했습니다. 정권이 대부에게 있어도 오히려 옳지 못한데, 하물며 서리에게 있어서야 되겠습니까? 당당한 제후의 국가로서 조종(祖宗)의 2백 년의 업적에 힘입고 많은 공경대부(公卿大夫)들이 앞뒤에서 서로 인솔하여 천한 서리에게 정권을 돌린단 말입니까? 이 일은 쇠귀에도 들리게 해서는 안 될 것입니다.

군민(軍民)에 대한 모든 정사와 국가의 기밀이 모두 서리의 손에서 나오므로, 포목과 곡식을 관청에 바치는 데에도 뒷길로 웃돈을 바치지 않으면 되지 아니합니다. 안으로 재물이 모이면 백성은 밖으로 흩어져, 열 명 가운데 한 명도 남아 있지 않을 것입니다. 심지어는 각자 <자신이> 맡고 있는 고을을 자기 물건처럼 생각하여, 문서를 만들어서 교활하게 자기의 자손 대대로 전합니다. 지방에서 바치는 것을 일체 가로막고 물리쳐서 한 물건도 상납할 수 없습니다. 그러므로 공물을 가지고 바치러 갔던 자가 온 가족의 가산을 다 팔아서 바쳐도 그것이 관청으로 들어가지 않고 아전 개인에게로 돌아갑니다. 백 곱절이 아니면 받지를 않습니다. 그래서 해마다 바치는 공물을 계속해 바치지 못하고, 도주하는 사람들이 잇달아 생깁니다. 건국 이래로 여러 임금들의 고을과 백성이 바치는 것이 문득 새앙쥐 같은 놈들이 나누어가질 줄 어찌 생각이나 했겠습니까? 전하께서 누리시는 한 나라의 독차지하는 부(富)가 도리어 이 서리들의 방납(防納)한 물품에 의뢰하고 계실 줄 어찌 생각이나 했습니까?

왕망(王莽)[38]과 동탁(董卓)[39] 같은 간악한 자들도 이런 짓을 한 적은

---

38) 왕망(王莽) : 한(漢)나라 효원황후(孝元皇后)의 조카이다. 평제(平帝)를 죽이고 한나라 왕조를 빼앗아 신(新)나라를 세웠으나, 내치·외교에 실패하여 재

없었으며, 비록 망해가는 나라에서도 일찍이 이런 일은 없었습니다. 이러고서도 만족하지 않고 임금님의 내탕고(內帑庫)에 있는 물건까지도 다 훔쳐내갈 것입니다. 아주 적은 옷감 매우 적은 곡식도 저축된 것이 없으니, 나라꼴이 말이 아니고 도적이 도성에 가득합니다. 나라는 한갓 빈 그릇만 끌어안고 다 썩어서 뼈대만 앙상하게 서 있으니, 온 조정 사람은 마땅히 목욕재계하고 함께 쳐야 할 것입니다. 혹 힘이 모자라면 사방 사람들을 불러서 잠시도 잠자고 먹을 겨를이 없이 분주히 임금을 도와야 할 것입니다.

지금 사람들이 모여 사는 곳에 좀도둑이라도 있으면 장수에게 명해 죽이고 사로잡도록 해서, 하루도 기다리지 못합니다. 그런데 서리가 도둑이 되고 온갖 관리가 한 무리가 되어 심장부를 차지하고 앉아 국맥(國脈)을 모두 결단내니, 그 죄가 신에게 제사지내던 희생을 훔쳐내는 것 정도에 그치는 것이 아닌데도 법관이 감히 묻지도 못하고 사구(司寇)⁴⁰⁾도 감히 따지지 못합니다. 혹 한낱 사원(司員)이 조금 규찰코자 하면 견책과 파면이 그들의 손아귀에 있습니다. 여러 벼슬아치들은 속수무책으로 제사상에 남은 희생만을 먹으면서 '예예' 하며 물러납니다. 이들이 믿는 바가 없으면서 어떻게 이처럼 거리낌없이 방자하게 날뛸 수 있습니까? 초나라 왕이 이른바 "도둑이 권세가 있어 쫓아보낼 수 없다"고 한 것⁴¹⁾이 이것입니다. 각자 교활한 토끼가 세

위 15년 만에 후한(後漢) 광무제(光武帝)에게 망했다.

39) 동탁(董卓) : 후한 시대 사람으로 영제(靈帝) 때 전장군(前將軍)이 되었는데, 후에 헌제(獻帝)를 내세워 폭정을 일삼다가 여포(呂布)·왕충(王充) 등에게 죽임을 당하였다.

40) 사구(司寇) : 주나라 때 형벌, 도난 등의 일을 맡아보던 벼슬인데, 훗날 형조 판서의 별칭으로 쓰이게 되었다.

41) 초나라……한 것 : 초(楚)의 영왕(靈王)이 영윤(令尹)으로 있다가 임금이 되었다. 우윤(芋尹) 무우(無宇)가 죄지어 도망간 자기 부하를 잡으려고 하자, 유사가 도리어 무우를 잡다가 왕 앞에 꿇어앉혔다. 무우가 죄를 지은 놈은 처벌해야 나라가 강해진다고 하면서 임금도 왕위를 훔친 도둑이라고 하였다. 그러자 임금이 "네 부하는 잡아가거라. 그러나 도둑(왕 자신을 두고 하는 말)은

굴을 가진 것과 같고,[42] 냇가의 조개처럼 딱딱한 껍질로 방패막이를 하고 있습니다. 남몰래 전갈의 독을 품고 있으면서 안 그런 척 온갖 방법으로 꾸미니, 사람이 다스릴 수 없고 법으로도 형벌을 더할 수 없으며, 성(城)과 사직(社稷)의 쥐가 되어 있어서 이미 불을 때거나 물을 부어 쫓아낼 수도 없습니다.[43] 그렇다면 그 세 굴이 되어주는 자는 과연 어떤 사람이며, 딱딱한 껍질이 되어주는 자는 어떤 사람이기에, 어찌해서 벌하지 못하는 것입니까?

전하께서 크게 성을 내시어 하늘의 기강을 한 번 떨치시고, 재상과 얼굴을 맞대고서 그 원인을 추궁해야 할 것입니다. 그리하여 임금께서 결단하시기를 순임금이 사흉(四凶)을 제거하던 것[44]과, 공자가 소정묘(少正卯)를 베던 것[45]과 같이 하시면, 능히 지극히 악을 미워하는 법을

권세가 있어 어찌할 수 없다"고 하였다.『좌전』(左傳)「소공」(召公) 7년에 보인다.

42) 교활한……같고 : 교활한 토끼가 굴 하나로 난을 면하기 어려움을 알고 반드시 굴 세 개를 만들어서 제 몸을 안전하게 한다는 뜻이다.『전국책』(戰國策)「제책」(齊策)에 "영리한 토끼는 세 개의 굴을 가지고 있어서, 그 죽음을 면할 수 있습니다. 지금 임금에게는 하나의 굴만 있으니 베개를 높이 베고 누워 잘 수가 없습니다. 임금님을 위해 다시 두 굴을 파기를 청합니다"[狡兔有三窟, 僅得免其死耳. 今君有一窟, 未得高枕而臥, 請爲君復鑿二窟]라는 구절이 있다.

43) 성과……없습니다 : 성호사서(城狐社鼠)를 가리키는데, 성(城)에 굴을 파고 사는 여우와 사(社)에 집을 지은 쥐와 같은 존재를 말한다.『진서』(晉書)「사곤전」(謝鯤傳)에 나오는 말로 여우를 잡으려고 굴에 물을 부으면 성이 무너질까 걱정되고, 쥐를 잡으려고 사(社)에 연기를 피우다가 사를 태울까 걱정이 되어, 이렇게 할 수도 저렇게 할 수도 없는 형편을 말한다. 간신이 임금의 세력을 교묘하게 끼고 있어 다른 신하들이 어떻게 할 수 없음을 비유한 말이다.

44) 순임금이……것 : 순(舜)임금이 공공(共工)・환도(驩兜)・삼묘(三苗)・곤(鯀) 등의 사흉(四凶)을 제거한 일을 가리킨다.『서경』「순전」(舜典)에 "공공을 유주에 귀양보내고, 환도를 숭산으로 내쫓고, 삼묘를 삼위로 귀양보내고, 곤을 우산에서 죽였다"[流共工于幽州, 放驩兜于崇山, 竄三苗于三危, 殛鯀于羽山]라는 구절이 있다.

45) 공자가……것 : 소정묘(少正卯)는 노(魯)나라 대부로, 정사를 어지럽히자 공자가 그를 죽였다.『사기』(史記)「공자세가」(孔子世家)에 "이에 노나라 대부

다할 수 있을 것이고, 백성들이 마음 속으로 크게 두려워하도록 할 수 있을 것입니다. 만약 언관(言官)이 논박(論駁)하여 마지않은 뒤에야 힘써서 억지로 따라간다면, 선악(善惡)의 소재와 시비(是非)의 분별을 알지 못해서 임금의 도리를 잃게 될 것입니다. 어찌 임금이 그 도리를 잃고서 능히 사람을 다스릴 수 있겠습니까? 그런 까닭에 나의 밝은 덕이 이미 밝으면, 마음이 거울과 같이 밝아져, 비치지 않는 것이 없는 것과 같습니다. 덕과 위엄이 베풀어지면 초목도 모두 쏠리는데, 하물며 사람이겠습니까? 여러 신하가 두려워 다리를 떨면서 달려와 왕명을 받들기에 겨를이 없을 것인데, 어찌 한 치인들 간사한 흉계를 품은 꾀가 있을 수 있겠습니까?

정사를 어지럽힌 대부에게도 오히려 일정한 형벌이 있어서, 저 윤원형(尹元衡)[46]의 세도도 조정이 바로잡았는데, 하물며 이 따위 여우나 쥐 같은 놈들의 허리와 목을 베기야 제부(齊斧)[47]에 기름을 바르기에도 부족한 것 아니겠습니까? 우레가 치면서 소낙비가 한 번 쏟아지면 천지가 해갈되는 것이니, 이것을 두고 위에서 몸이 닦이면 아래로 나라가 다스

로서 정치를 어지럽히는 소정묘를 목 베었다"[於是, 誅魯大夫亂政者少正卯]라는 구절이 있다.

46) 윤원형 : ?～1565. 명종 때의 권신으로 자는 언평(彦平), 본관은 파평이다. 중종 계비 문정왕후의 친동생이다. 누이의 아들인 명종이 즉위하자 크게 세력을 얻어, 안으로는 문정왕후, 밖으로는 이기(李芑)·정순붕(鄭順朋) 등과 모의하여 을사사화(乙巳士禍)를 일으켰다. 20여 년 간이나 막강한 권한을 휘두르다가 문정왕후 사후에 삭탈관직 당하였다.

47) 제부 : 날카로운 도끼 또는 임금의 권위를 상징하는 도끼를 가리킨다. 『한서』(漢書) 「왕망전」(王莽傳)에 "이것은 경전에서 이른바 그 날카로운 도끼를 잃어버린 것이다"[此經所謂喪其齊斧者也]란 말이 있는데, 그 주석에 "응소(應劭)가 말하기를, '제'(齊)는 날카롭다는 말이다. 그 날카로운 도끼가 없다는 것은 다시는 목 베는 일이 없음을 말한 것이다"[應劭曰, 齊利也, 亡其利斧, 言無以復斬斷也]라는 설명이 붙어 있다. 『한서』(漢書)의 이 말은 『주역』 손괘(巽卦) 상구효사(上九爻辭)의 "그 날카로운 도끼를 잃었다"[喪其資斧]라는 말에서 나왔다. 그러나 『문선』(文選) 등의 주석에 의하면, 군대가 출정갈 때는 반드시 재계를 하고 묘당에 들어가 도끼를 받기 때문에 '제부'라 한다고 되어 있다.

려진다고 하는 것입니다. <그렇게만 된다면> 지금 조정에 있는 자 중에 누가 세상을 안정시킬 보필이 아니겠습니까? 자신의 뜻에 거슬리는 간신은 제거하면서도 나라를 좀먹는 간악한 서리들은 용납하고 있으니, 이는 자기 일신을 위하는 것이지 나라를 위하는 것은 아닙니다. 현명한 사람 가운데 어리석지 않은 사람이 없어 걱정스러운 세상을 즐거운 듯 살아갑니다. 이것이 어찌 사람이 일을 도모하기를 열심히 하지 않기 때문이겠습니까? 아니면 하늘이 명한 바가 있는데, 사람이 능히 하늘의 명을 감당해내지 못해서 그런 것입니까?

신이 홀로 깊은 산중에 살면서 굽어 <민정을> 살피고 우러러 <하늘을> 보며, 탄식하고 울먹이다가 눈물을 흘린 적이 자주 있습니다. 신은 전하께 조금도 임금과 신하로서의 긴밀한 의를 맺은 적이 없는데, 무슨 은택에 감격해서 탄식하며 눈물 흘리기를 그치지 못했겠습니까? 사귐은 얕은데 말이 깊어 실로 죄가 있습니다. 다만 생각건대, 이 땅의 곡식을 먹어온 지 여러 대째 된 백성이고, 더구나 세 조정의 징사(徵士)[48]가 되었습니다. 따라서 신의 몸은 주나라 때 과부[49]에 비길직하니 소명이 내려진 오늘 어찌 한 말도 올리지 않겠습니까? 신이 전일에 위급한 것을 구제해야 한다고 아뢴 일[50]은, 아직도 전하께서 급하게 여겨 불에 타는 것을 구원하고 물에 빠진 것을 건져내는 것과 같이 하신다는 것을 듣지 못했습니다. 응당 늙은 선비가 자신의 곧음을 드러내는 말이라 마음을 움직이기에는 부족하다고 여기셨으리라 생각됩니다. 하물며 이번에 말씀드린 '임금의 덕'[君德]에 관한 이야기는 옛사람이 이

---

48) 징사 : 학문과 덕행이 있어 임금이 직접 조서로 부르지만 벼슬하지 않은 선비를 일컫는 말이다.

49) 주나라 때 과부 : 『춘추좌씨전』 소공(召公) 24년에 나오는 고사로, 과부가 자신이 길쌈하는 실의 양이 적은 것은 걱정하지 않고 주나라 왕실이 멸망할까 근심하였다는 말이다. 자신의 본업은 내버려두고서 국사(國事)를 걱정하는 것을 가리킨다.

50) 신이……아뢴 일 : 남명이 1567년(선조 즉위년) 5월에 올린 「정묘년 사직정승정원소」(丁卯年辭職呈承政院疏)에 이 말이 나온다.

미 이야기한 도철(途轍)[51]에 불과합니다. 그러나 이 도철로 말미암지 않으면 갈 만한 길이 다시 없습니다. 임금의 덕을 밝히지 않고 다스려지기를 구하는 것은 배 없이 바다를 건너는 것과 같아서, 저절로 빠져 죽을 뿐입니다. 그 경우는 전일에 말씀드린 것보다도 더욱 급합니다.

전하께서 만약 신의 말을 버리시지 않고 너그럽게 용납하신다면, 제가 비록 천리 밖에 있더라도 전하의 궤연(机筵) 앞에 있는 것과 같을 것입니다. 어찌 반드시 누추한 늙은이를 면대한 뒤라야 신을 임용하신 것이라 하겠습니까? 또한 듣건대 임금을 섬기는 자는 임금을 헤아려 본 뒤에 들어간다고 하는데, 정말 전하는 어떠한 임금이신지 모르겠습니다. 만약 신의 말을 좋아하지 않으면서 한갓 신을 보려고만 하실 뿐이라면 섭공(葉公)이 용을 좋아하던 일[52]이 될까 두렵습니다. 오늘 전하께서 밝게 보셨나 어둡게 보셨나에 따라 앞으로의 다스림이 성공할 것인가 실패할 것인가를 점칠 수 있을 것입니다. 주상께서는 이 점을 살피소서. 삼가 소를 올리나이다.

왕이 비답하기를, "전일의 아뢴 뜻은 내가 항상 자리에 두고 살펴보고 있노라. 이 격언을 볼 때마다 더욱 재주와 덕이 높다는 것을 알겠도다. 내가 비록 민첩하지 못하나 응당 유념할 것이니, 그대는 그리 알라" 하였다. 융경(隆慶) 2년 5월 ○일.

---

51) 도철 : 길에 난 수레바퀴 자국으로 앞 사람이 갔던 길을 말하는데, 여기서는 '선현의 말씀'이란 뜻이다.

52) 섭공이……일 : 허명을 좋아하면서 실상은 좋아하지 않는다는 비유이다. 『신서』(新書) 「잡사」(雜事)에 보면, 섭자고(葉子高)는 춘추시대 초나라 섭현(葉縣)의 수령이었던 심제량(沈諸梁)을 가리키는데, 그는 너무도 용을 좋아해서 집안 곳곳에 용을 그려놓거나 새겨놓았는데, 하늘에 있던 용이 그 소문을 듣고 내려와서 창문에 머리를 들이밀고, 마루에 꼬리를 흔들자, 섭공이 놀라서 달아나버렸다고 한다.

음식을 내려주신 은혜에 감사드리는 상소문 謝宣賜食物疏

융경(隆慶) 5년(1571), 조봉대부(朝奉大夫) 전(前) 수종친부 전첨(守宗親府 典籤)[53] 조식은 진실로 황공하여 머리를 조아리고 또 조아리며 주상 전하께 사은하나이다. 지난 4월에, 신에게 음식을 하사하시는 하교(下敎)를 받았는데, 신 같이 어리석은 늙은이가 어찌하여 임금의 은혜를 받게 되었습니까?

엎드려 생각하옵건대 성상께서는 구중궁궐에 계시고 백성이 사는 초야는 천 리나 멀건만, 불쌍히 여기는 은택이 먼 곳까지 이르지 않음이 없어서 먼저 늙은 백성인 신에게 미쳤으니, 신은 비록 결초보은(結草報恩)하고자 해도 보답하기 어렵습니다. 혼자 생각건대 선비가 길에 버려져 있는 것은 나라를 다스리는 사람의 수치입니다. 전하께서는 그 근심을 자신의 일이라고 생각하셨지만, 신은 제 개인의 고마운 마음을 이루 감당하지 못하겠습니다. 비유하자면, 한 포기의 풀이 우로(雨露)를 받아먹고 살지만, 조물주에게 우러러 고맙다고 할 방법이 없는 것과 같습니다. 그런데도 변변치 않은 조그마한 성의로 우러러 감사드리기를 그만두지 못하는 것은, 성상께서 이미 혜선(惠鮮)[54]을 내려주셨으니, 제가 근폭(芹曝)[55]을 바치지 않을 수 없기 때문입니다. 옛말에 "대답하지 않아도 되는 말은 없고, 보답하지 않아도 되는 덕은 없다"[56]고 하였습니다. 공손히 한 말씀을 아뢰어서 남다른 은택

---

53) 수종친부 전첨 : 종친부는 동반(東班) 정1품 아문(衙門)으로서, 역대 임금의 계보(系譜)와 초상(肖像)을 보관하고, 임금과 왕비의 의복을 관장하며, 왕실의 각 계파를 감독하는 오상사(五常司)의 하나이다. '수'(守)는 품계는 낮고 관직은 높은 경우 그 관직의 앞에 붙이는데, 이러한 직임을 수직(守職)이라 한다. 전첨은 종친부에 속하여 정무(政務)를 맡아보는 정4품의 벼슬이다.

54) 혜선 : 『서경』 「무일」(無逸)에 나오는 말로, 어렵고 외로운 사람에게 은혜를 베풀어 다시 생기가 나게 한다는 말이다.

55) 근폭 : 시골 사람이 미나리가 맛있다고 임금에게 바쳤다는 고사와, 따뜻한 햇볕을 쬐어보니 너무도 좋아 그것을 임금에게 바치려고 했다는 고사에서 온 말로, 임금에게 바치는 조그마한 정성을 뜻한다.

에 보답하려 합니다.

엎드려 살펴보니, 전하의 나라일이 이미 글러 한 가닥도 손댈 곳이
없는데, 모든 관원은 둘러서서 보기만 하고 구원하지 않습니다. 이미
어떻게 할 수 없음을 알고, '어떻게 해야 할까?'라고 생각도 하지 않은
지가 오랩니다. 만약 전하께서 보고서도 알지 못하신다면 전하의 밝음
이 가려진 데가 있는 것이고, 알고서도 혁파할 생각이 없으시면 나라
에 주인이 없는 것입니다. 지난해에 신이 두 번이나 거친 글을 올려서,
헤아릴 수 없이 커다란 임금의 위엄으로써 진작시키지 않으면 백 가
지로 헝클어져서 죽 같이 된 형세를 구제할 방법이 없으며, 큰 장마비
로 적셔주지 않으면 7년 가뭄에 시들어진 풀을 윤기 나게 할 방법이
없다고 말씀드렸습니다.[57] 지금 말씀드린 지 여러 해가 지났습니다만,
전하께서 바삐 은혜와 위엄을 내리셔서 기강을 세웠다는 말은 듣지
못했습니다.

위엄을 내리고 복을 주는 권한이 전하에게 있는데도 친히 장악하지
못하시고 오히려 신하가 강하다는 교서(敎書)를 내리시어, 신하들로
하여금 전하께 과감하게 말씀드리지 못하도록 했습니다. 그리하여 여
러 신하들이 해이해져 어정쩡하게 지내므로, 나라가 마침내 기강을 잃
어서 지금에 이르렀습니다. 늙은 저는 한갓 우로(雨露)와 같은 은택을
입는 것에 감사드릴 뿐이요, 전하의 성덕(聖德)이 부족함을 보필할 길
이 없어, 삼가 '군의'(君義 : 임금은 의를 실행해야 한다)[58]라는 두 글자
를 바치니, 몸을 닦고 나라를 정돈하는 근본으로 삼으시길 바라옵니
다. 엎드려 바라옵건대, 잘 살피시옵소서. 신은 절하고 머리 조아리면

---

56) 옛말에……없다 : 『시경』 대아(大雅) 「억」(抑)에 나오는 말로, 여기에서는 임
　　금이 자신에게 음식을 내려주셨으니, 그것에 보답해야 한다는 뜻으로 이끌어
　　다 썼다.

57) 지난해에……말씀드렸습니다 : 남명이 1568년(선조 1) 5월 26일에 올린 「무
　　진봉사」(戊辰奉事)에 나오는 말이다.

58) 군의 : 『맹자』 「이루상」(離婁上)에 "임금이 의로우면 의롭지 않은 사람이 없
　　다"[君義 莫不義]라는 말이 있다.

서 죽음을 무릅쓰고 사은하나이다.

왕이 비답하기를, "올린 상소문을 살펴보건대, 그대가 나라를 걱정하는 정성을 볼 수 있노라. 초야에 있으면서도 조금도 잊지 않으니, 매우 가상하다. 하사한 물품은 보잘것없는 것이니 사례할 것이 뭐 있겠는가? 그대는 사례하지 말지어다" 하였다. 융경 5년 6월 ○일.

논(論)

엄광론 嚴光論

논하노라. 광무 황제(光武皇帝)¹⁾ 27년(서기 52)에 처사 엄광(嚴光)²⁾을 불러서 간의대부(諫議大夫)³⁾에 제수했으나 엄광은 끝내 제 뜻을 굽히지 않고, 부춘산(富春山)⁴⁾에 가서 낚시질하다가 생을 마쳤다. 나는 엄자릉(嚴子陵)이 성인의 도를 추구한 사람이라고 생각한다.

무엇 때문에 이렇게 말하는가? 옛날 맹자가 제후를 만나보지 않으면서 "한 자를 굽혀서 여덟 자를 펴는 일⁵⁾도 하지 않을 것인데, 하물

---

1) 광무 황제 : 이름은 유수(劉秀)로 신(新)을 세운 왕망(王莽)을 몰아내고 후한을 재건하였다. 서기 25년에서 55년까지 재위하였다.

2) 엄광 : 후한시대 여요(餘姚) 사람으로 자는 자릉(子陵)이다. 어릴 때 광무제(光武帝)와 함께 공부하였는데, 광무제가 즉위하자 이름을 바꾸고 숨어 살았다. 27년이 지난 뒤 광무제가 그를 찾아내어 간의대부(諫議大夫)에 제수하였으나, 사양하고 부춘산(富春山)에 은거하였다. 뒤에 사람들이 부춘강(富春江)가에 그가 낚시질하던 곳을 엄광뢰(嚴光瀨)라고 불렀다 한다.

3) 간의대부 : 천자에게 규간(規諫)하고 조정의 의론(議論)을 관장하는 직책으로, 진(秦)나라와 전한(前漢) 때의 간대부(諫大夫)를 후한 때에 간의대부로 고쳤다.

4) 부춘산 : 중국 절강성(浙江省) 동려현(桐廬縣)의 서쪽에 있는 산으로, 일명 엄릉산(嚴陵山)이라고도 한다.

5) 한 자를 ……펴는 일 : 『맹자』「등문공」(藤文公) 하(下)에 나오는 말로 절개를

며 한 자를 펴기 위해서 여덟 자를 굽히겠는가?" 하였다. 그러므로 선비로서, 위로는 천자에게 신하 노릇을 하지 않고, 아래로는 제후에게 신하 노릇을 하지 않는 자가 있었으니, 그들은 비록 나라를 나누어주더라도 이를 조그만 물건처럼 가볍게 생각하여 달가워하지 않았다. 그들은 품고 있는 포부가 크고 가지고 있는 능력이 무거워 일찍이 남에게 가벼이 자기를 허여하지 않았다. 용을 잡는 기술을 가진 사람은 희생을 잡는 부엌에 들어가지 않고, 왕도정치를 보좌할 수 있는 사람은 패도정치를 하는 나라에 들어가지 않는 법이다. 자릉(子陵)이 양털 가죽 옷을 입고 시골에 살면서 스스로 고기 낚는 사람이라고 하면서 한(漢)나라를 위해 자신의 뜻을 조금도 굽히려 하지 않았던 것은, 품고 있는 포부가 커서 그런 것이 아니겠는가?

그렇지 않다면 엄광이 광무 황제와 더불어 알고 지낸 친분이 다만 친구 정도가 아니었고, 서로를 예우함이 또 다만 임금과 신하의 예우 정도가 아니었다. 그러니 당연히 동한(東漢)의 으뜸가는 신하가 되어, 제후의 윗자리에 있으면서 한 시대의 영화를 누렸을 것임은 의심의 여지가 없다. 그런데 어찌해서 한창 형통하려는 세상에 있으면서 시골 구석에서 늙어 죽음으로써, 그 도를 스스로 망가뜨렸겠는가? 또 자릉의 언론과 기풍을 상고하건대 뜻이 높아 세상을 깔보고, 영원히 세상에서 떠나가서 돌아보지도 않은 사람은 아니었다. 특히 이윤(伊尹)[6]·부열(傅說)[7]과 같은 무리였는데, 때를 만나지 못한 사람이었다.

논하는 자 가운데는 "이윤이 걸(桀)에 대해서 다섯 번이나 나아가면

굽히고 들어가서 큰일을 해내는 것을 말한다.

6) 이윤 : 은(殷)나라 때의 어진 재상으로 이름은 지(摯)이다. 유신(有莘)의 들에서 농사를 짓고 있었는데, 탕(湯) 임금이 세 번 폐백을 가지고 가서 초빙을 하자 비로소 탕 임금을 도왔다. 탕 임금이 걸(桀)을 쫓아내고 왕도정치를 실현하는 데 그의 공이 컸다. 탕 임금은 그를 높여 아형(阿衡)으로 삼았다.

7) 부열 : 은나라 고종(高宗) 때의 어진 재상이다. 고종이 어느날 꿈을 깨고 꿈에 본 사람의 모습을 그리게 하여 그를 찾았던 바, 마침내 부암(傅巖)의 들에서 부열을 찾았다고 한다.

서도 이를 마다하지 않았는데, 자릉은 광무에 대해서 한 번 보고는 신하 노릇을 하지 않았다. 탕 임금이 이윤에 대해서 세 번 맞이해서 스승으로 삼았으나, 광무는 자릉에 대해 한 번 불러서 신하를 삼으려 했다. 자릉은 이에 도를 행할 기회를 잃었고, 광무는 이에 어진 이 대우하는 예를 잃었다"고 하는 사람도 있다.

이것은 또한 용렬한 사람의 견해이니, 대롱을 통해 하늘을 보고는 하늘이 없다고 하는 것과 같다. 이 어찌 자릉의 위대함을 아는 것이라 하겠는가? 저 자릉은 젊었을 때 광무제와 교유했으니, 그가 기량을 한껏 펴더라도 반드시 <하(夏)·은(殷)·주(周)> 삼대(三代)의 도로 다스리지 못할 줄 알고서 떠나가버린 것이다. 만약 광무제가 양한(兩漢)의 가장 어진 임금이 되는 정도일 뿐이라면 광무의 재질만으로도 스스로 그 일을 하기에 족하니 엄광 자신을 기다릴 것이 없었던 것이다. 그런데 그가 제왕(帝王)의 도를 망가뜨리고 패자(覇者)의 신하가 되어 한갓 높은 벼슬과 중한 녹(祿)만을 받으려고 했겠는가? 이와 같이 했다면 엄광이 편 것은 한 자도 되지 못하면서 굽힌 것은 여덟 자 정도에 그치지 않았으리라! 하물며 이때는 민생이 조금은 편하여 하(夏)나라 걸왕(桀王)이 그 백성을 도탄에 빠뜨리던 것과는 달랐으니, 민생을 급하게 여기는 뜻이 어찌 이윤과 한 가지였겠는가?

만약 엄광에게 조금이나마 억지로라도 정치를 해보려는 뜻이 있었더라면, 광무제가 황제가 된 처음에, 마땅히 아침에 산을 나와 저녁에 임금을 만났을 것이다. 어찌 27년이나 되도록 나타나지 않다가, 광무제가 물색한 뒤에야 찾아내기에 이르렀겠는가? 애초 엄광이 갖고 있었던 마음은 광무제가 거처할 동산을 아름답게 꾸며주고 비단을 쌓아준다고 해도[8] 끝내 그 도를 굽히려 하지 않았을 것은 분명하다. 후세에 평가하는 사람이 패도정치를 실현하려는 관점에서 자릉을

---

8) 동산을……해도 : 『주역』 비괘(賁卦)에 나오는 '비우구원 속백전전'(賁于丘園 束帛戔戔)을 그대로 인용한 것이다. 천자가 초야에 묻혀 있는 현인(賢人)을 우대하고, 또한 예물로써 그를 초빙한다는 뜻이다.

본다면 광무에게 제 뜻을 굽히지 않았음을 지나쳤다고 할 것이다. 그러나 만약 왕도정치를 실현할 수 있는 역량을 가진 사람이란 관점에서 자릉을 평가한다면, 그가 광무를 위해서 뜻을 굽히지 않았음은 마땅하였다.

나는 그런 까닭으로 '자릉은 성인의 도를 추구한 사람이다'라고 한 것이다. 아아, 만약 이윤이 탕 임금을 만나지 못했다면 마침내 유신(有莘)의 교외에서 죽었을 것이고, 만약 부열이 고종을 만나지 못했다면 마침내 부암(傅巖) 들판에서 늙어갔을 것이니, 도를 굽혀가면서까지 벼슬하기를 구하지는 않았을 것이다. 가령 자릉이 탕임금이나 고종 같은 임금을 만났더라면, 또 어찌 마침내 시골 구석에서 늙어 동강(桐江)[9]에 낚시질하는 한 늙은이로 지냈을 뿐이겠는가? 성현이 백성에게 마음씀은 한 가지이나 또한 그 만난 때가 다행함과 불행함이 있었던 것이다. ─ 원문의 '급생민'(急生民)은 어떤 곳에는 '우급생민'(憂急生民)으로 되어 있다.

---

9) 동강 : 중국 절강성의 동려현(桐廬縣)에 있는 강 이름이다. 일명 부춘강(富春江)이라고도 한다.

잡저(雜著)

『관서문답』에 대한 해명 解關西問答[1]

전인(全仁)이라고 하는 자는 곧 이상(貳相)[2]을 지낸 이언적(李彦迪)[3]

---

1) 해관서문답 : 『관서문답』, 일명 『관서문답록』(關西問答錄)은 이전인(李全仁)이 그의 아버지인 회재(晦齋) 이언적(李彦迪)과 학문에 관하여 문답한 것을 엮은 책이다. 이언적이 1547년(명종 2)에 평안북도 강계(江界)로 귀양갔을 때에 편자인 이전인이 곁에 있으면서 조석으로 교훈을 받은 기록이기 때문에 『관서문답록』이라고 명명했다. 1665년(현종 6)에 편자의 현손인 이홍희(李弘熙)가 정관재(靜觀齋) 이단상(李端相)에게 부탁하여 그의 발문을 붙여 간행했다. 그런데 남명은 자신의 족인(族人)인 조윤손(曺胤孫)과 회재 이언적 사이에 관비 석씨(石氏)가 낳은 전인(全仁)을 두고서 혈통 시비가 벌어지면서 이언적의 사생활을 자세히 알게 되었고, 그에 대한 불만과 함께 을사사화 당시 친구인 곽순(郭珣)과 송인수(宋麟壽) 등이 처벌을 당할 때 이언적이 추관(推官)의 한 사람으로 있으면서 그들을 구제하지 못했다는 것 등에 대한 불만이 쌓여 마침내 전인(全仁)의 출생을 둘러싼 사정, 이언적 부자(父子)의 문답 내용에 관한 문제점 및 이언적의 출처(出處)와 거관(居官)에 대한 비판을 중심으로 이 글을 쓰게 되었던 것이다. 이러한 남명의 태도는 이언적의 사후 전인이 주도한 이언적의 신원(伸寃) 및 현양 사업에 적극 협력하는 동시에 이언적의 유고 교정과 행장(行狀)의 찬술 등에 심혈을 기울였던 퇴계 이황의 경우와는 좋은 대조를 이룬다 하겠다. 이후 정인홍(鄭仁弘)이 편찬하여 간행한 『남명집』에 이 글이 실려 세상에 반포되자 회재 이언적과 퇴계 이황의 학통을 계승한 경상 좌도

이 관기(官妓)[4]와의 사이에서 낳은 자식으로, 본래 이름은 옥강(玉剛)이었다. 이언적이 처음 벼슬길에 나아가 경주(慶州)에서 훈도(訓導)로 있을 적[5]에 전인의 생모를 자신의 방지기로 두었다. 판서 벼슬을 지낸 조윤손(曹胤孫)[6]이 당시 경상도의 수사(水使)로 부임하면서 전인의 생모인 이 관기에게 눈독을 들이고 있다가, 이언적이 서울로 올라가게

(慶尙左道)의 사람은 이에 대해 매우 분개하는 사태가 일어나게 된다. 그런데 판본에 따라서는 이 글의 제목이 '관서문답후변'(關西問答後辯)으로 되어 있는 경우도 있다.

2) 이상 : 삼정승(三政丞) 다음 가는 벼슬이란 뜻으로 보통 좌우찬성(左右贊成)을 이르는 말인데, 이언적이 1545년(인종 1)에 의정부(議政府) 우찬성(右贊成)이 되었기 때문에 이렇게 일컫는 것이다.

3) 이언적 : 1491~1553. 조선 중종(中宗)대의 대유학자로 자는 복고(復古), 호는 회재(晦齋)·자계옹(紫溪翁)이다. 1530년 김안로(金安老)의 등용을 반대하다가 숙청되었으나 이후 다시 등용되어 원상(院相) 등을 역임했다. 문집으로는 『회재집』(晦齋集) 등이 있다.

4) 관기 : 이전인의 생모는 석씨(石氏)로서 감포 만호(甘浦萬戶)를 지낸 사족 출신의 석귀동(石貴童)과 경주 관비(官婢)였던 족비(足非) 사이에서 태어난 관비(官婢)였다.

5) 훈도로……적 : 이언적은 25세가 되는 1515년(중종 10)에 경주(慶州) 주학(州學)의 교관(敎官)으로 파견된다.

6) 조윤손 : 무신으로 본관은 창녕(昌寧)이며 대사헌(大司憲)을 지낸 숙기(淑沂)의 아들이다. 1502년(연산군 8)에 무과에 급제, 이듬해 선전관(宣傳官)이 되고 1506년 공신 녹권(功臣錄券)을 받았다. 이후 1509년 웅천 현감(熊川縣監), 1512년 갑산 부사(甲山府使)를 역임하면서 왜구와 야인(野人)을 토벌한 바 있고, 이듬해 함경북도 병마절도사, 1582년(중종 23) 평안도 병마절도사가 되어 다시금 야인의 침입을 격퇴했다. 1533년 한성부 판윤(漢城府判尹), 1536년 병조 판서, 그리고 마지막으로 좌찬성(左贊成)에 이르렀다. 조윤손의 이름 가운뎃글자는 '潤·閏·胤'자 등이 자료에 따라 달리 쓰이고 있으나 '潤'자가 가장 많이 쓰이며 시호는 장호(莊胡)이다. 조윤손의 집안은 그의 아버지인 숙기(淑沂)가 내외의 요직을 두루 역임하고서 처향(妻鄕)인 진주(晉州)에 정착하고 난 뒤에 가세가 퍼지기 시작하였는데, 특히 조윤손은 무반(武班)으로 출사하여 중종조(中宗朝)에 병사(兵使)·수사(水使)·판서(判書)·좌찬성 등의 고관 요직을 두루 거치면서 당대의 권세가로 행세하였다.

된 것[7]을 기화로 몰래 데리고 가버렸다. 그러나 이때 이미 이 관기는 뱃속에 언적의 아이를 가지고 있었다. 조윤손이 이 관기를 데리고 간 뒤 일곱 달 만에 아이를 낳아 옥강(玉剛)이라 이름 하고 조상의 제사를 받들어 모시게 하였다. 이 일은 바로 옛날 진정(秦政)과 여불위(呂不韋)의 관계나 초(楚)나라 유왕(幽王)과 황헐(黃歇)의 관계[8]와 같다고 하겠다.

　나의 장인에게 서모(庶母) 소생의 누이가 하나 있었는데 바로 조윤손의 서자(庶子)인 조의산(曹義山)의 처가 되었다.[9] 이렇듯 집안끼리 서로 연이 닿아 나는 일찍이 전인의 출생에 관한 전말을 알고 있었다. 조씨(曹氏) 문중에서도 모두 옥강이 일곱 달 만에 태어난 사실을 알고 있었고 세상 사람들도 모두 조윤손의 어리석음을 비웃고 있었다. 조윤손이 죽자 조씨 집안의 사위들이 모두 옥강이 신주를 모시고 제사를 받드는 것을 허락지 않았다. 그러나 옥강은 조윤손이 봉사손(奉祀孫)에게 남긴 재산이 탐나서 한사코 생부(生父)인 이언적에게 가려고 하지 않았다.

　그때에 복고(復古)[10]가 관서(關西) 지방에 유배가 있었는데, 달리 자식이 없어 홀몸으로 외로이 귀양생활을 하고 있었다. 나는 그 소식을

---

7) 서울로……된 것 : 이언적은 25세인 1515년(중종 10)에 경주 교관으로 부임하여 1517년 6월까지 재임하였다가, 이 해 7월에 부정자(副正字)에 임명되어 서울로 올라간다.

8) 옛날……관계 : 여불위(呂不韋)는 본래 진(秦)나라 사람인데 장양왕(莊襄王)의 즉위를 도운 공로로 그의 밑에서 재상 노릇을 하다가 이윽고 자기 아이를 임신한 여자를 장양왕에게 바치니 이 여자에게서 태어난 아이가 훗날 시황제(始皇帝)가 된 진정(秦政)이다. 황헐(黃歇)은 초(楚)나라 사람으로 일명 춘신군(春申君)으로 불리는데 효열왕(孝烈王) 밑에서 재상 노릇을 하다가 자기의 자식을 그의 태자로 삼게 하였으니 이 아이가 바로 훗날 유왕(幽王)이 되었다.

9) 나의……되었다. : 조윤손에게는 조의산(曹義山)이라는 서자(庶子)가 있었는데 그 처가 남평 조씨(南平曹氏)로써 바로 남명의 장인인 조수(曹琇)의 서매(庶妹)이다.

10) 복고 : 이언적의 자(字)이다.

들고서 가엾은 생각이 들어서, 옥강에게 사람을 보내어 "너의 생모가 너의 생부에 대해 말하여 너도 분명히 그 사실을 알고 있을 것이다. 이제 판서공(判書公)이 돌아가셨으니, 뭐 거리낄 것이 있어 이상(貳相)에게로 가지 않느냐? 조정에서 오래 전부터 너의 혈통 문제로 의론이 분분하여[11] 이제 너의 생모를 엄히 신문하려 하는데, 너는 너의 생부를 저버리고 다시 생모마저 죽음으로 몰아넣으려 하느냐?"라고 하였다. 그러나 옥강은 여전히 미련이 남아서 떠나지 않았다. 조씨 집안에서 그를 내치고 난 뒤에야 경주(慶州)로 갔는데[12] <그 때에도> 여전히 양부(養父)인 조윤손의 상복을 입은 채로 들어갔다.

이렇듯 옥강은 나이 사십[13]이 다 되도록 생부가 있는 것을 알지 못했으니, 복고 역시 훗날 외로운 혼이 되어, 아들이 있지만 권세가에게 빼앗기고 말게 될 형편이었다.[14] 옥강이 자신을 찾아왔을 적에도 복고

---

11) 조정에서……분분하여 : 당시 이전인의 혈통 문제를 두고서 이언적과 조윤손 사이에 시비가 비등했는데, 이들이 모두 조정의 중신인 관계로 이전인의 혈통 시비는 당시 조정에 큰 파문을 일으켰던 것으로 보인다. 관련 자료인 『명종실록』(明宗實錄) 권16의 명종(明宗) 9년 정월 경신조(庚申條), 같은 책 권33의 명종 21년 9월 신묘조(辛卯條) 등에는 이에 관한 기록이 있다.

12) 조씨……갔는데 : 전인이 이언적의 친자(親子)로 밝혀지는 것이 1543년(중종 38) 전후의 시기인데 이 때 이언적은 53세였고 전인의 나이는 28세였다.

13) 나이 사십 : 원문에는 '年近四十'으로 되어 있는데 전인이 이언적의 친자로 밝혀진 것이 전인의 나이 28세 되던 해 전후이므로 여기에서의 사십(四十)은 삼십(三十)의 오기(誤記)로 판단된다.

14) 아들이……때문이다 : 여기에서 권세가는 조윤손을 가리키는데, 이윽고 전인은 1543년 이언적의 친자로 판명되었고 이후 1547년(명종 2) 이언적이 강계(江界)로 유배되자 전인은 그곳까지 따라가 이언적의 곁에 있다가, 1553년(명종 8) 이언적이 강계에서 별세하자 전인은 직접 운구를 하여 경주로 돌아온다. 그러나 이언적의 적실(嫡室)인 박씨(朴氏) 부인은 이언적이 죽기 2년 전인 1551년(명종 6)에 이언적과 상의하여 전인을 제쳐놓고 가문을 이을 양자로 종질(從姪)인 열다섯 살의 이응인(李應仁)을 양좌동(良佐洞)으로부터 입양하게 된다. 이로써 이언적의 자손은 양좌(良佐)·옥산(玉山) 양계(兩系)로 나뉘게 되고 전인은 이른바 옥산파(玉山派)의 파조(派祖)가 된다.

는 부자간의 의리를 분명히 하여 옥강이 아비를 무시한 죄를 다스리지 못하고, 이내 흔쾌히 마치 이전에 부자 사이에 한번도 틈이 없었던 것처럼 옥강을 총애하였으니, 나는 일찍이 복고가 멀리 귀양가 있어 한번 만나 껄껄 웃어줄 길이 없음을 탄식하곤 하였다.

그런데 <옥강을> 전인(全仁)이라고 부르는 것은 분명 그가 생부인 복고에게 간 뒤에 고친 이름일 것이다. 내가 늘 옥강을 아비도 몰라보는 간사한 인간이라고 꾸짖었고, 옥강도 그 점에 대해 원한을 품고 있었다. 복고는 이러한 사정을 몰랐기 때문에 옥강이 떠나올 적에 나를 만나고 왔느냐고 물었던 것이다. 그러나 옥강에게는 나를 만나볼 마음이 전혀 없었다고 하겠다.[15]

복고가 일찍이 나를 유일(遺逸)로 조정에 천거한 일[16]이 있었다. 그때 나는 생각하기를 "그와 한 번도 만난 적이 없으니 복고가 실로 나에 대해서 전혀 알지도 못할 것인데 어찌 나의 선악을 알겠는가? 남의 선악을 알지도 못하면서 다른 사람의 이야기만 듣고서 문득 임금에게 천거하였으니, 남의 이야기만 듣고서 나를 칭찬하였다면 훗날 반드시 다른 사람의 이야기만 듣고서 나를 비난할 것이다"라고 하였다.

나는 일찍이 서로 동떨어진 다른 길을 가고 있는 관계로 손을 잡고 한번 크게 웃어볼 기회가 없음을 안타깝게 여기고 있었다. 복고가 본도(本道)의 감사(監司)로 부임해왔을 적에 여러 번 편지를 보내 만나기를 청하였다. 그러나 나는 "거자(擧子)의 신분으로 어찌 감사를 찾아갈 수 있겠습니까? 다만 생각건대 옛사람은 네 조정에 걸쳐 벼슬하였지만 조정에 겨우 46일을 있었다고 합니다.[17] 나는 상공(相公)

15) 그러나……하겠다 : 이 부분과 관련하여 『관서문답록』에 다음과 같은 대목이 있다. "대인이 나에게 '네가 떠나올 적에 조식을 만나보았는가'라고 물으셨다. 내가 대답하기를 '서두르느라 만나지 못했습니다'라고 하였다"[大人問曰 汝入來時 見曹植乎 仁對曰 忙未得見也].
16) 나를……일 : 이언적은 남명보다 10년 연상으로 그 자신이 밀양 부사(密陽府使)와 경상 감사로 있을 적에 남명의 학행과 명성을 익히 듣고서 그를 조정에 유일로 천거한 적이 있다.

께서 벼슬을 물러나 고향으로 돌아갈 날이 멀지 않으리라고 생각합
니다. 그때 내가 각건(角巾)을 쓰고 안강리(安康里)에 있는 댁으로 찾
아가 만나도 늦지 않을 것입니다”라고 거절하였다.[18] 복고 역시 이 일
에 대해 다른 사람에게 말하기를 “조식(曺植)이 아직도 벼슬을 내어
놓고 물러나지 못하고 있다고 나를 기롱하니 참으로 부끄럽다”라고
한 적이 있다.

　나는 일찍이 복고가 성현의 도를 배웠으면서도 알아서 깨닫는 지경
에 이르는 치지(致知)의 소견이 분명치 못함을 안타깝게 여기고 있었
다. 당시에는 대윤(大尹)·소윤(小尹)의 싸움[19]이 곧 일어날 듯하여 나
라의 형편이 위태롭기 그지없다는 것을 어리석은 아낙도 알고 있었다.
그런데도 복고는 낮은 관직에 있을 적에 일찍 물러나지 않고 있다가
중망(重望)을 입어 벗어날 수 없는 지경에 이르러 낯선 땅에 유배되어
죽고 말았으니, 이는 명철 보신(明哲保身)의 식견에는 모자람이 있었
던 듯하다.

　또한 복고가 십조 봉사(十條封事)[20]를 올려 중종(中宗)으로부터 크
게 칭찬을 받고서 가선 대부(嘉善大夫)[21]에 특별히 승자(陞資)된 일에

---

17) 옛사람은……합니다 : 주자(朱子)의 일을 지칭하는 것으로, 주자는 외직(外職)에는 오래 있었으나 내직(內職)에는 4대에 걸쳐 46일밖에 있지 않았다고 한다.

18) 그때……거절하였다 : 『남명집』 권4, 보유(補遺)에는 「답이언적서」(答李彦迪書)가 한 통 실려 있으나 『회재집』에는 이언적이 남명에게 보낸 서간이 실려 있지 않다.

19) 대윤·소윤의 싸움 : 1545년(명종 1)을 전후로 하여 왕실의 외척인 윤임(尹任)을 중심으로 한 대윤(大尹)과 윤원형(尹元衡)을 중심으로 한 소윤(小尹)의 반목으로 일어난 을사사화(乙巳士禍)와 정미사화(丁未士禍) 등의 일련의 사건을 가리키는데, 이러한 와중에서 죽은 사림의 수만 하여도 1백여 명에 이르렀다.

20) 십조 봉사 : 이언적이 십조 봉사(十條封事)를 중종에게 올린 것은 1539년 10월이다. 이때 올린 봉사는 『회재집』 권7에 「일강십목소」(一綱十目疏)라는 제목으로 실려 있다.

21) 가선 대부 : 조선시대 문관(文官) 종2품하(從二品下)의 품계이다.

대해서도 나는 일찍이 안타깝게 여기고 있었다. 신하가 좋은 계책을 올리고서 그에 대한 상을 받는 것은 옛사람이 부끄럽게 여겼던 일이니, 복고는 "신하의 진언(進言)은 그 직분이며 군주의 작명(爵命)은 하늘을 대신하는 것입니다. 신하가 진언을 하여 상을 받고 임금이 진언을 받아들인 뒤에 상을 주었으니 임금과 신하가 모두 그 마음 속의 생각대로 된 것입니다. 그러나 뒤에 가서 그 신하의 재주와 도량의 대소(大小)에 맞추어 관작과 봉록을 주는 것이 마땅하거늘 굳이 신하가 상소를 올린 날 바로 상을 내릴 필요가 있겠습니까?"라고 말하며 어찌 사양하지 않았단 말인가? 그렇게 사양했더라면 이는 사람들의 염치를 일깨우고 임금의 마음을 바로잡을 수 있는 한 계기가 되었을 것이다.

전인은 무가(武家)에서 성장하였으니 어찌 학문에 대해서 익히고 들은 바가 있겠는가? 생부인 복고에게 찾아간 뒤에야 비로소 향학할 바를 알게 되었다. 그가 보고 들은 것이 본래 얕아 『관서문답록』 안에 기록한 내용 중에 틀린 것이 많으니, 또한 복고가 말한 바가 아닐 것이다. 그러나 그 중에 장의(張儀)의 일이라고 한 것은 잘못[22]이니 곧 충정공(忠定公) 괴애(乖崖) 장영(張詠)[23]의 일이다.

또한 왕 문정(王文正)[24]의 집안사람이 그의 도량을 시험해보기 위해 처음에 국 속에다 그을음을 섞었고, 나중에는 조그만 그을음덩이를 던져넣었는데, 이를 '검게 물들었다'고 한 것도 잘못이다. 왕 문정이 띠를 떨어뜨린 일 또한 선인들이 이미 논한 적이 있다. 재상이 되어 모든 벼슬아치가 우러러보는 지위에 있으면서 바삐 움직이는 대궐의 뜰에서 달려가다가 띠를 떨어뜨렸으니 이미 스스로 예의를 잃은 것이다. <그

---

22) 그 중에……잘못 : 지금 전하는 『관서문답록』에는 장의(張儀)를 언급한 대목이 보이지 않고 바로 장영의 일로 되어 있는데 이는 아마도 후대에 고친 것으로 보인다.

23) 장영 : 송나라 때 사람으로 자는 복지(復之), 호는 괴애(乖崖)이다. 벼슬이 이부상서(吏部尙書)에 이르렀으며 시호는 충정(忠定)이다.

24) 왕 문정 : 북송(北宋)의 정치가로 당송 팔대가(唐宋八大家)의 한 사람인 왕안석(王安石)을 말하는데, 문정(文正)은 그의 시호이다.

런데 모른 체하고 그냥 나와 황제가 가져다주게 하였으니> 어찌 허리를 굽혀 얼른 주워 띠를 다시 맨 것만 하겠는가? 왕 문정이 조정에 달려나아갈 적에 의대(衣帶)에 주의를 기울이지 않았으니, 그는 평상시에 거경(居敬)을 소홀히 한 듯하다.

복고가 『대학』에는 본심(本心)을 잃지 않고 타고난 선성(善性)을 기르는 존양(存養)의 문제에 대해 언급하지 않았다고 한 것은 틀림없이 전인이 잘못 적은 것이라 하겠다. "대학(大學)의 도(道)는 명덕(明德)을 밝히고, 지선(至善)에 머무르는 데에 있다"는 것은 『대학』의 첫머리에서 존양(存養)하는 경지를 밝힌 것이다. 이는 초학자라 할지라도 누구나 이해하는 바인데 복고가 모를 리 있었겠는가?

옹희(雍姬)[25]에 대한 의논도 충분치 않은 듯하다. 남편과 임금이 교외에서 모의하여 그녀의 아비를 죽이려 하였으니, 간청을 하여 멈추게 할 수 있는 일이었겠는가? 그녀의 아비에게 <그와 같은 사실을> 알리고 남편에게도 말하여 이윽고 두 사람이 각자 서로 일을 처리하는 것을 보고 나서 스스로 결정하는 것이 옳았을 듯하다.

사족(士族)의 딸이 재가(再嫁)하는 것에 대한 논의 또한 복고의 이야기가 아니다. 옛사람이 이르기를 "신랑이 <결혼하기 위해 신부 집> 문을 들어오다 죽더라도 딴 사람에게 몸을 허락해서는 안 된다" 하였는데, 하물며 시집을 가고 난 뒤에 있어서랴? 온 세상 사람에게 죽음으로써 충성을 다하기를 요구하여도 그런 때를 당하여 절개를 지킬 사람이 거의 없는데, 어찌 먼저 충성을 다하지 않는 것을 허락할 수 있겠는가? 하물며 온 세상 사람이 어찌 세상의 모든 청상 과부에게 열

---

25) 옹희 : 『춘추좌씨전』 환공(桓公) 15년조에 보면 옹희(雍姬)는 정(鄭)나라의 대부(大夫) 제중(祭仲)의 딸로 옹규(雍糾)에게 시집을 갔다. 그런데 당시 정나라의 정치를 천단(擅斷)하는 제중을 미워한 정백(鄭伯) 여공(厲公)이 제중의 사위인 옹규에게 제중을 죽일 것을 명하니 이 사실을 눈치챈 옹희가 고민을 하던 끝에 그 사실을 아비인 제중에게 일러주었다. 그 결과 화가 난 제중이 사위인 옹규를 죽여버리고 일이 실패로 끝난 것을 알게 된 여공은 채(蔡)나라로 달아나버렸다.

녀가 되기를 요구할 수 있겠는가? 청상 과부의 재가에 대한 논의는 정 선생(程先生)에게 이미 정론(定論)[26]이 있으니, 후세 사람들이 이에 대해 사견을 내어서는 아니 될 것이다.

또한 "귀·눈·입·코의 욕망은 사욕(私欲)이다"라고 한 것도 잘못이다. 귀·눈·입·코의 욕망이 생겨나는 것은 성인(聖人)이라도 보통 사람과 다를 바가 없으니, 이는 누구에게나 똑같은 천리(天理)라 하겠다. 그것이 착하지 못한 쪽으로 기울고 난 뒤에라야 비로소 욕심이라고 할 수 있다. 다만 인심(人心)과 도심(道心)의 구별이 있는 것은 형기(形氣)와 의리(義理)의 차이가 있을 뿐이다. 그러므로 인욕(人欲)이라 하지 않고, 인심(人心)이라 부르는 것이다.

겨울에 발생하는 천둥 소리에 대한 설명 또한 미진한 듯하다. 겨울에는 양(陽)이 땅 속에 있어야 하는데 음(陰)이 실(實)하고 양이 허(虛)하여, 양이 땅 속으로 들어가지 못하고 바깥에 있는 경우에는 모두 건순(健順)[27]의 조화를 잃게 된다. 그래도 오히려 음에게 제압될 수도 없고 끝까지 음 속에 갇혀 있을 수도 없어 때때로 우레가 발동하게 된다.

대사헌(大司憲) 조 효직(趙孝直)[28] 선생의 일은 내가 들은 바에 따르면 반드시 책에 기록된 바와 같지 않다. 선생의 모습은 옥과 같아서 어진 사람과 어리석은 사람 할 것 없이 모두 선생을 보면 반드시 흠모하였다. 선생이 젊은 시절 길을 가다가 저녁에 객점(客店)에 투숙하여 머리를 빗게 되었다. 때마침 서울에서 내려오는 한 예쁜 여자가 있었

---

26) 정론 : 『이정유서』(二程遺書) 등에 보면 정자(程子)는 청상 과부는 굶어 죽을 지언정 재가를 해서는 안 된다고 주장하는 데 반해, 『관서문답록』에서 이언적은 청상 과부라도 수절할 의사가 없으면 형편을 보아 재가해도 무방하다는 견해를 표명하고 있다.

27) 건순 : 건(健)은 양(陽)을 가리키고 순(順)은 음(陰)을 가리키는데, 건순(健順)은 음양이 잘 조화되는 것을 가리킨다.

28) 조 효직 : 효직(孝直)은 조광조(趙光祖)의 자인데, 현재 전하는 『관서문답록』에는 조광조(趙光祖)의 행적에 대한 언급이 없다.

는데, 가까이 다가와 은근한 눈길을 주며 떠나지 않았다. 선생은 그 여자가 밤에 침소(寢所)로 찾아들까 염려하여 서둘러 그 자리를 떠나 어두워질 무렵 딴 집으로 옮겨 묵었다. 그런데 어떤 사람은 말하기를 "선생이 그 여자에게 머리를 빗기우다 춘정(春情)을 이기기 어려울 것 같아 딴 집으로 옮겼다"고 하니, 이는 사실대로 전하는 것이 아닌 듯하다. 선생이 지금 세상의 사람이건만 사람들의 이야기가 이와 같이 서로 다르니, 사람들의 말은 모두 반드시 믿을 수 없는 것이라 하겠다.

또 과거(科擧)에 급제하여 벼슬길에 나아감으로써 자신을 그르치게 되어 평생토록 뉘우치고 한탄한다고 한 것은 분명히 복고의 뜻이 아니라 하겠다. 과거에 급제하는 것이 어찌 좋지 않은 일로 자신을 그르치는 것이겠는가? 평생토록 뉘우치고 한탄했다고 하면서 어째서 종일품(從一品)의 품계에 이르도록 물러나지 않았던가? 이 또한 전인이 잘못 들은 것이다. 복고가 꿩과 생선을 선물로 받은 것은 분명 전장(銓長)²⁹⁾ 자리에 있을 때의 일일 것이다. 전장의 집은 으레 문전 성시(門前成市)를 이루는데, 뇌물을 바치는 것 아닌 일이 없으니, 참으로 모든 것을 사양해 물리쳐야 한다. 만일 아무런 권세도 없는 자리에 있을 적에 친구가 맛있는 음식을 보내올 경우 어찌 받지 않을 수가 있겠는가? 경우를 가리지 않고 모든 것을 사양해 물리친다면 이 또한 편협하고도 인정에 어긋나는 일이 아니겠는가?

내가 어머니의 장례에 석회를 쓰지 않고 조개를 태운 재를 썼던 일³⁰⁾은 처음부터 석회를 쓰지 않고 조개의 재를 쓰려 했던 것은 아니

---

29) 전장 : 이조 판서를 가리키는 말로, 이언적은 1542년(중종 37)에 이조 판서에 임명되었다.

30) 내가……썼던 일 : 이 일과 관련하여 『관서문답록』에 다음과 같은 대목이 있다. "대인께서 또 물으시기를 '조식이 그 어머니의 장례를 치를 때에 외관(外棺)을 쓰지 않았고 조개 태운 재를 썼다고 하는데 그러한가?'라고 하셨다. 내가 그렇다고 대답하였다. 대인께서 말하시기를 '무릇 천하의 어떤 물건도 사라져 없어지지 않는 것이 없다. 다만 흙과 돌만이 사라져 없어지지 않으니, 옛사람이 장례에 석회를 사용했던 것은, 석회는 흙과 섞이면 끈기가 있고 모

다. 때마침 어머니가 김해(金海)에서 돌아가셨는데 <김해와 같은> 바
닷가에서는 조개 껍질을 태워 그 재를 사용하는 것이 가장 편리했기
때문에 상여배에 같이 실었던 것이다. 석회를 찧는 데 쓰는 기름이 아
홉 말을 넘어서는 안 된다고 전에 들었는데, 동기(同氣) 여덟이 모두
합하여 기름 아홉 말을 가져와 조개의 재를 찧다보니 그 정해진 수량
을 넘고 말았다. 항상 분수에 넘쳤던 이 일을 평생 한스럽게 여겼으니
다시금 다른 사람들에게 다투어 본받으려는 생각을 가지게끔 하고 말
았던 것이다. 그러나 나의 이러한 행적을 두고서 궤이(詭異)하다고 한
다면 이는 실정에 가까운 말이 아니다. 궁벽한 것을 캐고 괴이한 일을
행하는 색은 행괴(索隱行怪)야말로 궤이한 것이지, 장례에 조개의 재
를 쓰는 것에 무슨 궤이한 것이 있겠는가? 오늘날 바닷가에 사는 사람
들은 으레 장례에 조개의 재를 사용하니, 이는 곧 궁벽한 살림에 <장
례를 치를 적에> 조개의 재를 쉽게 장만할 수 있기 때문이다. 또한 높
은 산꼭대기에서도 고둥이나 조개 껍질을 볼 수 있으니, 이는 천지가
아직 혼돈(混沌)의 상태에 놓여 있을 때 살았던 고둥이나 조개의 껍질
인 것이다. 따라서 복고가 석회 이외에는 모두 사라져 없어지는 것이
라고 말한 것은 잘못이다. 옛날 화원(華元)이 그 임금의 장사에 조개
와 재, 그리고 돌로 만든 관을 사용하여 3년 후에 매장하였는데, 군자
가 이 일을 기롱하였다.[31] 바닷가에서는 조개의 재가 내륙의 사토(沙

래와 섞이면 단단해져서 세월이 오래 지나면 돌과 같이 되기 때문인 것이다.
그러므로 장례에는 <석회 이외의> 다른 재료를 쓰지 않았던 것이다. 또한 조
식이 외관을 쓰지 않았으니 유독 가례(家禮)만 그러한 말이 있다고 하나 선왕
의 예법에는 모두 관곽(棺槨)을 쓰도록 되어 있고 오늘날의 왕들도 또한 관곽
을 사용하고 있으니 어찌 혼자서만 가례를 좇아 외관을 쓰지 않을 수 있는
가?'라고 하셨다"[大人又曰 曹植之葬其母 不用外槨 而用蜃灰云 然也 對曰 然
大人曰 夫天下之物 莫不有消盡者 只有土石 不消 古人用石灰者 蓋得土而黏 得
沙而堅 歲久如石 故不用他物也 且不用外槨 家禮雖有此語 先王禮法 皆有棺槨
之制 時王之法 亦用之 豈獨從家禮之語 而不用乎].
31) 옛날……기롱하였다. : 화원(華元)은 춘추시대 송(宋)나라 사람으로 화독(華
督)의 증손이며 문공(文公)・공공(共公)・평공(平公) 세 임금을 섬겼는데, 화

土)와 같아 짧은 시간에 이를 태워서 재를 만들 수 있으니 고례(古禮)와 같지 않다. 다만 <조개의 재를 쪟을 때에 비싼> 기름을 쓴 것이 마음 편치 않을 따름이다.

복고가 경상 우병사(慶尙右兵使)와 함께 배를 같이 탔던 일에 대해서 내가 비난했다고 하는 말[32]은 아마도 복고가 <그 일에 대해> 잘못 들은 듯하다. 북쪽의 호(胡)나라와 남쪽의 월(越)나 사람도 때로는 한 배를 탈 수 있는 법인데, 감사(監司)와 병사(兵使)가 함께 배를 탄 것이 어찌 잘못된 일이겠는가? 당시에 나는 <김해의> 산해정(山海亭)에

원이 그 임금의 장사를 치르는 일에 대해서는 『춘추좌씨전』 성공(成公) 2년 조에 다음과 같은 기사가 실려 있다. "8월에 송나라 문공이 죽었다. 여태까지 없었던 후한 장례를 치렀다. 묘혈(墓穴)의 습기를 막기 위해 조개 태운 재와 목탄(木炭)을 썼고, 함께 매장하는 거마(車馬)의 수도 늘리는 한편, 처음으로 사람까지도 순장하였고 부장품을 호화롭게 하였다. 그리고 천자와 마찬가지로 외관(外棺) 뚜껑에 지붕처럼 경사를 만들었고, 내관(內棺)의 측면과 상면에 장식을 하였다. 군자가 이를 평하기를 '화원과 악거(樂擧)는 이 일에서 신하로서의 도리를 그르쳤다. 신하는 임금의 지나친 행위를 억제하고 무도한 행위를 없애는 것이 그 임무이기 때문에 죽음을 무릅쓰고서 간쟁(諫爭)해야 하는 것이다. 그런데 이 두 사람은 임금이 살아 있을 때에는 그 무도한 행위를 조장하였고, 임금이 죽은 뒤에는 한층 사치스러운 장례를 치렀다. 이것은 임금을 악에 빠뜨리는 일로써 신하의 도리라고는 할 수 없는 것이다'[八月 宋文公卒 始厚葬 用蜃炭 益車馬 始用殉 重器備 槨有四阿 棺有翰檜 君子謂 華元·樂擧 於是乎不臣 臣治煩去惑者也 是以伏死而爭 今二子者 君生則縱其惑 死又益其侈 是棄君於惡也 何臣之爲].

32) 복고가……하는 말 : 이 일과 관련하여 『관서문답록』에 다음과 같은 기록이 있다. "대인께서 또 말하시기를 '내가 경상 감사가 되었을 때에 경상 우병사(慶尙右兵使) 김질(金軼)과 함께 배를 타고서 김해(金海)로 간 적이 있었는데, 조식이 이 일을 듣고서 '어찌 경사 감사가 무식한 무부(武夫)와 함께 배를 탈 수가 있겠는가?'라고 비난을 하였다. 그러나 김질은 곧 같은 시기에 같은 지방에서 벼슬을 하는 무장인데 내가 그 사람됨이 나쁜 사람임을 알아서 함께 배를 타지도 않는 지경에 이를 수 있겠는가?"[又曰 吾爲慶尙監司時 與右兵使 金軼 同舟向金海 曹植聞而非之曰 豈可與武夫無識之人 同舟乎 金軼乃同時一方之元師 吾安知其人之爲惡 而至於不同舟乎].

있었는데, 그 곳은 황강(黃江)[33]이 띠처럼 가로질러 흐르는 곳이다. 그 때 앞쪽으로 크고 작은 배 10여 척이 북과 피리로 풍악을 울리며 꼬리에 꼬리를 물고 가는 것이 문득 보였는데 이는 경상 병사가 새로 부임한 경상 감사의 일행을 맞으러 강가로 가는 것이라 하였다. 이 광경을 보고서 나는 단지 '복고의 위망(位望)이 작지 않구나. 바야흐로 김해에서 전최(殿最)[34]를 정하는 때이니만큼 병사와 수사(水使)가 종전처럼 경건하고 공손한 자세로 부(府)에 모여 몸을 굽히고 나아가 감사에게 절하고 떠나야 비로소 도주(道主)로서 감사의 체통(體統)을 세우고 기율을 흐트러뜨리지 않은 일이 될 것이다. 이전에는 이러한 일이 없었는데 이제야 비로소 관례가 생기게 되었다'라고 하였을 뿐이다.

대책(對策) 문제   策問題

묻는다.

풍년이 든 해는 황폐한 논밭이 없고 태평한 세상에는 세상을 어지럽히는 악인이 없는 법이다. 그런데 삼묘(三苗)[35]와 유호씨(有扈氏)[36]는 태평한 세상이었건만 왕명(王命)을 거역하였고, 엄윤(玁狁)[37]과 훈육(獯鬻)[38]은 비록 현군(賢君)이 다스리는 세상을 만났으나 반란을 일으

---

33) 황강 : 황강은 본래 합천(陜川)과 초계(草溪)를 거쳐 흐르는 낙동강의 지류를 일컫는데 여기에서는 김해를 흐르는 낙동강의 하류를 가리키는 뜻으로 보인다.
34) 전최 : 조선시대 지방 감사가 관하 각 고을 수령의 치적을 심사하여 중앙에 보고하는 우열(優劣)을 말하는데 성적을 고사(考查)할 때 상(上)을 최(最), 하(下)를 전(殿)이라 한다.
35) 삼묘 : 요순시대 중국 남방에 살던 오랑캐로, 이른바 사흉(四凶) 중의 하나이다.
36) 유호씨 : 옛나라의 이름으로, 하후 계(夏后啓)에게 멸망당했다. 그 자손들이 나라 이름으로 씨명(氏名)을 삼아, 이후 호씨(扈氏)라고 불리게 되었다.
37) 엄윤 : 주대(周代)에 북방에 살았던 오랑캐의 하나로, '험윤'(獫狁)이라고도 불린다.
38) 훈육 : 하대(夏代)에 북서방(北西方)에 살았던 오랑캐의 하나로, '훈육'(熏鬻)이라고도 하는데 이후에는 흉노(匈奴)라고 불렸다.

쳤다. 이것은 한 번은 음(陰)으로 그 다음에는 양(陽)으로 운동하는 넓고 큰 변화 속에서 음기(陰氣)가 일단 생겨나기 시작하면 멈출 수 없기 때문인 것인가?

지금 고명한 덕을 지닌 임금이 보위에 있어 나라를 잘 다스리고 있는데도 섬 오랑캐가 난리를 일으키고 있다. 품어안아 기르는 은혜를 베풀어주는데도 그들이 함부로 날뛰면서 일으키는 화란은 비할 바가 없을 정도이다. 아무런 까닭 없이 남의 나라 장수를 죽이고 나쁜 마음을 품고서 우리 임금의 위엄을 모독하였다. 제포(薺浦)[39]를 자신들에게 돌려달라고 요구하는 것은, 그것이 안 되는 일인 줄을 알면서도 우리 조정의 의사를 낱낱이 시험하려는 것이고, 대장경(大藏經)을 30부 인출해가기를 요청하는 것[40]은 이를 반드시 얻고자 함이 아니라 우리 나라를 한번 우롱해보자는 것이다. 손뼉을 치면서 뺨을 튀기거나 지팡이를 잡고서 눈을 부라리면서 말하기를 "반드시 네 모가지를 뽑아버리겠다"고 하면 비록 삼척 동자라도 그것이 단순히 공갈하는 것인 줄을 알게 된다.

그런데 당당한 우리 조정에서 현명한 재상과 훌륭한 장수가 부지런히 대책을 마련해야 함에도 불구하고 도리어 저들의 허세에 무서워 벌벌 떨면서 어찌 대처할 바를 모르고서 "상중(喪中)이어서 정사를 논의하지 못한다"라고 거짓 핑계만 대고 있는가? 이런 때를 당하여 유독 적을 제압하는 말이나 적의 공격을 미리 준비하여 막는 계책도 없다는 말인가? 비록 그 옛날 한기(韓琦)가 반적(叛賊) 조원호(趙元昊)가 보낸 사신의 목을 도성 문밖에서 베기를 청하던 것[41]과 같은 일을 하

---

39) 제포 : 경상남도 웅천(熊川)에 있던 포구로 '내이포'(乃而浦)'라고도 불리는데, 이 곳은 조선초기 세종(世宗) 때에 동래현(東萊縣) 관내의 부산포(釜山浦)와 울산(蔚山)의 염포(鹽浦)와 함께 왜인(倭人)과의 교역이 이루어지는 왜관(倭館)이 설치되었던 이른바 '삼포'(三浦)의 하나로 개항되었다.

40) 대장경을……요청하는 것 : 『조선왕조실록』 등의 기사에 따르면 일본이 조선에 불교의 『대장경』(大藏經)을 인출(印出)해줄 것을 요구한 일은 1517년과 1536년 두 차례 있었다.

지는 못하더라도, 어찌 세상을 어지럽히는 도적에게 다시금 예물
(禮物)을 주라는 명을 내리는 것이 옳을 법한 일이겠는가? 아니면
제압하기 어려운 적의 기세가 있어서 진실로 그 옛날 우(禹) 임금
처럼 간우(干羽)의 춤[42]만으로는 적과의 싸움에 대비하지 못하는 것
인가?

　지금의 형세를 보더라도 한쪽 변방이 와해된 것은 아니고 옛날과
견주어보더라도 이제(二帝)가 금순(金巡)하던 때와 같은 화란이 아닌
데 무엇이 두려워서 저들 도적으로부터 몰래 건괵(巾幗)을 받는 치욕[43]
을 당해야만 하는가? 오늘날 역관(譯官)이 임금의 명령을 전달하는 것
은 옛날 사신이 타국에 가서 왕명을 완수해야 하는 임무와도 같은 것
이다. 지금 왜인들이 우리 조정의 의도를 염탐하고자 온갖 재물을 뇌
물로 뿌려대어 금과 은과 무소뿔과 구슬 같은 값진 재물이 가득 쌓이
게 되었다. 이윽고 <뇌물을 받은> 역관과 관리들이 그 뇌물을 왕지
(王旨)를 전달하는 승전빗 내시(內侍)들에게 나누어주니, 바야흐로 임
금의 앞에서 조정이 취할 방책을 한창 논의하고 있는데 이미 그 방책
이 새나가서 왜인들의 귀에 들어가는 형편이다.

　나라 안으로 한낱 남의 심부름이나 하는 <역관이나 내시 같은> 무
리<의 비행>도 다스리지 못하면서, 어찌 나라 밖으로 온갖 교활한 짓

---

41) 한기가……청하던 것 : 송(宋)나라의 한기가 장작 감승(將作監丞)이 되었을
　　때, 조원호(趙元昊)가 조정에 대해 반란을 일으키고서는 사신을 보내왔는데,
　　한기는 그 사신을 목 베어야 한다는 소장(疏章)을 올렸다. 이어 한기는 섬서
　　경략 안무 초토사(陝西經略按撫招討使)의 직책에 임명되어 조원호의 반란을
　　진압하였다.

42) 간우의 춤 : 하(夏)의 우왕(禹王)이 시작한 무악(舞樂)의 일종으로, 방패를 쥐
　　고 추는 춤인 간무(干舞)와 깃을 쥐고 추는 춤인 우무(羽舞)로 이루어져 있는
　　데, 우왕이 이 춤을 추게 하여서 남방의 삼묘(三苗)를 복속시켰다고 한다.

43) 건괵을……치욕 : '건괵'은 여자들이 머리에 쓰고 다니는 수건을 가리키는데
　　이것을 남자에게 선물하는 것은 남자가 기개가 없음을 비웃는 것이다. 촉의
　　제갈량이 아무리 싸움을 걸어도 응하지 않는 위의 사마의(司馬懿)에게 조롱
　　하는 뜻으로 주었다 한다.

을 행하는 흉악 무도한 무리를 제압할 수 있겠는가? 이로 보건대 우리 나라에는 인재가 없는 것이다. 그러니 나라를 어지럽히는 도적이 <이 와 같은> 무인지경의 우리나라를 침범한 것도 너무 늦은 일이라 하겠 고, <그 결과로> 우리 나라가 그들의 침략에 곤욕을 치르는 것도 당 연하다 하겠다. 그러나 임금이 벌컥 성을 내어서 위엄을 조금 더하려 하면 "<괜스레> 변경의 오랑캐를 자극해서 말썽을 일으킨다"라 하고, 뇌물을 받은 역사(譯史) 한 놈을 목 베어서 나라의 기밀을 누설하는 일을 엄히 단속하려 하면 "겸손한 말로 온순하게 대하는 것이 낫다"라 고 한다. 사정이 이와 같으니 과연 적을 제압할 말이 없는 것이고 또 한 적의 침략을 막아낼 계책이 없다는 것인가? 나는 이에 대한 계책을 듣고자 한다.

두류산 유람록   遊頭流錄

가정(嘉靖) 무오년(戊午年) 첫 여름에 진주 목사(晉州牧使) 김홍(金 泓)[44] 홍지(泓之)·수재(秀才) 이공량(李公亮)[45] 인숙(寅叔)·고령 현 감(高靈縣監) 이희안(李希顔)[46] 우옹(愚翁)·청주 목사(淸州牧使) 이정 (李楨)[47] 강이(剛而) 및 나는 두류산(頭流山)[48]을 유람하였다. 산 속에

---

44) 김홍 : 생몰연대 미상(未詳).

45) 이공량 : 1500~?. 자는 인숙(寅淑), 호는 안분당(安分堂)으로 본관은 전의(全 義)이다. 남명의 자형(姉兄)으로 명종(明宗) 때에 선공감 참봉(繕工監參奉)에 임명되었다. 후에 아들 이준민(李俊民)으로 인해 이조 판서에 추증되었다.

46) 이희안 : 1504~1559. 조선 중기의 학자로 자는 우옹, 호는 황강(黃江)이며 본 관은 합천(陜川)이다. 초계(草溪) 출신으로 김안국(金安國)의 문인이다. 14세 때 사마시(司馬試)에 합격하여 1538년(중종 33)에 이언적(李彦迪)의 추천으로 참봉(參奉)이 되었으나 사퇴하였고, 1553년(명종 8)에 유일(遺逸)로 천거되어 고령 현감(高靈縣監)으로 부임했으나 뜻이 맞지 않아 이내 사직하였다. 고향 에서 남명과 교유하며 학문을 닦았다.

47) 이정 : 1512~1571. 조선 중기의 문신·학자로 자는 강이, 호는 구암(龜巖)이 며 본관은 사천(泗川)이다. 어릴 적에는 사천으로 유배온 규암(圭庵) 송인수

서는 나이를 귀하게 여기고 벼슬을 숭상하지는 않으므로 술잔을 돌리
거나 앉는 자리를 정할 때에도 나이를 기준으로 하였다. 그러나 어떤
때에는 그렇게 하지 않았다.

○ 초 10일 우옹(愚翁)이 초계(草溪)에서 내가 있는 뇌룡사(雷龍舍)
로 와서 함께 묵었다.

○ 11일 내가 있는 계부당(鷄伏堂)에서 식사를 하고 여정에 올랐다.
아우인 환(桓)이 따라왔다. 원우석(元右釋)이라는 젊은이는 일찍이 중
이 되었다가 환속하였는데 총명하고 노래를 잘 불렀기 때문에 불러서
함께 길을 떠났다. 문을 나서서 겨우 수십 걸음을 걸었을 무렵 어린아
이가 앞으로 달려나와 고하기를 "도망친 종을 쫓아왔는데, 이 길 아래
쪽에 있으나 아직 잡지를 못하였습니다"라고 하였다. 우옹(愚翁)이 재
빨리 구사(丘史)[49] 네댓 사람을 시켜 주위를 둘러싸게 하였는데, 잠시
뒤에 과연 남녀 여덟 명을 묶어서 말 머리에 데리고 왔다. 이윽고 말
에 채찍질을 하여 길을 떠나면서 우리 두 사람은, "우연히 <어떤> 일
을 했는데 이를 원망하는 사람도 있고 고맙게 여기는 사람도 있으니,

(宋麟壽)의 문하에서 사사하였다가, 만년에는 이황의 문하에 출입하였다.
1536년(중종 31)에 진사로 문과에 급제하여 삼사(三司)의 벼슬을 거쳐 경주
부윤(慶州府尹) 순천 부사(順川府使) 등을 거쳐 1568년(선조 1)에 부제학(副
提學)에 임명되었으나 취임하지 않았다. 성리학에 밝았으며 만년에는 벼슬을
그만두고 사천의 만죽산(萬竹山)에 은거하면서 제자의 양성에 힘썼다. 본래
남명과는 30년에 걸친 교분이 있었으나 하종악 후처의 음행 사건의 처리를
둘러싼 갈등으로 말미암아 만년에 서로 절교하고 말았다.

48) 두류산 : 지리산은 한자로 '지이산'(智異山)으로 쓰는데 옛날부터 금강산·한
라산과 더불어 신선이 살았다는 삼신산(三神山)의 하나로 방장산(方丈山)이
라 불렸다. 지리산의 또 다른 이름인 '두류'(頭流)는 백두산 산맥이 뻗어내려
여기에 이르렀다는 뜻과, 백두산의 맥이 바다에 이르러 그치기 전에 이곳에
잠시 멈추었다 하여 붙여졌다는 여러 설이 있다. 이밖에도 두류라는 말은 산
세가 멀리 넓게 둘러 있는 것을 의미하는 우리말 '둘러'·'두리'·'두루'를 한
자로 음사한 것이라는 주장도 있다.

49) 구사 : 조선시대에 공신(功臣)에게 하사하던 지방의 관노비(官奴婢)를 가리킨다.

이 무슨 조화 속이란 말인가?"라고 하면서 탄식하였다. 나는 다시금 몰래 탄식하면서 "우옹(愚翁)이 50년 동안 팔짱을 끼고 앉아 있어 그 주먹이 메주덩이 같으니, 황하(黃河)와 황수(湟水) 유역의 천만 리 땅은 비록 수복하지 못하나, 한 번 숨쉬는 동안에 오히려 책략을 세워 지휘할 수 있으니 참으로 큰 솜씨라 이를 만하다"라고 하자, 서로 더불어 배꼽을 잡고 웃었다.

저녁 무렵 진주(晉州)에 묵으니, 일찍이 홍지와 약속하여, 사천(泗川)에서 배를 타고 섬진강(蟾津江)을 거슬러올라, 쌍계(雙磎)로 들어가기로 계획을 세웠기 때문이다. 말고개[馬峴][50]에서 뜻하지 않게 종사관(從事官) 이준민(李俊民)[51]을 만났다. 호남(湖南) 땅으로부터 그 어버이를 뵈러 오는 참이었는데, 그 아버지는 인숙(寅叔)이다. 또한 들으니 홍지는 벼슬이 갈렸다고 한다. 이어 바로 인숙의 집에 투숙하였는데, 인숙은 바로 나의 자형(姊兄)이다.

○ 12일 큰 비가 내렸다. 홍지가 편지를 보내어 우리 일행을 머무르게 하고 아울러 음식을 보내왔다.

○ 13일 홍지가 찾아와 소를 잡고 주악(奏樂)을 베풀어주었다. 우옹과 홍지와 준민(俊民)이 함께 다투듯이 마음껏 술을 마시고 파하였다.

○ 14일 인숙과 함께 강이(剛而)의 집에서 묵었다. 강이가 우리를 위해서 칼국수·단술·생선회·찹쌀떡·기름떡[52] 등을 마련했다.

---

50) 말고개 : 지금의 진주시 옥봉북동(玉峰北洞)과 초전동(草田洞)을 연결하는 고개를 가리키는데 일명 말티 고개로 불린다.

51) 이준민(李俊民) : 남명의 생질로 자는 자수(子修), 호는 신암(新菴)이며, 본관은 전의(全義)이다. 남명의 자형인 이공량(李公亮)의 아들로 벼슬은 판서에 이르렀다.

52) 칼국수……기름떡 : 칼국수는 원문에 '전도면'(剪刀麵)으로 되어 있고, 단술은 원문에 '예락제'(醴酪齊)로 되어 있는데 이는 단술 계통의 발효주로 보인다. 생선회는 원문에 '하어회'(河魚膾)로 되어 있다. 찹쌀떡은 원문에 '백황단자' (白黃團子)로 되어 있는데 이는 찹쌀가루로 둥글게 빚어 고물을 묻힌 떡이며, 기름떡은 원문에 '청단유고병'(靑丹油糕餅)으로 되어 있는데 이는 기름을 바른 떡을 가리키는 것으로 보인다.

○ 15일 또 강이와 함께 장암(場巖)[53]으로 향하였다. 강이의 서제(庶弟)인 백(柏)도 따라왔다. 먼저 옛날 <고려조의> 장군이었던 이순(李珣)[54]의 쾌재정(快哉亭)[55]에 올랐다. 잠시 뒤에 홍지의 중씨(仲氏)인 경(涇)과 홍지의 아들인 사성(思誠)이 잇달아 이르렀고, 홍지가 가장 나중에 이르렀다. 얼마 지나지 않아 사천 현감인 노극수(魯克粹)가 고을 수령으로서 와보고는 작은 술자리를 베풀었다. 함께 큰 배에 오르자 노군(魯君)은 술과 안주와 호궤(犒饋)할 물건을 마련해주고는 배에서 내려 돌아갔다.

충순위(忠順衛) 정당(鄭溏)이 와서 회계를 보며 여러 물건을 주어 우리 일행을 편안하게 해주었다. 기생 열 명이 피리와 장구를 가지고 모두 늘어섰는데 이 날은 회간 국비(懷簡國妃) 한씨(韓氏)의 기일(忌日)[56]이었기 때문에 음악을 연주하지 않고 채식(菜食)을 하였다. 그때 백유량(白惟良)이라는 젊은이가 배 위로 올라와 일행에게 인사를 하였다. 이날 밤에 달이 낮같이 밝고 은(銀) 같은 물결이 거울을 닦은 듯하여 천근(天根)과 옥초(沃焦)가 온통 궤연(机筵) 위에 놓여 있는 듯했다.[57] 사공이 번갈아 뱃노래를 부르니 그 소리가 이무기 굴을 뒤집을

---

53) 장암 : 사천만(泗川灣)의 가장 안쪽으로, 사천강과 길호강이 합쳐지는 곳이다.

54) 이순 : 고려 공민왕 8년(1359)에 홍건적(紅巾賊)이 쳐들어왔을 때 대장군(大將軍)이 되어 적을 물리쳤으며, 1361년에는 홍건적 20여 만 명이 압록강을 건너 개성으로 쳐들어올 때에도 예부 상서(禮部尙書)로서 태주(泰州)에서 이를 격퇴하는 등의 무수한 전공을 세웠고, 두 차례에 걸쳐 공신(功臣)에 책록되었다.

55) 쾌재정 : 사천군(泗川郡) 축동면(杻洞面) 구호리(舊湖里)에 있던 고려조의 무장(武將) 이순(李珣)의 유적이다.

56) 회간……기일 : 회간 국비(懷簡國妃)는 세조(世祖)의 장자이며 성종(成宗)의 아버지인 회간 대왕(懷簡大王) 덕종(德宗)의 비 소혜왕후(昭惠王后) 한씨(韓氏)로 그 기일은 4월 27일이다. 남명이 말하는 4월 15일은 성종(成宗)의 원비(元妃)인 공혜왕후(恭惠王后) 한씨(韓氏)의 기일이다. 기유본까지는 회간 국비로 되어 있지만 임술본 이후로는 공혜왕후로 되어 있는 것으로 보아 판본의 잘못인 듯하다.

57) 천근과……듯했다 : 천근(天根)은 저성(氐星)을 가리키고 옥초(沃焦)는 산의 이름인데, 둘 다 동해 남쪽 삼만 리 밖에 있다고 한다. 여기에서는 하늘에 있

듯하였다. 삼태성(三台星)이 문득 하늘 복판에 오자 동풍(東風)이 살짝 일어나므로, 서둘러 돛을 달고 노는 거어치우고서 배를 몰아 거슬러올라갔다. 사공이 잠시 후에 이미 하동(河東)[58] 땅을 지났다고 아뢰었다. 서로가 서로를 베고 세로로도 눕고 가로로도 누웠다. 홍지의 담요와 겹이불은 그 폭이 매우 넓어서 내가 처음에는 그 한 쪽을 빌려서 누워 잤는데, 점차 나머지 부분을 차지하여 홍지를 자리 밖으로 밀어냈다. 이는 아마도 꿈속에 깊이 빠져서 스스로 자기 물건이 문득 남의 소유가 되는 줄도 모른다는 것이 아니겠는가?

○ 16일 새벽 빛이 조금 밝아질 무렵에 거의 섬진(蟾津)에 다다랐다. 잠이 깨었을 때에는 벌써 곤양(昆陽)[59] 땅을 지나버렸다고 한다. 아침해가 이제 막 떠오르니 검푸른 물결이 붉게 타는 듯하고 양쪽 언덕 푸른 산 그림자가 물결 밑에 거꾸로 비치고 있었다. 퉁소와 북으로 다시 음악을 연주하니 노래와 퉁소 소리가 번갈아 일어났다. 서북 쪽으로 10리쯤 멀리 바라다보이는 구름 낀 산이 바로 두류산(頭流山)의 바깥쪽이다. 서로 가리키며 바라보고 기뻐하여 뛰면서 "방장산(方丈山)이 삼한(三韓) 밖[60]이라 하더니 벌써 얼마 멀지 않은 곳에 있구나"라고 하였다.

눈 깜짝할 사이에 악양현(岳陽縣)을 지났는데 강가에 삽암(鍤岩)[61]이라는 곳이 있었다. 이곳이 바로 녹사(錄事) 한유한(韓惟漢)[62]의 옛집

는 별과 아득한 산들이 모두 안석 앞에 있는 듯한 기분이라는 뜻이다.

58) 하동 : 판본에 따라 '곤양'(昆陽)으로 되어 있는 경우도 있다.

59) 곤양 : 판본에 따라 '하동'(河東)으로 되어 있는 경우도 있다.

60) 방장산이……밖 : 두보(杜甫)의 시 「봉증태상장경균이십운」(奉贈太常張卿均二十韻)의 첫 구인 '방장삼한외'(方丈三韓外)라는 표현에서 유래된 말이다.

61) 삽암 : 지금의 하동군(河東郡) 악양면(岳陽面) 부춘리(富春里)에 있는 지명이다.

62) 한유한 : 『고려사』 「열전」(列傳) 제12권에는 한유한의 행적을 다음과 같이 기록하고 있다. "한유한의 가계는 역사에 기재되어 있지 않다. 대대로 서울에서 살았으나 벼슬길에 나서기를 즐기지 않았다. 한유한은 최충헌(崔忠獻)이 정권을 제마음대로 하고 벼슬을 파는 것을 보고 말하기를 '재난이 장차 있을 것이다'라고 하였다. 그는 처자를 데리고 지리산으로 들어가서 깨끗한 절개를

이 있던 곳이다. 한유한은 고려가 장차 어지럽게 되리라는 것을 알고, 처자를 데리고 이 곳에 와서 살았다. 조정에서 불러 대비원 녹사(大悲院錄事)로 삼았으나, 그날 저녁으로 달아나버려 그 간 곳을 몰랐다고 한다. 아! 나라가 장차 망하려고 하는데 어찌 어진 사람을 좋아하는 일이 있을 수 있겠는가? 착한 사람을 표창하는 정도로만 어진 사람을 좋아하는 것은 또한 섭자고(葉子高)[63]가 용(龍)을 좋아하는 것만도 못한 일이니, 이는 어지러워 망하려고 하는 형세에는 아무런 도움이 되지 못하는 것이다. 문득 술을 청해 가득 부어놓고 거듭 삽암을 위하여 길이 탄식하였다.

한낮쯤 되어 배를 도탄(陶灘)에 정박시켰다. 눈에 정기라고는 없는 늙은 아전이 소골다(蘇骨多)[64]를 쓰고 와서 인사를 하는데 이들은 악양현(岳陽縣)과 화개현(花開縣)의 아전이었다. 또 단령(團領)[65]을 입은 아전 두어 사람이 와서 절을 하는데 홍지의 관내(管內)에 규찰(糾察)[66]과 권농(勸農)[67] 등의 직책을 맡은 관리였다. 강가에는 산 마을이 높

지키면서 사람들과 교유하지 않았으므로 세상 사람이 그의 지조를 고상히 여겼다. 그후 서대비원 녹사(西大悲院錄事)로 불렀으나 끝내 취임하지 않았으며 그대로 깊은 산골에서 살며 죽을 때까지 세상에 나오지 않았다. 얼마 후에 과연 거란군의 침략이 있었고 이어 몽고병의 침입이 시작되었다"[韓惟漢 史失其系 世居京都 不樂仕進 見崔忠獻擅政賣官 曰難將至矣挈妻子入智異山 淸修苦節 不與外人交 世高其風致 徵爲西大悲院錄事 終不就 乃移居深谷 終身不返 未幾果有契舟之難 蒙古兵繼至].

63) 섭자고 : 춘추시대 초나라의 섭현(葉縣)의 수령이었던 심제량(沈諸梁)을 말한다. 그는 용(龍)을 너무 좋아하여 자기 주변의 곳곳에 용을 새겨놓았는데, 하늘의 용이 그 소문을 듣고 내려와서 창문에 머리를 보이고 마루에 꼬리를 걸쳤다. 섭공이 이를 보고는 기겁을 하여 달아났다고 한다.

64) 소골다 : 관(冠)의 일종으로 고깔과 모양이 비슷한데 자줏빛 명주로 만들었으며, 주로 좌수(座首)나 별감(別監) 같은 품관(品官)들이 썼다.

65) 단령 : 깃을 둥글게 만든 공복(公服)의 일종이다.

66) 규찰 : 죄인에게 죄상(罪狀)을 따져물어 자세히 밝히는 직무를 가진 하급 관리이다.

67) 권농 : 지방의 방(坊)이나 면(面)에 딸려 농사를 장려하던 직책이다.

낮게 연이어져 있고, 세로 가로로 된 밭이랑이 뻗어 있어 비록 지금은 열에 하나만 남아 있으나 임금의 덕화(德化)가 이 깊은 산골짜기에까지 미쳐 예전에는 백성들이 번성했음을 알 수 있게 한다. 도탄에서 한 마장쯤 떨어진 곳에 정여창(鄭汝昌)[68] 선생의 옛 거처[69]가 있었다. 선생은 바로 천령(天嶺)[70] 출신의 유종(儒宗)이다. 학문이 깊고 독실하여 우리 도학(道學)에 실마리를 이어주신 분이다. 처자를 이끌고 산으로 들어갔었으나 나중에 내한(內翰)을 거쳐 안음 현감(安陰縣監)으로 나아갔다가 교동주(喬桐主)[71]에게 죽임을 당했다. 이 곳은 삽암과 10리쯤 떨어진 곳이다. 명철(明哲)의 행·불행(幸不幸)이 어찌 운명이 아니겠는가?

홍지와 강이가 먼저 석문(石門)에 도착하니 그 곳이 바로 쌍계사(雙磎寺) 동문(洞門)이었다. 푸른 벼랑이 양쪽으로 한 자 남짓 트여 있는데 그 옛날 학사(學士) 최치원(崔致遠)[72]이 오른쪽에는 '쌍계'(雙磎), 왼

---

68) 정여창 : 1450~1504. 조선시대의 문신 학자로 자는 백욱(佰勗)이고 호는 일두(一蠹)이며 본관은 하동(河東)이다. 본래 함양(咸陽) 개평(介坪) 출신으로, 한훤당(寒暄堂) 김굉필(金宏弼)과 함께 김종직(金宗直)의 문인이며, 조선시대 도학(道學)의 비조(鼻祖)로 평가받는다. 한동안 지리산에 들어가 오경(五經)과 성리학 등을 연구하다가, 1483년(성종 14) 진사시(進仕試)에 합격하여 성균관 유생이 되고, 1490년에 학행(學行)으로 천거되어 소격서 참봉(昭格署參奉)이 되었다. 이 해 별시 문과(別試文科)에 급제, 검열(檢閱)을 거쳐 세자 시강원 설서(世子侍講院說書)·안음현감(安陰縣監)을 지냈다. 1498년(연산군 4) 무오사화(戊午士禍)로 종성(鍾城)에 유배되었다가 1504년에 죽었는데, 바로 그 해에 갑자사화(甲子士禍)가 일어나자 다시금 부관참시(剖棺斬屍)되었다. 중종(中宗) 때에 우의정에 추증되었고, 광해군(光海君) 때에 문묘에 배향되었다. 시호는 문헌공(文獻公)이다.

69) 옛 거처 : 정여창의 옛 거처는 지금의 하동군(河東郡) 화개면(花開面) 덕은리(德隱里)에 있다.

70) 천령 : 함양(咸陽) 지방의 옛 이름이다.

71) 교동주 : 연산군을 가리키는 말로, 중종 반정으로 폐위되어 강화도의 교동(喬桐)에 안치되었기 때문에 일컫는 말이다.

72) 최치원 : 857~ ?. 신라의 문인·학자로 경주 최씨(慶州崔氏)의 시조이다. 자

쪽에는 '석문'(石門)이라는 네 글자를 손수 써놓았으니 자획의 크기가 사슴 정강이만하고 바위 속 깊이 새겨져 있어 지금에 이르기까지 이미 천 년의 세월이 흘렀건만 앞으로도 몇 천 년이나 더 이어 내려갈지 알 수 없을 정도이다. 서쪽에서 시냇물 하나가 벼랑을 무너뜨리고 돌을 굴리면서 아득히 백리 밖에서 흘러오는 것은 곧 신응사(神凝寺)가 있는 의신동(擬神洞)의 물이고, 동쪽에서 시냇물 하나가 구름 속에서 새어나와 산을 뚫고서 아득하게 흘러 그 지나온 곳을 알 수 없는 것은 바로 불일암(佛日菴)이 있는 청학동(靑鶴洞)의 물인 것이다. 절이 두 시내 사이에 자리잡았으므로 쌍계(雙磎)라 일컫은 것이다.

절 문으로부터 수십 걸음 떨어진 곳에 높이가 열 자나 되는 비석이 귀부(龜趺) 위에 우뚝 서 있는데 곧 최치원의 글과 글씨가 새겨져 있는 비석[73]이다. 앞에 서 있는 높다란 다락집은 현판에 팔영루(八詠樓)라고 씌어 있었다. 그 뒤에 있는 비전(碑殿)은 아직 중수(重修)하는 중이어서 기와가 채 덮여 있지 않았다. 절의 중인 혜통(惠通)과 신욱(愼旭)이 차와 과일에 산나물을 섞어서 빈주지례(賓主之禮)로 우리 일행

는 고운(孤雲)·해운(海雲)이며, 869년(경문왕 9)에 당나라에 유학, 874년 과거에 급제하여 벼슬길에 나아갔다. 특히 879년 황소(黃巢)의 난에 고변(高騈)의 종사관(從事官)으로 있으면서 지은 「토황소격문」(討黃巢檄文)은 명문으로 이름 높다. 885년 귀국하여 조정에 등용되었으나 당시의 국정이 문란한 것을 통탄하여 외직(外職)으로 나아가 대산(大山)·천령(天嶺)·부성(富成) 등의 태수를 역임했다. 그후 아찬(阿飡)을 끝으로 벼슬에서 물러나 난세를 비관하며 전국 각지를 유랑하다 가야산(伽耶山)에 은거하여 일생을 마쳤다. 후에 문묘(文廟)에 배향되고 문창후(文昌侯)에 추봉(追封)되었다.

73) 비석 : 최지원의 유명한 사산비(四山碑) 가운데 신라 후대의 고승(高僧)인 진감선사(眞鑑禪師) 혜소(惠昭)의 행적을 기리는 진감선사비(眞鑑禪師碑)를 가리킨다. 이 비는 887년, 곧 신라 정강왕(定康王) 2년에 세웠는데 액면에는 '쌍계사 고 진감선사비'(雙磎寺故眞鑑禪師碑)라고 새겨져 있고, 옆에는 "전서국도순관 승무랑 시어사 내공봉 사자금어대 신 최치원은 왕명을 받들어 비문을 지음"[前西國都巡官承務郎侍御使內供奉賜紫金魚袋臣崔致遠奉敎撰]이라고 씌어 있다. 글씨도 최치원의 친필이다.

을 대접해주었다. 이날 어두워질 무렵에 내가 갑자기 구토와 설사를
해서 음식을 물리치고 누워 있었는데 우옹이 나를 간호하며 서쪽 곁
방에서 잤다.

○ 17일 이른 아침에 홍지가 와서 나를 문병하였다. 문득 들으니 어
란달도(漁瀾撻島)에 왜구(倭寇)의 배가 와서 정박하고 있다는 것이었
다. 곧 여행 계획을 취소하고는 아침을 재촉해 먹고서 돌아가기로 하
고 몇 잔 술을 간단하게 돌렸다. 그런데 앞서 이 곳에 호남(湖南) 선비
인 김득리(金得李) · 허계(許繼) · 조수기(趙壽期) · 최연(崔硏) 등이
먼저 도착해 있었는데, 이들도 함께 법당에 맞아들여 술잔을 한 차례
돌리고 풍악 한 가락을 울렸으나, 문득 이별하게 되니 서로의 행색이
몹시도 급하였다. 미처 북산이문(北山移文)에 관한 일[74]에 대해서는 이
야기할 겨를이 없었다. 다만 어제 배 안에서 홍지가 자색(紫色) 띠를
허리에 매고 있기에 "이것은 토끼와 원숭이를 묶는 물건인데,[75] 도리어
토끼와 원숭이가 유랑하는 이를 묶어갈까 염려가 되네"라고 농을 하
면서 박수를 치며 웃었더니, 이때에 와서 과연 그렇게 되었던 것이다.
다만 한스러운 것은 우리가 수행(修行)을 통해 기른 힘이 없어 능히
한 늙은 벗을 보호해서 함께 지기석(支機石)[76] 위에 앉아 창자에 가득

---

74) 북산이문에……일 : 「북산이문」은 중국 육조(六朝)시대 송(宋)나라의 문인인
 공치규(孔稚圭)가 지은 글로, 공치규는 주옹(周顒)이 종산(鍾山), 곧 북산(北
 山)에서 은거 생활을 하다가 지조를 굽혀 북제(北齊)의 조정에 불려나가 회계
 군(會稽郡)의 해염 현령(海鹽縣令)이 된 일을 못마땅하게 여겨, 주옹이 해염
 현령의 자리를 물러나 돌아가는 도중에 이 곳에 들를 것이라 생각하고, 그의
 변절을 통박하는 글을 써서 관가의 통문(通文)과 같이 '이문'(移文)이란 이름
 을 붙였다. 이 글에서 공치규는 북산의 산신(山神) 이름을 가탁하여 변절자인
 주옹이 북산 가까이 오지 못하도록 하고 있다. 여기에서는 홍지가 벼슬길에
 나아갔기 때문에 두류산 산신이 그를 거절하여 쫓아내는 것이라는 뜻을 나타
 낸다. 그런데 판본에 따라서는 이 부분이 모두 삭제되어 있는 경우도 있다.
75) 토끼와……물건인데 : 묘시(卯時)에 출근했다가 신시(申時)에 퇴근한다는 뜻
 으로 한 말이다.
76) 지기석 : 천상의 직녀(織女)가 베틀을 괴는 데에 사용했다고 일컬어지는 돌로,

한 티끌을 토해내고, 금화산(金華山)[77]의 무한한 정기(精氣)를 빨아들여 늘그막의 절반 양식으로 하지 못했다는 점이다. 기생 봉월(鳳月)·옹대(甕臺)·강아지(江娥之)·귀천(貴千)과 피리를 부는 천수(千守)를 제외하고 모두 보내버렸다.

이날 온종일 큰비가 그치지 않고 검은 구름이 사방을 덮어서 산 밖 인간 세상과의 사이에 구름과 물이 몇 겹이나 둘러싸고 있는지 모를 지경이었다. 낮 무렵에 호남 지방의 역리(驛吏)가 종사관(從事官)의 편지를 가지고 왔는데, 연대(烟臺)[78]에서 보고한 내용은 <왜구의 배가 아니고> 두어 척의 우리 조선(漕船)이라는 것이었다. 더욱 안타까운 것은 홍지의 골상(骨相)이 신선과는 연분이 없어서 도끼 자루 하나 썩는 동안의 말미가 허락되지 않는다는 점이다. 그러나 홍지가 무량도계(無量度戒)[79]는 오히려 닦았는지 술과 안주를 가져오는 것이 서로 바라보일 정도로 많았고 소식과 서찰이 잇달아 이르렀다. 그리고 육갑(六甲)[80]과 취사에 쓰이는 여러 도구들을 죄다 강국년(姜國年)에게 맡겨서 우리 일행에게는 나무를 때고 밥을 하는 계옥(桂玉)의 어려움[81]을 모르게 하였던 것이다. 강국년은 진주(晉州)의 아전이다. 이 날 강이의 족생(族生)인 이응형(李應亨)이 이 절에 왔다. 저녁에 인숙이 설사를 하고 신음을 하였다. 해가 어스름할 때에 강이가 갑자기 가슴과

전한(前漢) 무제(武帝) 때에 장건(張騫)이 황하(黃河)의 근원을 탐사할 적에 천하(天河)라는 곳에 이르러 직녀로부터 이 돌을 얻었다고 한다. 여기에서는 쌍계사 부근에 있는 바위의 이름인 듯하다.

77) 금화산 : 중국 절강성(浙江省) 금화현(金華縣) 북쪽에 있는 산으로, 한(漢)나라 때에 선인(仙人) 적송자(赤松子)가 이 산에서 선도(仙道)를 깨쳤다고 한다.

78) 연대 : 봉화대(烽火臺)의 딴 이름이다.

79) 무량도계 : 무량수불(無量壽佛)의 도계(度戒)를 일컫는 말인데 여기에서는 한량없이 보내온다는 뜻으로 쓰였다.

80) 육갑 : 쌍육과 비슷한 놀이기구의 일종이다.

81) 계옥의 어려움 : 땔나무와 쌀을 아름답게 이르는 말로, 전국시대의 소진(蘇秦)이 초나라의 식량은 옥보다도 귀하고 땔나무는 계수나무보다도 더 귀하다고 한 데에서 나온 말이다.

배가 아프다고 하더니 두어 말이나 토했다. 창자가 꼬이는 듯하고 위장이 뒤집히는 듯하여 매우 괴로워하더니 설사가 점점 급해졌다. 소합원(蘇合元)을 썼으나 별 효과가 없었고 또 청향유(靑香油)를 써도 효과가 없었다. 그가 전부터 가까이했던 기생 강아지가 강이의 머리맡에서 지키며 간병하니 새벽녘이 되어서야 겨우 진정이 되었다. 강이는 아침에 일어나 아무 일도 없었다는 듯이 고개를 들고서 말하기를 "어제 저녁 가슴이 아파서 이겨내지 못할 것 같았는데, 내 비록 죽더라도 그대들이 곁에 있는데 어찌 여인네의 손에서 죽을 수가 있겠는가?"라고 하였다. 일행 모두가 강이를 위로하여 말하기를 "그대는 또한 겁쟁이니, 오로지 오래 살고자 하는 마음을 늘상 지니고 있기 때문에 잠시 대단찮은 병에 걸려도 문득 죽지나 않을까 안타까워하는 것이다. 죽고 사는 것은 진실로 중요한 것이니 어찌 이와 같이 하찮은 것이겠는가?"라고 하였다.

○ 18일 산 길이 비에 젖었기 때문에 불일암에 오르지 못하고 시냇물이 불어나서 신응사에 들어가지도 못하고 그대로 머물렀다. 호남 순변사(湖南巡邊使) 남치근(南致勤)이 인숙에게 술과 음식을 보내왔다. 인숙이 종사관의 아버지이기 때문이다. 진사(進士) 하종악(河宗岳)의 종인 청룡(靑龍)과 사인(舍人) 정계회(丁季晦)의 종 등이 함께 술과 생선을 가지고 와서 우리에게 인사를 했다. 신응사 지임(持任) 윤의(允誼)가 와서 우리에게 인사를 했다. 사제(舍弟)가 타던 말이 병이 났으므로 접천(蝶川) 밖에 사는 진(塵)이라는 사람에게 조양(調養)하도록 맡겼다. 저녁에 우옹과 함께 후전(後殿)의 서쪽 방장(方丈)에서 잤다.

○ 19일 아침을 재촉하여 먹고 청학동(靑鶴洞)으로 들어가기로 하였다. 인숙과 강이는 병 때문에 동행하는 것을 포기하였다. <이로 미루어> 진실로 십분(十分) 뛰어난 승경(勝景)에는 십분 참된 연분이 없으면 신명(神明)이 받들이지 않음을 알 수 있겠다. 인숙과 강이가 예전에 한 번 들어와보았다고 하는 것은 꿈에서였고 진정으로 온 것은 아니라 하겠다. 홍지와 비교하면 비록 조금 낫지만 또한 뒷연분은

없는 것이라 하겠다. 돌아보건대 나는 세 번이나 들어왔으나 속세의
인연을 아직도 다 없애지는 못했다. <이러한 나 자신을> 변변한 벼슬
한 번 못하고서 팔십 노인네가 되어서는 일찍이 봉황지(鳳凰池)에 세
번 갔다 온 일을 회상하는 이[82]와 비교한다면 오히려 못하지 않겠으나,
만약 세 차례나 악양(岳陽)에 들어갔으나 사람들이 아무도 알아보지
못하던 이[83]와 비교한다면, 그보다는 못하다는 것을 비로소 깨닫게 되
었다. 이 날 아침 김군(金君) 경(涇)이 병 때문에 같이 가는 것을 포기
하고 기생 귀천(貴千)을 데리고 바로 갔다. 김군은 이때 나이가 일흔
일곱이었으나 산을 올라가는 데에도 나는 듯하여 당초에는 천왕봉(天
王峯)에 오르려 하였다. 그 사람됨이 기개가 있었으니 마치 이원(梨
園)[84]에서 노닐다온 젊은이와 같았다. 호남에서 온 네 사람과 백(白)·
이(李) 양군이 동행하였다. 북쪽으로 오암(浯巖)에 올라 나무를 잡고
잔도(棧道)를 타면서 나아갔다. 우석(右釋)은 허리에 맨 북을 두드리
고, 천수(千守)는 긴 횡적(橫笛)을 불고, 두 기생이 이들을 따라가면서
전대(前隊)를 이루었다. 나머지 여러 사람들은 혹은 앞서거니 뒤서거
니 하면서 물고기를 꼬챙이에 꿴 것처럼 줄지어 전진하며 중대(中隊)
를 형성하였다. 강국년(姜國年)과 요리사와 종들과 음식을 운반하는
사람들 수십 명이 후대(後隊)가 되었다. 그리고 중 신욱(愼旭)이 길을
안내했다.

중간에 큰 돌 하나가 있었는데 이언경(李彦憬)[85]·홍연(洪淵)[86]이라

---

82) 봉황지……회상하는 이 : 봉황지(鳳凰池)는 대궐 안에 있는 못을 가리키는데,
   여기에서는 벼슬을 한다는 의미로 풀이된다. 뒤에 보이는 김경(金涇)을 가리
   키는 듯하다.
83) 세 차례……못하던 이 : 앞서 언급한 한유한(韓惟漢)을 지칭하는 것으로, 여
   기서는 벼슬하지 않고 은둔하는 것을 가리키는 것으로 보인다.
84) 이원 : 당나라 현종(玄宗)이 스스로 배우(俳優)의 기술을 가르치던 곳을 일컫
   는다.
85) 이언경 : 누구인지 분명치 않으나 중종 갑진(甲辰)년에 해당하는 1544년에 시
   행된 별시 문과(別試文科)의 급제자 가운데 이 이름이 있다.

는 글자가 새겨져 있고, 오암(猺巖)에도 시은 형제(枾隱兄弟)라는 글자가 새겨진 것이 있었다. 아마도 썩지 않는 곳에 새겨서 영원히 전하려 하는 것이라 하겠다. 대장부의 이름은 마치 푸른 하늘의 밝은 해와 같아서, 사관(史官)이 책에 기록해두고 넓은 땅 위에 사는 사람들의 입에 새겨져야 하는 것이다. 그런데 구구하게 숲속 잡초더미 사이 원숭이와 이리가 사는 곳의 돌에 새겨서 영원히 썩지 않기를 구하려 하니, 이는 아득히 날아가버린 새의 그림자만도 못한 것으로, 세상 사람들이 훗날 그것이 무슨 새인 줄 어떻게 알 수 있겠는가? 두예(杜預)의 이름이 전하는 것은 비석을 물 속에 가라앉혀두었기 때문이 아니라 오직 일단(一段)의 사업이 있었기 때문이다.[87]

열 걸음에 한 번 쉬고 열 걸음에 아홉 번 돌아보면서, 비로소 불일암(佛日菴)이라는 곳에 도착하였다. 바로 이곳이 세상에서 청학동이라고 이르는 곳이다. 바위로 된 멧부리가 허공에 매달린 듯 내리뻗어서 굽어볼 수가 없었다. 동쪽에 높고 가파르게 서서 서로 떠받치듯 찌르면서 조금도 양보하지 않는 것은 향로봉(香爐峯)이고, 서쪽에 푸른 벼랑을 깎아내어 만 길 낭떠러지로 우뚝 솟아 있는 것은 비로봉(毗盧峯)이다. 청학(靑鶴) 두세 마리가 그 바위 틈에 깃들여 살면서 가끔 날아올라 빙빙 돌다가 하늘을 올라갔다 내려오곤 했다. 그 밑에 학연(鶴淵)이 있는데 컴컴하고 어두워서 바닥이 보이지 않았다. 좌우 상하에 절벽이 고리처럼 둘러서서 겹겹으로 쌓인 위에 다시 한 층이 더 있고, 문득 도는가 하면 문득 합치기도 하였다. 그 위에는 초목이 무성하니

---

86) 홍연 : 위와 마찬가지로 명종 신해(辛亥)년에 해당하는 1551년에 시행된 별시 급제자 가운데 이 이름이 있다.

87) 두예의…… 때문이다. : 진(晉)의 무장(武將)인 두예(杜預)가 자신의 이름을 후대에 길이 남기려고 자신의 공적을 새긴 비석 두 개를 만들어, 하나는 현산(峴山) 꼭대기에 세우고 다른 하나는 만산(萬山) 기슭의 못 속에 가라앉혀 두었는데, 그 이후로 그 못을 침비담(沈碑潭)이라고 부르게 되었다. 그러나 두예는 정작 『춘추좌씨전』의 주석서인 『좌씨경전집해』(左氏經傳集解) 등을 지은 것으로 후대에 이름을 남기고 있다.

우거져 다보록하니 물고기나 새도 또한 지나다닐 수가 없을 정도여서, 천 리나 떨어진 약수(弱水)[88]보다도 더 아득해 보였다. 바람 소리와 우레 같은 물소리가 서로 뒤얽혀 아우성치니 마치 하늘과 땅이 열리는 듯, 낮도 아니고 밤도 아닌 상태가 되어 문득 물과 바위를 구별할 수 없을 정도였다. 그 가운데에 신선의 무리와 큰 힘을 가진 거령(巨靈),[89] 길다란 교룡(蛟龍)[90]과 짧은 거북이 한데 몸을 웅크려 숨어서는, 이곳을 영원토록 지키면서 사람들로 하여금 접근하지 못하도록 하는 것인지도 모르겠다. 어느 호사가(好事家)가 나무를 베어 다리를 만들어놓아, 겨우 그 입구로 들어가 이끼 낀 돌을 긁고 더듬어보니 '삼선동'(三仙洞)이라는 세 글자가 있는데, 어느 시대에 새긴 것인지는 알 수 없었다 한다.

우옹이 나의 아우 및 원생(元生) 등 여러 사람과 더불어 나무를 부여잡고 내려가 이리저리 내려다보고는 다시 올라왔다. 나이가 젊고 다리의 힘이 좋은 자는 모두 향로봉에 올랐다. 이윽고 돌아와서는 불일암의 방장(方丈)에 모여서 물과 밥을 먹은 다음 나와서 절문 밖 소나무 밑에 앉아서 마음껏 주고받으며 술을 많이 마셨다. 아울러 노래를 부르고 횡적(橫笛)을 부니 우레 같은 북소리가 사방으로 울려퍼져 온 산을 뒤흔들었다. 동쪽에는 폭포수가 백 길 낭떠러지를 내리질러 한데 모여 학담(鶴潭)을 이루고 있었다. 나는 우옹을 돌아보면서 "물길이 만 길 구렁을 향해 내려가는데 곧장 내려만 갈 뿐 다시 앞을 의심하거나 뒤를 돌아봄이 없다 하더니, 여기가 바로 그와 같은 곳이다"라고 하니 우옹도 그렇다고 하였다. 정신과 기운이 매우 상쾌하였으나 오래도록 머물 수는 없었다.

---

88) 약수 : 신선이 살았다는 중국 서부의 전설적인 강이다.

89) 거령 : 강물의 신으로, 무거운 것을 들기를 좋아한다.

90) 교룡 : 전설에서 말하는 상상의 동물로 모양은 뱀 같으며 길이는 한 발이 넘고, 네 개의 넓적한 발이 있으며, 가슴이 붉고 등에는 푸른 무늬가 있으며 옆구리와 배는 비단 같다고 한다.

잠시 후에 뒤쪽 언덕에 올라 길을 더듬어 지장암(地藏庵)을 찾아가니, 모란이 활짝 피어 있었는데, 한 송이가 한 말들이 정도로 크고 검고 짙은 다홍색이었다. 그 곳에서 곧장 내려가는데 한 번에 두서너 리 정도나 달려간 다음에라야 겨우 한 차례 쉴 수가 있었고, 이윽고 양(羊)의 어깻죽지 고기를 삶을 정도의 짧은 겨를에 문득 쌍계사에 도착하게 되었다. 당초 위쪽으로 오를 적에는 한 발자국을 내디디면 다시 한 발자국을 내딛기가 어렵더니, 아래쪽으로 달려 내려올 때에는 단지 발만 들어도 몸이 저절로 흘러내려가는 형국이었다. 이것이 어찌 선(善)을 좇는 것은 산을 오르는 것과 같고, 악(惡)을 좇는 것은 산을 내려가는 것과 같은 일이 아니겠는가? 인숙과 강이가 팔영루에 올라서 우리 일행을 반가이 맞이하였다. 저녁에 인숙과 우옹과 함께 다시 절 뒤쪽의 동쪽 방장에서 잤다.

○ 20일 신응사(神凝寺)로 들어갔다. 신응사는 쌍계사에서 10리쯤 되는 곳에 있고, 그 사이에 보잘것없는 가게가 두어 군데 있었다. 절 문간 앞에서 백 보쯤 되는 곳에 흐르는 칠불계(七佛溪) 근처에 이르러 말에서 내려 죽 벌여앉았다. 시냇물이 세차게 흐르므로 모두 말을 풀어놓고 다른 사람의 등에 업혀 냇물을 건넜다. 절의 주지인 옥륜(玉崙)과 지임(持任)인 윤의(允誼)가 나와서 우리 일행을 맞이하였다. 절에 왔으나 문 안으로 들어갈 겨를도 없이 곧장 앞 시냇가의 반석에 가서 그 위에 죽 벌여앉았다. 유독 인숙과 강이를 가장 높은 돌 위에 밀어 올려 앉히고는 "그대들은 비록 굴러떨어져 낭패를 볼지언정 이 자리를 잃지 말게나. 만약 몸을 하류에 두게 되면 올라갈 수가 없게 되고 말 것이네"라고 말하니, 인숙과 강이가 웃으면서 말하기를 "이 자리를 잃지 않도록 하겠네"라고 하였다.

얼마 전에 내린 비에 시냇물이 불어 돌에 부딪혀 치솟아오르고 부서지니, 때로는 마치 만 섬 구슬을 들이마시고 내뿜고 하면서 다투어 쏟는 듯하고, 때로는 마치 천 가닥 우레가 거듭 쳐서 씨근거리며 으르릉거리는 듯하였다. 마치 어슴푸레하게 하늘에 은하(銀河)가 가로뻗쳐 있는데 뭇 별이 서로 섞여 있는 듯하고 다시금 요지(瑤池)[91]에서 <그 옛날 목천자가 서왕모를> 맞아들여 잔치를 벌이고 난 뒤 비단 자리가 마구 흐트러져 있는 듯하였다. 검푸르게 깊은 못은 용과 뱀이 비늘을 숨긴 듯 깊이를 엿볼 수 없고, 우뚝하게 솟은 돌은 소와 말이 모습을 드러낸 듯 서로 뒤섞여 있어 셀 수가 없을 정도였다. 그렇듯 나타났다 사라졌다 하면서 끊임없이 변화하는 시냇물의 모습은 저 중국의 양자강(揚子江)에 있는 구당협(瞿塘峽)[92] 정도라야 견줄 수 있는 형편이었으니, 이는 진실로 천공(天工)의 빼어난 솜씨를 숨김없이 마음껏 발휘한 곳이라 하겠다.

우리 일행은 그 광경에 서로 더불어 눈을 휘둥그렇게 뜨고 넋을 잃은 채, 시 한 구절을 읊조리고자 했으나 마음대로 되지 않았다. 한바탕 악기를 연주하고 노래를 불러보았으나 그 소리라는 것이 기껏해야 큰 항아리 안에서 나나니벌 우는 정도와 같아서 제대로 소리를 이루지 못하고, 단지 시내에 사는 물귀신의 놀림거리가 될 뿐이었다. 절의 중이 술과 과일을 소반에 갖추어서 우리 일행을 위로하므로 나도 또한 우리 일행이 가져온 술과 과일로 서로 대접하며 바위 위에서 춤을 추면서 한참 즐기다가 그만두었다. 내가 억지로 절구(絶句) 한 수를 읊었는데, 다음과 같았다.

물은 봄 신[93]의 구슬을 토해내고,	水吐伊祈璧
산도 봄 신[94]의 얼굴이 분명하구나.	山濃青帝顔

---

91) 요지 : 신선이 사는 곳으로 옛날 주나라의 목천자(穆天子)가 이 곳에서 서왕모(西王母)를 만나서 놀았다고 한다.

92) 구당협 : 중국 사천성(四川省) 동쪽 끝에 있는 양자강(揚子江) 삼협(三峽)의 하나로 흐르는 물살이 험하기로 이름난 곳이다.

93) 봄 신 : 본문에서는 '이기'(伊祈)로 되어 있는데 이는 봄을 주재하는 신을 가리킨다.

94) 봄 신 : 본문에는 '청제'(青帝)로 되어 있는데, 청제는 오천제(五天帝) 중의 하나로 동방에 자리를 잡고 봄을 관장하는 신이다.

| 겸손함과 자랑함이 너무 심하지 않은가? | 謙誇無已甚 |
| 애오라지 더불어 그대 대할 만하네. | 聊與對君看 |

　저녁에 서쪽 승당(僧堂)에서 묵으면서, 밤에 누워서 조용히 이 시를 외웠다. 그리고 또 사람들에게 경계하여 다음과 같이 말하였다. "명산(名山)에 들어온 자가 누군들 그 마음을 씻지 않겠으며, 누군들 자신을 소인이라 하기를 달가워하겠는가마는, 필경에는 군자는 군자이고 소인은 소인이니, 열흘 춥고 하루 볕 쬐는 정도로는 아무런 유익함이 없다는 것을 알 수 있다."

　○ 21일 큰비가 종일토록 그치지 않았다. 김사성(金思誠)이 갑자기 하직하고 비를 무릅쓰고서 억지로 떠났는데, 백유량(白惟良)도 함께 나갔다. 기생 셋과 악공(樂工)도 그들과 함께 떠나도록 하였다. 호남에서 온 여러 사람과 함께 날이 저물도록 절의 누각에 앉아서 불어난 시냇물 구경을 하였다.

　○ 22일 아침에는 비가 왔으나 저물 녘에 개었다. 시냇물에 돌다리가 잠겨서 절 안과 절 밖이 서로 통할 수 없게 되니, 마치 백등산(白登山)에 포위되어 있는 것 같았다.[95] 사람 수효는 무려 40여 명에 달하니 양식이 모자랄까 염려되어 양식을 담은 자루를 헤아려 평소에 주던 양의 반으로 줄였다. 다만 술만은 제한 없이 마시도록 하였다. 아마도 수십 항아리쯤 남았을 터인데 대부분의 사람들이 술 마시기를 즐겨하지 않았기 때문이다. 들으니, 호남 선비 기대승(奇大升)의 일행 열한 사람도 비에 막혀 상봉(上峯)에 올랐다가 아직 내려오지 못하고 있다고 한다.[96]

---

95) 백등산……같았다 : 한나라 고제(高帝)가 백등산에서 흉노족(匈奴族)에게 칠일 동안 포위된 적이 있었다고 하는 고사에서 따온 말이다.

96) 호남 선비……한다 : 정홍명(鄭弘溟)의 『기암집』(畸庵集) 권12에 실린 「만술」(漫述) 등의 기록에 의하면 1558년에 이루어진 이때의 두류산 등정에서 남명이 당시 서른한 살의 젊은 기대승(奇大升)을 우연히 만나보고는 그의 사람됨에 대해서 혹평하였다는 이야기가 대곡(大谷) 성운(成運)의 「남명행록」(南冥

쌍계사와 신응사 두 절이 모두 두류산 한복판에 있어 푸른 산봉우리가 하늘을 찌르고 흰 구름이 문을 잠근 듯하여 마치 사람의 연기가 드물게 닿을 듯한데도, 이곳 절까지 관가(官家)의 부역이 폐지되지 않아, 중들이 양식을 싸들고 무리를 지어 부역을 가는 행렬의 왕래가 계속 잇달아서 중들이 모두 흩어져 떠나가는 형편에 이르렀다. 절의 중이 고을 목사(牧使)에게 세금과 부역을 조금이라도 완화해주기를 청하는 편지를 써달라고 빌었다. 그들이 하소연할 데가 없음을 안타깝게 생각해서 편지를 써주었다. 산에 사는 중의 형편이 이러하니 산촌의 무지렁이 백성들의 사정은 알 만하다 하겠다. 행정은 번거롭고 세금은 과중하여 백성과 군졸이 유망(流亡)하여 아버지와 아들이 서로를 돌보지도 못하고 있다. 조정에서 바야흐로 이를 크게 염려하고 있는데, 우리가 그들의 등뒤에서 여유 작작하게 한가로이 노닐고 있으니 이것이 어찌 참다운 즐거움이겠는가? 인숙이 벼루 보자기에다가 글귀 한 구절을 쓰기를 청하므로 나는 다음과 같이 써주었다.

높은 물결은 우레가 다투는 듯하고,	高浪雷霆鬪
신령스런 봉우리는 해와 달이 갈아놓은 듯하다.	神峰日月磨
격조 높은 이야기에 빼어난 풍채 뵈었으니	高談與神宇
이 만남에 얻은 바가 과연 어떠한가?	所得果如何

내가 써준 시에 이어서 강이가 다음과 같이 썼다.

시내는 천 층의 눈처럼 솟아나고,	溪通千層雪
숲은 만 길의 푸르름 펼쳤네.	林開萬丈青
생기(生氣)의 살아 움직임은 가없이 넓으니,	汪洋神用活
장엄한 모습으로 우뚝하니 높다랗게 서 있네.	卓立儼儀刑

行錄)에 실려 있는데 그 일의 진위 여부는 알 수 없다고 되어 있다.

○ 23일 아침에 산을 떠나려고 하니 옥륜이 아침을 대접하고 우리를 전송하였다. 두류산에 크고 작은 가람(伽藍)이 얼마나 있는 줄을 알지 못할 정도인데 신응사의 수석(水石)이 그 으뜸이다. 예날에 성 중려(成仲慮)[97]와 더불어 상봉(上峯)에서 이 절을 찾아온 적이 있으니, 그것도 거의 30년 전의 일이고, 그 뒤 하 중려(河仲礪)[98]와 함께 와서 한여름 내내 머문 적이 있으니, 그것도 20년의 세월이 넘는다. 그 두 사람은 모두 저 세상 사람이 되었고, 이제 나만 홀로 오고 보니 마치 예전에 은하수 사이에 이른 적이 있는데 아득히 어느 날에 뗏목이 왔었는지 몰라하는 것과 같았다.

절의 대웅전 안의 불좌(佛座)에는 모란이 기굴한 모습으로 꽂혀 있었고, 간간이 기이한 꽃이 섞여 있었다. 바깥으로 나 있는 들창에도 또한 복사꽃과 국화와 모란이 꽂혀 있어 울긋불긋하게 빛을 내며 보는 이의 눈을 부시게 하니 이 모든 광경은 우리 나라의 절에는 아직껏 없었던 것이다. 절이 구례현(求禮縣) 나루터와 20리 정도, 쌍계사와는 10리 정도, 사혜암(沙惠菴)과는 10리 정도, 칠불암(七佛菴)과는 10리 정도 떨어져 있는데, 상봉(上峯)과는 꼬박 하룻길이다.

절을 떠나 칠불암 시냇가에 이르니 옥륜과 윤의가 나무를 걸쳐 다리를 만들어 시내를 가로지르게 하여 모두들 천천히 편안하게 건널 수 있었다. 시내를 따라 내려가서 쌍계사 건너편에 이르니 혜통과 신욱이 시냇물을 건너와서 우리 일행을 전송하였다. 건장한 중 서너 명이 함께 와서 우리 일행이 시내를 건너는 것을 도왔다. 다시금 예닐곱 마장을 내려가다가 말에서 내려 시내를 건너려 하는데, 전날 우리가 타던 말을 맡아 조양(調養)했던 이와 마을 사람 서너 명이 삶은 닭과 소주를 가지고 와서 우리 일행을 대접하였다. 또 악양현(岳陽縣) 아전

---

97) 성 중려 : 성우(成遇)를 가리키는데, 성우는 대곡(大谷) 성운(成運)의 중형으로, 남명과는 어릴 적부터 벗이었으나, 을사사화 때에 죽음을 당하였다.

98) 하 중려 : 하천서(河天瑞)를 가리키는데, 남명의 친구인 이림(李霖)의 외손으로, 남명의 자형인 이공량(李公亮)의 사위이기도 하다.

이 대나무를 엮어 가마처럼 만들어서 우리 일행 모두를 메고서 시내를 건넜다. 시냇물이 사나워서 물의 흐름이 몹시 급했고 바닥의 하얀 돌이 흰히 드러나 매끄러웠으나 우리 일행 중 노복도 넘어지거나 미끄러진 사람이 하나도 없었으니 잘 건넜다고 하겠다. 누구인들 시내를 잘 건너고 싶지 않겠는가마는 오히려 때에 따라 잘 건너기도 하고 그렇지 못하기도 하니, 이 또한 운명이 아니겠는가?

시내를 건너 10리 남짓 가니 노복인 청룡이 자기 사위와 함께 술항아리를 가져오고 소반에다 생선과 고기를 벌여놓았는데, 도시의 물건과 전혀 다를 바가 없었다. 청룡의 처인 수금(水金)은 예전에 서울땅에 살았는데 혼인을 맺어준 은혜가 있었기 때문에 인숙과 강이에게 인사를 하러 왔다. 여럿이 장난 삼아 그 아낙의 인사를 받는 인숙과 강이를 놀렸다. 배를 타고 점심을 먹었다. 악양현 앞으로 내려가 정박했고 현창(縣倉)에 들어가 잤다. 강이는 현의 동쪽으로 두어 마장쯤 되는 곳에 사는 족숙모(族叔母)를 뵈러 갔다.

○ 24일 새벽에 흰죽을 먹고 동쪽 고개에 올랐다. 이 고개를 삼가식현(三呵息峴)[99]이라고 하는데, 고개가 높다랗게 하늘에 가로놓여 있어서, 이 고개를 오르는 이는 두어 걸음에 세 번씩 가쁜 숨을 내쉬므로 고개 이름을 그렇게 지은 것이다. 두류산 기세가 여기까지 백 리나 내려왔건만 여전히 높기만 하고 아직 조금도 낮아질 기미가 없었다. 우옹이 강이의 말을 타고 혼자 채찍을 휘둘러 먼저 산을 올랐다. 제일 높은 봉우리 위에 말을 세우더니 말에서 내려 돌에 걸터앉아서 부채질을 하였다. 우리 일행 모두는 한 걸음 한 걸음 나아가며 사람과 말이 땀을 비오듯 흘렸는데, 한참 후에야 겨우 도착하였다. 내가 문득 우옹을 질책하여 "그대는 말 탄 기세에 의지하여 나아갈 줄만 알고 그칠 줄은 모르니, 훗날 능히 의로움에 나아가게 되면 반드시 남보다 앞서게 될 터이니 참으로 좋지 않은가?"라고 하였다. 우옹이 이 말에 사죄

99) 삼가식현 : 지금의 하동군 악양면(岳陽面)과 적량면(赤梁面) 사이에 있는 삼하실재를 가리키는 것으로 보인다.

하여 말하기를 "나는 그대가 응당 나를 꾸지람하는 말이 있을 줄을 이미 알았네. 내가 과연 내 죄를 알겠네"라고 하였다.

강이가 두류산을 돌아보았으나 검은 구름이 가려 산이 있는 위치를 알 수 없자, 이에 탄식하면서 말하였다. "산은 두류산보다 큰 것이 없고, 한눈에 바라보일 정도로 가까이 있건만, 많은 사람이 눈을 똑바로 뜨고 보아도 오히려 보지를 못한다. 하물며 사람의 현명함이 두류산보다 크지 못하고, 가까이 눈앞에 보이지도 않으며, 여러 사람의 눈으로도 분명히 볼 수 없는 경우는 어떠하겠는가?" 서로 더불어 사방을 두루 돌아보니 동남쪽에 파랗게 가장 높이 솟은 것은 남해(南海)의 뒷산이고 바로 동쪽에 물결처럼 널리 가득 차서 서리어 엎드린 것이 하동(河東)·곤양(昆陽)의 산들이다. 또 동쪽으로 은은하게 하늘에 솟아서 검은 구름과 같은 것은 사천(泗川)의 와룡산(臥龍山)이다. 그 사이에 혈맥(血脈)과 같이 서로 꿰이고 뒤섞여 엉킨 것은 강과 바다와 포구가 경락(經絡)처럼 얽혀 있는 것이다.

이처럼 우리 나라는 산하(山河)의 견고함이 위(魏)나라가 보배로 여기는 것[100] 이상이어서, 만경(萬頃) 너른 바다에 임해 있고 백치(百稚)의 성곽에 의거해 있으면서도, 오히려 거듭하여 백성들이 조그맣고 추잡한 섬 오랑캐에게 곤란을 겪고 있으니, 어찌 그 옛날 길쌈하는 실이 적은 것은 돌아보지 않고 주(周)나라 왕실이 멸망할 것을 근심한 과부와 같은 걱정[101]을 하지 않겠는가? 저녁 늦게서야 횡포역(橫浦驛)[102]에

---

100) 위나라가……여기는 것 : 위(魏)의 무제(武帝)가 서하(西河)에 배를 띄워 물길을 따라 내려가다가 중간에 이르러 오기(吳起)를 돌아보며 "아름답도다, 이 나라의 산하가 얼마나 견고한가! 이것이 위나라의 보배일세"라고 하니 오기가 그 말에 대답하기를 "나라의 아름다움은 임금의 덕에 있는 것이지 험한 지세에 있는 것이 아닙니다"라고 하였다.

101) 그 옛날……걱정 : 『춘추좌씨전』소공(昭公) 24년조에 나오는 고사로, 과부가 자신이 길쌈하는 실의 양이 적은 것은 걱정하지 않고 주나라 왕실이 멸망할까 근심하였다는 말에서 온 것으로 주제넘게 국사(國事)를 걱정한다는 뜻이다.

도착했다. 배가 몹시 고파서 인숙의 행담(行擔) 속에 있던 과자와 꿩고기 말린 것을 씹어먹고 추로주(秋露酒) 한 잔을 마셨다. 낮에 두리현(頭理現)에 도착하여 말에서 내려 나무 밑에서 쉬는데 갈증이 심해서 일행이 모두 찬 샘물을 두어 표주박씩 마셨다. 문득 짚신을 신은 짧은 직령(直領)[103] 차림의 사람이 말에서 내려 날래게 우리 일행 곁을 지나가다가 강이를 보고는 잠시 그 자리에 앉아서 우리 일행이 가는 곳을 물어보았다. 그 사람은 다름 아닌 광양(光陽)의 교관(校官)을 하고 있는 사람이었다.

그때 장끼 한 마리가 쩍쩍거리며 울어대니 이백(李栢)이 활을 들어 시위에 오늬를 메우고서 주위를 둘러싸는데 장끼가 갑자기 날아가버렸다. 사람들이 그 광경을 보고 웃었다. 우리 일행은 바야흐로 구름과 물 속에 있었으니 구름과 물이 아닌 것은 눈에 들어오지 않았다가 방금 인간 세상에 내려와보니 보이는 것이 달리 없어 광문 선생(廣文先生)[104]이 지나가는 것이나 산꿩이 날아가는 것도 오히려 볼 만한 것이 되니, 소견이 어찌 길러지지 않겠는가?

저녁에 정수역(旌樹驛)에 이르렀다. 객관(客館) 앞에 정씨(鄭氏)의 정문(旌門)[105]이 서 있었다. 정씨는 승선(承宣) 조지서(趙之瑞)[106]의 아

---

102) 횡포역 : 지금의 하동군 옥종면(玉宗面)에 있는 지명이다.

103) 직령 : 무관(武官)의 윗옷의 한 가지로, 깃이 곧게 되어 있다.

104) 광문 선생 : 당대(唐代)에 학교를 '광문관'(廣文館)이라고 불렀다는 데에서 '광문'(廣文)은 보통 교수(敎授)의 이칭으로 쓰였다. 따라서 '광문 선생'은 앞에서 만난 광양 교관(光陽校官)을 가리키는 것으로 보인다.

105) 정씨의 정문 : 하동군 옥종면 정수리(正水里)의 일명 삼장(三壯)골에 있다고 하는데, 삼장골이라는 지명은 조지서가 과거시험에 세 번 장원하였기 때문에 그렇게 불렸다고 한다.

106) 조지서 : 1454~1504. 자는 백부(百符), 호는 지족(知足)으로 본관은 임천(林川)이다. 1474년 문과에 급제하여 중앙의 여러 관직을 거치고, 1495년(연산군 1)에 창원 부사(昌原府使)로 있다가 이내 사직하고서, 지리산에 은거하여 학문에 전념하였다. 1504년 갑자사화(甲子士禍)가 일어나 세자 시절 그의 풍간(諷諫)과 집요한 진강(進講)을 미워하였던 연산군이 그를 사화에 연루시

내이며 문충공(文忠公) 정몽주(鄭夢周)의 현손녀(玄孫女)이다. 승선은 의인(義人)이었다. 그 기상은 삼엄하여 높은 바람이 불어오자 벽을 사이에 두고서도 몸이 춥고 떨리는 듯하다. 조지서는 연산군이 능히 선왕의 업적을 잇지 못할 것을 알고 10여 년을 물러나 있었건만 그래도 화를 면할 수 없었다. 부인은 적몰(籍沒)되어 죄인이 되었으나, 젖먹이 두 아이를 끌어안고 등에는 신주(神主)를 지고 다니면서 아침저녁으로 상식(上食) 올리는 일을 폐하지 않았다. 절개와 의리를 둘 다 이룬 경우가 오늘날에도 있다 하겠다.

높은 산과 큰 내를 보면서 소득이 없는 것은 아니었으나, 한유한(韓惟漢)·정여창(鄭汝昌)·조지서(趙之瑞) 등의 세 군자를 높은 산과 큰 내에 견주어본다면, 10층의 산봉우리 위에 다시 옥(玉) 하나를 더 얹어놓은 격이요, 천 이랑 물결 위에 둥그런 달 하나가 비치는 격이라 하겠다. 바다와 산을 거치는 3백 리 여정 동안에 세 군자의 자취를 하루 사이에 보았다. 산을 보고 물을 보고 사람을 보고 세상을 보니 산중에서 열흘을 지내면서 마음 속에 품었던 좋은 생각이 하루 만에 언짢은 생각으로 변하고 말았다. 후세의 재상이 된 이가 산수를 구경하러 이 길로 와본다면 〈슬픔으로〉 어떻게 마음을 가눌 수 있겠는가? 또한 보니 산 속에는 바위에다 이름을 새겨둔 것이 많으나 세 군자의 이름은 결코 바위에 새겨져 있지 않았다. 그러나 장차 반드시 그들의 이름이 길이 세상에 퍼져 전해질 것이니, 만고(萬古)의 역사를 바위로 삼는 것이 차라리 낫지 않겠는가?

홍지가 또 숙수(熟手)를 시켜 술과 밥을 역관(驛館)에 보내 온지도 벌써 4,5일이나 되었다. 생원(生員) 이을지(李乙枝)·수재(秀才) 조원우(曺元佑)가 와서 보았다. 날이 어둡자 을지의 엄군(嚴君)이 술을 가져왔고, 조광우(趙光珝)도 왔다. 밤에 우점(郵店)에 갔더니 방 하나의

켜 참살하였다. 성종(成宗) 때에 청백리에 녹선(錄選)되었으며, 충절과 시문으로 이름이 높았다. 1506년(중종 1)에 승정원 도승지에 추증되었고 신당서원(新塘書院)에 제향되었다. 승선(承宣)은 승지(承旨)의 다른 이름이다.

크기가 겨우 한 말[斗] 정도여서 허리를 구부려서 들어갔다. 방은 다리를 뻗을 수 없을 정도였고 벽은 바람도 가리지 못했다. 처음에는 답답하여 견디지 못할 듯싶더니, 조금 후에 네 사람이 이마를 맞대고 베개를 뒤섞어서 단잠을 자면서 밤을 지내게 되었다.

이 광경을 보면 사람의 습성이라는 것은 주의하지 않으면 잠깐 동안에 낮은 쪽으로 내려가는 것임을 알 수 있는 것이다. 왜냐하면 앞서도 그 사람이고 뒤에도 같은 사람인데, 전날 청학동에 들어가서는 마치 신선들이 된 듯해도 오히려 만족해 하지를 않았고, 또 신응동(神凝洞)에 들어가서는 바야흐로 신선들이 된 것 같았으나 오히려 모두들 부족하다고 여기면서, 은하수를 걸터타고서 하늘에 들어가거나, 학을 부여잡고 하늘 높이 날아올라가 문득 인간 세상에 내려오지 않으려고 하였었다. 그러나 뒤에 와서는 모두들 좁은 방안에 몸을 굽혀 잠을 자면서 또 그것을 자기의 분수로 달게 받아들이고 있는 것이다. 이것은 비록 현재의 지위를 편안하게 여기는 경우라 하더라도 그 수양한 바가 높지 않아서는 안 되며, 머무는 곳이 작고 낮아서는 안 되는 것임을 알게 하는 것이다. 또한 착하게 되는 것도 습관으로 말미암는 것이요, 악하게 되는 것도 습관으로 말미암는 것임을 알게 한다. 또한 끊임없이 발전하는 사람이 되느냐 끊임없이 퇴보하는 사람이 되느냐 하는 것도 다만 발 하나 까닥 하는 사이에 달려 있음을 알게 하는 것이다.

○ 25일 역관에서 아침을 먹고 나서 각자 흩어져서 떠나려 하니 암연(黯然)히 가슴이 아파서 잠시 동안이나마 서로 머물러 있도록 하였다. 인숙은 한성(漢城)에 살고 있고, 강이는 사천으로 돌아가야 하며, 우옹은 초계(草溪)로 돌아가야 하고, 나는 가수(嘉樹)[107]에 살고 있으며, 홍지는 삼산(三山)[108]에 살고 있는 것이다. 모두들 이제 나이가 5,

---

107) 가수 : 조선 태종(太宗) 때에 삼기현(三歧縣)과 가수현(嘉樹縣)을 합쳐 삼가현(三嘉縣)을 만들었는데, 가수현(嘉樹縣)은 달리 '가수현'(嘉壽縣)으로 쓰기도 한다.
108) 삼산 : 충북 보은(報恩)의 옛 이름이다.

60 내지 70줄에 들어서는데, 서로가 각각 2, 3백리 내지 5백 리 또는 천 리 가까이 떨어져 있어, 훗날 다시 만난다는 것도 기약하기가 참으로 어려우니, 어찌 개연히 이별을 슬퍼하지 않겠는가? 강이가 술잔에 술을 가득 붓고는 말하기를 "지금 이 순간의 이별에 어찌 할 말이 있겠는가?"라고 하였다. 눈으로 직접 보고도 말을 잊는다 하더니 과연 그렇다고 하겠다. 모두들 할 말을 잊은 채, 이내 말을 타고 떠났다.

칠송정(七松亭)[109]에 와서 높은 누대(樓臺)에 올랐다가 배로 다회탄 (多會灘)[110]을 건넜다. 인숙은 강을 따라서 내려갔고 강이는 다시 한 마장을 더 가서 작별하였다. 나는 우옹과 더불어 쓸쓸하게 돌아왔는데 망연히 넋을 잃고 있었다. 저녁에 뇌룡사(雷龍舍)에서 잤다. 다시금 우옹과도 이별을 했다. 활 같은 초승달이 하늘에 걸려 있고 드문드문 새벽별이 떠 있으니, 이와 같이 서글픈 마음은 정녕 춘정(春情)에 겨워하는 처녀와 같은 것이라 하겠다.

이번 여행을 함께한 여러 사람들이, 내가 두류산에 자주 다녀서 그 사정을 상세히 알 것이라고 하여, 나로 하여금 이번 여행의 전말을 기록하도록 했다. 내 일찍이 이 두류산에 덕산동(德山洞)으로 들어간 것이 세 번이었고, 청학동(靑鶴洞)과 신응동(神凝洞)으로 들어간 것이 세 번이었고, 용유동(龍遊洞)으로 들어간 것이 세 번이었으며, 백운동 (白雲洞)으로 들어간 것이 한 번이었으며, 장항동(獐項洞)으로 들어간 것이 한 번이었다. 그러니 어찌 다만 산수만을 탐하여 왕래하기를 번거로워하지 않은 것이겠는가? 나름으로 평생 계획을 가지고 있었으니, 오직 화산(華山)의 한 쪽 모퉁이를 빌려 그곳을 일생을 마칠 장소로 삼으려고 했기 때문이다. 그러나 일이 마음과 어긋나서 머무를 수 없

---

109) 칠송정 : 지금의 하동군 옥종면과 진주시 수곡면 사이를 흐르는 덕천강가에 있다. 옛날 아주 큰 소나무 일곱 그루가 있었던 곳이라 하여 이런 이름이 붙었다 한다.
110) 다회탄 : 지금의 하동군 옥종면과 진주시 수곡면을 잇는 창촌교 일대를 가리킨다.

음을 알고, 배회하고 돌아보며 눈물을 흘리며 나오곤 하였으니, 이렇게 했던 일이 열 번이었다. 이제는 〈대롱대롱 매달린〉 조롱박처럼 시골집에 하는 일 없이 칩거하며 걸어다니는 하나의 시체가 되어버렸다. 이번 걸음은 또한 다시 가기 어려운 걸음이었으니 어찌 가슴이 답답하지 않겠는가?

내 이를 두고서 일찍이 시를 지었으니 다음과 같다.

죽은 소 갈비뼈 같은 두류산 골짝을 열 번이나 주파했으나 　頭流十破死牛脅
썰렁한 까치집 같은 가수(嘉樹) 마을에 세 차례나 　嘉樹三巢寒鵲居
둥지를 틀었네.

또 이르기를 다음과 같이 하였다.

몸을 온전히 하고자 하는 온갖 계책 모두가 어긋났으니, 　全身百計都爲謬
이제는 이미 방장산(方丈山)과의 맹세를 어기게 되었네. 　方丈於今已背盟

이번에 모였던 여러 사람들이 다 벼슬하지 않은 사람이니, 어찌 나만 허둥지둥 돌아갈 곳이 없겠는가? 다만 술에 취해 즐거워하는 이들을 위해 앞장서서 길을 인도하면서 그들의 부봉(副封)을 만들었을 뿐이다.

남명 조식 건중이 기록함.[111]

---

111) 남명이 「유두류록」(遊頭流錄)을 지은 지 2년 뒤인 1560년에 퇴계 이황은 이 글에 대해 아래와 같이 「조남명의 유두류록 뒤에 씀」[書曹南冥遊頭流錄後]이라는 제목의 평문(評文)을 남기고 있는데, 그 전문을 인용해보면 다음과 같다.
"조남명의 「유두류록」은 놀러다니며 탐구하는 일을 보인 외에도, 일에 따라 뜻을 나타내는 데에 감분하고 격앙한 말이 많아, 사람으로 하여금 늠름하게 하여, 오히려 그 사람됨을 상상해볼 수 있게 한다. 그 '한 번 햇빛을 쬐는 정

『경현록』[112] 뒤에 씀   書景賢錄後

○ 선생[113]께서 일찍이 뜻을 같이하는 벗과 함께 지내면서 첫닭이 울

도로는 아무런 유익함이 없다'라는 말과 '끊임없이 발전하는 사람이 되느냐
끊임없이 퇴보하는 사람이 되느냐 하는 것도 다만 발 하나 까닥 하는 사이
에 달려 있다'라는 말은 모두 지론이고, 이른바 '명철(明哲)의 행불행'이란
등의 말은 참으로 천고영웅의 탄식을 자아내고 귀신을 어두운 속에서 울 수
있게 한 것이다. 어떤 이는 그가 기이한 것을 좋아하므로 중도(中道)를 행하
기가 어려울 것이라고 의심을 하기도 한다. 아! 자고로 산림의 선비는 거개
가 이와 같았다. 이와 같지 않으면 족히 남명이 되지 못했을 것이다. 그 절
박기미(節拍氣味)의 소종래와 같은 것에는 약간 알 수 없는 부분이 있으니,
이것은 후세 사람 중에 반드시 능히 분별하는 자가 있을 것이다. 가정 경신
년 맹춘에 진성 후인 경호는 계상서사에서 씀"[曹南冥遊頭流錄 觀其遊歷探
討之外 隨事寓意 多感憤激昂之辭 使人凜凜猶可想見其爲人 其曰一曝之無益
日向上趨下只在一擧足之間 皆至論也 而所謂明哲之幸不幸等語 眞可以發千古
英雄之歎 而泣鬼神於冥冥中矣 或以其尙寄好異 難要以中道爲疑者 噫自古山
林之士 猶多如此 不如此 不足以爲南冥矣 若其節拍氣味所從來 有些子不可知
處 斯則後之人必有能辨之者 嘉靖庚申孟春 眞城後人景浩 書于溪上書舍].

112) 『경현록』:『경현록』(景賢錄)은 한훤당(寒暄堂) 김굉필(金宏弼)의 사적을 적
은 책이다. 처음 구암(龜巖) 이정(李楨)이 순천 부사(順川府使)로 재직할 적
에 무오사화에 연루되어 순천에 유배와 죽은 김굉필과 조위(曺偉)를 기려
경현당(景賢堂)을 세우는 한편으로, 그들의 사적을 엮어『경현록』상·하권
을 만들었으나, 뒤에 정구(鄭逑)가 조위의 사적을 빼고 김굉필의 사적만을
취하여, 이를 증보하여『경현록』상·하 두 권을 만들었다.

113) 선생 : 여기에서 선생은 김굉필(金宏弼)을 가리킨다. 김굉필의 자는 대유(大
猷), 호는 한훤당(寒暄堂) 사옹(簑翁)이며 본관은 서흥(瑞興)이다. 김종직(金
宗直)의 문인으로 흔히 소학동자(小學童子)로 불렸다. 1480년(성종 11)에 사
마시(司馬試)에 합격, 1494년(성종 25)에 행의(行誼)로 추천을 받아 남부 참
봉(南部參奉)이 되었으며, 이어 1497년(연산군 3)에 형조 좌랑(刑曹佐郎)이
되었다. 1498년 무오사화 때에 김종직의 일파로 몰려 희천(熙川)에 유배되었
다가 후에 순천(順川)으로 이배되었으며, 1504년 갑자사화 때에 사사(賜死)
되었다. 그의 문하에서 조광조(趙光祖)·김안국(金安國)·이장곤(李長坤)
등의 학자가 배출되었다. 중종 때에 우의정에 추증되었으며, 광해군 때에 문
묘에 배향되었다. 시호는 문경(文敬)이다.

면 함께 앉아 콧숨을 헤아려 마음을 통일하는 수식(數息)[114]을 행하였다. 남들은 겨우 밥 한 차례 지을 정도의 시간이 지나자 숫자를 놓쳤으나 유독 선생만은 숫자를 낱낱이 헤아려 먼동이 트도록 놓치지 않았다. 이 일은 이상(二相) 이장곤(李長坤)[115]에게서 들었다.

○ 선생이 남부 참봉(南部參奉)이 되었을 때 귀복(鬼服)[116]을 입고 회자(回刺)를 하면서 온갖 연희(演戱)를 한결같이 상관(上官)이 지시하는 대로 따라하였다. 후생(後生)들은 선생이 그렇듯 잘못된 풍습을 분별없이 좇고 따르며 자기 자신을 더럽히는 것을 꺼리고 싫어하였다. 그러나 선생은 그때에 자신의 명성이 세상에서 무거운 줄 알면서도 자신을 평범한 사람과 구별하고자 하지는 않았다. 참으로 뛰어난 현인이 아니면 진실로 이런 경지에 이르지는 못했을 것이다.

○ 선생께서 처음 호(號)를 사옹(簑翁)이라 지으면서 "비록 큰비를 만나도 겉은 젖지만 속은 젖지 않는다"라고 하였다. 얼마 후에 이를 고치면서 "명호(名號)를 지어서 세상에 자신을 드러내는 것은 완전한 처세의 도리가 아니다"라고 하였다. 이 두 가지 일을 보면 선생의 저 조심스럽고 온후한 도량과 재능이 천성(天性)에서 나온 것임을 알 수 있다. 사람으로 인한 재앙이 선생에게 미칠 바가 아니건만 끝내 화를 면치 못한 것은 천명(天命)이라 하겠다.

---

114) 수식 : 불교 선종(禪宗)에서 마음 속에 불법(佛法)의 진리를 관찰하기 위해 행하는 관법(觀法)의 하나이다. 곧 내쉬고 들이마시는 숨의 숫자를 틀리지 않고 또렷이 셈으로써 마음이 산란해지는 것을 막고 정신을 통일하는 방법을 가리킨다.

115) 이장곤 : 조선 전기의 문신으로, 본관은 벽진(碧珍)이다. 자는 희강(希剛), 호는 학고(鶴皐)·금헌(琴軒)·금재(禁齋) 등이며, 김굉필(金宏弼)의 문하에서 수학하였다. 이조·병조 판서를 지냈으며, 기묘사화에 가담하였으나, 조광조를 비롯한 신진사류(新進士類)들의 처형을 반대했다가 관작을 삭탈당하고 은거하였다.

116) 귀복 : 조선시대 승문원(承文院)에 새로 벼슬하는 사람이 밤에 선배들을 찾아다니며 출근 허가를 받는 일을 회자(回刺)라고 하는데, 이렇듯 회자할 적에 해진 관복과 부서진 사모(紗帽)로 차리는 일정한 장복(章服)을 가리킨다.

○ 선생께서 형조 좌랑(刑曹佐郞)이 되었을 때 진사(進士) 신영희(辛永禧)[117]에게 달려가 그를 만나고서 "오늘부터 나는 그대와 절교하겠다. 지금 선비들의 기풍(氣風)을 보니 동한(東漢) 말기와 같아서 조만간 화란(禍亂)이 일어날 것이다. 화가 이미 닥쳐서 나아가지도 물러나지도 못하는 처지가 되고 말았다. 바라건대 그대는 멀리 시골에 숨어 살기를 권한다"라고 말하였다. 신공(辛公)이 이내 가솔(家率)을 데리고 사산(斜山)[118] 기슭에 가서 살며 호(號)를 안정(安亭)이라 하였다. 안정은 일찍이 남효온(南孝溫)[119]·홍유손(洪裕孫)[120] 등과 함께 죽림우사(竹林羽士)로 교제를 맺었다. 문장과 행의(行誼)가 한 시대의 영수가 되니 벼슬하는 자로서 동남(東南) 지방을 지나가는 이는 반드시 그가 사는 곳에 들러 예를 표하였다. 이 일을 보면 선생은 당시 세상 일 돌아가는 기미를 알고 있었던 것이니, 어찌 화란이 아직 드러나지 않았을 적에 그 기미를 능히 보지 못했겠는가?

---

117) 신영희 : 조선 중기의 학자로 자는 덕우(德優), 호는 안정(安亭)이며 본관은 영산(靈山)이다. 김종직의 문인으로 일찍이 사마시(司馬試)에 합격하였으나, 장차 화가 일어나리라는 김굉필의 충고를 듣고, 벼슬을 단념하고 직산(稷山)에 은둔하여 학문에 정진한 결과, 크게 문명을 떨쳤다.

118) 사산 : 충청 남도 천안군에 있는 직산(稷山)의 옛 지명이다.

119) 남효온 : 1454~1492. 생육신(生六臣)의 한 사람으로 자는 백공(伯恭), 호는 추강(秋江)이며 본관은 의령(宜寧)이다. 김종직의 문인으로 김굉필·정여창(鄭汝昌)·김시습(金時習) 등과 교분이 있었다. 소릉(昭陵)의 복위(復位)를 추진하다가 좌절되자 이후로 세상사에 흥미를 잃고서 유랑생활로써 생애를 마쳤는데, 1504년(연산군 10) 갑자사화 때에 김종직의 문인이었다는 등의 죄목으로 부관 참시(剖棺斬屍)되었다. 1513년에 신원이 되었고, 1782년에 이조 판서에 추증되고, 문정(文貞)이라는 시호가 내렸다.

120) 홍유손 : 1431~1529. 조선 중기의 학자로 자는 여경(餘慶), 호는 조총(篠叢)이며 본관은 남양(南陽)이다. 김종직의 문인으로 문장에 능하여 이름이 높았다. 세조가 왕위를 찬탈한 뒤에 세속적인 영화를 버리고 남효온(南孝溫) 등의 무리와 어울리며 죽림칠현(竹林七賢)을 자처하여 세상에서 청담파(淸談派)로 불렸다. 1498년(연산군 4)에 무오사화에 연루되어 제주로 유배되었으나 1506년 중종 반정(中宗反正)으로 풀려났다.

○ 선생이 스승인 점필재(佔畢齋)를 어기게 된 것은 훗날 논의가 없을 수 없으나 이는 실로 선생이 스승인 점필재를 어길 수밖에 없는 경우였다고 하겠다.[121]

○ 선생이 추강(秋江)[122]의 병이 위중할 때에 찾아가서 문병을 하였다. 추강이 문병을 거부하고서 선생을 보지 않으려 하니 선생은 친구한 사람과 함께 문을 밀치고서 곧장 들어갔다. 추강은 벽을 향해 누워서는 끝내 한마디도 영결하는 말이 없었다. 이는 추강이 일찍이 선생과 절교를 하였기 때문인데, 추강이 무슨 일로 말미암아 선생과 절교를 하였는지는 알 길이 없다. 홀로 헤아려보건대 선생이 어찌 명교

---

121) 선생이……하겠다 : 김종직은 함양 군수(咸陽郡守)와 선산 부사(善山府使) 등의 외임(外任)을 거쳐 다시 경직(京職)으로 나아가 이조 참판(吏曹參判) 등의 중직에 등용됨으로써 주위의 기대를 한껏 모았으나, 이후 기대와는 달리 조정을 바로잡기 위한 건백(建白) 한 번도 올리지 않는 등의 현실 타협적인 처세로 일관하게 된다. 이에 제자인 김굉필은 그러한 스승의 태도에 불만을 품게 되고, 이윽고 스승의 처세를 완곡하게 비판하는 다음과 같은 시를 보내게 된다.

겨울에 갖옷 입고 여름에 얼음 마심이 떳떳한 도리나　　道在冬裘夏飲氷
개면 가고 비 오면 그침이 어찌 전능(全能)이라 하리.　　霽行潦止豈全能
난초도 속된 것을 따라 결국 변하는 것이라면,　　蘭如從俗終當變
어느 누가 소는 밭갈고 말은 타는 것이라고 믿을 수 있겠는가?　　誰信牛耕馬可乘

이에 대해 스승인 김종직은 다음과 같은 시로 화답하면서 자신의 입장을 변호한다.

분수에 넘치게 공경 대부 높은 벼슬에 올랐으나,　　分外官聯到伐氷
임금을 보필하고 세상을 바로잡는 일 내 어찌 해낼까?　　匡君救俗我何能
그대 같은 후배들이 나의 우졸(迂拙)함을 조롱한다 하더라도,　　從教後輩嘲迂拙
권세와 이익만을 구차하게 꾀하는 것은 아니라네.　　勢利區區不足乘

그러나 결국 이러한 시를 주고받은 끝에 두 사람 사이에는 틈이 생기게 되고 마는데, 스승과 제자 사이인 두 사람의 이러한 사정에 대해서는 『퇴계집』(退溪集) 권22에 실린, 이황(李滉)이 이정(李楨)에게 보낸 「답이강이별지」(答李剛而別紙)라는 편지에 자세한 설명이 수록되어 있다.

122) 추강 : 남효온(南孝溫)의 호이다.

(名敎)에 어긋난 일을 할 리가 있었겠는가? 아마도 추강은 식견이 높아서 사화(士禍)가 일어날 줄을 미리 알고서 일찍부터 선생과 절교하여 교유를 끊고자 했던 것이 아니었겠는가? 선생이 안정(安亭)과 절교하고자 하였고 추강이 선생과 절교를 하였으니, 당시의 험난하기 그지없는 세상일은 철인(哲人)도 그 화란을 벗어날 수 없는 것이 있었던 것인가?

○ 이장길(李長吉)[123]은 여느 사람과 다른 사람은 아니었으나, 한때 이름을 날리던 인물 중에 그와 쉽게 대적할 이가 거의 없었다. 이를 두고서 당시 사람들이 일컫기를 자하(子賀)[124]와 희강(希剛)[125]은 같은 집안에서 태어나, 둘 다 보기 드물게 뛰어난 기품을 타고 났다고 하였다. 자하의 문장은 갑과(甲科)에서 삼배를 할 정도였다. 당시 어떤 호사가가 이들의 관상을 보고 말하기를 두 사람은 모두 국정을 떠맡을 기량을 지녔는데, 자하는 마땅히 장수가 되어야 할 것이고, 희강은 재상이 되어야 할 것이라고 하였다. 자하가 이 말을 듣고 기뻐하며 그렇다고 하였다. 그로부터 자하는 무과(武科)에 올라 무인(武人)이 되었는데, 훗날에 이르러 도리에 어긋난 짓을 많이 하며 무례하게 행동하니, 사람들이 다투어 그에게 침을 뱉고 마구 욕을 하였다. - 추강이 한훤당의 문인을 평하면서, 그 가운데 재주가 뛰어나고 행실이 독실한 것이 스승과 같은 이로는 이장길이 있다고 하였다.

---

123) 이 장길 : 조선 중기 문신(文臣)으로 한훤당 김굉필의 문인이다. 1504년(연산군 10) 의성 현령(義城縣令)이 된 후 악정(惡政)으로 이름이 높았고, 1507년(중종 2) 박원종(朴元宗) 등의 반정 공신(反正功臣)을 제거하려다가 한때 제주에 안치되었다. 1521년(중종 16) 평안도 병마우후(平安道兵馬虞候)가 되었고 1531년 심정(沈貞)의 일당으로 몰려 고향으로 쫓겨났다.

124) 자하 : 이장길의 자이다.

125) 희강 : 이장길과 형제인 이장곤(李長坤)의 자이다.

보유(補遺)

시(詩)

오언(五言)

신응동에서 놀면서[1] 遊神凝洞

물은 봄 신[2]의 구슬을 토하고,	水吐伊祈璧,
산도 봄 신의 얼굴 분명하구나.	山濃青帝顏.
겸손함과 자랑함이 그리 심하지 않으니,	謙誇無已甚,
애오라지 더불어 그대 대할 만하네.	聊與對君看.

신응사에서 자형 인숙(寅叔)의 벼루 보자기에 쓴다[3]
神凝寺題姊兄寅叔硯袱

높은 물결은 우레가 다투는 듯하고,	高浪雷霆鬪,

---

1) 이 시는 「유두류록」(遊頭流錄)에 나온다.
2) 봄 신 : 봄을 주재하는 신. 당나라 파일휴(皮日休)의 「도화부」(桃花賦)에, "봄 신이 봄을 만듦에, 아주 곱고 아주 화려함이 있었다네! 여러 나무들은 그걸 얻지 못했고, 무르녹아 복사꽃이 되었다네"라는 구절이 있다. 원문의 '기'(祈)자는, '기'(祁)나 '기'(耆)로도 쓴다.
3) 신응사에서……쓴다 : 「유두류록」에 "강이[剛而 : 구암(龜巖) 이정(李楨)의 자]

신령스런 산봉우리는 해와 달에 갈린 듯.　　　　神峯日月磨.

고상한 이야기와 뛰어난 풍채로,　　　　高談與神宇,

얻은 바가 과연 무엇인지?　　　　所得果如何.

군수 장필무를 이별하면서 노자삼아 주다[4]　贐別張郡守弼武

책과 칼은 원래 다르지 않나니,　　　　書劍元無異,

우정은 오직 의리로써 한다네.　　　　交情惟義(缺).

그대는 날아다니면서 고기 먹을[5] 상이고,　　君如飛食肉,

나는 참선하는 중처럼 앉자 있다네.　　我類坐禪師.

다만 한스러운 건, 막 서로 알자마자,　　只恨初相識,

이처럼 이별하게 되었으니 어쩌랴?　　奈如此別離.

행장 속에는 떨어진 버선 한 켤레,　　行裝一破襪,

짚신 벗듯 홀홀 떠나는데 날 생각할는지?　脫屣肯留思.

김 칠봉[6]의 죽음을 슬퍼하여[7]　輓金七峯

칠년 동안 나라에 벼슬하였으니,　　　　七載行人國,

임금님은 아직도 할 말 있다네.　　　　主人猶有言.

　가 이어쓰기를, '시냇물은 천 길 눈처럼 솟고, 수풀은 만 길의 푸르름 펼쳤네. 자유자재한 신의 작용이여, 우뚝히 전형을 보이누나'"라고 했다. 『구암집』(龜巖集)에, 「신흥사제이인숙연보」(神興寺題李寅叔硯袱)라고 제목이 달려 있다.

4) 이 시는 임희무(林希茂)의 문집인 『남계집』(灆溪集)에 실려 있는 「양렬공백야장공행장」(襄烈公柏冶張公行狀)에 들어 있다.

5) 날아다니면서 고기 먹을 상 : 후한의 반초(班超)가 젊어서 관상을 보러 갔더니, 관상쟁이가, "자네는 제비 턱에 호랑이 목이니 날아다니면서 고기를 먹을 격이니, 제후로 봉해질 상이다"라고 했다. 여기서는 전도가 양양하다는 뜻이다.―『후한서』(後漢書)

6) 김 칠봉 : 동강(東岡) 김우옹(金宇顒)의 아버지인 김희삼(金希參, 1507~1560)의 호이다.

7) 이 시는 『동강집』(東岡集)의 「선군자칠봉선생유사」(先君子七峯先生遺事)에 나온다.

미친 바람 부는 바닷가에 서 있었나니[8] 颶風吹海立,

마귀 같은 잠은 근심과 뒤엉켜 어지럽도다. 魔睡和憂繁.

북쪽은 차가운 날씨일 테지만, 渭北寒(缺)日,

남쪽은 따뜻하여 겹옷 벗고 홑옷 입었네. 淮南煖複襌.

고향으로 돌아오던 날에, 歸來桑柘日,

어찌 급작스레 구름 타고 가게 되었나? 何遽上乘雲.

김 칠봉에게 준다 – 서문도 아울러서 贈金七峯 幷序

─ 논밭을 구하고 집을 물어도, 채택할 것이 없는데, 한갓 귀한 사람만 헛걸음하게 한다네.

허둥대며 달리는 자로(子路),[9] 駷駷之子路

머리에 단 구슬은 어찌 그리 높은고? 頭玉何亭亭

…… (缺)

김 사로[10]에게 준다[11] 贈金師魯

사람도 귀신도 머리 돌리는 때에, 人鬼回頭面

천성을 지니지 못한 사람만이 이런 데 있다네. 非天只在斯

…… (缺)

김 사로의 죽음을 슬퍼하여[12] 輓金師魯

대부(大夫)[13]는 학문하는 사람, 大夫學問人

---

8) 미친……있었나니 : 칠봉이 일찍이 바닷가 고을인 삼척 부사를 지낸 적이 있다.

9) 허둥대며……자로(子路) : 자로는 공자의 제자인데 부모를 봉양하기 위해서 백 리 밖에서 쌀을 지고 왔다. 여기서는 부모님 봉양을 위해서 자로처럼 부지런히 노력한다는 뜻이다.

10) 김 사로 : 김희삼의 자다.

11) 이 시는 『남명별집』(南冥別集)의 김칠봉조(金七峯條)에 나온다.

12) 이 시는 『남명별집』(南冥別集)의 김칠봉조(金七峯條)에 나온다.

얼음 병에 든 옥[14]과 같은 절조였었지.　　　　　　　玉操氷爲甁
훌륭한 두 형제 고향에서 함께 살고,　　　　　　　　雙栢共桑梓
네 아들들에게서 전형(典型)을 보겠네.　　　　　　四兒看典刑

칠언(七言)

김 사로의 죽음을 슬퍼하여[15] 輓金師魯

비단 같은 문장에다 넉넉한 학문,　　　　　　　　　題曾文錦學曾優.
간관(諫官) 지내다 돌아와 바닷가 고을[16] 원 되었지.　補闕歸來補海陬.
올바른 정신만 있으면 어찌 깔보는 사람 있겠으며,　唯有神君寧有侮,
아들이 많아도 근심[17]은 많지 않다네.　　　　　　縱多男子不多優.
야천(倻川)[18] 땅이 붉을 적엔 이윤(伊尹)처럼 밭을 갈고,[19]　倻川土赤耕莘野,
직현(直峴)의 샘이 누럴 때 고향으로 반장(返葬)하는구나.　直峴川黃喚首丘.
머리가 허연 친구인 나는 삼백 리 밖에 있는데,　頭白故人三百里,
그대 생각나면 어디에서 훌륭한 그 기상 보겠는가?　憶君何處見揚休.

제목 잃은 시[20] 失題

두류산 열 구비는 죽은 소 갈빗대 같고,　　　　　　頭流十破死牛脇,

---

13) 대부 : 김희삼의 벼슬이 삼품(三品)에 이르렀으므로 대부라고 했다.
14) 얼음 병에 든 옥 : 고상하고 정결(貞潔)한 인품을 비유한다.
15) 이 시는 『남명별집』(南冥別集)의 김칠봉조(金七峯條)에 나오는데, 김희삼에 대한 만시이다.
16) 바닷가 고을 : 김희삼이 삼척 부사를 지낸 적이 있다.
17) 근심은 : 원문의 '우'(優)자는 마땅히 '우'(憂)자로 되어야 한다.
18) 야천 : 성주에 있는 땅 이름. 직현(直峴)도 마찬가지다.
19) 이윤처럼 밭을 갈고 : 은나라 재상 이윤(伊尹)이 탕(湯) 임금에게 발탁되기 전에 신야(莘野)에서 밭을 갈면서 지냈다. 김사로가 세상이 어지러우면 농사일을 하면서 숨어 지냈다는 말이다.
20) 이 시는 「유두류록」에 나온다.

삼가 세 골짜기는 겨울 까치 집 같구나.   嘉樹三巢寒鵲居.
......

(缺)

제목 잃은 시[21]   失題

몸을 온전히 하려는 온갖 계획 모두 잘못되었고,   全身百計都爲謬,
방장산도 지금은 이미 맹세 저바렸도다   方丈於今已背盟.
......

(缺)

매화와 학을 읊다[22]   詠梅鶴

나와 한 쌍의 학 셋이서 식구가 되고,   雙鶴身同三作口,
집이 세 산에 있어 네 이웃이 되었다네.   三山家在四爲隣.
......

(缺)

무릉[23]의 시운에 따라서[24]   次武陵韻

화창한 바람 솔솔 불어 천리에 무르녹고,   光風習習醺千里,
훨훨 높이 날던 학 신선 세계에 내려앉누나.   孤鶴飄飄下十洲.
......

(缺)

영모당[25]   永慕堂

적막한 빈터에 부모 사모하는 뜻 붙였으니,   遺墟寥落號樹風.

---

21) 이 시는 「유두류록」에 나온다.
22) 이 시는 김우옹이 지은 「남명선생언행록」(南冥先生言行錄)에 나온다.
23) 무릉 : 주세붕(周世鵬)의 호.
24) 이 시는 권별(權鼈)이 지은 『해동잡록』(海東雜錄)에 나온다.
25) 영모당 : 이 시는 『진양지』(晋陽誌)와 이준민(李俊民)의 실기(實紀)인 『신암
    실기』(新庵實紀)에는 퇴계(退溪) 이황(李滉)의 시로 되어 있다. 영모당은 진

아버지 읍벽당(挹碧堂)[26]의 뜻을 잘 계승했네.　　　挹碧前頭肯構同.
이 속의 선조 추모하는 뜻 알고자 하나,　　　欲識箇中追遠意,
높은 산처럼 끝이 없고 물처럼 다함이 없도다.　　　高山無極水無窮.

다시 한 수[27]　　又

다북쑥 같은 신세 되어[28] 부모님 그리며,　　　蓼蓼莪蒿歎昊天.
고향의 옛 풍경 늘 아련하구나.　　　依依桑梓舊風烟.
이런 느낌 나 때문이 아니라는 것 알겠나니,　　　從知此感非由我,
이런 처지가 되면 사람마다 구슬퍼지리.　　　到此人人覺蒼然

주시 금산면 가방리(嘉坊里) 관동(冠洞)에 있던 집으로 남명의 자형 이공량이 그 부모를 추모하여 지은 집이다. 이공량은 서울에 집이 있었으나, 만년에는 혼자 여기서 거처했다. 지금 진양군 미천면 동향 마을의 전의 이씨(全義李氏) 재실에 이 시를 판각(板刻)해서 걸어두었는데, 퇴계의 시로 되어 있다.

26) 읍벽당 : 이공량(李公亮)의 아버지 이정윤(李貞胤)이 살던 집이다.

27) 다시 한 수 : 이 시는 『진양지』(晋陽誌)와 이준민(李俊民)의 실기(實紀)인 『신암실기』(新庵實紀)에는 금계(錦溪) 황준량(黃俊良)의 시로 되어 있다.

28) 다북쑥……되어 : 『시경』 소아(小雅) 「육아편」(蓼莪篇)에, "무성한 약쑥이라 하더니, 약쑥이 아니라 바로 다북쑥이네"라는 구절이 있다. 이는 '부모가 나를 낳아 기를 때는 내가 훌륭한 인물이 되어 끝까지 잘 봉양하리라 했는데, 나는 그렇지 못한 사람이 되고 말았다'는 뜻으로, 부모의 기대에 미치지 못한 것을 탄식하는 것을 비유하였다.

명(銘)

동작연[1]명[2] 銅雀硯銘

한 조각 한(漢)나라의 흙,　　　　　　　　　　　　　　一片漢土,
천 번을 구워도 변하지 않다가,　　　　　　　　　　千燔未化.
몸에 옻칠을 하고 숯을 삼켰으니,[3]　　　　　　　漆身吞炭,
그 마음 알 만하도다.　　　　　　　　　　　　　　心可知也.

---

1) 동작연 : 삼국시대 조조(曹操)가 업(鄴) 땅에 동작대(銅雀臺)라는 화려한 누각
   을 지었다. 후세 사람들이 그 터에서 나오는 기와로 벼루를 만들었다. 동작대
   의 기와는 진흙을 가는 베로 쳐서 호두 기름에 개어서 구웠기 때문에, 벼루의
   물이 며칠이 지나도 마르지 않는다고 한다.
2) 동작연명 : 병오본(丙午本)과 기유본(己酉本)에만 있고, 그 이후로는 삭제되
   었다.
3) 몸에……삼켰으니 : 전국시대 초기에 지백(智伯)의 신하였던 예양(豫讓)이 지
   백의 원수를 갚기 위해, 몸에 옻칠을 하여 문둥이 행세를 하고 벌겋게 단 숯
   덩이를 삼켜 벙어리가 되기까지 하였다. 조조가 세운 동작대(銅雀臺)에 쓰인
   기와로 만든 벼루는 한(漢)나라의 흙으로 만들었는데, 한나라를 망하게 한 조
   조에게 원수를 갚기 위해서 예양이 몸에 옻칠하고 숯을 삼킨 것처럼 검다는
   뜻이다.

제목 잃은 명[4] 失題

| 우레 같은 소리를 내려면 몸을 깊이 감추고 있어야 하며, | 雷則晦冥 |
| 용 같은 모습을 드러내려면 바다처럼 깊이 침잠해야 한다. | 龍則淵海 |

---

4) 제목……명 : 이 글은 김우옹이 지은 「남명행장」에 나오는데, "산에 있는 정사
에도 뇌룡이라는 이름을 걸어두셨다. 그리고 그 곁에 '뇌즉회명 용즉연해'라는
글을 써두셨다. 또한 그림을 잘 그리는 사람으로 하여금 뇌룡의 모습을 그리게
하여 자리 곁에 드리워두셨다"[山居精舍 亦揭名雷龍 書其旁曰 雷則晦冥 龍則
淵海 使龍眠 畵雷龍狀一幅 垂之座隅]라고 하였다.

서(書)

이 회재에게 답함[1]　答李晦齋
　─ 이름은 언적(彦迪)이다.

　어찌 거자(擧子)[2]의 신분으로 감사를 찾아갈 수 있겠습니까? 다만 생각건대, 옛 사람은 네 조정에 걸쳐 벼슬하였지만 조정에 있었던 것은 겨우 40일이었습니다.[3] 저는 상공(相公)께서 벼슬에서 물러나 고향으로 돌아갈 날이 멀지 않을 것이라 생각합니다. 그때에 제가 각건(角巾)[4]을 쓰고 안강리(安康里)[5]에 있는 댁으로 찾아가뵈어도 늦지 않을 것입니다.

---

1) 이 회재……답함 : 이 편지는 1543년(중종 38)에 회재 이언적(李彦迪)이 경상 감사로 부임해온 뒤 남명에게 편지를 보내 만나자고 하자, 남명이 답장한 것이다. 이 글은 「해관서문답」(解關西問答)에서 뽑은 것이다.

2) 거자 : 당나라 때 관리의 임용 고시에 참가한 사람을 '거자'라고 하였는데, 이후로 과거 응시자를 범칭하는 말로 쓰인다.

3) 옛 사람은……40일이었습니다 : 주자(朱子)가 일찍이 과거에 급제하여 관직에 나아갔지만, 황제 4대를 거치는 동안 40여 일 남짓 내직(內職)에 머물렀던 일을 가리킨다. 「연보」에 의하면, 주자가 실제로 내직에 있었던 기간은 46일로 되어 있다.

4) 각건(角巾) : 처사(處士)나 은자가 쓰는 두건을 말한다.

5) 안강리(安康里) : 이언적의 고향 마을로, 지금의 경상북도 경주군 안강읍이다.

노 자응⁶⁾에게 답함 答盧子膺
- 이름은 진(禛)이다.

제가 여러 번 은명(恩命)을 받들었으니 한 번이라도 대궐에 나아가 절하는 것이 예에 마땅하겠지마는, 도하(都下)에 머물며 다시 무슨 일을 하겠습니까? 영공께서는 아침저녁으로 조정에 들어가시는데, 만약 성현의 도를 시행하지도 못하면서 오래 머물며 물러나지 않으신다면, 또한 구차스럽게 녹만 타먹는다는 비난을 면치 못할 것입니다.

이기⁷⁾에게 답함 答李芑

상공(相公)께서는 제가 과거 공부를 포기하고 산림에 들어갔기 때문에, 마음 속으로 혹시라도 제가 학업을 쌓아 일가견이 있다고 생각하실지 모르지만, 이는 자신도 모르는 사이에 이미 많은 것을 속고 있는 것입니다. 이 몸에는 병이 많아 한가하고 고요한 곳에 거처하면서 다만 일생을 보전하기에 힘쓰고 있을 뿐입니다. 의리에 대한 학문은 제가 가르치는 바가 아닙니다.

이 강이에게 답함 答李剛而
- 이름은 정(楨)이다.

군려(君礪)⁸⁾의 집안일이 하루아침에 영락하여 이 지경에 이르렀으

---

6) 노 자응 : 자응은 노진(盧禛, 1518~1578)의 자이다. 선조 때의 명신으로, 호는 옥계(玉溪) 또는 칙암(則庵), 시호는 문효(文孝), 본관은 풍천(豊川)이다. 1546년(명종 1)에 문과에 급제하여 사헌부 지평·형조 참의 등을 거쳐 병조 판서·이조 판서에 올랐다.

7) 이기 : 1476~1552. 자는 문중(文仲), 호는 경재(敬齋), 본관은 덕수(德水)이다. 벼슬이 영의정에 이르렀으나, 윤원형(尹元衡) 등의 소윤(小尹) 일파와 손을 잡고 을사사화를 일으킨 원흉으로 일컬어진다.

8) 군려(君礪) : 하종악(河宗岳)의 자이다.

니, 매우 가슴이 아픕니다.

정 천뢰[9]에게 답함　答鄭天賚

겨울과 봄에 가물더니 장마비가 두루 내리는구려. 다만 생각건대 그대가 나 때문에 5백 리 밖에서 거듭 발이 부르트도록 와서 아무도 없는 빈 산에 머무니, 아마도 내가 군자를 크게 속인 것이 아니겠소? 시냇물이 불어나서 또 안부도 통하기가 어렵기에, 안부를 묻는 편지를 부쳐서 막혀 있는 면목을 대신하오. 어렵게 살다보니 하룻저녁 찬거리도 돕지 못하니 더욱 부끄럽소. 날이 개면 내 집을 찾을 것이므로, 그때를 기다려 얼굴을 마주하고 이야기하기로 하고, 우선 사례의 답장을 보내오.

제목 잃은 편지[10]　失題

지금이 어떤 때며, 어떠한 지경입니까? 허위를 일삼는 무리들은 모두 인원(麟楥)[11]과 다름이 없는데, 이런데도 버젓이 현자(賢者)의 자리를 차지하고 앉아서 종장(宗匠)인 것처럼 행동하는 것이 과연 옳겠습니까? 기자(箕子)[12]가 거짓 미치광이 짓을 한 것은 상(商)나라의 흥망

---

9) 정 천뢰 : 남명의 제자로 자가 천뢰인 듯한데, 누구인지는 자세치 않다.
10) 제목……편지 : 이 편지는 김우옹의 「남명선생행록」(南冥先生行錄)에 나오는데, 정인홍에게 답한 편지이다.
11) 인원(麟楥) : 기린 모양의 신발을 만드는 모형을 말한다. 이는 당나귀 가죽으로 만든 기린 모양의 신발을 ‘기린원’(麒麟楥)이라고 한 데에서 나온 말로, 본질은 형편 없는데 외형만 화려하게 치장한 것을 비유하는 말이다. 여기서는 내실은 없으면서 겉만 화려하게 수식하는 것을 비유하는 말로 쓰였다.
12) 기자(箕子) : 은(殷)나라 말기의 삼인(三仁) 가운데 한 사람이다. 은나라 마지막 왕인 주(紂)의 숙부로, 왕이 무도하여 간언을 하였으나 받아들여지지 않자 거짓 미친 척하여 노예가 되었다고 한다. 뒤에 주나라 무왕(武王)이 은나라를 이기고 그를 석방시켜주었으며, 무왕이 천도(天道)를 묻자 「홍범」(洪範)을 지

에 관계된 것이 아니고, 자신이 명이(明夷)[13]에 처해 성현(聖賢)으로 자처하지 않으려고 한 것이었습니다.

근래 한훤(寒暄)[14]과 효직(孝直)[15]도 모두 선견지명이 부족하였는데, 하물며 나와 같은 사람이겠습니까? 나는 이 세상 사람들 속에 뒤섞여 살며, 술자리에 앉아 있는 사람과 다름이 없고자 합니다. 그렇다고 어찌 시끄럽게 떠들고 기질을 부리며 다른 사람을 안중에도 두지 않는 사람처럼 그렇게 행동하겠습니까? 지금 나는 내 자신이나 스스로 지킬 뿐, 중한 명망을 받고 있는 상태에서 빨리 벗어나고자 할 따름입니다. 이 늙은이에게 소견이 없어서 그런 것이 아닙니다.

정 도가[16]에게 답함[17] 答鄭道可
― 이름은 구(逑)이다.

햇살이 따스한 봄날, 필마(匹馬)로 산을 찾아오면…….

학관[18] 권응인[19]에게 줌[20] 與權學官應仁書

매우 어려운 처지에 근심거리가 많아, 쉽게 바로 헤어지고 말았습니

어 바쳤다고 한다.

13) 명이 : 『주역』의 괘(卦) 이름으로, 태양이 땅 속에 들어가 있는 형상이다. 즉 혼매한 임금이 위에 있어 세상이 어지러운 것을 의미한다.

14) 한훤 : 조선 전기의 도학자 김굉필(金宏弼, 1454~1504)의 호이다.

15) 효직 : 조선 전기 도학정치를 실현하려던 조광조(趙光祖, 1482~1519)의 자이다.

16) 정 도가 : 도가(道可)는 남명의 제자인 정구(鄭逑, 1543~1620)의 자이다.

17) 정 도가……답함 : 이 편지는 갑오본 속집에 수록되어 있다. 정구(鄭逑)의 제문 속에도 보인다.

18) 학관 : 승문원(承文院)의 관직으로, 이문학관(吏文學官)을 가리킨다.

19) 권응인 : 1517~ ?. 자는 사원(士元), 호는 송계(松溪)로 문장에 능했으며 한리학관(漢吏學官)을 지냈다.

20) 학관……줌 : 이 편지는 기유본에만 수록되어 있다.

다. 회포를 풀지도 못하고 도리어 가슴 속에 간직했던 생각마저 잊어버리고 말았으니, 애초 만나지 않았던 것만 못하게 되었습니다.

지금 김 봉사(金奉事)[21]를 통해 소식을 듣건대, 공의 행차가 수영(水營)에 도착한 듯한데, 며칠이나 그곳에 머물러 있을 예정입니까? 보내준 오주(五柱)[22]를 영감(令監)[23]에게 보였습니까? 반드시 영공(令公)이 공무에서 물러나 한가히 지낼 때를 기다려 보여주길 바랍니다. 너무빨리 보일 필요는 없습니다. 다만 공의 행차가 갑자기 떠나면 다시 영공에게 말씀 드려 부탁할 기회가 없을까 걱정될 따름입니다.

이 늙은이는 이제 나이 일흔이나 되어 온갖 일에 관심이 없고, 오직한 치의 무덤으로 들어갈 날만 바라보고 있습니다. 그런데 집안에 젊은 사람이 없으니, 하루아침에 영원히 하직을 하고 나면 산길이 험해영구(靈柩)를 옮기는 일이 제일 어려운 일일 것입니다. 만약 명이 끊어지는 날을 안다면 선영(先塋)으로 돌아가 죽어 천명에 순응하고 싶습니다. 오직 그러고 싶은 마음뿐입니다.

공은 사상(使相)[24]이 생각하는 바를 잘 살펴서, 사실대로 내게 알려주어야 할 것입니다. 내 나이 이제 일흔인데 어찌 조금이라도 인색한마음이 있겠습니까? 다만 생각건대, 내가 굳이 알고자 하는 것은 미혹하기 때문입니다. 옛날 사람들이 죽고 사는 데 대처하는 방법은 이와같지 않았습니다. 뒷날 다시 만나는 일은 분명 아득한 일이니, 아련한생각을 금치 못하겠습니다. 삼가 아룁니다.

---

21) 김 봉사 : 봉사는 훈련원(訓練院)이나 군기시(軍器寺) 등의 종8품 관직이다. 이 편지의 '김 봉사'가 누구를 가리키는지는 분명치 않다.
22) 오주 : 성명가(星命家)가 명운(命運)을 점칠 때 쓰는 것으로, 태어난 해[年]·달[月]·일(日)·시(時)·각(刻)을 말한다.
23) 영감 : 조선시대 정3품 또는 종2품 관원을 부르던 호칭으로, 대감(大監) 다음가는 관원을 일컫는 말이다. 여기서는 수사(水使)를 가리킨다.
24) 사상 : 재상과 장수를 겸임한 사람을 일컫는 말이다. 여기서는 수영(水營)의수군 절도사를 가리키는 말인 듯하다.

제목 잃은 편지　失題

　어제 이동(履洞)에 갔더니 그대의 행차가 옮겨갔더군요. 만나지 못하고 돌아와 밤새도록 안타까워하고 섭섭해 했습니다. 문안드리오니, 형은 벼슬살이가 어떠하십니까? 형이 영남을 다녀간 이후로 아직까지 한 번 왕림(枉臨)하지 않으시니, 혹 직책에 매여 그런 것이 아닌지요? 아뢰올 말씀은, 집에 천연두를 앓지 않은 애가 있습니다. 납일(臘日)에 잡은 토끼고기를 해마다 보내주셨는데, 금년에는 얻을 곳이 없습니다. 귀조(貴曹)에서 늘 나누어 보내오는 것이 있었는데, 보내주실 수 없을는지요? <할 말은> 한 번 만나 뵈올 때로 미루고, 다 갖추지 못합니다. 늙은 것이 송구스럽습니다. 납일에 제(弟) 식(植)이 아룀.

책을 보내준 사람에게 답함[25]　答人書贈

　눈이 한 길이나 쌓였습니다. 책은 중요하나 물건은 웬 것입니까? 책은 받을 수 있으나 물건은 받을 수 없습니다. 받을 수 있는 것은 남겨두고, 받을 수 없는 것은 돌려드립니다.

---

25) 책을……답함 : 이 편지는 기유본에만 수록되어 있다.

기(記)

삼우당 문공 묘사기 三憂堂文公廟祠記

고려 좌사간대부(左司諫大夫)[1] 문공(文公)의 묘가 강성현(江城縣)[2] 북쪽 갈로개산(葛蘆介山)에 있다. 건문(建文) 2년(1400), 조정에서 예에 맞게 장사지내도록 하고 민호(民戶)를 두어서 무덤을 지키도록 명했다.

공의 휘는 익점(益漸), 자는 일신(日新)인데 본관은 강성(江城)이다. 젊어서부터 배우기를 좋아했고 훌륭한 행실이 있었다. 지정(至正) 경자년(1360) 과거에 합격하였고 여러 벼슬을 거쳐 우문관(右文館)[3] 제학(提學)에 이르렀다. 국조에 이르러, 태종대왕께서 공의 공덕과 행실

---

1) 좌사간대부 : 좌사간은 고려시대 중서문하성(中書門下省)의 낭사(郎舍) 벼슬로 정6품이다. 대부는 벼슬의 품계에 붙여 부르는 명칭인데, 고려 때에는 종2품에서 종5품 하까지 또는 정2품에서 종4품까지였다. 따라서 좌사간에 대부를 붙여 부르는 것은 적절한 표현이 아니다. 아마도 상대를 높여서 이렇게 불렀던 듯하다.

2) 강성현 : 단성현(丹城縣)의 옛 이름이다. 지금은 산청군에 병합되었다.

3) 우문관 : 충렬왕 34년(1308)에 고려 초기의 태학사·학사들이 임금에게 경서를 강론하던 문덕전(文德殿)을 고쳐서 우문관이라 불렀다. 후대에는 사시 수문전(修文殿)이라 고쳤다.

을 추념하여 아름답게 여기시고 참지의정부사(參知議政府事) 예문관
(藝文館) 제학(提學)으로 증직하고 강성군(江城君)으로 봉해서 시호를
충선(忠宣)이라 하였다. 세종대왕은 특별히 품계를 올려주고 부민후
(富民候)로 봉했다.

지정 연간에 공이 서장관(書狀官)으로 원나라에 갔다가, 어려운 나
라일을 당하여 남쪽 변경으로 귀양을 갔다. 3년 만에 풀려서 돌아오
는데 도중에 목면 꽃을 보았다. 엄하게 금하는 법을 돌아보지 않고,
남모르게 감추어서 돌아와 우리 나라에 번식시켜 우리 나라 백성들에
게 만세토록 혜택을 입도록 했으니, 그 공을 어찌 작다고 하겠는가?
그런데 공이 충절 때문에 당시에 하지 말아야 할 것을 범해서 남쪽
광주(廣州) 지방으로 가지 않았더라면 어찌 그 종자를 우리 나라에
옮겨 올 수 있었겠는가? 대저 한몸 나그네의 신분으로 오직 나라를
보위하고 백성을 윤택하게 하는 일만을 생각한 사람을 나는 공에게서
보았으니, 국조에서 특히 총애하는 명령을 내려 포상(褒賞)한 것이 마
땅한 것이었다. 천순(天順) 5년(1461)에 도천(道川)[4]에다 사당을 세워[5]
봄가을로 제사를 지내는 것도 임금의 특명을 받들어 고을 사람들이
이룩한 것이었다.

공은 어버이를 섬김에 그 도리를 다해서, 잠깐 동안이라도 곁을 떠
난 적이 없었다. 비록 관직에 있었을 때에도 일년 동안에 휴가를 두
번 갈 수 없음을 걱정하였다. 그 후 만 리나 먼 황무지에서 귀양 살
다가 5년 만에 돌아올 적에도 오직 부모님께 인사드리는 일만을 급
하게 생각했다. 그러므로 원나라 조정에 있을 때에는 관직에 제배(除
拜)된 지 10여 일 만에 사직하였고, 본국에서도 관직에 임명된 지 5
일이 못 되어서 직위를 그만두었다. 아는 사람은 "공의 어버이 생각

---

4) 도천 : 옛날의 단성현에 있던 지명으로 지금의 산청군 신안면이다.
5) 사당을 세워 : 이 사당은 임진왜란 때 불탔는데, 1621년 도천서원(道川書院)으
   로 재건되었고, 1871년의 서원 철폐령으로 인해 노산정사(蘆山精舍)로 이름을
   고쳤다가 현재는 다시 도천서원으로 복구되었다.

하는 마음은 <너무도 지극하여> 우환과 부귀 속에서도 능히 잊지 못했다"라고 하였다. 그후 모친상을 당해서 복을 입고 여묘(廬墓)하고 있는데 마침 왜구가 날뛰는 것을 만났다. 사람들이 모두 도망쳐 숨었으나 공은 최복(衰服)을 입고 건질(巾絰)을 두르고서, 하늘을 우러러 통곡하며 제사 음식 올리는 일을 보통 때와 같이 하였다. 도적들도 감탄해서 나무를 깎아, "효자를 해치지 말라"라는 네 글자를 써놓고 갔다. 이로 인해 홍무 16년(1383)에 조정에서 돌에 새겨 표창하였던 것이다.

만년에는 고려의 운수가 끝날 것을 알고 병을 핑계하여 벼슬하지 않았다. 신라와 고려 때에 비록 설 홍유(薛弘儒)[6]・최 문헌(崔文獻)[7]이 있어 능히 학문을 창도하여 내려오기는 하였으나, 말엽에 이르러서는 학문이 차츰 없어져 점점 쇠해지고 학교도 무너져서 세상에서는 모두 불교를 믿게 되었다. 공이 홀로 안타깝게 여기고 학업을 힘써서 후학이 돌아갈 바를 보였다. 스스로 삼우거사(三憂居士)라 일컬었는데, 세 가지 근심이라 함은 왕국이 떨치지 못함을 걱정하고, 성학(聖學)이 전해지지 않음을 걱정하고, 자신의 도가 확립되지 못했음을 걱정한다는 것이었다. 그후에 다시 한번 세상에 나온 일도 아마 할 일이 있었기 때문이었을 것이다. - 결락되었다.

---

6) 설 홍유 : 신라의 대학자인 설총(薛聰)이 홍유후(弘儒侯)에 봉해졌기 때문에 이렇게 부른다. 자는 총지(聰之)이다. 강수(强首), 최치원(崔致遠)과 더불어 신라 삼 문장의 한 사람이며, 벼슬은 한림(翰林)에 이르렀다. 어려서부터 유달리 총명하여 널리 경사(經史)에 통했으며 이두(吏讀)를 집대성했다.

7) 최 문헌 : 984~1068. 고려 초기의 학자 최충(崔冲)을 가리킨다. 시호가 문헌이기 때문에 이렇게 부른다. 최충의 자는 호연(浩然), 호는 성재(惺齋)・월포(月圃)・방회재(放晦齋)이며, 본관은 해주(海州)이다. 1053년(문종 7)에 중서령(中書令)으로 퇴관한 후로는 후진을 양성하며 우수한 제자를 많이 배출하였다. 이것이 문헌공도(文憲公徒)인데, 십이공도(十二公徒) 중의 하나이다. 우리 나라의 교육을 진흥시키는 데 커다란 공헌을 하여 이후 해동공자(海東孔子)라 불린다.

함허정[8]기 涵虛亭記

가정(嘉靖) 정미년(명종 2, 1547) 봄에 영공(令公)[9] 김수문(金秀文)[10]
이 이 정자를 증수하였다. 정자가 낡고 헐었을 때는 거(莒)[11]나라처럼
작고 초라하더니, 정자를 다시 손대어 고치니 초(楚)나라처럼 크고 당
당하였다. 사방이 조용하여 묵묵히 깨달으니, 사방이 8,9백 리나 되는
운몽(雲夢)[12]과 같은 대택(大澤)이 모두 한쪽 거울 속에 들어 있는 듯
하다.

세상에 있는 모든 것 가운데에서 태허(太虛)[13]보다 옹골찬 것은 없

---

8) 함허정 : 함허정은 김해(金海)에 있는 정자로 1498년(연산군 4)에 김해 부사
(金海府使)로 왔던 최윤신(崔潤身)이 짓고 어세겸(魚世謙)이 이름을 지었다고
한다. 기록에 보면 주위에 있던 호계(虎溪)의 물을 끌어들여 연못을 만들고
그 가운데에 정자를 지었다고 하는데, 이 정자에 대한 유래는 김일손(金馹孫)
의 「함허정기」(涵虛亭記)에 자세히 나와 있다. 김일손의 「함허정기」에 따르
면 정자 이름의 유래는 "못의 크기는 반 묘(畝)이나 물이 고여서 출렁거리며
하늘[太虛]을 잠기게 하였다. 최후(崔侯)가 좌상(左相) 어공(魚公)에게 정자
이름을 지어줄 것을 청하여 '함허'(涵虛)라고 명명하였다"[其大半畝 而渟潴演
漾 涵混太虛 侯請名于左相魚公 公以涵虛爲命]라고 되어 있다.
9) 영공 : 정3품과 종2품의 관원을 일컫던 말로 달리 영감(令監)이라고도 한다.
10) 김수문 : 1506~1568. 무신으로 자는 성장(成章)이며 본관은 고령(高靈)이다.
중종 때 무과에 급제하여 영건 만호(永建萬戶)로서 야인(野人)들을 평정하는
데 공을 세웠다. 1545년(명종 즉위년)에 동래 현령, 1547년에 김해 부사가 되
었다. 이때에 김해에 있는 함허정을 증수하였던 것으로 보인다. 1555년(명종
10) 을묘왜변(乙卯倭變)에 제주 목사로서 왜구를 대파하여 그 전공으로 한성
부 판윤(漢城府判尹)으로 특진하였고, 1559년(명종 14)에 평안도 병마절도사
가 되어 여러 차례 호인(胡人)의 침략을 격퇴하여 북변 방어에 공을 세웠다.
11) 거 : 중국 주대(周代)의 소국(小國)으로 후에 초(楚)나라에게 멸망당했다.
12) 운몽 : 중국의 초(楚)나라에 있다고 하는 대택(大澤)의 이름으로 사방이 8,9백
리나 된다. 동정호(洞庭湖)의 별칭이다.
13) 태허 : 태허는 대허(大虛)라고도 쓰는데 여기에서는 '하늘'을 가리킨다고 할
수 있다. 철학적으로 태허는 우주를 생성하는 근원적인 원기(元氣)를 가리키
는 말인데, 송대(宋代)의 유학자 장재(張載)는 『정몽』(正蒙) 「태화」(太和)에
서 "태허는 허공(虛空)과 같은 것으로 형태가 없는 것이며, 우주에 존재하는

으니, 속이 비어 있으면 길러 순백(純白)의 상태로 만들어[14] 안을 방정
히 하고 밖을 제압한다. 또한 이와 같은 이치를 본 자가 정자의 편액
(扁額)을 쓰고 그런 소문을 들은 자가 정자를 지었던 것인가?

　일찍이 듣건대, 건물을 살펴보는 사람은 그 네 모서리를 살펴본다고
한다. 『주역』(周易)의 건곤(乾坤)[15]과 육위(六位)[16]가 팔방(八方)[17]으로
나란히 열을 지어 모서리를 이루니, 모서리에 각이 진 것이 어찌 태허
로부터 말미암은 것이 아니겠는가? 동영(東楹)[18]과 연루(燕樓)[19]의 부
귀 영달을 포기하고서 기어이 깊고 잠잠한 가운데 정신을 한 군데로
모으고자 하였으니, 이는 아마도 평생을 초야에 묻혀 살고자 한 뜻이

　　모든 것을 형성하는 기(氣)의 본체이다[太虛無形 氣之本體]라고 정의하면서
　　태허는 우주의 본체이며 도덕의 원천임을 주장하고 있다.
14) 속이……만들어 : 여기에서는 정자의 주위를 둘러싼 연못의 물에 하늘이 잠
　　기는 모양을 형용한 표현으로 볼 수 있다. 그러나 '허'(虛)와 '백'(白)이라는 글
　　자에 유의한다면 좀더 다른 의미로 해석할 수 있다. 『장자』「인간세」(人間世)
　　에 "아무것도 없이 텅빈 방에 흰 햇빛이 또렷이 들어오는 법이니 그와 마찬
　　가지로 이 세상의 온갖 행복은 조용한 공허(空虛)에 깃들이는 것이다"[虛室生
　　白, 吉祥止止]라는 구절이 있는데, 여기에서 잡념 없는 깨끗한 마음으로 허심
　　히 대하면 사물의 진리를 깨닫는다는 뜻의 '허백'(虛白)이라는 말이 유래되었
　　다. 그런데 『회남자』「숙진훈」(俶眞訓)에는 『장자』의 이 구절에 대해 "허(虛)
　　는 마음이고, 실(室)은 몸이고, 백(白)은 도(道)를 말한다"[虛心也, 室身也, 白
　　道也]라는 설명을 달고 있다.
15) 건곤 : 여기에서 건(乾)은 '하늘', 곤(坤)은 '땅'을 가리킨다.
16) 육위 : 『역』(易)의 여섯 괘효(卦爻)인 초(初)·이(二)·삼(三)·사(四)·오(
　　五)·상(上)을 가리키는데, 이들은 각각 음양(陰陽)·강유(剛柔)·인의(仁義)
　　를 상징한다.
17) 팔방 : 주역의 건(乾)·감(坎)·간(艮)·진(震)·손(巽)·이(離)·곤(坤)·태(兌)
　　등의 여덟 방향을 가리킨다.
18) 동영 : 집의 동쪽 처마를 일컫는 말로 보통 공경대부(公卿大夫)와 같이 벼슬
　　이 높은 관료를 비유하는 데에 쓰인다.
19) 연루 : 연루(燕樓)는 본래 '연자루'(燕子樓)를 가리키는데, 당나라 상서(尙書)
　　장음(張愔)이 이 누대를 짓고서 애첩인 관반반(關盼盼)을 살게 했다는 데에서
　　축첩(蓄妾)하는 행위의 비유로 쓰인다.

었으리라.

　김공(金公)은 무예로 발신하였으나 유자(儒者) 못지않게 학문을 깊이 연구하였다. <정치를 하면서는> 뛰어난 수완을 발휘해[20] 이리저리 궁리를 하면서도 작은 손가락으로 세상사를 헤아리는 잘못을 범하지는 않았다. 그러나 이상의 일은 영공이 정치를 하고 난 뒤의 여력(餘力)일 뿐이니 이것으로써 그 사람됨의 크기를 충분히 엿볼 수 있는 것은 아니다. 슬프도다! 그 사람은 떠나고 그가 행한 정치 또한 흔적 없이 사라져버렸으니, 오직 그 마음에 품었던 생각의 자취만이 여기에 남아 있도다. 훗날 이 정자에 오르는 이는 마땅히 건물로써 그 사람을 볼 것이 아니라 그 사람됨으로써 헤아려보아야 할 것이다.

---

20) 뛰어난······발휘해 : 원문은 '착륜'(斲輪)으로 되어 있는데, 이는 『장자』「천도」(天道)에 나오는 윤편(輪扁)의 고사에서 유래한 말로, 보통 기술이 뛰어난 것을 지칭하는 말로 쓰인다. 여기에서는 정치적 수완이 뛰어난 것을 가리키는 것으로 보인다.

묘지(墓誌)

증가선대부 호조참판 겸 동지의금부사 이공 신도비명 병서[1]
贈嘉善大夫戶曹參判兼同知義禁府事李公神道碑銘 幷序

가정황제 39년 경신(1560) 봄에 왕이 좌부승지 이정(李楨)에게 말하기를 "돌아가 네 모친을 살펴라. 과인이 너의 충효를 아름답게 여겨서, 너의 모친을 봉양할 몇 가지 음식을 약간 내리노니, 네 가더라도 나를 멀리하지 말라" 하였다. 이 해 가을 8월에 거듭 유후(留後)[2]로 임명하시어 동경(東京)[3]을 다스리도록 한 것도 모친을 섬기도록 한 때문이었다. 그리고 왕이 이르기를 "너의 아버지 담(湛)에게 가선대부(嘉善大夫) 호조 참판(戶曹參判) 겸 동지의금부사(同知義禁府事) 작위를, 어미 정씨(鄭氏)에게는 정부인(貞夫人)으로, 조부 이번(以蕃)은 통정대부(通政大夫) 공조 참의(工曹參議)로, 조모 조씨(曹氏)는 숙부인(淑夫人)으로, 증조 맹주(孟株)는 통훈대부(通訓大夫) 통례원(通

---

1) 증가선대부……병서 : 이 글은 갑오본과 갑술본의 속집에 들어 있다.
2) 유후(留後) : 유수(留守)를 다른 말로 일컬은 것. 고려 때 유수를 두어 동경[경주(慶州)]을 다스렸다. 여기서는 경주 부윤을 예스럽게 표현한 말이다.
3) 동경(東京) : 여기에서는 경주(慶州)를 가리킨다. 경주는 고려 삼경(三京)의 하나로, 성종(成宗) 때 신라의 옛 서울이던 경주를 동경으로 개칭하였다.

禮院) 좌통례(左通禮)로, 증조모 정씨는 숙인(淑人)으로 추증한다" 하였다. 군자가 이르기를 "효도는 그 어버이를 이루게 하는 것보다 큰 것이 없고, 자신을 이루는 것은 그 다음이다"[4]라고 했는데, 이런 것을 두고 이른 것이리라.

이씨의 선조는 사수현(泗水縣)[5] 사람인데 세계(世系)는 고려의 진사 세방(世芳)에게서 시작된다. 이 분이 아들 언(彦)을 두었는데 생원이었다. 생원이 아들 자(滋)[6]를 두었는데 생원으로 담양 교수를 지냈다. 교수가 아들 이륜(彝倫)을 얻었는데 진사였고 효도로 알려져서 특명으로 서용되었으니, 이분이 공의 증조부이다. 참의가 훈련원 참군(參軍) 경무(慶武)의 따님 조씨(曹氏)에게 장가들어 공을 낳았다.

공의 자는 언숙(彦淑)이다. 신중하고 효성스러웠으며, 겸손함으로써 자신의 덕을 길렀다. 일찍이 남에게 거스른 적이 없었고 아들을 가르침에 조금도 게으르지 않았다. 가보(家寶)는 원구(元龜)[7]이며, 아름드리 보옥에 있지 않았으니, 후일에 영화롭게 오정(五鼎)[8]을 먹을 수 있었던 것은 전일에 복을 심은 탓이 어찌 아니겠는가? 나이 예순셋을 누렸고, 사천의 구암(龜巖) 선영 밑에 장사지냈는데 옛 전장(田莊)이 있는 곳이기 때문이다.

의정부 좌찬성 정신중(鄭臣重)의 증손 곡산 훈도(谷山訓導) 현손(賢孫)의 딸 정씨(鄭氏)에게 장가들어서 부윤(府尹)[9]을 낳았다. 부윤은

---

4) 효도는……다음이다 : 『예기』「애공문」(哀公問)에 애공(哀公)과 공자가 성친(成親)과 성신(成身)에 관해 주고받은 내용이 자세히 전하다.
5) 사수현 : 지금의 경상남도 사천군(泗川郡)의 옛 이름이다.
6) 자 : 이정의 문집인 『구암집』(龜巖集)에는 '자'(澬)로 되어 있다.
7) 원구 : 훌륭한 모범이라는 뜻이다. 『삼국지』『오지』(吳志)「손권전」(孫權傳)에 "앞 시대의 뛰어난 일을 하는 사람이요, 후대의 왕에게 훌륭한 모범이 되는 인물이다"[前代之懿事, 後王之元龜也]라는 구절이 있다.
8) 오정 : 소·양·돼지·물고기·순록(馴鹿)을 담아 제사지내는 다섯 개의 솥을 말한다. 여기서는 훌륭한 음식 또는 맛있는 음식이라는 뜻으로 쓰였다.
9) 부윤 : 여기에서는 이정을 가리킨다.

관을 겨우 넘어 문과에 장원급제해 네 번 수령을 맡았고 참의를 네 번 역임했으며, 은대(銀臺)[10]를 나오자마자 또 미원(薇苑)[11]에 들어갔다. 매양 어버이가 늙었다는 것으로써 외직을 요청하였다. 학문에 독실하여 게으르지 않았으며 항상 박실(朴實)하게 공부하였다. 일찍 중종과 인종 양 대왕의 상에 복상했고, 또 친상을 당해서 죽만 마시며 시묘살이했는데 주상께서 들으시고 통정(通政)으로 승진시키도록 명했다. 아들 응인(應寅)은 문학을 공부했고, 응인의 아들이 둘인데 호변(虎變)과 곤변(鯤變)이다. 명은 다음과 같다

이씨의 선대는,	李氏之先
여말부터 이름난 집안.	麗季有聞
글하는 선비가 거듭 났으나,	文儒申申
벼슬은 중간에 침체하였다.	簪笏中淪
물에 잠긴 계수나무의 끼친 향기가,	沈桂遺香
공에게 비로소 향내를 뿜네.	在公載芬
십수교(十水橋)[12] 다리 동쪽,	十水橋東
사천(泗川)[13]이 서쪽으로 흐르는데,	泗川西歸
구산(龜山)[14]이 푸른 곳에,	龜山蒼蒼
공은 백의(白衣)로 있었다.	公白其衣
홰나무 그늘졌는데,	槐樹陰陰
심은 사람은 왕호(王祜)[15]였다.	植者王祜

10) 은대 : 승정원(承政院)의 별칭이다.
11) 미원 : 사간원(司諫院)의 별칭이다.
12) 십수교 : 진주목과 사천현의 경계에 있던 다리 이름이다. 『경상도읍지』(慶尙道邑誌) 「사천현」(泗川縣)조에 "현의 북쪽 5리 진주와의 경계에 있다"라고 하였고, 「진주목」조에는 "가차례(加次禮)에 있는데, 돌로 만들었다고 한다. 조수가 열물이 되면 이곳에 이르기 때문에 이렇게 부른다고 한다"라고 하였다.
13) 사천 : 사수(泗水)를 이르는 말인데, 서쪽으로 흘러 사천만(泗川灣)으로 들어간다.
14) 구산 : 경상남도 사천군 사천읍에 있는 산 이름이다.

산이 옥을 감춰두었다가,	山含玉韞
신백(申伯)과 중산보(中山甫)[16]를 내려주셨다.	降以申甫
어질고 후덕한 아들은,	振振家子
충성스러운 왕의 신하로다.	蹇蹇王臣
높은 벼슬이 새로 더해져,	朱紱新加
총애가 귀신과 사람을 놀라게 했다.	寵傾神人
자부(紫府)[17]에서도 놀라,	喧驚紫府
공을 상빈(上賓)[18]으로 삼을 것이다.	公作上賓

월담 정사현[19]의 묘갈에 씀 題鄭月潭思賢墓碣

선비 정군의 묘에 글로써 이어쓰기를 "군이 젊은 나이에 글 공부는
이루지 못했으나, 오히려 아버지의 사업은 능히 넉넉하게 이었다"라고
하였다.

---

15) 왕호 : 『송사』(宋史) 「왕단전」(王旦傳)에 보면 왕호는 송나라 사람인데, 일찍
이 홰나무 세 그루를 뜰에다 심으면서 "나의 자손에 반드시 삼공(三公)이 되
는 자가 있을 것이다"라고 하였다. 그후 둘째아들 단(旦)이 재상이 되었는데
세상에서 삼괴왕씨(三槐王氏)라 일컬었다고 한다.

16) 신백과 중산보 : 모두 주나라 선왕(宣王)을 보좌한 현신들이다. 신백은 신국
(申國)에 봉해진 제후로 선왕의 외삼촌인데 주나라의 경사(卿士)가 되어 충성
을 다하였다. 윤길보(尹吉甫)가 숭고(崧高)의 시를 지어 그에게 주었다고 한
다. 중산보는 '중산보'(仲山甫)로 쓰기도 한다. 노나라 헌공의 둘째아들로 주
나라에 벼슬하여 경사가 되었다. 선왕을 도와 주나라의 중흥을 이룩하였다.
윤길보가 증민(烝民)의 시를 지어 칭송했다고 한다.

17) 자부 : 신선이 사는 곳으로 보통 신선세계를 일컫는 말이다. 『해문십주기』(海
門十洲記)라는 책에 "장주에는 자부궁이 있는데, 천진난만한 선녀들이 이곳에
서 놀았다"[長洲有紫府宮, 天眞仙女遊於此地]라는 구절이 있다.

18) 상빈 : 상등(上等)의 손님, 곧 귀빈(貴賓)을 가리킨다.

19) 월담 정사현 : 정사현의 자는 희고(希古), 호는 월담(月潭), 본관은 진양(晉陽)
이다. 고령에 살았는데 남명의 매부이다.

소(疏)

제목 잃은 상소문[1] 失題

신은 너무 늙은데다 병도 많고 죄도 많아, 감히 어명(御命)을 받고도 달려나갈 수가 없습니다. 재상의 직무 가운데 사람을 쓰는 것보다 더 중요한 일은 없습니다. 그런데 지금은 착한 사람과 악한 사람을 따지지 않고, 간사한 사람과 바른 사람을 가리지 않은 채 사람을 쓰고 있습니다.

---

1) 제목……상소문 : 이 상소문은 1567년에 올린 것으로, 정인홍이 지은 「남명선생행장」에 보인다.

잡저(雜著)

지족당 조공[1] 유사　知足堂趙公遺事

공이 여덟 살 때에, 돌아가신 아버지 집의공(執義公)[2]의 동년(同年)[3]에게 가서 배웠다, 그분은 위연산(蝟淵山) 아래 마을에 살았는데, 그때의 방백(方伯)[4]도 또한 집의공의 동년이었다. 그 방백이 그 전부터 공이 특이한 재사(才士)라는 소문을 듣고, 부임하자마자 한 번 찾아가고자 생각했다. 공이 그때 위연 마을에 있었으므로 방백이 곧바로 위연가로 가서 동년에게 공을 데리고 오라 하였다. 공의 용모는 사람을 감동시킬 만하고, 말하는 품은 여유가 있으면서도 우아하였다. 방백은 "과연 앞서 듣던 바와 같다"라고 하고, 이어서 네 운을 불렀다. 모두 그 자리에서 지었는데, '몇 개 푸른 부들의 많은 마디'라는 구절이 있었다. 방백이 더욱 기이하게 여겨서 손을 잡고 감탄하면서 "감찰이 비록 죽었으나 이 아이가 반드시 세상에 이름을 떨쳐 부모를 현양할 것이다"라고 하였다.

---

1) 지족당 조공 : 조지서(趙之瑞, 1454~1504)를 가리키는데 지족당은 그의 호이다.
2) 집의공 : 조지서의 아버지 조찬(趙瓚)을 가리킨다.
3) 동년 : 같은 해에 과거에 같이 합격한 사람을 일컫는 말이다.
4) 방백 : 관찰사를 달리 일컫는 말이다.

공의 웅대한 문필은 한 세상을 독보하여 생원, 진사 두 시험에 모두 장원했으나, 국법에 한 사람이 두 곳의 장원을 할 수 없었으므로, 생원시에는 일등, 진사시에는 이등으로 합격하였다. 또 중시에 장원했기 때문에 그가 살던 곳을 사람들이 삼장원동(三壯元洞)[5]이라 불렀다.

공은 청백(淸白)으로서 당시에서 으뜸이었는데, 같은 고을 출신의 승지 정성근(鄭誠謹)[6]도 또한 청백으로서 일컬어졌다. 중국 사신 공용경(龔用卿)[7]이 황제의 명을 받들고 본국에 사신으로 왔을 때, 일을 힘써 간편하면서도 엄숙하게 처리하니, 사람들이 공경하고 두려워하였다. 어떤 사람이 오랑캐 땅의 족제비 털로 붓을 만들고 백금으로 붓대를 만들어서 드렸다. 공은 그 붓이 마음먹은 대로 글씨가 씌어지는 것이 좋아 붓대는 뽑아버리고 받았다. 나라 사람들이 은근히 말하기를 "공은 결백하다고 자신을 높이지 마시오. 우리 나라에도 또한 조 아무개[8]와 정 아무개[9]가 있다"라고 하였다고 한다.

공은 돌아가신 아버지의 제삿날을 당할 때마다 지극히 슬퍼하고 사모하였다. 하루 전날 저녁에 반드시 정당에다 영위를 베풀고 찬을 갖추어 신주를 받들어 내오면, 곧 엄숙한 얼굴로 공손하게 있다가 닭이 울면 제사하였다. 전날 저녁에 신주를 받들어 내옴이 비록 예법은 아니나, 그 사랑함과 공경함이 함께 지극하여 신이 앞에 있는 듯이 하는 정성[10]을 깊이 이루었으나, 조 청헌(趙淸獻)이 침실에다 화상을 걸어

---

5) 삼장원동 : 지금 경상남도 하동군(河東郡) 옥종면(玉宗面)에 있는 지명으로 동곡(桐谷)을 이렇게 부른다.

6) 정성근 : ?~1504. 조선 초기의 문신으로 자는 이신(而信)이며 본관은 진주이다. 승지로 이조 판서에 증직되었다. 성종(成宗)대에 청백리에 뽑혔다.

7) 공용경 : 1539년(중종 34)에 중국 황태자의 탄생을 알리는 조서를 가지고 우리 나라에 왔던 중국 사신의 이름이다.

8) 조 아무개 : 조지서를 가리킨다.

9) 정 아무개 : 정성근을 가리킨다.

10) 신이……정성 : 제사를 지낼 때 신이 앞에 살아 있는 듯이 정성을 다한다는 뜻이다. 『논어』 「향당」(鄕黨)에 "제사는 신이 앞에 있는 듯이 지낸다"[祭如在]라는 구절이 있다.

둔 것[11]도 자랑하기에는 부족하리라.

　공은 평생 동안 옛사람의 글을 읽어서 세도(世道)를 부지하고 기강(紀綱)을 세우는 것을 자신의 임무로 삼으니 선비들이 의지하며 소중하게 여겼다. 공은 일찍이 말하기를, "어버이를 섬길 때에는 마땅히 효성을 다해야 하고 임금을 섬길 때에는 마땅히 충성을 다해야 한다"라고 하였다. 그가 조정에 서게 되자 권위에 굴복되지 않았고 권세에 유혹되지 않았다. 조촐하고 조심함으로써 자신을 지키고 바른 얼굴빛으로 곧게 간하니, 사람들은 "급 장유(汲長孺)[12]가 다시 살아왔다"고 여겼다. 연산이 동궁에 있을 적에 보덕(輔德)으로서 아침저녁에 진강하였더니 연산이 이 일을 매우 힘들어 했는데, 연산이 즉위하자 살해되었다. 그가 형을 당할 때에 천둥 번개가 갑자기 치고 비바람이 크게 몰아치니, 사람들이 모두 "바른 죽음은 하늘이 안다"라고 하였다.

영모재 이공의 행록 끝에 기록함　永慕齋李公行錄後識

　고(故) 전의감 정(典醫監正)[13] 영모재(永慕齋) 이공은 나의 외조부[14]의 고조이시다. 무자년(戊子年)[15] 중추에 내가 돌아가신 아버님의 묘갈

---

11) 조 청헌이……둔 것 : 조 청헌은 송나라 신종(神宗) 때의 명신인 조변(趙抃)을 말하는 듯하다. 청헌은 조변의 시호이다. 조변은 효성이 지극하여 어머니 상을 당했을 때, 시묘살이 삼 년을 하면서 집에서 자지 않았다고 한다. 현에서 그 효행을 기리기 위해 그가 사는 마을에 방을 걸어 '효제'(孝第)라 하였다 전한다. 그러나 침실에 화상을 걸어놓았다는 사실은 확인할 길이 없다.

12) 급 장유 : 한나라 때 명신인 급암(汲黯)이다. 장유는 그의 자이다. 동해 태수(東海太守)와 회양 태수(淮陽太守)를 거치는 동안 선정을 베풀어 급회양(汲淮陽)이라고도 부른다.

13) 전의감 정 : 전의감은 궁중에서 상용하는 의약의 공급 및 왕이 하사하는 의약에 관한 일을 맡아보는 관청이다. 정(正)은 전의감에 속한 관원으로 정3품 당하관(堂下官)이다.

14) 나의 외조부 : 이국(李菊)으로 본관은 인천이며 충순위(忠順衛)를 지냈다.

15) 무자년 : 1528년(중종 22)에 해당한다.

명을 지으면서 유고를 열람하다가, 공의 연보와 행장 초고가 완성되지 않은 것을 보고 나도 모르게 눈물을 흘리며 길게 탄식했다. 하늘이 내 아버님의 수를 어찌 그리 아껴서, 뜻을 이룰 수 없게 했는가? 벼슬살이 20여 년에 나라일에 바빠 겨를이 없었던 것이 아니겠는가? 부모의 허물까지도 덮을 수 있는 뛰어난 재주[16]는 못된다고 스스로 생각하였지만, 감히 사마천(司馬遷)이 아버지의 뜻을 이어 『사기』를 완성한 정성이야 사양하겠는가?[17] 연보는 그 나이에 따라 기록한 것이다. 세상에 나아감과 집에 있음, 나타남과 숨음, 주고받는 것과 서술하는 것, 난 해와 죽은 해 따위의 여러 가지를 꿰미를 풀 듯 실을 풀 듯하여 처음을 밝히고 끝을 자세하게 하여야만 한다. 그런데 막히고 섞갈린 데가 제법 있어서 아직 실마리를 이루기가 어려우나, 행장을 찬술하는 데는 가끔 참고가 되니 표준을 이 연보에서 찾을 수 있다.

아아, 공은 검소한 덕으로 임천(林泉)에 살며, 작록을 영화롭게 여기지 않았다. 여러 어진이와 함께 공부해서 간사함을 물리치고 바른 도를 붙잡고 보호했으니, 그의 뜻은 본받을 만하며 학문 또한 순수하였다. — 결락(缺落)되었다. — 상제(上帝)가 그 정성됨을 돌보시어 쌀을 내려주셨다. 쉰 살에 여묘하여 종신토록 애모했으니, 그 효행이 지극하고 돈독하였다. 후배가 선배의 행실을 거슬러올라가 기록함에 어찌 자신과 가까운 사람이라 하여 실상보다 지나치게 하랴마는, 공의 행적은 지초(芝草)와 난초(蘭草)를 조각하는 것과 같아 그 아름다운 향기를 그려내기가 어렵다.

공의 휘는 온(榲), 자는 직경(直卿)인데 그 계파를 따로 세운 종조

---

16) 부모의……재주 : 『주역』의 고괘(蠱卦)에 나오는 말이다. "아들이 아버지의 일을 감당하니, 아들이 있으면 아버지가 허물이 없어지게 된다"[幹父之蠱 有子考無咎]라는 구절에서 나온 말이다. 아버지의 잘못을 덮을 수 있는 뛰어난 재능을 가진 것을 '간고'(幹蠱)라 한다.
17) 사마천이……사양하겠는가 : 사마천의 집안은 대대로 사관(史官)을 맡았는데, 그의 아버지가 역사서를 이루려 하였으나 완성하지 못하고 죽었다. 이에 사마천이 그 아버지의 일을 이어받아 『사기』(史記)를 완성하였다.

(宗祖)는 소성후(邵城侯) 아무개[18]가 그 시조이다. 사대가 공후(公侯)
였고 삼대는 경상(卿相)이었다. 칠세손 시중(侍中) 휘 작신(作臣)이 비
로소 가향(嘉鄕)[19] 토동(吐洞)[20]에 살았는데, 즉 공의 할아버지이시다.
아버지 소감(少監)의 휘는 점(漸)이시다. 세상에 빛난 화려한 문벌은
역사에 기록되어 있고, 지극한 행실과 아름다운 덕은 문설주를 붉게
칠해서 드러나 있으니, 아득하게 천년 뒤에도 감동을 주어 무너지는
세상 물결에 우뚝하게 지주(砥柱)[21]가 되기에 족하다. 대개 이 정도로
기록하면 선인의 뜻을 이루어 공의 행적이 혹 없어지지 않게 되는지
모르겠다. 황명 가정 8년 기축년(1529) 3월 상순에 외손 창산(昌山)[22]
조식은 삼가 기록한다.

야은 길 선생전   冶隱吉先生傳

길재(吉再)의 자는 재보(再父)인데, 선산(善山)의 해평(海平) 사람이
다. 나이 열여덟 살 때에 상산(商山)[23]에 거주하던 사록(司祿) 박분(朴
蕡)에게 나아가서 『논어』와 『맹자』를 배웠다. 또 부친 원진(元進)을
따라 송도(松都)에 가서 목은(牧隱) 이색(李穡), 포은(圃隱) 정몽주(鄭
夢周), 양촌(陽村) 권근(權近)의 문하에 유학하면서 비로소 성리학에
대해서 들었다. 부모를 섬김에 지극히 효도했고, 또 서모 노씨(盧氏)를
잘 섬겼으며, 부자 아내를 거느렸으나 검소하고 부지런하였다. 과거에
올라 문하성(門下省) 주서(注書)가 되었다. 홍무 23년 경오(1390)에 공

---

18) 소성후 아무개 : 인천 이씨(仁川李氏)의 시조 이허겸(李許謙)을 가리킨다.
19) 가향 : 삼가현(三嘉縣), 곧 지금의 합천군 삼가면(三嘉面)을 가리킨다.
20) 토동 : 삼가현에 있던 지명으로 지금의 합천군 삼가면 토동 마을을 가리킨다.
    다른 곳의 표기는 대부분 '토동(兎洞)'으로 되어 있다.
21) 지주 : 중국 황하 한가운데에 있는 산인데, 세파의 격류 속에서도 조금도 동
    요되지 않는 데에 비유해서 쓰는 말이다.
22) 창산 : 본관인 창녕의 옛 이름이다.
23) 상산 : 경상북도 상주(尙州)의 옛 이름이다.

양왕이 왕위에 오르자 드디어 봉계(鳳溪)[24]에 물러나 살았다. 그 후에는 벼슬을 제수해도 부임하지 않았다. 공양왕이 서거하자 방상(方喪)[25] 삼 년을 하였다. 우리 태종 때에 태상박사(太常博士)로 부름을 받았으나, 사양하고 나아가지 않아서, 두 성씨를 섬기지 않는 의리를 지켰다.

상례에 엄하여서 불교의 의식을 따르지 않았다. 매양 한밤중에 자고 닭이 울면 일어나서 의관을 갖추고 사당과 앞 시대 성인들의 화상(畫像)을 배알하였다. 서당으로 물러나와 책상 앞에 꿇어앉아서 학문을 강습하되 종일토록 게으름을 잊고 지냈다. 양촌이 별세하자 삼 년을 심상(心喪)[26]하였고, 박분이 죽자 또 같이 하였다. 배우는 자들이 야은 선생(冶隱先生)이라 일컬었고, 원근(遠近)의 학도가 사방에서 모여들었는데, 중들도 느껴 깨달아서 환속한 자가 수십 명이었다. - 결락되었다.

---

24) 봉계 : 지금의 경상북도 선산군(善山郡) 고아면(高牙面) 봉계리(鳳溪里)이다.

25) 방상 : 신하가 임금의 상에 부모의 상과 같이 복상(服喪)을 하는 일을 말한다. 『예기』 「단궁」(檀弓)에 "임금을 섬김에 범하는 것은 있으되 숨기는 것은 없어야 하고, 좌우의 신하들이 나아가 모실 때에는 일정한 한계가 있어야 한다. 그러나 부지런히 신하로서의 일에 복무하다가 죽음에 이르면, 부모의 상에 비겨 삼년상을 치러야 한다"[事君有犯而無隱, 左右就養有方, 服勤至死, 方喪三年]라는 구절이 있고, 그 소에 "방은 비기는 것을 말하자면, 부모의 상에 비겨 임금의 상을 치르기 때문이다"[方謂比方也 謂此方父喪禮 以喪君故云]라는 구절이 있다.

26) 심상 : 스승이 돌아갔을 때 지켜야 하는 예로서, 상복은 입지 않고 다만 마음으로 복상하는 것을 말한다. 『예기』 「단궁」에 "스승을 섬길 때에는 범하는 것도 없고 숨기는 것도 없어야 한다. 좌우의 제자들은 나아가 봉양함에 일정한 한계가 없다. 부지런히 제자로서의 직분에 힘쓰다가 죽음에 이르면, 마음 속으로 삼년상을 치러야 한다"[事師, 無犯而無隱, 左右就養無方, 服勤至死, 心喪三年]라는 구절이 있다.

교감 남명집

일러두기

1 본 校勘 南冥集은 南冥先生이 직접 쓴 詩文만을 대상으로 하였다.

2 校勘底本에 들어 있지 않은 詩文은 모두 '補遺'에 넣었는데, 여기에 수록된 것은 다음과 같다.

  1) 校勘底本 이전의 판본에만 수록된 詩文.

  2) 갑오본과 경술본 이후의 續集에 수록된 詩文.

  3) 기타 어느 판본에도 수록되지 않은 채 발견된 詩文.

3 이 補遺에 수록된 詩文은 모두 出典을 밝혀 놓았으며, 題目이 없는 경우는 '失題'로 이름을 붙여 놓았다. 또한 일부만 남아 있고 나머지는 逸失된 경우 해당 부분에 '(缺)'이라고 표기하였다.

4 原文은 句讀만 떼고 부호는 사용하지 않았다. 다만 독자들의 편의를 위해 중간점(·)을 간혹 사용하였다.

5 校勘은 아래의 여러 板本 가운데서 乙酉後板을 底本으로 하였다. 이 을유후판은 경진본 계통의 마지막 판본으로 亞細亞文化社에서 影印한 乙酉本과 몇 군데 차이가 날 뿐 거의 똑 같다.

6 校勘 對本은 다음과 같다. 아래에 열거한 판본명은 교감작업을 한 金侖壽 씨의 견해를 전적으로 따른 것이다.

  1) 丙午本(선조 39, 1606) : 慶尙大學校 南冥學研究所 所藏本. 본 연구소에는 제1권이 누락되고 제2권과 제3권만이 소장되어 있다. 제1권에 수록된 詩·賦·銘·書·記·論·跋 등은 교감대상이 되지 못하였고, 제2권에 수록된 遊頭流錄·墓誌銘·疏類만 교감대상이 되었다.

  2) 己酉本(광해 1, 1609) : 民族文化推進會 韓國文集叢刊本.

  3) 壬戌甲本(광해 14, 1622) : 『南冥學研究』 창간호 부록 影印. 이 판본은 壬戌本과 비교해 볼 때, 「嚴光論」 말미의 '不幸也' 아래에 '急生民一作憂急生民' 9자가 더 있는 것이 다를 뿐이다.

  4) 壬戌本(광해 14, 1622) : 奎章閣 所藏本.

  5) 辛亥本(현종 12, 1671) : 南冥學研究所 所藏本.

  6) 庚辰本(숙종 26, 1700) : 推定本.

  7) 己未本(정조 23, 1799) : 國立圖書館 所藏本.

  8) 乙酉後板本(순조 25, 1825) : 慶北大學校 所藏本. 校勘·飜譯底本.

  9) 甲午丁酉本(고종 31~33, 1894~1897) : 南冥學研究所 所藏本. 이 판본은 현재 제1권 詩·賦와 제5권 銘·箴·墓碣·墓表 등만 남아 있고 제2~4권의 書·疏·記·跋·雜著 등은 逸失되었다. 따라서 제1권과 제5권의 현존하는 부분만

교감대상이 되었다.

10) 庚戌本(순종 4, 1910)：景仁文化社 影印 韓國歷代文集叢刊本.

11) 乙卯本(1915)：南冥學研究所 所藏本

12) 辛未本(1931)：成均館大學校 大同文化研究院 影印 李朝名賢集本.

7 교감은 南冥集의 異本뿐만 아니라, 관계된 文集이나 邑誌 등 주변 자료를 가능한 한 참고하였다.

8 교감은 校勘底本을 기준으로 교감대상 字句에 일련번호를 붙여 주석처리 하였다. 다만 교감대상이 긴 句節인 경우에는 앞의 3자와 뒤의 3자를 따다 쓰고 가운데 '……' 표시를 하였다.

9 본문에 小字로 되어 있는 것은 글자의 크기를 작게 하였으며, 小字雙行으로 되어 있는 것은 글자의 크기만 작게 하고 雙行으로 하지 않았다.

10 校勘註釋은 가능한 한 간결하게 하여 완성형 문장으로 처리하였다. 校勘內容이 동일한 경우 일일이 판본명을 나열하지 않고 '○○본 이후로는 ○○로 되어 있고, ○○본 이후로는 ○○로 되어 있다.'는 식으로 주석하였다. 다만 甲午本의 경우는 전후의 판본과 비교해 變改가 심해서 '갑오본 이후'나 '갑오본 이전'이란 말을 사용하지 않고 '갑오본에는 ……'이라고 주석하여 구별하였다.

11 校勘註釋에 사용한 부호는 다음과 같다.

『　』：冊名

「　」：篇名

"　"：인용문이나 대화체에 사용

'　'：간단한 인용이나 강조하기 위한 경우

　·：병렬형의 단어 중간에 사용

本濮

詩

五言絶句

書釖柄 贈趙壯元瑗 李俊民壻[1]

离宮抽太白 霜拍廣寒流 牛斗恢恢地 神游刃不游

織女巖[2]

白練機中出 分來牛背乾 靑黃元不受 渾爲謝人間

次觀水樓韻[3]

阿綠羅深面 鴛鴦對浴嬉 沉江三尺日 留與五言詩

1) 贈趙壯……俊民壻 : 병오본 이후로는 이 9자가 없고, 임술본에 와서 비로소 첨입되었다.

2) 織女巖 : 갑오본과 경술본 이후로는 이 시를 취하지 않았다.

3) 次觀水樓韻 : 갑오본과 경술본 이후로는 '觀水樓次韻'으로 되어 있다. 『三嘉縣邑誌』에 "淨襟堂은 觀水樓 서쪽에 있다. 湖陰 鄭士龍의 시에 '蕭灑高臺好 來尋本不期 浮雲驚聚散 沈璧愛漣漪 水竹淸偏爽 禽魚靜自嬉 玆遊恐陳跡 記與一篇

贈吳學錄健上京 字子强[4]

一脚初分處 來來百里遙 山頭回望盡 西路更迢迢

別敬溫師

僧同雲入嶺 客向塵歸兮 送爾兼山別 奈如山日西

漫成[5]

天風振大漠 疾雲紛蔽虧 鳶騰固其宜 烏戾而何爲

寄叔安 朴忻字[6]

梅上春候動 枝間鳥語溫 海亭山月白 何以坐吾君

漫興

朝徹輕煙泊 沙舟渾似春 西江終古意 不與一番人

贈別

爲憐霜鬢[7]促 朝日上遲遲 東山猶有意 青眼送將歸

詩'라 하였다"라는 기록이 보인다. 남명의 시는 湖陰의 이 시를 次韻한 듯하다. 그렇다면 이 시는 본래 오언율시였는데, 首聯·頷聯이 없어진 것이다.

4) 贈吳學……字子强 : 갑오본과 경술본 이후로는 '贈吳子强上京'으로 되어 있다.

5) 漫成 : 갑오본과 경술본 이후로는 '謾成'으로 되어 있다.

6) 寄叔安朴忻字 : 갑오본과 경술본 이후로는 '寄朴叔安忻'으로 되어 있다.

7) 鬢 : 『四美亭遺集』에 「頭流山歸路次南冥先生贈韻」이란 제목의 "相逢邂逅地 理屐故遲遲 此日殷勤意 奈如告別歸"란 시가 있고, 그 아래 남명 선생의 元韻이 附記되어 있는데, 거기에는 '鬢'이 '髮'로 되어 있다.

山海亭偶吟

十里降王界　長江流恨深　雲浮黃馬島　山導翠鷄林

偶吟[8]

高山如大柱　撑却一邊天　頃刻未嘗下　亦非不自然

題古屛贈子修姪　　子修李俊民字[9]

鰲峯造化手　鳳閣郢人斧　爲問荊楊老　元龍死與否

又[10]

百雉臨江老　千村看閩州　樵門潮萬里　蓬島定三丘

在山海亭　次周景游韻　　景游周世鵬字[11]

可[12]矣豊基倅　行騑繫我門　箇箇談王口　於今爲世尊[13]

---

8) 偶吟 : 이 시는 남명의 벗인 崔興霖의 「溪堂卽事」와 한 글자도 다르지 않다. 최흥림의 『溪堂遺稿』 참조.

9) 題古屛……俊民字 : 갑오본에는 ‘題子修古屛三首’로 되어 있고, 경술본 이후 로는 ‘題李甥子修古屛三首’로 되어 있다.

10) 又 : 갑오본과 경술본 이후로는 ‘又’자가 없어지고, 위 편의 두 번째 시로 편입 되어 있다.

11) 在山海……世鵬字 : 갑오본에는 이 시를 취하지 않았다. 경술본 이후로는 ‘酬 周景遊見訪’이란 제목으로 되어 있다. 『武陵雜稿』別集 「山海亭贈曺楗仲植」 에 “幽屋靑山下 三江入海門 無窮看動處 獨識靜爲尊”이란 시가 보인다.

12) 可 : 경술본 이후로는 ‘哿’로 되어 있다.

13) 爲世尊 : 경술본 이후로는 ‘世所尊’으로 되어 있다.

答人

病身瓦未合 公作玉壺看 秋風霜井橘 非海得應難

種竹山海亭

此君孤不孤 髯叟則爲隣 莫待風霜看 猗猗這見眞

題龜巖寺　　在金海[14]

東[15]嶺松爲木 佛堂人拜之 南冥吾老矣 聊以問山芝

題黃江亭舍　　姓李 名希顔 字愚翁[16]

路草無名死 山雲恣意生 江流無限恨 不與石頭爭

梅下種牧丹[17]

栽得花王來 廷臣梅御史 孤鶴終何爲 不如蜂與蟻

題德山溪亭柱[18]

請看千石鍾 非大扣無聲 爭似頭流山[19] 天鳴猶不鳴

---

14) 在金海 : 갑오본과 경술본 이후로는 삭제되었다.

15) 東 : 병오본 이후로는 ‘冬’으로 되어 있고, 임술본 이후로는 ‘東’으로 되어 있다.

16) 舍姓李……字愚翁 : 갑오본과 경술본 이후로는 삭제되었다.

17) 梅下種牧丹 : 갑오본과 경술본 이후로는 이 시를 취하지 않았다.

18) 柱 : 갑오본과 경술본 이후로는 삭제되었다.

19) 爭似頭流山 :『象村雜錄』에 “曹南冥名植字楗仲 尙節義有壁立千仞之氣 隱逸不
　　仕 爲文章亦奇偉不凡 如請看千石鍾 非大扣無聲 萬古天王峯 天鳴猶不鳴 不徒
　　詩韻豪壯 亦自負不淺也”라 하였는데, ‘爭似頭流山’이 ‘萬古天王峯’으로 되어

遊安陰玉山洞[20]

白石雲千面 青蘿織萬機 莫敎摸寫[21]盡 來[22]歲採薇歸

詠青鶴洞瀑布   在頭流山[23]

勍敵層崖當 舂撞鬪未休 却嫌堯抵壁[24] 茹吐不曾休[25]

涵碧樓[26]   在陜川

喪非南郭子 江水渺無知 欲學浮雲事 高風猶破之

贈太容   金天宇字[27]

脉脉如相見 春山猶獨居 分來南史筆 敎寫種稻書

寄子修姪[28]

飢寒母弟在 求仕[29]定非他 却立楊朱路 遲回奈爾何

있다.

20) 遊安陰玉山洞 : 『葛川集』「花林洞月淵岩次南冥韻」에 "流水回千曲 忘形坐息
機 眞源窮未了 日暮悵然歸"라 하였다. 갑오본과 경술본 이후로는 '春遊安陰玉
山洞三首'의 세 번째 시로 편입되어 있다.

21) 敎摸寫 : 『安義縣邑誌』題詠에는 '須收拾'으로 되어 있다.

22) 來 : 『安義縣邑誌』에는 '明'으로 되어 있다.

23) 詠青鶴……頭流山 : 갑오본과 경술본 이후로는 '青鶴洞瀑布'로 되어 있다.

24) 璧 : 경술본 이후로는 '壁'으로 되어 있다.

25) 休 : 갑오본과 경술본 이후로는 '留'로 되어 있다.

26) 涵碧樓 : 갑오본과 경술본 이후로는 이 시를 취하지 않았다.

27) 贈太容……天宇字 : 갑오본과 경술본 이후로는 '贈金太容天宇'로 되어 있다.

28) 姪 : 갑오본과 경술본 이후로는 삭제되었다.

29) 仕 : 경술본 이후로는 '任'으로 되어 있다.

孤舟晚泊

風濤驚萬里　柂櫓倚蒿工　晚泊蓬萊下　家山第一峯

辭三足堂遺命歲遺之粟[30]

於光亦不受　此人劉道源　所以胡康侯　至死貧不言

奉和健叔因問金太容　健叔 成大谷字[31]

此心無別離　顏面不須思　欲語還無語　後期能有時　欲尋俗離　秋以爲期故云[32]

寄健叔[33]

水友兄弟者　三山金太容　燀[34]盟寒不可　猶恐去年同

記夢贈河君　幷小序[35]

乙丑仲秋旣望　余夢見李大諫仲望於樹下　情話未畢　李君[36]起去　余攬其袖　卽[37]吟短絶以贈

---

30) 辭三足……遺之粟 : 병오본 이후로는 '三足堂送麥不受　姓金名大有字天祐'로
　　되어 있는데, 임술본에 와서 위와 같이 제목이 바뀌어졌다.

31) 奉和健……大谷字 : 병오본 이후로는 '字'자 아래 '名運' 2자가 더 있는데, 임
　　술본 이후로 삭제되었다. 갑오본과 경술본 이후로는 '健叔成大谷字' 6자가 삭
　　제되었다.

32) 欲尋俗……期故云 : 갑오본과 경술본 이후로는 삭제되었다.

33) 寄健叔 : 갑오본과 경술본 이후로는 '寄成健叔'으로 되어 있다.

34) 燀 : 갑오본과 경술본 이후로는 '尋'으로 되어 있다.

35) 記夢贈……幷小序 : 병오본 이후로는 이 詩題가 없고, 뒤의 序文 가운데 '乙
　　丑仲'부터 '贈之詩'까지가 詩題로 되어 있다. 경진본 이후로는 '記夢贈河君'으
　　로 되어 있고, 갑오본과 경술본 이후로는 '夢中作贈河君幷序'로 되어 있다.

36) 君 : 갑오본과 경술본 이후로는 '公'으로 되어 있다.

37) 卽 : 갑오본과 경술본 이후로는 삭제되었다.

別³⁸⁾ 覺來益苦追感 今幸³⁹⁾見河公⁴⁰⁾ 昨之夢遇⁴¹⁾李君⁴²⁾ 乃今⁴³⁾見河公⁴⁴⁾之兆也 尤用泣歟精

靈之未泯也⁴⁵⁾ 河公⁴⁶⁾卽大諫之外孫 而余之姪女⁴⁷⁾夫也 愛我 常自來訪 余亦以李君之故 又

重姻恩之義 心事頗極繾綣 因述夢中所辭 識與之⁴⁸⁾ 又示⁴⁹⁾夢贈之詩 大諫名霖 乙巳被禍

河名天瑞 李公亮壻⁵⁰⁾

樹下與君別 此懷誰似之 燼心猶未死 只有半邊皮

無題⁵¹⁾

雨洗山嵐盡 尖峯畫裡看 歸雲低薄暮 意態自閑閑

無題⁵²⁾

魯野麟空老 岐山鳳不儀⁵³⁾ 文章今已矣 吾道竟誰依

---

38) 別 : 갑오본과 경술본 이후로는 삭제되었다.

39) 幸 : 갑오본과 경술본 이후로는 삭제되었다.

40) 公 : 갑오본과 경술본 이후로는 '君天瑞'로 되어 있다.

41) 遇 : 갑오본과 경술본 이후로는 삭제되었다.

42) 君 : 갑오본과 경술본 이후로는 '公'으로 되어 있다.

43) 今 : 갑오본과 경술본 이후로는 삭제되었다.

44) 河公 : 갑오본과 경술본 이후로는 '君'으로 되어 있다.

45) 尤用泣……未泯也 : 갑오본과 경술본 이후로는 삭제되었다.

46) 河公 : 갑오본과 경술본 이후로는 '君'으로 되어 있다.

47) 女 : 갑오본과 경술본 이후로는 삭제되었다.

48) 愛我常……識與之 : 갑오본과 경술본 이후로는 삭제되었다.

49) 又示 : 갑오본과 경술본 이후로는 '因示其'로 되어 있다.

50) 大諫名……公亮壻 : 병오본 이후로는 '仲望李霖字 以名士乙巳被禍 河公名天瑞'로 되어 있는데, 임술본 이후로 위와 같이 개정되었다. 갑오본과 경술본 이후로는 삭제되었다.

51) 無題 : 갑오본과 경술본 이후로는 '雨後'로 되어 있다.

52) 無題 : 갑오본과 경술본 이후로는 '謾成'으로 되어 있다.

53) 儀 : 병오본 이후로는 '來'로 되어 있고, 임술본 이후로는 '儀'로 되어 있다.

贈行脚僧

先生在山海亭　有僧來謁　問其所自　曰自三角山來　留坐終日　辭去　明早又來　如此三日　早
辭日　小僧還向故山　進詩軸　請一絕　先生早年　遊三角山　聞僧言　感舊　作此絕句[54]

渠在漢陽西　崛來三角山　丁寧還寄語　立脚尙今安

贈鄭判書惟吉[55]

君能還冀北　山鷗鴟吾南　名亭曰山海　海鶴來庭參

題姜郊多檜淵茅亭窓　　姜郊 人姓名[56]

旋馬高堂在　長江古樹墟　前身東野是　淸瘦恐難如

贈崔明遠[57]追送蛇山別[58]

令子蛇山腹　若翁鷄曉頭　請看楊子水　宿浪未曾休

無題[59]　　疑贈吳學錄

草龍三十珠　心口淸相適　沉痾繁午睡　不用須針石

---

54) 先生在……此絕句：갑오본과 경술본 이후로는 삭제되었다.
55) 贈鄭判書惟吉：갑오본과 경술본 이후로는 이 시를 취하지 않았다.
56) 窓姜郊人姓名：갑오본과 경술본 이후로는 삭제되었다.
57) 明遠：『溪堂遺稿』에 부록된 시에는 '友'로 되어 있다.
58) 贈崔明……蛇山別：갑오본과 경술본 이후로는 이 시를 취하지 않았다.
59) 無題：갑오본과 경술본 이후로는 이 시를 취하지 않았다.

偶吟[60]

人之愛正士 好虎皮相似 生則[61]欲殺之 死後方稱美

贈山人惟政

花落槽淵石 春深古寺臺 別時勤記取 靑子政堂梅

偶吟

朱點小梅下 高聲讀帝堯 窓明星斗近 江闊水雲遙

寄三足堂[62]

事與風[63]雲變 江同歲月流 英雄今[64]古意 都付一虛舟

贈成東洲[65]　成悌元號[66]

斗縣無公事 時時入醉鄉 目牛無全刃 焉用割鷄傷

---

60) 偶吟 : 이 시는 명나라 王世貞의 시로 잘못 편입된 것이다. 갑오본과 경술본 이후로는 '有感'으로 되어 있다. 『芝峯類說』에 "曺南冥詩曰 人之愛正士 愛虎 皮相似 生前欲殺之 死後方稱美 此言必有激而發 正中時病矣"라 하였고, 『晴窓 軟談』에는 "南冥詩曰 人之好正士 好虎皮相似 生前欲殺之 死後方稱美 可謂慣 涉世間情態而善形容矣"라 하였다.

61) 則 : 갑오본과 경술본 이후로는 '前'으로 되어 있다.

62) 寄三足堂 : 이 시는 임술본 이후로 增補되었다. 경술본 이후로는 '寄金三足朴 逍遙河淡'으로 되어 있다.

63) 風 : 갑오본 「附考異」에 '風一作烟'이라 하였다.

64) 今 : 갑오본 「附考異」에 '今一作千'이라 하였다.

65) 贈成東洲 : 기유본에는 補遺에 들어 있고, 임술본 이후로 본집에 들어 있다.

66) 成悌元號 : 갑오본과 경술본 이후로는 삭제되었다.

謝僧送圓扇

曾將飛錫訪　太⁶⁷⁾謝太顚勤　更寄團團面　分來一桂根

無題⁶⁸⁾

霜入楚王宮　潮通虁子國　不是納亡人　君心先自惑

無題⁶⁹⁾

服藥求長年　不如孤竹子　一食西山薇　萬古猶不死

贈金烈

堯舜生知聖　其他學後賢　君今齒尙潔　庶可以光前

書張判官衣⁷⁰⁾

高山何太高　決眦送秋毫　海天應萬里　明日夢相勞

六言絶句

寄健叔⁷¹⁾

之子五鳳樓手　堯時不直一飯　明月或藏老蚌　山龍烏可奪楦

---

67) 太 : 갑오본과 경술본 이후로는 '多'로 되어 있다.
68) 無題 : 갑오본과 경술본 이후로는 이 시를 취하지 않았다.
69) 無題 : 갑오본과 경술본 이후로는 이 시를 취하지 않았다. 이 시는 원나라 盧
　　處道의 시로 잘못 첨입된 것이다.
70) 衣 : 갑오본과 경술본 이후로는 '衣' 아래 '襆'이 더 있다.
71) 寄健叔 : 갑오본과 경술본 이후로는 이 시를 취하지 않았다.

五言四韻

贈吳學錄[72]

蓋簪山北寺　箇箇比龍鱗　豆子看來熟　蘭叢對有隣
刱懷風振木　曾噎義宛人　無以佳賓餉　採之南澗濱

輓詞

世系黃丞相　夫家許史來　百年留鶴髮　雙女見蚌胎
故宅溪邊蛻　新塋雪裏開　山陽樵有道　翻作孟嘗哀

輓朴虞侯[73]

鰲角三峯底　於君高大門　辰韓瓜瓞遠　曹氏渭陽分
油幕都侯掩　殷川石季倫　隣春不相杵　零落半山雲

山寺偶吟

林下千年寺　人隨獨鶴尋　僧飢朝竈冷　殿古夜雲深
燈點峯頭月　春聲水底[74]砧　佛前香火死　唯見已灰心

咏獨樹

離群猶是獨　風雨自難禁　老去無頭頂　傷來熨腹心

---

72) 贈吳學錄 : 기유본에는 補遺에 들어 있고, 임술본 이후로는 본집에 들어 있다.
　　갑오본과 경술본 이후로는 이 시를 취하지 않았다.
73) 輓朴虞侯 : 기유본에는 補遺에 들어 있고, 임술본 이후로는 본집에 들어 있다.
　　갑오본에는 이 시를 취하지 않았다.
74) 底 : 경술본 이후로는 '低'로 되어 있는데, 이는 잘못이다.

穡夫朝耦飯 瘦馬午依陰 幾死査寧學 升天只浮沉

贈崔賢佐[75]　崔興霖字

金積煙雲洞 逢君雙涕流 憐君貧到骨 恨我雪渾頭
碧樹初經雨 黃花正得秋 還山抱白[76]月 魂夢付悠悠

奉三山卓爾丈　金泰岩字[77]

鹿門龐老見 忘我又忘年 閔士盖多矣 耽愚如怒焉
好懷開野外 歸馬卸江邊 爲問三山水 於今更幾川

寄大谷[78]

會[79]別王來野 當時秋正悲 碧雲先我去 玄燕與君歸
結念空霄漢 殘腸近女兒 老懷應第一 何事更如之

---

75) 贈崔賢佐：『大谷集』「金積溪堂別楗仲」에 "金積雲深處 送君雙涕流 那堪千里
別 未解百年愁 松密宜藏鶴 波驚不著舟 還山抱白月 塵夢付悠悠"라 하였
고,「東庵別楗仲」에는 "遠送招提境 相看悲白頭 兩鄕千里月 一別百年愁 碧樹
初經雨 黃花正得秋 淸樽談未了 乘夜更登樓"라 하였으며,『溪堂遺稿』「和曺南
冥植楗仲」에 "分手金華外 山峩水自流 憐君貧到骨 恨我雪盈頭 碧樹初經雨 黃
花正得秋 還山抱白月 魂夢付悠悠"라 하였다. 산으로 돌아간다는 의미로 보아
이 시는 남명의 시로 보는 것이 마땅하다.

76) 白：갑오본과 경술본 이후로는 '明'으로 되어 있다.

77) 奉三山……泰岩字：갑오본에는 '奉呈三山卓爾丈'으로 되어 있다. 경술본 이
후로는 '奉呈金卓爾泰若丈'으로 되어 있는데, '若'은 '岩'의 오자이다.

78) 寄大谷：『大谷集』「次韻答楗仲」에 "每懷那時會 還添別後悲 仙山雲共到 鯨海
鴈同歸 丘軻思成夢 公侯眇若兒 道方應寡合 持此竟何之"라 하였다. 갑오본과
경술본 이후로는 '奉寄大谷'으로 되어 있다.

79) 會：갑오본「附考異」에 '會恐曾'이라 하였다.

書李黃江亭楣 與一作汝[80]

子規誰與叫　孤夢不能裁　身世隍中鹿　行藏沙畔能
草邊多路去　江上少人來　複複芭蕉葉　外開心未開

和[81]健叔　呈崔賢佐于[82]金積山齋[83]

踏破金華積　源頭第一流　地高群下衆[84]　神[85]遠片魂愁
鄭鄭君家子　招招我友舟　此懷模不得　來日正[86]悠悠

贈三足堂

槎上牛津日　應嫌洗耳看　我非雙角扣　渠豈五羖[87]干
細草三年綠　醒心百鍊丹　爲憐雲伴宿　山月更生彎

輓貞夫人崔氏[88]

崔盧唐世久　樞密又伸之　合璧吾家子　連瑩幼婦碑
榎看當谷虎　鑫聚羽林兒　南極星初動　江東夜不知

---

80) 與一作汝 : 병오본 이후로는 없었는데, 임술본에 와서 첨입되었다. 갑오본과
　　경술본 이후로는 삭제되었다.
81) 和 : 경술본 이후로는 '和'자 다음에 '成'자가 더 있다.
82) 于 : 갑오본과 경술본 이후로는 삭제되었다.
83) 和健叔……積山齋 : 『大谷集』「金積溪堂別楗仲」에 「和大谷兼示賢佐」라는 附
　　詩가 있다. 위의 「贈崔賢佐崔興霖字」의 註에 成運과 崔興霖의 시가 있다.
84) 衆 : 경술본 이후로는 '隔'으로 되어 있다.
85) 神 : 갑오본과 경술본 이후로는 '身'으로 되어 있다.
86) 正 : 『大谷集』에는 '定'으로 되어 있다.
87) 羖 : 병오본 이후로는 '羔'로 되어 있고, 임술본 이후로는 '羖'로 되어 있으며,
　　갑오본과 경술본 이후로는 '羊'으로 되어 있다.
88) 輓貞夫人崔氏 : 갑오본과 경술본 이후로는 이 시를 취하지 않았다.

輓河希瑞　　字龜老[89]

八十年非乏　相知一夢如　頭承章甫道　口喫漢江魚
若考塗丹臒　諸孫好禮書　未將携手手　摻執子之裾

又[90]

我友專重席　朝來渡十洲　儀刑喬木在　聲息暮雲收
孤子三良意　挽朋五馬留　君歸何以贈　鮫[91]客一盤珠

寄子修姪[92]

百憂明未喪　萬事寸無關　姊姪一千里　星霜十二還
窮霪三月晦　孤夢五更寒　方丈如[93]毋負　音書亦復[94]難

姜參奉輓詞　　名翼 字仲輔[95]

儀禮三千錄　尋究[96]五十年　棘薪看燬重　萱草又霜顚
夜盡啼商鳥　春深叫杜鵑　上天呼不得　君子果何愆

---

89) 輓河希……字龜老 : 갑오본에는 '輓河龜老希瑞二首'로 되어 있고, 경술본 이
　　후로는 '輓河龜老希瑞四首'로 되어 있다.
90) 又 : 갑오본과 경술본 이후로는 이 시를 위 편의 두 번째 시로 편입하였다.
91) 鮫 : 병오본 이후로는 '蛟'로 되어 있고, 임술본 이후로는 '鮫'로 되어 있다.
92) 寄子修姪 : 경술본 이후로는 '寄李甥子修'로 되어 있다. '姪'이 병오본 이후로
　　는 '姪'로 되어 있고, 기미본 이후로는 '侄'로 되어 있다.
93) 如 : 갑오본과 경술본 이후로는 '知'로 되어 있다.
94) 復 : 갑오본과 경술본 이후로는 '獨'으로 되어 있다.
95) 姜參奉……字仲輔 : 갑오본과 경술본 이후로는 '輓姜仲輔'로 되어 있다.
96) 究 : 갑오본과 경술본 이후로는 '求'로 되어 있다.

七言絶句

斷俗寺 政堂梅 在晉州⁹⁷⁾

寺破僧羸⁹⁸⁾山不⁹⁹⁾古 前王¹⁰⁰⁾自是未堪家 化工正誤寒梅事 昨日開花今日花

送寅叔¹⁰¹⁾ 李公亮字 先生姊夫¹⁰²⁾

寺名東向君西向 一年携貳一生同 春深智異南冥遠 漢水西流魚不通

題五臺寺¹⁰³⁾ 在晉州

名字曾羞題月脇 笑把蚊觜下蟬宮 人緣舊是三生累 半日歸來擬赤松

山中卽事¹⁰⁴⁾

從前六十天曾假 此後雲山地借之 猶是窮塗還有路 却尋幽逕採薇歸

---

97) 在晉州 : 갑오본에는 '姜通亭淮伯手種'으로 되어 있고, 경술본 이후로는 삭제
되었다.

98) 羸 : 병오본 이후로는 '羸'로 되어 있고, 기미본 이후로 '羸'으로 되어 있는데
이는 오자이다.

99) 不 : 『淸江詩話』에 "智異山斷俗寺 寺有政堂梅 世傳姜通亭淮伯所植 曺南冥詩
寺破僧羸山石古 先生自是未堪家 化工正誤寒梅事 昨日開花今日花 盖譏其失
節也"라 하였다. 이 시화에서는 '不'이 '石'으로 되어 있다.

100) 前王 : 『淸江詩話』에는 '先生'으로 되어 있다.

101) 送寅叔 : 경술본 이후로는 '送李寅叔'으로 되어 있다.

102) 李公亮……生姊夫 : 병오본 이후로는 없는데 임술본 이후로 첨입되었다. 갑
오본에 와서 다시 삭제되었다.

103) 題五臺寺 : 갑오본과 경술본 이후로는 이 시를 취하지 않았다. 병오본 이후
로는 '寺'자 아래 '柱'자 가 더 있는데, 임술본에 와서 삭제되었다.

104) 事 : 갑오본과 경술본 이후로는 이 아래 '二首' 2자가 더 있다.

又[105]

日暮山童荷鋤[106]長　耘時不問種時忘　五更鶴唳驚殘夢　始覺身兼蟻國王

鄭監司宗榮見過[107]

丹鳳高飛不待風　金章還與布衣同　莫嫌餉客無長物　盤面雲山一萬重

聞李愚翁還鄉[108]

山海亭中夢幾回　黃江老叟[109]雪盈腮　半生金馬門三到[110]　不見君王面目來

庭梨[111]

半庭梨樹兩三株　遮爲東陽擬木奴　無味[112]一生全類我　世人應道學楊朱

靑鶴洞[113]

獨鶴穿雲歸上界　一溪流玉走人間　從知無累翻爲累　心地山河語不看

---

105) 又：갑오본과 경술본 이후로는 위편의 두 번째 시로 편입되었다.
106) 鋤：병오본 이후로는 '鋪'으로 되어 있고, 기미본 이후로는 '鋤'로 되어 있다.
　　갑오본 「附考異」에 '鋤恐鋪'이라 하였다.
107) 鄭監司……榮見過：경술본 이후로는 '鄭方伯宗榮見過'로 되어 있다.
108) 聞李愚翁還鄉：『淸江詩話』에 "李縣監希顔 曹南冥植 皆以遺逸擧用 曹屢徵不
　　應 李前後三命 曹以詩贈之 盖譏辭也 山海亭中夢幾回 黃江老漢雪盈腮 半生
　　三度朝天去 不見君王面目來 山海曹亭號 黃江盖指李也"라 하였다.
109) 叟：『淸江詩話』에는 '漢'으로 되어 있다.
110) 金馬門三到：『淸江詩話』에는 '三度朝天去'로 되어 있다. 갑오본 「附考異」에
　　'"金馬門三到'는 다른 본에 '三度朝天去'로 되어 있다"고 하였다.
111) 庭梨：갑오본과 경술본 이후로는 이 시를 취하지 않았다.
112) 味：을유본까지는 '子'로 되어 있고, 을유후판(번역저본)에는 '味'로 되어 있다.
113) 靑鶴洞：갑오본과 경술본 이후로는 이 시를 취하지 않았다.

贈別姊兄寅叔[114]

積憂如草雨中新　太半生來此最辛　倚馬臨歧渾不語　天涯消道又成春

又[115]

燭火只因心子在　谷風旋作地雷喧　殘星分暝寒墜月　欲別秋聲不可聞

江亭偶吟

臥疾高齋晝夢煩　幾重雲樹隔桃源　新水淨於靑玉面　爲憎飛燕蹴生痕

有感

忍飢獨有忘飢事　摠爲生靈無處休　舍主眠來百不救　碧山蒼倒暮溪流

春日卽事

朱朱白白皆春事　物色郊原得意新　自是東皇花[116]有契　靜君於汝豈無恩

遊安陰玉山洞[117]

碧峯高插水如藍　多取多藏不是貪　捫虱何須談世事　談山談水亦多談

---

114) 贈別姊兄寅叔 : 병오본 이후로는 '寅叔' 뒤에 '李公亮字先生姊夫' 8자가 있는데,
　　임술본에 와서 삭제되었다. 갑오본과 경술본 이후로는 이 시를 취하지 않았다.
115) 又 : 갑오본에는 '贈別寅叔'으로 되어 있고, 경술본 이후로는 '贈別李寅叔公
　　亮'으로 되어 있다.
116) 花 : 갑오본과 경술본 이후로는 '均'으로 되어 있다.
117) 遊安陰玉山洞 : 갑오본과 경술본 이후로는 '春遊安陰玉山洞三首'로 되어 있
　　다. 『芝峯類說』에 "曹南冥詩曰 捫虱何須談世事 談山談水亦多談 成大谷詩曰
　　逢人不喜談山事 山事談來亦竹人 語意更高"라 하였다.

又[118]

春風三月武陵還 霽色中流水面寬 不是一遊非分事 一遊人世亦應難

送李慶胤 李喜生字[119]

客懷如水又如絲 況是登山子去時 君到漢濱思老我 渚煙秋意定[120]難裁

漫成[121]

水蒸飛粉雨渾山 朱點書床又考槃[122] 向夜候虫灘下急 海南身似釽南間

次友人韻[123]

泛泛楊舟檣木蘭 美人何處隔雲間 蕈鱸裡面猶多意 只會江東一帆看

贈君浩 李源字[124]

每承嘉貺未能酬 爲是家空似磬[125]垂 唯有老懷呈欲破 又無車僕坐如囚

---

118) 又 : 갑오본과 경술본 이후로는 위편의 두 번째 시로 편입되었다.

119) 送李慶……喜生字 : 갑오본과 경술본 이후로는 '送李慶胤喜生'으로 되어 있다.

120) 定 : 경술본 이후로는 '正'으로 되어 있다.

121) 漫成 : 갑오본과 경술본 이후로는 이 시를 취하지 않았다.

122) 槃 : 병오본 이후로는 '盤'으로 되어 있고, 임술본 이후로는 '槃'으로 되어 있다.

123) 次友人韻 : 『四美亭遺集』 「呈南冥先生」에 "無人不以不芳蘭 猗歟遺操響此間 正値秋風今日好 不知何處有心看"이라 하고 남명의 차운한 시를 붙여놓았다.

124) 贈君浩李源字 : 갑오본에는 '李源字' 3자가 삭제되었다. 경술본 이후로는 '贈 李君浩'로 되어 있다.

125) 磬 : 갑오본과 경술본 이후로는 罄으로 되어 있다. 경술본 頭註에 "罄은 아마도 磬인 듯하다"고 하였다.

明鏡臺　在闍窟山[126)]

斧下雲根山北立　袖翻天窟鳳南移　冷[127)]然我欲經句返　爲報同行自岸歸　鳳古朋字 先生自言[128)]

菊花

三月開花[129)]錦作城　如何秋盡菊生英　化工不許霜彫落　應爲殘年未盡情

訪村老

黃流波上輕烟細　白日窺[130)]中銀箭斜　谷口小溪開小室　蹇驢時有野人過

黃溪瀑布[131)]　在陝川

投璧還爲堅所羞　石傳糜玉不曾留　溪神護事龍王欲　朝作明珠許盡輸

又[132)]

懸河一束瀉牛津　走石飜成萬斛珉　物議明朝無已迫　貪於水石又於人

德山偶吟[133)]

---

126) 明鏡臺……闍窟山 : 갑오본과 경술본 이후로는 '明鏡臺二首'로 되어 있다.
127) 冷 : 갑오본과 경술본 이후로는 '泠'으로 되어 있다.
128) 鳳古朋……生自言 : 갑오본과 경술본 이후로는 삭제되었다.
129) 開花 : 갑오본과 경술본 이후로는 '花開'로 되어 있다.
130) 窺 : 갑오본 「附考異」에 '窺恐竅'라 하였다.
131) 黃溪瀑布 : 갑오본과 경술본 이후로는 이 시를 취하지 않았다.
132) 又 : 갑오본과 경술본 이후로는 '黃溪瀑布'로 되어 있다.
133) 德山偶吟 : 갑오본과 경술본 이후로는 이 시를 취하지 않았다.

偶然居住絲綸洞　今日方知造物紿　故遣空緘充隱去　爲成麻到七番來

詠蓮[134]

華蓋亭亭翠滿塘　德馨[135]誰與此[136]生香　請看默默[137]淤泥在　不啻葵花向日光

又[138]

只愛芙蕖柳下風　援而還止于[139]潢中　應嫌孤竹方爲隘　遠播淸香到老翁

鳳鳴樓[140]　　在晉州[141]

岐下遺音屬有樓　親賢樂利迄悠悠　自從矗石新開宇　六六鳴隨上下流

讀項羽傳[142]

英雄死去知無數　讀到騅歌咽不成　拔木畫冥天意在　如何重作兩瞳生

---

134) 詠蓮 : 임술본 이후로는 이 아래 '題金彦琚風詠亭在光州' 10자가 첨입되어
　　　있다. 그뒤 신해본 이후로는 다시 삭제되었다. 갑오본과 경술본 이후로는
　　　'詠蓮題金彦琚風詠亭二首'로 되어 있다. 金彦琚는 『圭菴集』 「送金都事彦琚
　　　赴錦山郡」 및 「題季珍風詠亭」의 주인공이 그 사람이다.
135) 馨 : 병오본 이후로는 '音'으로 되어 있고, 임술본 이후로는 '馨'으로 되어
　　　있다.
136) 此 : 병오본 이후로는 '比'로 되어 있고, 임술본 이후로는 '此'로 되어 있다.
137) 默默 : 병오본 이후로는 '點點'으로 되어 있고, 임술본 이후로는 '默默'으로
　　　되어 있다.
138) 又 : 갑오본과 경술본 이후로는 위편의 두 번째 시로 편입되어 있다.
139) 于 : 갑오본과 경술본 이후로는 '汗'로 되어 있다.
140) 鳳鳴樓 : 『武陵雜稿』 「鳳鳴樓」에 "飛鳳山前鳴鳳樓 樓中宿客夢淸幽 地靈人傑
　　　姜河鄭 名與南江萬古流"라 하였다.
141) 在晉州 : 갑오본과 경술본 이후로는 삭제되었다.
142) 讀項羽傳 : 갑오본과 경술본 이후로는 이 시를 취하지 않았다.

和健叔[143]

頭欲童時雪已飛 想君行到十層危 秖今未受如蘭餉 生喫長貧太腹飢

詠橘 上二聯 魚上舍應辰作 下二聯 先生作[144]

玉枝疑凍全身裹 金子要看一面開[145] 味諫猶嫌[146] 一作由來[147] 芒刺在 投荒不似
上林梅

寄柳繼先・魚士拱明月寺讀書[148]

聚散方知固有魔 公車無此信堪嗟 三更脣罷三冬夜 一挿何如決 一作缺 一叉

和寄宋相 名贊[149]

泰嶽雲藏天柱峯 相[150]公來到爲開容 山翁黍麥醵無類 對與高明[151]未有窮
明一作朋[152]

---

143) 和健叔 : 갑오본과 경술본 이후로는 이 시를 취하지 않았다.『大谷集』「寄樏
仲」에 "冥鴻矯翼向南飛 正値秋風木落時 滿地稻粱鷄鶩啄 碧雲天外自忘飢"
라 하였다.

144) 詠橘上……先生作 : 갑오본과 경술본 이후로는 '詠橘與魚上舍應辰聯句'로 되
어 있다.

145) 開 : '開'자 아래에 갑오본에는 '魚'자가 있고, 경술본 이후로는 '上舍'자가 있다.

146) 猶嫌 : 갑오본「附考異」에 '猶嫌一作由來'라 하였다.

147) 一作由來 : 갑오본과 경술본 이후로는 삭제되었다.

148) 寄柳繼……寺讀書 : 갑오본과 경술본 이후로는 이 시를 취하지 않았다.

149) 和寄宋相名贊 : 갑오본에는 '名'자가 삭제되었고, 경술본 이후로는 '和呈宋相
贊'으로 되어 있다.

150) 相 : 갑오본에는 '初'로 되어 있다.

151) 明 : 갑오본과 경술본 이후로는 '朋'으로 되어 있다. 갑오본「附考異」에 '朋一
作明'이라 하였다.

152) 明一作朋 : 병오본 이후로는 없고, 임술본 이후로 첨입되었다. 갑오본과 경술
본 이후로는 삭제되었다.

漫[153]成

平生事可噓噓已 浮世功將矻矻何 知子貴無如我意 那須身上太華誇

贈朴君思恭

海棠花謝又斕霜 之子多情欲嗅香 都[154]識妙畫[155]渾不活 飛來蝴蝶去應忙
花謝一作枝上[156]

答贈[157]張都事儀仲

福星方作綵[158]眞遊 行邁怵怵屬暮秋 深恨故人家道遜 相逢無以對風流

贈熙鑑師

上房[159]岑寂鎖黃昏 竹影松聲道自存 斷盡機心詩癖在 强將佳句扣人門

清香堂八詠 李源堂號[160]

竹風

三益蕭蕭一逕通 最憐寒族愛難功 猶嫌未與髥君便 隨勢低昻[161]任却風

---

153) 漫 : 갑오본과 경술본 이후로는 '謾'으로 되어 있다.
154) 都 : 갑오본과 경술본 이후로는 '却'으로 되어 있다.
155) 妙畫 : 갑오본과 경술본 이후로는 '畫圖'로 되어 있다.
156) 花謝一作枝上 : 병오본 이후로는 없고, 임술본 이후로 첨입되었다. 갑오본과
    경술본 이후로는 다시 삭제되었다.
157) 贈 : 갑오본과 경술본 이후로는 삭제되었다.
158) 綵 : 갑오본과 경술본 이후로는 '采'로 되어 있다.
159) 房 : 갑오본과 경술본 이후로는 '方'으로 되어 있다.
160) 李源堂號 : 갑오본과 경술본 이후로는 삭제되었다.
161) 昻 : 갑오본과 경술본 이후로는 '仰'으로 되어 있다. 갑오본 「附考異」에 '仰恐

松月

寒聲淅瀝頻蕭颯　天桂交加淨復森　何處獨無繁好樹　不常其德二三心

琴韻

三聖幽微在一琴　寂然收處是眞音　慚君勉我峩洋韻　薄劣如何會得吟

雪梅

歲晚見渠難獨立　雪侵殘夜到天明　儒家久是孤寒甚　更爾歸來更得淸

霜菊

薄露凝寒菊萬鈴　活香多處最中庭　高堂綵舞重陽節　人面橫斜酒面淸

盆蓮

上園休許小桃誇　淤裡誰知君子花　留得小盆涵養意　暗香將月夜深和

經傳

廣文頗似子雲家　稽古由來得力多　活法會須堂下斲　五車書在一無邪

八[162)]

請入主人刊李源　直今碑砌已荒原　仍雲更有如君者　遼鶴重來石可存

漫成[163)]

半日雲中是赤城　一生難許入承明　方知巢許無全節　自是箕山做得成

讀書神凝寺　在頭流山[164)]

瑤草春山綠滿[165)]　一作萬[166)]圍　爲憐溪玉坐來遲　生世不能無世累　水雲還付水

雲歸

昂'이라 하였다.

162) 八 : 갑오본과 경술본 이후로는 '碑砌'로 되어 있다.

163) 漫成 : 갑오본과 경술본 이후로는 '遊箕山'으로 되어 있다.

164) 在頭流山 : 갑오본과 경술본 이후로는 삭제되었다.

165) 滿 : 갑오본 「附考異」에 '滿一作萬'이라 하였다.

166) 一作萬 : 갑오본과 경술본 이후로는 삭제되었다.

遊白雲洞[167]

天下英雄所可羞　一生筋力在封留　靑山無限[168]春風面　西伐東征定未收

無名花　寄健叔[169]

一年消息管多時　名與香埋世不知　摠是名香[170]爲己累　洛陽曾得幾人歸

贐[171]別李學士增榮[172]

送君江月千尋恨　畫筆何能畫得深　此面由今長別面　此心長是未離心

山海亭苦雨[173]

山居長在晦冥間　見日無期見地難　上帝還應成戍會　未曾開了半邊顏

謾成[174]

取舍人情不足誅　寧[175]知雲亦獻深諛　先乘[176]霽日爭南下　却向陰時競北趨

---

167) 遊白雲洞 : 기유본에는 '洞'자 아래 '在白雲山'이 더 있는데, 임술본에 와서
　　삭제되었다. 『海東雜錄』 曹植條에 "題頭流山白雲洞詩云 天下英雄所可羞 一
　　生筋力在封留 靑山無限春風面 西伐東征定未收"라 하였다.

168) 限 : 경술본 이후로는 '恨'으로 되어 있는데, 이는 잘못이다.

169) 無名花寄健叔 : 갑오본과 경술본 이후로는 '無名花寄成健叔'으로 되어 있다.

170) 摠是名香 : 경술본 이후로는 '自是香名'으로 되어 있다.

171) 贐 : 갑오본에는 '贈'으로 되어 있다.

172) 贐別李學士增榮 : 경술본 이후로는 '贈別李學士增榮'으로 되어 있다.

173) 山海亭苦雨 : 갑오본과 경술본 이후로는 '苦雨'로 되어 있다.

174) 謾成 : 李濟臣의 『淸江詩話』에 「茅齋觀雲」이라고 한 것이 이 시의 제목으로
　　근사하다.

175) 寧 : 『淸江詩話』에는 '那'로 되어 있다.

176) 乘 : 병오본에는 '承'으로 되어 있고, 기유본 이후로는 '乘'으로 되어 있다. 한
　　편 '先乘'이 『淸江詩話』에는 '旋承'으로 되어 있다.

浴川[177] 己酉八月初 偶遊於紺岳山下 咸陽文士林希茂朴承元 聞而馳到 侍與之 同浴焉[178]

全身四十年前累 千斛淸淵洗盡休 塵土倘能生五內 直今[179]刳腹付歸流

德山卜居[180]

春山底處無芳草 只愛天王近帝居 白手歸來何物食 銀河十里喫有[181]餘

喪子[182]

靡室靡兒僧似我 無根無蔕我如雲 送了一生無可奈 餘年回首雪紛紛

寄西舍翁[183]

萬疊靑山萬市嵐 一身全愛一天函 區區諸葛終何事 膝就孫[184]郞僅得三

---

177) 浴川 :『三嘉縣邑誌』「形勝」鋪淵에 "南冥曺先生 嘗與士子遊賞 題詩曰 全身四十年前累 千斛淸淵洗盡休 塵土倘能生五內 直今刳腹付歸流"라 하였다.

178) 己酉八……同浴焉 : 갑오본과 경술본 이후로는 삭제되었다.

179) 今 : 경술본 이후로는 '令'으로 되어 있다.

180) 德山卜居 :『咸陽府邑誌』에 "智異山 曺植詩曰 頭流十穿黃牛脇 嘉樹三巢寒雀居 白首歸來何物食 銀河十里喫有餘"라 하였다.

181) 有 : 병오본 이후로는 '猶'로 되어 있고, 경진본 이후로는 '有'로 되어 있으며, 갑오본과 경술본 이후로는 '猶'로 되어 있다. 또한 '答權學官應仁書'에도 '猶'로 되어 있다.

182) 喪子 : 갑오본과 경술본 이후로는 이 시를 취하지 않았다.

183) 寄西舍翁 : 갑오본과 경술본 이후로는 이 시를 취하지 않았다.

184) 孫 : 병오본에는 '劉'로 되어 있고, 기유본 이후로는 '孫'으로 되어 있다. 洪萬宗의『詩評補遺』에 "曺植南冥 昌寧人 作詩曰 千古英雄所可羞 一生筋力在封侯 又曰 區區諸葛成何事 膝就劉郞僅得三 識者知其不出云"이라 하였다. 이 문장의 '劉郞'에 근거하건대, 홍만종이 본 것은 갑진본이나 병오본임을 알 수 있다.

和風月軒韻[185]　　進士河麟瑞堂號 有子洛・沆二人 先生自言 詩意指此云云[186]

畫閣東邊鎭一頭　浩風鱗了桂宮秋　請看老蛤藏明月　爭似高堂有莫愁

題黃江亭舍

江鷰差池雨欲昏　麥黃黃犢不能分　向來客意無詮次　旋作孤鴻又作雲

贈可遠　成近字

可遠氏尊平安否　春懷多爲子成吟　乾封百複芭蕉葉　得雨何時細展心

次梁山[187]雙碧樓韻

綠水靑簹銀箭流　落來寒葉桂殘秋　無人酌去良州干[188]　滿目歸雲不滿愁

題子修畫屛襄陽城　　與上古屛同題[189]

峴山西照綠差池　襄鄧微茫古堞危　當日君臣籌畫盡　如逢叔子我有辭

---

185) 和風月軒韻 : 갑오본과 경술본 이후로는 '和河進士麟瑞風月軒韻'으로 되어 있다.

186) 進士河……此云云 : 갑오본과 경술본 이후로는 이 시의 마직막 句 아래에 '進士有子洛沆二人 先生自言 詩意指此云云'이라고 옮겨놓았다.

187) 梁山 : 갑오본과 경술본 이후로는 삭제되었다. 『龜巖集』 續集 「次南冥雙碧樓韻」에 "不忍臨溪唾絲流 夕陽樓上共悲秋 悠悠世路渾無賴 不必開尊喚莫愁"라 하였다.

188) 干 : 갑오본과 경술본 이후로는 '干'자 아래 '去聲' 2자가 있다.

189) 題子修……屛同題 : 갑오본과 경술본 이후로는 제목이 삭제되고, 앞의 '題李甥子修古屛三首'의 세 번째 시로 편입되었다.

鮑石亭 在慶州[190]

楓葉鶏林已改柯 甄萱不是滅新羅 鮑亭自召宮兵伐 到此君臣無計何

贈成中[191]慮[192]

三行信字三年面 細細看來細斷神 生活死休俱可已 兩家寒餒兩何人

又[193]

千疊皮嶓[194]非子故 一生投度幾三山 雲栖母岳荊分樹 此外羈窮揔不關　嶓一
作蟠[195]

和淸香堂詩[196]

四同應不在新知 擬我曾於鍾子期 七字五言金直萬 傍人看作一篇詩

---

190) 在慶州 : 갑오본과 경술본 이후로는 삭제되었다.
191) 中 : 병오본 이후로는 '仲'으로 되어 있고, 경진본에는 '中'으로 되어 있는데
　　이는 '人'획이 떨어져나간 것으로 보인다.
192) 贈成中慮 : 갑오본과 경술본 이후로는 이 시를 취하지 않았다.
193) 又 : 갑오본과 경술본 이후로는 이 시를 취하지 않았다.
194) 嶓 : 기유본에는 '嶓蟠'이 小字雙行으로 되어 있고, 임술본 이후로는 '嶓'으로
　　되어 있다.
195) 嶓一作蟠 : 병오본 이후로는 없고, 임술본 이후로 첨입되었다.
196) 和淸香堂詩 : 병오본에는 '無題'로 되어 있고, 기유본에 와서 비로소 제목이
　　붙어 있다. 갑오본에는 '詩'자가 삭제되었고, 경술본 이후로는 '和李君浩'로
　　되어 있다. 『退溪集』「南冥曹君楗仲 淸香李君君浩 與余 皆生於辛酉 近李君
　　寄示南冥一絶 幷其詩三編 其言深有感於老懷次韻寄李君　兼示南冥云」에 "三
　　人初度有誰知 先甲三年酉是期 邀阻頭流與培養 可無相憶遞傳詩"라 하였다.

贈五臺僧

山下孤村草掩門 上人來訪日初昏[197] 愁[198]懷說罷仍無寐 月滿前溪夜欲分 昏一作曛[199]

詠梨

支離梨樹立門前 子實辛酸齒未穿 渠與主人同棄物 猶將樗櫟保天年

題聞見寺松亭[200]

袖裏行裝書一卷 靑鞋竹杖上方西 遊人未釋無名恨 盡日山禽盡意啼

又[201]

雲袖霞冠尊兩老 常瞻長日數竿西[202] 石壇風露少塵事 松老巖邊鳥不啼

無題[203]

神武城西氷欲泮 鈴風初叫看儀簌 羹艾湯餠渾閑事 太半遺忘太半知 湯一云煮

---

197) 昏 : 갑오본 「附考異」에 '昏一作曛'이라 하였다.
198) 愁 : 갑오본과 경술본 이후로는 '幽'로 되어 있다.
199) 昏一作曛 : 병오본 이후로는 없고, 임술본 이후로 첨입되었다. 갑오본과 경술본 이후로는 다시 삭제되었다.
200) 亭 : 갑오본과 경술본 이후로는 '亭'자 아래 '二首' 2자가 더 있다.
201) 又 : 갑오본과 경술본 이후로는 위편의 두 번째 시로 편입되었다.
202) 西 : 갑오본과 경술본 이후로는 '回'로 되어 있다. 그러나 위편의 韻字로 살펴보건대, '回'는 잘못이다.
203) 無題 : 갑오본과 경술본 이후로는 이 시를 취하지 않았다.

輓裵生[204]　名忠孝 金海人[205]

老星南海夜偏長　家有龍媒未見驥　無復猩林猩首會　彈絃餓鴉叫斜陽

無題[206]

平野遙靑冠[207]岳山　祖江漫汗海西間　楊花吹盡芳洲岸　睡到漁隈燕語竿

兼贈太溫·健叔

三要三山曾有約　食言多矣我能肥　更敎老婦裁春服　只恐君從角虎歸

次景游韻題僧軸[208]

白雲山衲[209]神凝見　篇面開來獻納詩　朝日更從川出谷　宿雲何處宿歸師

---

204) 輓裵生 : 갑오본과 경술본 이후로는 이 시를 취하지 않았다. 병오본의 「永慕
堂」에 "遺墟寥落號樹風 抱碧前頭肯構同 欲識箇中追慕意 高山無極水無窮"이
라 하였고, 「又」에 "蓼蓼莪蒿歎昊天 依依桑梓舊風烟 從知此感非由我 到此人
人覺愴然"이라 하였으며, 기유본에는 「永慕堂」의 첫 구 '號樹'가 '樹號'로 바
뀌어 있을 뿐, 나머지는 똑같다. 그런데 임술본에 와서 이 두 편의 시가 삭
제되고, 기유본 보유에 들어 있던 「挽裵生」·「無題平野遙靑」이 이곳에 대
신 편입되었다. 한편 『晉陽誌』의 永慕堂條에 "遺墟寥落詩 謂退溪先生詩 蓼
蓼莪蒿詩 謂黃錦溪俊良詩"라 하였고, 『新庵實記』에도 그렇게 되어 있다. 다
만 『진양지』에는 두 번째 시 셋째 구의 '我'가 '外'로 되어 있는 것이 다를
뿐이다.
205) 名忠孝金海人 : 기유본에는 없고, 임술본 이후로 첨입되었다.
206) 無題 : 갑오본과 경술본 이후로는 이 시를 취하지 않았다.
207) 冠 : 기유본에는 '貫'으로 되어 있고, 임술본 이후로는 '冠'으로 되어 있다.
208) 次景游……題僧軸 : 경술본 이후로는 '次周景遊世鵬韻題僧軸'으로 되어 있다.
209) 衲 : 병오본에는 '納'으로 되어 있고, 기유본 이후로는 '衲'으로 되어 있다.

野翁亭　在丹城[210]

雷龍溪下野翁潭　無處春山不好嵐　只負[211]主人留扁意　老星元是在天南

贈尹大連[212]

合浦將軍按鹿萍　春來五馬邀君迎　遙知挍後松千樹　吾眼如今一樣靑

畵竹

生香莫作死香看　生死路頭知者難　先哲雖亡模樣在　要須模樣裡深看

贈宜春倅

雨過桃源百卉腓　泛花流與鼎湖歸　之君底事形長瘦　不食言來不得肥

在盆城　聞[213]打麥聲[214]

過午陽和醉似濃　萬條楊柳一邊風　幽人解讀全陽子　打麥猶聞聲在空

頭流作

高懷千尺掛之難　方丈于頭上上竿　玉局三生須有籍　他年名字也身看

---

210) 在丹城 : 갑오본에는 삭제되었다. 경술본 이후로는 여기에 '金應璧江亭' 5자
　　가 더 있다.
211) 負 : 갑오본과 경술본 이후로는 '愛'로 되어 있다.
212) 贈尹大連 : 병오본에는 제목이 없다. 기유본에는 이 시의 끝에 '右一絶贈尹大
　　連'이라 附記하였고, 경진본에 와서 비로소 제목이 붙어 있다.
213) 聞 : 병오본에는 이 자가 없고, 기유본에 와서 첨입되었다.
214) 在盆城……打麥聲 : 갑오본과 경술본 이후로는 이 시를 취하지 않았다.

寄河君礪

剩得闍山骨子來 却於冥處看潮迴 勞君蹔許靑藜問 鰲上河關爲子²¹⁵⁾開

無題²¹⁶⁾

强半行藏辦自家 也徒醫濟十年艾 雲山只欲從渠老 世事其如每作魔

在山海亭書大學八條歌後²¹⁷⁾

一生憂樂兩煩冤 賴有前賢爲竪幡 慙却著書無學術 强將襟抱寓長言

輓陳克仁 陳本天嶺人娶居金海²¹⁸⁾

天嶺迷迷首露墟 不曾生識有神魚 浮雲無繫蒼蒼面 誰道君今還不如

和上賢佐²¹⁹⁾

之子相逢已白頭 草堂聞說在深幽 遊人解佩慙無分 祇²²⁰⁾倚歸雲送送眸²²¹⁾

---

215) 子 : 갑오본과 경술본 이후로는 '一'로 되어 있다.

216) 無題 : 갑오본과 경술본 이후로는 이 시를 취하지 않았다.

217) 在山海……條歌後 : 이 아래 '贈鄭君仁弘' 5자가 있었는데, 신묘년(효종 2, 1651) 毀板事件 때 덕천서원 유생들이 없애버렸다. 이 해 다시 만든 신묘본에는 이를 다시 복원했는데, 그뒤 신해본에는 다시 삭제했다. 경진본 이후로도 마찬가지이다. 또한 이 시의 序文에 해당하는 "丙寅秋 先生在山海亭 仁弘往侍 留半箇月 仁弘北還 先生手書格致誠正歌 又書此一絶於其後 以與之"라는 글이 제목 아래 실려 있었는데, 신묘년 毀板事件 때 깎아버렸다. 그 해 신묘본에 이를 다시 복원했으나, 경진본 이후로는 다시 삭제되었다. 이 序文 중 신묘본 바로 다음의 신해본에는 '仁弘'이 모두 '或人'으로 바뀌어 있다.

218) 陳本天……居金海 : 갑오본과 경술본 이후로는 삭제되었다.

219) 和上賢佐 : 이 편과 다음 편은 『大谷集』 「題崔賢佐溪堂」에 '用大谷韻呈賢佐'로 붙어 있다. 大谷의 元韻은 다음과 같다. "一道飛泉聒石頭 綠筠蒼檜鶴庭幽 望中欣得離山面 怕有行雲碍遠眸" 又曰 "鑿破苔巖結構新 嶺雲松鶴鎭幽身

又[222]

若水看來豆子新 已君忘我我忘身 草堂生契山千疊 不是明時薄福人

寄黃江

冥冥積雨窮深巷 門外桑麻沒得人 果腹噎懷緣底事 不緣名利不緣貧

遊黃溪 贈金敬夫　金宇宏字[223]

老夫頭面已霜乾 木葉黃時上得山 雙栢有枝[224]柯幹好 莫言庭際秀芝蘭

又[225]

莫恨秋容淡更疎 一春留意未全除 天香滿地薰生鼻 十月黃花錦不如

竹淵亭 次尹進士奎韻　高靈朴潤江亭[226]

滄[227]江流恨政沉沉 襟抱何曾上得[228]琴[229] 沙鷗[230]定應霜下宿 野烟無以認渠心

　　洞門莫恨無來伴 窓外青山是故人" 갑오본과 경술본 이후로는 '佐' 아래에 '二
　　首' 2자가 더 있다.
220) 祇 : 『大谷集』에는 '只'로 되어 있다.
221) 送送眸 : 갑오본과 경술본 이후로는 '送遠眸'로 되어 있다.
222) 又 : 갑오본과 경술본 이후로는 위편의 두 번째 시로 편입되어 있다.
223) 遊黃溪……宇宏字 : 갑오본에는 이 시를 취하지 않았다. 경술본 이후로는
　　'黃溪道中贈金敬夫宇宏二首'으로 되어 있다.
224) 枝 : 경술본 頭註에 '枝疑作根'이라 하였다.
225) 又 : 갑오본에는 '贈金敬夫'로 되어 있고, 경술본 이후로는 위편의 두 번째
　　시로 편입되었다.
226) 竹淵亭……潤江亭 : 병오본 이후로는 '題竹淵亭在高靈'로 되어 있고, 임술본
　　이후로 제목이 위와 같이 바뀌었다. 갑오본과 경술본 이후로는 '又次文老韻
　　四首'로 되어 있다.

又[231]

竹浸牛渚綠深深 若可消憂盡可[232]斟 不釋春風無限恨 却成秋水送歸心

又[233]

王謝風流數嶺南 多君諸子出於藍 獨憐幽[234]竹亭[235]爲號 其德元來不二 幽或作高[236]

又[237]

草堂高拂碧簹篔 江燕差池雨打床 秩秩斯干兄及弟 晨昏家事在溫凉

川上吟[238]

西去還同鷗鵠南 無生蛾子不如蚕 高歌佛浦當時事 兀坐荒溪似久瘖

---

227) 滄 : 병오본 이후로는 '長'으로 되어 있고, 임술본 이후로는 '滄'으로 되어 있다.

228) 上得 : 갑오본과 경술본 이후로는 '得上'으로 되어 있다.

229) 襟抱何……上得琴 : 병오본 이후로는 '若可消憂盡可斟'으로 되어 있고, '임술본 이후로 위와 같이 되어 있다.

230) 鷗 : 갑오본과 경술본 이후로는 '鷥'로 되어 있다.

231) 又 : 기유본 이전에는 없었는데, 임술본에 와서 첨입되었다. 갑오본과 경술본 이후로는 위편의 두 번째 시로 편입되었다.

232) 盡可 : 갑오본과 경술본 이후로는 '可盡'으로 되어 있다.

233) 又 : 갑오본과 경술본 이후로는 위편의 세 번째 시로 편입되었다.

234) 幽 : 갑오본 「附考異」에 '幽一作高'라 하였다.

235) 亭 : 갑오본과 경술본 이후로는 '扁'으로 되어 있다.

236) 幽或作高 : 병오본 이후로는 없고, 임술본에 와서 첨입되었다. 갑오본과 경술본 이후로는 다시 삭제되었다.

237) 又 : 기유본 이전에는 없고, 임술본에 와서 첨입되었다. 갑오본과 경술본 이후로는 위편의 네 번째 시로 편입되었다.

238) 川上吟 : 이 시는 병오본에는 없고, 기유본 이후로는 補遺에 들어 있으며, 경진본 이후로 본집에 들어 있다. 갑오본과 경술본 이후로는 취하지 않았다.

挽姜進士瑞 字叔圭[239)]

中夜叫呼徐節孝　鬼神聞此亦應悲　欲負米來千里遠　曉風高樹已摧枝

又[240)]

面前墻道不曾開　毛骨誰知汗血來　無等荒村君不見　東歸垂淚首空回

地雷吟[241)]

易象分明見地雷　人心何昧善端開　祇應萌蘗如山木　莫遣牛羊日日來

謝李原吉送曆[242)]

莫向東溪寄曆新　山人不記五行辰　隔窓唯有梅花在　擺雪年年報早春

無題[243)]

大學篇初十六言　工夫半世未逢源　諸生剩得聰明在　經記詩書好吐呑

---

239) 挽姜進……字叔圭 : 병오본 이후로는 '挽詞'로 되어 있고, 임술본 이후로는
　　'挽姜進士瑞字叔圭'로 되어 있다. 갑오본과 경술본 이후로는 '輓姜叔圭進士
　　瑞二首'로 되어 있다.

240) 又 : 갑오본과 경술본 이후로는 위편의 두 번째 시로 편입되었다.

241) 地雷吟 : 이 시는 기유본 이전에는 없고, 임술본 이후로는 拾遺에 들어 있으
　　며, 경진본 이후로 본집에 들어 있다. 경술본 이후로는 '冬至用朱夫子韻'으로
　　되어 있다.

242) 謝李原吉送曆 : 이 시는 기유본 이전에는 없고, 임술본 이후로는 拾遺에 들
　　어 있으며, 경진본 이후로 본집에 들어 있다. 경술본 이후로는 '吉'자 아래에
　　'浚慶' 2자가 더 있다.

243) 無題 : 이 시는 신해본 이전에는 없고, 경진본에 와서 비로소 첨입되었다. 갑
　　오본과 경술본 이후로는 이 시를 취하지 않았다.

無題缺句[244]

秋山何處不黃葉　江石雖昏猶白身

又[245]

紅葉滿山春有思　碧天流玉野升雲

七言四韻

挽河希瑞[246]

詩書家業上庠生　筐篚朱陽織不成　皓首黃冠推長座　紫花蒼樹認高荊　嗟嗟大
耋驚三復[247]叫叫孤兒夢兩楹[248]　馬鬣封深杯土在　雍門淚洒到天明

又[249]

半生明蠟鬼曾魔　九福如今壽獨逶　當谷於菟非一少[250]　秀庭蘭苗是三多　困困
釜庾兼僮指　友友常華又蓼莪　回首故人將稅駕　老懷秋盡已蔞苴

---

244) 無題缺句 : 갑오본과 경술본 이후로는 이 시를 취하지 않았다.

245) 又 : 갑오본과 경술본 이후로는 이 시를 취하지 않았다.

246) 挽河希瑞 : 갑오본에는 이 시를 취하지 않았다. 경술본 이후로는 제목을 삭
제하고 앞의 '輓河龜老希瑞四首'의 第三首·第四首로 편입되었다.

247) 驚三復 : 경술본 이후로는 이 3자가 빠져 있다.

248) 叫叫孤……夢兩楹 : 경술본 이후로는 이 7자가 빠져 있다.

249) 又 : 갑오본에는 이 시를 취하지 않았다. 경술본 이후로는 제목을 삭제하고
앞의 '輓河龜老希瑞四首'의 네 번째 시로 편입되었다.

250) 少 : 병오본 이후로는 '小'로 되어 있고, 임술본 이후로는 '少'로 되어 있다.

涵虛亭 在金海 專一作擅 分一作奔 歌一作絃 寒一作殘[251]

蜃騰蛟屋燕無樑 虛箇涵來[252]見直方 傑閣專南謾好大 老虯分北剩風霜 棠華舘裡笙[253]歌咽[254] 王母池邊河漢凉 殘落生涯寒落水 欲將埋恨引杯長

挽貞夫人崔氏[255]

高明家世鬼神窺 朱紱方來又去之 文伯弟兄摧白骨 子皐頭面[256]朽黃梨 塋臨大鳥看賓會 兆啓眠牛降福遲 吾父吾兒應上謁 敬傳消息涕交垂

竹淵亭 贈尹進士奎 字文老[257]

文老才名第一流 從前卜築更深幽 性耽泉石堪棲隱 身厭簪紳不宦遊 魂夢欲尋迷半路 書筒難遞隔三秋 名場宿債今拋盡 老境光陰亦不留

竹淵亭 次文老韻 朴潤壽宴時[258]

郿水遙從百里流 洛神還與女深幽 參差亂羽銀魚羂 高下飛絲野馬遊 鶴髮[259]苔深多歲月 荊花香發少春秋 老來泉石廉於利 未作蘇黃[260]十日留

---

251) 在金海……一作殘 : '傳一作'부터 '一作殘'까지 16자는 병오본 이후로는 없고, 임술본 이후로 첨입되었다. 갑오본과 경술본 이후로는 이 19자가 모두 삭제되었다.

252) 虛箇涵來 : 갑오본과 경술본 이후로는 '涵箇虛來'로 되어 있다.

253) 笙 : 병오본에는 '管'으로 되어 있고, 기유본 이후로는 '笙'으로 되어 있다.

254) 咽 : 갑오본과 경술본 이후로는 '歇'로 되어 있다.

255) 挽貞夫人崔氏 : 갑오본과 경술본 이후로는 이 시를 취하지 않았다.

256) 面 : 병오본에는 '白'으로 되어 있고, 기유본 이후로는 '面'으로 되어 있다.

257) 竹淵亭……字文老 : 갑오본과 경술본 이후로는 '竹淵亭贈尹進士文老'로 되어 있다.

258) 竹淵亭……壽宴時 : 병오본 이후로는 '又'로 되어 있고, 임술본 이후로는 위와 같이 제목을 바꿨다. 갑오본과 경술본 이후로는 '竹淵亭用前韻和朴潤壽宴'으로 되어 있는데, 경술본 이후로는 '潤' 자가 小字로 되어 있다.

江樓[261]

烟火當年化未銷 歸來方丈更南圖 澄江靜夜宣城謝 孤鶴橫舟赤壁蘇 十里官
楊靑倒水 萬傳雷鼓碧連霄 浮生世事渾如夢 明日柴門政寂寥

題宋氏[262]林亭

草堂前面分麻杖 高樹荊花幹五連 紺岳東蒼迷北望 黃梅西黑隱南天 溪聞犬
吠沿開戶 山帶魚鱗灌作田 賓主[263]婚姻兼少長 外人時道武陵川 麻杖 山名 賓
主 一作朋酒[264]

題鄭思玄[265]客廳[266]

綠羅池面雨生痕 遠岫烟沉近岫昏 松老萬[267]年低壓水 樹徑[268]三世倚侵門 伽倻故
國山連冢 月器[269]荒村亡且存 小草斑斑春帶色 一年銷却一寸[270]魂 寸一作番[271]

---

259) 髮 : 병오본 이후로는 '寺'로 되어 있고, 임술본 이후로는 '髮'로 되어 있다.

260) 蘇黃 : 병오본 이후로는 '騷荒'으로 되어 있고, 임술본 이후로는 '蘇黃'으로
되어 있다.

261) 江樓 : 『丹城縣邑誌』 題詠 「蝴蝶樓」에 "南冥曺植詩曰 烟花當年化未消 歸來
方丈更南圖 澄江靜夜宣城謝 孤鶴橫舟赤壁蘇 十里官楊靑倒水 萬傳雷鼓碧連
霄 浮生世事渾如夢 明日柴門政寂寥"라 하였다.

262) 氏 : 갑오본과 경술본 이후로는 '伯玉'으로 되어 있다.

263) 賓主 : 갑오본 「附考異」에 '賓主一作朋酒'라 하였다.

264) 賓主一作朋酒 : 병오본 이후로는 없고, 임술본에 와서 첨입되었는데, 갑오본
과 경술본 이후로는 다시 삭제되었다.

265) 鄭思玄 : 갑오본 속집에 「題鄭月潭思賢墓碣」이란 글이 있고, 『德川師友淵源
錄』에 "鄭師賢初名思玄"이라 하였으니, 곧 鄭師賢을 가리킨다.

266) 題鄭思玄客廳 : 『高靈縣邑誌』題詠에 "南冥曺植月磯詩 絲蘿池面雨生痕 遠岫
烟沉近岫昏 松老萬年低壓水 樹經三世倚侵門 伽倻故國山連冢 月磯荒村亡且
存 小草班班春帶色 一年銷却一寸魂"이라 하였다.

267) 萬 : 갑오본과 경술본 이후로는 '百'으로 되어 있다.

268) 徑 : 병오본 이후로는 '經'으로 되어 있고, 경진본 이후로는 '徑'으로 되어 있
으며, 『高靈縣邑誌』 및 갑오본과 경술본 이후로는 '經'으로 되어 있다.

題房應賢茅亭[272]　房南原人[273]

房老家聲擅海東　來孫元自大唐中　弱齡佳子雙無[274]玉　多黨强宗十里松　雲掃
一天靑靄靄　風搖千樹碧瓏瓏　莫嫌衣白長咬茱　盤面頭流食不窮

贈別大谷　丙寅　同被召命時作[275]

出自北門同渡漢　三同猶有姓非同　九臯鶴和曾心願　千里星分已道窮　野水東
流歸不返　塞雲南下去無從　丁寧白日相思意　魂夢慇懃他夜通

贈黃江

思君霜月正離離　新鴈時兼旅燕歸　紅葉滿山全有色　靑松留壑半無枝　侵陵白
髮愁爲橫　嗚咽蒼生稔益飢　果腹噎懷書不得　黃苞[276]老子爾能知　苞一作江[277]

寄[278]大谷[279]

萬疊窮山草合門　地蜂當道遍生孫[280]　我誠忽急驚何定　老淚相看久始言　兄弟

---

269) 器：『高靈縣邑誌』에는 '磯'로 되어 있다.
270) 寸：갑오본과 경술본 이후로는 '番'으로 되어 있다.
271) 寸一作番：병오본 이후로는 없고, 임술본 이후로 첨입되었다. 갑오본과 경술
　　본 이후로는 다시 삭제되었다.
272) 題房應賢茅亭：경술본 이후로는 '題房俊夫應周茅亭'으로 되어 있다.『德川師
　　友淵源錄』에 "房應賢一名應周 字俊夫 號沙溪 南陽人"이라 하였다. 또『玉溪
　　集』續集의「古龍書院事蹟」에 근거해보건대, 이 사람이 玉溪를 위해 南原
　　古龍에 서원을 건립했으니, 바로 滄洲書院이다.
273) 房南原人：갑오본과 경술본 이후로는 삭제되었다.
274) 無：갑오본「附考異」에 '無恐誤'라 하였다.
275) 作：갑오본과 경술본 이후로는 이 1자가 삭제되었다.
276) 苞：갑오본「附考異」에 '苞一作江'이라 하였다.
277) 苞一作江：병오본 이후로는 없고, 임술본 이후로 첨입되었다. 갑오본과 경술
　　본 이후로는 다시 삭제되었다.

棄捐無處去 友朋零落有誰存 獨孤寄食三冬事 當日都忘未與論

次湖陰題四美亭韻[281]

垂老辛酸口[282]失宜 縱然忘世[283]未忘機 百穿深壑身猶客 半睡高堂[284]夢已奇 竝木殘春人舊謝 舍川[285]微雨水新[286]肥 將軍肯小封留計 一介書生亦在斯 竝木·舍川 幷地名[287]

又[288]

遼鶴重來歲月遲 古亭西畔立多時 南冥世[289]業兒三月 呂尙功名竹一磯 芳草幾

---

278) 寄 : 갑오본과 경술본 이후로는 '贈'으로 되어 있다.

279) 寄大谷 : 『大谷集』 「次韻答楗仲」 其二에 "好客經年不到門 思君往往撫桐孫 忽看河鯉千金信 何異禪房五夜言 剩載窮愁心已破 慣耕遺典舌猶存 幾時山海 連頭臥 孤抱燈前得細論"이라 하였다.

280) 孫 : 병오본에는 '絲'로 되어 있고, 기유본 이후로는 '孫'으로 되어 있다.

281) 次湖陰……美亭韻 : 갑오본에는 '次鄭湖陰士龍韻題文敬忠四美亭'으로 되어 있고, 경술본 이후로는 '次鄭湖陰士龍韻題文敬忠四美亭三首'로 되어 있다. 『松溪漫錄』에는 '次四美亭湖陰韻詩'의 첫번째 시로 되어 있다. 『湖陰雜稿』 「夜宿四美亭 主人索題甚苛 用進退格 爲近體詩三首 以塞其勤」의 첫 번째 시에 "文侯嗜好背時宜 卜得菟裘早息機 賈勇期門名甚籍 效能乘障數終奇 山樽 釀秫常看滿 溪筍承魚屢獲肥 四美誰人爭子所 百年游息寄於斯"라 하였다.

282) 口 : 갑오본과 경술본 이후로는 '久'로 되어 있는데, 이는 오자이다.

283) 世 : 『松溪漫錄』에는 '老'로 되어 있다.

284) 堂 : 『松溪漫錄』에는 '亭'으로 되어 있다.

285) 川 : 병오본 이후로는 '那'로 되어 있고, 임술본 이후로는 '川'으로 되어 있다.

286) 新 : 『松溪漫錄』에는 '初'로 되어 있다.

287) 竝木舍……幷地名 : 갑오본과 경술본 이후로는 삭제되었다.

288) 又 : 병오본 이후로는 '次湖陰題四美亭韻同題'로 되어 있고, 경진본 이후로는 '又'로 되어 있다. 갑오본에는 이 시를 취하지 않았다. 경술본 이후로는 위편 의 두 번째 시로 편입되었다. 『湖陰雜稿』 「夜宿四美亭 主人索題甚苛 用進退 格 爲近體詩三首 以塞其勤」의 두 번째 시에 "負賞清秋不恨遲 我來剛及剝陽 時 炎官已罷高張傘 玉兎還丁俯釣磯 燭剪西窓非舊跋 歌傳北里是新詞 明須一 曲千回坐 只恐山禽苦勸歸"라 하였다.

消遊子恨 高山長[290]憶季女詞 頭流十破黃牛脇 定是前緣未許歸 黃一作死[291]

無題[292]

斯干日日樂靡違 舍此談天未是奇 智異三藏居彷彿 武夷九曲水依俙 鏝墻瓦
老風飄去 石路歧深馬自知 皓首重來非舊主 一年春盡詠無衣

次方伯韻[293]　鄭宗榮[294]

驚聽瑤音五十六 依依紫府感庭秋 鼎臣高節方靡鹽 草露餘魂久未收 星斗九
天微沫記 風霜百變一身[295]留 認渠已汗心頭馬 說道丁寧退上流

次默齋吟　李文健號[296]

枯榮渾與大鈞諧 放逐曾何有怨乖 湘瑟月娟孤影照 楚江雲帶九疑佳 雷龍舍

---

289) 世 : 경술본 이후로는 '事'로 되어 있다.

290) 長 : 『四美亭集』의 附詩에는 '方'으로 되어 있다.

291) 黃一作死 : 병오본 이후로는 없고, 임술본 이후로 첨입되었으며, 경술본 이후
　　로는 다시 삭제되었다.

292) 無題 : 병오본 이후로는 제목 아래에 '疑與上同'이란 小字가 있는데, 경진본
　　에 와서 삭제되었다. 權應仁의 『松溪漫錄』上에는 '次四美亭湖陰韻詩'의 두
　　번째 시로 되어 있다. 갑오본에는 이 시를 취하지 않았다. 경술본 이후로는
　　위편의 세 번째 시로 편입되었다. 『湖陰雜稿』「夜宿四美亭 主人索題甚苛 用
　　進退格 爲近體詩三首 以塞其勤」의 세 번째 시에 "鄕隣追送未應違 共識君家
　　置驛奇 夜靜華堂增窈窕 酒闌喧瀨轉依俙 靑蒭白飯勤相餽 醉舞狂歌摠不知 莫
　　把驪駒重載道 老年多感易沾衣"라 하였다.

293) 次方伯韻 : 갑오본과 경술본 이후로는 이 시를 취하지 않았다.

294) 鄭宗榮 : 병오본에는 없고, 기유본 이후로 첨입되었다.

295) 身 : 병오본에는 '念'으로 되어 있고, 기유본 이후로는 '身'으로 되어 있다.

296) 次默齋……文健號 : 갑오본과 경술본 이후로는 '次李默齋休叟韻二首'로 되어
　　있다. 『栗谷全書』「次李承旨文健默齋吟韻」에 "活計從他百不諧 樂天誰復歎
　　時乖 灰心南郭機初息 合喙莊生味轉佳 玉軫曲中含古意 雲窓睡裏夢無懷 雷聲
　　淵默人難會 莫道先生但守齋"라 하였다.

遠莫之見 休叟吟來多也懷 詩料長空無以酒 大常方我未爲齋

次休叟吟　李文健字[297]

認君身事[298]拙於謀 自是吾家好地頭 當日絲綸天上降 如今桂玉草中求 交遊便[299]作宜王[300]屬 嫠婦猶多柒室憂 十載牂牁丘墓遠 思經霜露不能休

明鏡臺[301]

高臺誰使聳浮空 螯柱當年折壑中 不許穹蒼聊自下 肯敎暘谷始能窮 門嫌俗到雲猶鎖 巖怕魔猜樹亦籠 欲乞上皇堪作主 人間不奈妒恩隆

司馬所宴　金海[302]

遼鶴依依愴客情 故邦深鎖野烟平 首露龜峯城比[303]古 徐生馬海日南淸 高堂

---

297) 次休叟……文健字 : 갑오본과 경술본 이후로는 위편의 두 번째 시로 편입되
　　었다.
298) 事 : 갑오본과 경술본 이후로는 ‘世’로 되어 있다.
299) 便 : 병오본 이후로는 ‘遍’으로 되어 있고, 경진본 이후로는 ‘便’으로 되어 있다.
300) 宜王 : 갑오본 「附考異」에 ‘宜王二字恐誤’라 하였다.
301) 明鏡臺 : 갑오본과 경술본 이후로는 위 「明鏡臺二首」의 두 번째 시로 편입
　　되었다.
302) 司馬所宴金海 : 이 시는 병오본에는 없고, 기유본 이후로는 補遺에 들어 있
　　다. 임술본 이후로는 본집에 들어 있는데, 갑오본과 경술본 이후로는 ‘金海
　　司馬宴’으로 제목이 바뀌었다. 교감저본인 乙酉後板 직전의 乙酉本에는 이
　　시 다음에 ‘無題’라는 제목의 “一絲無補聖明朝 兩鬢徒看長二毛 自識淮陰非
　　國士 由來康節是人豪 時方多難容安枕 事已無能欲善刀 越水東頭尋 舊隱 白
　　雲茅屋數峯高”라는 시가 있다. 이 시는 병오본에는 없고, 기유본에는 補遺에
　　들어 있으며, 임술본 이후로 본집에 들어 있는데, 을유후판에 와서 삭제되었
　　다. 갑오본에는 ‘舊隱’이라는 제목으로 되어 있고, 경술본 이후로는 이 시를
　　취하지 않았다. 살펴보건대, 이 시는 명나라 王陽明의 시이므로 삭제되는 것
　　이 마땅한 듯하다.
303) 比 : 병오본 이후로는 ‘北’으로 되어 있고, 경진본 이후로는 ‘比’로 되어 있는

按去梁州晚　美酒寒來軟霧生　今年莫作前年恨　冬至明朝又一蓂

次徐花潭韻[304]

秋江疎雨可垂綸　春入山薇亦不貧　要把丹心蘇此世　誰回白日照吾身　臨溪鍊鏡光無垢　臥月吟詩興有神　待得庭梅開滿樹　一枝分寄遠遊人

題玩龜亭　在永川 佐郎安增江亭[305]

金馬何嫌上策遲　此江無主亦非宜　玩龜自是觀頤事　飮酒方知得意時　東畔野延河畔逶[306]　北邊山走日邊馳　潺湲一帶凝江水　不及雲門萬丈奇

題玩龜亭題詠後[307]　宣慰使 李山海

人間爭誦鳳凰吟　一字從知重萬金　欲學藍輿那易得　雙溪迢遞碧雲深

데 이는 ‘北’의 오자이다. 갑오본과 경술본 이후로는 ‘北’으로 되어 있다.

304) 次徐花潭韻 : 이 시는 기유본 이전에는 없고, 임술본 이후로 첨입되었다. 갑오본에는 ‘用花潭韻’으로 되어 있고, 경술본 이후로는 ‘用徐花潭敬德韻’으로 되어 있다. 교감저본인 乙酉後板 직전의 을유본까지는 이 시가 다음에 나오는 「題玩龜亭」 뒤에 있다. 徐花潭의 元韻은 『花潭集』에 있는 「述懷」로 다음과 같다. “讀書當日志經綸　晚歲還甘顔氏貧　富貴有爭難下手　林泉無禁可安身　採山釣水堪充腹　詠月吟風足暢神　學到不疑知快活　免敎虛作百年人.”

305) 題玩龜……增江亭 : 이 시와 뒤의 李山海의 附詩는 기유본 이전에는 없고, 임술본 이후로 첨입된 것이다. 갑오본과 경술본 이후로는 ‘題安佐郎嶒玩龜亭’으로 되어 있다. 교감저본인 을유후판본 직전의 을유본에는 ‘次徐花潭韻’ 앞에 이 시가 있다.

306) 逶 : 갑오본 「附考異」에 ‘逶恐誤’라 하였고, 경술본 頭註에는 ‘逶疑作逶’라 하였다.

307) 題玩龜……題詠後 : 갑오본과 경술본 이후로는 이 附詩가 모두 삭제되었다.

古風

蝴蝶樓　丹城江樓名[308]

多少行人 栩栩飛飛 瞥眼皆非 唯有長程 臨水送將歸

題永陽採蓮堂

樑木蘭江玉沙 綠野蒼烟渾亦何 欲把天香聞帝室 茫茫下土塵霞

贈成中慮[309]

村花自開落 郊女謠靑茱 竟夕坐且起 此意春不解 今朝燕子來 故人金陵在

奉上仲玉丈　成聽松字[310]

馬之島海 老人之角 坡[311]之江水 織兒之濯[312] 之子之遠 而道之憂 曷之觀乎
要之夢遊 聽松本韻 坡山之下 可以休沐 古澗淸泠[313] 我纓斯濯 飮之食之 無喜無憂 奧乎
玆山 孰從我遊 先生自註 入聲散押 非古也 叩竊改焉[314] 居接馬島 故云南極[315][316]

---

308) 丹城江樓名 : 갑오본과 경술본 이후로는 '在丹城'으로 되어 있다.

309) 贈成中慮 : 병오본 이후로는 '慮'자 아래 '成遠字' 3자 있는데, 임술본 이후로 삭제되었다. 갑오본과 경술본 이후로는 '贈成仲慮遇'로 되어 있다.

310) 奉上仲……聽松字 : 병오본 이후로는 '寄聽松姓成名守琛字仲玉'으로 되어 있고, 임술본 이후로는 위와 같이 제목이 바뀌었다. 갑오본과 경술본 이후로는 '奉和成仲玉丈守琛'으로 되어 있다.

311) 坡 : 경술본 이후로는 '波'로 되어 있다. 경술본 頭註에 '波疑作坡'라 하였다.

312) 馬之島……兒之濯 : 병오본 이후로는 '坡之江水 織兒之濯 馬之島海 老人之角'으로 되어 있고, 임술본 이후로는 위와 같이 바뀌었다.

313) 泠 : 임술본 이후로는 '冷'으로 되어 있고, 경진본 이후로는 '泠'으로 되어 있으며, 갑오본과 경술본 이후로는 '冷'으로 되어 있다. 『聽松集』「坡山」에는 '泠'으로 되어 있다.

314) 焉 : 『泛虛亭集』「題成聽松坡山酬唱帖」의 附詩에 '焉' 아래에 "第恨公紙太挾

贈石川子[317]　林億齡號

今有石川子 其人古遺節 芙蓉儘[318] 聳豪 何言大小別 昔年要[319]我乎 山海之蝸穴 看來豆子熟 琬琰東西列 石川千木奴 破甘香滿舌 歸來花判事 其行不改轍 雖飢不[320]食言 人益紅爐雪 尙君[321]明逸戒 有懸非解紲

題三足堂[322]

天上雲門曲 人間鹿門客 傍觀百具足 自得三爲畫 蒼生無福故 此人黃梨色 遊子不言歸 十日吉祥宅 人歸西伐路江注南河伯[323] 窓棄少於姬破我房內白 春事已非宜 河[324]西獨蜀魄 河西一作伊西[325]

儉於一寸 此是方寸相輪之意耶"라는 말이 있다.

315) 極：『聽松集』附詩에는 ‘極’ 아래에 “南冥曹植楗仲和申學士奉上仲玉丈"이란
　　　말이 있다.
316) 聽松本……云南極：병오본 이후로는 이 말이 없고, 임술본 이후로 첨입되었
　　　다. 갑오본과 경술본 이후로는 ‘原韻云 坡山之下 可以休沐 古澗淸冷 我纓斯濯
　　　飮之食之 無喜無憂 奧乎玆山 孰從我遊’ 35자가 제목 아래로 옮겨져 있다.
317) 贈石川子：갑오본과 경술본 이후로는 이 시를 취하지 않았다. 『乙巳傳聞錄』
　　　「林億齡傳」에는 “曺南冥贈以詩曰 今有石川子 其人古遺節 芙蓉信聳豪 何言
　　　大小別 昔年邀我乎 山海之蝸穴 看來豆子熟 琬琰東西列 石川千木奴 破甘香
　　　滿舌 歸來花判事 其行不改轍 雖飢可食言 人益紅爐雪 尙忍明逸戒 有懸非解
　　　紲"이라 하였다.
318) 儘：『乙巳傳聞錄』「林億齡傳」에는 ‘信’으로 되어 있다.
319) 要：『乙巳傳聞錄』「林億齡傳」에는 ‘邀’로 되어 있다.
320) 不：『乙巳傳聞錄』「林億齡傳」에는 ‘可’로 되어 있다.
321) 君：『乙巳傳聞錄』「林億齡傳」에는 ‘忍’으로 되어 있다.
322) 題三足堂：갑오본과 경술본 이후로는 ‘題金天祐三足堂’으로 되어 있다.
323) 人歸西……南河伯：갑오본과 경술본 이후로는 이 두 구가 삭제되었다.
324) 河：갑오본 「附考異」에 ‘河一作伊’라 하였다.
325) 河西一作伊西：병오본 이후로는 없고, 임술본 이후로 첨입되었다. 갑오본과
　　　경술본 이후로는 다시 삭제되었다. 淸道郡의 古號가 곧 伊西이다.

醉贈叔安[326]

虛受人　其中也水　塵或汩之　無主何守

七言長篇

狐白裘詩[327]

莫赤非狐莫赤狐　白裘之白胡爲白　寸積毫積始爲裘　千狐萬狐之一腋　田家公子謾自良　備寒赤白何所擇　欲得天下所無寶　殺盡天下狐爲索　宮中女子尙知之　秦王悅之心未釋　擬以趙璧欲收之　顧以好士名爲射　稷下諸君食三千　智不慮此堪可惜　函關一鎖海於深　橐中有裘秦藏籍　畢竟貪得止於得　文也已爲筌蹄擲　不然區區一豎子　我欲殺之爭何益　若爲隣賢是我讐　未應一裘便相易　可笑狗吠[328]之說亦甚誤　狗竇可入宮安適　秦王之暴過驪龍　藏裘等是頷下璧　九重深淵蟻莫近　晉鄙之符儵何隙　只慮田家又有之　狙獪百端如鬼蜮　旣試其無又與之　聊假夜半狗偸客　前段後[329]段着手狡　秦王智詐庸無迹　不但當時公子愚　後人過眼皆不繹　天下之寶莫於善　所寶在物還辛螫　從來好色擧爲誤　白裘之白何爲劇

蘇子卿詩[330]

胡烏未白羝不乳　漢庭行人歸未期　烏頭未白行人白　誰令換白烏頭爲　四月寒[331]沙雪一尺　有雪可囓身無衣　日暮黃雲烏夜啼　胡人解吹文樺皮　孤身未死

326) 醉贈叔安 : 갑오본과 경술본 이후로는 '醉'자가 삭제되고, 箴類에 옮겨져 있다.
327) 狐白裘詩 : 갑오본과 경술본 이후로는 '詩'가 '詞'로 되어 있다.
328) 吠 : 갑오본 「附考異」에 '吠恐盜'라 하였다.
329) 後 : 갑오본과 경술본 이후로는 '前'으로 되어 있는데, 이는 잘못이다. 경술본 頭註에 '前疑作後'라 하였다.
330) 詩 : 갑오본과 경술본 이후로는 '詞'로 되어 있다.

節在手　求仁得仁天地知　白登在眼乃祖皇　區區使臣無亦卑　內修外攘周道在
梯山航海則有之　鴈足無書常惠否　子卿身上胡草腓　茂陵知死不知生　松楸一
拜知何辭

六國平來兩鬢霜詩[332]

六國平來兩鬢霜　將軍到此魂應驚　靑銅非復舊時人　生平悔作勾陳星　彭彭車
馬老鶖首　蒙戎繡裘猶晨征　萬里酸棗遼欲秋　易水歸來鶗鴂鳴　朝入邯鄲暮臨
淄　上黨愁雲風飄旋　嶢關初返馬亦黃　頭霜此日應更成　豕涉波月離[333]畢　不遑
朝矣而今平　匪風匪風周道西　嗚呼將軍之晚生

---

331) 寒 : 갑오본과 경술본 이후로는 '黃'으로 되어 있다.

332) 詩 : 갑오본과 경술본 이후로는 삭제되었다.

333) 離 : 병오본 이후로는 '罷'로 되어 있고, 경진본 이후로는 '離'로 되어 있으며,
　　　갑오본과 경술본 이후로는 이 시가 삭제되었다.

賦

原泉賦

惟地中之有水 由天一之生北 本於天者無窮 是以行之不息 微一泉之觱沸
異杯水之坳覆 縱初原之涓涓 委天地而亦足 非有本則不然 類人身之運血 或
一蹩之止息 天地亦有時而潰裂 同不死於谷神 實氣母之沆瀣 故祀典之崇本
必先河而後海 思亟稱於宣尼 信子輿之心迪 推洊水於習坎 宜德行之素積 究
人事之下行 根天理之上達 萬理具於性本 混潑潑而活活 隨取用而有餘 猶窟
宅之生出 合川流而敦化 皆大本之充實 配悠久於博厚 歸萬殊於一極 是誠者
之自然 河漢浩而莫測 潛不喩於天淵 但魚躍之洋洋 發大原於崑崙 彌六合其
無方 巨浸稽天而漫汗 曾不撓以使濁 火輪燋土而爤烈 庸詎殺其一勺 而君子
之致曲 尤有大於立本 學不積則不厚 等聚溲而海問 苟靈根之不渴 沃九土其
難涸 見寒泉之勿幕 人百棹其猶若 戒曰 心以應事 百感搖挑 學以爲本 感罔[1]
能擾 可汩則無本 可擾則用熄 敬以涵源 本乎天則

民巖[2]賦

六月之交 瀾瀵如馬 不可上也 不可下也 吁嘻哉 險莫過焉 舟以是行 亦

---

1) 罔 : 갑오본과 경술본 이후로는 '莫'으로 되어 있다.
2) 巖 : 갑오본과 경술본 이후로는 '嵒'으로 되어 있다.

亦以是覆 民猶水也 古有說也 民則戴君 民則覆國 吾固知可見者水也 險在外者難狎 所不可見者心也 險在內者易褻 履莫夷於平地 跣不視而傷足 處莫安於衽席 尖不畏而觸目 禍實由於所忽 巖[3]不作於谿谷 怨毒在中 一念甚銳 匹婦呼天 一人甚細 然昭格之無他 天視聽之在此 民所欲而必從 寔父母之於子 始雖微於一念一婦 終責報於皇皇上帝 其誰敢敵我上帝 實天險之難濟 亘萬古而設險 幾帝王之泄泄 桀紂非亡於湯武 乃不得於丘民 漢劉季爲小民 秦二世爲大君 以匹夫而易萬乘 是大權之何在 只在乎吾民之手兮 不可畏者甚可畏也 嘻噓哉 蜀山之險 安得以債君覆國也哉 究厥巖[4]之所自 亶不外乎一人 由一人之不良 危於是而甲仍[5] 宮室廣大 巖[6]之興也 女謁盛行 巖[7]之階也 稅斂無藝 巖[8]之積也 奢侈無度 巖[9]之立也 掊克在位 巖[10]之道也 刑戮恣行 巖[11]之固也 縱厥巖[12]之在民 何莫由於君德 水莫險於河海 非大風則妥帖 險莫危於民心 非暴君則同胞 以同胞爲敵讐 庸誰使而然乎 南山節節 唯石巖巖 泰山巖巖 魯邦所瞻[13] 其巖一也 安危則異 自我安之 自我危爾 莫曰民巖[14] 民不巖[15]矣

軍法行酒賦

酒猶兵也 不戰將自伐矣 矧乎樂勝則亂 固宜折衝樽俎之列 獨何人兮劉氏子 堂堂氣聳之如山 毅然制非常之法 以處夫非常之艱 是直拔[16]亂反正之器

---

3) 巖 : 갑오본 「附考異」에 '巖恐嵒 下倣此'라 하였다.

4) 巖 : 갑오본과 경술본 이후로는 '嵒'으로 되어 있다.

5) 仍 : 갑오본과 경술본 이후로는 '因'으로 되어 있다.

6) 巖 : 갑오본과 경술본 이후로는 '嵒'으로 되어 있다.

7) 巖 : 갑오본과 경술본 이후로는 '嵒'으로 되어 있다.

8) 巖 : 갑오본과 경술본 이후로는 '嵒'으로 되어 있다.

9) 巖 : 갑오본과 경술본 이후로는 '嵒'으로 되어 있다.

10) 巖 : 갑오본과 경술본 이후로는 '嵒'으로 되어 있다.

11) 巖 : 갑오본과 경술본 이후로는 '嵒'으로 되어 있다.

12) 巖 : 갑오본과 경술본 이후로는 '嵒'으로 되어 있다.

13) 瞻 : 병오본 이후로는 '詹'으로 되어 있고, 임오본 이후로는 '瞻'으로 되어 있다.
『詩經』에는 '詹'으로 되어 있는데, 朱熹의 『詩集傳』에는 '詹與瞻同'이라 하였다.

14) 巖 : 갑오본과 경술본 이후로는 '嵒'으로 되어 있다.

15) 巖 : 갑오본과 경술본 이후로는 '嵒'으로 되어 있다.

夫豈小丈夫然哉 曾乃祖之好武 慢禮義而不先 酗拔釰而擊柱 夫執賓交之秩
秩 顧家老之旣亡 紛衆孽之狋狋 母囂子庸臣傲 邦之危兮扤隉 彼諸呂之睥
睨 謂吾家之閫閾 與之奪之自我 又濟之以殺戮 焚如突如死如 一室之內 盡
是敵國 當是時也 欲以糠粃之禮而制之 比拔山其猶難 循循然俯首而聽命
又非朱虛之所安 視盤筵之叫呶 等操戈而入室 奚至於相猶而已 蔓難圖矣非
日 差差白刃之在腰 奮一擊而欲襲 矧軍令之所尙 乃漢氏之家法 是呂氏之
所安 亦不忤而見許 俄一人之干令 遽手¹⁷⁾足之異處 四座相顧而失色 非但股
慄而膽亦掉 亦皆曰失酒而可斬 苟犯義者何保 劉氏章者最可畏 吾等謹避而
已 昔也狼戾而虎嘷 今焉稽首而就屍 終呂氏而莫敢誰何 實由於今日之酒使
之 屹然鎭一代金湯之險 視綿蕝其何似 是知人不可無義氣 無義氣男子可
餌¹⁸⁾ 獨惜夫漢家之無法 以軍法而爲例 王庭非流血之地 刀鉅異鍾鼓之聲 曷
若制之以禮 君君臣臣 分如天淵 袵席之猶不可亂 而況於穆穆天子之前 體
天險者 無如禮矣 人孰勝夫天哉 一介孤孫 得之則劉 失之則呂 盖亦匹夫之
行矣 重歎夫無禮則國亡 劉不呂者幸矣

---

16) 拔 : 갑오본 「附考異」에 '拔恐撥'이라 하였다. 경술본 이후로는 '撥'로 되어 있
다. 『春秋公羊傳』에 '撥亂世 反諸正'이라 하였다.

17) 手 : 병오본 이후로는 '首'로 되어 있고, 경진본 이후로는 '手'로 되어 있다.

18) 餌 : 병오본 이후로는 '烹'으로 되어 있고, 신해본 이후로는 '餌'로 되어 있다.

銘

座右銘[1]

庸信庸謹 閑邪存誠 岳立淵沖 燁燁春榮

佩釰銘

內明者敬 外斷者義

革帶銘

舌者泄 革者結[2] 縛生龍 藏漠沖

---

1) 座右銘 : 뒤의 「書李君原吉所贈心經後」에 "常自警云 庸信庸謹 閑邪存誠 岳立
   淵沖 燁燁春榮……"이라 하였다. 병오본 이후로 이 銘 다음에 "一片漢土 千燔
   未化 漆身吞炭 心可知也"라는 「銅雀硯銘」이 있는데, 임술본 이후로는 삭제되
   었다.
2) 舌者泄革者結 : 병오본 이후로는 '革者紲 舌者緤'로 되어 있고, 임술본 이후로
   는 '舌者泄 革者結'로 되어 있다.

神明舍圖

銘[4]

太一眞君 閑邪則一 無欲則一 禮必本於太一 無邪其則 事以忠孝[5] 明堂布政 內家

3) 神明舍圖 : 병오본 이후로는「神明舍銘」만 있고「神明舍圖」가 없는데, 임술본
에 와서 비로소「神明舍圖」가 첨입되었다. 갑오본과 경술본 이후로는 '神明舍
銘幷圖'로 되어 있다.「神明舍圖」는 임술본 이후 갑오본 전까지는 그림의 내용
이 같다. 갑오본(1894)에 와서 그림이 대폭 수정되는데, 개정된 내용은 다음과
같다.
  ○ 좌우측 상단에 있던 '大壯旅-審幾'가 모두 삭제되었다.
  ○ 神明舍가 삭제되었다.
  ○ 神明舍 앞의 계단처럼 생긴 그림이 삭제되었다.
  ○ 耳·目·口 三關의 지붕이 삭제되었다.
  ○ 目關과 耳關의 위치가 뒤바뀌었다.
  ○ 日과 月의 위치가 뒤바뀌었다.
  ○ '國君死社稷'이 삭제되었다.
  ○ 口關 우측 하단에 있던 '大壯旅-審幾'가 口關 좌측 상단으로 옮겨지 고, '審
    幾'가 삭제되었다. 깃발 모양도 종전과 다르다.
  ○ '百揆-致察'과 '大司寇-克治'의 위치가 뒤바뀌고, '大司寇'의 '大'가 삭제되
    었다.
  ○ 하단 좌측 동그라미 속의 '止' 옆에 있던 '不遷'을 중앙 네모 속의 '止' 옆으
    로 옮겨놓았다.
  ○ 갑오본에서 대폭 개정된「神明舍圖」는 경술본(1910)에 와서 다시 본래의
    모습으로 돌이켜졌으나, '大司寇'의 '大' 자는 갑오본과 마찬가지로 삭제되었
    다. 신미본(1931)은 경술본과 동일하나 하단의 좌측 동그라미 속의 止에 붙
    어 있던 '不遷'이 갑오본과 마찬가지로 중앙 네모 속의 '止'에 붙어 있다.
4) 銘 : 병오본과 기유본에는 '神明舍銘'으로 되어 있고, 임술본 이후로는 '神明舍
   圖' 뒤에 붙어 '銘' 자만 따로 있다. 갑오본과 경술본 이후로는 '神明舍銘幷圖'로
   되어 있다. 병오본에는 原文·小註·附註 15條가 있는데, 기유본에는 附註 15
   조가 일체 삭제되었다. 임술본에 와서는 小註가 병오본과 다르게 바뀌고, 附註
   3條가 첨입되며, 병오본에 附註로 되어 있던 것이 無題銘으로 3조가 독립되어
   있다. 이후 갑오본 전까지는 임술본과 같다. 갑오본에 오면 小註가 일체 삭제되
   고, 附註 4條가 들어 있다. 경술본 이후로는 小註·附註가 일체 삭제되었다.
5) 閑邪則……以忠孝 : 병오본과 기유본에는 '閑邪則一 無邪其則 禮必本於太一
   無欲則一 事以忠孝'로 되어 있다. 갑오본에는 이 가운데 '閑邪則一 無欲則一'
   이 附註 제2조로 되어 있다. 또한 병오본과 기유본에는 그 아래 小註에 'ㅇ

宰主 存 外百揆省 學問思辨 卽事物上窮理 明明德第一工夫 摠體[6] 承樞出納 細分
擇善致知 忠信 五常實理 無一毫自欺 食料[7] 修 修身之修[8] 辭 固執力行 塗轍 洞洞流
轉 發四字符 和恒直方 禮之用和 和中節 庸信謹恒 恒悠[9]久 謹獨直絜矩方[10] 建百勿
旂 仁之方[11] 知行存省 命脉 九竅之邪 三要始發 己 動微 幾[12] 勇克 閑邪 進教厮
殺 克[13] 丹墀復命 存誠[14] 止至善 堯舜日月 物格知至[15] 復禮 三關閉塞 清野無邊
涵 還歸一 宿 尸而淵 養

　　忠信 便是有這心 方會進德 忠信一貫 盡己體物 自裏面出 見於事物 誠有是 心 至誠無息
　　破釜甑 燒廬舍 焚舟楫 持三日粮 示士卒必死無還 心如此 方會厮殺
　　須於心地 收汗馬之功[16]

國無二君 心無二主 辰極處正 優游任下 三千惟一 億萬則仆'라 하였는데, 임술
본 이후로는 삭제되었다. 다만 임술본 이후로는 '國無二君 心無二主 三千惟一
億萬則仆'가 無題銘의 첫번째 銘으로 되어 있고, 갑오본에는 '國無二君 心無
二主'가 附註 제1조로 되어 있다. 경술본 이후로는 모두 삭제되었다.

6) 摠體 : 병오본과 기유본에는 본문 '外百揆省' 아래에 있다.
7) 五常實……欺食料 : 병오본과 기유본에는 본문 '修辭' 바로 아래에 '五常實理
食料 無一毫自欺'로 되어 있다.
8) 修身之修 : 병오본과 기유본에는 '無一毫自欺' 다음에 놓여 있다.
9) 悠 : 병오본과 기유본에는 '攸'로 되어 있다.
10) 謹獨直絜矩方 : 병오본과 기유본에는 '謹獨絜矩'로 되어 있다.
11) 仁之方 : 병오본과 기유본에는 '命脈' 다음에 들어 있다.
12) 幾 : 병오본과 기유본에는 본문 '勇克' 바로 아래에 있다.
13) 克 : 병오본과 기유본에는 이 아래 '三返晝夜 用師萬倍'가 더 있다.
14) 存誠 : 병오본과 기유본에는 이 아래 '存誠' 2자가 더 있다.
15) 物格知至 : 병오본과 기유본에는 뒤의 '復禮' 다음에 있다.
16) 忠信便……馬之功 : 임술본 이후로 갑오본 전까지의 판본에는 위와 같은 附
註 3조만 들어 있는데, 이는 병오본 부주 제6조·제7조·제8조에 해당한다.
병오본의 附註 15조는 다음과 같다.
　○ 汞 靈丹 女珠 流珠 易走難持
　○ 閑邪存 修辭立 求精一 由敬入
　○ 晝夜河車不暫停 默契人造同運行
　○ 但要存心極虛靜 塞兌垂簾默默窺
　○ 如龍養珠心不忘 如鷄伏卵氣不絶 如猫守穴神不動
　○ 忠信便是有這心 方會進德 忠信一貫 盡己體物 自裏面出 見於事物 誠有是

國無二君 心無二主[17] 三千惟一 億萬則仆[18]

閑邪存 修辭立求精一 由敬入[19]

心聲如響 其跡如印[20] 右三銘 皆無題

愼言銘[21]

澤無水困	雲堤萬丈	尸 活 龍	修辭立誠 千里應違		在庸在忽
省	存省	生死路頭		省	
魚龍背背	由蟻穴潰	淵 澄 雷	守口如瓶 樞機榮辱動天地		主忠信成

心 至誠無息

○ 破釜甑 燒廬舍 焚舟楫 持三日粮 示士卒必死無還心 如此 方會廝殺

○ 須於心地 收汗馬之功

○ 要在心與息 常相顧 有一息之放 則君喪而走尸 其國亡

○ 人特以有君爲愈於己身 猶死之 而況其眞乎

○ 膏火中有心子 由能光明 猶心能盡性

○ 守口如瓶 防意如城

○ 君使臣以禮 臣事君以忠

○ 君子道長則泰 小人道長則否

○ 國君死社稷 大夫死官守

　　갑오본에는 附註 4조가 있고, 경술본 이후로는 다 삭제되었는데, 갑오본의
　　부주 4조는 다음과 같다.

○ 國無二君 心無二主

○ 閑邪則一 無欲則一

○ 須於心地 收汗馬之功

○ 心聲如響 其跡如印

17) 國無二……無二主 : 갑오본에는 「신명사명」의 附註 제1조에 들어 있다.

18) 國無二……萬則仆 : 병오본과 기유본에는 본문 '太一眞君' 아래의 小註에 들
　　어 있다.

19) 閑邪存……由敬入 : 병오본에는 附註 제2조에 들어 있다. 기유본에는 삭제되었
　　고, 임술본 이후로는 위와 같으며, 갑오본과 경술본 이후로는 「誠箴」에 들어 있다.

20) 心聲如……跡如印 : 임술본 이후로 無題銘에 들어 있는데, 갑오본에는 「神明
　　舍銘」의 附註 제4조에 들어 있다.

21) 愼言銘 : 갑오본과 경술본 이후로는 이 銘을 취하지 않았다.

金人銘[22]

剛 義[23] 而重 仁[24] 德莫戡 已無言 無聲臭 緘復三 不假言動 篤恭 極其誠敬[25] 在太廟 肅鬼參 不顯惟德 不顯亦臨[26] 謹獨[27]

---

22) 金人銘 : 갑오본과 경술본 이후로는 이 銘을 취하지 않았다.

23) 義 : 병오본 이후로는 '莫戡' 아래에 있고, 임술본 이후로는 위와 같이 되어 있다.

24) 仁 : 병오본 이후로는 '莫戡' 아래에 있고, 임술본 이후로는 위와 같이 되어 있다.

25) 極其誠敬 : 병오본 이후로는 '復三' 아래에 있고, 임술본 이후로는 위와 같이 되어 있다.

26) 臨 : 병오본 이후로는 '臨'자 아래 '○抑抑威儀 惟德之隅'가 더 있는데, 임술본 이후로는 삭제되었다.

27) 謹獨 : 병오본 이후로는 '鬼參' 아래에 있고, 임술본 이후로는 위와 같이 되어 있다.

書

答退溪書[1]

平生景仰 有同星斗于天 曠世難逢 長似卷中人 忽蒙賜喩勤懇 撥[2] 藥弘
多 曾是朝暮之遇也 植之愚蒙 寧有所靳耶[3] 只以構取[4]虛名 厚誣一世 以誤
聖明 盜人之物 猶謂之盜 況盜天之物乎[5] 用是跼蹐[6]無地 日俟天誅 天譴果
至[7] 忽於去年冬 腰脊刺痛 月餘右脚輒蹇 已不得齒行人列 雖欲蹈履平地上
寧可得耶 於是 人皆知吾之所短 而僕亦不能藏吾之短於人矣 堪可笑嘆[8] 第
念 公有燃犀之明 而植有戴盆之嘆 猶無路承教於蘁文之地[9] 更有眸病 眯[10]

---

1) 答退溪書 : 갑오본에는 '答李景浩滉'으로, 경술본 이후로는 '答李退溪滉'으로 되
   어 있다. 병오본 이후로는 '書'자 아래 '退溪姓李名滉字景浩' 9자가 있는데, 임
   술본 이후로는 삭제되었다.
2) 撥 : 병오본 이후로는 '撥'로, 경술본 이후로는 '發'로 되어 있다.『莊子』에 '先
   生旣來 曾不發藥乎'라는 말이 있는 것으로 보아, '撥'로 되어 있는 것은 모두
   오자이다.
3) 之愚蒙……所靳耶 : 경술본 이후로는 삭제되었다.
4) 構取 : 경술본 이후로는 삭제되었다.
5) 盜人之……之物乎 : 경술본 이후로는 삭제되었다.
6) 蹐 : 병오본 이후로는 '蠟'으로 되어 있고, 경술본 이후로는 '蹟'으로 되어 있다.
7) 天譴果至 : 경술본 이후로는 삭제되었다.
8) 堪可笑嘆 : 경술본 이후로는 삭제되었다.

不能視物者 有年 明公寧有撥雲散以開眼耶 伏惟鑑察 遙借紙面詎能稍展蕉
葉乎 謹拜[11] 靳一作蘄 盜人之物 一作竊人之財[12]

與退溪書[13]

百年神交 直今違面 從今住世 應無幾矣 竟作神道交耶 人間無限不好事
不足介懷 獨此第一含恨事也 每念先生一向宜春 猶有解蘊之日 尙今未焉
斯亦幷付之命物者處分矣 近見學者手不知洒掃之節 而口談天理 計欲盜名
而用以欺人 反爲人所中傷[14] 害及他人 豈先生長老[15]無有以呵止之故耶 如僕
則所存荒廢 罕有來見者 若先生則身到上面 固多瞻仰 十分[16]抑規之如何 伏
惟量察 不宣 甲子季秋十八日 甲末 楗仲[17]

與全州府尹書　府尹李潤慶[18]

索居人絶 茫不聞公存亡休咎 幸[19]因申子誠 問公起居 則今年 尹出[20]百濟
云[21] 方知[22]迫於百口 無以爲地 老境心事 益可想矣 植亦住世斯久 衰病已[23]

9) 於懿文之地 : 경술본 이후로는 삭제되었다.

10) 眯 : 경술본 이후로는 삭제되었다.

11) 伏惟鑑……乎謹拜 : 경술본 이후로는 삭제되었다.

12) 靳一作……人之財 : 이 구절은 병오본 이후로는 없는데, 임술본 이후로 삽입
되었다가, 경술본 이후로는 다시 삭제되었다.

13) 與退溪書 : 이 편지는 병오본에는 없고, 기유본 이후로는 경진본 補遺에 들어
있으며, 경진본 이후로 본집에 들어 있다. 갑오본에는 '與李景浩'로 되어 있고,
경술본 이후로는 '與李退溪'로 되어 있다.

14) 反爲人所中傷 : 경술본 이후로는 삭제되었다.

15) 老 : 경술본 이후로는 '者'로 되어 있다.

16) 十分 : 경술본 이후로는 '幸'으로 되어 있다.

17) 伏惟量……末楗仲 : 경술본 이후로는 삭제되었다.

18) 與全州……李潤慶 : 갑오본과 경술본 이후로는 '與李全州潤慶'으로 되어 있다.

19) 幸 : 경술본 이후로는 삭제되었다.

20) 尹出 : 경술본 이후로는 '出尹'으로 되어 있다.

21) 云 : 경술본 이후로는 삭제되었다.

極 昔年孤兒捐背 無以自裁 晚得其次男²⁴⁾ 來寓先人舊庄于三嘉縣 且飢且寒
日不自給 然累寡而憂少 自我視公 則猶我得矣 比舍生從弟²⁵⁾朴悅 捕逃奴於
治下 憑達數字 眞是李下之蹊也 湖俗例多攻劫 甚者 要險殺傷²⁶⁾ 俯納所控
濟送何如²⁷⁾ 茅店住在溪上 竈婢時時汲取魚兒 只緣無網 徒自臨淵垂沫 能有
繭絲以資口業耶 蔬糲不繼 猶有肉食之念 不亦濫乎²⁸⁾ 直此音書 後難相續
祇增忘了鄙懷 罄陳一二²⁹⁾

與李陜川書 陜川 名增榮³⁰⁾

昨以書達 照下耶 嘗聞羊有羶香 蟻卽慕之 羊猶可也 與羊爲友者 人亦咀
之 良可拍手³¹⁾ 僕今到陸洞 送妹夫之柩 洞³²⁾有鄭舜卿者 母死 靡有餘力送死
今³³⁾欲返葬于陸洞³⁴⁾故丘 而無以致之於百里之外 戴絰遑遑 目不耐涕 此是無
服之喪也 右³⁵⁾舜卿 在我 殆是行路中一喪人 在公 鄭生³⁶⁾之母與先大夫人再
從族云 公若知之³⁷⁾ 必盡力相恤 非我路人之³⁸⁾比也 且獨不聞爲善不竟 同於

---

22) 方知：경술본 이후로는 '認是'로 되어 있다.

23) 已：경술본 이후로는 '日'로 되어 있다.

24) 昔年孤……其次男：경술본 이후로는 삭제되었다. 이 구절의 '晚得其次男' 5
글자는 을유본(1825) 이전에는 '買得無鹽兒'로 되어 있고, 校勘底本인 을유후
본에만 '晚得其次男'으로 되어 있다. 갑오본과 경술본 이후로는 이 句가 삭제
되었다.

25) 從弟：경술본 이후로는 삭제되었다.

26) 憑達數……險殺傷：경술본 이후로는 삭제되었다.

27) 何如：경술본 이후로는 '如何'로 되어 있다.

28) 茅店住……亦濫乎：경술본 이후로는 삭제되었다.

29) 罄陳一二：기유본에는 이 아래 '伏惟鑑察' 4자가 더 있는데, 임술본 이후로는
삭제되었다.

30) 與李陜……名增榮：갑오본과 경술본 이후로는 '與李陜川增榮'으로 되어 있다.

31) 嘗聞羊……可拍手：경술본 이후로는 삭제되었다.

32) 洞：경술본 이후로는 삭제되었다.

33) 靡有餘……送死今：경술본 이후로는 삭제되었다.

34) 陸洞：경술본 이후로는 삭제되었다.

35) 此是無……喪也右：경술본 이후로는 삭제되었다.

36) 鄭生：경술본 이후로는 '舜卿'으로 되어 있다.

無善者乎 公旣令香徒護過豆峴 又不可輸送于阿峴耶 吾但達公之族而已[39]
惟公量處

答李相國原吉書　李浚慶字[40]

幸承鈞[41]札 遠及窮巷 幷蒙多般藥餌 發藥良勤[42] 雖未能醫得病痛 其不霣
故之意 實今世所無也 當日中宵 殘燈明減 渾似說夢 不禁依依[43] 兩年來曆
留作兩年面目 奚啻惠余百朋 伏念[44] 深山應接 祇是鹿豕 追誠十分愼嗇 益
謝珍重至意 不有遲心 僕亦請公上竦如松 毋使下援如藤 用是爲眖[45] 更認晚
得眸眛 不勝驚嘆 獨恨令公瞀病之不早也 伏惟令照 謹謝[46]

與淸道倅書　倅乃李有慶 校理延慶之兄[47]

植啓 伏聞公車[48]宰出南疆 無緣奉晤 曾與原吉有舊[49] 近因[50]善吉來訪 又
無緣啓好 今[51]因所聞敢稟 伏惟鑒察 郡有金佐郞大有 尙[52]有遺愛[53]於土人

37) 若知之：경술본 이후로는 삭제되었다.
38) 路人之：경술본 이후로는 삭제되었다.
39) 吾但達……族而已：경술본 이후로는 삭제되었다.
40) 答李相……浚慶字：갑오본과 경술본 이후로는 '答李相國浚慶'으로 되어 있다.
41) 鈞：경술본 이후로는 '勻'으로 되어 있는데, 그 아래 '從金'이라는 小註가 있
　　다. 이는 '鈞'자를 避諱한 듯하다.
42) 發藥良勤：경술본 이후로는 삭제되었다.
43) 也當日……禁依依：경술본 이후로는 삭제되었다.
44) 伏念：경술본 이후로는 삭제되었다.
45) 用是爲眖：경술본 이후로는 삭제되었다.
46) 伏惟令照謹謝：경술본 이후로는 삭제되었다.
47) 與淸道……慶之兄：갑오본과 경술본 이후로는 '與李淸道有慶'으로 되어 있
　　다. 『淸道郡邑誌』에는 '李有慶'이 '李宜慶'으로 되어 있다.
48) 車：경술본 이후로는 삭제되었다.
49) 曾與原吉有舊：경술본 이후로는 삭제되었다.
50) 因：경술본 이후로는 '日'로 되어 있다.
51) 又無緣啓好今：경술본 이후로는 삭제되었다.

人方立祠於東倉 以償其思⁵⁴⁾ 何但晉人三月寒食於介之推乎 又⁵⁵⁾豈翅鄉先生
沒而可祭於社⁵⁶⁾乎 常⁵⁷⁾恨此人不當無祀於後世 於今始有立祠者 貴郡應有鄉
黨自好者 唱而發之也 獨恨鄉人⁵⁸⁾ 何能明得善惡⁵⁹⁾公私之極乎 必詢於仁人君
子 然後可決其取舍也⁶⁰⁾ 固非⁶¹⁾徇於鄉族之所私 以貽君子之譏也 若配以無名
稱於士類者 大不可也 固⁶²⁾在地主權度其人之可祀與否而後可祀⁶³⁾也 又必咨
於道主 採摭其公議 然後⁶⁴⁾可決⁶⁵⁾也 明府亟取此人碣文 以探爲人顚末 如或
有未盡之意 則亦不當許也 方伯年後 應未悉此人實德如何 恐不宜略取此人
碣文大槩 以稟之也 鄉人已失其正⁶⁶⁾ 濯纓先生 乃此君之叔父也 生有凌霜之
節 死有通天之寃 固當先濯纓而配以此⁶⁷⁾三足也 三足恢有經濟⁶⁸⁾之手 平生無
一點疵缺 但生乎地上 死乎地上 人之駮⁶⁹⁾動見聞 或不浮於濯纓 若準以近日
士論 則乃姪優於乃叔⁷⁰⁾ 立祀於倉中 非其地也⁷¹⁾ 若於鄉所則何如 東倉乃三
足所居之地也 他日守護 爲可依托 而爲濯纓計 則不可爲⁷²⁾ 倉祠之名 亦不

---

52) 尙 : 경술본 이후로는 '甞'으로 되어 있다.

53) 愛 : 경술본 이후로는 '惠'로 되어 있다.

54) 思 : '恩'의 오자인 듯하다.

55) 何但晉……推乎又 : 경술본 이후로는 삭제되었다.

56) 社 : 경술본 이후로는 '社'자 아래 '者'자가 더 있다.

57) 常 : 경술본 이후로는 '甞'으로 되어 있다.

58) 獨恨鄉人 : 경술본 이후로는 '然彼'로 되어 있다.

59) 善惡 : 경술본 이후로는 '是非'로 되어 있다.

60) 也 : 경술본 이후로는 삭제되었다.

61) 固非 : 경술본 이후로는 '不當'으로 되어 있다.

62) 固 : 경술본 이후로는 '此'로 되어 있다.

63) 祀 : 경술본 이후로는 '配'로 되어 있다.

64) 然後 : 경술본 이후로는 삭제되었다.

65) 決 : 경술본 이후로는 삭제되었다.

66) 明府亟……失其正 : 경술본 이후로는 삭제되었다.

67) 此 : 경술본 이후로는 삭제되었다.

68) 濟 : 경술본 이후로는 '綸'으로 되어 있다.

69) 駮 : 경술본 이후로는 '聳'으로 되어 있다.

70) 乃叔 : 경술본 이후로는 '叔也'로 되어 있다.

71) 也 : 경술본 이후로는 삭제되었다.

72) 東倉乃……不可爲 : 경술본 이후로는 삭제되었다.

可⁷³⁾ 皆在地主所當咨詢於鄕老而後可決者也 近見書院 監司若以私意欲書院 則恐未許也 若此祠 則不過爲虛社一空廟而已⁷⁴⁾ 欲稟於道主者 欲爲不出於 一二人私論所發 而出於一時公議所許⁷⁵⁾ 以久其傳也 幸聞鄕人有是議⁷⁶⁾ 未獲 躬造以稟 代以筆舌 不勝僭越 伏惟鑑量 謹具狀上 隆慶二年九月十八日 曹 植 拜白⁷⁷⁾

答慶安令守夫書　令名瑤⁷⁸⁾

時因江城人 探公寒溫 時⁷⁹⁾自遐想而已 千里莫續 一番修信爲難⁸⁰⁾ 忽今委 示玉音 憑審經年起居平勝 慰謝慰謝 鳴鶴之和 九衢猶通 可見公一念相記 之勤也 顧何以堪耶⁸¹⁾ 老物雖幸不死 精神氣膂 久失其舊 何可言依舊在耶⁸²⁾ 去年 吾猶及公未返之日 樵竪不暇 未卽相候一字 遂作千里未見之別 過在 於我矣 想來歲猶有桑梓之行 只恐老物住世無朝夕矣 何期係影 以做一番好 懷⁸³⁾耶 唯冀公⁸⁴⁾毋替所學 傑步人間大道上 歸與相期於廣城地頭⁸⁵⁾ 宗家花色 場⁸⁶⁾中 挺有如公者幾人耶⁸⁷⁾ 所憂只在汗血之行 中道而止也 辛未仲冬念五⁸⁸⁾

---

73) 可 : 경술본 이후로는 '可'자 아래 '也'자가 더 있다.

74) 皆在地……廟而已 : 경술본 이후로는 삭제되었다.

75) 所許 : 경술본 이후로는 삭제되었다.

76) 幸聞鄕……有是議 : 경술본 이후로는 삭제되었다.

77) 伏惟鑑……植拜白 : 경술본 이후로는 삭제되었다.

78) 答慶安……令名瑤 : 갑오본과 경술본 이후로는 '答慶安令瑤'로 되어 있다.

79) 時 : 경술본 이후로는 '只'로 되어 있다.

80) 千里莫……信爲難 : 경술본 이후로는 삭제되었다.

81) 鳴鶴之……以堪耶 : 경술본 이후로는 삭제되었다.

82) 何可言……舊在耶 : 경술본 이후로는 삭제되었다.

83) 懷 : 경술본 이후로는 '會'로 되어 있다.

84) 公 : 경술본 이후로는 삭제되었다.

85) 傑步人……城地頭 : 경술본 이후로는 삭제되었다.

86) 家花色場 : 경술본 이후로는 '室'로 되어 있다.

87) 耶 : 경술본 이후로는 삭제되었다.

88) 辛未仲冬念五 : 경술본 이후로는 삭제되었다.

又[89)]

年前 植亦幸[90)]聞斾到南鄉 未獲承顏 今者 忽蒙玉音[91)]委及窮巷 因審行候
萬康 慰謝無量 曾栖僻陋 時有山僧到門 猶復倒履迎門[92)] 況王孫見枉耶 植
邇來眩證甚劇 燕坐一室 悶然仆席者 日再 已作繭蚕 無出頭之日[93)] 因與人
絶 明公何以知悉耶 況[94)]時議更重 朝夕剝膚 省愆深伏 萬不欲與人開口 高
賢[95)]宜所[96)]量照 垂死之日 坐見玉問 却阻手顏 懷恨如丘 伏惟尊照 謹拜謝[97)]

與申松溪書　　松溪 名季誠 字子誠[98)]

入夏來 蒙得再交宴語 固知不自虛度一年矣 尙[99)]今氣味何如 西行亦在何日
耶[100)] 僕荷賜依舊 念七八 當向本居 前達藥債細木一斤[101)]呈上 藥材至貴 將此
僅備一材 定應難劑[102)] 固不可煩公爲也 若貿得唐材來 則自餘胡椒乾薑等物
吾可在此貿得以補之 初欲乞諸原吉 而更料則[103)]一身病痛 何關於世 而向人乞
求官藥乎 誠所不敢 如見原吉 曲報寒暄 且道古人官盛 不欲裁書云 此去[104)]還

---

89) 又 : 갑오본과 경술본 이후로는 '答慶安令'으로 되어 있다. 이 편지는 병오본
　　에는 없고, 기유본 이후로는 補遺에 들어 있으며, 경진본 이후로 본집에 들
　　어 있다.

90) 植亦幸 : 경술본 이후로는 삭제되었다.

91) 音 : 경술본 이후로는 '音'자 아래 '承許'가 더 있다.

92) 履迎門 : 경술본 이후로는 '屣'로 되어 있다.

93) 悶然仆……頭之日 : 경술본 이후로는 삭제되었다.

94) 明公何……悉耶況 : 경술본 이후로는 삭제되었다.

95) 高賢 : 경술본 이후로는 삭제되었다.

96) 所 : 경술본 이후로는 삭제되었다.

97) 垂死之……謹拜謝 : 경술본 이후로는 삭제되었다.

98) 與申松……字子誠 : 갑오본과 경술본 이후로는 '與申子誠季誠'으로 되어 있다.

99) 尙 : 경술본 이후로는 '而'로 되어 있다.

100) 耶 : 경술본 이후로는 삭제되었다.

101) 斤 : 경술본 이후로는 '段'으로 되어 있다.

102) 定應難劑 : 경술본 이후로는 '定難全劑'로 되어 있다.

103) 則 : 경술본 이후로는 삭제되었다.

104) 此去 : 경술본 이후로는 삭제되었다.

鄉 定在何日 歸來 須許一字相問 姑冀行李萬安 謹白 壬孟夏念四 植[105]

又[106]

近闕相問 不認氣味何如 阻懷難道矣 僕則雖幸不死 坐作亡家之物 恒不如死之久矣 母病猶未絶 妻病侵尋 血泣終宵 雖欲奮身遠走而未得 欲奉君侯恒切而恒未果焉 事事眞堪痛也 拘繫至此 不棲山庄 已出歲矣 何人相敍何地弛懷耶 件件緒思 誠不可說盡矣 姑問尊履何如 謹白 十四 植

又[107]

邇來 連獲垂問 想氣味康好 深慰深慰 兒病爲日苦久 一俟司命者處分 老母前患瘧證 往來未絶 僕之頭病 隨日侵加 一家終歲所業 此外無他矣 惠來紅圓子 無以爲謝 每逢君侯撥藥居多 外病與內病 俱未除去 良可嘆也 思欲由八溪路 旋自鳳城歸來 歷敍阻懷 若母子之疾 如前不已 勢當直返 然更謀一番會事 常居海濱 未有苴裦之獻 愧恨愧恨 謹謝 念五 植

又[108]

每未趨奉 徒言戀慕 不是空言耶 不啻[109]衰耗之故 直恐修己之[110]不良 親君子之心 日踈而然也 公獨綢繆問訊 不寔舊好 愧謝愧謝 昨日有以書達 照下耶 明月旬後 更[111]俟春暖 往作數夜穩 第未知公家尙無故不 書來 審悉康好 吾行應不輟矣 緒思件件 思與展打爲久[112] 當有面敍[113] 謹謝復[114] 生巨口

105) 謹白壬……念四植 : 경술본 이후로는 삭제되었다.
106) 又 : 갑오본과 경술본 이후로는 이 편지를 삭제하였다.
107) 又 : 경술본 이후로는 이 편지를 삭제하였다.
108) 又 : 갑오본과 경술본 이후로는 '答申子誠'으로 되어 있다.
109) 啻 : 경술본 이후로는 '但'으로 되어 있다.
110) 之 : 경술본 이후로는 삭제되었다.
111) 昨日有……旬後更 : 경술본 이후로는 삭제되었다.

一尾送上 照領 植 穩下有闕字[115]

又[116]

兩歲阻違 恒自懸懸 亦因地遠 音書并踈[117] 垂老會合 能復幾時耶[118] 曾在
鳳城 獲承問字 前月亦還海家 尙[119]未卽馳候起居 罪恨如何[120] 久[121]聞公滯疾
甚危 益自鳴嘆[122] 直因衰病 出入漸懈 從今去死無幾 誰與展盡惡懷耶[123]
棲[124]到山海 林木蔚合 全沒屋頭 十分幽趣 倍却昔時 公不能扶病遠行 共作
碧山閑夢 此懷如何如何[125]

與吳御 史書[126]   御史 名健[127]

近得垂簡 自肅夫子修尾至 認仕履康好 又聞卜得小室 應爲久留計也 老

---

112) 矢緒思……打爲久 : 경술본 이후로는 삭제되었다.

113) 敍 : 경술본 이후로는 '敍'자 아래 '矣'자가 더 있다.

114) 謹謝復 : 경술본 이후로는 삭제되었다.

115) 植穩下有闕字 : 경술본 이후로는 삭제되었다.

116) 又 : 갑오본과 경술본 이후로는 '與申子誠'으로 되어 있다.

117) 亦因地……書并踈 : 경술본 이후로는 삭제되었다.

118) 耶 : 경술본 이후로는 삭제되었다.

119) 前月亦……海家尙 : 경술본 이후로는 삭제되었다.

120) 未卽馳……恨如何 : 경술본 이후로는 이 10자가 아래 문장 '直因衰病' 뒤에
    옮겨져 있다.

121) 久 : 경술본 이후로는 삭제되었다.

122) 益自鳴嘆 : 경술본 이후로는 삭제되었다.

123) 出入漸……惡懷耶 : 경술본 이후로는 삭제되었다.

124) 棲 : 경술본 이후로는 '昨'으로 되어 있다.

125) 何 : 기유본에는 이 아래 '姑問起居安否 初秋當還鳳城 謹白 孟夏初五 植' 19
    자가 있는데, 임술본 이후로는 삭제되었다. 갑오본은 편지글이 逸失되어 알
    수 없고, 경술본 이후로는 이 부분이 삭제되었다.

126) 與吳御史書 : 갑오본과 경술본 이후로는 이 편지를 싣지 않았다.

127) 御使名健 : 병오본 이후로는 '健'자 아래 '字子强' 3자가 있었는데, 임술본 이
    후로는 삭제되었다.

夫閱人 非不多矣 獨於先生 勉以出處之義者 嘗見君喫飯 不從脊背 從肚裏
下也 時事倪倪 愚婦猶知之 先生本不見高 方在局中 所見已昧 名士日造 猶
不知邁邁走避 年少談理 奄然當之 若爲宗匠然者 名旣忽重 人皆保之 逃無
所往 如追[128]放豚 衆皆逐之 畢竟置身於何地耶 性與天道 孔門所罕言 和靜
有說 程先生止以莫要輕說 君不察時士耶 手不知洒掃之節 而口談天上之理
夷考其行 則反不如無知之人 此必有人譴 無疑矣 當此時 果儼然冒居 賢者
之位 以作虛僞之首耶 雖以考亭之賢 猶不免乞斬之說 況我偏邦 人心極巧
前日寒暄·孝直 皆不足於先見之明 況我與君輩乎 於此而[129]雖使佯狂自汚
恐難免也 易曰 三日不食 有攸往 主人有言 主人雖或有言 孰與坐而待之者
乎 且內間之事 君亦不能知 當日入對 猶恨所奏冗而不略也 又未嘗與士子
假以辭色 但對恒之 聞其所論 心甚不服 不肯俯首 及醉 引臂握手曰 此臂敦
篤 汝何不爲汝之牛角 幷逢此板板之事乎 汝爲上賊 吾爲副賊 此賊豈比穿
窬之類耶 忽縛帶引滿曰 賊必善逃 兩賊恐有先逃者也 雜以諂諂長謔 不肯
入繩律之內 固欲混混處世 無異於杯酒間人也 指我爲言貌之慢者 乃此牛角
之戲也 其曰周公之過者 果眞語耶 酒未大醉 恨未得大儺而出 士子之見如
此 蓋亦揆想其人矣 僕平生不執他技 只自觀書而已 口欲談理 豈下於衆人
乎 猶不肯屑有辭焉 君每不察 雖然一朝禍發 恐難道也 朋友相及以善 吾今
分先生以禍 還是所分之不善矣 無緣面討 祇增慨慨 伏惟鑑察 曾勸以退一
小縣而止 於今非也 君已做重名 作縣 民必思之 更買一格長價 其退益進 皆
在量義 如何 丙臘初十 丙寅[130]

與子强·子精書[131]　　子精 鄭琢字

---

128) 追 : 병오본 이후로는 '超'로 되어 있고, 임술본 이후로는 '追'로 되어 있다.

129) 之賢猶……於此而 : 기유본 이후로 小字雙行이었는데, 경진본 이후로는 원
　　문과 같은 글자로 개정되었다.

130) 丙寅 : 병오본 이후로는 '恐丙寅也'라고 되어 있고, 임술본 이후로는 '丙寅'으
　　로 되어 있다.

131) 與子强·子精書 : 갑오본과 경술본 이후로는 이 편지를 취하지 않았다. 병오
　　본 이후로 임술본까지에는 이 편지 뒤에 鄭仁弘이 쓴 淫婦事件에 관한 기사
　　가 있고, 신해본 이후로는 삭제되었는데, 그 내용은 다음과 같다.

前月　獲承子强修復　想邇來仕履平康　未認子精起居何如　且作何官耶　只增黯懷　僕則荷賜不死　來月初一日　發還故棲　但晉山有淫婦獄大起　發之者在中道　而發時指我爲據者　爲淫婦之夫河宗岳　其先妻　乃吾亡兄之女也　門戶相連　而擧我爲辭　新監司之來　已放出矣　罪人三四輩囚係　死而復生　其爲怨毒　宜無所不至　潛懷兇計　必欲射殺云　非但丙丁而已　一日禍起　將及合族遇害　安知天作之禍　遽發於人事之外乎　之海則一家喪哭　之山則一室抱憫身濱於死　雖欲自反而無地　唯自待天而已　十年之前　曾對剛而　李楨字　慎說淫婦之事曰　公爲一室之人　何不縛取行媒婢子　投之於江乎　剛而默然不肯答破僕心甚不滿　及後聞之　則已受河宗岳漢江邊畓地及畓守奴數口於淫婦　今之事發也　極力伸救於監司及推官曰　此事曾聞於南冥　南冥乃聽之誤也　一家之事　吾自親見　孰與耳聞者乎　吾雖不能討賊　豈黨惡者乎　其言如此　故罪人全

草溪李黃江　喪室未再娶　有一娼女治棲　旣再娶而逐之　黃江沒　繼室李氏孀居猶妬娼女　使不得踵門　久後　李氏有閨門不謹之說　人或疑娼女與不逞人構捏也隆慶戊辰年間　朴公啓賢爲監司　訪李楨於泗川　李密言黃江門中事　使捕繫窮治朴欲發之　以近邑守令無堪任者爲病　時婦翁梁喜知金海府事　朴到府密囑　仍定草溪一路捕盜差使員　婦翁初不知此事顚末　稟請于監司曰　此事甚重大　恐不可容易　女壻鄭仁弘　頗知此間事　當與商量處之云云　朴許之　婦翁經由咸陽本業走趕足速我　馳赴之　具言此事　仍曰　深恐失捕　聞全君致遠義士也　幸密與之謀也　余告曰　此事非外人所能知　南冥先生與李黃江　非徒有世分　事同一家　乃平生道義之交也　必稟白然後無後悔也　曰然　須自我速行　余自咸陽　直入頭流　具以告先生　先生慎然曰　剛而其一門中　有綱常大故　一向掩盖　乃欲發人家黯昧事禍愚翁黃江之字一家乎仍言進士河宗岳後妻淫行昭著之狀曰　河之孽妹　乃李楨之妾也　監司之欲發愚翁家不明之獄者　特以未知河家已著之事故也　愚翁家事決不可輕擧也　仁弘歸　具以告婦翁　婦翁追到監司所在　一以吾言告之　監司果捕河宗岳一家侍側婢及奴元石等　河婦從兄弟在要路　有權勢　李附之爲脣齒　卒解其事　不獨終不問其罪　時輩又欲推問先生　先生書中發自中道者　盖有所指也　先生嘗與李及士子若干人　會于斷俗寺　李問士族婦人有淫行　士子可以發其事治其罪乎　先生答曰　士族婦人失行　自有有司可治　士子治己不暇　治婦人淫行　干己何事而敢爲之　初非先生有意於發淫婦事也　特欲解黃江家事　因以語及之耳　知其事而發之者　監司也　人皆言李楨之遽發李黃江家事者　其意盖欲窮問言根所出恐動人耳目　以爲河家淫婦地也　朴監司之先發河婦之事　乃渠之意外而實自致也云　故擧其首尾梗槩焉　仁弘　誌

指我釋憾 是剛而置我於族滅之地也 其通書於我也日 人言騰播已久 必先殺
其婢與其夫 將此意 已通于監司推官云 其實不然 崔見叔 崔應龍字 時爲晉牧
訪我 問之則全無是言云 極力伸解之 朴監司將欲盡放 而在中道改牒日 有
識者之言 亦未出於正 更推十年前婢子 剛而於是 知不能掩盖 忽致書於我
日 燈下不明 知之太晚 無面目進見於左右 又首其不明之罪於朴監司 追及
京中 又謝於推官日 吾初爲人所瞞 公等爲我所瞞云 猶且委馳人於礪城尉
極陳其暧昧 都尉與吉元 情分自童稚深篤 到界卽欲放去 剛而復相對終日
無所不救 用是卽解放 剛而於此 三次反覆 初日昧昧 中日果然 終日慮事 此
果談聖賢書 嘗說敬義者事乎 曾詔彦久 尹椿年字 後事公擧 李樑字 更陷友人
於禍中 受賂於淫婦 背棄亡友 義所當絶也 吾已謝絶僉意如何 患難吉慶 朋
友在所相知者 敢及之 曾聞士論方明 而公道黯黯 乃至此極 尚可以仕乎 尹
子固去秋訪我 言及此事 聊陳之 公等雖欲舒禍 已無下手地矣 奈何奈何 十
月二十七日 先生嘗作李父碑銘 集中削去

又[132]

昨日 忽承山陰所傳兩公信書 認子精仕況平勝 子强尙帶沉痼 且慰且慮
醫司所在 治療必備 而猶未得瘳者 何耶 所寄臘劑·新曆皆到 深謝深謝[133]
且認兩公俱有難處之意 亦堪嗟咄 只恐其見晚也 身爲侍從 受恩斯多 於是
無可去之理矣 若乞退外補[134] 則猶之可也 僕之眩證 隨日轉加 此必餘生歸宿
地也[135] 一紙數行語 亦是[136]永訣辭[137]也 曾[138]多罪戾 將[139]加重譴 而忽忝爵秩
公等居論思之地 非不知時議所發 萬無愛惜之意[140] 亦非不知七十從仕之計[141]

---

132) 又 : 이 편지는 임술본에 와서 追補되었다.

133) 深謝 : 경술본 이후로는 삭제되었다.

134) 外補 : 경술본 이후로는 '補外'로 되어 있다.

135) 也 : 경술본 이후로는 삭제되었다.

136) 亦是 : 경술본 이후로는 '安知非'로 되어 있다.

137) 辭 : 경술본 이후로는 삭제되었다.

138) 曾 : ; 경술본 이후로는 '顧'로 되어 있다.

139) 將 : 경술본 이후로는 '宜'로 되어 있다.

而猶爲此擧 果何意耶 由吾所料 則都不曉得也 伏惟僉照 庚仲春十五日[142]
從仕之計 恐有誤字[143]

又[144]

前月念時 得子强十月書 自湖南來 昨日 伏[145]承兩公書 自山陰傳 出在前
年十一月也 倂蒙寄來日曆 備諳兩候仕履康好 此是千里第一喜事 僕亦不
死[146] 病痛隨歲轉苦 無望[147] 日復一日 曾見朝報 認子强多所建明 國之大事
不過兵食 連租連卒 方通積百年咽塞 如公可謂不負所學矣 獨恨此事不出於
廟算 而出於六品言[148]官 宰相尸 位更不足問也[149] 且聞[150]子精求外不得出[151]
可見持身有度 不爲朋儕所棄 直[152]可喜也 但居內居外 皆似竊祿 仕進之難
寧有如今之時者乎 老夫朝夕就木 豈宜掛着一毫 以作憂惱耶 云云 新正初
五[153] 無望下 有闕文[154]

答成聽松書[155]

---

140) 萬無愛惜之意 : 경술본 이후로는 삭제되었다.

141) 計 : 경술본 이후로는 '謬'로 되어 있다.

142) 伏惟僉……十五日 : 경술본 이후로는 삭제되었다.

143) 從仕之……有誤字 : 경술본 이후로는 삭제되었다.

144) 又 : 이 편지는 임술본에 와서 追補되었다. 갑오본과 경술본 이후로는 '答吳
子强鄭子精'으로 되어 있다.

145) 伏 : 경술본 이후로는 삭제되었다.

146) 亦不死 : 경술본 이후로는 삭제되었다.

147) 無望 : 경술본 이후로는 삭제되었다.

148) 言 : 경술본 이후로는 삭제되었다.

149) 宰相尸……不足問 : 경술본 이후로는 삭제되었다.

150) 且聞 : 경술본 이후로는 삭제되었다.

151) 出 : 경술본 이후로는 삭제되었다.

152) 直 : 경술본 이후로는 '眞'으로 되어 있다.

153) 云云新正初五 : 경술본 이후로는 삭제되었다.

154) 無望下有闕文 : 경술본 이후로는 삭제되었다.

155) 答成聽松書 : 갑오본에는 '答成仲玉守琛'으로 되어 있고, 경술본 이후로는 '答

金玉其音 已逾兩紀 矧於顏面耶 直今相休 無路展破 期於泉下 是謂何期耶 時因此人 粗探起居尚康 猶是相須第一義[156]也 植雖云依舊[157] 齒髮脫盡 面目已變 換作他樣人 不是依舊[158] 況丈人耶 適見沙彌有邁公居者 情不能裁 徒增舊抱[159] 篋藏乾柿一辮 聊以寄信 伏惟尊照 謹拜問 壬季春晦[160]

又[161]

是歲十一月 邑[162]人宋瑊 傳公八月玉札 幷與諸公所詠 二十年前 不通消息 於今始達[163] 摠是滿掬明珠 受賜無量 每[164]聞大夫人康寧 旋祝萬壽 植亦[165]尙保性命 霜雪滿頂 盜取盛[166]名 以累尊公之雅 非但自誣而已[167] 益自罪愧 更歎[168]健叔之[169]藏修不露 曾未[170]見保於人 而愚獨自衒於世 厚誣君子[171] 吾無以見此人矣[172] 所索四言詩和上 嘗以哦詩 非但玩物喪志之尤物[173] 於植

　　成聽松守琛'으로 되어 있다.
156) 第一義 : 경술본 이후로는 '中一喜'로 되어 있다.
157) 雖云依舊 : 경술본 이후로는 삭제되었다.
158) 不是依舊 : 경술본 이후로는 삭제되었다.
159) 情不能……增舊抱 : 경술본 이후로는 삭제되었다.
160) 伏惟尊……季春晦 : 경술본 이후로는 삭제되었다. 임술본 이후로는 '晦' 자
　　아래에 '此當在前書上'이란 6자가 더 있었는데, 경진본에 와서 앞뒤의 편지
　　를 바꿀 때 삭제되었다.
161) 又 : 갑오본에는 '答成仲玉'으로 되어 있고, 경술본 이후로는 '答成聽松'으로
　　되어 있다.
162) 邑 : ; 경술본 이후로는 '鄕'으로 되어 있다.
163) 二十年……今始達 : 경술본 이후로는 삭제되었다.
164) 每 : 경술본 이후로는 삭제되었다.
165) 亦 : 경술본 이후로는 삭제되었다.
166) 盛 : 경술본 이후로는 '虛'자로 되어 있다.
167) 非但自誣而已 : 경술본 이후로는 삭제되었다.
168) 更歎 : 경술본 이후로는 삭제되었다.
169) 之 : 경술본 이후로는 삭제되었다.
170) 未 : 경술본 이후로는 '不'자로 되어 있다.
171) 而愚獨……誣君子 : 경술본 이후로는 삭제되었다.
172) 矣 : 경술본 이후로는 삭제되었다.

每增無限驕傲之罪 用是廢閣諷詠 近出數十載 今幸[174]蒙有遠命 雖分肝肺 在所不惜 矧此片紙隻[175]字 乎只恨公不以自詠見及 若以辭拙爲嫌 則公不是矜於工詩者也 此後消息 漠如霄漢 只增挑出相忘[176]舊懷 誠不堪自裁 今此賫書歸者 其名[177]元右釋 曾自沙彌出[178]家 宋尙書獻叔名之曰右釋者 乃謂前則釋也[179] 稍可與傳信者 借寄千里面目 壬子十一月日[180]

又[181]

白髮相望 漠如霄漢 豈意金玉飛到天邊耶 忙手開緘 驚定始慰 垂死故人 世慮灰盡[182] 各保殘骸 方是好事 更有何冀耶[183] 只[184]見公猶不廢文翰間事 遠徵詩詞 深慰福人前面地頭猶未艾也 如僕則猶少丈人於數年 齒牙落盡 飲食無幾 已似繭蚕[185] 非但無意於文墨交遊亦息 雖欲强報所索 正似竽漏 未以成聲 罪負實多[186] 示換奴曾已逋去[187] 前呈荒篇 未足掛着高眼 何用再寫耶[188] 重違千里重眷 改書送上 他冀相期於泉下 姑望攝履萬福 謹拜復 乙卯春[189]

---

173) 之尤物 : 경술본 이후로는 삭제되었다.

174) 幸 : 경술본 이후로는 삭제되었다.

175) 隻 : 기유본까지는 '尺'으로 되어 있고, 임술본 이후로는 '隻'으로 되어 있다.

176) 挑出相忘 : 경술본 이후로는 삭제되었다.

177) 其名 : 경술본 이후로는 삭제되었다.

178) 出 : 경술본 이후로는 '返'자로 되어 있다.

179) 者乃謂……則釋也 : 경술본 이후로는 삭제되었다.

180) 壬子十一月日 : 경술본 이후로는 삭제되었다.

181) 又 : 갑오본에는 '答成仲玉'으로 되어 있고, 경술본 이후로는 '答成聽松'으로 되어 있다.

182) 世慮灰盡 : 경술본 이후로는 삭제되었다.

183) 耶 : 경술본 이후로는 삭제되었다.

184) 只 : 경술본 이후로는 '且'로 되어 있다.

185) 已似繭蚕 : 경술본 이후로는 삭제되었다.

186) 罪負實多 : 경술본 이후로는 삭제되었다.

187) 示換奴……已逋去 : 경술본 이후로는 삭제되었다.

188) 耶 : 경술본 이후로는 삭제되었다.

189) 他冀相……乙卯春 : 경술본 이후로는 삭제되었다.

與盧公信書[190]

頃因陳君 聞君猶在天嶺 嶺海相隔 不啻天淵 豈意書問再及 不遺老醜
耶[191] 珠玉無足而至者 誠在人也 兩封玉音 無足而尙到五百里外 庸非誠所致
耶[192] 僕罪積愈大 數月來 期功化者 四人 身亦在世 能幾時耶[193] 方且寓居人
家 日復生梗[194] 思欲投骨於先人舊土 以與鄉里執要相隨 從前五十年日月 盡
沒於官 從今一日 作爲吾有[195] 第恐資身無策 未易遂意 想君年富力强 已應
行[196]到十層地位 恨未得開討半日 君不見撑上水船乎 放寸則退下十丈 更須
勖勵 毋負老友於他日 不勝幸甚 伯益・景胤數君 安在耶[197] 每到本居 難於
桂玉 還不席暖 獨此一事學孔聖 眞堪惜也[198] 歲後出向葬妹[199] 僉必赴試 何
遑於[200]訪 姑此不宣

與江原監司書[201]

神交之日固久 令公不廻南轅 老夫已向北冥[202] 生幷一世 長似隔世[203] 寧論
黃卷中人耶[204] 今有門生柳宗智 好學不倦 更[205]欲豁胸名山 探向楓岳 所謂傳

---

190) 與盧公信書 : 갑오본과 경술본 이후로는 '答盧公信欽'으로 되어 있다.

191) 耶 : 경술본 이후로는 '也'로 되어 있다.

192) 珠玉無……所致耶 : 경술본 이후로는 삭제되었다.

193) 耶 : 경술본 이후로는 삭제되었다.

194) 方且寓……復生梗 : 경술본 이후로는 삭제되었다.

195) 從前五……爲吾有 : 경술본 이후로는 삭제되었다.

196) 已應行 : 경술본 이후로는 '期'로 되어 있다.

197) 耶 : 경술본 이후로는 '否'로 되어 있다.

198) 每到本……堪惜也 : 경술본 이후로는 삭제되었다.

199) 妹 : 경술본 이후로는 頭註에 '妹下疑有缺' 5자가 있다.

200) 於 : 경술본 이후로는 '相'으로 되어 있다.

201) 書 : 갑오본과 경술본 이후로는 삭제되었다.

202) 神交之……向北冥 : 갑오본과 경술본 이후로는 삭제되었다.

203) 世 : 경술본 이후로는 '世'자 아래에 '人'자가 더 있고, 그 밑에 뒤 구절의 '亦
    堪長想' 4자를 옮겨놓았다.

204) 寧論黃……中人耶 : 경술본 이후로는 삭제되었다.

205) 更 : 기유본까지는 '又'로 되어 있고, 임술본 이후로는 '更'으로 되어 있으며,

燈以燈²⁰⁶⁾ 亦堪長想²⁰⁷⁾永思者也²⁰⁸⁾ 三人行 其一乃吉元²⁰⁹⁾之娣²¹⁰⁾子 其一乃其
從兄 彌月遠邁 宜有在陳之虞 幸蒙得垂濟耶 春繭幽懷 聊付紙面 不備²¹¹⁾

與吳子强書²¹²⁾

子修之西 人聞不續 無因修奉信字 獨公不有遲心 曾見修²¹³⁾書 認猶帶沈
痾 遙自嘆惜者久 今復委寄玉音 更想²¹⁴⁾邇來宿症²¹⁵⁾沉綿²¹⁶⁾ 何緣得一大醫 使
我君子 强健如飛 庶幾好我於十里桑間耶 進退之際 當²¹⁷⁾不可猛而有迹 公所
料宜也 獨傍觀者 不有督病 招招舟子 應響利涉 不待風波耶²¹⁸⁾ 熟看²¹⁹⁾時尚
痼成麟楦驢鞹 渾世皆然 已急於惑世誣民²²⁰⁾ 雖有大賢 已²²¹⁾不可救矣²²²⁾ 此實
斯文宗匠²²³⁾者 專主上達 不究²²⁴⁾下學 以成難救之習 曾與之往復論難 而不肯

경술본 이후로는 다시 '又'로 되어 있다.

206) 所謂傳燈以燈 : 경술본 이후로는 삭제되었다.

207) 亦堪長想 : 경술본 이후로는 위 구절의 '長似隔世' 다음에 '人'자를 첨입하고,
　　그 다음에 이 4자를 옮겨놓았다.

208) 永思者也 : 경술본 이후로는 삭제되었다.

209) 吉元 : 병오본 이후로는 '原吉'로 되어 있고, 임술본 이후로는 '吉元'으로 되
　　어 있다.

210) 娣 : 병오본 이후로는 '娣'로 되어 있고, 경술본 이후로는 '姉'로 되어 있다.

211) 春繭幽……面不備 : 경술본 이후로는 삭제되었다.

212) 與吳子强書 : 갑오본과 경술본 이후로는 '答吳子强'으로 되어 있다.

213) 修 : 경술본 이후로는 '垂'로 되어 있다.

214) 想 : 경술본 이후로는 '悉'로 되어 있다.

215) 症 : 신해본까지는 '證'으로 되어 있고, 경진본 이후로는 '症'으로 되어 있다.

216) 沉綿 : 경술본 이후로는 '尙爾'로 되어 있다.

217) 當 : 경술본 이후로는 삭제되었다.

218) 獨傍觀……風波耶 : 경술본 이후로는 삭제되었다.

219) 熟看 : 경술본 이후로는 '竊觀'으로 되어 있다.

220) 驢鞹渾……世誣民 : 경술본 이후로는 삭제되었다.

221) 已 : 경술본 이후로는 삭제되었다.

222) 矣 : 경술본 이후로는 삭제되었다.

223) 此實斯文宗匠 : 경술본 이후로는 '且學'으로 되어 있다.

224) 究 : 경술본 이후로는 '求'로 되어 있다.

回頭[225] 公今不可不知[226] 此弊之難救[227]矣 僕之衰謝 隨日轉劇 於今已不得隨
意動作 往拜先人祀事 他事可占矣[228] 似聞方有召命 宣賜食物 抑何因耶[229]
自上有敎耶 或有稟之者耶 老夫抵死欺人 上誣君上 到此何以暝目於泉下
耶[230] 未化之日 猶不禁一線思想 時因南鴈 毋惜一字 一字相通 能復幾耶 當
時旅舘 黯然消魂 却立背面 馬首翩翩 他日訣去壤中 高臥靑山 應不知此懷
矣 不備[231]

答吳子强·裹景餘書 裹名紳[232]

今日 河生天瑞來 以兩公信書傳付[233] 憑悉同床臥起 講討備盡 其樂如何
磨琢日加 豈是兩玉相攻耶[234] 曾得子强數書 皆卽修復 第恐千里寄信 或時多
滯 未認得照耶 吾於景餘則勸之進 子[235]强則挽而退 祿仕與行道 固有異也
但吾擬子强 毋亦望之太重耶 兩君共榻 裁義必明 伏惟僉量[236] 植去春 數月
臥病 今復時熱 恒仆[237]褥 一朝奄忽 面目何期耶 憶遠難裁

與成大谷書[238]

---

225) 以成難……肯回頭 : 경술본 이후로는 삭제되었다.
226) 公今不可知 : 경술본 이후로는 '亦將'으로 되어 있다.
227) 救 : 신해본까지는 '收'로 되어 있고, 기미본 이후로는 '救'로 되어 있다.
228) 往拜先……可占矣 : 경술본 이후로는 삭제되었다.
229) 何因耶 : 경술본 이후로는 삭제되었다.
230) 耶 : 경술본 이후로는 삭제되었다.
231) 一字相……矣不備 : 경술본 이후로는 삭제되었다.
232) 答吳子……裹名紳 : 갑오본과 경술본 이후로는 '答吳子强健裹景餘紳'으로 되
    어 있다.
233) 付 : 경술본 이후로는 삭제되었다.
234) 磨琢日……相攻耶 : 경술본 이후로는 삭제되었다.
235) 子 : 경술본 이후로는 '子' 위에 '於'자가 더 있다.
236) 但吾擬……惟僉量 : 경술본 이후로는 삭제되었다.
237) 仆 : 경술본 이후로는 '在床'으로 되어 있다.
238) 與成大谷書 : 갑오본에는 '與成健叔'으로, 경술본 이후로는 '與成大谷'으로 되
    어 있다.

　　音書兩絕 已出五六載 公與我已作隔世人耶 路上人耶 言之可謂[239]嗚[240]悒
去年 僧有入俗離者 修奉寒溫 未委已[241]得達否也 各在桑楡 衰謝已極 轉作
他樣面目 獨有一線蚕絲 猶復斷續而已[242] 只問如今別無身上疾恙否 家內憂
樂 亦如何 僕亦賜[243]惠粗遣 音容頓改 不可言依舊在也 曾聞仲玉之逝 今年
又値妹兄之去[244] 吾輩此行 只有先後 未死之日[245] 寧得禁懷也 唯有吾兩人在
長作別絃之矢 直是卷中人也 如何如何[246] 明年如幸不死 哭娣兄[247]於宿草 因
作道淸洪 與公訣別 齋計亦宿 而猶難保也 謹白[248]

　　又[249]

　　去年 李永同仲宣見過 憑修尺字 得照耶 昧昧思之 聲息昧昧 從今住世 已
作隔世人 言念及此 此懷如何[250] 僕長帶眩疾 日不自安 垂死之日 誤世滋甚[251]
曾有爵命 公[252]所身嘗者也 衰病已極 誣人多方 祇自椒椒而不敢進者[253]也 何
心[254]直爲時宰之得失 而爲吾行止也 有人傳我罵原吉不當 而吾不肯進云 公之
難進 亦猶我之難進 果爲相君而去就耶 除官未數月 雖使僕有誚[255] 無人言及

---

239) 可謂 : 경술본 이후로는 삭제되었다.

240) 嗚 : 경술본 이후로는 '於'로 되어 있다.

241) 已 : 경술본 이후로는 삭제되었다.

242) 轉作他……續而已 : 경술본 이후로는 삭제되었다.

243) 亦賜 : 경술본 이후로는 '荷'로 되어 있다.

244) 妹兄之去 : 경술본 이후로는 '寅叔之喪'으로 되어 있다.

245) 日 : 경술본 이후로는 '前'으로 되어 있다.

246) 唯有吾……何如何 : 경술본 이후로는 삭제되었다.

247) 娣兄 : 경술본 이후로는 '寅叔'으로 되어 있다.

248) 謹白 : 경술본 이후로는 삭제되었다.

249) 又 : 갑오본에는 '與成健叔'으로, 경술본 이후로는 '與成大谷'으로 되어 있다.

250) 昧昧思……懷如何 : 경술본 이후로는 삭제되었다.

251) 垂死之……世滋甚 : 경술본 이후로는 삭제되었다.

252) 公 : 경술본 이후로는 '公'자 위에 '亦'자가 더 있다.

253) 者 : 경술본 이후로는 삭제되었다.

254) 心 : 경술본 이후로는 삭제되었다.

255) 誚 : 경술본 이후로는 '言'으로 되어 있다.

於忠師之理 正是調校尉未十日者也 自是平日持行無狀 以致今日之謗 益服公
律身如玉 人莫敢間焉 尤羨公曾得疚疾 耳無所聞 而機關深閉也[256] 此事[257]何
足聞及於公[258]也 索居深谷 無與開吐 聊因筆舌 代與[259]相露 今去數君 嘗從吾
遊者 常欲奉謁於案下 今方委進 因入俗離 亦代以老顏送去 聊旀[260]緒言爲望
此後消息 定應漠漠 猶自相續者幢幢[261] 意者 天其愁我 不絶一線心路耶

　　又[262]

垂死之日 非朝則夕 寧知千里信書 彌月再到耶[263] 今有李仲宜者 乃翩翩
間世之佳才也 能傳公我將絶之懷 斯亦關數耶[264] 想[265]得邇來起居依舊 僕亦
猶帶舊樣 兩老好消息 此外何加焉 新人不如舊人 於今益信 非但思公益深
垂死之日[266] 每憶[267]薰染之賜 更無一寸[268]有望於他人 直今歸化之日 可謂無
相負矣 死者[269]有知 何虞今日之相礙[270]耶 僕薑[271]桂之性 到老猶辛 外來之言
雖或百車 每付之一寒笑 雖至於斷頭 萬不顧惜 況不至於斷頭乎 但持行無
似 以致罪責 自我視公 公到百年 何嘗有一人非公者乎 公猶不曾一致誡責

---

256) 益服公……深閉也 : 경술본 이후로는 삭제되었다.
257) 事 : 경술본 이후로는 삭제되었다.
258) 於公 : 경술본 이후로는 삭제되었다.
259) 代與 : 경술본 이후로는 삭제되었다.
260) 旀 : 병오본 이후로는 '旀'로 되어 있고, 갑오본은 逸失되어 알 수 없으며, 경술본 이후로는 '施'로 되어 있다.
261) 幢幢 : 경술본 이후로는 '憧憧'으로 되어 있다.
262) 又 : 갑오본에는 '答成健叔'으로, 경술본 이후로는 '答成大谷'으로 되어 있다.
263) 耶 : 경술본 이후로는 '也'로 되어 있다.
264) 今有李……關數耶 : 경술본 이후로는 삭제되었다.
265) 想 : 경술본 이후로는 '認'으로 되어 있다.
266) 於今益……死之日 : 경술본 이후로는 삭제되었다.
267) 憶 : 경술본 이후로는 '念'으로 되어 있다.
268) 一寸 : 경술본 이후로는 삭제되었다.
269) 者 : 경술본 이후로는 '而'로 되어 있다.
270) 礙 : 경술본 이후로는 '阻'로 되어 있다.
271) 薑 : 병오본 이후로는 '黃'으로 되어 있고, 임술본 이후로는 '薑'으로 되어 있다.

者 抑何歟 至與云云者相失 夫豈有私論之陰譎也 舉朝角立 黑白昭昭 而交
手權門 威制上下 轉黑爲白 雖古權奸 蔑以加此 所謂道學宗師者 果如此乎
非公何敢及此 時議若此 何以暝目於地下乎 旋復拍手拍手[272] 乾海蔘送上 沉
水久烹作膾 然此豈合於老齒耶[273]

　　又[274]

　　前月中 幸獲公初夏書 想[275]氣況依舊 慰何加焉 此境所喜[276]所望 只[277]惟無
疾恙一事 萬無所念 開緘來 得[278]見永訣字 雖知此[279]是訣[280]語 而掩抑嘘唏
無以自裁 僕亦衰謝轉劇 眩證彌急 宴坐一室 悶然仆地者多 何期日復一日
更聞一字寒暄耶 持身無似 以致譴責 由己所召 萬無所怨 每服[281]明公行年七
十 人莫敢間以片言 豈無所修之道而然耶 如僕者 非但行缺如霜蕉 更致明
公遄念 深痛 曾是[282]自誤 而復累朋友 將無以奉對泉下[283]矣 今見[284]李仲宣
以其對公之眼 而又復對我 一似傳燈以燈 備諳公[285]容貌與飲食起居 殆若相
討然 因[286]燈下對客 書不吐情 又復臨書忘言[287] 明日獨坐 此懷如麻抽雨 奈
何 想公亦如我懷 何能寫盡耶[288]

---

272) 僕薑桂……手拍手：경술본 이후로는 삭제되었다.
273) 耶：경술본 이후로는 '也'로 되어 있다.
274) 又：경술본 이후로는 '答成大谷運'으로 되어 있다.
275) 想：경술본 이후로는 '承'으로 되어 있다.
276) 所喜：경술본 이후로는 삭제되었다.
277) 只：경술본 이후로는 삭제되었다.
278) 來得：경술본 이후로는 삭제되었다.
279) 此：경술본 이후로는 삭제되었다.
280) 訣：경술본 이후로는 '例'로 되어 있다.
281) 僕亦衰……怨每服：경술본 이후로는 삭제되었다.
282) 非但行……痛曾是：경술본 이후로는 삭제되었다.
283) 泉下：경술본 이후로는 삭제되었다.
284) 今見：경술본 이후로는 삭제되었다.
285) 公：경술본 이후로는 삭제되었다.
286) 因：경술본 이후로는 삭제되었다.
287) 又復臨書忘言：경술본 이후로는 삭제되었다.

又[289]

去年 見鄭君仁弘[290]所傳書 厥後 闃無聞焉 近因張都事見訪 語及公康寧事[291] 垂死寒暄 一日可敵十年矣 兩老猶爲造物所貸 保得殘齒 然僕則眩證轉劇 或時忄然仆地 食不知味 啗不數合 定應先公隨化矣 禿情[292]正似無情荣 旋截旋生 無時斷了 亦應暝目乃已矣[293] 方聞[294]國有大恤 雖[295]有賢主 佐[296]無良弼 吾儕幸延殘涯 目見新化 固難矣

又[297]

自春徂夏 探問沙彌僧[298]有往俗離者 以寄音書 竟未得焉 前月 張僉使弼武到我 寄與封書與五味子 因太久以傳 未知得達否也 明月思向金海 欲成孫兒[299]醮事 復欲更通[300]於東萊爲計 且見[301]公家有賢姪主蠱 死生有托 視吾黃口賤兒 身死之日 漂泊東西 果如何耶[302] 今聞良姪[303]又捷馬科 亦護門戶有餘地矣 垂死相知有何人也 只寄空書[304]千里之外 生死[305]永隔 寧復更通一字

---

288) 耶：경술본 이후로는 삭제되었다.
289) 又：갑오본에는 '答成健叔'으로, 경술본 이후로는 '答成大谷'으로 되어 있다.
290) 仁弘：경술본 이후로는 삭제되었다.
291) 事：경술본 이후로는 삭제되었다.
292) 禿情：경술본 이후로는 '老懷'로 되어 있다.
293) 矣：경술본 이후로는 삭제되었다.
294) 方聞：경술본 이후로는 '臣民無祿'으로 되어 있다.
295) 雖：경술본 이후로는 '嗣'로 되어 있다.
296) 佐：경술본 이후로는 '而'로 되어 있다.
297) 又：갑오본에는 '與成健叔'으로, 경술본 이후로는 '與成大谷'으로 되어 있다.
298) 僧：경술본 이후로는 삭제되었다.
299) 孫兒：을묘본의 頭註에 '孫當作豚'이라 하였으나 이는 잘못이다. 이는 남명의 외손녀와 郭再祐가 혼인한 일을 가리키므로 원문대로 두는 것이 옳다.
300) 通：경술본 이후로는 '進'으로 되어 있다.
301) 爲計且見：경술본 이후로는 삭제되었다.
302) 視吾黃……何如耶：경술본 이후로는 삭제되었다.
303) 良姪：경술본 이후로는 삭제되었다.
304) 只寄空書：경술본 이후로는 삭제되었다.

於此後耶　不是目擊忘言[306]　臨書噎噎　欲寫不得　返而求之　亦不得吾心矣　因擲筆揮涕　到此寒暄[307]　只是兩箇安否字　他無所問

又[308]

不審如今氣力如何[309]　去臘　因俊民　得承玉音　因認好保頹齡[310]　如得五貝　僕雖生寄　滋得口舌　殆若難保餘喘　垂死之年　合宜萬事都休　冥冥就木　爲緣帷薄之禍　尙聯弊族　名出供狀　上下嘲議者　不一　深服公無一點疵缺　上得玉面[311]　良自慨惜　太蘊・太容兩候安否　此後魚鴈相[312]稀　更通一字　亦無路矣　更念吾輩食年六十　各保無恙　寧復有不滿之意　而樊於[313]相戀　猶如此不已耶[314]　樊恐作鬱[315]

又答子强書[316]

去春在山　蒙寄惠字　粗審起居平康　今見子精　更承垂翰　備諗仕履無患[317]　深慰深慰[318]　僕亦依保宿樣　近住海家　再修信字　得達耶[319]　子修之證　沉綿不

---

305) 生死：경술본 이후로는 '死生'으로 되어 있다.

306) 寧復更……擊忘言：경술본 이후로는 삭제되었다.

307) 返而求……此寒暄：경술본 이후로는 삭제되었다.

308) 又：갑오본에는 '答成健叔'으로, 경술본 이후로는 '答成大谷'으로 되어 있다.

309) 不審如……力如何：경술본 이후로는 이 구절을 뒤의 '如得五貝' 다음에 옮겨놓았다.

310) 因認好保頹齡：경술본 이후로는 삭제되었다.

311) 殆若難……得玉面：경술본 이후로는 삭제되었다.

312) 相：경술본 이후로는 '政'으로 되어 있다.

313) 樊於：경술본 이후로는 삭제되었다.

314) 耶：경술본 이후로는 삭제되었다.

315) 樊恐作鬱：임술본 이후로 '樊恐作鬱 此書中兩圈處 恐皆別段而誤合爲一也'라고 되어 있었는데, 경진본에 와서 편을 나누며 '此書中……爲一也'를 삭제하였다. 경술본 이후로는 이 4자마저 삭제하였다.

316) 又答子强書：갑오본과 경술본 이후로는 '答吳子强'으로 되어 있다.

317) 患：경술본 이후로는 '恙'으로 되어 있다.

318) 深慰深慰：병오본 이후로는 '深慰慰'로 되어 있다. 신해본(1671)에는 '深慰慰'

已 猶復³³⁰⁾地遠 未得續聞增減 徒日憂嘆而³²¹⁾已 去春 探向安陰計³²²⁾ 道出所
卜溪前 更³²³⁾認爲地不佳 不足棲住 上下人絶³²⁴⁾ 無一畝耒耟地 尤不可謀居
請輟前計 何如 似聞公杖節欲來 果爾則爲面有日 企企 又聞假直銀臺 定應
不免眞³²⁵⁾也 此正喫飯相似 節食餒飽 非關別人 公³²⁶⁾必喫緊深省矣 他俟面悉
謹拜復 丙孟秋十五³²⁷⁾ 植月晦思還山

答仲輔等書　姜翼字³²⁸⁾

植雖今生寄 恒負重尤 日俟明罰 朝夕剝床 常欲裸身逃走 而荏苒過了³²⁹⁾
如僉³³⁰⁾公 自在平地上 寧不坦坦然耶³³¹⁾ 罔上之罪 正自我出³³²⁾ 雖使諸公濟³³³⁾
出力 亦無所施矣

答仁伯書　金孝元字³³⁴⁾

去年 住節窮山 如承拱璧 無以藉當 常意³³⁵⁾霄漢冥冥 無路更聞 豈料玉音

의 마지막 ‘慰’ 자를 빼고 ‘深慰’ 다음에 疊語表示인 ‘々々’을 썼다. 경진본 이
　후로는 ‘深慰深慰’로 되어 있다.
319) 僕亦依……得達耶 : 경술본 이후로는 삭제되었다.
320) 猶復 : 경술본 이후로는 삭제되었다.
321) 而 : 경술본 이후로는 ‘不’로 되어 있다.
322) 計 : 경술본 이후로는 삭제되었다.
323) 更 : 경술본 이후로는 삭제되었다.
324) 人絶 : 경술본 이후로는 삭제되었다.
325) 眞 : 경술본 이후로는 삭제되었다.
326) 公 : 경술본 이후로는 삭제되었다.
327) 謹拜復……秋十五 : 경술본 이후로는 삭제되었다.
328) 答仲輔……姜翼字 : 갑오본과 경술본 이후로는 ‘答姜仲輔翼’으로 되어 있다.
329) 朝夕剝……荏過了 : 경술본 이후로는 삭제되었다.
330) 僉 : 경술본 이후로는 삭제되었다.
331) 耶 : 경술본 이후로는 ‘也’로 되어 있다.
332) 出 : 경술본 이후로는 ‘作’으로 되어 있다.
333) 濟 : 경술본 이후로는 삭제되었다.
334) 答仁伯……孝元字 : 갑오본과 경술본 이후로는 ‘答金仁伯孝元’으로 되어 있다.

丁寧 如在腹³³⁶⁾中相語³³⁷⁾ 方知老夫朝夕入地 猶未斷了人間事也 每念³³⁸⁾今
之³³⁹⁾學者³⁴⁰⁾ 全³⁴¹⁾與古人³⁴²⁾不同 宋時群賢 講明備盡 盛水不漏 後之³⁴³⁾學者³⁴⁴⁾
只在用力之緩猛而已³⁴⁵⁾ 寧有一毫³⁴⁶⁾不分門路³⁴⁷⁾ 誤陞階梯事乎 老夫不任自
家³⁴⁸⁾ 曷敢及人耶 第承深眷 家寒無以相寄 方可羞也³⁴⁹⁾ 想³⁵⁰⁾公資器溫良 非
但一介好人 洒掃應對 幼稚習慣事也 已向六分路頭³⁵¹⁾ 於今直把大學看 傍探
性理大全一二年 常常出入³⁵²⁾大學一家 雖使之燕之楚 畢竟歸宿本家 作聖作
賢 都不出此家內矣³⁵³⁾ 晦菴平生得力 盡在此書 豈欺後人耶 如今時俗 汚毁
已甚 要須壁立千仞 頭分支解 不爲時³⁵⁴⁾俗所移 然後方可做成吉人

奉謝金進士肅夫 金宇顒字³⁵⁵⁾

昨日 海家奴到 認君將入海 今又遠承情款³⁵⁶⁾ 仍審萱闈平善 慰謝兩盡 老

---

335) 常意 : 경술본 이후로는 삭제되었다.
336) 腹 : 경술본 이후로는 '榻'으로 되어 있다.
337) 語 : 경술본 이후로는 '語'자 아래에 '也'자가 더 있다.
338) 每念 : 경술본 이후로는 삭제되었다.
339) 之 : 경술본 이후로는 '之'자 아래에 '爲'자가 더 있다.
340) 者 : 경술본 이후로는 삭제되었다.
341) 全 : 경술본 이후로는 삭제되었다.
342) 人 : 경술본 이후로는 삭제되었다.
343) 後之 : 경술본 이후로는 삭제되었다.
344) 學者 : 경술본 이후로는 뒤의 '只在' 다음에 옮겨놓았다.
345) 而已 : 경술본 이후로는 삭제되었다.
346) 一毫 : 경술본 이후로는 삭제되었다.
347) 路 : 경술본 이후로는 '戶'로 되어 있다.
348) 不任自家 : 경술본 이후로는 '自家不任'으로 되어 있다.
349) 耶第承……可羞也 : 경술본 이후로는 삭제되었다.
350) 想 : 경술본 이후로는 삭제되었다.
351) 已向六分路頭 : 경술본 이후로는 삭제되었다.
352) 入 : 경술본 이후로는 이 아래에 '於'자가 더 있다.
353) 家內矣 : 경술본 이후로는 삭제되었다.
354) 時 : 경술본 이후로는 '世'로 되어 있다.
355) 奉謝金……字顒字 : 갑오본과 경술본 이후로는 '答金肅夫宇顒'으로 되어 있다.

夫庸何報君淸藻耶[357] 珎重相信 乃能如此 所謂家寶黃粱 不慕璆[358]璋者也 漢
唐諸儒 粗有道德之行 而未講道德之學 濂洛諸賢[359]以後 著述輯解 階梯路脉
昭如日星 初學小生[360] 開卷洞見 雖明師提耳 萬不能[361]略加於前賢指南[362] 豈
止如孟氏之時 求而有餘師者乎 但學者求之不誠耳 老夫雖嘗粗知所向 而[363]
不能體悉前賢所傳之語[364] 庸庸到此 此是吾不誠之故也 君旣聊[365]涉四子之書
而猶有所疑焉 恐誠不篤也 老夫雖或有一分相長之力 能加絲髮於周程立言
乎[366] 其中有[367]語錄易經難解處 吾[368]亦不[369]强求 盡其閑語[370] 且如穿井 初間
汚濁 掘盡澄澈 然後銀花子歷歷 請[371]勿欲一跳盡得 累以歲月 日有所得 然
後見與老夫切磋 幸甚 且[372]來月 欲[373]往見[374]羅州姊氏 姊氏欲於來秋還京 請
與近日相見故也 雖使見枉 頗不從容 請加數月之功 冬間投我 聊經一旬 非
我有得於君 則君或有取於我矣 山中詞亦未穩 君只[375]以長老期我 何可作
爲[376] 浮詞耶[377] 且稱孫稱祖不當 古人不如是也 樵仲忙草[378]

---

356) 款 : 경술본 이후로는 '札'로 되어 있다.

357) 耶 : 경술본 이후로는 '也'로 되어 있다.

358) 璆 : 경술본 이후로는 '圭'로 되어 있다.

359) 諸賢 : 경술본 이후로는 삭제되었다.

360) 初學小生 : 경술본 이후로는 삭제되었다.

361) 能 : 경술본 이후로는 삭제되었다.

362) 於前賢指南 : 경술본 이후로는 삭제되었다.

363) 而 : 경술본 이후로는 삭제되었다.

364) 前賢所傳之語 : 경술본 이후로는 삭제되었다.

365) 聊 : 경술본 이후로는 삭제되었다.

366) 老夫雖……立言乎 : 경술본 이후로는 삭제되었다.

367) 有 : 경술본 이후로는 삭제되었다.

368) 吾 : 경술본 이후로는 삭제되었다.

369) 不 : 경술본 이후로는 이 아래에 '必'자가 더 있다.

370) 求盡其閑語 : 경술본 이후로는 삭제되었다.

371) 請 : 경술본 이후로는 삭제되었다.

372) 且 : 경술본 이후로는 삭제되었다.

373) 欲 : 경술본 이후로는 삭제되었다.

374) 見 : 경술본 이후로는 이 '見'자를 '羅州' 다음으로 옮겨놓았다.

375) 只 : 경술본 이후로는 '宜'로 되어 있다.

376) 爲 : 경술본 이후로는 이 아래에 '此等' 2자가 더 있다.

又[379)]

蒙伯氏多般惠遺 只是君所囑也[380)] 可堪終歲口業 曷之爲謝耶[381)] 僕亦邇來
稍知食味 容保日月 明明出向東萊 拜望歸來 僕之望君 奚啻顔回爲壻耶 顧
以朋友之義相契而已 寧有斬情於是耶[382)] 五倫之義 全籍朋友而成 世人了不
爲念者 久矣 道義相磨 非君而誰 每窺君廉靜若水 少誠篤密察之意 老夫
常[383)]恐未易長進 請痛加誠篤之功 以其所就 分與老夫 與人爲善 君子之第一
好事 若蓄[384)]室之計 亦在十分思量 君實淸貧 俟出身 謀取有舊業者 幷資生
計 是矣[385)] 方志於學 而急急先圖衣食之地 豈啻他歧之惑耶 昭烈囑孔明日
嗣子不可 君可自取 擧一國相與 猶視弊屣 況此虫魚之夆兒耶 君若以此爲
纖芥於老 夫則豈非待我之薄耶[386)]

又[387)]

新年 合宜日新又新 而隨歲益退 寧不愧於日新者[388)]乎 示以彌邵 豈非相
勉之意耶

又[389)]

到底寒士 兩手如磬 君烏有所得及我耶[390)] 惠來楮面五味 亦可感也

---

377) 耶 : 경술본 이후로는 '也'로 되어 있다.
378) 樵仲忙草 : 경술본 이후로는 삭제되었다.
379) 又 : 갑오본과 경술본 이후로는 '答金肅夫'로 되어 있다.
380) 只是君所囑也 : 경술본 이후로는 삭제되었다.
381) 耶 : 경술본 이후로는 삭제되었다.
382) 寧有斬……於是耶 : 경술본 이후로는 삭제되었다.
383) 老夫常 : 경술본 이후로는 삭제되었다.
384) 蓄 : 경술본 이후로는 '畜'으로 되어 있다.
385) 君實淸……計是矣 : 경술본 이후로는 삭제되었다.
386) 昭烈囑……之薄耶 : 경술본 이후로는 삭제되었다.
387) 又 : 갑오본과 경술본 이후로는 '答金肅夫'로 되어 있다.
388) 於日新者 : 경술본 이후로는 삭제되었다.
389) 又 : 갑오본과 경술본 이후로는 '答金肅夫'로 되어 있다.

又與肅夫書[391]

認君向學深切 是謂吾得李膺爲壻者也 海家篋中 有靑衣近思錄小帙 須取
而熟思之 恨未得對與數月 琢磨相益 君或不利秋圍 應得身閑自在 便宜匹
馬來尋 以作一月嘉客 非我有得 則君必有助矣

又[392]

頃日[393] 雖作[394]數夜穩席 雜以諧笑 都不破精[395] 君遽取以爲規 是謂善惡
皆足爲師者耶[396] 善取於人 君則有之矣 只[397]見吾君所患 不啻十寒 質幹不
立 而制行無材 精於講究 而劣於致用 短於殺活手 最是急急備辦事也[398] 嘗
見尺度 人家皆有之 非但人家 愚夫愚婦皆有之 錙銖[399]分寸 亦甚明白 而用
是有裁九章服者 有不能制一尺足巾者 自度君之尺度 能裁初[400]樣物耶[401] 君
所知也 不宣

又[402]

吾[403]聞商山解約文 移到此府 上聽已回 新罷兩宗 賊髡已斃 淫祠亦焚 不

390) 耶 : 경술본 이후로는 '也'로 되어 있다.
391) 又與肅夫書 : 갑오본과 경술본 이후로는 '與金肅夫'로 되어 있다.
392) 又 : 갑오본과 경술본 이후로는 '與金肅夫'로 되어 있다.
393) 日 : 경술본 이후로는 삭제되었다.
394) 作 : 경술본 이후로는 삭제되었다.
395) 雜以諧……不破精 : 경술본 이후로는 '小論且不精破'로 되어 있다.
396) 耶 : 경술본 이후로는 삭제되었다.
397) 只 : 경술본 이후로는 '但'으로 되어 있다.
398) 短於殺……辦事也 : 경술본 이후로는 삭제되었다.
399) 非但人……之錙銖 : 경술본 이후로는 삭제되었다.
400) 初 : 경술본 이후로는 '何'로 되어 있다.
401) 耶 : 경술본 이후로는 '也'로 되어 있다.
402) 又 : 갑오본과 경술본 이후로는 '與金肅夫'로 되어 있다.
403) 吾 : 경술본 이후로는 삭제되었다.

似方初吽叩閶闔[404]之日 合宜改圖 亦不害義 但在敬夫 則猶有所獨裁之義 僕
尙保宿狀耳

又[405]

想君虛到空返 安知百年事業 實到實返 不類[406]今行者[407]耶 老身猶不得依
舊 栖栖長道 作爲千里旅人 平生行止 堪可笑嘆 老而無述 已是爲賊 今復身
作名賊 百計求逭而不得 正是盜天之名 而天不使逃也[408] 去月二十七日之政
除拜[409]尙瑞院判官 復有旨 政院吏賫來 賜以內藥 令監司付食物報送云[410] 來
十八 戒行欲發

又[411]

曾見詔[412]使來 不堪羞恨 欺人[413] 終至於罔上 固可自處賢者之地 靦然呈身
益重盜名之罪乎 已呈身病所志 全身偸名 又可自比於前賢之列乎[414] 此中又
有所難言者 未敢一一

---

404) 閶闔 : 경술본 이후로는 '閤'으로 되어 있다.
405) 又 : 갑오본에는 '與金肅夫'로 되어 있고, 경술본 이후로는 '答金肅夫'로 되어
　　있다.
406) 類 : 경술본 이후로는 '由'로 되어 있다.
407) 者 : 경술본 이후로는 삭제되었다.
408) 老身猶……使逃也 : 경술본 이후로는 삭제되었다.
409) 拜 : 경술본 이후로는 삭제되었다.
410) 付食物報送云 : 경술본 이후로는 '送食物來'로 되어 있다.
411) 又 : 갑오본과 경술본 이후로는 '與金肅夫'로 되어 있다.
412) 詔 : 경술본 이후로는 '命'으로 되어 있다.
413) 欺人 : 병오본 이후로는 이 앞에 '欺我' 2자가 더 있는데, 경진본 이후로는
　　삭제되었다.
414) 全身偸……之列乎 : 경술본 이후로는 삭제되었다.

又[415]

落鴈南飛盡 遊人猶未歸 功名不入手 飢虱滿中衣 良可笑嘆 試奇猶未的
聞 萬若[416]得中揷花 拜親之後 卽拔去 定不可揷頭呵喝 出入親戚之家 以取
有識者譏誚 大可[417]

答權學官應仁書[418]

當日目擊忘言 豈意今復執毫忘書耶 此箇懷想 公可想矣 元戎更寄手字
隨以睨遺 曷敢[419]收謝耶[420] 命驗所示太長 老而不死 寧免一賊乎 從前盜名不
細 曾作國門之賊 安知此後更作造化之賊乎[421] 曾有詩曰 白手歸來何物食 銀
河十里喫猶[422]餘 從今更喫十年 則又作山水賊矣 俱可拍手拍手[423] 恨不對公
一場笑破 適客到 草草謹復[424]

與柳海龍書[425]

曾蒙[426]枉訪 續之以玉音 良謝 君之爲文 豈類徘優也 但文理不續 語不成辭
人且吹余謂聾者之咸韶 請取眞寶文後集 一二年業之 要奪其胎 以換其骨[427] 毋

---

415) 又 : 갑오본과 경술본 이후로는 '與金肅夫'로 되어 있다.
416) 若 : 경술본 이후로는 '一'로 되어 있다.
417) 大可 : 경술본 이후로는 삭제되었다.
418) 答權學……應仁書 : 갑오본과 경술본 이후로는 '答權應仁'으로 되어 있다.
419) 敢 : 경술본 이후로는 '任'으로 되어 있다.
420) 耶 : 경술본 이후로는 삭제되었다.
421) 從前盜……之賊乎 : 경술본 이후로는 삭제되었다.
422) 猶 : 앞의「德山卜居」에는 '有'로 되어 있다.
423) 俱可拍手拍手 : 경술본 이후로는 삭제되었다.
424) 謹復 : 경술본 이후로는 삭제되었다.
425) 與柳海龍書 : 갑오본과 경술본 이후로는 '答柳海龍'으로 되어 있다. 이 편지
    는 병오본에는 없고, 기유본에는 補遺에 들어 있다.
426) 蒙 : 병오본 이후로는 '逢'으로 되어 있고, 임술본 이후로는 '蒙'으로 되어 있다.
427) 請取眞……換其骨 : 임술본 이후로 '韶'자 아래에 이 구절이 삽입되어있다.

使老夫作爲羊公之見 而使君作[428]爲羊公之鶴也[429] 且君之爲人 政類耽羅山馬駒
不加羈靮[430] 何以成德驥也 江表有柳君明仲者 爲人謹厚[431] 請君往從之 何如

示松坡子

古今學者 窮易甚難 此不會熟四書故也 學者須[432]精熟四書 眞積力久 則
可以知道之上達[433] 而窮易庶不難矣 盖精而未熟 則不可以知道 熟而未精 則
亦不可以知道 精與熟俱至 然後可以透見骨子了[434] 但[435]大學 群經之綱統 須
讀大學 融會貫通 則看他書便易 且敬者 聖學之成始成終者 自初學以至聖
賢 皆以主敬爲進道之方[436] 學而欠主敬工夫 則其爲學僞矣 孟子曰 學問之道
無他 求其放心而已 此是主敬工夫 古者 群聖賢之書 雖多 而於此一言 至矣
盡矣[437] 學者苟能收斂此心 久而不失 則群邪自息 而萬理自[438]通矣 此非我妄
言 乃聖賢之遺訓 而每於學者 以是告焉[439] 世之學者 其於四書厭其尋常 讀
之無異俗儒 記誦章句之習而求者 喜於聞見之書 好着枉功 此所謂索隱行怪
者[440] 不啻不知道體而已 終不能覰覩其門戶矣 朱子曰 平生精力 盡在大學
程子曰 語孟旣治 則六經可不治而明矣 學者博文之工夫[441] 當如是矣夫

---

428) 作 : 임술본 이후로 '作' 1자가 삽입되었다.
429) 人且吹……之鶴也 : 경술본 이후로는 이 구절이 모두 삭제되었다. 병오본
    이후로는 '毋使老……之鶴也'가 뒤의 '請君往從之何如' 다음에 있는데, 임술
    본 이후로 지금처럼 옮겨놓았다.
430) 靮 : 병오본 이후로는 '的'으로 되어 있고, 임술본 이후로는 '靮'으로 되어 있다.
431) 厚 : 병오본 이후로는 '孝'로 되어 있고, 임술본 이후로는 '厚'로 되어 있다.
432) 須 : 경술본 이후로는 삭제되었다.
433) 之上達 : 경술본 이후로는 삭제되었다.
434) 了 : 경술본 이후로는 삭제되었다.
435) 但 : 경술본 이후로는 '夫'로 되어 있다.
436) 者自初……道之方 : 경술본 이후로는 삭제되었다.
437) 孟子曰……至矣盡矣 : 경술본 이후로는 삭제되었다.
438) 自 : 경술본 이후로는 '可'로 되어 있다.
439) 此非我……是告焉 : 경술본 이후로는 삭제되었다.
440) 而求者……行怪者 : 경술본 이후로는 삭제되었다.
441) 夫 : 경술본 이후로는 삭제되었다.

記

杏壇記[1]

壇之峙 古也 由臧大夫文仲名也 在國城之東 而近闕里之地也[2] 孔子遊於
緇帷之林 以休乎[3] 壇之上而風焉 講群弟[4]學 子游・子夏・季路侍[5] 顧謂顔
淵曰 若知壇之名[6]乎 曰[7]未也 曰知作之所由始乎 曰未也[8] 曰小子識之 此乃
臧文仲所築之壇[9] 而會盟諸夏之地也[10] 名之以杏壇[11]者 由此時來[12]也 睹物
思人 得無感乎 因命琴而操曰 暑往寒來 春復秋 回趨而進 再拜而爲之記曰
臧文仲魯之賢大夫也 魯氏天王之宗國[13]也 吾未知當時盟諸夏者 果何事耶

---

1) 記 : 경술본 이후로는 ‘記’자 아래에 ‘擬作’ 2자가 더 있다.
2) 壇之峙……之地也 : 경술본 이후로는 삭제되었다.
3) 乎 : 경술본 이후로는 ‘乎’자 아래 ‘杏’자가 더 있다.
4) 弟 : 경술본 이후로는 ‘弟’자 아래 ‘子’자가 더 있다.
5) 子游子……季路侍 : 경술본 이후로는 삭제되었다.
6) 名 : 경술본 이후로는 ‘所由始’로 되어 있다.
7) 曰 : 경술본 이후로는 ‘曰’자 위에 ‘對’자가 더 있다.
8) 知作之……曰未也 : 경술본 이후로는 삭제되었다.
9) 之壇 : 경술본 이후로는 ‘以’로 되어 있다.
10) 之地也 : 경술본 이후로는 ‘而’로 되어 있다.
11) 以杏壇 : 경술본 이후로는 삭제되었다.
12) 由此時來 : 경술본 이후로는 삭제되었다.

以爲得賢人之助 率西伯之職 則柳下惠之賢而不與之立也 以爲明禮義之教
行桓文之事 則藏蔡於家 犯人臣之禮 苟時不用則已 如有用我者 居宗氏之
國[14] 當宗周之微 志行之士[15] 捨王室何以哉 不然 則主盟於壇墠之上 俯仰於
綴著之間者 庸非仗周公之威 而欺諸侯之人乎 載牲於地 束書於上 血諸侯
之口者 非殆於強凌衆暴 以利其身乎[16] 噫 文仲之莅盟斯壇者 當王室未毁之
前 而不能救 夫子之興感斯壇者 當王室旣亂之後 而欲正之 則時之幸不幸
世之治不治 天也 文仲 刑馬于是 矢兵于是 威與國之衆 而不能回東周之轅
弛諸戎之猾 夫子 講道於是 倡義於是 明天理之正 而人知王室之不可陵 中
國之異於夷狄 則講兵於是壇者 藏大夫也 而不過爲一邦之大夫 反有愧於葵
丘之盟 講道於是壇者 吾夫子也 而不失爲天下之聖人 豈非有功於西伯之業
乎[17] 從事於一壇之上 而義利之不相侔者 霄壤之分矣 後之行義之士 宜何所
法焉 其以藏氏之法乎 夫子之學乎 吾以爲築斯壇者 藏大夫也 名斯壇者 藏
大夫也 而後之稱者 必不曰藏氏之壇 而曰孔氏之壇也[18] 夫子之歎也非 文仲
之思也 悼文仲之無佐世之才也 感日月之邁 非歎其逝也 憂道之不行 而憫
歲月之不留也 況有壇墠焉 則[19]後來[20]之登斯壇者 其亦有知夫子之歎者乎 有
樹木焉 則後來之思世臣者 其亦有記喬木之舊者乎[21] 季路起而歌曰 壇之町
町 君子之居 穢之野兮 吾道之微 誰將西歸 懷之好音 夫子曰諾[22] 王某年月
日 門弟顏回[23]記

---

13) 國 : 경술본 이후로는 '室'로 되어 있다.
14) 居宗氏之國 : 경술본 이후로는 삭제되었다.
15) 志行之士 : 경술본 이후로는 삭제되었다.
16) 載牲於……其身乎 : 경술본 이후로는 삭제되었다.
17) 講兵於……之業乎 : 경술본 이후로는 삭제되었다.
18) 後之行……之壇也 : 경술본 이후로는 삭제되었다.
19) 而憫歲……墠焉則 : 경술본 이후로는 '也'자만 제외하고 모두 삭제되었다.
20) 來 : 경술본 이후로는 삭제되었다.
21) 有樹木……舊者乎 : 경술본 이후로는 삭제되었다.
22) 夫子曰諾 : 경술본 이후로는 삭제되었다.
23) 門弟顏回 : 경술본 이후로는 삭제되었다.

陋巷記[24]

夫子自衛反魯 居鄹數月 蓬蓬然形未嘗開也 神未嘗釋也 顧謂門人曰 吾道東矣 吾何之乎 命駕而往 過故顏回之巷 車三反而不能下 拊軾而爲之歌曰 穢之墟兮荒之陬 箕斗隕兮天不收 於是 曾參跪而進曰 蘭木雖湛 易以匹馬 所貴者在也 元龜雖死 配以宗祧 所神者存也 雖回之去 猶道之在 不死者存 何死之憂乎 子曰諾 小子記之 退而爲之記曰 顏氏之道 極於物初 冥於化始 天地之大 無以爲量 日月之光 無以爲明 樂以天也 憂以天也 然而側居僻陋 蓬荻生其廬 蟻蚵在其戶 蜋位乎其中 七旬而九食 蛙黽之與曹 樵蘇之與居 身不離涔蹄之間 而名不餒宇宙之外 德不下禹稷之後 而化不出齊魯之間 其亦天不畀其土 不與其位者然乎 曰非也 天子以天下爲土 而顏子以萬古爲土 陋巷非其土也 天子以萬乘爲位 而顏子以道德爲位 曲肱非其位也 其爲土 不亦廣乎 其爲位 不亦大乎 噫 道之顯晦 時之治亂 係焉 虞舜陶于河 傅說築于巖 河濱與巖下 陋巷之不如 而身不失天下之主 亦不失天下之臣 亦不失天下之顯名者 天也 使虞舜不離河濱 則爲陋巷之顏回 使傅說不出巖下 則爲簞食之顏回矣 時之幸不幸 天亦無如之何矣 抽琴而爲之操曰 巷之不美 何渠之下 巷無人兮 其東我馬 門人曾參記

永慕堂記

頭流千疊萬壑 爭流 匯爲菁川者 乃[25]晋陽之樓閣地也 奔放東南 吞吐曠野 數十里許者 乃[26]嘉坊之冠盖里也 里口黝潭鏡開 蒼山骨露 額有甲第崢嶸 揭扁爲挹碧者 乃[27]故進士李丈[28]之舊宅也 門外面陽方數丈地 於奧宜 於曠得 進士[29]公嘗欲營小堂而未果 吾姉夫李君[30]公亮 進士公之胄也[31] 乃肯構焉 小

---

24) 陋巷記 : 갑오본과 경술본 이후로는 이 記를 취하지 않았다.
25) 乃 : 경술본 이후로는 삭제되었다.
26) 乃 : 경술본 이후로는 삭제되었다.
27) 乃 : 경술본 이후로는 삭제되었다.
28) 丈 : 경술본 이후로는 '公'으로 되어 있다.
29) 進士 : 경술본 이후로는 삭제되었다.
30) 吾姉夫李君 : 경술본 이후로는 '公之胄'로 되어 있다.

窓玲瓏 水月相涵 眞箇臥遊地也 李君[32]名斯堂[33]曰永慕 吁可想矣 故宅故樹
猶存 而先人不在[34] 故山故水依然[35] 而先人亡[36]焉 坐於斯 臥於斯 歌於斯 舞
於斯 兄弟於斯 朋友於斯 寧可有時而忘先人耶 猗竹千竿 山立玉色者[37] 先
人之手自封植者也 澄江一帶 風綾靜霽者[38] 先人之對案忘味者也 月牙高撑
白雲螺髻者 乃[39]先人之私藏也 龜洞彌漫 綠野烟沉者 乃[40]兄弟之公物也
子[41]孫詵詵 稍知禮義之方者 非先人之遺敎乎[42] 衣食繩繩 有賴於[43]飢寒之日
者 非[44]先人之遺澤乎 而況家兒稱慶 有燕喜高堂之樂 群弟修躬 無累及先人
之患 何莫非德公之居安遺愛 而令子之終身永慕者乎[45] 吾兄素[46]不喜崖異之
行 口未嘗談人之惡 心無有害物之萌 其[47]愛人好善 疎宕不檢[48] 有古人之風
結髮爲文 每捷東堂 竟北南宮[49] 所與遊者皆名流 猶不肯一[50]向朱門求己 家
在王城 身獨桑鄕者 爲永慕故也 晚年 沉冥逃世 藏身於中聖賢之間 有時傾
倒玉山 叱口它雷霆 視天下萬物 如風雲醯鷄 傍人或不能窺其際也 若是則
世已忘矣 身已忘矣 猶有不忘者存 豈非爺孃之念 獨不能懸解於方寸之間

---

31) 進士公之冑也 : 경술본 이후로는 삭제되었다.

32) 眞箇臥……也李君 : 경술본 이후로는 삭제되었다.

33) 斯堂 : 경술본 이후로는 삭제되었다.

34) 猶存而……人不在 : 경술본 이후로는 삭제되었다.

35) 然 : 경술본 이후로는 '然'자 아래에 위 구절의 '猶存'을 옮겨놓았다.

36) 亡 : 경술본 이후로는 '不在'로 되어 있다.

37) 者 : 경술본 이후로는 삭제되었다.

38) 者 : 경술본 이후로는 삭제되었다.

39) 乃 : 경술본 이후로는 삭제되었다.

40) 乃 : 경술본 이후로는 삭제되었다.

41) 子 : 경술본 이후로는 '子'자 위에 '而'자가 더 있다.

42) 者非先……遺敎乎 : 경술본 이후로는 삭제되었다.

43) 於 : 경술본 이후로는 삭제되었다.

44) 非 : 경술본 이후로는 '非'자 위에 '何莫'이 더 있다.

45) 而況家……慕者乎 : 경술본 이후로는 삭제되었다.

46) 吾兄素 : 경술본 이후로는 '君'으로 되어 있다.

47) 其 : 경술본 이후로는 삭제되었다.

48) 疎宕不檢 : 경술본 이후로는 삭제되었다.

49) 結髮爲……北南宮 : 경술본 이후로는 삭제되었다.

50) 肯一 : 경술본 이후로는 삭제되었다.

而索居孤堂 羹墻之見 盍深於處獨之時耶[51] 嘗有五箇男子 俱是汗血之駒 不
幸早世 上慕椿萱 下念蘭蓀 五內如焚 百爾無從 寧不掉臂一世 遽投身於無
懷之域 而終不得無懷也歟 猶[52]有兩兒 俊民再[53]登第 重作握蘭學士 獻民中
生員乙頭 兩兒[54]皆已抱子抱孫 不是孩提物也 猶時大被抱臥[55] 煦嘔撫摩 如
襁褓兒 可見慕慈之恩 流洽於一家 父思其親 子依其父 父以之肥 子以之
肥[56] 家以之肥 其視江上下冥鴻・釣月・十玩家者 爲如何耶 辛酉重光赤奮
若[57] 方丈老子 南冥[58]曹植記

---

51) 晩年沉 ……之時耶 : 경술본 이후로는 삭제되었다.
52) 嘗有五……也歟猶 : 경술본 이후로는 삭제되었다.
53) 再 : 경술본 이후로는 삭제되었다.
54) 兩兒 : 경술본 이후로는 삭제되었다.
55) 大被抱臥 : 경술본 이후로는 삭제되었다.
56) 父思其……以之肥 : 경술본 이후로는 삭제되었다. 중간에 '而'자를 더해 말을
    연결하고 있다.
57) 重光赤奮若 : 경술본 이후로는 '十二月日'로 되어 있다.
58) 南冥 : 경술본 이후로는 삭제되었다.

跋

寒暄堂畫屏跋[1]

善藏者 藏於天 太虛者 天之實也 虛而藏用 故其藏也無藏 物無所遁 而
人莫與爭[2] 大而天下 小而一介 以力控之則喪 以智籠之則失 必也物各付物
藏之於自然而後 責付於天矣 今觀寒暄先生家藏古畫 轉沒飄泊 主不得爲有
者 近百年矣 於今 復得爲主人之藏焉 數紙遺墨 非有人物典守 鬼神呵護 鼠
不得破 蠹不得蠹 風不得毀 雨不得朽[3] 趣色涵茫 完[4]如昨日粧成 十幅短屏[5]
蒼檜老松 碧樹靑楊 古木叢篁 琴鶴牛羊 垂綸翫月 雲山草屋 百里長河 千尺
懸瀑 光陰何代 息偃爲執 想像先生 對眼臥遊 寓目[6]興思 做得甚樣襟懷耶
舒卷萬念 嘯咏俛仰 颯颯精爽 依俙留在於畫圖中 彷彿猶見於羹墻間 其人
已去 欲聞噫歆 而不可得焉[7] 爲子孫者 桑梓猶敬 況此神會之地 如見其面目

---

1) 寒暄堂畫屏跋 : 갑오본에는 '寒暄堂金先生畫屏後記'로 되어 있고, 경술본 이후
　로는 '寒暄堂金先生畫屏記'로 되어 있다. 기유본 이후로는 '跋'자 아래 '寒暄姓
　金名宏弼字大猷'가 있는데, 임술본 이후로는 삭제되었다.
2) 物無所……莫與爭 : 경술본 이후로는 삭제되었다.
3) 數紙遺……不得朽 : 경술본 이후로는 삭제되었다.
4) 完 : 경술본 이후로는 '宛'으로 되어 있다.
5) 粧成十幅短屏 : 경술본 이후로는 삭제되었다.
6) 臥遊寓目 : 경술본 이후로는 삭제되었다.
7) 舒卷萬……可得焉 : 경술본 이후로는 삭제되었다.

者乎 後生之欲見先生而不得者 亦於此焉興懷 畵出安堅 堅有傳神法 爲東
國吳道子 指與物化 不以心稽 描出自然之眞 幻成生香活毛 初付之以物而
已[8] 及先生之不幸也 籍其家 家業蕩盡 靡有敝帚 獨此一物 藏於圖畵署 於
是而藏之以無藏 非吾之有也[9] 又不知在何年代 飄出民家 莫知所之 復歸於
無藏之地矣[10] 去歲庚午 主上偶[11]於召對 問金宏弼遺跡可得見乎[12] 承宣李忠
綽登對 臣見一民家有金某家藏畵屛帖云[13] 先生之孫草溪守 立爲探於忠綽
忠綽曰 曾見於縣監吳彦毅家 彦毅之孫學諭澐 初[14]得於其聘家[15]許元輔之
門[16] 改粧新絹 以與金草溪 皆非人力所及 主上之問 初發於自然之偶 他人
之傳 曾出於自然之幸 家孫之得 終歸於自然之會 是知付之以理之自然者
實而無跡 聽之以物之自化[17]者 虛而有待 無藏也故有藏 無意也故善藏 可見
其藏於天而物莫能遁 人莫能奪也[18] 請主人勿以爲家藏 而藏於先生書院 其
庶幾善藏者乎 若以金緘而世守之 未必不爲壑藏之舟矣[19] 金草溪年近八十
爲[20]訪我於頭流 請記巓末 辭不獲焉 以識 隆慶五年辛未重光協洽玄黓沺灘[21]
十一日 南冥曹植[22]

書圭菴所贈大學冊衣下　圭菴 宋獜[23]壽號

8) 指與物……物而已 : 경술본 이후로는 삭제되었다.
9) 於是而……之有也 : 경술본 이후로는 뒤의 '莫知所之' 다음에 옮겨놓았다.
10) 復歸於……之地矣 : 경술본 이후로는 삭제되었다.
11) 偶 : 경술본 이후로는 삭제되었다.
12) 可得見乎 : 경술본 이후로는 삭제되었다.
13) 云 : 경술본 이후로는 삭제되었다.
14) 初 : 경술본 이후로는 '曾'으로 되어 있다.
15) 聘家 : 경술본 이후로는 '妻祖'로 되어 있다.
16) 門 : 경술본 이후로는 '家'로 되어 있다.
17) 化 : 경술본 이후로는 '然'으로 되어 있다.
18) 可見其……能奪也 : 경술본 이후로는 삭제되었다.
19) 若以金……之舟矣 : 경술본 이후로는 삭제되었다.
20) 爲 : 경술본 이후로는 삭제되었다.
21) 辛未重……黓沺灘 : 경술본 이후로는 '七月'로 되어 있다.
22) 植 : 경술본 이후로는 이 아래 '記'자가 더 있다.
23) 獜 : '麟'의 오자이다.

　　余初受氣甚薄 又無師友之規 唯以傲物爲高 非但於人有所傲 於世亦有所
傲 其見富貴貨利 蔑如草泥 儦忽矯擧 浩嘯攘臂[24] 常若有遺世之象[25]焉 斯豈
敦厚周信[26]朴實底氣乎[27] 日趨於小人之域而不自知也 弱冠而中文科漢城試
幷中司馬試覆試 春官俱黜於有司 以爲科目初未足爲丈夫拔身之地 況此小
科乎 遂輟司馬擧 只就東堂 三居一等 或進或黜 年已三十餘矣[28] 又慮爲文
不中程式 更求平易簡實之書 觀之 始取性理大全 讀之 一日閱[29]至許氏之說
有曰 出[30]則有爲 處則有守 大丈夫當如此 出無所爲 處無所守 所志所學 將
何爲 輒竦然自省 愧縮自喪 深嘆所學之無類 幾枉了一世 初[31]不知人倫日用
事 皆自本分中來也 遂厭科擧之學 亦復廢輟[32] 專意學問 漸就本地家鄉入焉
政如弱喪而不知歸 一朝忽見慈母之顔 不知手足之蹈舞 友人原吉 見而喜之
以心經授焉 眉曳以是書與之 當此時 有若夕死而無憾焉者 噫 人之受氣 有
萬不同 或得八九分來 六七分來 或得三四分來 其得八九分六七分而不學者
雖有一二三四分誤處 猶爲白中之黑 不失爲君子 若三四分來 雖或有三四分
善處 猶爲黑中之白 畢竟爲六七分惡人[33] 若余者 僅得三四分來 加以[34]氣質
之病 異於他人 當[35]日得志 不啻誤身 應亦誤國[36] 雖至[37]末老[38]有悔 能有贖
乎 於今思之 不覺舌出 雖遇庸人 皆若勝己者然[39] 更欲傲物 不可得也 由前

---

24) 儦忽矯……嘯攘臂 : 경술본 이후로는 삭제되었다.

25) 象 : 기유본에는 ‘像’으로 되어 있고, 임술본 이후로는 ‘象’으로 되어 있으며, 갑
　　오본은 이 부분이 逸失되어 알 수 없고, 경술본 이후로는 ‘想’으로 되어 있다.

26) 信 : 경술본 이후로는 ‘愼’으로 되어 있다.

27) 乎 : 경술본 이후로는 ‘像’으로 되어 있다.

28) 以爲科……十餘矣 : 경술본 이후로는 삭제되었다.

29) 一日閱 : 경술본 이후로는 삭제되었다.

30) 出 : 경술본 이후로는 이 ‘出’자 앞에 ‘志伊尹之志 學顔子之學’이 더 있다.

31) 初 : 경술본 이후로는 삭제되었다.

32) 厭科擧……復廢輟 : 경술본 이후로는 삭제되었다.

33) 或得八……分惡人 : 경술본 이후로는 삭제되었다.

34) 僅得三……來加以 : 경술본 이후로는 삭제되었다.

35) 當 : 경술본 이후로는 이 앞에 ‘使’자가 더 있다.

36) 應亦誤國 : 경술본 이후로는 삭제되었다.

37) 至 : 경술본 이후로는 삭제되었다.

38) 老 : 경술본 이후로는 ‘路’로 되어 있다.

則爲小人 由後則爲聞道之人 轉移一寸[40]之機 謬於千里[41] 實由於傲富貴一念有[42]以啓出寡欲一線路來也 方[43]知爲善爲惡 皆必有基本 如今日下種 明日便生也 人多以困窮爲憫 於[44]余則困是爲通[45] 屢屈科第 因困求亨 而尋得路向這邊去 見得本地風光 聞得父兄謦咳 飢而食 憂而樂[46] 吾窮有可[47]以換做[48]世人之通乎 吾不換也 但恐脚力痿退 有不能勇往力行焉已 善反之具 都在是書 吾友以是勗之 與人爲善之意 奚啻斷金耶 若力之緩猛 則在吾而已[49]當[50]不以黃卷視之 可也 嘉靖壬辰[51] 南冥曹植識

題李君所贈心經後

吾友李君霖[52]仲望 仁悌人也[53] 其爲內也永壹 其爲外也玉色 口未嘗有訕詈疾遽之言 心未嘗有忤逆忮害之萌 貪於古而悅乎朋[54] 望之者恚消忿釋 知其爲忠信人也 斯人詎能一一致察 流自涵養中然乎 盖其天性然也 所稟於天者 已得六七分 加之以學問 鷺之白 烏之黔 日不能黑 雨不能浴 雖欲自污寧可得耶[55] 嘗以謂天下無棄材推是心[56] 不以余無似而棄之[57] 以心經一篇寄

---

39) 遇庸人……己者然 : 경술본 이후로는 삭제되었다.

40) 一寸 : 경술본 이후로는 삭제되었다.

41) 謬於千里 : 경술본 이후로는 삭제되었다.

42) 有 : 경술본 이후로는 이 아래 '可'자가 더 있다.

43) 方 : 경술본 이후로는 '是'로 되어 있다.

44) 於 : 경술본 이후로는 삭제되었다.

45) 則困是爲通 : 경술본 이후로는 삭제되었다.

46) 而尋得……憂而樂 : 경술본 이후로는 삭제되었다.

47) 可 : 경술본 이후로는 삭제되었다.

48) 做 : 경술본 이후로는 삭제되었다.

49) 與人爲……吾而已 : 경술본 이후로는 삭제되었다.

50) 當 : 경술본 이후로는 '其'로 되어 있다.

51) 辰 : 경술본 이후로는 이 아래 '月日'이 더 있다.

52) 霖 : 경술본 이후로는 삭제되었다.

53) 仁悌人也 : 경술본 이후로는 삭제되었다.

54) 朋 : 경술본 이후로는 '友'로 되어 있다.

55) 斯人詎……可得耶 : 경술본 이후로는 삭제되었다.

之 與人爲善⁵⁸⁾之義 庸可量哉 人無是心 雖使言滿天下 不過爲猩猩生而死矣
佷佷然遭大喪而不知哀 寧不爲一世痛哭流涕也哉 非但遭喪而不知毀 反指
服喪爲異物 又從而戮辱之⁵⁹⁾ 是書也 正似白晝⁶⁰⁾大市中平天冠也⁶¹⁾ 非但無人買
之 或加諸頭上 則以僭誅矣 用是 人惡此書 視之爲殺身之具 不啻平天冠也
萬古如長夜 人倫爲禽獸 只應默默送了一世而已⁶²⁾ 惜乎 仲望無嗣 篤學拳拳
之像 無以記之於羹墻間 余亦喪兒 麗澤相益之義 無以遺之於黃卷中 是書
也 不過爲他日惡少窓壁塗已⁶³⁾ 俱⁶⁴⁾可嘆也⁶⁵⁾

書李君⁶⁶⁾原吉所贈心經後

友人廣陵李原吉 以是書遺之 其自言曰 吾雖不善 而與人爲善之意 則誠
不淺也 推是心也 分⁶⁷⁾國⁶⁸⁾錙銖 庸⁶⁹⁾細事矣 予⁷⁰⁾初得之 悚然惕然 如負丘山
常⁷¹⁾自警云 庸信庸謹 閑邪存誠 岳立淵沖 燁燁春榮 雖寫揭壁中 而心常楚

---

56) 推是心 : 경술본 이후로는 삭제되었다.

57) 而棄之 : 경술본 이후로는 삭제되었다.

58) 與人爲善 : 경술본 이후로는 '麗澤相益'으로 되어 있다. '麗澤相益'은 이 편 뒷
부분에 나오는 말이다.

59) 佷佷然……戮辱之 : 경술본 이후로는 삭제되었다.

60) 白晝 : 경술본 이후로는 삭제되었다.

61) 也 : 경술본 이후로는 삭제되었다.

62) 不啻平……世而已 : 경술본 이후로는 삭제되었다. 그리고 위 구절의 '寧不爲
一世痛哭流涕也哉'을 이 자리에 옮겨놓았다.

63) 余亦喪……壁塗已 : 경술본 이후로는 삭제되었다.

64) 俱 : 경술본 이후로는 '亦'으로 되어 있다.

65) 也 : 경술본 이후로는 이 아래 '嘉靖二十三年甲辰月日昌山曹植識'이 더 있다.
그러나 이 紀年은 잘못이다. 이 글은 李霖이 죽은 뒤에 쓴 것이 분명하다. 이
림은 병오년(명종 1, 1546)에 죽었으니, 갑진년(중종 39, 1544)에 썼다는 것은
연대를 고증하지 않은 것이 분명하다.

66) 君 : 갑오본과 경술본 이후로는 삭제되었다.

67) 分 : 경술본 이후로는 이 앞에 '雖'자가 더 있다.

68) 國 : 경술본 이후로는 이 뒤에 '如'자가 더 있다.

69) 庸 : 경술본 이후로는 이 앞에 '亦'자가 더 있다.

70) 予 : 경술본 이후로는 '余'자로 되어 있다.

越者 多矣 心喪而肉行 非禽獸而何[72] 然則非負李君 卽[73]負是書 非負是書
卽負吾心[74] 哀莫[75]大於心死 求不死之藥 惟食爲[76]急[77] 是書者 其惟不死之藥
乎 必食而知其味 好而知其樂 可久可安 朝夕[78]日用而不自已也 努力無怠希
顔在是 嘉靖辛卯十月日 夏城曹楗仲書

題[79]成中[80]慮所贈東國史略後[81]

嘉靖壬辰 余自漢京徹家屬 永[82]歸于金海[83]舊庄 執仇[84]成君中[85]慮遺是遠[86]
別 以爲荒陬稽古之資 慮君貧淸如水 嘗斷我以金 而無瓦可合 分我半錢 若
將浼焉 錫余百朋 非所意也[87] 余用朱墨點抹 置之山海之墅[88] 索居林下 山鳥
爲客 蒼蠅與吊[89] 時時披閱 默坐馳懷[90] 長想有旣耶

---

71) 常 : 경술본 이후로는 '嘗'으로 되어 있다.
72) 心喪而……獸而何 : 경술본 이후로는 삭제되었다.
73) 卽 : 기유본 이후로는 '則'으로 되어 있고, 경진본 이후로는 '卽'으로 되어 있다.
74) 心 : 경술본 이후로는 이 뒤에 '負吾心則心死' 6자가 더 있다.
75) 莫 : 경술본 이후로는 '孰'으로 되어 있다.
76) 爲 : 경술본 이후로는 '是'로 되어 있다.
77) 求不死……食爲急 : 경술본 이후로는 이 9자를 뒤의 '其惟不死之藥乎' 다음에
     옮겨놓았다.
78) 朝夕 : 경술본 이후로는 삭제되었다.
79) 題 : 경술본 이후로는 '書'로 되어 있다.
80) 中 : 갑오본과 경술본 이후로는 '仲'으로 되어 있다. 成遇의 字는 仲慮로, '中'
     으로 되어 있는 것은 '仲'의 오자이다.
81) 題成中……史略後 : 이 글은 기유본 이전에는 없고, 임술본 이후로 첨입되었다.
82) 永 : 갑오본과 경술본 이후로는 삭제되었다.
83) 海 : 갑오본과 경술본 이후로는 이 다음에 '之'자가 더 있다.
84) 仇 : 갑오본과 경술본 이후로는 '友'로 되어 있다.
85) 中 : 갑오본과 경술본 이후로는 '仲'으로 되어 있다.
86) 遠 : 갑오본과 경술본 이후로는 '以'로 되어 있다.
87) 慮君貧……所意也 : 갑오본과 경술본 이후로는 삭제되었다.
88) 墅 : 임술본 이후로는 '野'로 되어 있고, 경진본 이후로는 '墅'로 되어 있다.
89) 索居林……蠅與吊 : 갑오본과 경술본 이후로는 삭제되었다.
90) 馳懷 : 갑오본과 경술본 이후로는 삭제되었다.

墓[1]誌

進士 金公[2] 宜[3]人 安氏 雙[4]墓誌銘[5]

園繭有絲 丘園之賁[6] 金君錫良 穀耻而家食 素履之往也[7] 字翼卿中丙子年[8]進士 雲有[9]祖曰[10]坧 寶文閣直學士[11] 嚴有君曰[12]後孫 處士[13] 公[14]知名一世[15] 刺字不墨 憂居三年 足不及[16]門 縉紳交口 不願仕也[17] 不幸食[18]年四十

---

1) 墓 : 경진본 이후의 目錄에는 '碑'로 되어 있다.

2) 公 : 갑오본과 경술본 이후로는 '君'으로 되어 있다.

3) 宜 : 경술본 이후로는 '孺'로 되어 있다.

4) 雙 : 갑오본과 경술본 이후로는 '雙'자가 삭제되었다.

5) 銘 : 경술본 이후로는 모든 銘의 '銘'자 다음에 모두 '幷序' 2자가 더 있다.

6) 園繭有……園之賁 : 갑오본과 경술본 이후로는 삭제되었다.

7) 穀耻而……之往也 : 갑오본에는 '素履之往也' 5자가 삭제되었고, 경술본 이후로는 이 10자가 아래 문장 '縉紳交口' 다음에 옮겨져 있는데 '往'자가 '安'자로 되어 있다.

8) 年 : 갑오본과 경술본 이후로는 삭제되었다.

9) 雲有 : 갑오본과 경술본 이후로는 '先'으로 되어 있다.

10) 曰 : 갑오본에는 삭제되었고, 경술본 이후로는 '諱'로 되어 있다.

11) 士 : 경술본 이후로는 삭제되었다.

12) 嚴有君曰 : 갑오본에는 '考'로 되어 있고, 경술본 이후로는 '考諱'로 되어 있다.

13) 處士 : 갑오본과 경술본 이후로는 '進士'로 되어 있다.

14) 公 : 갑오본과 경술본 이후로는 '君'으로 되어 있다.

七而終 惜也 夫人安氏 縣令恒之女 豊蒴[19]任恤 享年七十一 有子女 子曰光
濟用監直長 娶直提學李若海之女 有子 承福・衍福・益福 女適進士[20]安彦
鎔 爲顯陵參奉[21] 光爲昌樂雲師 以[22]余爲[23]提學之友也[24] 來乞[25]銘[26] 銘曰 滄
海遺[27]珠 大醫無藥 碩人其俁 公不錫爵 家有孟光 子惟當谷 蘭孫種之[28] 藍
田之玉

中訓大夫 侍講院輔德 贈通政大夫 承政院都承旨 趙公 墓[29]銘 幷序

嗚呼 有明朝鮮侍講院輔德趙公之墓也 延陵季子之墓無他贏 聖人之辭幹
矣[30] 兒童君實 走卒司馬 國乘有傳[31] 人口有銘 庸詎贅焉 獨痛夫彼燕山兮
不與我好 君亡身死 爲當日蕭望之 爲異時伍子胥 呱呱之慟 叫叫蒼蒼者矣[32]
侈公之石 不於女媧之家而徵[33]燕石 諸從[34]以余王母爲輔德之姊[35]也 謂余爲

15) 知名一世 : 경술본 이후로는 이 4자를 다음의 '刺字不墨' 뒤로 옮긴 뒤, 이 8
자를 다시 '足不及門' 뒤로 옮겨놓았다.
16) 及 : 갑오본「附考異」에 '及下恐脫中字'라 하였다. 경술본 이후로는 '及'자 아
래에 '中'자가 더 있다.
17) 不願仕也 : 경술본 이후로는 삭제되었다.
18) 食 : 경술본 이후로는 삭제되었다.
19) 蒴 : 병오본에는 '篘'로 되어 있고, 기유본 이후로는 '蒴'로 되어 있으며, 경술
본 이후로는 '儲'로 되어 있다.
20) 進士 : 갑오본과 경술본 이후로는 '參奉'으로 되어 있다.
21) 爲顯陵參奉 : 갑오본과 경술본 이후로는 삭제되었다.
22) 爲昌樂雲師以 : 경술본 이후로는 '因'으로 되어 있다.
23) 爲 : 경술본 이후로는 '友'로 되어 있다.
24) 之友也 : 경술본 이후로는 삭제되었다.
25) 乞 : 경술본 이후로는 '請'으로 되어 있다.
26) 光爲昌……來乞銘 : 갑오본에는 모두 삭제되었다.
27) 遺 : 갑오본에는 '有'로 되어 있다.
28) 種之 : 갑오본과 경술본 이후로는 '之種'으로 되어 있다.
29) 墓 : 갑오본과 경술본 이후로는 이 아래 '碣'자가 더 있다.
30) 延陵季……辭幹矣 : 갑오본에는 모두 삭제되었다.
31) 國乘有傳 : 갑오본에는 삭제되었다.
32) 兒童君……蒼者矣 : 경술본 이후로는 삭제되었다.

郭子儀墓中之人也 辭不獲焉³⁶⁾³⁷⁾ 公諱之瑞 字百符 世居林川 其始也 天赫中
中朝進士 仕高麗 六世孫門下祗候淳 生石堅 爲門下侍中 封嘉興伯 子益爲
殿中 生司醞寺直長敏原 敏原有子 曰³⁸⁾諱瓚 中進士及第 爲司憲府監察 贈
執義 寔公之皇考 娶生員鄭參女 生公 公於成化甲午年 中生員第一・進士
第二・文科³⁹⁾丙科 調授承文院正字 己亥年⁴⁰⁾ 中重⁴¹⁾試第一 授刑曹正郎 歷
弘文館校理・應敎 侍講院弼善・輔德 爲燕山師 及卽位 知不克負荷 乞昌
原府 退而家食十餘年 猶不得免 甲子歲 市于身 沼其家 投屍于江 丙寅改玉
贈通政大夫承政院都承旨 繼室⁴²⁾鄭氏 生員允寬之女 允寬乃文忠公夢周之曾
孫 甲子之亂 夫人沒爲城旦 流離草野 子琛在襁褓 理在腹 手拾木實 烹爨瓦
甌 朝夕奉奠 中廟朝襃旌門閭 長子珵再栲禁獄 百死一生 謫南海 中廟舒寃
拜軍資監參奉 仕一年 歸第 有子曰⁴³⁾得璜・得瑠⁴⁴⁾・得瑜 二子⁴⁵⁾早世無嗣
得瑜⁴⁶⁾有女壻曹元佑 元佑有子慶潤・慶洪・慶⁴⁷⁾贊 參奉獨有⁴⁸⁾庶子⁴⁹⁾得璉承
祀 琛中生員 有子光璗・光玹・光玉 女壻二人 門⁵⁰⁾人鄭希鳳 萬戶梁淑 理

---

33) 徵 : 경술본 이후로는 이 아래 '諸'자가 더 있다.

34) 諸從 : 경술본 이후로는 삭제되었다.

35) 姊 : 병오본에는 '娣'로 되어 있고, 기유본 이후로는 '姊'로 되어 있다.

36) 呱呱之……不獲焉 : 갑오본에는 모두 삭제되었다.

37) 謂余爲……不獲焉 : 경술본 이후로는 삭제되었다.

38) 曰 : 갑오본과 경술본 이후로는 삭제되었다.

39) 科 : 경술본 이후로는 삭제되었다.

40) 年 : 갑오본과 경술본 이후로는 삭제되었다.

41) 重 : 병오본 이후로는 '中'으로 되어 있고, 임술본 이후로는 '重'으로 되어 있다.

42) 繼室 : 갑오본과 경술본 이후로는 '夫人'으로 되어 있다.

43) 曰 : 경술본 이후로는 삭제되었다.

44) 瑠 : 갑오본과 경술본 이후로는 아래 구절의 '무世無嗣' 4자가 이 아래에 옮겨
져 있다.

45) 二子 : 갑오본과 경술본 이후로는 삭제되었다.

46) 得瑜 : 갑오본과 경술본 이후로는 삭제되었다.

47) 慶潤慶洪慶 : 병오본에는 '景胤景弘景'으로 되어 있다.

48) 參奉獨有 : 갑오본과 경술본 이후로는 삭제되었다.

49) 庶子 : 갑오본과 경술본 이후로는 '庶'자 위에 '以'자가 더 있으며, '以庶子' 3자
가 뒤의 '得璉' 다음으로 옮겨져 있다.

50) 門 : 갑오본과 경술본 이후로는 '士'로 되어 있다.

爲內禁衛　有子曰光珝　壻曰[51]士人南泰亨　泰亨有子曰曄　丞旨　諸孤皆早世
唯有庶子　名曰[52]孫者　尙存　孫之子曰光海・光富　子産之沒[53]　仲尼出涕曰　古
之遺直[54]也　植繼之[55]曰　輔德亦[56]古之遺直也　銘曰　晉之山兮桐之谷　狐首丘
兮龜毀匵　身百碎兮藺之玉　家雙節兮湘之竹　羊公一石　淚可目也　比干七竅
口不可讀

先考[57]通訓大夫 承文院判校[58] 墓碣銘　幷序[59]

嗚呼　此我考之墓矣[60]　三世同崗　高曾祖父　於碣存焉　府君諱彦亨　字亨之　率
性醇方　莅事恭淸　自弘治甲子　至嘉靖丙戌　始由廷試壯元　授承文院正字　至判
校　歷仕[61]二十有三年　而補外邑者二　曰義興縣・端川郡也　助天官者二　佐郎
也・正郎也　作臺官者三　正言也・持平也・執義也　師成均者六[62]　爲典籍者三
而爲司藝・司成者再正宗簿者一　館春秋者一　而兼春秋者三焉　此其從政[63]之
大[64]略也　事君臨民之際　有德可述[65]　則太史有紀[66]　齊民有言　張憑宜不作誄　使

---

51) 曰：갑오본과 경술본 이후로는 삭제되었다.
52) 曰：갑오본과 경술본 이후로는 삭제되었다.
53) 沒：갑오본과 경술본 이후로는 이 아래 ‘也’자가 더 있다.
54) 直：갑오본과 경술본 이후로는 ‘愛’로 되어 있다.
55) 繼之：갑오본과 경술본 이후로는 ‘亦’으로 되어 있다.
56) 亦：갑오본과 경술본 이후로는 삭제되었다.
57) 先考：이 2자는 경진본에 와서 비로소 첨입되었다.
58) 校：갑오본과 경술본 이후로는 이 아래 ‘府君’이 더 있다.
59) 幷序：이 2자는 경진본에 와서 비로소 첨입되었다. 병오본 이후로는 ‘先大夫
　　名彦亨’으로 되어 있는데, 임술본에 와서 삭제되었다.
60) 矣：병오본에는 ‘也’로 되어 있고, 기유본 이후로는 ‘矣’로 되어 있다.
61) 仕：병오본 이후로는 ‘年’으로 되어 있고, 경진본 이후로는 ‘仕’로 되어 있다.
62) 六：갑오본 「附考異」에 ‘六恐七’이라 하였다. 경술본 이후로는 ‘五’로 되어
　　있다.
63) 政：경술본 이후로는 ‘仕’로 되어 있다.
64) 大：병오본에는 ‘大’로 되어 있는데, 기유본 이후로 신해본까지는 이 자가 빠
　　져 있으며, 경진본 이후로는 다시 들어 있다.
65) 述：갑오본에는 ‘言’으로 되어 있다.
66) 紀：병오본에는 ‘記’로 되어 있고, 기유본 이후로는 ‘紀’로 되어 있으며, 갑오

無德可言 則諛言也 欺吾父也 誣行也 愧吾父也 欺且使⁶⁷⁾愧 孤亦不忍 祿仕二
十年 死無以爲禮 家無以爲食 則所遺子孫者 安而已 歷事兩君 賢勞獨勤 而位
不過三品 則其不苟阿世取榮者 可知矣 雖不見大列 而朝右倚顧 不敢⁶⁸⁾無公於
一日 則其爲國重輕於一時者 亦可知矣 吁 若孤 殆免夫欺矣 若考 庶不愧於德
矣 天胡不秘⁶⁹⁾懿德 而獨嗇其壽 而只⁷⁰⁾於五十八而止 則我呼天之慟⁷¹⁾詎不在天
乎 運與厄會 方有濟牧之命 而疾已病 不克就位⁷²⁾ 遂構以辭疾避難⁷³⁾ 盡削其官
旣斂之逾月 訴冤乎上 命復判校以下 嗚呼 此豈明世事乎⁷⁴⁾ 夫人卽⁷⁵⁾李氏⁷⁶⁾ 王
父曰縣令忦 外舅曰議政崔潤德也 有男七人 皆早世 唯孤與季桓 幸不死 有女
四人 鄭雲·李公亮·鄭白氷·鄭師賢 卽甥也 旣葬于是 則孤不敢泯 表以銘
焉 銘曰 我祖昌山 九世平章 皇考申之 有琢其相 懷弘受粗 寔命靡常 人曰福
善 曷予其徵 孤鮮不死 唯以嘗蒸 嘉靖七年戊子十月日子植撰⁷⁷⁾

宣務郎 戶曹佐郎 金公 墓碣⁷⁸⁾ 并序

公諱大有 字天祐 系出金官 駕洛國首露王之後也 自號三足 卜年七十有

　　본과 경술본 이후로는 '記'로 되어 있다.

67) 欺且使 : 병오본에는 '使欺且'로 되어 있고, 기유본 이후로는 '欺且使'로 되어
　　있다.

68) 敢 : 갑오본 「附考異」에는 '敢恐可'라 하였고, 경술본 이후로는 '欲'으로 되어
　　있다.

69) 秘 : 경술본 이후로는 '嗇'으로 되어 있다.

70) 而只 : 병오본에는 '壽止'로 되어 있고, 기유본 이후로는 '而只'로 되어 있으며,
　　갑오본과 경술본 이후로는 '而至'로 되어 있다.

71) 慟 : 갑오본과 경술본 이후로는 '痛'으로 되어 있다.

72) 位 : 경술본 이후로는 '任'으로 되어 있다.

73) 難 : 병오본에는 '亂'으로 되어 있고, 기유본 이후로는 '難'으로 되어 있다.

74) 嗚呼此……世事乎 : 갑오본과 경술본 이후로는 삭제되었다.

75) 卽 : 갑오본에는 삭제되었고, 경술본 이후로는 '仁川'으로 되어 있다.

76) 氏 : 갑오본에는 이 아래 '系出仁川 父曰忠順衛菊'이 더 있으며, 경술본 이후
　　로는 '父曰忠順衛菊'이 더 있다.

77) 嘉靖七……子植撰 : 갑오본과 경술본 이후로는 삭제되었다.

78) 碣 : 갑오본과 경술본 이후로는 '銘'자가 더 있다.

四 友人南冥曹植誌之曰 如公 可謂盖世之雄也 當谷雲[79]門[80] 今也卽亡 吁可
惜也 先大夫提學公[81] 娶[82]司瞏寺正高台翼女 生公[83] 諱駿孫 王父執義公諱
孟 曾王父曰克一 節孝先生其人也 叔父曰駒孫 濯纓先生其人也 燕山政亂
濯纓就市 門禍迭起 公與提學公 俱謫湖南 丙寅改玉 恩赦如初[84] 明年丁卯
公中庭試壯元 直赴進士科 永歸田舍 以奉兆墓[85] 時上方求行誼之士 鄕里推
公第一 拜典牲署直長 是年 遂登第 拜成均典籍 遷戶曹佐郎兼春秋館記事
官 又遷爲正言 辭不就 除漆原縣監兼春秋[86] 居三月而化行 邑人視如神明
因謝[87]歸家食[88] 時群小用事 指爲僞學 盡收其官爵科第 己[89]巳年[90] 復授紅牌
未幾 還收之 遂[91]以疾終于雲門山牛淵之三足堂 是年壬子 葬于堂北之金谷
公娶縣監李楔女 無子女 越四年乙卯 夫人繼逝 祔于墓左 夫人素不慧 群妾
侍之 若婢幼之事嚴主 遇[92]僕隸 皆得其懽心 內外雍穆[93] 以[94]御于鄕黨者[95]
實[96]自刑家始也 傍室子有[97]二人焉[98] 曰成 曰生 俱有幹蠱之材 柴[99]毁滅性

---

79) 谷雲 : 병오본에는 '雲谷'으로 되어 있고, 기유본 이후로는 '谷雲'으로 되어 있다.

80) 當谷雲門 : 경술본 이후로는 삭제되었다.

81) 公 : 경술본 이후로는 이 뒤에 아래의 '諱駿孫' 3자를 옮겨놓았다.

82) 娶 : 경술본 이후로는 '先妣'로 되어 있다.

83) 生公 : 경술본 이후로는 삭제되었다.

84) 如初 : 경술본 이후로는 삭제되었다.

85) 永歸田……奉兆墓 : 경술본 이후로는 삭제되었다.

86) 兼春秋 : 경술본 이후로는 삭제되었다.

87) 謝 : 경술본 이후로는 '事'로 되어 있다.

88) 食 : 경술본 이후로는 삭제되었다.

89) 己 : 병오본 이후로는 '乙'로 되어 있고, 경진본 이후로는 '己'로 되어 있는데,
'己'는 '乙'의 오자이다.

90) 年 : 갑오본과 경술본 이후로는 삭제되었다.

91) 遂 : 경술본 이후로는 이 자가 삭제되고, 대신 뒤의 '壬子' 2자를 이곳에 옮겨
놓았다.

92) 遇 : 갑오본과 경술본 이후로는 삭제되었다.

93) 穆 : 갑오본에는 이 아래 '者'자가 더 있다.

94) 以 : 경술본 이후로는 '盖其'로 되어 있다.

95) 以御于鄕黨者 : 갑오본에는 삭제되었다.

96) 實 : 경술본 이후로는 삭제되었다.

97) 有 : 갑오본과 경술본 이후로는 삭제되었다.

生不世 成仆地¹⁰⁰⁾ 慼也 成娶僉使李世銓女 有子曰津 女嫁郡守李鶴瑞 生娶
二相李長坤女 有子曰一陽 女未歸 老夫保人盖寡 獨許以天下士者 公也 甲
視之 則容容大雅 討論經史之弘儒也 乙視之 則仡仡長身 射御不違之豪士
也 獨處書堂 長歌慢舞 而家人莫窺其意者 樂於所性 而詠歌舞蹈¹⁰¹⁾之時也
委質林泉 於釣於獵 而時人猶¹⁰²⁾認¹⁰³⁾爲放者 無憫於遯世 而沉冥韜晦之事也
自我¹⁰⁴⁾同德者觀之 則辦局宏深 勿勿乎其仁¹⁰⁵⁾也¹⁰⁶⁾ 言論激昂 侃侃乎其義也
好善而獨善 弘濟而自濟 命耶 時耶 箕箒之婦 未足以文繡華袞 談龍畫蛇者
非吾之拙耶 銘斯强顔 銘曰 金谷有原 雲門之堅 蘊吾良人 載之以華岳 名高
萬丈 封之嵩四尺 誰其守者 襄陽一片石

處士 申君 墓表¹⁰⁷⁾

吾唯後死 朋友先焉 三足去 而東洲·黃江隨之 聽松又繼之 天佑·愚翁之
葬 吾旣執其靷 而銘其石 子敬·仲玉之亡 其家人應亦以植爲知己 將必以表
求 數家子弟 皆未曉父兄之意 强以其所不忍者 索焉 瀝血爲辭 寧非毒耶¹⁰⁸⁾
今有子誠之子有安 復以其碣來 余忍爲之耶 公諱季誠 字子誠 享年六十有四
嘉靖壬戌 葬于密城之東村¹⁰⁹⁾長善里 申氏系出平山 鼻祖崇謙 爲麗祖元勳 衣

---

 98) 焉 : 갑오본과 경술본 이후로는 삭제되었다.

 99) 柴 : 이 자 위에 갑오본에는 '皆'자가 더 있고, 경술본 이후로는 '生'자가 더
    있다.

100) 生不世 成仆地 : 갑오본과 경술본 이후로는 삭제되었다.

101) 詠歌舞蹈 : 갑오본과 경술본 이후로는 '優游自得'으로 되어 있다.

102) 猶 : 갑오본과 경술본 이후로는 삭제되었다.

103) 認 : 갑오본과 경술본 이후로는 이 아래 '以'자가 더 있다.

104) 我 : 갑오본과 경술본 이후로는 '夫'로 되어 있다.

105) 勿勿乎其仁 : 경술본 이후로는 뒤의 '言論激昂' 다음에 옮겨놓았다.

106) 也 : 경술본 이후로는 삭제되었다.

107) 表 : 갑오본과 경술본 이후로는 '碣銘'으로 되어 있다. 경술본 이후로는 이
    아래 '幷序' 2자가 더 있다.

108) 子敬仲……非毒耶 : 갑오본과 경술본 이후로는 삭제되었다.

109) 東村 : 갑오본에는 이 2자가 삭제되었고, 경술본 이후로는 '村' 1자만 삭제되
    었다.

冠兩朝 赫世彌盛者 近一千年[110] 嘉善大夫同知中樞贈左議政自守 乃[111]君之高
祖也 曾王父允元 通訓大夫軍資監正 王父承潾 生員 未立而夭[112] 考悼 早風
眩不顯[113] 娶府尹[114]孫永裕之孫[115]筍茂之女 生公 公娶察訪李鐵壽之女 生二男
一女 女適士人曹夢吉 夢吉有子應仁 女適生員金聃壽 次女[116]適忠順衛尹湯臣
三女[117]幼[118] 長子有定 篤學不倦 早世 娶進士李遠之女 生一男一女 曰[119]忠復
女適生員宋惟敬 次子有安 娶習讀柳沂源之女 生四子忠敬・忠謹・忠厚・忠
任公以學問操身 終始不渝 而無競惟人[120] 繩墨齊家 表儀一鄉 而[121]人莫敢間
焉 嗚呼 不亡者雖存 而其亡者已亡 今日之子誠 明日之櫷仲 言尙有枝葉乎[122]
忽投筆一噱[123] 銘曰 吾黨有人 申君爲最 齊[124]莊於內 冰蘗其外 私淑諸人 松
堂之門 雖家食吉 遺香則聞 皇明嘉靖甲子 南冥曹植撰[125]

進士 姜君 墓表[126]

姜進士叔圭之歿也 其亡也哀而榮[127] 其系也大而寢 吁 家不可無善以遺

---

110) 者近一千年 : 갑오본에는 삭제되었다.

111) 乃 : 갑오본과 경술본 이후로는 삭제되었다.

112) 未立而夭 : 갑오본과 경술본 이후로는 삭제되었다.

113) 早風眩不顯 : 갑오본과 경술본 이후로는 삭제되었다.

114) 府尹 : 경술본 이후로는 '判書'로 되어 있다.

115) 孫 : 경술본 이후로는 이 아래 '郡守' 2자가 더 있다.

116) 女 : 갑오본과 경술본 이후로는 삭제되었다.

117) 三女 : 경술본 이후로는 '季'로 되어 있다.

118) 三女幼 : 갑오본에는 삭제되었다.

119) 曰 : 갑오본과 경술본 이후로는 '男'으로 되어 있다.

120) 而無競惟人 : 갑오본에는 삭제되었고, 경술본 이후로는 '而'가 '以'로 바뀌고
이 5자를 뒤의 '表儀一鄉' 다음에 옮겨놓았다.

121) 而 : 경술본 이후로는 삭제되었다.

122) 嗚呼不……枝葉乎 : 갑오본에는 삭제되었다.

123) 忽投筆一噱 : 경술본 이후로는 삭제되었다.

124) 齊 : 병오본 이후로는 '齋'로 되어 있고, 임술본 이후로는 '齊'로 되어 있다.

125) 皇明嘉……曹植撰 : 갑오본과 경술본 이후로는 삭제되었다.

126) 表 : 경술본 이후로는 이 아래 '幷序' 2자가 더 있다.

127) 榮 : 갑오본과 경술본 이후로는 '惜'으로 되어 있다.

緒不可無人以世　若姜君者　效於家而承於世者也[128]　其亦有所受乎[129]　姜君之
世大　國乘有傳　人口有銘[130]　姑序其系別之宗　則鳳山君君寶始也　三世而少尹
公安壽　推恩爲戶曹參判　郡守公[131]某[132]　子也　監察公孝貞　孫也　寔生某[133]　實
進士[134]之考也　不樂仕　家食　門人襲以蔭[135]號[136]　慈闈年及九十　色養純至　積
成家化者　有年矣[137]　夫人李氏　義泉君承恩之女　齊順曉察　一[138]如全[139]門大
士[140]　惜乎　夫人之行　不出於梱也[141]　有子曰瑀　進士　曰斌曰瑠　進士　君第三
子也　諱瑞　纔毀齒而天只捐　伯氏背　仲氏斌有儒柔溫文之行　蒙養以敎[142]　及
於成　嘉靖丁酉　登進士第[143]　庚子歲[144]　丁大府憂　啜粥寢苫　轉而成疾　在廬而
歿　里人上其事　司部將加旌典　盖其孝悌敦睦之行　由少習[145]然也　不幸而天[146]
使天假之以[147]年　志仁向道之誠　其可涯[148]也哉　娶大司憲成世純之子參奉守瑾
之女　無兒以續[149]　成氏號痛不食　絶而復甦　屢欲自裁　家人救而獲免　人以雙
美稱之　噫[150]　兄進士[151]瑀　以儒孝服行　爲縫掖聞人　母夫人之疾也　具湯劑匍

---

128) 也：갑오본에는 ‘乎’로 되어 있다.

129) 其亦有所受乎：갑오본과 경술본 이후로는 삭제되었다.

130) 人口有銘：갑오본과 경술본 이후로는 삭제되었다.

131) 公：갑오본에는 삭제되었다.

132) 某：갑오본 附箋에는 ‘某’가 ‘徯’로 되어 있다.

133) 某：갑오본 附箋에 “某는 忠順衛世應이다” 하였다.

134) 進士：갑오본에는 ‘君’으로 되어 있다.

135) 蔭：병오본에는 ‘陰’으로 되어 있고, 기유본 이후로는 ‘蔭’으로 되어 있다.

136) 門人襲以蔭號：갑오본과 경술본 이후로는 삭제되었다.

137) 者有年矣：갑오본과 경술본 이후로는 삭제되었다.

138) 一：경술본 이후로는 삭제되었다.

139) 全：경술본 이후로는 ‘專’으로 되어 있다.

140) 一如全門大士：갑오본에는 삭제되었다.

141) 惜乎夫……於梱也：갑오본과 경술본 이후로는 삭제되었다.

142) 敎：갑오본과 경술본 이후로는 삭제되었다.

143) 第：경술본 이후로는 삭제되었다.

144) 歲：갑오본과 경술본 이후로는 삭제되었다.

145) 由少習：경술본 이후로는 ‘原於家庭之所養者而’로 되어 있다.

146) 不幸而天：갑오본에는 삭제되었다.

147) 以：갑오본에는 삭제되었다.

148) 涯：갑오본에는 ‘已’로 되어 있다.

149) 續：갑오본에는 ‘贖’으로 되어 있다.

匍 繼之以死 弟進士[152]君 以行誼自飭 爲當世善士 嚴大[153]君之歿也 哀[154]
慕[155]毁傷 亦繼之[156]以死 兄[157]爲母死 弟爲父死[158] 世寧有是事耶[159] 若斯人
而[160]無死 宜大其家者也 英英蘭玉 苗而未遂[161][162] 自名敎言之 則其死也榮[163]
而姜門視之 則其亡也哀矣 由先祖視之 則其世也大 而斯人言之 則其系也
寢矣 原其先大府兩美之所遺 伯仲氏家庭之所養者 則固有所授而然矣[164] 己
則善繼 己則系絶 將亦竝與其善而沉歿[165]乎 其大也天也 其寢也天也 其哀也
亦天也 無如君何 獨人所歸美於君者 則非天也 由己 君能行己 人得以榮[166]
之 吾所書者 特以狀人之言已

中直大夫 行[167]文化縣令[168] 淑人玄氏 雙墓表[169]

淑人玄氏之亡也 牧使承宗葬焉 祔[170]于[171]文化公之[172]左 要余以雙墓碑[173]

---

150) 人以雙……稱之噫 : 경술본 이후로는 삭제되었다.

151) 進士 : 갑오본과 경술본 이후로는 삭제되었다.

152) 弟進士 : 갑오본과 경술본 이후로는 삭제되었다.

153) 大 : 경술본 이후로는 삭제되었다.

154) 哀 : 갑오본과 경술본 이후로는 이 위에 '有亦' 2자가 더 있다.

155) 慕 : 갑오본과 경술본 이후로는 삭제되었다.

156) 傷亦繼之 : 갑오본과 경술본 이후로는 삭제되었다.

157) 死 : 갑오본과 경술본 이후로는 이 위에 '嗚乎' 2자가 더 있다.

158) 兄爲母……爲父死 : 갑오본에는 삭제되었다.

159) 兄爲母……是事耶 : 경술본 이후로는 삭제되었다.

160) 而 : 경술본 이후로는 삭제되었다.

161) 英英蘭……而未遂 : 경술본 이후로는 삭제되었다.

162) 若斯人……而未遂 : 갑오본에는 삭제되었다.

163) 榮 : 갑오본과 경술본 이후로는 '惜'자로 되어 있다.

164) 原其先……而然矣 : 갑오본과 경술본 이후로는 삭제되었다.

165) 歿 : 갑오본과 경술본 이후로는 '沒'로 되어 있다.

166) 榮 : 경술본 이후로는 '惜'으로 되어 있다.

167) 行 : 갑오본과 경술본 이후로는 삭제되었다.

168) 令 : 갑오본과 경술본 이후로는 이 아래 '文公' 2자가 더 있다.

169) 表 : 갑오본과 경술본 이후로는 '碣銘'으로 되어 있다. 경술본 이후로는 이
　　 뒤에 '幷序' 2자가 더 있다.

170) 祔 : 병오본에는 '附'로 되어 있고, 기유본 이후로는 '祔'로 되어 있다.

余以不文爲¹⁷⁴⁾辭焉¹⁷⁵⁾ 牧使¹⁷⁶⁾曰 先大夫有韓山公墓表者 以¹⁷⁷⁾通門之知也 一門¹⁷⁸⁾之事 非親且舊 無以知之 子其繼之 某¹⁷⁹⁾辭不獲焉 韓山郡守善全 娶通贊李壽生女 生文化 通贊 陶隱之後也 文化姓文¹⁸⁰⁾ 諱光瑞 字伯符 系出江城松禾縣監貢 娶判書李克堪女 生夫人 玄氏系出¹⁸¹⁾八莒 公登丙辰武科 多歷京官 初拜結¹⁸²⁾城縣監 再¹⁸³⁾拜¹⁸⁴⁾臨陂縣令 爲親故也 後¹⁸⁵⁾拜文化縣令 興疾還京不出戶庭者 十有八年 旣卒 歸¹⁸⁶⁾葬于大塋之側 享¹⁸⁷⁾年六十三 夫人溫惠且恭事舅姑以禮 遇宗族以恩 家道豊盈 僮指累百 每時節 殷祭于墓 以終其身 公妾有男女 母賤未免 公¹⁸⁸⁾不省人事¹⁸⁹⁾ 夫人代以奴婢¹⁹⁰⁾ 賂以物貨 以贖其身婦人無外事 觀此數事 可見其門內之治也 享年七十六 兩家高玄 國乘有載班班可見 不可槩擧¹⁹¹⁾ 文氏¹⁹²⁾四世祖益漸 右文舘提學 始得木綿種于中原封¹⁹³⁾參知右¹⁹⁴⁾議政府事¹⁹⁵⁾江城君 三世祖中庸 司諫院獻納 祖承魯 中武科 早

---

171) 于 : 경술본 이후로는 이 아래 ‘文’자가 더 있다.

172) 之 : 경술본 이후로는 이 아래 ‘墓’자가 더 있다.

173) 雙墓碑 : 갑오본에는 ‘墓銘’으로 되어 있고, 경술본 이후로는 ‘銘’으로 되어 있다.

174) 爲 : 갑오본「附考異」에 ‘爲一本無’라 하였다.

175) 焉 : 갑오본에는 삭제되었다.

176) 余以不……焉牧使 : 경술본 이후로는 삭제되었다.

177) 以 : 갑오본「附考異」에 ‘以下一有有字’라 하였다.

178) 一門 : 갑오본「附考異」에 ‘一門一作門內’라 하였다.

179) 某 : 경술본 이후로는 ‘植’으로 되어 있다.

180) 姓文 : 경술본 이후로는 삭제되었다.

181) 出 : 경술본 이후로는 삭제되었다.

182) 結 : 병오본에는 ‘吉’로 되어 있고, 임술본 이후로는 ‘結’로 되어 있다.

183) 再 : 경술본 이후로는 ‘後’로 되어 있다.

184) 拜 : 갑오본「附考異」에 ‘拜一作授’라 하였다.

185) 後 : 경술본 이후로는 ‘又’로 되어 있다.

186) 歸 : 경술본 이후로는 삭제되었다.

187) 享 : 경술본 이후로는 삭제되었다.

188) 公 : 갑오본「附考異」에 ‘公下一有病字’라 하였다.

189) 未免公……省人事 : 경술본 이후로는 삭제되었다.

190) 代以奴婢 : 경술본 이후로는 삭제되었다.

191) 兩家高……可槩擧 : 갑오본과 경술본 이후로는 삭제되었다.

192) 氏 : 갑오본과 경술본 이후로는 ‘化’로 되어 있다.

193) 封 : 갑오본과 경술본 이후로는 ‘贈’으로 되어 있다.

世玄氏三世祖珪 軍資監正 祖得利 中文科 爲判官 文化嫡無子女[196] 取牧使
爲孩提養 乃妹夫郡守[197]鶴之子也 娶腹男玄允明女[198] 中癸卯年武科 以屢通
經史 上特命陞堂上 歷府使·牧使執兩喪如考妣 牧使他日聲烈 亦應於麟閣
獨平日所服者 文墨 非弓馬也[199] 雖幸[200]拔身武列 謙介諒直 是[201]精敏儒子[202]
也 余以是繼其後 其可乎 有五男一女[203] 庶子彦國有三男 庶女有二男 銘曰
赳赳士子[204] 孰文化如 笏應列宿 三佩銅魚 子雲多病 卄載幽室 食年猶六十
有疾而無疾[205] 夫人淑愼 其[206]德驥矣[207] 深山養虎豹 無子而有子 新安之北[208]
多佛之[209]崗 連理啓域 遊聖歸昌[210] 皇明嘉靖三十年庚申 族子南冥撰[211]

軍資監判官 李君 墓碣[212]　　幷序[213]

194) 右 : 갑오본과 경술본 이후로는 삭제되었다.
195) 事 : 갑오본과 경술본 이후로는 이 아래 위의 ‘封’자를 옮겨놓았다.
196) 女 : 갑오본과 경술본 이후로는 이 아래 뒤의 ‘庶子彦國有三男 庶女有二男’
　　을 옮겨놓았다.
197) 守 : 갑오본과 경술본 이후로는 이 아래 ‘李’자가 첨입되었다.
198) 娶腹男……允明女 : 갑오본과 경술본 이후로는 삭제되었다.
199) 牧使他……弓馬也 : 갑오본과 경술본 이후로는 삭제되었다.
200) 幸 : 갑오본과 경술본 이후로는 삭제되었다.
201) 是 : 갑오본과 경술본 이후로는 ‘寔’으로 되어 있다.
202) 子 : 갑오본과 경술본 이후로는 ‘者’로 되어 있다.
203) 余以是……男一女 : 경술본 이후로는 삭제되었다.
204) 士子 : 갑오본 「附考異」와 경술본 頭註에 모두 ‘士子一作良士’라 하였다.
205) 子雲多……而無疾 : 경술본 이후로는 삭제되었다.
206) 其 : 경술본 이후로는 이 위에 ‘克媲’ 2자가 더 있다.
207) 驥矣 : 경술본 이후로는 삭제되었다.
208) 深山養……安之北 : 경술본 이후로는 삭제되었다.
209) 之 : 경술본 이후로는 ‘有’로 되어 있다.
210) 遊聖歸昌 : 경술본 이후로는 삭제되었다.
211) 皇明嘉……南冥撰 : 경술본 이후로는 삭제되었다. 병오본에는 ‘撰’ 아래 ‘養
　　子前牧使李承宗立石養孫鎁書’ 14자가 더 있었는데, 기유본 이후로는 삭제되
　　었다.
212) 碣 : 병오본 이후로는 ‘碑’로 되어 있고, 임술본 이후로는 ‘碣’로 되어 있으며,
　　갑오본과 경술본 이후로는 ‘表’로 되어 있다.
213) 幷序 : 경진본 이후로 첨입되었다.

　　君諱希顔 字愚翁 系出江陽 考諱允僩 嘉善大夫同知中樞府事兼五衛將都
摠府副摠管 王父諱順生 贈嘉善大夫兵曹參判兼同知義禁府事 曾王父諱智
老 贈通政大夫兵曹參議 金紫光祿夫²¹⁴⁾夫景芬爲始祖 參議公之六世祖也 同
知娶左議政崔潤德之孫參軍季漢之女 生希曾・希閔及公 希曾爲弘文館修撰
希閔爲吏曹正郎 皆早世 公娶左議政權軫之孫通政大夫龜城都護府使仲愼之
女 有一女 適縣監李公輔之子士人得賁 又有小家子彭考 屬醫局 後娶李漢
禎之女 無子女 夫人甫上笄²¹⁵⁾配公 殆²¹⁶⁾五年矣²¹⁷⁾ 秸屨²¹⁸⁾麻衰 枕塊奠酹 首
不加梳 口不入漿²¹⁹⁾ 絶而復蘇者數²²⁰⁾ 便欲自絶 矢與同穴 竭力鳩資 冶金伐
石 索予以文 植之於君 義均兄弟 情阨辭塞 筆不能步 粗敍其槩 公纔十歲
能綴文 十四中司馬試選 屢捷魁科 皆北於春官 以遺逸擧 始受²²¹⁾典獄署參
奉 閱數月而歸 又受²²²⁾掌樂院主簿 除高靈縣監 二年辭去 後授造紙署司紙
陞軍資監判官 未二年而退 乙²²³⁾未五月 終于城山之私第 享年五十有六 葬于
鳥棲之大塋之下先夫人之²²⁴⁾右 其²²⁵⁾孝慈友于²²⁶⁾之誠²²⁷⁾ 篤善好學愛人勤物之

---

214) 夫 : 병오본 이후로는 ‘大’로 되어 있고, 경진본 이후로는 ‘夫’로 되어 있으며,
　　갑오본과 경술본 이후로는 ‘大’로 되어 있다. 경진본 계통에 ‘夫’로 되어 있는
　　것은 ‘大’의 誤字이다.
215) 甫上笄 : 갑오본과 경술본 이후로는 삭제되었다.
216) 殆 : 갑오본과 경술본 이후로는 ‘甫’로 되어 있다.
217) 矣 : 경술본 이후로는 삭제되었다.
218) 屨 : 병오본 이후로는 ‘屨’로 되어 있고, 경진본 이후로는 ‘屨’로 되어 있는데,
　　‘屨’는 ‘屨’의 誤字이다. 갑오본 「附考異」에는 ‘屨恐屨’라 하였고, 경술본 이후
　　로는 ‘屨’로 되어 있다.
219) 漿 : 경술본 이후로는 ‘醬’으로 되어 있는데, 이는 오자이다. ‘漿’은 食料이고,
　　‘醬’은 調味料이다.
220) 絶而復蘇者數 : 경술본 이후로는 뒤의 ‘矢與同穴’ 아래에 옮겨놓았다.
221) 受 : 갑오본과 경술본 이후로는 ‘授’로 되어 있다.
222) 受 : 갑오본과 경술본 이후로는 ‘授’로 되어 있다.
223) 乙 : 갑오본 「附考異」와 경술본 頭註에 모두 ‘乙當作己’라 하였다. 李希顔은
　　기미년(명종 14, 1559)에 卒하였으니, ‘乙’은 ‘己’의 오자이다.
224) 之 : 경술본 이후로는 이 아래 ‘兆’자가 더 있다.
225) 其 : 갑오본에는 ‘公’으로 되어 있다.
226) 于 : 갑오본에는 이 뒤에 아래 구절의 ‘愛人勤物’ 4자를 옮겨놓았다.
227) 之誠 : 갑오본과 경술본 이후로는 삭제되었다.

心[228] 殆無與比 援而止 似柳下惠 通而知 類陳同父 有衛道之志 望道而未之
見者也 才兼弓馬 絶出武列 終不爲世用 遺豹一斑 人所[229]惜也[230] 至情無文
玆不能撰[231] 皇明嘉靖辛酉[232] 友人南冥曹植撰

魚執義夫人 白氏 碑文[233]　　執義 名泳澔[234]

鸞鳳不藏羽 人得以見之矣 獨幽蘭之在深谷也 樵夫有見者不見者矣 魚大
夫執義公[235]之揚于王庭也 高鳳擧矣 人競覩矣 若白氏之爲夫人也 豊其茀 肅
其門 人見之亦罕矣 況婦人無外事 蘋藻之享 絺綌[236]之職 樛木之恩 瓠兎之
惠 是夫人門內之事 人或有知者不知者矣 植嘗拜大夫於鯉庭 又嘗拜夫人於
堂下 德馨香聞 其蘭乎 珪璋不价僎 其配大夫公也 得矣麗水生蚌珠 其生佳
子孫也 亦宜矣 有子曰應星・應辰 女適進士柳嵩宗 應星之子曰夢周・夢
禹[237] 婿曰[238]朴士忠・陳克仁 士子也[239] 餘子幼 嵩宗之子曰潤[240] 女幼[241] 應
辰中戊子年[242]生員 文會之稱 操履之篤 殆無與偶也 其子曰夢賚・夢雲・夢
澤 其[243]婿曰[244]李鰍・李鈞蔭子也[245] 家藏庭寶 非金也 非玉也[246] 總是鵷雛與

---

228) 之心 : 갑오본에는 삭제되었다.

229) 遺豹一斑人所 : 갑오본과 경술본 이후로는 삭제되었다.

230) 也 : 갑오본과 경술본 이후로는 '哉'로 되어 있다.

231) 至情無……不能撰 : 갑오본과 경술본 이후로는 삭제되었다.

232) 酉 : 갑오본과 경술본 이후로는 이 아래 '月日' 2자가 더 있다.

233) 碑文 : 갑오본과 경술본 이후로는 '墓表'로 되어 있다.

234) 執義名泳澔 : 갑오본과 경술본 이후로는 삭제되었다.

235) 公 : 경술본 이후로는 이 아래 '泳澔'가 더 있다.

236) 綌 : 병오본 이후로는 '絡'으로 되어 있고, 갑오본에는 '綌'으로 되어 있으며,
　　　경술본 이후로는 '絡'으로 되어 있는데, '絡'은 '綌'의 오자이다.

237) 禹 : 경술본 이후로는 '瑀'로 되어 있다.

238) 曰 : 경술본 이후로는 삭제되었다.

239) 士子也 : 경술본 이후로는 삭제되었다.

240) 嵩宗之子曰潤 : 경술본 이후로는 아래의 '李鰍李鈞' 뒤로 옮겨놓았다.

241) 女幼 : 갑오본과 경술본 이후로는 삭제되었다.

242) 年 : 갑오본과 경술본 이후로는 삭제되었다.

243) 其 : 경술본 이후로는 삭제되었다.

244) 曰 : 경술본 이후로는 삭제되었다.

蘭孫也 之大夫[247]之夫人之德 其長[248]有後於東國 不亦宜[249]乎[250] 不幸大夫先
夫人卒於朝[251] 越二十有二年辛亥 夫人終于金海之故居 享年七十有二 令女
先而應星與陳生繼逝焉[252] 是歲十月 祔于大塋之東 是謂靈原之原也 生員之
所與交者 盡是樓閣之手也 求其表 不於是而徵[253]於余 爲余有樵夫之見也 於
是而不言 則幽蘭之見 非縉紳所知[254] 辭不獲焉 謹序其系[255] 夫人[256]系出[257]扶
餘 曾王父諱之溫 司憲府監察 王父諱琦 生員 爲[258]義盈庫副奉事 考諱子精
參奉 妣陽山李氏 通政大夫江界府使恒[259]茂之女 世樹風聲 家傳懿則 園繭之
緖 宜其爲美錦乎[260] 皇明嘉靖三十一年壬子月日 昌山曹植識

宜人 郭氏 墓表[261]

深山大澤 必生龍虎 郭氏門者 其惟人物之大[262]澤歟 其始也 直學士元 仕
高麗 歷十一世 而至同知事惲 仕本朝 科甲乙者十一人 位居政堂者三人 身

---

245) 蔭子也 : 경술본 이후로는 삭제되었다.

246) 非金也非玉也 : 갑오본과 경술본 이후로는 삭제되었다.

247) 之大夫 : 갑오본에는 삭제되었다.

248) 長 : 경술본 이후로는 삭제되었다.

249) 不亦宜 : 갑오본과 경술본 이후로는 삭제되었다.

250) 之夫人……亦宜乎 : 갑오본에는 이 구절 가운데 '不亦宜' 3자만 삭제되고, 나
　　　머지는 모두 뒤의 '家傳懿則' 다음에 옮겨놓았다.

251) 於朝 : 경술본 이후로는 삭제되었다.

252) 令女先……繼逝焉 : 갑오본과 경술본 이후로는 삭제되었다.

253) 徵 : 갑오본과 경술본 이후로는 삭제되었다.

254) 於是而……紳所知 : 갑오본에는 삭제되었다.

255) 於是而……序其系 : 경술본 이후로는 삭제되었다.

256) 人 : 경술본 이후로는 이 아래 '之'자가 더 있다.

257) 出 : 경술본 이후로는 이 아래 '於'자가 더 있다.

258) 生員爲 : 경술본 이후로는 삭제되었다.

259) 恒 : 병오본에는 '姮'으로 되어 있고, 기우본 이후로는 '恒'으로 되어 있다.

260) 園繭之……美錦乎 : 갑오본에는 삭제되었다.

261) 表 : 갑오본과 경술본 이후로는 '碣銘幷序'로 되어 있다.

262) 大 : 갑오본 「附考異」에 '大一作山'이라 하였고, 경술본 이후로는 '山'으로 되
　　　어 있다.

入禁林者八人 龍虎出沒 璆琳焜燿 是謂文昌之府也 崇政大夫議政府[263]樞 寔
夫人曾王父也 樞生直長永 永生通贊繼儀 繼儀娶直長李聞之女 生夫人 夫
人適軍器寺正宋汝霖之子世勛 居三嘉縣 有子曰珩 曰珹 曰璘[264] 曰琪[265] 曰
瓛[266] 女夫鄭某[267]・吉某[268] 享年六十七 系出西原 夫人德器夙成 愛人理財
家道泰盈 稱是大家婦也 夫[269]人之行 無外覩 非銘不顯 植以不侫 廢口與人
絶 寧復有筆舌乎 宋[270]珩 自[271]好者也[272] 乞其銘 三及門 三已之而不獲 爲
銘 宋有荊氏 宜楸栢桑 工焉取之 短長無方 夫人之生 曾是貝[273]區 本枝其脩
琪樹榮敷 安峯萬古山不孤 議政府下 有闕文[274]

宜人 李氏 墓表

李[275]氏系出江陽 直長聞之女 奉常寺正伴之孫 領議政平壤君朴居蘇之外
孫 適直長郭永之子通贊繼儀 來居三嘉縣[276] 生二女 長適愼汝修 次適宋世

---

263) 府 : 갑오본 「附考異」에 '府下當有闕文'이라 하였고, 경술본 頭註에는 '府下
疑有脫字'라 하였다. 『太宗實錄』에 "議政府贊成事 郭樞卒"이라는 기사가 보
이는 것으로 미루어보건대, '贊成'이 생략된 것 같다.
264) 璘 : 병오본에는 '瓛'으로 되어 있고, 기유본 이후로는 '璘'으로 되어 있다.
265) 琪 : 갑오본과 경술본 이후로는 '琦'로 되어 있다.
266) 瓛 : 병오본에는 '璘'으로 되어 있고, 기유본 이후로는 '瓛'으로 되어 있다. 갑
오본 「附考異」에 '曰琦曰瓛一作曰瓛曰琦'라 하였다.
267) 某 : 갑오본과 경술본 이후로는 '軾'으로 되어 있다.
268) 某 : 갑오본과 경술본 이후로는 '挺之'로 되어 있다.
269) 夫 : 경술본 이후로는 '婦'로 되어 있다.
270) 宋生 : 경술본 이후로는 삭제되었다.
271) 自 : 갑오본 「附考異」에 '自一作相'이라 하였다.
272) 自好者也 : 경술본 이후로는 삭제되었다.
273) 貝 : 갑오본 「附考異」에 '貝一作具'라 하였고, 경술본 이후로는 '具'로 되어
있다.
274) 議政府……有闕文 : 임술본 이후로 첨입되었는데, 갑오본과 경술본 이후로
는 다시 삭제되었다.
275) 李 : 경술본 이후로는 이 위에 '宜人' 2자가 더 있다.
276) 來居三嘉縣 : 갑오본과 경술본 이후로는 삭제되었다.

勳 享年八十二 有其壽而無其子 大其家而小其位²⁷⁷⁾ 惜哉 皇明嘉靖三十五
年丙辰²⁷⁸⁾ 植撰

淑人 南氏 墓表²⁷⁹⁾

夫人之承家也 牧使公爲迷 牧使公之承蠱也 夫人爲助 風自火出 夫夫婦婦
其存也 髦²⁸⁰⁾幼怙恃 饗²⁸¹⁾祀誠恪 其亡也 宗族皇皇 閭閈否否 斯豈聲音笑貌之
所加 實由於柔嘉維則之故也 婦人無所輔仁 而慈惠溫良乃如此 斯固女君子矣
其²⁸²⁾²⁸³⁾子汝誠 三及門 泣而叩²⁸⁴⁾請以先妣之跡榮一字 植於先君 友也 其敢泯焉
夫人姓南氏 系于宜寧 皇考諱廷召 宣務郞²⁸⁵⁾ 宣務之妃²⁸⁶⁾曰竹溪節婦²⁸⁷⁾安氏 府
使璋之女 文成公珦²⁸⁸⁾之十世孫也²⁸⁹⁾ 斷髮截耳 納諸移天之櫬²⁹⁰⁾ 圖像²⁹¹⁾形幀²⁹²⁾
又畫考妣像²⁹³⁾ 朝夕親²⁹⁴⁾奠 朔望則²⁹⁵⁾竝祭內外三代²⁹⁶⁾²⁹⁷⁾ 王父諱琦 宗簿寺僉正

---

277) 位 : 갑오본과 경술본 이후로는 '祿'으로 되어 있다.

278) 辰 : 갑오본과 경술본 이후로는 '月日曹' 3자가 더 있다.

279) 表 : 갑오본과 경술본 이후로는 '碣銘'으로 되어 있는데, 경술본에는 그 아래 '幷序'가 더 있다.

280) 髦 : 갑오본과 경술본 이후로는 '㷜'로 되어 있다.

281) 饗 : 병오본에는 '嚮'으로 되어 있고, 경진본 이후로는 '饗'으로 되어 있다.

282) 其 : 경술본 이후로는 삭제되었다.

283) 婦人無……子矣其 : 갑오본에는 모두 삭제되었다.

284) 叩 : 갑오본과 경술본 이후로는 '告'로 되어 있다.

285) 郞 : 경술본 이후로는 뒤의 '王父諱琦 宗簿寺僉正 曾王父諱致和 知義盈庫事 乃高麗門下府事乙珎之孫 府事見麗氏將亡 棄官歸楊州庄終'을 이 아래 옮겨 놓았다.

286) 妃 : 병오본 이후로는 '妣'로 되어 있고, 경진본 이후로는 '妃'로 되어 있다.

287) 宣務之……溪節婦 : 경술본 이후로는 '妣'로 되어 있다.

288) 珦 : 갑오본과 경술본 이후로는 '裕'로 되어 있다.

289) 也 : 경술본 이후로는 이 아래 '早歲而寡'가 더 있다.

290) 櫬 : 경술본 이후로는 이 아래 '以誓其志'가 더 있다.

291) 圖像 : 경술본 이후로는 '又以'로 되어 있다.

292) 幀 : 병오본 이후로는 '巾貝'으로 되어 있고, 임술본 이후로는 '幀'으로 되어 있다.

293) 又畫考妣像 : 경술본 이후로는 삭제되었다.

曾王父諱致和 知義盈庫事 乃高麗門下府事乙珎之孫 府事見麗氏將亡 棄官歸
楊州庄[298]以終 夫人玉色紈質 克孝克順 雖其天質之美[299]鷺之白 烏之黔 盖亦[300]
生有所種矣[301] 適參議辛公諱弼周之子[302]牧使諱崙 牧使系出靈山 曾王父 節度
使諱淑晴 王父 黃州判官諱秀武 玄祖斯葳爲判書 高祖劑爲郡事[303] 夫人[304]配君
子三十年 而無違德 先公十年而[305]逝 享[306]年四十有七 有二[307]子 一日[308]汝謹
娶生員郭之元女 生一男膂[309] 汝誠 娶經歷張世沉之女 生一男胤 女嫁司成陳
璭子裕慶[310] 牧使公自結髮至易簀 無傷人害物之意 夫人自升堂至辭室 未嘗有
詬詈勃豀之聲 宜其天錫祚胤 驥子蘭孫 苾葛不已 意者[311] 斯門之慶 其[312]未艾
也 遂爲銘 宜城四姓 魯猶三宗 南沈[313]爲丈[314] 源遠其從 竹溪遺節 六月隕霜
爰有令孫[315] 蘭玉其相 結縭辛門 九十其章 夫人鳳興 載裘載將 昏鏡初分 曉星
零落[316] 裕蠱一室 舊窩雙鶴[317] 女則猶存[318] 世[319]有孟光 汗青無籍[320] 篆石流芳

---

294) 親 : 경술본 이후로는 ‘奉’으로 되어 있다.

295) 則 : 경술본 이후로는 삭제되었다.

296) 代 : 경술본 이후로는 이 아래 ‘人謂竹溪節婦’ 6자가 더 있다.

297) 斷髮截……外三代 : 갑오본에는 모두 삭제되었다.

298) 庄 : 경술본 이후로는 삭제되었다.

299) 雖其天質之美 : 갑오본과 경술본 이후로는 삭제되었다.

300) 亦 : 경술본 이후로는 ‘其’로 되어 있다.

301) 鷺之白……所種矣 : 갑오본에는 삭제되었다.

302) 參議辛……周之子 : 경술본 이후로는 이 가운데 ‘辛’ 1자를 제외하고 모두
삭제되었다.

303) 牧使系……爲郡事 : 경술본 이후로는 삭제되었다.

304) 夫人 : 경술본 이후로는 삭제되었다.

305) 公十年而 : 경술본 이후로는 삭제되었다.

306) 享 : 경술본 이후로는 삭제되었다.

307) 有二 : 경술본 이후로는 삭제되었다.

308) 一日 : 갑오본과 경술본 이후로는 삭제되었다.

309) 娶生員……一男膂 : 경술본 이후로는 삭제되었다.

310) 娶經歷……子裕慶 : 경술본 이후로는 삭제되었다.

311) 驥子蘭……已意者 : 경술본 이후로는 삭제되었다.

312) 其 : 경술본 이후로는 삭제되었다.

313) 沈 : 갑오본과 경술본 이후로는 ‘氏’로 되어 있다.

314) 丈 : 갑오본과 경술본 이후로는 ‘大’로 되어 있다.

315) 孫 : 갑오본 「附考異」에 ‘孫恐誤’라 하였고 경술본 頭註에는 ‘孫當作女’라 하였다.

恭人 牟氏之墓[321]

晉之有牟氏 今也 咸平其古也 夫人之考進士牟君[322]秀阡 爲左司諫恂之冑 夫人之妣金氏 三軍都總制宗行之女 夫人之夫崔君潤屋 爲郡守以湜[323]之子也 夫人生一女 而崔君卽世 女適進士鄭君[324]瑞鵬 瑞鵬以篤孝稱 不祿早世 有子曰白氷·白渠 夫人之葬也 白氷謁余曰 外氏名大家 家不守箕裘[325] 夫人有女則 女不出梱閫[326] 吾不能[327]繼其緒 幷[328]不忍埋[329]其行 請以行之[330]樹諸五服之口者 銘之九原之石 可乎 余則拜手曰 人必有親 親必死葬 人可侮[331]也 葬不可謾也 人可葬也 善不可埋也 吾敢表諸 銘曰 派者同水 百川雖異則水 善者天守 萬古雖長則守 皇明嘉靖帝十七年 朝鮮國 南冥曹植記[332]

義城 金氏 墓誌[333]

家有七寶珠 人知其非甕牖家 若金氏家者[334] 其[335]有夷玉大玉[336]乎[337] 金三

---

321) 墓 : 경술본 이후로는 이 아래 '幷序' 2자가 더 있다.

322) 牟君 : 갑오본과 경술본 이후로는 삭제되었다.

323) 郡守以湜 : 병오본 이후로는 '縣監水智'로 되어 있고, 경진본 이후로는 '郡守以湜'으로 되어 있다.

324) 君 : 갑오본과 경술본 이후로는 삭제되었다.

325) 家不守箕裘 : 갑오본과 경술본 이후로는 삭제되었다.

326) 女不出梱閫 : 갑오본과 경술본 이후로는 삭제되었다.

327) 吾不能 : 갑오본과 경술본 이후로는 '無人'으로 되어 있다.

328) 幷 : 갑오본과 경술본 이후로는 '吾'로 되어 있다.

329) 埋 : 갑오본과 경술본 이후로는 '幷沒'로 되어 있다.

330) 行之 : 갑오본과 경술본 이후로는 삭제되었다.

331) 人可侮 : 갑오본과 경술본 이후로는 '繼可無'로 되어 있다.

332) 皇明嘉……曹植記 : 갑오본과 경술본 이후로는 삭제되었다.

333) 誌 : 갑오본에는 이 아래 '銘'자가 더 있다.

334) 若金氏家者 : 경술본 이후로는 삭제되었다.

陜[338]師魯公[339]有三子焉 曰[340]宇弘・宇宏・宇顥 皆登上第 擅文昌 爲東國連[341]璧[342] 獨[343]有女氏[344]一人焉 英英江月 墜在水中[345] 方之三子 猶天球之在琬琰中[346] 適李君應命者 其人也 甫數歲 弄瓦是 其事親癠 了不離側 稍長 莊靜端粹[347] 孝友天成 旣歸 姑性不假 良人寡慮 敬順溫克 克執婦道 母夫人之沒 匍匐奔憂 柴毁仆席 制未究而病不起 惜也 夫人系出聞韶 高麗太子詹事龍庶之後 通政大夫府使諱希參之女[348] 資品瑩潔 表裡無瑕 儀範憨雅 言動有則 財利嗜欲 不萌于心 罵詈惡聲 不接[349]于口 鷺之白 烏之黔 盖其素性然也[350] 寢疾有日 氣力如線 精神言動 一如平昔[351] 家人請禱于神 輒怒止[352]曰 死生有命 非巫祝所道 唯以大夫數語 囑諸同氣而逝焉 雖古之[353]篤學成德[354]之士 殆不如[355]也 唯程先生明道之女 似之 享年二十七 有一女兒[356] 祔葬于先塋之側 先大夫[357]曾與植友善 宇顥又娶植之[358]孫女 泣而[359]告余曰 吾不忍白璧之

---

335) 其 : 경술본 이후로는 '而況'으로 되어 있다.

336) 玉 : 경술본 이후로는 이 아래 '天球者' 3자가 더 있다.

337) 家有七……大玉乎 : 갑오본에는 삭제되었다.

338) 三陜 : 경술본 이후로는 '大夫希參'으로 되어 있다.

339) 公 : 경술본 이후로는 삭제되었다.

340) 焉曰 : 경술본 이후로는 삭제되었다.

341) 連 : 경술본 이후로는 '聯'으로 되어 있다.

342) 擅文昌……國連璧 : 갑오본에는 삭제되었다.

343) 獨 : 갑오본과 경술본 이후로는 '又'로 되어 있다.

344) 氏 : 갑오본과 경술본 이후로는 삭제되었다.

345) 焉英英……在水中 : 갑오본과 경술본 이후로는 삭제되었다.

346) 天球之……琬琰中 : 경술본 이후로는 '琬琰之在夷玉大玉天球之中'으로 되어 있다.

347) 稍長莊靜端粹 : 갑오본과 경술본 이후로는 삭제되었다.

348) 通政大……參之女 : 경술본 이후로는 삭제되었다.

349) 接 : 경술본 이후로는 '出'로 되어 있다.

350) 鷺之白……性然也 : 갑오본과 경술본 이후로는 삭제되었다.

351) 昔 : 갑오본과 경술본 이후로는 '日'로 되어 있다.

352) 怒止 : 경술본 이후로는 '止之'로 되어 있다.

353) 古之 : 갑오본에는 '之'자만 삭제되고, 경술본 이후로는 2자 모두 삭제되었다.

354) 成德 : 갑오본과 경술본 이후로는 삭제되었다.

355) 如 : 갑오본과 경술본 이후로는 '及'으로 되어 있다.

356) 兒 : 갑오본과 경술본 이후로는 '尙幼'로 되어 있다.

埋黃³⁶⁰⁾土 漠無人知 請誌諸石 以留其存存³⁶¹⁾者 植於人少許可 磨頂而未嘗阿
生人 宴坐而豈肯諛死鬼乎³⁶²⁾ 遂以繼³⁶³⁾之日 夫人不出闈 獨無彝鼎之記 尚猶
月中之桂 人不得近 而香不得歇 植偶³⁶⁴⁾因通家之好³⁶⁵⁾ 聞香而誌³⁶⁶⁾ 隆慶四年
庚午十月日 南冥曹植誌³⁶⁷⁾

貞夫人 崔氏 墓表

貞夫人崔氏之生也 於會昌政丞之舊也 亡也 於草溪元戎之世也 政丞全門
四世居鈞軸之位 世襲忠貞 功在社稷 夫人爲家兒 稱其門 則大矣 侈夫人之
行 則未也³⁶⁸⁾ 元戎摠戎 三朝振夷夏之威 身如寒士 室如懸磬 夫人爲內助 宜
其家則有之 原夫人之德則未也³⁶⁹⁾ 夷玉天球 山龍粉米 是夫人大兒・仲兒・
小兒・群女也 始可言吾家之有 而未始言夫人性分之有也³⁷⁰⁾ 植與李高靈希
顔善 嘗³⁷¹⁾拜夫人於堂下 見象之牙 知非牛也³⁷²⁾ 望之 肅而敬者 承祭祀奉移
天之儀也 溫而厲者 撫婢妾敎子女之則也 同知公憂國忘家 終世靡室 夫人
裕蠱³⁷³⁾以仁 經紀田宅³⁷⁴⁾ 儼一禮³⁷⁵⁾家之門 同知每歎曰 得渠³⁷⁶⁾如此 家人生業

---

357) 先大夫 : 경술본 이후로는 '師魯公'으로 되어 있다.

358) 之 : 경술본 이후로는 '外'로 되어 있다.

359) 泣而 : 경술본 이후로는 '曰'로 되어 있다.

360) 黃 : 경술본 이후로는 삭제되었다.

361) 存 : 경술본 이후로는 삭제되었다.

362) 植於人……死鬼乎 : 경술본 이후로는 삭제되었다.

363) 繼 : 경술본 이후로는 '誌'로 되어 있다.

364) 娶植之……歇植偶 : 갑오본에는 삭제되었다.

365) 好 : 갑오본에는 이 아래 '請余誌之'가 더 있다.

366) 曰夫人……香而誌 : 경술본 이후로는 삭제되었다.

367) 聞香而……曹植誌 : 갑오본에는 삭제되었다.

368) 稱其門……則未也 : 갑오본과 경술본 이후로는 삭제되었다.

369) 宜其家……則未也 : 갑오본과 경술본 이후로는 삭제되었다.

370) 始可言……之有也 : 갑오본과 경술본 이후로는 삭제되었다.

371) 嘗 : 병오본 이후로는 '常'으로 되어 있고, 경진본 이후로는 '嘗'으로 되어 있다.

372) 見象之……非牛也 : 갑오본과 경술본 이후로는 삭제되었다.

373) 裕蠱 : 경술본 이후로는 삭제되었다.

374) 田宅 : 경술본 이후로는 삭제되었다.

斷不入心內矣 夫人何嘗力學攻文³⁷⁷⁾ 用以修齊其治³⁷⁸⁾者乎 只初受得分數多
能不失所有而已 金不爲火純 玉不爲人溫³⁷⁹⁾ 盖其性則然也 高靈嘗以植爲不
佞於世上人 應不諛於墓中人矣³⁸⁰⁾ 徵³⁸¹⁾余以表 謹序其系³⁸²⁾ 夫人系出通川郡
大將軍錄 與我太祖幷仕麗季 始居于³⁸³⁾會昌 卽今之昌原府也 錄生判書雲海
雲海生左議政潤德 寔夫人之曾王父也 王父曰叔孫 資憲大夫全羅道兵使 考
諱季漢³⁸⁴⁾ 訓鍊參軍 妣金氏 縣監振之子晨之女也 有男三人女二人³⁸⁵⁾ 享³⁸⁶⁾年
八十有二 嘉靖乙巳 祔³⁸⁷⁾于同知公墓下 卽郡之靑溪山鳳原也 女長適忠義衛
禹希舜 有子曰宗侃 次適忠義衛申湜 有子曰景深 長子希曾 未弱冠登第 授
弘文館修撰 次子希閔 繼登第 授弘文館校理 皆早世 季子希顔 樂善好學 屢
捷巍科³⁸⁸⁾ 才兼弓馬³⁸⁹⁾ 朝廷始起以典獄署參奉 拜嘉而退 又薦³⁹⁰⁾爲高靈縣監
未二年 辭歸 人曰惜也³⁹¹⁾ 三君子之行也 獨³⁹²⁾修撰有子曰彭年 彭年有子曰良
受·天受 壻曰³⁹³⁾進士文益成學士鄭堅·徐得 校理有子曰彭信 不祿 只有³⁹⁴⁾

---

375) 禮 : 갑오본과 경술본 이후로는 '法'으로 되어 있다.

376) 得渠 : 경술본 이후로는 '賢助'로 되어 있다.

377) 攻文 : 갑오본과 경술본 이후로는 삭제되었다.

378) 其治 : 갑오본과 경술본 이후로는 삭제되었다.

379) 只初受……爲人溫 : 갑오본과 경술본 이후로는 삭제되었다.

380) 嘗以植……中人矣 : 경술본 이후로는 삭제되었다.

381) 徵 : 병오본 이후로는 '懲'으로 되어 있고, 경진본 이후로는 '徵'으로 되어 있다.

382) 高靈嘗……序其系 : 갑오본에는 삭제되었다.

383) 于 : 경술본 이후로는 삭제되었다.

384) 季漢 : 병오본에는 '漢生'으로 되어 있고, 기유본 이후로는 '季漢'으로 되어
있다.

385) 有男三……女二人 : 경술본 이후로는 뒤의 '鳳原也' 다음에 옮겨놓았다.

386) 享 : 경술본 이후로는 이 위에 '夫人' 2자가 더 있다.

387) 祔 : 병오본에는 '附'로 되어 있고, 기유본 이후로는 '祔'로 되어 있다.

388) 屢捷巍科 : 갑오본에는 뒤의 '才兼弓馬' 다음에 옮겨져 있다.

389) 屢捷巍……兼弓馬 : 경술본 이후로는 삭제되었다.

390) 薦 : 경술본 이후로는 '遷'으로 되어 있다.

391) 人曰惜也 : 갑오본과 경술본 이후로는 삭제되었다.

392) 三君子……行也獨 : 갑오본과 경술본 이후로는 삭제되었다.

393) 曰 : 경술본 이후로는 삭제되었다.

394) 只有 : 갑오본과 경술본 이후로는 삭제되었다.

壻曰[395]佐郎金濂　與[396]旁室子彭齒　高靈有[397]壻曰[398]李得蕡　與[399]小家子硯丁
後娶士人李漢楨[400]女　仁者[401]之後不蘇　班班僅有見於文豹一點　人亦曰　李氏
其衰矣[402]　獨其不朽者　樹在人口　書以入[403]石　皇明嘉靖三十五年丙辰[404]　族
人[405]昌山曹植誌

盧君 墓銘[406]

爵祿無列於朝　人善是歸之　其有[407]達尊者乎　吾鄉里有善士焉[408][409]　盧君秀
民其人也　植於人少見可　每[410]見之　如冕者然　其亦有異於而夫者與[411]　君諱秀
民[412][413]　字俊[414]翁　系出[415]光州[416]　兵正二品校尉仁美之[417]十三世孫[418]　其後世移

---

395) 曰 : 갑오본과 경술본 이후로는 삭제되었다.

396) 與 : 갑오본과 경술본 이후로는 삭제되었다.

397) 有 : 경술본 이후로는 삭제되었다.

398) 曰 : 갑오본과 경술본 이후로는 삭제되었다.

399) 與 : 갑오본과 경술본 이후로는 삭제되었다.

400) 楨 : 갑오본과 경술본 이후로는 '禎'으로 되어 있다.

401) 者 : 경술본 이후로는 '善'으로 되어 있다.

402) 班班僅……其衰矣 : 갑오본과 경술본 이후로는 삭제되었다.

403) 入 : 경술본 이후로는 '立'으로 되어 있다.

404) 辰 : 갑오본과 경술본 이후로는 이 아래 '月日'이 더 있다.

405) 族人 : 갑오본과 경술본 이후로는 삭제되었다.

406) 盧君墓銘 : 갑오본에는 '處士盧君墓碣銘'으로 되어 있고, 경술본 이후로는 '處
士盧君墓碣銘幷序'로 되어 있다.

407) 有 : 경술본 이후로는 '亦'으로 되어 있다.

408) 焉 : 경술본 이후로는 삭제되었다.

409) 爵祿無……善士焉 : 갑오본에는 삭제되었다.

410) 於人少見可每 : 경술본 이후로는 삭제되었다.

411) 其亦有……而夫者 : 경술본 이후로는 삭제되었다.

412) 諱秀民 : 경술본 이후로는 삭제되었다.

413) 其人也……諱秀民 : 갑오본에는 삭제되었다.

414) 俊 : 경술본 이후로는 '駿'으로 되어 있다.

415) 系出 : 경술본 이후로는 삭제되었다.

416) 州 : 경술본 이후로는 이 아래 '人'자가 더 있다.

417) 之 : 경술본 이후로는 '爲'로 되어 있다.

居于固城⁴¹⁹⁾ 考諱璃 娶⁴²⁰⁾宣傳官⁴²¹⁾李承元女 居于三嘉⁴²²⁾ 李氏系出星山 承元

乃資憲大夫⁴²³⁾知中樞府事謚平靖封⁴²⁴⁾淸白吏約東之子也⁴²⁵⁾ 王父諱善卿 軍資

監僉正 曾王父諱甲生 都染署丞 高祖曰繼宗 生員 玄祖⁴²⁶⁾曰孝孫 書雲館副

正 曰仁正 司醞直長 曰昶 典工判書 曰承肇 監察糾正 曰倫 曰公庇 曰到忠

皆登第 君娶生員世紀之⁴²⁷⁾女⁴²⁸⁾孫氏 孫氏之鼻祖曰荀凝 安東一直縣人 王太

祖統合之初 擧義來附 王以爲遜順而賜是姓⁴²⁹⁾ 其後裔移居于密陽⁴³⁰⁾ 王父諱

荀茂 敎授 曾王父諱胤河 廣興倉丞 高祖諱肇瑞 通政大夫鳳山郡守 玄祖⁴³¹⁾

曰寬 珍城縣監 曰永祐 漢城府尹 曰得壽 密直司左代言 曰洪亮 直城君 謚靖

平⁴³²⁾ 世紀娶生員李績女 生夫人⁴³³⁾ 李氏系出仁川 後居三嘉⁴³⁴⁾ 曾王父曰仲生

繕工監主簿 高祖曰繼忠 淸風郡事 玄祖曰孝仁 漢城府尹 曰文和 政堂文

學⁴³⁵⁾ 君享⁴³⁶⁾年五十九⁴³⁷⁾ 葬于所居之西金城山 孺人⁴³⁸⁾享⁴³⁹⁾年六十九 後十五

---

418) 孫 : 경술본 이후로는 '祖'로 되어 있다.

419) 其後世……于固城 : 갑오본에는 삭제되었다.

420) 娶 : 경술본 이후로는 이 아래 뒤의 '知中樞府事謚平靖淸白吏約東之子'를 옮

겨놓았다.

421) 官 : 경술본 이후로는 이 아래 '星山' 2자가 첨입되었다.

422) 居于三嘉 : 갑오본에는 삭제되었다.

423) 李氏系……憲大夫 : 경술본 이후로는 삭제되었다.

424) 封 : 갑오본과 경술본 이후로는 삭제되었다.

425) 也 : 경술본 이후로는 삭제되었다.

426) 玄祖 : 경술본 이후로는 삭제되었다.

427) 之 : 갑오본에는 삭제되었다.

428) 君娶生……紀之女 : 경술본 이후로는 '夫人'으로 되어 있다.

429) 姓 : 경술본 이후로는 이 아래 '父諱世紀生員'이 첨입되어 있다.

430) 其後裔……于密陽 : 갑오본과 경술본 이후로는 삭제되었다.

431) 玄祖 : 경술본 이후로는 삭제되었다.

432) 平 : 경술본 이후로는 이 아래 뒤의 '君杜門掃軌 足不出戶庭 而篤於家 人莫

敢間言於父母昆弟之間 年五十九而卒'을 옮겨놓았다.

433) 生夫人 : 갑오본에는 삭제되었다.

434) 後居三嘉 : 갑오본에는 삭제되었다.

435) 世紀娶……堂文學 : 경술본 이후로는 삭제되었다.

436) 君享 : 경술본 이후로는 삭제되었다.

437) 年五十九 : 경술본 이후로는 '九' 아래 '而卒'이 더 있으며, 이 6자를 뒤의 '父

年終 祔[440]于先[441]塋之[442]東 世之所貴者門望稱 其家道則無聞焉 若盧君赫世
有道之家乎 先公璘[443] 居憂柴毀 服孝終[444] 甲[445]生奉身[446]淸修 肥遯終[447] 君
之孝於親者 先公敎也[448] 嚴於己者 乃[449]祖來也 杜[450]門掃軌 足不出戶庭之
外[451] 人莫[452]間[453]於父母昆弟之間 閨門之內 井井然有則者 孺人之行 有以助
之也 人曰 俊翁其[454]有後於世乎[455] 有[456]子曰[457]欽 學究敬義 聞道有日 中甲
子年[458]生員 已知名於世 女適都承旨趙之瑞之孫得瑠 早沒無後 次適郡守許
珣之子彭齡 子女幼欽娶參奉林珏女 生子曰賀胤 女適朴繼祖之孫廷璧 欽
嘗[459]學於植 非以植爲文也 爲有以知門內之事也 來乞[460]銘 辭以疾者再 欽泣
而告[461] 繼之以血[462] 遂爲之銘 銘曰 大澤有木 斧以斯之 有竪其家 王室之

母昆弟之間' 아래에 옮겨놓았다.
438) 人 : 갑오본과 경술본 이후로는 이 아래 뒤의 '後十五年終'을 옮겨놓았다.
439) 享 : 경술본 이후로는 삭제되었다.
440) 祔 : 경술본 이후로는 '附'로 되어 있는데, 이는 '祔'의 오자이다.
441) 先 : 갑오본과 경술본 이후로는 삭제되었다.
442) 之 : 갑오본과 경술본 이후로는 삭제되었다.
443) 璘 : 경술본 이후로는 삭제되었다.
444) 服孝終 : 경술본 이후로는 삭제되었다.
445) 甲 : 갑오본에는 이 위에 '曾王考' 3자가 더 있다.
446) 甲生奉身 : 경술본 이후로는 '曾王考署丞公'으로 되어 있다.
447) 終 : 경술본 이후로는 삭제되었다.
448) 者先公敎也 : 경술본 이후로는 삭제되었다.
449) 乃 : 경술본 이후로는 '父' 자가 첨입되었다.
450) 杜 : 경술본 이후로는 이 위에 '君'자가 더 있다.
451) 之外 : 갑오본에는 삭제되었고, 경술본 이후로는 '而篤於家'로 되어 있다.
452) 莫 : 갑오본에는 '無'로 되어 있고, 경술본 이후로는 이 아래 '敢'자가 더 있다.
453) 間 : 갑오본과 경술본 이후로는 이 아래 '言'자가 더 있다.
454) 其 : 경술본 이후로는 삭제되었다.
455) 於世乎 : 경술본 이후로는 '也'로 되어 있다. 그리고 '人曰俊翁有後也' 7자가
     뒤의 '已知名於世' 아래에 옮겨져 있다.
456) 有 : 경술본 이후로는 삭제되었다.
457) 曰 : 경술본 이후로는 삭제되었다.
458) 年 : 갑오본과 경술본 이후로는 삭제되었다.
459) 嘗 : 병오본 이후로는 '常'으로 되어 있고, 경진본 이후로는 '嘗'으로 되어 있다.
460) 乞 : 경술본 이후로는 '索'으로 되어 있다.

毗⁴⁶³⁾ 鐵⁴⁶⁴⁾城有盧 大藪於材 鳳城縣家 武珍州來⁴⁶⁵⁾ 高雲啓閟 服勞⁴⁶⁶⁾王國⁴⁶⁷⁾
唯君兩世 吉用家食 季通三世⁴⁶⁸⁾ 一食其簞 敎子詩禮 獨遺以安⁴⁶⁹⁾ 孫家有子
女則在手 盧室之⁴⁷⁰⁾婦 宜姑宜舅 齊眉四十年⁴⁷¹⁾ 燕及卑孺⁴⁷²⁾ 一不爲小 參也
蠱裕 穀死其同 白璧雙合 世有明月 九泉藏蛤 孺一作幼⁴⁷³⁾

通訓大夫 光州牧使 辛公 墓銘 幷序⁴⁷⁴⁾

辛氏系出靈山 爲東國右宗⁴⁷⁵⁾ 猶尹姞⁴⁷⁶⁾於周也⁴⁷⁷⁾ 公諱崙 字景立 玄祖諱斯
蔵 仕高麗 爲典工判書 高祖諱劑 爲郡事⁴⁷⁸⁾ 娶宗簿寺正鄭仁慈之女⁴⁷⁹⁾ 生節度
使倣⁴⁸⁰⁾晴 是公之曾王父也 郡事⁴⁸¹⁾當麗季⁴⁸²⁾ 賊朒慕其名 欲托以同宗 怵以禍

---

461) 泣而告 : 갑오본과 경술본 이후로는 삭제되었다.

462) 血 : 갑오본과 경술본 이후로는 이 아래 '泣'자가 더 있다.

463) 大澤有……室之毗 : 갑오본에는 삭제되었다.

464) 鐵 : 경술본 이후로는 '鳳'으로 되어 있다.

465) 鳳城縣……珍州來 : 경술본 이후로는 삭제되었다.

466) 服勞 : 경술본 이후로는 삭제되었다.

467) 國 : 경술본 이후로는 이 아래에 '之儀' 2자가 더 있다.

468) 吉用家……通三世 : 경술본 이후로는 삭제되었다.

469) 季通三……遺以安 : 갑오본에는 삭제되었다.

470) 之 : 경술본 이후로는 '其'로 되어 있다.

471) 年 : 경술본 이후로는 삭제되었다.

472) 孺 : 갑오본 「附考異」에 '孺一作幼'라 하였다.

473) 孺一作幼 : 기유본에는 없고, 임술본 이후로 첨입되었다.

474) 通訓大……銘幷序 : 이 銘은 병오본에는 없고, 기유본 이후로는 補遺에 들어 있으며, 경진본 이후로 본집에 들어 있다. 갑오본과 경술본 이후로는 '墓銘'이 '墓碣銘'으로 되어 있다.

475) 右宗 : 갑오본에는 '宗'이 '姓'으로 되어 있고, 경술본 이후로는 이 아래 '著姓' 2자가 더 있다.

476) 姞 : 병오본 이후로는 '詰'로 되어 있고, 경진본 이후로는 '姞'로 되어 있다.

477) 猶尹姞於周也 : 갑오본과 경술본 이후로는 삭제되었다.

478) 事 : 갑오본에는 이 아래 뒤의 '當麗季 賊月屯慕其名 欲托以同宗 怵以禍福 竟不屈'을 옮겨놓았고, 경술본 이후로는 '賊月屯慕其名 欲托以同宗 怵以禍福 竟不屈'을 옮겨놓았다.

479) 娶宗簿……慈之女 : 갑오본과 경술본 이후로는 삭제되었다.

福 竟不屈 祖諱秀武 爲⁴⁸³⁾黄州判官 考諱弼周 爲參議⁴⁸⁴⁾ 娶昌原黄氏 生公⁴⁸⁵⁾
參議公⁴⁸⁶⁾中弘治丙辰進士 燕山政亂 遂廢擧子業 至正德丁卯 中中廟文科 有
文武長才 顯揚中外者 四十餘年 公少好文 甫十五歳 中進士鄕選 嘉靖丙午登
第 辛氏世樹家聲 藍田生美玉 固也⁴⁸⁷⁾ 始調授⁴⁸⁸⁾成均舘學正博士 陞典籍 遷刑
曹佐郎 伸寃撥伏 曹吏⁴⁸⁹⁾建事參議公之爲正郎者 稱之爲淑同⁴⁹⁰⁾如正郎 庚戌
授慶尙道都事兼春秋舘記注官 是年是⁴⁹¹⁾月 丁外憂 哀毁踰禮 躬執奠饌 定省
慈闈 不入燕室 壬子⁴⁹²⁾ 除咸鏡道都事 以母夫人之遠 不就 遷禮・工・刑
曹正郎 爲養親 乞醴泉郡 又乞爲寧海府使 癸亥秋 又乞⁴⁹³⁾爲光州牧使 母夫人
以年老不任登道 遂棄官歸養 躬自瀡瀡 己⁴⁹⁴⁾丑五月 以疾終于家 享年六十二
娶⁴⁹⁵⁾宣務郎南廷召之女⁴⁹⁶⁾ 廷召娶竹溪節婦府使安璋之女 生夫人 是⁴⁹⁷⁾生二子

---

480) 俶：갑오본「附考異」에 '俶一作淑'이라 하였다. 살펴보건대, 앞의「淑人南氏
墓表」에는 '崔淑晴'으로 되어 있다.
481) 郡事：갑오본과 경술본 이후로는 삭제되었다.
482) 當麗季：경술본 이후로는 삭제되었다.
483) 爲：갑오본과 경술본 이후로는 삭제되었다.
484) 爲參議：갑오본과 경술본 이후로는 뒤의 '中中廟文科' 뒤에 옮겨놓았다.
485) 娶昌原……氏生公：갑오본과 경술본 이후로는 뒤의 '四十餘年' 다음에 옮겨
놓았다.
486) 參議公：갑오본과 경술본 이후로는 삭제되었다.
487) 辛氏世……玉固也：갑오본과 경술본 이후로는 삭제되었다.
488) 授：경술본 이후로는 삭제되었다.
489) 吏：경술본 이후로는 이 아래 '之'자가 더 있다.
490) 同：갑오본「附考異」에 '同恐問'이라 하였고, 경술본 이후로는 '問'으로 되어
있다.
491) 是：기유본 이후로는 '十'으로 되어 있고, 경진본 이후로는 '是'로 되어 있으
며, 갑오본과 경술본 이후로는 '某'로 되어 있다.
492) 年：갑오본과 경술본 이후로는 삭제되었다.
493) 乞：갑오본과 경술본 이후로는 삭제되었다.
494) 己：갑오본「附考異」와 경술본 頭註에 모두 '己當作乙'이라 하였다.
495) 娶：경술본 이후로는 '夫人'으로 되어 있다.
496) 女：갑오본에는 이 아래 뒤의 '夫人端雅有婦規' 7자를 옮겨놓았다. 경술본
이후로는 이 뒤에 '端雅有婦規' 5자를 옮겨놓았다.
497) 廷召娶……夫人是：갑오본과 경술본 이후로는 삭제되었다.

曰汝謹・汝誠女嫁司成陳[498]瓛子[499]裕慶 汝謹娶生員郭之元女 生一男 曰脣 女幼[500] 汝誠娶經歷張世沉女 生一男曰胤[501] 公狀貌嵬峩 質性醇厖 事親孝 理民和應事接物 以實[502]以誠 言不美華[503] 行無虛僞 鄕里稱其孝[504] 位不稱器 爲人所惜 夫人端雅 有婦規 先公十年卒[505] 汝謹以某[506]有分於先公 且以爲不諱[507] 來乞銘 銘曰 馬浦之北 靈鷲有神 周禎之降 其辛維申 簪纓瓜瓞 非勃其起 仁者之壽 於參議 仁者之不壽 唯牧使[508] 賢勞之獨 三已其位 敬色之勤 累朱其轓[509] 惟[510]鄕[511]國有臣 惟[512]玄[513]考有昆 而曾參莫養 而黃媼抱孫 皇皇景立 不瞑爾目 何以樹之 雙白之其[514] 君之淵兮子之山 侯我侯兮天送之 後千香絶[515] 石乎在玆 隆慶元年丁卯十二月十七日 友人 南冥曹某撰

---

498) 司成陳 : 경술본 이후로는 '陳司成'으로 되어 있다.

499) 司成陳瓛子 : 갑오본에는 '陳'만 제외하고 나머지 4자는 삭제되었다.

500) 娶生員……脣女幼 : 갑오본에는 '男'・'脣' 2자를 제외하고 나머지는 모두 삭제되었다.

501) 娶經歷……男曰胤 : 갑오본에는 '男'・'胤' 2자만 제외하고 나머지는 모두 삭제되었다.

502) 以實 : 갑오본과 경술본 이후로는 삭제되었다.

503) 不華美 : 경술본 이후로는 삭제되었다.

504) 鄕里稱其孝 : 갑오본과 경술본 이후로는 삭제되었다.

505) 先公十年卒 : 갑오본과 경술본 이후로는 삭제되었다.

506) 某 : 갑오본과 경술본 이후로는 '植'으로 되어 있다.

507) 且以爲不諱 : 갑오본과 경술본 이후로는 삭제되었다.

508) 仁者之……唯牧使 : 갑오본과 경술본 이후로는 삭제되었다.

509) 轓 : 갑오본과 경술본 이후로는 '幡'으로 되어 있다. 살펴보건대, 『漢書』에 '二千石 車朱兩轓'이라 하였으니, '幡'은 '轓'의 오자이다.

510) 惟 : 갑오본에는 삭제되었다.

511) 鄕 : 경술본 이후로는 '邦'으로 되어 있다.

512) 惟 : 갑오본에는 삭제되었다.

513) 玄 : 경술본 이후로는 '祖'로 되어 있다.

514) 而曾參……白之其 : 경술본 이후로는 삭제되었다.

515) 香絶 : 갑오본과 경술본 이후로는 '百示異'로 되어 있다.

孝子 鄭白氷⁵¹⁶⁾ 墓碣銘⁵¹⁷⁾

　　君諱白氷⁵¹⁸⁾ 系出⁵¹⁹⁾草溪 孝⁵²⁰⁾子進士瑞鵬之子 進士⁵²¹⁾娶士人崔潤屋女 生君⁵²²⁾ 進士乃⁵²³⁾通政大夫熙川郡事⁵²⁴⁾原緖之曾孫 司醞署直長自權之孫 忠順衛永孫之子也⁵²⁵⁾ 君爲人謹厚周愼 好學不已⁵²⁶⁾ 丁母憂 毀而不世生⁵²⁷⁾ 無子⁵²⁸⁾ 妻葬之 服闋而猶朝夕祭 又復立石⁵²⁹⁾ 虛其左 爲他日地 妻卽吾同母⁵³⁰⁾弟也⁵³¹⁾ 先考⁵³²⁾承文院判校⁵³³⁾彦亨⁵³⁴⁾ 立家翁⁵³⁵⁾弟別座白渠之子以謙爲後 又養兄子修撰李俊民 配白渠⁵³⁶⁾之女 知余不諱⁵³⁷⁾墓⁵³⁸⁾ 要⁵³⁹⁾以爲銘焉⁵⁴⁰⁾ 銘曰 帝聞皇華⁵⁴¹⁾

---

516) 白氷 : 갑오본과 경술본 이후로는 '君'으로 되어 있다.

517) 孝子鄭……墓碣銘 : 이 銘은 기유본까지는 없고, 임술본에 와서 비로소 첨입되었다. 경술본 이후로는 이 뒤에 '幷序' 2자가 더 있다.

518) 氷 : 갑오본과 경술본 이후로는 이 아래 '姓鄭' 2자가 더 있다.

519) 系出 : 경술본 이후로는 '貫'으로 되어 있다.

520) 孝 : 경술본 이후로는 이 위에 '故'자가 더 있다.

521) 之子進士 : 갑오본에는 삭제되었다.

522) 娶士人……女生君 : 갑오본과 경술본 이후로는 뒤의 '永孫之子' 다음에 옮겨놓았다.

523) 進士乃 : 갑오본에는 삭제되었다. 경술본 이후로는 '乃' 1자만 삭제되었다.

524) 事 : 경술본 이후로는 '守'로 되어 있다.

525) 也 : 갑오본과 경술본 이후로는 삭제되었다.

526) 已 : 경술본 이후로는 이 아래 '尤篤於事親 人謂孝子有孝子 不幸'이 첨입되었다.

527) 生 : 갑오본과 경술본 이후로는 삭제되었다.

528) 無子 : 경술본 이후로는 '彦亨府君之女也' 다음에 옮겨놓았다.

529) 服闋而……復立石 : 갑오본과 경술본 이후로는 삭제되었다.

530) 同母 : 경술본 이후로는 '女'로 되어 있다.

531) 也 : 경술본 이후로는 삭제되었다.

532) 先考 : 갑오본에는 '父'로 되어 있고, 경술본 이후로는 '考'자가 삭제되었다.

533) 校 : 갑오본에는 이 아래 '諱'자가 첨입되어 있다.

534) 彦亨 : 경술본 이후로는 '府君之女也'로 되어 있다. 그리고 이 아래 앞의 '無子'를 옮겨놓았다.

535) 家翁 : 경술본 이후로는 '夫'로 되어 있다.

536) 白渠 : 경술본 이후로는 '以別座'로 되어 있다.

537) 知余不諱 : 경술본 이후로는 '至是立石于'로 되어 있다.

538) 又養兄……不諱墓 : 갑오본에는 삭제되었다.

人有世孝[542] 萬石君家 傳子者笑 唯庭訓以貽 厥[543]進士有子 滅性相承 寧有
是耶[544] 好德好人[545] 稽古之力 無壽無兒 視今則惜 素臣無誄 祇以入石[546] 皇
明嘉靖戊午 昌山曹植識[547]

宜[548]人崔氏墓碣[549]

崔[550]氏系出全州 士人潤屋之女也 潤屋乃司醞[551]寺正斯泌之玄孫 開寧縣
監自[552]涇之曾孫 典籍水智之孫 郡守以湜之子也[553] 潤屋[554]娶進士牟秀阡[555]
乃[556]舍人恂之子 夫人適進士鄭瑞鵬 進士丁父憂毀而歿 生二子 長白氷 次
曰[557]白渠 別座 別座有子曰以謙 內禁衛 曰汝謙·守謙·益謙 皆幼 女適弘
文修撰李俊民 夫人性善居[558]家任恤 進士有至孝行 而配之無違德 享年六十

---

539) 要 : 갑오본과 경술본 이후로는 이 아래 '余'자가 더 있다.

540) 焉 : 갑오본과 경술본 이후로는 삭제되었다.

541) 帝聞皇華 : 갑오본과 경술본 이후로는 삭제되었다.

542) 人有世孝 : 경술본 이후로는 '惟孝克世'로 되어 있다.

543) 萬石君……以貽厥 : 갑오본과 경술본 이후로는 삭제되었다.

544) 滅性相……有是耶 : 경술본 이후로는 '服孝以沒 天胡忍是'로 되어 있다.

545) 人 : 갑오본 「附考異」에 '人恐仁'이라 하였고, 경술본 이후로는 '禮'로 되어
있다.

546) 素臣無……以入石 : 갑오본과 경술본 이후로는 삭제되었다.

547) 皇明嘉……曹植識 : 갑오본과 경술본 이후로는 삭제되었다.

548) 宜 : 경술본 이후로는 '孺'로 되어 있다.

549) 宜人崔氏墓碣 : 이 碣은 기유본 이전에는 없고, 임술본에 와서 비로소 첨입
되었다. 갑오본과 경술본 이후로는 '碣'이 '表'로 되어 있다.

550) 崔 : 경술본 이후로는 이 위에 '孺人'이 더 있다.

551) 醞 : 갑오본 「附考異」에 '醞一作僕'이라 하였다.

552) 自 : 갑오본 「附考異」에 '自一作子'라 하였다.

553) 也 : 경술본 이후로는 삭제되었다.

554) 潤屋 : 경술본 이후로는 '是'로 되어 있다.

555) 秀阡 : 갑오본 「附考異」에 '秀阡此下當有闕文'이라 하였고, 경술본 이후로는
이 아래 '女' 1자가 더 있다.

556) 乃 : 경술본 이후로는 '進士'로 되어 있다.

557) 曰 : 갑오본과 경술본 이후로는 삭제되었다.

四 皇明[559]嘉靖戊午[560] 昌山曺植識

李陜川遺愛碑文[561]

何人無父母乎 何父母無赤子乎 赤子之喪慈母也 人或有收養之者 父母之哺赤子也 愛有時而間焉 獨我公之爲父母也 愛寧有時而間乎 吾赤子之去慈母也 人焉有收養之者乎 朝不哺則飢 夕不哺則瘁 三不食則委 吾赤子 其塡於溝壑乎 呼之不可 借之不得 合百萬而爲群 人五十而慕焉 長言之于康衢 被之以石焉 我父母者誰 李學士增榮其人也 吾赤子者誰 陜川郡民也 爲父母者何 陜川郡守也 其來也于 視我如傷 其去也柴柴 無石以載 我有田疇公則稼之 我有桑麻 公則衣之 國有重徵 官自應之 民有菜色 推食肉之 興鄉約者 敦倫理也 殖周布者 舒民役也 孤犢觸乳 匪怒而敎 朱門索腴 每達空緘今者去矣 愛莫從之 獨念去者去而來者來 來日之爲父母者 未有學養子而後來 爲赤子者 亦未有學愛親而後孝者 若此則繼有無窮父母 亦有無窮孝思惟以思此父母 而表遺愛也已 容焉有揀父母之恩乎 皇明嘉靖三十八年己未歲十一月日 陜川郡人立

---

558) 居 : 경술본 이후로는 '治'로 되어 있다.
559) 皇明 : 갑오본과 경술본 이후로는 삭제되었다.
560) 午 : 갑오본과 경술본 이후로는 이 아래 '月日'이 더 있다.
561) 李陜川……愛碑文 : 갑오본과 경술본 이후로는 이 글을 취하지 않았다. 이 제목 뒤에 '陜川名增榮' 5자가 더 있었는데, 임술본 이후로는 삭제되었다.

疏

疏

乙卯辭職疏[1]

宣務郎新授丹城縣監臣曹植 誠惶誠恐 頓首頓首 上疏于主上殿下伏念 先
王不知臣之無似 始除爲參奉 及殿下嗣服除 爲主簿者再今者 又除爲縣監
慄慄危懼 如負丘山 猶不敢一就黃琮一尺之地 以謝天日之恩者 以爲人主之
取人 猶匠之取木 深山大澤 靡有遺材以成大厦之功 大匠取之[2] 而木不自與
焉 殿下之取人者 有土之責也 臣不任爲慮[3] 用是不敢私其大恩 而踽踽難進
之意 則終不敢不達於側席之下矣 抑臣難進之意 則有二焉 今臣年近六十
學術疎昧 文未足以取丙科之列 行不足以備洒掃之任 求擧十餘年 至於三黜
而退 初非不事科擧之人也 就使人有[4]不屑科目之爲者[5] 亦不過悻悻一段之[6]
凡民 非大有爲之全才也[7] 況爲[8]人之善惡 決[9]不在於求擧與不求擧也 微臣盜

---

1) 乙卯辭職疏 : 갑오본과 경술본 이후로는 '辭免丹城縣監疏乙卯'로 되어 있다.
2) 大匠取之 : 경술본 이후로는 삭제되었다.
3) 不任爲慮 : 경술본 이후로는 삭제되었다.
4) 人有 : 경술본 이후로는 삭제되었다.
5) 之爲者 : 경술본 이후로는 삭제되었다.
6) 段之 : 경술본 이후로는 삭제되었다.
7) 也 : 경술본 이후로는 삭제되었다.
8) 爲 : 경술본 이후로는 삭제되었다.
9) 決 : 경술본 이후로는 삭제되었다.

名而謬執事 執事聞名而誤殿下 殿下果以臣爲如何人耶 以爲有道乎 以爲能
文乎 能文者 未必有道 有道者 未必如臣 非但殿下不知 宰相亦不能¹⁰⁾知也
不知其人而用之 爲他日國家之恥 則何但罪在於微臣乎 與其納虛名而賣身
孰若納實穀而買官乎¹¹⁾ 臣寧負一身 不忍負殿下 此所以難進者 一也 抑殿下
之國事已非 邦本已亡 天意已去 人心已離 比如大木 百年虫心 膏液已枯 茫
然不知飄風暴雨何時而至者 久矣 在廷之人 非無忠志¹²⁾之臣・夙夜之士也
已知其勢極而不可支¹³⁾四顧無下手之地¹⁴⁾ 小官嬉嬉於下 姑酒色是樂 大官泛
泛於上 唯貨賂是殖 河魚腹痛 莫肯尸之 而且¹⁵⁾內臣樹援 龍挐于淵 外臣剝
民 狼恣于野 亦不知皮盡而毛無所施也 臣所以長想永息 晝以仰觀天者 數
矣¹⁶⁾ 噓唏掩抑 夜以仰看屋者 久¹⁷⁾矣 慈殿塞淵 不過深宮之一寡婦 殿下幼沖
只是先王之一孤嗣 天灾之百千 人心之億萬 何以當之 何以收之耶 川渴雨
粟 其兆伊何 音哀服素 形象已著 當此之時 雖有才兼周召 位居鈞¹⁸⁾軸 亦末
如之何矣 況一微身材¹⁹⁾如草芥者乎 上不能持危於萬一 下不能庇民於絲毫
爲殿下之臣 不亦難乎 若賣斗筲之名 而賭殿下之爵 食其食而不爲其事 則
亦非臣之所願也 此所以難進者 二也 且臣近見邊鄙有事 諸大夫旰食 臣則
不自爲駭者 嘗以爲此事發在二十年之前 而賴殿下神武 於今始發 非出於一
夕之故也 平日 朝廷以貨用人 聚財而散民 畢竟將無其人 而城無軍卒 賊入
無人之境 豈是怪事耶 此亦對馬島²⁰⁾倭奴 陰結向導 作爲萬古²¹⁾無窮之辱 而
王靈不振 若崩厥角²²⁾ 是何待舊臣之義 或嚴於周典²³⁾ 而寵仇²⁴⁾賊之恩 反加

10) 能 : 경술본 이후로는 삭제되었다.
11) 與其納……買官乎 : 경술본 이후로는 삭제되었다.
12) 志 : 경술본 이후로는 '知'로 되어 있다.
13) 可支四顧無 : 경술본 이후로는 '爲之'로 되어 있다.
14) 之地 : 경술본 이후로는 삭제되었다.
15) 河魚腹……之而且 : 경술본 이후로는 삭제되었다.
16) 者數矣 : 경술본 이후로는 삭제되었다.
17) 久 : 경술본 이후로는 '數'로 되어 있다.
18) 鈞 : 경술본 이후로는 '勻從金'으로 되어 있다.
19) 身材 : 경술본 이후로는 '臣有'로 되어 있다.
20) 馬 : 기유본에는 탈락되었고, 임술본 이후로 첨입되었다.
21) 萬古 : 경술본 이후로는 삭제되었다.

於亡宋耶 視以世宗之南征 成廟之北伐 則孰[25]如[26]今日之事乎 然若此者 不
過爲膚革之疾 未足爲心腹之痛也 心腹之痛 痞結衝塞 上下不通 此乃卿大
夫乾喉焦唇 而車馳人走者也 號召勤王[27] 整頓國事 非在於區區之政刑 唯在
於殿下之一心 汗馬於方寸之間 而收功於萬牛之地 其機[28]在我而已 獨不知
殿下之所從事者何事耶 好學問乎 好聲色乎 好弓馬乎 好君子乎 好小人乎
所好在是 而存亡繫焉 苟能一日惕然警悟 奮然致力於學問之上 忽然[29]有得
於明新之內[30] 則明新之內[31] 萬善具在 百化由出 擧而措之 國可使均也 民可
使和也 危可使安也 約而存之 鑑無不空 衡無不平 思無邪焉[32] 佛[33]氏所謂眞
定者 只在[34]存此心而已 其爲[35]上達天理 則儒釋一[36]也 但施之於人事者[37]
無[38]脚踏[39]地 故吾家不學之矣 殿[40]下旣[41]好佛矣 若[42]移之[43]學問 則此是吾家

---

22) 角：경술본 頭註에 '角下恐有闕文'이라 하였다. 그러나 『明宗實錄』을 살펴보
　　건대, 다른 구절이 없으니, 이 아래 빠진 문구가 있을 것이라고 의심할 필요
　　가 없는 듯하다.

23) 典：『明宗實錄』小註에 '疑或指南征將士受刑者'라는 구절이 있다.

24) 仇：『명종실록』과 경술본 이후로는 '寇'로 되어 있다.

25) 孰：경술본 이후로는 이 아래 '有'자가 더 있다.

26) 如：『명종실록』에는 '與'로 되어 있다.

27) 心腹之痛痞……召勤王：경술본 이후로는 삭제되었다.

28) 機：경술본 이후로는 이 아래 '固'자가 더 있다.

29) 忽然：경술본 이후로는 삭제되었다.

30) 內：경술본 이후로는 '道'로 되어 있다.

31) 明新之內：경술본 이후로는 삭제되었다.

32) 約而存……無邪焉：경술본 이후로는 삭제되었다.

33) 佛：경술본 이후로는 이 위에 '夫'자가 더 있다.

34) 在：경술본 이후로는 '要'로 되어 있다.

35) 已其爲：경술본 이후로는 삭제되었다.

36) 天理則儒釋一：경술본 이후로는 삭제되었다.

37) 但施之……人事者：경술본 이후로는 삭제되었다.

38) 無：경술본 이후로는 이 아래 '下學人事' 4자가 더 있다.

39) 踏：경술본 이후로는 이 아래 '實'자가 더 있다.

40) 殿：경술본 이후로는 이 위에 '聞'자가 더 있다.

41) 旣：경술본 이후로는 '且'로 되어 있다.

42) 矣若：경술본 이후로는 '以好佛之心'으로 되어 있다.

43) 之：경술본 이후로는 이 아래 '於'자가 더 있다.

事也⁴⁴⁾ 豈非弱喪而得⁴⁵⁾其家 得見父母親戚兄弟故舊者乎 況爲政在人 取人以 身 修身以道 殿下若取人以身 則帷幄之內 無非社稷之衛也 容何有如昧昧 之微臣乎 若取人以目⁴⁶⁾ 則衽席之外 盡是欺負之徒也 亦何有如硜硜之小臣 乎 他日 殿下致化於王道之域 則臣當執鞭於厮臺之末 竭其心膂 以盡臣職 寧無事君之日乎 伏願殿下 必以正心爲⁴⁷⁾新民之主⁴⁸⁾ 修身爲取人之本 而建其 有極 極不極 則國不國矣 伏惟睿察 臣植不勝隕越屛營之至 昧死以聞

丁卯辭職呈承政院狀⁴⁹⁾

今臣⁵⁰⁾年及時制 老病罪重 奔命不得 上恩寬宥 不卽治罪 萬死待罪 伏念 主上徵召老民之意 非欲見微末殘敗之身 固欲聞一言 以補聖化之萬一 請以 救急二字 獻爲興邦一言 以代微臣之獻身 伏⁵¹⁾見 邦本分崩 沸如焚如⁵²⁾ 群工 荒廢 如尸如偶 紀綱蕩盡 元氣繭盡 禮義掃盡 刑政亂盡 士習毀盡 公道喪盡 用捨混盡 飢饉荐盡 府庫竭盡 饗祀瀆盡 徵貢橫盡 邊圉虛盡 賄賂極盡 掊克 極盡 寃痛極盡 奢侈極盡 飮食極盡 貢獻不通 夷狄凌加 百疾所急 天意人事 亦不可測也 舍置不救 徒事虛名 論篤是與⁵³⁾ 竝求山野棄物 以助求賢美名 名不足以救⁵⁴⁾實 猶畫餠之不足以救飢 都無補於救急⁵⁵⁾ 請以緩急虛實 更加⁵⁶⁾

---

44) 此是吾家事也 : 경술본 이후로는 삭제되었다.

45) 得 : 경술본 이후로는 '歸'로 되어 있다.

46) 目 : 경술본 이후로는 '名'으로 되어 있다.

47) 正心爲 : 경술본 이후로는 삭제되었다.

48) 新民之主 : 경술본 이후로는 뒤의 '取人之本' 다음으로 옮겨놓았다.

49) 丁卯辭……政院狀 : 병오본 이후로는 '辛未辭職承政院狀'으로 되어 있고, 신 해본에는 '丁卯辭職承政院狀'으로 되어 있으며, 경진본 이후로는 '丁卯辭職呈 承政院狀'으로 되어 있고, 갑오본과 경술본 이후로는 '辭召命狀丁卯'로 되어 있다.

50) 今臣 : 병오본에는 '今臣'이 없는데, 기유본 이후로 첨입되었다.

51) 伏 : 경술본 이후로는 이 위에 '臣'자가 더 있다.

52) 沸如焚如 : 경술본 이후로는 '如沸如焚'으로 되어 있다.

53) 論篤是與 : 경술본 이후로는 삭제되었다.

54) 救 : 경술본 이후로는 '求'로 되어 있다.

55) 都無補於救急 : 경술본 이후로는 삭제되었다.

分揀處置 自古 雖大平之世 不得無是非可否 宮中女子 皆得上書論列 今也
國勢顚危 無可奈何⁵⁷⁾ 身居鈞軸者 左右環視而莫救 必有下手不得之勢 不曉
時變⁵⁸⁾ 無知老民 出位侵官 昧死以聞 處士橫議之罪 臣固當受 謹狀

戊辰封事

慶尙道晋州居民⁵⁹⁾曹植 誠惶誠恐 拜手稽首 上疏于主上殿下 伏念微臣衰
病轉加 口不思食 身不離席 召命申疊 俟駕猶後 葵心向日 望道難進 固知死
亡無日 無以報聖恩 敢竭心腹 以進冕旒 伏見主上稟上智之資 有願治之心
此固民社之福也 爲治之道 不在他求 要在人主明善誠身而已 所謂明善者
窮理之謂也 誠身者 修身之謂也 性分之內 萬理備具 仁義禮智 乃其體也 萬
善皆從此出 心者 是理所會之主也 身者 是心所盛之器也 窮其理 將以致用
也 修其身 將以行道也 其所以爲窮理之地 則讀書講明義理 應事求其當否
其所以爲修身之要 則非禮勿視聽言動 存心於內 而謹其獨者 天德也 省察
於外 而力其行者 王道也 其所以爲窮修存省之極⁶⁰⁾功 則必以敬爲主 所謂敬
者 整齊嚴肅 惺惺不昧 主⁶¹⁾一心而應萬事 所以⁶²⁾直內而方外 孔子所謂修己
以敬者 是也 故非主敬 無以存此心 非存心 無以窮天下之理 非窮理 無以制
事物之變 不過⁶³⁾造端乎夫婦 以及於家國天下 只⁶⁴⁾在明善惡之分 歸之⁶⁵⁾於身
誠⁶⁶⁾而已⁶⁷⁾ 由⁶⁸⁾下學人事 上達天理 又⁶⁹⁾其進⁷⁰⁾學之序⁷¹⁾也 捨人事而談天理 乃

---

56) 更加 : 기유본에 와서 이 2자를 첨입하였다.
57) 也國勢……可奈何 : 경술본 이후로는 삭제되었다.
58) 不曉時變 : 경술본 이후로는 뒤의 '無知老民' 다음에 옮겨놓았다.
59) 慶尙道……州居民 : 경술본 이후로는 '臣'으로 되어 있다.
60) 窮修存省之極 : 경술본 이후로는 삭제되었다.
61) 主 : 경술본 이후로는 이 위에 '所以' 2자가 더 있다.
62) 所以 : 경술본 이후로는 삭제되었다.
63) 不過 : 경술본 이후로는 '夫'로 되어 있다.
64) 只 : 경술본 이후로는 삭제되었다.
65) 明善惡……分歸之 : 경술본 이후로는 삭제되었다.
66) 身誠 : 경술본 이후로는 '誠身'으로 되어 있다.
67) 而已 : 경술본 이후로는 삭제되었다.

口上之理也[72] 不反諸己而多聞識 乃耳底[73]之學也 休說天花亂落 萬無[74]修[75]
身之理[76]也 殿下果能修己以敬 達天德行王道 必至於至善而後止 則明誠竝
進[77] 物我兼盡 施之於政敎者 如風動而雲驅 下必有甚焉者矣 獨王者之學
或異於儒者 以其行處 尤重於九經也 易之爲書 隨時之義 最大[78] 由[79]今言
之[80] 王靈不擧 政多恩貸令出惟反 紀綱不立者 數世矣 非振之以不測之威
無以聚百散糜粥之勢 非潤之以大霖之雨 無以澤七年枯旱之草 必得命世之
佐 上下同寅協恭 如同舟之人 然後稍可以濟頹靡燋渴之勢[81]矣 然取人者 不
以手而[82]以身 身不修則無在己之衡鑑 不知善惡 而用舍皆失之 人且不爲我
用 誰與共成治道哉 古之善覘人國者 不觀其國勢之强弱 觀其用人之善惡
是知天下之事 雖極亂極治 皆人所做 不由乎他也[83] 然則修身者 出治之本
用賢者 爲治之本 而修身又爲取人之本也 千言萬語 豈有出此修己用人之外
者乎[84] 用非其人 則君子在野 小人專國[85] 自古 權臣專國者 或有之 戚里專
國者 或有之 婦寺專國者 或有之 未聞有胥吏專國如今之時者也 政在大夫
猶不可 況在胥吏乎 堂堂千乘之國 籍祖宗二百年之業 公卿大夫濟濟先後

---

68) 由 : 경술본 이후로는 삭제되었다.

69) 又 : 경술본 이후로는 '是'로 되어 있다.

70) 進 : 경술본 이후로는 삭제되었다.

71) 序 : 경술본 이후로는 '的'으로 되어 있다.

72) 乃口上之理也 : 경술본 이후로는 삭제되었다.

73) 耳底 : 경술본 이후로는 '口耳'로 되어 있다.

74) 也休說……落萬無 : 경술본 이후로는 삭제되었다.

75) 修 : 경술본 이후로는 이 위에 '非所以'가 더 있다.

76) 理 : 경술본 이후로는 '道'로 되어 있다.

77) 明誠竝進 : 경술본 이후로는 위의 '修己以敬' 다음에 옮겨놓았다.

78) 獨王者……義最大 : 경술본 이후로는 삭제되었다.

79) 由 : 경술본 이후로는 삭제되었다.

80) 言之 : 경술본 이후로는 삭제되었다.

81) 頹靡燋渴之勢 : 경술본 이후로는 삭제되었다.

82) 不以手而 : 경술본 이후로는 '必'로 되어 있다.

83) 古之善……乎他也 : 경술본 이후로는 삭제되었다.

84) 千言萬……外者乎 : 경술본 이후로는 삭제되었다.

85) 國 : 경술본 이후로는 이 아래 '矣'자가 더 있다.

相率而歸政於儓隷乎 此不可聞於牛耳也[86] 軍民庶政 邦國機務 皆由刀筆之[87]
手[88] 絲粟以上 非回俸不行 財聚於內 而民散於外 什不存一[89] 至於各分州縣
作爲己物[90] 以成文券 許傳其子孫 方土所獻 一切沮却 無一物上納[91] 賫持
土[92]貢者 合其九族 轉賣家業 不於官司 而納諸私室 非百倍則不受 後[93]無以
繼之 逋亡相屬 豈意祖宗州縣 臣民貢獻 奄爲鼫鼠所分之有乎[94] 豈意殿下享
大有之富 而反資於僕隷防納之物乎 雖莽卓之奸 未嘗有此也[95] 雖亡國之世
亦未嘗有此也 此而不厭 加以儦盡帑藏之物 靡有尋尺斗升之儲 國非其國
盜賊滿車下矣 國家徒擁虛器 枵然骨立 滿朝之人 所當沐浴共討 力或不足
則號召四方 奔走勤王 而不遑寢食者也[96] 今人之相聚者 有草竊 則命將誅捕
不俟終日 小吏爲盜 百司爲群 入據心胸[97] 賊盡國脉 則不啻攘竊神祇之犧牷
牲[98] 法官莫敢問 司寇莫之詰 或有一介司員 稍欲糾察 則譴罷在其掌握 衆
官束手 僅喫餼廩 唯唯而退[99] 斯豈無所恃 而跳梁橫恣 若是其無忌耶 楚王
所謂盜有寵不可得去者 此也[100] 各存狡兔之三窟 以[101]備川蚌之介甲 潛懷蠱
毒 萋斐百端 人不能治 法不能加 作爲城社之鼠 已不能燻灌[102] 抑爲三窟者

---

86) 此不可……牛耳也 : 경술본 이후로는 삭제되었다.

87) 刀筆之 : 경술본 이후로는 '其'로 되어 있다.

88) 手 : 경술본 이후로는 이 아래 뒤의 '方土所獻 一切沮却'을 옮겨놓았다.

89) 財聚於……不存一 : 경술본 이후로는 삭제되었다.

90) 作爲己物 : 경술본 이후로는 삭제되었다.

91) 無一物上納 : 경술본 이후로는 삭제되었다.

92) 土 : 무오본에 '上'으로 되어 있는 것은 '土'자가 파손된 것이다. 경술본 이후
로 그것을 따라 '上'으로 한 것은 잘못이다.

93) 不於官……不受後 : 경술본 이후로는 삭제되었다.

94) 豈意祖……之有乎 : 경술본 이후로는 삭제되었다.

95) 雖莽卓……有此也 : 경술본 이후로는 삭제되었다.

96) 此而不……食者也 : 경술본 이후로는 삭제되었다.

97) 百司爲……據心胸 : 경술본 이후로는 삭제되었다.

98) 則不啻……犧牷牲 : 경술본 이후로는 '而'로 되어 있다.

99) 衆官束……唯而退 : 경술본 이후로는 삭제되었다.

100) 楚王所……者此也 : 경술본 이후로는 삭제되었다.

101) 以 : 경술본 이후로는 '且'로 되어 있다.

102) 潛懷蠱……能燻灌 : 경술본 이후로는 삭제되었다.

果何人耶 作[103]爲介甲者 其[104]無罰乎 殿下赫然斯怒 一振乾網 面稽宰執 以
究其故 斷自宸衷 如大舜之去四兇 孔子之誅少正卯 則能盡惡惡之極 而大
畏民志矣 若言官論執不已 迫於不得已而後 黽勉苟從 則不知善惡之所在
是非之所分 失其爲君之道矣 焉有君失其道而能治人者乎 故我之明德旣明
則如鑑在此 物無不照 德威所加 草木皆靡 況於人乎[105] 群下股慄兢惕[106]
奔走承命之不暇 庸[107]有一寸容奸之計乎 亂政大夫 猶有常刑 夫以尹元衡之勢
而朝廷克正之 況此狐狸鼠雛 腰領未足以膏齊[108]斧乎 雷雨一發 天地作解 此
之謂身修於上而國治於下者也[109] 布列王國者 誰非[110]命世之佐 誰非[111]夙夜之
賢耶 奸臣軋己則去之 奸吏蠹國則容之 謀身[112]而不謀國[113] 靡哲不愚 以樂居
憂 斯豈人謀之不競耶 若[114]有天之所命 人不能勝天而然耶 臣索居深山 俯
察[115]仰觀 噓唏掩抑 繼之以淚者 數矣 臣之於殿下 無一寸[116]君臣之分[117] 何
所感於君[118]恩 齎咨涕洟 自不能已耶[119] 交淺言深 實有罪焉 獨計身爲食土之
毛[120] 尙爲累世之舊民[121] 添[122]作三朝之徵士 猶可自比於周婪 可無一言於宣

---

103) 耶作：경술본 이후로는 삭제되었다.
104) 其：경술본 이후로는 '豈'로 되어 있다.
105) 草木皆……於人乎：경술본 이후로는 삭제되었다.
106) 股慄兢惕：경술본 이후로는 삭제되었다.
107) 庸：경술본 이후로는 '焉'으로 되어 있다.
108) 齊：병오본에는 '諸'로 되어 있고, 기유본 이후로는 '齊'로 되어 있다.
109) 亂政大……下者也：경술본 이후로는 삭제되었다.
110) 誰非：경술본 이후로는 '非無'로 되어 있다.
111) 誰非：경술본 이후로는 삭제되었다.
112) 耶奸臣……之謀身：경술본 이후로는 삭제되었다.
113) 不謀國：경술본 이후로는 삭제되었다.
114) 若：경술본 이후로는 '抑'으로 되어 있다.
115) 察：경술본 이후로는 이 아래 '而'자가 더 있다.
116) 寸：경술본 이후로는 '日'로 되어 있다.
117) 分：경술본 이후로는 '契'로 되어 있다.
118) 於君：경술본 이후로는 삭제되었다.
119) 耶：경술본 이후로는 '也'로 되어 있다.
120) 毛：경술본 이후로는 '民'으로 되어 있다.
121) 尙爲累……之舊民：경술본 이후로는 삭제되었다.
122) 添：경술본 이후로는 '忝'으로 되어 있다.

召之日乎 臣之前日所陳救急[123]之事 尚未聞天意[124]急急如救焚拯溺 應以爲老
儒賣直之說也[125] 未[126]足以動念也[127] 況此開陳君德者 不過古人已陳之塗轍
然不由塗轍 則更無可適之路矣 不明君德而求制治 猶無舟而渡海 祇自淪喪
而已 其機益急於前所陳者 萬萬矣 殿下若不棄臣言 休休焉有容焉 則臣雖
在千里之外 猶在机筵之下矣 何必面對老醜而後 日用臣乎 抑又聞事君者
量而後入 實未知殿下爲何如主也[128] 若不好臣言 徒欲見臣而已 則恐爲葉公
之[129]龍也 請以今日睿鑑之明暗 卜爲來日治道之成敗 伏惟上察 謹疏
答曰 頃日所志 予常置諸座右 觀省之際 觀此格言 益知才德之高矣 予雖不
敏 亦當留念 爾其知悉事 有旨 隆慶二年五月日[130]

謝宣賜食物疏[131]

隆慶五年[132]五月十五日 朝奉大夫前守[133]宗親府典籤臣曹植 誠惶誠恐 頓
首頓首 謝恩于主上殿下 伏蒙去四月敎賜臣以食料者 如臣愚老 顧何以承天
寵乎 伏惟 天日隔於九重 草澤遙於千里 如傷之恩 無遠不屆 先及於老民 老
民[134]雖欲結草而難報 獨念士橫道而僵 有土之羞也 殿下自任其憂 臣不任私
謝 比猶一草添濡 無以仰謝天工 猶且區區小誠仰謝不已者 聖上旣下惠鮮之
恩 微臣敢無芹曝之獻乎[135] 無言不酬 無德不報 古有說矣[136] 恭陳一辭 進爲

---

123) 救急 : 경술본 이후로는 삭제되었다.
124) 尚未聞天意 : 경술본 이후로는 삭제되었다.
125) 應以爲……之說也 : 경술본 이후로는 삭제되었다.
126) 未 : 경술본 이후로는 이 위에 '尚'자가 더 있다.
127) 念也 : 경술본 이후로는 '天意'로 되어 있다.
128) 抑又聞……如主也 : 경술본 이후로는 삭제되었다.
129) 之 : 경술본 이후로는 이 아래 '好'자가 더 있다.
130) 答曰頃……五月日 : 병오본 이후로는 附錄에 실려 있는데, 경진본 이후로는
    본 上疏의 말미로 옮겨놓았으며, 경술본 이후로는 삭제하였다.
131) 謝宣賜食物疏 : 경술본 이후로는 이 아래 '辛未' 2자가 더 있다.
132) 隆慶五年 : 경술본 이후로는 삭제되었다.
133) 守 : 경술본 이후로는 삭제되었다.
134) 老民 : 경술본 이후로는 '臣'으로 되어 있다.
135) 士橫道……之獻乎 : 경술본 이후로는 삭제되었다.

殊恩之報 伏見殿下之國事已去 無一線下手處[137] 諸臣百工 環視而莫救 已知
無可奈何 不曰如之何者 久矣 若殿下視而不知 則明有所蔽矣 知而罔念 則
國無主矣 往年 臣嘗再陳荒疏 以爲非振之以不測之威 無以濟百散糜粥之勢
非潤之以大霖之雨 無以澤七年枯旱之草 于今有年月矣 未聞殿下亟下恩威
以立紀綱 威福在己 而不自捴攬 尙下臣强之敎 使不得敢言 群下解體 泛泛
悠悠 邦[138]遂喪 越至于今 老臣徒謝雨露之恩 而無以補天之漏 謹以君義二字
獻爲修身整[139]國之本 伏惟睿鑑 臣植 拜手稽首 昧死以謝
答曰 省所陳疏章 可見其憂國之誠 雖在畎畝 未嘗少忘也 甚用嘉焉 若其所
賜微物 何謝之有 爾其勿謝事 有旨 隆慶五年六月日[140]

---

136) 古有說矣 : 경술본 이후로는 삭제되었다.
137) 無一線下手處 : 경술본 이후로는 삭제되었다.
138) 邦 : 경술본 이후로는 이 아래 '本'자가 더 있다.
139) 整 : 경술본 이후로는 '正'으로 되어 있다.
140) 答曰省……六月日 : 병오본 이후로는 附錄에 실려 있는데, 병진본 이후로는
    본 上疏의 말미로 옮겨놓았으며, 경술본 이후로는 삭제하였다.

論

嚴光論

論曰 光武皇帝二十七年 徵處士嚴光 拜諫議大夫 光竟不屈去 釣富春山終 余以爲嚴¹⁾子陵 聖人之徒也 何以言之 昔孟子之²⁾不見諸侯 曰³⁾枉尺而直尋 所不可⁴⁾爲也 況直尺而枉尋 豈聖人之道⁵⁾乎 故士有上不臣天子 下不臣⁶⁾諸侯 雖分國如錙銖 有不屑焉 彼其所挾者大 而所辦者重 未嘗輕與人許己也 屠龍之技 不入於犧庖 佐王之足 不踐於伯都 子陵之羊裘澤中 自托於漁釣 終不肯爲漢小屈者⁷⁾ 豈⁸⁾非所挾者大⁹⁾而然乎 不然 光之與帝相知之分 非特一故人矣 相遇之道 又非一¹⁰⁾君臣之例也 爲¹¹⁾東漢元臣 而居於侯王之上

---

1) 嚴 : 경술본 이후로는 삭제되었다.
2) 之 : 경술본 이후로는 삭제되었다.
3) 曰 : 경술본 이후로는 삭제되었다.
4) 可 : 경술본 이후로는 삭제되었다.
5) 豈聖人之道 : 경술본 이후로는 삭제되었다.
6) 臣 : 경술본 이후로는 '友'로 되어 있다.
7) 雖分國……小屈者 : 경술본 이후로는 삭제되었다.
8) 豈 : 경술본 이후로는 이 위에 '是'자가 더 있다.
9) 大 : 경술본 이후로는 이 아래 '所辦者重' 4자가 더 있다.
10) 故人矣……又非一 : 경술본 이후로는 삭제되었다.
11) 爲 : 경술본 이후로는 이 위에 '當'자가 더 있다.

榮寵於一時 無疑[12]矣 何肯自[13]處於[14]方亨之世 而老死於巖穴 自毀其道耶[15]
且考子陵言論風味[16] 則非矯情激[17]物 長往而不顧者也 特伊傅之類而未遇焉
者耳 論者以爲伊尹之於桀[18]也 五就而不辭 子陵之於光武 一見而不臣 湯之
於伊尹 三聘而爲師 光武之於子陵 一徵而爲臣[19] 子陵於是 失行道之機 光
武於是 失待賢之禮 是亦庸人之見己 特管窺而無天[20] 夫豈知子陵之大[21]乎
彼子陵者 少與帝遊 知其器量之所極 必未以三代之道制治 復捲而去之[22] 若
使帝得爲兩漢之賢主 則光武之才 足以自辦 無待於己也 其肯毀[23]帝王之道
爲[24]伯者之臣[25] 徒受人高位重祿而已乎 若是則光之所伸者 不至於尺 而所屈
者 不[26]止於尋乎 況當是時 生民小安 有異於夏桀之塗炭其民 其急生民之意
豈可與伊尹一道乎 使光粗有有[27]爲之志 則當光武得位之始也 朝出於山 而
暮遇明[28]君 何至於二十七年而不見 至物色而後得之乎 求其初心 則雖帝之
賁乎丘園 束帛戔戔 終不肯枉屈其道 明矣[29] 後之觀者 以伯者之道觀子陵
則其不爲光武屈 過矣 如以王佐之才觀子陵 則其不爲光武屈 宜矣 吾故曰
子陵 聖人之徒也 嗚呼 使伊尹而不遇成湯 則終死於有莘之野[30] 使傅說而不

---

12) 無疑 : 경술본 이후로는 삭제되었다.

13) 自 : 경술본 이후로는 삭제되었다.

14) 於 : 경술본 이후로는 삭제되었다.

15) 自毀其道耶 : 경술본 이후로는 '也'로 되어 있다.

16) 味 : 경술본 이후로는 '旨'로 되어 있다.

17) 激 : 경술본 이후로는 '傲'로 되어 있다.

18) 桀 : 경술본 이후로는 '湯'으로 되어 있다.

19) 臣 : 경술본 이후로는 이 아래 뒤의 '光武於是 失待賢之禮'를 옮겨놓았다.

20) 是亦庸……而無天 : 경술본 이후로는 삭제되었다.

21) 之大 : 경술본 이후로는 '者'로 되어 있다.

22) 復捲而去之 : 경술본 이후로는 '寧捲而去之'로 되어 있는데, 아래 구절 '無待於
   己也' 다음으로 옮겨놓았다.

23) 其肯毀 : 경술본 이후로는 '舍'로 되어 있다.

24) 爲 : 경술본 이후로는 '循'으로 되어 있다.

25) 臣 : 경술본 이후로는 '事'로 되어 있다.

26) 不 : 경술본 이후로는 '豈'로 되어 있다.

27) 有 : 경술본 이후로는 '苟'로 되어 있다.

28) 明 : 경술본 이후로는 삭제되었다.

29) 求其初……道明矣 : 경술본 이후로는 삭제되었다.

遇高宗 則終老於傅巖之野 必不肯枉道而求合 使子陵遇成湯高宗之君 則又
焉終老於巖穴 爲桐江一釣翁乎 聖賢之心乎生民也 一也 而抑時有幸不幸也
急生民 一作憂急生民[31)]

---

30) 野 : 경술본 이후로는 '郊'로 되어 있다.

31) 急生民……及生民 : 병오본 이후로는 없고, 壬戌甲本(『南冥學硏究』 창간호
    부록 영인본)에 비로소 보인다. 임술본에 와서 다시 없어졌다가 경진본 이후
    로 다시 실려 있으며, 경술본 이후로는 다시 없어졌다.

雜著

解關西問答[1]

全仁云者 乃故貳相李彦迪之妓産也 其名曰玉剛者也 彦迪初出身 爲慶州訓導 畜其母爲房直 故判書曹潤[2]孫 時爲慶尙道水使 曾眄此妓 因彦迪上京 潛挑而去 彦迪已有娠 潤[3]孫取去七箇月 乃生名之以玉剛 以奉其祀 正類秦政 楚幽之於呂不韋黃歇 植之婦翁有孼妹 乃潤[4]孫妾子義山之妻也 門戶相連 嘗知其巓末 曹門皆知七月所生 國人皆笑潤孫之惑 及潤[5]孫之歿 曹家子壻 皆不許傍題奉祀於神主 玉剛尙貪潤孫奉祀所傳 不肯歸其父 時復古竄在關西 無他子弟 子子孤寓 植聞而愍之 委通信人於玉剛曰 汝母非不說汝以所生之父 汝非不知 今則判書已歿 復焉有所忌 而不就貳相乎 朝議喧騰已久 今欲嚴鞫[6]爾母 汝旣負爾父 又欲殺爾母乎 玉剛猶顧戀不去 及曹家黜去而後 往慶州 猶服養父衰経入京 玉剛年近四十 尙不知有父 復古爲他日孤魂 有子而爲勢家所奪

---

1) 解關西問答 : 이 글은 갑오본에는 취하지 않고, 경술본 이후로는 단지 後段만 취하여 「關西問答後辯」이라고 제목을 바꾸었다.

2) 潤 : 기유본에는 '胤'으로 되어 있고, 임술본 이후로는 '潤'으로 되어 있다.

3) 潤 : 기유본에는 '胤'으로 되어 있고, 임술본 이후로는 '潤'으로 되어 있다.

4) 潤 : 기유본에는 '胤'으로 되어 있고, 임술본 이후로는 '潤'으로 되어 있다.

5) 潤 : 기유본에는 '胤'으로 되어 있고, 임술본 이후로는 '潤'으로 되어 있다.

6) 鞫 : 기유본 이후로는 '鞠'으로 되어 있고, 경진본 이후로는 '鞫'으로 되어 있다.

方玉剛之及門也 復古尙不能嚴父子義 以詰其無父之罪 遽欣然愛悅 若未嘗有
釁之父子 嘗歎復古遠謫 無緣相對一拍手也 其曰全仁者 必就⁷⁾復古而改其名
也 常詆玉剛爲無父奸人 玉剛亦嗤之 復古不知此意 故問來時見我乎 玉剛萬
無見我之情也 復古嘗薦我以遺逸 吾亦嘗意與復古無一夕雅 實不知我半面 亦
何所知我善惡乎 不知善惡 而徒聞人言 遽以上聞 以人言而稱我 則必以人言
而諂我 嘗歎天淵異路 亦無緣携手一破顏也 復古爲本道監司來也 頻有書求見
植辭以寧有呈身擧子乎 獨念古人歷仕四朝 僅四十六日 吾知相公解歸田里之
日不久 當角巾相尋於安康里第 尙未晚也云 復古亦嘗與人語曰 曹植譏我 尙
不退休 慙負云云 嘗恨復古學聖賢之道 而致知之見不明 當時大小尹之禍 朝
夕必發 國勢杌陧 愚婦所知 猶不早退於官卑之日 以至於負重而不可解 流死
異域 恐虧於明哲之見也 又嘗恨復古嘗陳十條封事 中廟大加稱賞 特陞嘉善
獻策而受賞 乃古人所羞 何不辭以人臣進言 乃其職分 人主爵命 亦代天工 臣
進言而受賞 君受言而後賞 君臣皆如所中者然 他時爵之祿之 皆稱其臣之材量
大小 何不可而必於臣之陳疏之日乎云 則稍可以勵廉恥格君心之一段矣 全仁
生長武家 焉有習聞之事乎 始就復古 而方知向學 其見其得固淺 冊中所記多
誤 亦非復古所說者然⁸⁾ 其曰張儀⁹⁾者 非也 乃張乖崖忠定公詠之事也 王文正
家人 始和以埃墨 後投以小塊 其曰墨染者 亦誤也 文正¹⁰⁾落帶 先人亦有議焉
身爲首相 爲百僚瞻仰 脫帶於闕庭駿奔之地 已自失儀 曷若俯而忽¹¹⁾着 不愼
其衣帶於趨朝之始 恐¹²⁾慢於居常之敬也 大學¹³⁾不言存養¹⁴⁾ 此必全仁之誤記¹⁵⁾
大學明明德止至善¹⁶⁾ 乃開卷第一存養地也¹⁷⁾ 初學之士 亦當理會 況復古乎 雍

---

7) 就 : 기유본에는 '僦'로 되어 있고, 임술본 이후로는 '就'으로 되어 있다.

8) 全仁云……說者然 : 경술본 이후로는 삭제되었다.

9) 儀 : 경술본 이후로는 이 아래 '云'자가 더 있다.

10) 家人始……也文正 : 경술본 이후로는 삭제되었다.

11) 忽 : 경술본 이후로는 '更'으로 되어 있다.

12) 恐 : 경술본 이후로는 이 아래 '其'자가 더 있다.

13) 學 : 경술본 이후로는 이 아래 '雖曰'이 더 있다.

14) 養 : 경술본 이후로는 이 아래 '二'자가 더 있다.

15) 此必全……之誤記 : 경술본 이후로는 삭제되었다.

16) 止至善 : 경술본 이후로는 삭제되었다.

17) 大學雖……養地也 : 경술본 이후로는 아래 문장 '程先生已有定論' 다음에 옮

姬之論 亦恐未盡也 其夫與其君謀於野 欲殺其父 是可乞而求已耶 當告其父
又當告其夫 待二人各相爲處而後自決 似可[18] 士族女再嫁之論 亦非復古之
言[19]也 古人云 夫雖入門而斃 猶不當許身他人 況旣嫁之後乎 擧天下責之以
死忠 臨時效節者無幾 先許以不忠乎 況天下之人 豈盡孀婦而責天下之烈婦
乎[20] 孀婦之論 程先生已有定論 後人固不當發其私意[21] 其曰耳目口鼻之欲
是私欲者 亦非[22]也 耳目口鼻之發 雖聖人亦同[23] 同一[24]天理也 流[25]於不善而
後 方可謂之[26]欲也 但有[27]人心道心之別者[28] 有[29]形氣義理之間[30]已 故不曰人
欲 曰人心 冬有雷鳴之說 恐未詳悉 陽宜在地中 而陰實陽虛 陽在外不得入
皆失其健順之和 不得猶爲陰所制 終不得爲陰所蓄 有時發動[31] 趙大憲孝直先
生之事 以吾所聞 則必[32]不如是 先生姿貌如玉 人無賢愚 見必慕悅 少時出征
夕[33]投店舍梳髮 有一艾亦[34]自京來者 稍近侵昵[35] 流注不去 先生恐夜來投寢[36]
遽撤其席 向昏[37]移寓他家云[38] 或[39]云 使之梳頭 情若難制而移寓 此則恐[40]非

겨놓았다.

18) 初學之……決似可 : 경술본 이후로는 삭제되었다.

19) 亦非復古之言 : 경술본 이후로는 '恐誤'로 되어 있다.

20) 況天下……烈婦乎 : 경술본 이후로는 삭제되었다.

21) 後人固……私意也 : 경술본 이후로는 삭제되었다.

22) 非 : 경술본 이후로는 '誤'로 되어 있다.

23) 亦同 : 경술본 이후로는 '不能無'로 되어 있다.

24) 同一 : 경술본 이후로는 '亦'으로 되어 있다.

25) 流 : 경술본 이후로는 이 위에 '但'자가 더 있다.

26) 之 : 경술본 이후로는 이 아래 '私'자가 더 있다.

27) 也但有 : 경술본 이후로는 삭제되었다.

28) 者 : 경술본 이후로는 삭제되었다.

29) 有 : 경술본 이후로는 '只是'로 되어 있다.

30) 間 : 경술본 이후로는 이 아래 '而'자가 더 있다.

31) 冬有雷……時發動 : 경술본 이후로는 삭제되었다.

32) 必 : 경술본 이후로는 삭제되었다.

33) 夕 : 경술본 이후로는 삭제되었다.

34) 亦 : 경술본 이후로는 삭제되었다.

35) 侵昵 : 경술본 이후로는 삭제되었다.

36) 恐夜來投寢 : 경술본 이후로는 삭제되었다.

37) 向昏 : 경술본 이후로는 삭제되었다.

實傳[41] 先生乃當今人也 人言不一如此 人言擧不必信也 其曰 登第誤身 終身
悔恨者 正非復古之意也 科第豈是不好事而誤身乎 終身悔恨 則何至於崇品而
不晦退耶 此亦全仁之誤聞也 其受雉魚者 必在銓長之日也 銓門如市 無非苞
苴事也 固當一切謝去 若在無權之地 朋友有寄髓濡 寧可不受耶 若一切郤之
則毋亦隘狹而非人情乎 植之用蜃灰 初非辭石而取蜃 適母在金海而捐席 海蛤
最便燔取 因載大轝之船 初聞油不過九斗 同腹八人 皆合取九斗 及其搗用 不
止此數 常以僭分爲終身之恨 更啓他人爭效之意 若云詭異 則非近情之說也
索隱行怪 方是爲詭 喪用蜃灰[42] 何詭之有乎 今之近海之人 例用蛤灰 爲取其
易辦於窮家也 且高山頂有螺蚌殼 此是前天地混沌時殼也 其曰消盡者 非也
獨見華元葬其君 蜃灰石槨 三年而葬 君子譏之 海傍蜃灰如沙土 不日燔成 與
古不同 但以用油爲未安已 其與兵使同舟者 復古恐聞之誤也 胡越有時同舟
監兵使同舟有何一寸所失耶 當時植在山海亭 黃江橫帶 前面忽見大小艦十餘
艘 張樂鼓吹 舟尾相接 而知兵使迎新監司之行於江上云 植只曰 復古位望非
微 方正殿最於金海 兵水使從前虔恭聚府 鞠躬就拜而去 方是道主之體 而不
虧紀律之事也 前日未有是事 今始生例也云云而已[43][44]

策問題[45]

　問 登歲無荒田 治世無亂賊 三苗有扈 無[46]非不治而逆命 玁狁獯鬻 雖遇
賢君而爲亂 抑一陰一陽 陰之類胚胎於大化之中 不能自已者歟 方今聖明在

38) 云 : 경술본 이후로는 삭제되었다.
39) 或 : 경술본 이후로는 ‘今’으로 되어 있다.
40) 此則恐 : 경술본 이후로는 삭제되었다.
41) 傳 : 경술본 이후로는 이 아래 ‘也’자가 더 있다.
42) 蜃灰 : 병오본 이후로는 ‘蜃’으로 되어 있고, 경진본 이후로는 ‘蜃灰’로 되어
　　있다.
43) 已 : 임술본 이후로는 이 아래 ‘喪用蜃下 一有灰字’ 8자가 더 있는데, 경진본
　　이후로는 삭제되었다.
44) 其曰登……云而已 : 경술본 이후로는 삭제되었다.
45) 策問題 : 갑오본과 경술본 이후로는 ‘擬策問諸生’으로 되어 있다.
46) 無 : 경술본 이후로는 ‘世’로 되어 있다.

上 治具畢張 而島夷爲亂 卵育之恩有加 而跳梁之禍無比 無故而殺元帥 懷
詐而干主威 請還薺浦者 知其不可 而歷試朝意也 請要三十印去者 非欲必
得 而愚弄國家也 鼓掌彈頰 撫杖而瞋目曰 必拔爾之項 雖三尺童子 猶知
其[47]恐動也 堂堂大朝 賢相良將 旰食籌畫 而惴惴焉莫知所對 假以喪不議政
當此時 獨無折衝之辭 亦無備禦之策乎[48] 雖不若[49]韓琦請[50]斬元昊之[51]使於都
門之外[52] 豈宜玉帛之命 旋加於亂賊耶 抑有縮縮難制之勢 固不[53]以干羽之舞
而[54]備其衝突者歟 由今觀之 無一邊瓦解之事 以古方之 非二帝金巡之厄 顧
何所畏 而暗受巾幗之辱乎 譯官傳命 古之專對之任也 倭人欲探國家微意
賂以物貨 金銀犀珠 磊落委積 譯士分其所賂於承傳內侍[55] 廟筭方劇於龍床
而漏說已屬於蠻耳 內不能禁一介竪走 而外能制百狡兇逆乎 於是 國無人矣
賊入無人之境 抑已晩矣 侵凌困辱 固其宜矣[56] 然王赫斯怒 稍加威靈 則曰
挑邊生事 斬一譯史 以廣機事 則曰 莫若卑辭順對 若是則果無以[57]對之之辭
亦[58]無禦之之策歟 願聞其畫

遊頭流錄

嘉靖戊午孟夏 金晉州[59]泓泓之 李秀才公亮寅叔 李高靈希顔愚翁 李淸州
楨剛而 泊余 同遊頭流山 山中貴齒而不尙爵 擧酌序坐以齒 或時不然 初十

---

47) 其 : 경술본 이후로는 이 아래 '虛張' 2자가 더 있다.

48) 獨無折……之策乎 : 경술본 이후로는 삭제되었다.

49) 不若 : 경술본 이후로는 '無'로 되어 있다.

50) 請 : 경술본 이후로는 삭제되었다.

51) 之 : 경술본 이후로는 삭제되었다.

52) 外 : 경술본 이후로는 '請'으로 되어 있다.

53) 不 : 경술본 이후로는 이 아래 '可'자가 더 있다.

54) 而 : 경술본 이후로는 삭제되었다.

55) 譯官傳……傳內侍 : 경술본 이후로는 삭제되었다.

56) 於是國……其宜矣 : 경술본 이후로는 삭제되었다.

57) 以 : 경술본 이후로는 삭제되었다.

58) 亦 : 경술본 이후로는 '又'로 되어 있다.

59) 州 : 병오본에는 '牧'으로 되어 있고, 기유본 이후로는 '州'로 되어 있다.

日 愚翁自草溪來我雷龍舍 同宿

○ 十一日 飯我鷄伏堂 登道 舍弟桓隨[60]之 元生右釋 曾爲釋化俗[61] 爲其慧悟而善謳[62] 召與之行 出門甫數十步 有小兒前控曰 追逋奴來也 只在此路下 未捕 愚翁遽揮丘史四五人 左右匝之 俄而縛致馬頭 果[63]八箇男女 遂策馬去 共[64]嘆曰 偶然下手 有怨有德 斯何造物所使耶[65] 吾復窃嘆[66]曰 愚翁袖手五十年 拳如醬末子 縱未能收地於河湟千萬里 猶得指揮方略於呼吸之間 可謂眞大手矣 相[67]與折倒而去[68] 向夕投[69]晉州 曾[70]約泓之乘舟泗川 遡蟾津入雙碛計[71]也 忽遇李從事俊民於馬峴 由湖南來覲其親 其親則寅叔也 更聞泓之喞差去 旋投寅叔第 寅叔則[72]吾姊[73]夫也

○ 十二日 大雨 泓之致書留之 盆[74]以廚傳

○ 十三日 泓之來造 殺牛張樂 愚翁‧泓之‧俊民 共爭的[75]劇飲而罷

○ 十四日 與寅叔共宿剛而第 剛而爲具剪刀䴼[76]‧醴酪齊[77]‧河魚膾‧白黃團子‧靑丹油糕餠

○ 十五日 又與剛而共向場巖 剛而庶弟栢從之 先登古將軍李珣之快哉亭

---

60) 隨 : 경술본 이후로는 ‘從’으로 되어 있다.

61) 化俗 : 경술본 이후로는 삭제되었다.

62) 善謳 : 경술본 이후로는 삭제되었다.

63) 果 : 경술본 이후로는 삭제되었다.

64) 遂策馬去共 : 경술본 이후로는 삭제되었다.

65) 斯何造……所使耶 : 경술본 이후로는 삭제되었다.

66) 復窃嘆 : 경술본 이후로는 ‘笑’로 되어 있다.

67) 相 : 경술본 이후로는 이 위에 ‘遂’자가 더 있다.

68) 折倒而去 : 경술본 이후로는 삭제되었다.

69) 夕投 : 경술본 이후로는 삭제되었다.

70) 曾 : 경술본 이후로는 이 위에 ‘而去之’가 더 있다.

71) 計 : 경술본 이후로는 삭제되었다.

72) 則 : 경술본 이후로는 삭제되었다.

73) 姊 : 병오본에는 ‘妹’로 되어 있고, 기유본 이후로는 ‘姊’로 되어 있다.

74) 盆 : 경술본 이후로는 ‘副’로 되어 있다.

75) 爭的 : 경술본 이후로는 삭제되었다.

76) 䴼 : 병오본 이후로는 ‘䴲’으로 되어 있고, 갑오본과 경술본 이후로는 ‘麵’으로 되어 있다.

77) 齊 : 기유본에는 ‘齋’로 되어 있고, 임술본 이후로는 ‘齊’로 되어 있다.

俄有泓之仲氏涇與泓之子思誠繼至 泓之尾至 未幾 泗州守魯克粹 以地主來
見 設小酌 共登巨艦 魯君致酒肴犒具 下舟[78]還去 鄭忠順淄 監會供億 妓十
輩 竿笙鼓吹皆列 是日 以恭惠王后[79]韓氏忌 不作樂 蔬食 時[80]有白生惟良詣
舟上[81]謁同行 是夜 月明如晝 銀波鏡磨 天根沃焦 都在机筵 棹夫迭唱 響飜
蛟窟 三星乍中 東風微起 忽張帆撒[82]棹 艤舡而上 舟子俄報已過昆陽[83]地 相
與枕藉 或縱或橫 泓之鋪毛席重衿 幅員甚恢 植初乞其邊 浸浸雄據 推出泓
之席外 豈非昏墮夢境 自[84]不知吾家己[85]物 奄爲他人之[86]有乎

○ 十六日 曙色微明 迫到蟾津 攪睡間已失河東[87]地云[88] 旭日初昇 萬頃
蒸紅 兩岸蒼山 影倒波底 簫鼓更奏 歌吹迭作 遙見雲山揷出西北十里間者
是頭流外面也 相與挑觀喜踊[89]曰 方丈三韓外 已是無多地矣 瞥過岳陽縣 江
上有錯岩者 乃韓錄事惟漢之舊庄也 惟漢見麗氏將亂 携妻子來栖 徵爲大悲
院錄事 一夕遁去 不知所之噫 國家將亡 焉有好賢之事乎 善善之好賢 又
不[90]如葉子高之好龍 無補於亂亡之勢 忽呼酒引滿 重爲錯岩長息也 向午 泊
舟陶灘 貿貿殘吏 戴蘇骨多來拜 乃[91]是岳陽‧花開縣吏也[92] 又有團領數人

---

78) 犒具下舟：경술본 이후로는 삭제되었다.

79) 恭惠王后：기유본에는 '懷簡國妃'로 되어 있고, 임술본 이후로는 '恭惠王后'로
되어 있다.

80) 時：경술본 이후로는 삭제되었다.

81) 上：경술본 이후로는 삭제되었다.

82) 撒：기유본 이후로는 '徹'로 되어 있고, 경술본 이후로는 '撒'로 되어 있다.

83) 昆陽：임술본 이후로는 '河東'으로 되어 있고, 신해본 이후로는 '昆陽'으로 되
어 있다.

84) 自：경술본 이후로는 삭제되었다.

85) 吾家己：경술본 이후로는 '他人之'로 되어 있다.

86) 他人之：경술본 이후로는 '己'로 되어 있다.

87) 河東：임술본 이후로는 '昆陽'으로 되어 있고, 신해본 이후로는 '河東'으로 되
어 있다.

88) 云：경술본 이후로는 삭제되었다.

89) 挑觀喜踊：경술본 이후로는 '指示'로 되어 있다.

90) 善善之……賢又不：경술본 이후로는 삭제되었다.

91) 乃：경술본 이후로는 삭제되었다.

92) 也：경술본 이후로는 삭제되었다.

來拜　乃⁹³⁾泓之治內糾察勸農等官也　江上山村　高低連絡　縱橫其畝　雖今⁹⁴⁾十
存其一　王化所及　浸被窮谷⁹⁵⁾　可見昔時民物之盛也　去陶灘一里　有鄭先生汝
昌故居　先生乃⁹⁶⁾天嶺之儒宗也　學問淵篤　吾道有緒　挈妻子入山　由⁹⁷⁾內翰出
守安陰縣⁹⁸⁾　爲喬桐主所殺　此去鍤岩十里地　明哲之幸不幸　豈非命耶　泓之‧
剛而　先到石門　是雙磎寺洞門也　蒼崖兩開　可丈餘　崔學士致遠手寫四字　題
其⁹⁹⁾右曰雙磎　左曰石門　畫大如鹿脛　刊入石骨　迄今已¹⁰⁰⁾千年　不知此後幾千
年也　西邊一溪　崩崖轉石　遙從百里來者　乃神凝‧擬神洞水也　東邊一溪　漏
雲穿山　邈不知所從來者　乃佛日靑鶴洞水也　寺在兩溪間　是謂雙磎也　十尺
高碑　龜趺屹立　竪在寺門外數十步¹⁰¹⁾　乃致遠碑¹⁰²⁾也　前有高樓　扁題八詠樓
後有碑殿　重營未覆以瓦　寺僧慧通‧愼旭餉以茶果　雜以¹⁰³⁾山蔬　接以賓主之
禮¹⁰⁴⁾　是夜初昏　植忽嘔吐下瀉　邰食仆臥　愚翁護宿西廂室

　　○　十七日　詰¹⁰⁵⁾朝　泓之來問疾　忽聞全羅道¹⁰⁶⁾魚瀾猪島　倭舡來泊　卽撤行
謀　促食將返　略行卮酌　曾此湖南儒者金得李‧許繼‧趙壽期‧崔研先到
俱邀於法堂　酒一巡樂一闋　遽別　行色忽遽　未暇說討北山移檄之¹⁰⁷⁾事¹⁰⁸⁾　但

---

93) 乃 : 경술본 이후로는 삭제되었다.

94) 今 :　경술본 이후로는 삭제되었다.

95) 王化所……被窮谷 : 경술본 이후로는 삭제되었다.

96) 乃 : 경술본 이후로는 삭제되었다.

97) 由 : 경술본 이후로는 이 위에 ‘後’자가 더 있다.

98) 縣 : 경술본 이후로는 삭제되었다.

99) 題其 : 경술본 이후로는 삭제되었다.

100) 已 : 기유본에는 ‘二’로 되어 있고, 임술본 이후로는 ‘已’로 되어 있다.

101) 竪立寺……數十步 : 경술본 이후로는 삭제되었다.

102) 碑 : 경술본 이후로는 ‘筆’로 되어 있다.

103) 雜以 : 경술본 이후로는 삭제되었다.

104) 接以賓主之禮 : 경술본 이후로는 삭제되었다.

105) 詰 : 기유본에는 ‘頡’로 되어 있고, 임술본 이후로는 ‘詰’로 되어 있다.

106) 全羅道 : 경술본 이후로는 삭제되었다.

107) 之 : 병오본에는 ‘之’로 되어 있고, 기유본에는 떨어져나갔으며, 임술전판
(『남명학연구』 창간호 부록 영인본)에는 ‘之’자와 비슷한 자가 있고, 임술본
이후로는 떨어져 나갔다. 갑오본은 이 부분이 逸失되어 알 수 없고, 경술본
이후로는 이 구절이 삭제되었다.

108) 未暇說……移檄之事 : 경술본 이후로는 삭제되었다.

於[109]昨日舟中 暫[110]戲泓之束紫帶於腰 此是繫縛卯申之物 却恐卯申縛出去
也 拍手一[111]噱 及是果然 只恨吾輩修行無力 不能護一老友 共坐支機石上
泄吐滿腔塵土 吸盡無限金華 以作桑楡一半粮料也 留妓鳳月・甕臺・江
娥之・貴千・吹笛千守 餘皆放黜[112] 大雨終日[113]不已 陰雲四合 不知此外
人間 隔幾重雲水也 及午 湖南郵吏 以從事書來到 煙臺所報 乃漕舡數隻 益
嘆泓之骨相無分 暫不許一柯爛頃也 泓之猶修無量度戒 酒脯相望 音書繼至
六甲[114]行廚之具 盡付之羨國年 使吾輩都[115]不知桂玉之累 國年州吏也 是
日[116] 剛而族生李應亨 來詣寺門[117] 及夕 寅叔下注呻痛 薄暮 剛而卒痛胸腹
吐出數斗 絞腸翻胃 氣勢甚苦 下注轉急 投以蘇合元 不效 又投淸香油 不效
舊狎江娥之 捧首護持[118] 向晨始定 朝起邀然擡首曰 去夜胸痛 如不克濟 吾
雖死諸君在 吾寧死於婦人之手乎 諸君慰解曰 君亦劫[119]漢 貪生之念常重 故
暫遇微疾 忽愛其死也 死生亦大 豈應若是其微耶[120]

○ 十八日 因山路濕 未得上佛日 溪水漲 未得入神凝 留在[121]湖南巡邊
使南致勤 致酒食於寅叔 爲從事之父也 河進士宗岳奴靑龍 丁舍人季晦奴
俱以酒鱗來謁 神凝持任允誼來見 舍弟所騎馬病 蝶川外有人塵其名者 付以
調養 夕與愚翁 共宿後殿之西方丈

○ 十九日 促食 將入靑鶴洞 寅叔・剛而俱以疾退[122] 固知十分絶境 非有

---

109) 但於 : 경술본 이후로는 삭제되었다.
110) 暫 : 경술본 이후로는 삭제되었다.
111) 一 : 병오본 이후로는 '一'로 되어 있고, 경진본 이후로는 떨어져나갔으며, 갑
    오본은 이 부분이 逸失되어 알 수 없고, 경술본 이후로는 이 구절이 삭제되
    었다.
112) 留妓鳳……皆放黜 : 경술본 이후로는 삭제되었다.
113) 大雨終日 : 경술본 이후로는 '是日大雨'로 되어 있다.
114) 甲 : 경술본 頭註에 '甲恐作角'이라 하였다.
115) 都 : 경술본 이후로는 삭제되었다.
116) 是日 : 경술본 이후로는 삭제되었다.
117) 詣寺門 : 경술본 이후로는 '到'로 되어 있다.
118) 舊狎江……首護持 : 경술본 이후로는 삭제되었다.
119) 劫 : 임술본 이후로는 '㤲'으로 되어 있다.
120) 朝起邀……其微耶 : 경술본 이후로는 삭제되었다.
121) 留在 : 경술본 이후로는 삭제되었다.

十分眞訣¹²³⁾ 神明不受 寅叔・剛而曾昔一入來者 乃¹²⁴⁾是夢也 非眞到也 若比
泓之 則雖有間矣 亦是無後分事也 老夫憶曾¹²⁵⁾三度入來 俗緣猶未盡除 方
知¹²⁶⁾八十衰翁無職秩 憶曾三度鳳池來者 則猶不讓矣 若比三入岳陽人不識
者 則未也 是朝 金君涇辭以疾 挾妓貴千¹²⁷⁾徑去 金君時年七十七¹²⁸⁾登陟如
飛 初欲上天王峯¹²⁹⁾ 爲人倜儻 有若曾到梨園裡來者¹³⁰⁾ 湖南四君 白李兩生同
行 北上獑巖 緣木登棧而進 右釋打腰鼓 千守吹長笛 二妓隨焉 作前隊 諸
君或先或後 魚貫而進 作中隊¹³¹⁾ 姜國年・膳夫・僕夫・運饋者數十人 作¹³²⁾
後隊 僧¹³³⁾愼旭向道而去 間有一巨石 刻有李彥憬・洪淵字 獑嵒亦有刻柿¹³⁴⁾
隱兄弟字 意者 鑱諸不朽 傳之億萬年乎 大丈夫名字 當如靑天白日 太史書
諸冊 廣土銘諸口 區¹³⁵⁾區入石¹³⁶⁾於林莽之間 獑狸之居 求欲不朽¹³⁷⁾ 邈不如飛
鳥之影 後世果烏知何如鳥耶¹³⁸⁾ 杜預之傳 非'以沉碑之故 唯有一段事業也
十¹³⁹⁾步一休 十步九顧 始到所謂¹⁴⁰⁾佛日菴者¹⁴¹⁾ 乃是¹⁴²⁾靑鶴洞¹⁴³⁾也 岩巒若懸

---

122) 退：경술본 이후로는 ‘辭’로 되어 있다.
123) 訣：경술본 이후로는 ‘緣’으로 되어 있다.
124) 乃：경술본 이후로는 삭제되었다.
125) 老夫憶曾：경술본 이후로는 ‘某’로 되어 있다.
126) 知：경술본 이후로는 ‘之’로 되어 있다.
127) 挾妓貴千：경술본 이후로는 삭제되었다.
128) 七：경술본 이후로는 이 아래 뒤의 ‘爲人倜儻’ 4자를 옮겨놓았다.
129) 峯：경술본 이후로는 이 아래 ‘也’자가 더 있다.
130) 有若曾……裡來者：경술본 이후로는 삭제되었다.
131) 打腰鼓……作中隊：경술본 이후로는 삭제되었다.
132) 作：경술본 이후로는 ‘從’으로 되어 있다.
133) 隊僧：경술본 이후로는 삭제되었다.
134) 柿：병오본에는 ‘獨’으로 되어 있고, 기유본 이후로는 ‘柿’로 되어 있다.
135) 區：경술본 이후로는 이 위에 ‘何’자가 더 있다.
136) 入石：경술본 이후로는 삭제되었다.
137) 朽：경술본 이후로는 이 아래 ‘耶’자가 더 있다.
138) 邈不如……如鳥耶：경술본 이후로는 삭제되었다.
139) 十：경술본 이후로는 ‘五’로 되어 있다.
140) 所謂：경술본 이후로는 삭제되었다.
141) 者：경술본 이후로는 삭제되었다.
142) 是：경술본 이후로는 ‘世所謂’로 되어 있다.

若懸空 而下不可俯視 東有崒崒撐突 略不相讓者曰香爐峯 西有蒼崖削出
壁立萬仞者曰毗盧峯 青鶴兩三 栖其岩隙 有時飛出盤回 上天而下[144] 下有鶴
淵 黝暗無底 左右上下 絶壁環匝 層層又層 倏回倏合 翳薈蒙鬱 魚鳥亦不得
往來 不啻弱水千里也[145] 風雷交鬪 地闢天開[146] 不晝不夜 便不分水石[147] 不
知其中隱有仙儔巨靈 長蛟短龜 互[148]藏其宅 萬古呵護 而使人不得近也 或有
好事者 斷木爲橋 僅入初面 刮摸苔石 則有三仙[149]洞三字 亦[150]不知[151]何年代
也 愚翁與舍弟及元生諸子 緣木而下 徘徊俯瞰而上 年少傑脚者 皆登香爐
峯 還聚佛日方丈 喫水飯 出坐寺門外松樹下 亂酌無算 幷奏歌吹 雷鼓萬面
響裂岩巒[152] 東面[153]瀑下[154] 飛出百仞 注爲鶴潭 顧謂愚翁曰 如[155]水臨萬仞之
壑 要下卽下 更無疑顧之在前 此其是也 翁曰諾 神氣颯爽 不可久留 旋登後
崗 歷探地藏菴 牧丹盛開 一朶如一斗猩紅 從此直下 一趍數里 方得一憩 纔
熟羊胛 便到雙磎 初登上面 一步更難一步 及趍下面 徒自[156]擧足 而身自流
下 豈非從善如登 從惡如崩者乎 寅叔·剛而 登[157]八詠樓以迎 夕與寅叔·
愚翁 更宿後殿之東方丈

○ 二十日 入神凝寺 寺在雙磎十里許 間有殘店數家 到寺門前百步許七
佛溪上 下馬列坐 溪水險隘 皆卸馬背負而渡 住持玉崙·持任允誼來迎 到
寺未暇入門 徑趍前溪盤石 列坐其上 獨推坐寅叔·剛而於最高石頭曰 君等

---

143) 洞 : 경술본 이후로는 이 아래 '者'자가 더 있다.

144) 下 : 경술본 이후로는 이 아래 '云'자가 더 있다.

145) 魚鳥亦……千里也 : 경술본 이후로는 삭제되었다.

146) 地闢天開 : 경술본 이후로는 삭제되었다.

147) 便不分水石 : 경술본 이후로는 삭제되었다.

148) 互 : 기유본에는 '屈'로 되어 있고, 임술본 이후로는 '互'로 되어 있다.

149) 仙 : 경술본 이후로는 '神'으로 되어 있다.

150) 亦 : 경술본 이후로는 삭제되었다.

151) 知 : 경술본 이후로는 이 아래 '爲'자가 더 있다.

152) 幷奏歌……裂岩巒 : 경술본 이후로는 삭제되었다.

153) 面 : 경술본 이후로는 이 아래 '懸'자가 더 있다.

154) 下 : 경술본 이후로는 삭제되었다.

155) 如 : 경술본 이후로는 삭제되었다.

156) 自 : 경술본 이후로는 삭제되었다.

157) 登 : 경술본 이후로는 '於'로 되어 있다.

雖至於顛沛 毋失此地 若置身下流 則不得上矣 笑曰 請毋失此坐 新雨水肥
激石噴[158]碎 或似萬斛明珠 競瀉吐納 或似千閃[159]驚雷 沓作嚏吼 悅如銀河橫
截 衆星錯[160]落 更訝瑤池燕[161]罷 綺席縱橫 黝黝成潭 龍蛇之隱鱗者 深不可
窺也 頭頭出石 牛馬之露形者 錯不可數也 瞿塘峽口 方可以喩其變化出沒
眞是化工老手戲劇無藏處也[162] 相與睢盱褫魄 欲哦一句不得 一響歌吹 衆聲
僅如大瓮中細腰之鳴 不能成聲 祗爲溪神之玩而已[163] 寺僧爲具酒果盤盞以
勞之 吾亦以行中酒果 交酬迭作[164] 據石蹈舞[165] 盡歡而罷 植强吟一絶 水吐
伊祈璧 山濃靑帝顔 謙誇無已甚 聊與對君看 夕[166]宿西僧堂 夜臥默誦 又
以[167]警人[168]曰 入名山者 誰不洗濯其心 肯自謂曰小人乎 畢竟君子爲君子 小
人爲小人 可見一曝之無益也

○ 二十一日 大雨 彌日不已 金思誠忽辭去 冒雨强出 白生惟良同出 三
妓與樂工 幷令偕出 等[169]與湖南諸君 盡日坐沙門樓 觀漲

○ 二十二日 朝雨暮晴 溪水沒石 內外不通 有似白登之圍[170] 人口無慮[171]四
十餘 恐粮地乏空 勘會槖藏 減饋平日之半 唯酒無量 或[172] 餘數十壺 諸君皆
不喜飮故也 聞有湖南士人奇大升輩十一人 亦阻雨 登[173]上峯未下云 雙磎・神

---

158) 噴 : 기유본에는 '濆'으로 되어 있고, 임술본 이후로는 '噴'으로 되어 있다.
159) 閃 : 경술본 이후로는 '殷'으로 되어 있다.
160) 錯 : 기유본에는 '零'으로 되어 있고, 임술본 이후로는 '錯'으로 되어 있다.
161) 燕 : 경술본 이후로는 '宴'으로 되어 있다.
162) 瞿塘峽……藏處也 : 경술본 이후로는 삭제되었다.
163) 一響歌……玩而已 : 경술본 이후로는 삭제되었다.
164) 迭作 : 병오본에는 '秩作'으로 되어 있고, 기유본 이후로는 '迭酢'으로 되어
   있으며, 경진본 이후로는 '迭作'으로 되어 있고, 갑오본은 이 부분이 逸失되
   어 알 수 없고, 경술본 이후로는 이 구절이 삭제되었다.
165) 迭作據石蹈舞 : 경술본 이후로는 삭제되었다.
166) 夕 : 경술본 이후로는 삭제되었다.
167) 誦又以 : 경술본 이후로는 삭제되었다.
168) 人 : 경술본 이후로는 삭제되었다.
169) 三妓與……偕出等 : 경술본 이후로는 삭제되었다.
170) 有似白登之圍 : 경술본 이후로는 삭제되었다.
171) 無慮 : 경술본 이후로는 삭제되었다.
172) 或 : 경술본 이후로는 '猶'로 되어 있다.

凝兩寺 皆在頭流心腹 碧嶺揷天 白雲鎖門 疑若人煙罕到 而猶不廢公家之役 羸粮聚徒 去來相續 皆至散去[174] 寺僧乞簡於州牧 以舒一分等[175] 憐其無告 裁簡與之 山僧如此 村氓可知矣 政煩賦重 民卒流亡 父子不相保 朝家方是軫念 而吾輩自在背處 優游暇豫 豈是眞樂耶 寅叔請題硯袱一句 植寫曰 高浪雷霆鬪 神峯日月磨 高談與神宇 所得果如何 剛而繼寫 溪[176]涌千層雪 林開萬丈靑 汪洋神用活 卓立儼儀刑

○ 二十三日 朝欲出山 玉崙飯送之 頭流大小伽藍 不知其幾 獨神凝水石爲最 昔與成仲[177]慮自上峯來尋 近三十載 後與河仲礪全夏來栖 又出二十載 二君皆已仙去 於今獨來 有若曾到河漢間[178] 茫然不知何日泛査來[179]也 法宮佛榻 揷起龍蛇牧丹 間以奇花 外面擧幮 亦揷桃菊花牧丹 五彩交輝 眩曜人目 皆是東土禪宮所未有也[180] 寺去求禮縣津頭二十里 去雙磎十里 去[181] 沙惠菴十里 去[182]七佛[183]十里 去[184]上峯一日道也 出到七佛溪上 玉崙・允誼 架木爲橋 橫截溪面 皆得穩步徐[185]渡 沿溪下 到雙磎越邊 慧通・愼旭 涉水來送之 健僧數人 同來護涉 又下六七里 下馬欲濟 前日養馬者及村夫數人 烹鷄燒酒來饋之 岳陽吏編竹爲橋[186] 皆得擔渡 溪水險急 白石粼粼 一行僕隷 亦無一人顚蹶者 可謂利涉矣 誰不欲利涉 猶時有利不利 抑命耶[187] 渡溪未十里許 靑龍與其壻[188]挈壺來 盤排魚肉 一似都市中物也 龍妻水金 舊

---

173) 登：경술본 이후로는 삭제되었다.

174) 皆至散去：경술본 이후로는 '不勝其苦'로 되어 있다.

175) 等： 경술본 이후로는 삭제되었다.

176) 溪：『龜巖集』「神興寺書寅叔硯匣袱」에는 '浪'으로 되어 있다.

177) 仲：경술본 이후로는 '中'으로 되어 있다.

178) 有若曾……河漢間：경술본 이후로는 삭제되었다.

179) 日泛査來：경술본 이후로는 '以爲懷'로 되어 있다.

180) 法宮佛……未有也：경술본 이후로는 삭제되었다.

181) 去：경술본 이후로는 삭제되었다.

182) 去：경술본 이후로는 삭제되었다.

183) 佛：경술본 이후로는 이 아래 '菴'자가 더 있다.

184) 去：경술본 이후로는 삭제되었다.

185) 步徐：경술본 이후로는 삭제되었다.

186) 橋：경술본 頭註에 '橋轎之誤'라 하였다.

187) 命耶：경술본 이후로는 '亦可戒也'로 되어 있다.

居京師 爲有通門之恩 來見寅叔・剛而 衆皆調戲之[189] 乘舟喫午飯 下泊岳
陽縣前 入[190]宿縣倉 剛而往見[191]族叔母於縣東數里許

○ 二十四日 晨曦白粥 登東嶺 嶺曰三呵息峴 嶺高橫天 登者數步三呵息
故名之 頭流元氣 到此百里來 偃蹇而猶未肯小[192]下者也 愚翁乘剛而馬 獨鳴
鞭先登 立馬第一峯頭 下馬據石而揮扇 衆皆寸寸而進 人馬汗出如雨 良久
乃至 植忽面折[193]愚翁曰 君憑所乘之勢 知進而不知止 能使他日趨義 必居人
先 不亦善乎 翁謝曰 吾已料君應有峭[194]說 吾果知罪 剛而顧視頭流 陰雲掩
翳 不知所在 乃嘆曰 山莫大於頭流 近在一望之中 衆人瞪目而視之 猶不得
見 況賢不能大於頭流 近不能接於目前 明不能察於衆見者乎 相與四顧流觀
東南面[195]蒼翠最高者 南海之殿也 正東之彌漫蟠伏 波浪[196]相似者 河東・昆
陽之山也 又東之隱隱嵩天如黑雲者 泗川之臥龍山也 其間如血脉之交貫錯
綜者 江河海浦之經絡去來者也 山河之固 不啻魏國之寶 臨萬頃之海 據百
雉之城 猶爲島夷小醜 重困蒼生 寧不爲萎緯[197]之憂乎 晚到橫浦驛 饑[198]甚
啗寅叔行箱中果子・乾雉 飮秋露一勺 午到頭理峴 下馬憩[199]樹下 渴甚 人
各飮冷泉數瓢下 忽有芒鞋襦直領人下馬 翩翩而過 見剛而 輒坐 問其所之
乃光陽校官也 有雄雉口桀口桀而鳴 李栢挾弓飮筈 邏繞之 雉忽飛去 衆皆
笑之 方在雲水中 非雲水則不入眼 纔到下界 所見無他 廣文之過 山鷄之飛
猶足以掛眼 所見如何不養乎[200] 夕到旌樹驛 舘前竪有鄭氏旌門 鄭氏 趙承宣

---

188) 與其壻 : 경술본 이후로는 삭제되었다.
189) 龍妻水……調戲之 : 경술본 이후로는 삭제되었다.
190) 前入 : 경술본 이후로는 삭제되었다.
191) 見 : 경술본 이후로는 이 아래 '其'자가 더 있다.
192) 小 : 경술본 이후로는 '少'로 되어 있다.
193) 忽面折 : 경술본 이후로는 '謂'로 되어 있다.
194) 峭 : 경술본 이후로는 '誚'로 되어 있다.
195) 面 : 경술본 이후로는 '間'으로 되어 있다.
196) 波浪 : 기유본에는 '波'로 되어 있고, 임술본 이후로는 '波浪'으로 되어 있다.
197) 緯 : 경술본 이후로는 '婦'로 되어 있다.
198) 饑 : 경술본 이후로는 '餓'로 되어 있다.
199) 憩 : 기유본에는 '偈'로 되어 있고, 임술본 이후로는 '憩'로 되어 있다.
200) 下忽有……不養乎 : 경술본 이후로는 삭제되었다.

趙承宣之瑞之妻 文忠公鄭[201]夢周之玄孫 承宣 義人也 高風所擊[202] 隔壁寒慄
知燕山不克負荷 退居十餘年 猶不得免 夫人沒爲城朝[203] 乳抱兩兒 背負神主
不廢朝夕祭 節義雙成 今亦有焉 看來高山大川 非無所得 而比韓鄭趙三君
子於高山大川 更於十層峯頭冠一玉也 千頃水面 生一月也 海山三百里 獲
見三君子之跡 於一日之間 看水看山 看人看世 山中[204]十日好懷 翻成一日[205]
不好懷 後之秉鈞[206]者 來此一路 不知何以爲心[207]耶 且看山中題名於石者多
三君子不曾入石 而將必名流萬古 曷若以萬古爲石乎 泓之又令饔人致饎於
驛 已四五日矣 李生員乙枝・曹秀才元佑來見 及昏 乙枝嚴君以酒來 趙光
珝亦來 夜就郵店 一室僅如斗大 佝僂而入 房不展脚 壁不蔽風 方初怫然[208]
如不自容 旣而四人抵[209]頂交枕 甘寢度夜 可見習狃之性 俄頃而便趍於下
也[210] 前一人也 後一人也 前入靑鶴洞 若登閬風 猶以爲不足 又入神凝洞 方
似上瑤池 猶以爲不足 又欲跨漢入靑[211]霄 控鶴沖空 便不欲下就塵寰 後之屈
身於圷螻之間 又將甘分然 雖是素位而安 可見所養之不可不高 所處之不可
小下也 亦見[212]爲善由有習也 爲惡由有狃也 向上猶是人也[213] 趨下亦猶是人
也[214] 只在一擧足之間而已

　　○ 二十五日 爲朝飯于驛舘者 各欲散去 黯然疚懷 暫許少頃留連也 寅叔居

---

201) 鄭 : 경술본 이후로는 삭제되었다.

202) 擊 : 경술본 頭註에 '擊激之誤'라 하였다.

203) 城朝 : 경술본 이후로는 '白爨'으로 되어 있다. 병오본에는 '朝'로 되어 있고,
　　기유본에는 '旦'으로 되어 있으며, 임술본 이후로는 '朝'로 되어 있다.

204) 山中 : 경술본 이후로는 삭제되었다.

205) 日 : 병오본 이후로는 '日'로 되어 있고, 경진본 이후로는 떨어져나갔다. 갑오
　　본은 이 부분이 逸失되어 알 수 없고, 경술본 이후로는 '日'로 되어 있다.

206) 鈞 : 경술본 이후로는 '勻從金'으로 되어 있다.

207) 心 : 경술본 이후로는 '懷'로 되어 있다.

208) 怫然 : 경술본 이후로는 삭제되었다.

209) 抵 : 경술본 이후로는 '觝'로 되어 있다.

210) 可見習……於下也 : 경술본 이후로는 삭제되었다.

211) 靑 : 경술본 이후로는 삭제되었다.

212) 所處之……也亦見 : 경술본 이후로는 삭제되었다.

213) 猶是人也 : 경술본 이후로는 삭제되었다.

214) 亦猶是人也 : 경술본 이후로는 삭제되었다.

漢城 剛而歸[215]泗川 愚翁歸[216]草溪 植居嘉樹 泓之居三山 行年五十·六十·近七十 各在數百里·五百里·近千里 他日盍簪 正似難期 寧不慨然惜別乎[217]剛而酌酒持滿曰 此別寧有說乎 擊目[218]忘言 果有是也 衆皆忘言 遽上馬去[219]到七松亭 登上高臺 舟渡多會灘 寅叔沿江而下 剛而更到一里而別 吾與愚翁 踽踽而來 茫然已失之矣[220] 夕宿雷龍舍[221] 又別愚翁 弦矢初分 落落晨星 當此沉懷 正似春女然[222] 諸君以余頻入頭流 因[223]知山間事者也 令余記之[224] 余嘗往來兹山 曾入德山洞者三 入[225]靑鶴·神凝洞者三 入[226]龍遊洞者三 入[227]白雲洞者一 入[228]獐項洞者一 豈直爲貪山貪水而[229]往來不憚煩也 百年齏計 唯欲借得華山一半 以作終老之地已 事與心違 知不得住[230] 徘徊顧慮[231] 涕洟[232]而出 如是者 十矣 於今匏繫田舍 作一行屍 此行又是難再之行 寧不悒悒[233] 嘗有詩曰 頭流十破死[234]牛脇 嘉樹三巢寒鵲居 又曰 全身百計都爲謬 方丈於今已背盟

---

215) 歸 : 경술본 이후로는 '居'로 되어 있다.

216) 歸 : 경술본 이후로는 '居'로 되어 있다.

217) 寧不慨……惜別乎 : 경술본 이후로는 삭제되었다.

218) 擊目 : 경술본 이후로는 '目擊'으로 되어 있다.

219) 衆皆忘……上馬去 : 경술본 이후로는 삭제되었다.

220) 茫然已失之矣 : 경술본 이후로는 삭제되었다.

221) 舍 : 경술본 이후로는 이 아래 '○二十六日'이 더 있다.

222) 弦矢初……春女然 : 경술본 이후로는 삭제되었다.

223) 頻入頭流因 : 경술본 이후로는 삭제되었다.

224) 諸君以……余記之 : 경술본 이후로는 뒤의 '方丈於今已背盟' 다음에 옮겨놓았다.

225) 入 : 경술본 이후로는 삭제되었다.

226) 入 : 경술본 이후로는 삭제되었다.

227) 入 : 경술본 이후로는 삭제되었다.

228) 入 : 경술본 이후로는 삭제되었다.

229) 而 : 경술본 이후로는 삭제되었다.

230) 知不得住 : 경술본 이후로는 삭제되었다.

231) 慮 : 경술본 이후로는 '戀'으로 되어 있다.

232) 涕洟 : 경술본 이후로는 삭제되었다.

233) 於今匏……不悒悒 : 경술본 이후로는 삭제되었다.

234) 死 : 기유본에는 '黃'으로 되어 있고, 임술본 이후로는 '死'로 되어 있다. 『莊子』「盜跖」에 '帶死牛之脅'이라 하였으니, '死'자로 쓰는 것이 옳은 듯하다.

諸君皆是失路之人 何但僕栖栖無所歸耶 祗爲沉酩者先道之 爲副封焉 南冥曹
植楗仲記[235]

書景賢錄後[236]

○ 先生相與執友同棲 鷄初鳴 共坐數息 他人纔過一炊皆失 獨先生歷歷
枚數 向明不失 此事親[237]聞於李[238]相長坤

○ 先生爲部參奉時 鬼服百戲 一依上官所指 後生以其苟從合汚爲嫌 先
生當時自知名重 不欲自別於庸人 非大賢以上[239] 固不及此矣

○ 先生始號爲[240]簑翁 曰雖逢大雨 外濕而內不濡 旣而改之曰 爲名以露
非渾然處世之道也 觀此兩事 則[241]先生德器謹厚 出於天性 人禍所不及者 而
終不免者 天也

○ 先生爲佐郞時 馳見辛進士永禧氏[242] 曰今日吾當絶君 觀今士氣 且類
東漢之末 朝夕禍起 如我則禍已迫矣 進退無及矣 請君遠遯鄕曲 不者 吾卽
相絶 肯聽我言否[243] 辛公忽[244]引去斜山下 號安亭 安亭[245]甞與南孝溫・洪裕
孫輩 結爲竹林羽士 文章行義 爲一時領袖 搢紳[246]東南行過者 無不禮於其門
觀此 則先生非不知時事幾微 豈是[247]不能見幾於未形者也[248]

---

235) 諸君皆……楗仲記 : 경술본 이후로는 삭제되었다.
236) 書景賢錄後 : 이 글은 병오본에는 없고, 기유본 이후로는 補遺에 들어 있으
    며, 경진본 이후로 본집에 들어 있다.
237) 親 : 경술본 이후로는 삭제되었다.
238) 李 : 경술본 이후로는 이 아래 '貳'자가 더 있다.
239) 以上 : 경술본 이후로는 삭제되었다.
240) 爲 : 경술본 이후로는 삭제되었다.
241) 觀此兩事則 : 경술본 이후로는 삭제되었다.
242) 氏 : 경술본 이후로는 삭제되었다.
243) 不者吾……我言否 : 경술본 이후로는 삭제되었다.
244) 忽 : 경술본 이후로는 '遂'로 되어 있다.
245) 安亭 : 경술본 이후로는 삭제되었다.
246) 紳 : 경술본 이후로는 이 아래 '之'자가 더 있다.
247) 不知時……微豈是 : 경술본 이후로는 삭제되었다.
248) 也 : 경술본 이후로는 삭제되었다.

○ 先生之貳於佔畢齋 亦不得無議於他日 此實先生不得不貳之地也

○ 先生於秋江病革之時 往問之 拒不相見先生與一友生 排戶直入[249] 秋江面壁而臥 終無一語與訣 秋江曾與先生相絶故也 秋江相絶[250] 未知爲何事也 獨計先生何嘗有失於名教者乎 恐秋江見高 已知士禍熾[251]發 曾[252]欲絶交息遊[253]者耶 先生欲絶安亭 秋江已絶先生 時事艱危 有非哲人所不能免者耶[254]

○ 李長吉 非有別人也 一時名類 殆未易敵此 當時稱子賀・希剛 共生一家 俱是間氣所會 子賀文章 三倍甲科 當時有一好事者 觀之曰 兩君皆爲當國[255]之器 子賀宜出而爲將 希剛當入而爲相 子賀喜曰諾 因決武擧 及後狼戾無狀 人爭唾罵 秋江論寒喧門人 茂才篤行 如其師者 有李長吉云[256]

249) 拒不相……戶直入 : 경술본 이후로는 삭제되었다.

250) 秋江曾……江相絶 : 경술본 이후로는 삭제되었다.

251) 熾 : 경술본 이후로는 '將'으로 되어 있다.

252) 曾 : 경술본 이후로는 삭제되었다.

253) 絶交息遊 : 경술본 이후로는 '息交絶遊'로 되어 있다.

254) 先生欲……免者耶 : 경술본 이후로는 삭제되었다.

255) 國 : 본래 '谷'자로 되었던 듯하다. 『退溪集』 「答李剛而」에 "最末條 兩君皆有 當谷之器 谷字未知何義耶 更詳處之爲佳"라 하였다.

256) 李長吉……長吉云 : 경술본 이후로는 이 문장 전체가 삭제되었다.

補遺

詩

　五言

遊神凝洞[1]

水吐伊祈璧　山濃靑帝顔　謙誇無已甚　聊與對君看

神凝寺題姊兄寅叔硯袄[2]

高浪雷霆鬪神峯日月磨高談與神宇所得果如何

---

* 여기에 실린 글은 飜譯底本인 乙酉後板에 없는 南冥의 詩文을 모아 을유후판
　의 편집 순서대로 분류해놓은 것이다. 『南冥集』의 여러 판본 가운데 갑오본과
　경술본 이후로만 續集이 있는데, 이들 續集에 있는 詩文을 모두 校勘하여 수록
　하였다. 또한 번역저본인 을유후판 이전의 판본에만 실려 있는 것도 발췌하여
　異本이 있을 경우 校勘해 수록하였으며, 기타 다른 글 속에 들어 있는 것도 가
　능한 한 수집하여 수록하였다. 그러나 이 외에도 남명 선생의 詩文이 더 散在
　되어 있을 것으로 예상된다.
1) 이 시는 南冥이 지은 「遊頭流錄」에 실려 있다.

贐別張郡守弼武[3]

書劍元無異　交情惟義(缺)　君如飛食肉吾類坐禪師只恨初相識奈如此別離行
裝一破襪脫屣肯留思

輓金七峯[4]

七載行人國　主人猶有言　颶風吹海立　魔睡和憂繁　魏北寒(缺)日　淮南煖複褌
歸來桑梓日　何遽上乘雲

贈金七峯[5] 并序

求田問舍言無可采徒枉了貴人

駪駪之子路頭玉何亭亭 (缺)

贈金師魯[6]

人鬼回頭面　非天只在斯 (缺)

輓金師魯[7]

大夫學問人　玉操氷爲瓶　雙栢共桑梓　四兒看典刑

---

2) 이 시는 남명이 지은 「遊頭流錄」에 실려 있다. 「遊頭流錄」에 "剛而繼寫 溪湧
千層雪 林開萬丈靑 汪洋神用活 卓立嚴儀刑"이라 하였고, 『龜巖集』에는 이 시
의 제목을 '神興寺題李寅叔硯袱'이라 하였다.

3) 이 시는 『灆溪集』 「襄烈公柏冶張公行狀」에 나온다.

4) 輓金七峯 : 이 시는 갑오본 續集에 실려 있으나, 경술본 이후로는 삭제되었다.

5) 『東岡集』 「先君子七峯先生遺事」에 보인다. 이 시는 갑오본 續集에 '贈金七峯
希參'이란 제목으로 실려 있는데, 序文이 없다. 경술본 이후로는 삭제되었다.

6) 失題 : 이 시는 『東岡集』 「先君子七峯先生遺事」에 보인다.

7) 이 시는 갑오본 續集에 실려 있으나, 경술본 이후로는 삭제되었다.

七言

輓金師魯[8]

題曾文錦學曾優　補闕歸來補海陬　唯有神君寧有侮　縱多男子不多優　倻川土
赤耕莘野　直峴川黃喚首丘　頭白故人三百里　憶君何處見揚休

失題[9]

頭流十破死牛脇　嘉樹三巢寒鵲居　（缺）

失題[10]

全身百計都爲謬　方丈於今已背盟　（缺）

詠梅鶴[11]

雙鶴身同三作口　三山家在四爲隣　（缺）

次武陵韻[12]

光風習習醺千里　高鶴飄飄下十洲　（缺）

---

8) 이 시는 『南冥別集』 金七峯條에 나온다.
9) 이 시는 「遊頭流錄」에 나온다.
10) 이 시는 「遊頭流錄」에 나온다.
11) 이 시는 金宇顒이 지은 「南冥先生言行錄」에 나온다.
12) 이 시는 權鼈이 지은 『海東雜錄』 曹植條에 나온다.

永慕堂[13]

遺墟寥落號樹[14]風　抱碧前頭肯構同　欲識箇中追慕意　高山無極水無窮

又[15]

蓼蓼莪蒿歎昊天　依依桑梓舊風烟　從知此感非由我[16]　到此人人覺愴然

銘

銅雀硯銘[17]

一片漢土　千燔未化　漆身呑炭　心可知也

失題[18]

雷則晦冥　龍則淵海

---

13) 이 시는 병오본과 기유본에만 실려 있고, 임술본 이후로는 삭제되었다.『晉陽誌』永慕堂條에는 '遺墟寥落詩 謂退溪先生詩'라 하였다.『新庵實記』에도 그렇게 되어 있다.

14) 號樹 : 기유본에는 '樹號'로 되어 있다.

15) 이 시는 병오본과 기유본에만 실려 있고, 임술본 이후로는 삭제되었다.『晉陽誌』永慕堂條에는 '蓼蓼莪蒿詩 謂黃錦溪俊良詩'라 하였다.『新庵實記』에도 그렇게 되어 있다.

16) 我 :『晉陽誌』에는 '外'로 되어 있다.

17) 이 銘은 병오본과 기유본에는 들어 있는데, 임술본 이후로 삭제되었다.

18) 이 銘은 金宇顒이 지은「南冥先生言行錄」에 나온다.

書

答李晦齋 彦迪[19]

寧[20]有呈身擧子乎 獨念古人歷仕四朝 立朝僅四十日 吾知相公解歸田里之日不久 當角巾相尋於安康里第 尙未晩也

答盧子膺 禛[21]

植[22]累承恩命 禮宜一進拜闕 栖遲都下 更欲何爲耶 令[23]公朝夕入朝 若無行道之事 而久留不退 亦未免苟祿也

答李芑[24]

相公以植棄擧業入山林 意或積學有見 而不知被欺已多矣 此身多病 仍投閒靜 只爲保得餘生 義理之學 非所講也

答李剛而 禎[25]

君礪家事 一朝零落至此 甚可痛可痛

---

19) 이 편지는 갑오본과 경술본 이후로 續集에 들어 있다. 갑오본에는 '晦齋'가 '復古'로 되어 있다. 이 글은 본래 「解關西問答」 가운데 들어 있는 것으로, 거기에 '復古'라고 일컬었으니, '復古'라고 하는 것이 옳을 듯하다.
20) 寧: 경술본에 頭註에 '書頭脫'이라 하였다.
21) 이 편지는 갑오본과 경술본 이후로 續集에 들어 있다. 이 글은 원래 金宇顒이 지은 「行錄」에 들어 있던 것이다.
22) 植: 「行錄」에는 '某'로 되어 있다.
23) 令: 「行錄」에는 '明'으로 되어 있다.
24) 이 편지는 갑오본과 경술본 이후로 續集에 들어 있다. 이 글은 원래 鄭仁弘이 지은 「行狀」에 들어 있던 것이다.
25) 이 편지는 갑오본과 경술본 이후로 續集에 들어 있다.

答鄭天賚[26]

冬春爲旱 霈澤遍加[27] 第惟措大以我之故 而重跡五百里外[28] 滯在空山 毋亦厚誣君子哉 溪漲又難通問 委寄問字[29] 以代阻簡面目 居窮無以資一夕廚傳[30] 益自愧謝[31] 天日開霽應過我門 俟面討 姑謝復

失題[32]

此何等時也 何等地也 虛僞之徒 盡是麟楦 於此而儼然冒處賢者之位 若宗匠然 可乎箕子之佯狂 非關商室之興亡 身處明夷 欲不以聖賢自居也 近日之寒暄・孝直 皆不足於先見之明 況如我者乎 吾欲渾渾處世 無異於杯酒間人也 亦何叫呶使氣 若忘物者然乎 今吾只是自守基身 邁邁逃走重名之下耳 老夫非無所見而然也

答鄭道可 述[33]

春日載陽 匹馬尋山 (缺)

與權學官應仁書[34]

艱深積懷 容易倏別 了未展舒 還增忘了宿懷 初不似不見之爲愈也 今因金奉事 想行到水營 不知幾日淹行耶 所達五柱 未經令鑒耶 必須令公宴坐

---

26) 이 편지는 갑오본과 경술본 이후로 續集에 들어 있다.
27) 加 : 갑오본에는 이 아래 '可謂李德雨矣' 6자가 더 있다.
28) 重跡五百里外 : 갑오본에는 이 6자를 뒤의 '措大' 다음에 옮겨놓았다.
29) 字 : 갑오본에는 이 아래 '隆以筆路八十面面面' 9자가 더 있다.
30) 廚傳 : 갑오본에는 '行廚'로 되어 있다.
31) 謝 : 갑오본에는 이 아래 '愧謝' 2자가 더 있다.
32) 이 편지는 金宇顒이 지은 「南冥先生言行錄」에 나온다.
33) 이 편지는 갑오본 續集에 실려 있다.
34) 이 편지는 기유본에 와서 비로소 실렸으나, 임술본 이후로는 삭제되었다.

務屛之時乃發 不要亟達 只恐公行遽發 無路更陳耳 老夫行年七十 百不開
心 唯見一寸墓道 未有子弟 一朝長辭 山路艱阻 輸出屍柩 直一所難 如知運
盡之日 返簀先丘 以順王命 唯此而已 公須探使相所料 以實示破 年到從心
寧有一分吝情耶 只計必欲知之者 惑也 古之處死生之道 則不如是也 他日
更奉 定是冥冥 不堪悠悠 謹白

失題[35]

昨進履洞 則侍者移次 不利而還 終宵耿悵 卽候 兄仕履如何 兄之自嶺還
後 尙靳一枉 豈麋於職事而然耶 就家有未經痘兒 臘日兎肉 連歲得饋 而今
年則無可得處 貴曹例有分來者 其可送惠耶 都留一穩 不備 老悚

答人書贈[36]

雪丈 書重物何 書可物否 留可還否

記

三[37]憂堂文公墓祠記[38]

高麗左司諫大夫文公之墓 在於江城縣之北[39]葛蘆介山 建文二秊 朝廷命以
禮葬之[40] 置戶守塚[41] 公諱益漸 字日新 江城人也 少好學 有行義 至正庚子

---

35) 이 편지는 남명의 親筆 書簡에서 나온 것으로, 『南冥學硏究』 창간호 및 제2
   집에 실려 있다.
36) 이 편지는 기유본 補遺에 들어 있다가, 임술본 이후로는 삭제되었다.
37) 三 : 갑오본에는 이 위에 '江城縣' 3자가 더 있다.
38) 이 記는 갑오본과 경술본 이후로 續集에 들어 있다.
39) 北 : 갑오본에는 '西'로 되어 있다.
40) 之 : 갑오본에는 이 아래 '者也其葬之也' 6자가 더 있다.

登第 歷仕 至右文館提學 至國朝太宗大王 追嘉公功行 贈參知議政府事藝文
館提學 封江城君 諡忠宣 世宗大王 特加秩 封富民侯 當[42]至正季間 公[43]以書
狀官如元 値國事之艱屯 謫于南荒 比三秋而釋還 中道 見木綿花 不顧重禁
潛藏而來 以蕃于東方 至使三韓之生靈 得蒙萬世之澤 其爲功也 豈云小哉
然非公忠節 觸犯時諱 至有南廣之行 安得移其種於海外也 夫[44]以一身之羈
旅 而惟衛國澤民是爲者 吾於公 見之矣 國朝之所以特用寵命而襃賞之者宜
也 天順五季 建祠道川 春秋享之 亦自上特命 而鄉人爲之成者也 公事親盡
其道 未嘗須臾離側 雖在官 以一季不再休爲憂 及自萬里遐荒 五載而歸 惟
以反面爲急 在元朝辭職[45]在於拜職之十餘日 在本國 休職亦在拜職之未五日
識者以爲公思親之心 能不忘於憂患富貴之中[46] 後持母服 廬於墓[47] 値倭寇陸
梁 人皆逃竄 公以衰経 號哭饋奠 如平常 賊亦感歎 斫木書勿害孝子四字而
去 此乃洪武十六季 命勒石而旌之者也 晚季 見麗運將訖 稱疾不仕 當羅麗
之際 雖有薛弘儒・崔文獻 爲能倡學 而降及季葉 滅裂陵夷 學校頹弊 世皆
逃於釋氏 公獨慨然强勉學業 示後學之歸趣 自稱三憂居士 三憂者 憂王國之
不振 憂聖學之不傳 憂己道之不立也 後雖復一出 盖亦有爲 缺[48]

涵虛亭記[49]

嘉靖丁未春 金令公秀文增[50]斯亭 其廢也小如苫[51] 其復也大如楚[52] 靜而默

---

41) 塚：갑오본에는 이 아래 8자가 빠진 공간이 있고 뒤에 '氏也觀感於令人氏而
　　敍之者鄉人也' 15자가 있다. 그리고 「附考異」에 '敍之敍恐誤'라 하였다.

42) 當：갑오본에는 이 위에 '其所謂功者' 5자가 더 있다.

43) 公：갑오본에는 이 자가 없다.

44) 其爲功……外也夫：갑오본에는 이 33자가 없고, 경술본 이후로는 원래대로
　　들어 있다.

45) 職：갑오본에는 이 아래 '旣' 1자가 더 있다.

46) 識者以……貴之中：갑오본에는 이 19자가 없고, 경술본 이후로는 원래대로
　　들어 있다.

47) 廬於墓：갑오본에는 이 3자가 없다.

48) 缺：갑오본에는 이 자가 없으나, 「附考異」에 '有爲以下闕'이라 하였다.

49) 이 記는 병오본에는 없고, 기유본 이후로는 補遺에 들어 있으며, 경진본 이후
　　로는 文集의 目錄에는 들어 있으나 본문은 빠져 있다. 갑오본과 경술본 이후

會[53]　雲八夢九　都在一鏡中也　萬物無實於太虛　虛則[54]涵之而白　內方而制外
抑見見者扁之　聞聞者構之耶[55]　嘗聞觀室者觀其隅　乾坤之與六位　幷列於八
方而爲隅　方於隅者　庸非虛中出者耶　捨東楹辭燕樓　必於淵淵地會神者　殆
於謀野之意乎　金令公拔自弓劍　討文如儒　斲輪意匠[56]　不以指稽　此[57]爲政之
緖餘　未足觀其人之大方也　惜乎　其人去而其政亦去之　獨心跡之所留者　猶
在是也　後之入室者　當不以室視之　其人視之　可也

碑誌

贈嘉善大夫　戶曹參判　兼同知義禁府事　李公　神道碑銘　幷序[58]

嘉靖皇帝三十有九季　庚申春　王命左副承旨李楨曰　歸寧爾母　予嘉乃忠孝　賜
爾母養需若干　爾往無逆我　是季秋八月　申命留後　尹玆東京　將母故也　王曰　贈
爾父湛爵嘉善大夫　戶曹參判兼同知義禁府事　母鄭氏貞夫人　祖以蕃通政大夫工
曹參議　祖母曺氏淑夫人　曾祖孟柱通訓大夫通禮院左通禮　曾祖母鄭氏淑人　君
子曰　孝莫大乎成其親　成身次之　其斯之謂歟　李氏之先　泗水縣人　系出高麗　進
士世芳　有子曰彥　生員　生員有子曰兹[59]　生員爲潭陽教授　教授有子曰彛倫　進士
以孝聞　特命敍　是[60]公之曾王父也　參議娶曺氏　訓鍊院參軍慶武之女　生公[61]　公

로는 '重修涵虛亭記'로 제목이 바뀌어 본집에 실려 있다.

50) 增 : 경술본 이후로는 '新'으로 되어 있다.

51) 如莒 : 경술본 이후로는 '而'로 되어 있다.

52) 如楚 : 경술본 이후로는 삭제되었다.

53) 默會 : 경술본 이후로는 '觀之'로 되어 있다.

54) 則 : 경술본 이후로는 이 아래 '必有' 2자가 더 있다.

55) 之而白……構之耶 : 경술본 이후로는 모두 삭제되고, '矣' 1자만 더해놓았다.

56) 斲輪意匠 : 경술본 이후로는 '此是斲意'로 되어 있다.

57) 此 : 경술본 이후로는 '然亦'으로 되어 있다.

58) 이 碑銘은 갑오본과 경술본 이후로 續集에 들어 있는데, 갑오본에는 '幷序' 2
자가 없다.

59) 兹 : 갑오본에는 '滋'로 되어 있으나, 『龜巖集』에는 '禾+玆'로 되어 있다.

60) 是 : 『龜巖集』 「世系」에는 이 아래 '參判' 2자가 더 있다.

字彦淑 恪孝卑牧[62] 未嘗與物有忤[63] 其敎子 未嘗少懈 家寶元龜 不有拱璧 異時
榮饗五鼎者 庸非前日樹福之致耶 享季六十有三 葬于泗川之龜 巖大塋之下 因
舊庄也 娶[64]鄭氏 議政府左贊成臣重之曾孫 谷山訓導賢孫之女 生府尹府尹始逾
弱冠 甲魁文昌 四持外符 四歷參議 纔出銀臺 又入薇垣 每以親老乞外 篤[65]學
不倦 常[66]於朴實頭做工 曾服中廟·仁考兩大王喪 又執親喪 啜粥柴毁[67] 主上
聞之命陞通政[68] 有[69]子曰應寅業文[70] 應寅[71]子二人[72] 曰虎燮曰鯤燮[73] 銘曰 李氏
之先麗季有聞 文儒申申 簪笏中淪 沈桂遺香 在公載芬 十水橋東 泗川西歸 龜
山蒼蒼 公白其衣 槐樹陰陰 植者王祜 山含玉韞 降以申甫 振振家子 蹇蹇王
臣[74] 朱紱新加 寵傾神人 喧驚紫府 公作上賓[75]

題鄭月潭思賢墓碣[76]

秀士鄭君之墓 系之以文曰 君早年業文未경술就 尙能裕父之蠱

---

61) 公:『龜巖集』「世系」에는 '參判'으로 되어 있다.『龜巖集』「世系」에는 이 아
래 "參判娶鄭氏 議政府左贊成臣重之曾孫 谷山訓導賢孫之女 生府尹 府尹有子
曰應寅 業文 有庶弟曰栢 應寅有孺子二人焉 曰虎燮 曰鯤燮 毛髮未成 猶是汗血
駒也"라고 되어 있는데, 갑오본과 본 이후로 위와 같이 바꾸어놓았다.

62) 牧:『龜巖集』「世系」에는 이 아래 '執文未就' 4자가 더 있다.

63) 忤: 갑오본에는 이 아래 '執文未就' 4자가 더 있다.

64) 娶:『龜巖集』「世系」에는 이 위에 '參判' 2자가 더 있다.

65) 篤:『龜巖集』「世系」에는 이 위에 '常' 1자가 더 있다.

66) 常:『龜巖集』「世系」에는 '已'로 되어 있다.

67) 毁:『龜巖集』「世系」에는 이 아래 '幾滅性' 3자가 더 있다.

68) 政:『龜巖集』「世系」에는 이 아래 '忠孝雖其性分內事 亦由於先祖之遺風 騏
驥之子 其騏驥乎 其求神道碑 不於鍾鼎大手 徵諸韋布破褫 抑以爲器取匏者耶'
가 더 있다.

69) 有:『龜巖集』「世系」에는 이 위에 '府尹' 2자가 더 있다.

70) 文:『龜巖集』「世系」에는 이 아래 '有庶弟曰栢' 5자가 더 있다.

71) 寅:『龜巖集』「世系」에는 이 아래 '有孺' 2자가 더 있다.

72) 人:『龜巖集』「世系」에는 이 아래 '焉' 1자가 더 있다.

73) 燮:『龜巖集』「世系」에는 이 아래 '毛骨未成 猶是汗血駒也' 10자가 더 있다.

74) 振振家……蹇王臣:『龜巖集』「世系」에는 '王臣蹇蹇 家子振振'으로 되어 있다.

75) 賓:『龜巖集』「世系」에는 이 아래 '徵士昌山曹植撰' 7자가 더 있다.

76) 이 墓碣은 갑오본과 경술본 이후로 續集에 들어 있다.

疏

失題[77]

臣老甚　病深罪深　不敢趨命　宰相之職　莫大於用人　今乃不論善惡　不分邪正

雜著

知足堂趙公遺事[78]

公季八歲　往學于先公執義同季　同季居蝟淵山下村　而其時方伯　亦執義同季也　曾聞公屹有異才　自到界之初　思欲一訪　則公時在蝟淵村　方伯直到蝟淵上　使同季率公來　公容貌動人　言辭閒雅　方伯曰　果如前所聞　因呼四韻　皆立對[79]　有幾箇青蒲多少節之句　方伯益奇之　執手歎賞曰　監察雖早死　此兒必鳴世以　顯父母矣

公雄文巨筆　獨步一世　生進兩試　皆爲壯元　而國法一人不得爲兩壯元　故爲生員第一・進士第二　又於重試壯元　故人號其所居　爲三壯元洞

公以淸白冠於時　同州鄭承旨誠謹　亦以淸白稱　龔天使用卿　奉使本國　務從簡嚴　人皆敬憚　有人以胡地黃毛爲筆　白金爲筕而進之　龔公愛其行墨稱意　去筕而取之　國人竊言　公無以潔白自高　吾國亦有趙某・鄭某云

公每遇先忌　極其哀慕　前一夕　必於正堂　設位具饌　奉主出就　整容齊遫　雞鳴以祭　前夕奉主　雖非禮經　其愛敬兼至　淶致如在之誠　雖趙淸獻之桂像寢室　不足多也

公一生讀古人書　以扶世道・立人紀爲己任　士林倚以爲重　嘗曰　事親當盡孝　事君當盡忠及其立朝也　不爲威屈　不爲勢誘　淸謹自守　正色直諫　人以爲

---

77) 이 疏狀은 鄭仁弘이 지은 「南冥先生行狀」에 보인다.

78) 이 글은 갑오본과 경술본 이후로는 續集에 실려 있다.

79) 對 : 갑오본에는 '答'으로 되어 있다.

汲長孺復生也 燕山在東宮以輔德 朝夕進講 燕山甚苦之 及卽位 遇害 當其
被刑也 雷霆暴起 風雨大作 人皆曰正人之死 天知之也

永慕齋李公行錄後識[80]

故典醫監正 永慕齋李公 植之外王父之高祖也 戊子仲秋[81] 植[82]爲先公碣
銘 閱繹遺稿 至公[83]季譜若行狀草 具未就 不覺泫然長吁也 天何嗇吾父之[84]
壽 而志未能遂[85]也 奉仕二十餘季[86] 抑亦靡鹽而未遑歟[87] 自疎幹蠱之才[88] 敢
辭司馬氏之毌忘耶 季譜 譜其季也 出處・顯晦・酬述・生卒諸件 貫解縷
析[89] 昭始詳終然 後乃可 而頗有碍錯 姑難成緖狀其行 則間相參考[90] 柯則在
茲 噫 公儉德林泉 不以祿榮 切[91]磨諸賢 闢邪扶正 志可則而學亦淳[92]矣 缺[93]
帝眷于誠 齋降玉粒 五十廬墓 終身而慕 其孝行至而[94]篤矣 後知之追述先覺
庸近過實 而如公之[95]行 有如雕芝蘭而難爲馨也[96] 公[97]諱棩 字直卿其[98]系別

---

80) 이 글은 갑오본과 경술본 이후로는 續集에 실려 있다. 1908년에 撰한 『三嘉縣
邑誌』에도 실려 있는데, 거기에는 '李永慕齋棩實記'로 되어 있다.
81) 秋:『三嘉縣邑誌』에는 이 아래 '之下澣' 3자가 더 있다.
82) 植:『三嘉縣邑誌』에는 '擬'로 되어 있다.
83) 公:『三嘉縣邑誌』에는 '永慕齋'로 되어 있다.
84) 吾父之:『三嘉縣邑誌』에는 '其'로 되어 있다.
85) 遂:『三嘉縣邑誌』에는 이 아래 '行幾使泯' 4자가 더 있다.
86) 季:『三嘉縣邑誌』에는 '年餘'로 되어 있다.
87) 歟:『三嘉縣邑誌』에는 이 자가 없다.
88) 才:『三嘉縣邑誌』에는 '妾'로 되어 있다.
89) 析:『三嘉縣邑誌』에는 '釋'으로 되어 있다.
90) 相參考:『三嘉縣邑誌』에는 '嘗竊取'로 되어 있다.
91) 切:갑오본과 『三嘉縣邑誌』에는 '倡'으로 되어 있다.
92) 淳:『三嘉縣邑誌』에는 '純'으로 되어 있다.
93) 缺:갑오본과 『三嘉縣邑誌』에는 이 자가 없다.
94) 其孝行至而:『三嘉縣邑誌』에는 '孝旣至而行又'로 되어 있다.
95) 之:갑오본에는 이 아래 '學與' 2자가 더 있고,『三嘉縣邑誌』에는 이 아래 '志
與學者若' 5자가 더 있다.
96) 也:『三嘉縣邑誌』에는 이 아래 '然則談龍而畫蛇者 非吾之忘拙也耶' 15자가
더 있다.

之宗 則邵城侯某[99] 其始也 四世公侯 三世卿相 七世而侍中 諱作臣 始居嘉

鄉之吐洞 卽公之王考[100] 考[101]少監諱漸[102] 赫世華閥 太史有記 至行懿德 棹

楔是旌[103] 足使曠感千載 屹砥頹波也夫 於是而記焉 庶可邃先人之志 而或不

泯公之行也歟 皇明嘉靖八季[104]己丑三月上弦 外孫 昌山 曹植 謹識[105]

冶隱吉先生傳[106]

吉再字再父 善山海平人 季十八 就商山司錄朴賁 受論語‧孟子 又隨父

元進 至松都遊牧隱‧圃隱‧陽村之門 始聞性理之學 事父母至孝 又善事庶

母盧 率富妻 爲儉勤 登第爲門下注書 洪武二十三季庚午 恭讓王立 邃退居

鳳溪 後除官不赴 及恭讓卒 爲之方喪三季 我太宗時 以太常博士被徵 辭不

就 守不事二姓之義 謹於喪 不用浮屠 每中夜而寢 鷄鳴而起 具衣冠 謁[107]祠

堂及先聖像 退于書堂 對案危坐講學 竟日忘倦 陽村卒心喪三季 朴賁卒 又

如之 學者稱爲冶隱先生 遠近學徒四集 緇流感悟反本者 數十 缺[108]

<hr>

97) 公 : 『三嘉縣邑誌』에는 이 아래 '姓李' 2자가 더 있다.

98) 其 : 『三嘉縣邑誌』에는 이 위에 '序' 1자가 더 있다.

99) 某 : 『三嘉縣邑誌』에는 이 자가 없다.

100) 考 : 갑오본과 『三嘉縣邑誌』에는 '父也'로 되어 있다.

101) 考 : 갑오본과 『三嘉縣邑誌』에는 이 자가 없다.

102) 漸 : 갑오본과 『三嘉縣邑誌』에는 이 아래 '卽公之考也' 5자가 있다.

103) 旌 : 『三嘉縣邑誌』에는 이 아래 '其牖迪之學 激感之誠' 9자가 더 있다.

104) 八季 : 『三嘉縣邑誌』에는 이 2자가 없다.

105) 外孫昌……植謹識 : 『三嘉縣邑誌』에는 이 8자가 없다.

106) 이 글은 갑오본과 경술본 이후로는 續集에 실려 있다.

107) 謁 : 갑오본에는 이 위에 '晨' 자가 더 있다.

108) 缺 : 갑오본에는 이 자가 없으나, 「附考異」에 '數十此下缺'이라 하였다.

후기

　이 책은 1995년 2월 경상대학교 남명학연구소에서 교감하고 번역하여 출판한 교감국역 『남명집』(이론과실천사)의 수정판이다. 번역본이 출간된 뒤, 학계 여러 분들의 질정을 받아 수정하고 보완하는 작업을 꾸준히 해오다, 이제 그 수정본을 내게 되었다. 특히 고려대학교 한문학과 이동환 교수께서 꼼꼼하게 지적해주신 데 대해, 이 자리를 빌려 깊이 감사의 말씀을 드린다. 첫술에 배부르지 않듯이, 번역도 부단히 다듬고 수정하는 일이 거듭되어야 함을 다시 한번 절감해본다.

　이 책의 번역은 처음 번역을 담당했던 사람들이 그대로 맡았다. 본집의 시(詩)는 허권수(許捲洙) 교수, 부(賦)·명(銘)·기(記)·발(跋)은 이상필(李相弼) 교수, 서(書)는 최석기(崔錫起) 교수, 묘지(墓誌)는 황의열(黃義洌) 교수, 소(疏)·논(論)은 윤호진(尹浩鎭) 교수, 잡저(雜著)는 장원철(張源哲) 교수가 번역하였으며, 보유의 시·명은 허교수, 서는 최교수, 기·소·묘지는 윤교수, 잡저는 장교수가 번역하였다.

　남명 선생이 "나는 고문(古文)을 배우고자 하였지만 성취하지 못하였다. 퇴계의 문장은 본디 금문(今文)이지만, 도리어 그는 성취하였다. 비유컨대 나는 비단을 짜다가 천을 완성하지 못한 격이고, 퇴계는 명주를 짜서 천을 완성하였으니 세상에 쓰일 만하다"고 하였듯이, 남명 선생의 글은 선진 고문(先秦古文)에 가까워 난해하기 그지없다. 산문도 물론이려니와, 특히 시는 학자들에 따라 해석이 구구한 것도 있다. 수정판을 내면서 선생의 정신을 독자들에게 온전히 전하고 싶은 것이

번역자들의 마음이지만, 역시 미진한 점이 적지 않을 것이다. 제현(諸賢)들의 기탄 없는 질정을 다시 한 번 부탁드린다.

금년이 남명 선생과 퇴계 선생이 태어나신 지 500주년이 되는 해이다. 성호 선생(星湖先生)이 언급한 것처럼, 퇴계 선생과 남명 선생은 우리나라에 문명의 극치를 이룩하신 분들로, 영원히 우리 민족의 가슴 속에 살아계실 대학자시다. 대구시와 경상북도에서는 퇴계 선생을, 경상남도에서는 남명 선생을 추모하는 행사가 다양하게 펼쳐지는 이 뜻깊은 해에, 남명 선생의 시문을 다시 번역해 세상에 내놓게 되니, 감개무량할 수밖에 없다.

끝으로 이 책을 선뜻 출판해주신 한길사 김언호 사장님 및 애써주신 여러분들께 깊은 감사를 드린다. 아무쪼록 철저한 구도자의 자세로 한 점 티끌도 마음에 용납하지 않으셨던 남명 선생의 깨끗한 도덕과 천왕봉처럼 우뚝한 정신이 오늘날 새롭게 인식되어, 이 땅에 청렴한 도덕성이 밑바탕이 되어 정의가 구현되는 사회가 하루 빨리 이루어졌으면 하는 바람 간절하다.

2001년 10월 10일
후학 최석기가 삼가 쓰다.

남명 조식 선생의 연보

1501년(1세) 연산군 7년, 음력 6월 26일 진시(辰時 : 오전 7시에서 9시 사이) 경상도 삼가현(三嘉縣) 토동(兎洞 : 현 경상남도 합천군 삼가면 외토리)의 외가에서 태어나다. 자는 건중(楗仲), 호는 남명(南冥) 또는 산해(山海)·방장노자(方丈老子)·방장산인(方丈山人), 본관은 창녕(昌寧). 아버지는 승문원(承文院) 판교(判校)를 지낸 조언형(曺彦亨), 어머니는 인천 이씨(仁川李氏)이며 충순위(忠順衛) 이국(李菊)의 따님이다.

1507년(7세) 중종 2년, 아버지로부터 글을 배우다.
『시경』(詩經)·『서경』(書經) 등을 입으로 가르쳐주면 바로 외워 잊지 않았다. 독려하지 않아도 부지런히 공부하였다.

1509년(9세) 중종 4년, 병이 들어 위독했으나 이를 걱정하는 어머니를 보고 "하늘이 사람을 태어나게 한 것이 어찌 우연이겠습니까? 지금 제가 다행히 장부로 태어났으니 하늘이 저에게 부여한 사명이 반드시 있을 것입니다. 어찌 지금 갑자기 요절할까 걱정할 것이 있겠습니까?"라 하여 주위를 놀라게 하다.

1515년(15세) 중종 10년, 아버지가 단천 군수에 임명되어 임지로 따라가서 살다. 이곳에서 생활하는 동안 유교·경전뿐만 아니라 후세 학자들의 주석서를 비롯, 제자백가(諸子百家)·천문(天文)·지리(地理)·의학(醫學)·수학(數學)·병법(兵法) 등을 두루 공부하여 안목을 크게 넓혔고, 관아에 있는 동안 직접 행정체제의 불합리성과 아전들의 농간, 백성들의 곤궁상 등 현실의 문제점들을 직접 목격하였다.

1518년(18세) 중종 13년, 아버지를 따라 서울 장의동(藏義洞)으로 돌아오다. 이 시기부터 깨끗한 그릇에 물을 가득 담아 꿇어앉아 두 손으로 받쳐들고서 기울어지거나 흔들리지 않은 채로 밤을 새우며

자신의 뜻을 가다듬는 것과 띠에 쇠방울을 차고 다니며 그 소
리를 듣고 정신을 깨우쳐 자신을 성찰하는 자기수양 방법을 스
스로 마련해 실천하였다. 이웃에 살던 대곡(大谷) 성운(成運)과
함께 학문과 인격을 절차탁마하였고, 훗날 훌륭한 인물이 된
청송(聽松) 성수침(成守琛) 등 많은 친구들을 사귀었다.

1519년(19세) 중종 14년, 기묘사화(己卯士禍)가 일어나다.
산 속의 절간에서 공부하다 정암(靜庵) 조광조(趙光祖)의 부고
를 들었다. 이때 숙부 조언경(曺彦卿)도 조광조 일파로 몰려 파
직되었다.

1520년(20세) 중종 15년, 진사·생원 초시(初試)와 문과 초시(初試)에 급제하다.
생원·진사 회시(會試)에는 응시하지 않았다.

1521년(21세) 중종 16년, 문과 회시에 부모님의 권유를 거역하기 힘들어 응시
했으나 합격하지 못하다.

1522년(22세) 중종 17년, 남평 조씨(南平曺氏) 충순위(忠順衛) 조수(曺琇)의
따님에게 장가들다.

1525년(25세) 중종 20년, 절간에서 친구들과 함께 공부하다가 『성리대전』(性
理大全)에서 원나라 학자 노재(魯齋) 허형(許衡)의 글을 읽고
과거를 위해 하는 공부가 크게 잘못되었음을 깨닫고 그 길로
집으로 돌아와 육경(六經)과 사서(四書)와 송유(宋儒)들이 남긴
글 등 유학의 정수를 공부하기에 전념하다. 공자(孔子)·주염
계(周濂溪)·정명도(程明道)·주자(朱子)의 초상화를 그려 네
폭 병풍을 만들어 자리 곁에 펴두고서 아침마다 우러러 절을
올려 마치 직접 가르침을 받듯이 극진한 정성을 기울이다.

1526년(26세) 중종 21년, 부친상을 당하다.
서울에서 영구(靈柩)를 모시고 고향으로 가 장례를 치르고 시
묘살이를 하였다.

1528년(28세) 중종 23년, 부친의 삼년상을 마치다.
이해 가을, 직접 아버지의 묘갈명(墓碣銘)을 지었고 성우(成遇)
와 함께 지리산(智異山)을 유람하였다.

1529년(29세) 중종 24년, 의령(宜寧) 자굴산(闍崛山)에 있는 절에 머물며 글
을 읽다.

1530년(30세) 중종 25년, 어머니를 모시고 김해(金海) 신어산(神魚山) 아래로
옮겨가 살다. 따로 정사(精舍)를 지어 산해정(山海亭)이라 이름
붙이다. 대곡 성운·청향당(淸香堂) 이원(李源)·송계(松溪) 신
계성(申季誠)·황강(黃江) 이희안(李希顔) 등이 내방하여 학문
을 강론하였다.

1531년(31세)	중종 26년, 동고(東皐) 이준경(李浚慶)이 보내온 『심경』(心經) 책 뒤에 「이원길이 선물한 『심경』 끝에 씀」[書李原吉所贈心經後]이라는 글을 써넣다.
1532년(32세)	중종 27년, 규암(圭菴) 송인수(宋麟壽)가 보내온 『대학』(大學) 책 뒤에 「규암이 선물한 『대학』 책갑 안에 씀」[書圭菴所贈大學冊衣下]이라는 글을 써넣다. 성우가 보내온 『동국사략』(東國史略)에도 발문(跋文)을 붙였다.
1533년(33세)	중종 28년, 향시(鄕試)에 응시하여 1등으로 합격하다.
1534년(34세)	중종 29년 봄, 회시에 응시하였으나 합격하지 못하다.
1536년(36세)	중종 31년, 첫째 아들 차산(次山) 태어나다. 가을, 향시에 응시하여 3등을 하다. 이해 서암(棲庵) 정지린(鄭之麟)이 와서 배우다. 남명이 제자를 가르친 것은 이때부터이다.
1538년(38세)	중종 33년, 회재(晦齋) 이언적(李彦迪)과 이림(李霖)의 천거(薦擧)로 헌릉(獻陵) 참봉(參奉)에 임명되었으나 사양하고 나가지 않다.
1543년(43세)	중종 38년, 경상 감사(慶尙監司)로 와 있던 이언적이 편지를 보내 만나자고 했지만 사절하다.
1544년(44세)	중종 39년, 아들 차산을 병으로 잃다.
1545년(45세)	인종 1년 10월, 친구 이림·곽순(郭珣)·성우 등이 간신들에게 죽임을 당했다는 소식을 듣다. 11월, 어머니상을 당하다. 12월에 어머니 영구를 모시고 삼가로 돌아가 아버지 산소 동쪽 언덕에 장사지내고는 시묘살이를 하다.
1548년(48세)	명종 3년 2월, 상복을 벗다. 전생서(典牲署) 주부(主簿)에 임명되었으나 나가지 않다. 김해에서 삼가현 토동으로 돌아와 계부당(鷄伏堂)과 뇌룡사(雷龍舍)를 지어 강학하고 제자들이 거처할 장소로 삼았다.
1549년(49세)	명종 4년, 제자들과 감악산(紺岳山)을 유람하고 포연(鋪淵)을 구경하다.
1551년(51세)	명종 6년, 종부시(宗簿寺) 주부에 임명되었으나 나가지 않다. 이해 덕계(德溪) 오건(吳健)이 와서 배우다.
1552년(52세)	명종 7년, 아들 차석(次石) 태어나다.
1553년(53세)	명종 8년, 벼슬에 나올 것을 권유하는 퇴계(退溪)의 편지에 답장을 보내 벼슬하러 나가지 못하는 뜻을 밝히다.
1555년(55세)	명종 10년, 단성 현감(丹城縣監)에 임명되었으나 나가지 않고 상

소하여 국정 전반에 대해서 신랄하게 비판하다.

내용 가운데 왕대비(王大妃)를 모독한 말이 있다 하여 명종이 벌하려 했으나 조정 신하들의 만류로 무사하다.

1557년(57세) 명종 12년, 아들 차마(次磨) 태어나다.

보은(報恩) 속리산(俗離山)으로 대곡 성운을 방문하다.

거기서 보은 현감으로 있던 동주(東洲) 성제원(成悌元)을 만나 명년 팔월 한가위 때 합천(陜川) 해인사(海印寺)에서 만나기로 약속하다.

1558년(58세) 명종 13년, 진주 목사(晉州牧使) 김홍(金泓), 자형 이공량(李公亮), 황강 이희안, 구암(龜巖) 이정(李楨) 등과 함께 지리산을 유람하다. 이해 8월 15일, 성제원과 해인사에서 만나다.

며칠을 묵으며 밤 늦도록 국가와 백성, 학문에 관해 이야기하다.

1559년(59세) 중종 14년, 조지서(造紙署) 사지(司紙)에 임명되었으나 병을 핑계로 나가지 않다.

5월, 초계(草溪)로 가 황강 이희안의 죽음을 조문하고 장례를 감독하다.

8월, 성주(星州)로 칠봉(七峰) 김희삼(金希參)을 찾아가 며칠 머물며 의리지학(義理之學)을 강론하다.

1560년(60세) 명종 15년, 아들 차정(次矴) 태어나다.

1561년(61세) 명종 16년, 지리산 아래 덕산(德山) 사륜동(絲綸洞)으로 옮기다. 산천재(山天齋)를 세워 자신과 제자들의 거처와 강학의 장소로 사용하다.

1562년(62세) 명종 17년, 밀양(密陽)으로 가 친구 송계 신계성의 죽음을 조문하고 묘갈명을 짓다.

1563년(63세) 명종 18년, 남계서원(灆溪書院)에 가서 일두(一蠹) 정여창(鄭汝昌)의 사당에 참배하고 여러 학생들이 강(講)하는 것을 듣다.

이때 부친상을 당하여 시묘살이 하고 있는 친구 갈천(葛川) 임훈(林薰)을 찾아가 위로하였다.

동강(東岡) 김우옹(金宇顒)이 와서 배우다.

1565년(65세) 명종 20년, 수우당(守愚堂) 최영경(崔永慶)이 서울에서 폐백을 들고 찾아와 가르쳐주기를 청하다.

성암(省庵) 김효원(金孝元)이 찾아와 배우기를 청하다.

1566년(66세) 명종 21년 봄, 한강(寒岡) 정구(鄭逑)가 찾아와 집지(執贄)하다.

7월, 임금의 전지(傳旨)가 있었으나 나가지 않자, 8월에 상서원(尙瑞院) 판관(判官)으로 다시 부름을 받다.

10월 3일, 대궐에 나가 숙배(肅拜)하고 사정전(思政殿)에서 명종을 만나 이야기를 나누었으나 무슨 일을 함께 해볼 만한 임금이 못 된다고 판단하여, 11월에 지리산으로 돌아오다.

1567년(67세) 선조 즉위년 11월, 새로 즉위한 임금이 교서(敎書)를 내려 특별히 불렀으나 상소만 하고 나가지 않다.

12월에 또다시 불렀지만 사장(辭狀)만 올리고 나가지 않았다.

이해 망우당(忘憂堂) 곽재우(郭再祐)가 와서『논어』(論語)를 배우다.

1568년(68세) 선조 1년 5월, 임금으로부터 전지가 있었으나 상소하여 사양하다.

7월, 부인 조씨(曺氏)가 세상을 떠나다.

1569년(69세) 선조 2년, 종친부(宗親府) 전첨(典籤)에 임명되었으나 병으로 사양하고 나가지 않다.

1570년(70세) 선조 3년, 임금이 다시 벼슬에 나오라고 불렀지만 사양하다.

벼슬을 계속 사양하여 끝내 나가지 않았는데, 이는 남명에게 내린 벼슬이 경륜(經綸)을 펼칠 수 있는 자리가 아니었기 때문이다.

1571년(71세) 선조 4년 4월, 임금이 경상 감사(慶尙監司)를 통해 남명에게 음식을 내려보내다. 남명은 상소하여 사례하였다.

12월 21일, 갑자기 등창으로 병을 얻다.

1572년(72세) 선조 5년 1월, 옥계(玉溪) 노진(盧禛)·동강 김우옹·한강 정구·각재(覺齋) 하항(河沆) 등이 찾아와 문병하다.

이때 자신이 죽은 후 칭호를 처사(處士)로 하라고 제자들에게 일러두다.

2월 8일, 산천재에서 숨을 거두다.

1월에 경상도 감사가 남명에게 병이 있다고 임금에게 아뢰어 특별히 서울에서 파견된 전의(典醫)가 도착하기도 전에 세상을 떠났다. 숨을 거두는 순간까지도 경의(敬義)의 중요함을 제자들에게 이야기하였고, 경의에 관계된 옛 사람들의 중요한 말을 외웠다. 부고가 조정에 알려지자 선조 임금은 통정대부(通政大夫) 사간원(司諫院) 대사간(大司諫)을 증직(贈職)하였으며, 부의(賻儀)를 내리고 예관(禮官)을 보내 남명의 영전에 치제(致祭)하였다.

4월, 산천재 뒷산 정남향에서 동쪽으로 15도 틀어진 임좌(壬坐)의 언덕에 장사지내다. 이때 문인이나 친구들이 보내온 만사(挽詞)와 제문(祭文)이 수백 편에 달했다.

남명은 권간(權奸)들의 횡포로 사림이 여러 차례 죽임을 당하여 도학(道學)이 거의 사라지려는 시대에 태어나 분발 정진하여 유학을 진흥시키고 후학들을 가르쳐 인도한 공이 크다. 노년에 이르기까지 이러한 정신이 조금도 쇠퇴하지 않았으며, 초야에

문혀 지내면서도 한시도 국가와 민족을 잊지 않고 학문으로 현
실을 구제하려는 생각을 갖고 있었다.

1576년   선조 9년, 유림과 제자들이 덕산(德山)에 덕산서원(德山書院)을
건립하여 석채례(釋菜禮)를 행하다.

유림들이 삼가(三嘉)에 회산서원(晦山書院)을 건립하다.

1578년   선조 11년, 유림들이 김해에 신산서원(新山書院)을 건립하다.

1609년   광해군 1년, 국가에서 덕천서원(德川書院 : 덕산서원의 바뀐 이
름)·용암서원(龍巖書院 : 회산서원의 바뀐 이름)·신산서원에
사액(賜額)하다.

1615년   광해군 7년, 성균관(成均館) 유생들이 남명의 증직과 증시(贈諡)
를 상소하여, 대광보국숭록대부(大匡輔國崇祿大夫) 의정부(議政
府) 영의정(領議政) 겸 영경연홍문관예문관춘추관관상감사(領經
筵弘文館藝文館春秋館觀象監事) 세자사(世子師) 직(職)과 문정
(文貞)이라는 시호(諡號)를 받다.

남명에게 문정이라는 시호를 내린 것은 '도덕이 있고 견문이 넓
기' 때문에 '문'(文)이라 하고, '도를 곧게 지켜 꺾이지 않기' 때
문에 '정'(貞)이라고 한 것이다.

1617년   광해군 9년, 생원(生員) 하인상(河仁尙) 등 유림이 연명으로 상소
하여 남명을 문묘(文廟)에 종사(從祀)할 것을 건의했지만, 받아들
여지지 않았다. 이후에도 경상도 유림이 7회, 충청도 유림이 8회,
전라도 유림이 4회, 성균관과 사학(四學) 유생들이 12회, 개성부
유림이 1회, 홍문관(弘文館)에서 1회, 양사(兩司)에서 1회 상소했
으나 남명의 문묘종사(文廟從祀)는 끝내 허락받지 못하였다.

찾아보기

●한길그레이트북스는 계속 간행됩니다.

HANGIL GREAT BOOKS **052**

남명집

지은이 조식
옮긴이 경상대학교 남명학연구소
펴낸이 김언호

펴낸곳 (주)도서출판 한길사
등록 1976년 12월 24일
주소 10881 경기도 파주시 광인사길 37
홈페이지 www.hangilsa.co.kr
전자우편 hangilsa@hangilsa.co.kr
전화 031-955-2000~3 **팩스** 031-955-2005

인쇄 오색프린팅 **제본** 경일제책사

제1판 제1쇄 2001년 10월 20일
제1판 제9쇄 2020년 7월 30일

값 32,000원

ISBN 978-89-356-5285-3 94900

한길그레이트북스 인류의 위대한 지적 유산을 집대성한다